SINTAXIS HISPANOAMERICANA

BIBLIOTECA ROMÁNICA HISPÁNICA

Dirigida por DÁMASO ALONSO

II. ESTUDIOS Y ENSAYOS

CHARLES E. KANY

SINTAXIS HISPANOAMERICANA

VERSIÓN ESPAÑOLA DE
MARTÍN BLANCO ÁLVAREZ

BIBLIOTECA ROMÁNICA HISPÁNICA
EDITORIAL GREDOS, S. A.
MADRID

© **EDITORIAL GREDOS, S. A.,** Sánchez Pacheco, 83, Madrid, 1969,
para la versión española.

Título original: *AMERICAN-SPANISH SYNTAX,* THE UNIVERSITY OF
CHICAGO PRESS, Chicago, 1963.

Depósito Legal: M. 22630 - 1969.

Gráficas Cóndor, S. A., Sánchez Pacheco, 83, Madrid, 1969. — 3204.

INTRODUCCIÓN

Es propósito de este libro agrupar las tendencias más destaca-
das de la sintaxis hispanoamericana, haciendo especial hincapié
en su expresión popular, o sea ofrecer un compendio de las principales peculiaridades o fenómenos sintácticos que difieren del uso
actualmente reconocido como consagrado * en España (en donde
muchos de ellos, sin duda, no son desconocidos localmente o en
el habla popular). La primera en aparecer entre las obras de su
género, quiere ésta constituir para los estudiantes y jóvenes maestros, ejercitados sólo en la práctica castellana y súbitamente en-
frentados a la variada y nueva riqueza de la fraseología hispanoamericana, un punto de referencia o un libro de texto que les sirva
de guía en las dudas, por lo general no explicadas en otros lugares,
ya que los problemas relativos a las variaciones sintácticas han
sido hasta el presente muy descuidados.

Esta tarea, que por mucho tiempo constituyó un desiderátum,
hoy es una necesidad, debido sobre todo al rumbo definido de las
letras hispanoamericanas en las tres o cuatro últimas décadas: el
nacionalismo americano (*criollismo* o *nativismo*) fue brotando esporádicamente ya a mediados del siglo XIX, mas sólo a comienzos
del XX abandonaron del todo los novelistas y dramaturgos el pre-

---

* El autor de la presente obra hace uso frecuente del término *standard*
aplicado al castellano que se habla en España como español tipo, sancionado y consagrado por el uso. En esta traducción, diversas expresiones tratan de transmitir el contenido de aquella palabra. He aquí las más comunes:
español tipo, peninsular, consagrado, normal, castizo, culto. A veces, cuando
el texto lo permite, eliminamos su traducción. (*N. del T.*).

juicio escolástico de la lengua, encaminando su observación realista a su propio medio local y liberando su propia perspectiva e idiomas de la primitiva y servil adhesión a los modelos extranjeros —franceses ideológicamente, lingüísticamente españoles—. La primera guerra mundial engendró una nueva conciencia colectiva portadora de valores nacionales positivos, sentimiento que fructificó de manera exuberante a partir de los años veinte. En un esfuerzo por reproducir fielmente todas las diferencias, los problemas sociales y los ideales de cada región, incluso a costa de una evidente crudeza y de valores estéticos negativos, los novelistas dieron forma literaria a la expresión vernácula. Fue entonces cuando aparecieron las importantes novelas típicas de Güiraldes, Gallegos, Rivera, Lynch, Azuela, Icaza, etc. Actualmente existe otro movimiento que, en beneficio de una concepción más alta de la realidad y de un acceso a ella más elevado y universal, trata de descartar los aspectos menos agradables de un realismo estricto, pero la verdad es que gran parte de la literatura hispanoamericana significativa que los estudiantes deben manejar contiene un lenguaje regional, que desconcierta a la generalidad de los mismos, cuyo conocimiento abarca únicamente el idioma consagrado o castizo (limitado éste, por cierto, aun en España, a grupos selectos). Las explicaciones de numerosas ediciones escolares recientes de novelas hispanoamericanas y cuentos cortos publicados en América demuestran con elocuente evidencia la limitación y, por tanto, la imperfección de dicho conocimiento.

Innecesario decir que aún no es posible ofrecer una exposición científica completa de la práctica lingüística hispanoamericana. Algo se ha hecho con el mejor método moderno, pero mucho más es lo que queda por hacer. Para llegar al éxito final hay que esperar la realización de un esmerado estudio de la geografía lingüística a lo largo de los veinte países afectados, trabajo que llevará tal vez varias décadas, pues implica una exploración local de cada una de las ciudades y de cada uno de los pueblos por medio de cuestionarios apropiados y bien detallados (tales como el *Cuestionario lingüístico hispanoamericano* [Buenos Aires, 1945] de Navarro Tomás) y, basada sobre este estudio, la elaboración de miles de mapas o cartas, cada uno de los cuales habrá de limitarse a un solo fenómeno —fonético, morfológico o sintáctico, según sea el caso—. Este procedimiento es sumamente lento, difícil y costoso, pero con paciencia, decisión y entusiasmo, puede llevarse a cabo. Así lo hicieron en Francia, por ejemplo, Guilliéron y Edmont *(Atlas linguistique de la France* [1902-10]) tras quince años de tenaz trabajo. Verdadero monumento de gran alcance, que comprende 639 localidades en 35 fascículos in folio y 1920 mapas, fue el punto de partida del método geográfico, seguido por cierto número de estudios regionales en Francia, Bélgica, Suiza, Italia (Jaberg y Jud especialmente) y España [1]. Al presente se están realizando estudios aislados de ciertas regiones de Hispanoamérica [2], la cual ofrece un excelente campo de exploración lingüística en lo referente a la estructura, al proceso histórico de la actividad de los substratos y a la migración de los préstamos de una lengua a otra. Además de un examen geográfico completo, se necesita un estudio exhaustivo del español, tanto en la época preclásica como en la clásica, incluyendo los documentos coloniales coetáneos, así como una descripción a fondo de los dialectos españoles.

Esperamos que la presente obra llene su propósito hasta el momento en que aquella tarea llegue a feliz término. Las conclusiones que aquí presentamos se basan en el material recogido por el autor en sus frecuentes viajes a los respectivos países, en disponibles tratados impresos, en monografías y diccionarios locales, ampliado todo ello con ejemplos ilustrativos sacados de la moderna novela regional y del cuento corto moderno, publicados en su mayoría a partir de 1920, y en ocasiones con ejemplos de importantes obras anteriores. En la medida de lo hasta ahora descubierto, para cada fenómeno indicamos sus límites geográficos y sociales, aspecto en el que dedicamos especial atención a los casos de uso aparentemente restringido. Para los casos generales, empero, no nos

---

[1] Tras muchos años de trabajo, el profesor Navarro Tomás y sus colaboradores acaban de terminar el atlas lingüístico de España (comenzado ya en 1925, con exploraciones directas sobre el terreno en 1931-36). No se publicará hasta que Portugal pueda ser incluido.

[2] Disponemos ahora de *El español en Puerto Rico: Contribución a la geografía lingüística hispanoamericana* (1948). Las áreas estudiadas incluyen Guatemala, El Salvador y Colombia.

ha parecido necesario hacer mayores subdivisiones dentro de una zona más amplia. Recordaremos que la referencia a un país determinado no significa que la locución en estudio sea corriente en todo el país o entre todas las clases sociales. Además, así como existe la probabilidad de que ciertas formas corrientes en la frontera de un país sean idénticas a las de la frontera limítrofe de un país contiguo, de igual manera es posible que tales formas sean totalmente diferentes de las corrientes en el interior de entrambos. Por ejemplo, el habla de Mendoza (Argentina) se parece más a la de Chile que a la de Buenos Aires; es posible igualmente hallar formas idénticas, por ejemplo, en el sur del Perú y en el norte de Bolivia, en el sur de Colombia y en Ecuador, en el este de Colombia y en Venezuela, en el norte de Panamá y en Costa Rica. En el estado actual de nuestros conocimientos es muchas veces arriesgado calificar de argentinismo, pongamos por caso, una expresión dada por el hecho de hallarse en una determinada novela argentina. Bien puede estar restringida a una sola área, siendo desconocida en el resto. Con el fin de evitar este peligro latente, cuando la locución parezca dudosa indicaremos la región particular de que se trate. No obstante, si la locución es corriente en Buenos Aires (o en la capital de otro país cualquiera en estudio), o, al menos, no desconocida allí, semejante locución puede, para nuestros propósitos, calificarse de argentinismo, aun cuando al presente es posible que sea muy poco usada.

La fuente de los ejemplos citados se indica lo más brevemente que permite la claridad, incluyéndose su título completo en la bibliografía. Cuando un autor se halla representado por una sola obra, generalmente nos referimos a él simplemente por su apellido seguido por la página (si se trata de una obra teatral, a veces se indica acto y escena) de dicha obra. Cuando se citan dos o más obras de un mismo autor, no se repite el título completo, a menos que sea muy corto, sino únicamente lo indispensable del mismo para identificar la obra (Arguedas, *Raza,* etc.). Si la claridad lo permite, se indica un solo apellido (Benvenutto, Batres, etc.); si no, se usan los dos apellidos (Herrera García, Núñez Guzmán). Se añade el nombre propio en el caso de los autores que sólo tienen un apellido (Flavio Herrera, Ciro Alegría, Fernando Alegría, etc.).

Los ejemplos que llevan la etiqueta "(C)" están tomados de la conversación del autor con hispanoamericanos; los que llevan "(L)" están tomados de cartas dirigidas al autor por corresponsales hispanoamericanos. Las obras citadas una sola vez, cuyo título completo damos en esa ocasión, así como ciertos clásicos muy conocidos, no se incluyen en la bibliografía.

La distribución de los ejemplos se ha hecho por países, empezando por el más meridional (Argentina) y continuando hacia el norte en secuencia geográfica, distribución que muestra a la primera mirada la situación de una forma determinada en los países contiguos. Alguien se preguntará: "¿Por qué empezar por el sur y no por el norte?". Fue ésta una decisión tomada tras madura deliberación. En una posible distribución alfabética, la lista habría sido encabezada por la Argentina, pero semejante sucesión sería imposible. Sin embargo, por una serie de motivos, aparte su notable progreso y su importancia en el conjunto de las repúblicas hispanoamericanas, la Argentina parecía pujar por el primer puesto. Su lengua hablada (al igual que la de otras repúblicas meridionales) se aleja del castellano normal más que en otras partes, ofreciendo, por tanto, más rica base de estudio y exigiendo tratamiento más extenso. Además, parece probable que la influencia de la Argentina en el aspecto futuro del idioma español en general será superior a la de la mayoría de las repúblicas hermanas, ya que actualmente Buenos Aires se ha convertido en el centro editorial más importante tal vez para el español. Amado Alonso *(La Nación*, 4, 11 y 18 de agosto de 1940) opina que los escritores que deseen publicar sus obras en Buenos Aires adaptarán su lenguaje, en la medida de lo posible, al lenguaje general de la Argentina.

Empezar por el norte habría ayudado, indudablemente, a seguir de manera más estricta una pauta histórica y cronológica y habría encuadrado en forma más adecuada en el sistema de zonas lingüísticas desarrollado por Henríquez Ureña *(RFE*, VIII [1921], 358-61; *BDH*, IV [1938], 334-35; V, 29). Este erudito, como se sabe, divide Hispanoamérica en cinco zonas lingüísticas de acuerdo con los substratos, la influencia histórica y política, el ambiente geográfico, los núcleos de la cultura española y las características de los conquistadores y colonizadores [3].

En un principio traté de agrupar los fenómenos sintácticos en concordancia con las cinco zonas, pero luego renuncié a semejante distribución, pues habría provocado numerosas y desconcertantes subdivisiones. Además, la delimitación exacta de las propias zonas aún no ha sido definitivamente establecida ni universalmente aceptada [4]. Navarro Tomás sugiere una división algo distinta, sujeta a ulteriores cambios conforme a los futuros hallazgos, pues considera la proposición de Henríquez Ureña "más bien como hipótesis inteligentemente concebida que como realidad concreta y verificada" [5]. Además, las cinco zonas son distintas principalmente en el vocabulario, en los préstamos de las lenguas del substrato. Henríquez Ureña admite *(RFE,* VIII, 360) que en el aspecto fonético ninguna de las zonas es totalmente uniforme, juicio que se podría aplicar a la morfología y, en medida mucho mayor, a la sintaxis.

No se debe olvidar que, mientras la lengua literaria general es relativamente uniforme en todo el ámbito hispanohablante, el español peninsular hablado difiere en muchos aspectos de la lengua hablada en América, aunque tampoco existe uniformidad en ésta. Además, el español modélico está limitado, incluso en España, a

---

[3] Breve y parcialmente bosquejadas por Juan Ignacio de Armas (*Oríjenes del lenguaje criollo* [2.ª ed.; La Habana, 1882], págs. 5-6), las zonas son estudiadas y elaboradas cuidadosamente por Henríquez Ureña (omitimos aquí las numerosas subdivisiones): 1) la zona caribe (desde 1492 en adelante) incluye las Antillas, un amplio sector de Venezuela y la costa atlántica de Colombia, con un substrato del arawak y del caribe; 2) la zona mejicana (desde 1519 en adelante) comprende el suroeste de los Estados Unidos, Méjico y América Central, con un substrato del náhuatl y del maya-quiché; 3) la zona andina (desde 1527 en adelante) abarca una parte de Venezuela, la gran mayoría de Colombia, todo Ecuador, Perú, Bolivia y el noroeste de la Argentina, con un substrato del quichua y del aimará; 4) la zona del Río de la Plata (desde 1536 en adelante) comprende Argentina, Uruguay y Paraguay, con un substrato del tupí-guaraní y del mapuche; y 5) la zona chilena (desde 1541 en adelante), con un substrato del mapuche.

[4] Cf. Malaret, "Geografía lingüística", *BAAL,* V, 213-25.

[5] "The linguistic atlas of Spain and the Spanish of America", *Bulletin of the American Council of Learned Societies,* núm. 34 (1942), págs. 68-74.

los grupos cultos, y existen en él prácticas corrientes asimismo en el español de América, si bien algunas expresiones consideradas en la Península como populares o vulgares han encontrado aceptación en círculos americanos socialmente más altos. Sea de ello lo que fuere, lo cierto es que el salto existente entre la lengua hablada y el lenguaje literario es considerablemente mayor en América. El autor hispanoamericano se hurta mucho más a la realidad lingüística en su obra escrita que el autor español.

Existe cierta emancipación del lenguaje literario hispanoamericano con respecto al modelo peninsular, y en muchos casos el lenguaje literario se ha aproximado a la lengua hablada, tendencia cuya continuidad en el futuro es impredictible. Es posible que la tentación de un público lector más amplio y de un atractivo más universal conduzca a los escritores a caminos más corrientes. Incluso entre los regionalistas se notan ciertas vacilaciones a la hora de elegir una expresión. Antes, por ejemplo, un buen estilista adaptaba estrictamente su pauta literaria al modo castellano, lo cual naturalmente le llevaba a violar por completo muchos de sus hábitos lingüísticos ordinarios. Tratándose, por ejemplo, de un argentino o de un chileno, para designar una "acera", en su conversación diría *vereda* "sendero" (supervivencia de una época en que eran muchos más los senderos que las aceras), pero, sentado en su escritorio, cambiaría *vereda* por *acera*. Tratándose de un mejicano, diría *banqueta*, pero por escrito pondría únicamente *acera*. El conocido estilista chileno Pedro Prado, por ejemplo, de miras más universales que locales, emplea *acera* a lo largo de *Un juez rural*, y no emplea ni una sola vez la palabra *vereda*. Por su parte, su compatriota Luis Durand evita la palabra *acera* en su obra *Mercedes Urizar*, manteniéndose fiel a la palabra *vereda*, que es la forma corriente en la conversación chilena. Los autores de segunda, tercera o cuarta categoría generalmente tienen poco interés en los antecedentes literarios y en la cultura que les podrían suministrar palabras tales como *acera*. Por esta razón, dichos escritores son más valiosos que los de primera fila para el estudio del idioma popular. Asimismo, aunque la mayoría de los hispanoamericanos emplean *lo* por "le" en la conversación ordinaria, muchos escriben *le*, forma preferida por el castellano, pues, siendo menos común, *le* parece más elegante y literario. Otros tienden a usar en los pasajes narrativos el lenguaje consagrado, empleando en el diálogo las formas locales. El novelista Pedro Joaquín Chamorro emplea *el vuelto* "cambio en dinero" en el diálogo, pero prefiere la forma peninsular *la vuelta* en los pasajes narrativos de *Entre dos filos*:

> Don Robustiano sacó de la cartera un billete de veinte córdobas.
> —¿Tienes *vuelto* para veinte córdobas?
> Pasaron horas, pasaron días, pasaron años y Riverita no volvía con *la vuelta* ni menos con el pago [pág. 190].

Tales casos de formas dobles son muy numerosos en la literatura hispanoamericana. En la determinación del uso local se requiere, pues, la mayor precaución.

Las especulaciones en torno a la futura unidad lingüística o al futuro caos en Hispanoamérica pueden ser ociosas en parte. Han existido dos escuelas de pensamiento opuestas: la de los puristas unitarios, a menudo seguidores obstinados de los preceptos de la Academia, pasados de moda o conservadores y procedentes de España, y la de los separatistas, deseosos de romper todo lazo con la minoría peninsular (en un caso concreto —Argentina—, los extremistas han tratado, aunque sin éxito, de establecer una lengua nacional local). Actualmente, como era de esperar, la mayoría de los eruditos se encuentra en un término medio. Si es cierto que aborrecen la anarquía y la ausencia de las normas, también lo es que no rechazan las necesarias formas nuevas, ya que la lengua se está renovando continuamente, y los nuevos términos, más que adulterarla, lo que hacen es enriquecerla, no debiéndose confundir la unidad con una pureza exagerada, carente de vida. Cierto que el lenguaje literario puede obrar como lazo unificador que mantenga el ideal lingüístico básico, pero también puede y debe existir amplio campo para la inevitable evolución.

Es lógico que muchas de las diferencias locales se debieron desarrollar desde un principio, sobre todo en la lengua hablada, en la cual florecen aún vigorosamente. En el momento de descubrirse América, el español se encontraba aún muy inestable y sus formas fluctuantes se combatían entre sí agresivamente por la supervivencia y por la preferencia. Sólo un siglo o siglo y medio más tarde se alcanzó cierta estabilidad parcial. Aquella confusión primitiva fue heredada por América. Además, el origen y carácter de los primeros colonizadores y colonos fueron distintos en cada región. En Méjico y Perú, por ejemplo, se constituyó un régimen aristocrático no progresista, una especie de continuación del feudalismo peninsular, en el cual los aventureros pudieron vivir en el lujo y en la indolencia. En Argentina y Chile, en cambio, no existía al alcance de la mano riqueza alguna aprovechable, fuera de los pocos productos de un suelo que debía ser arrancado palmo a palmo a las bandas errantes de indios salvajes. La hegemonía de Madrid sobre Méjico capital y sobre Lima, centros de la cultura colonial, fue naturalmente mucho mayor que sobre regiones como Argentina y Chile, que se hallaban fuera de la esfera de semejante influencia cultural. Estos países, carentes de corte virreinal, experimentaron una solución de continuidad mucho más rápida con la tradición lingüística. El equilibrio de valores sociales y lingüísticos gradualmente establecido en España no se produjo allí donde el impenetrable tejido social del Viejo Mundo no fue mantenido por las cortes virreinales. Habiéndose relajado aquí las convenciones sociales y la disciplina, las formas rurales se convirtieron en urbanas, y rasgos considerados en España como vulgares o dialectales fueron a menudo levantados aquí a la dignidad de forma aprobada. Cuanto mayor era la cultura de cada grupo, más estrecha fue la adhesión a las normas peninsulares, pero al mismo tiempo que se fue hundiendo la tradición del hablar culto, se fue también produciendo la decadencia y el empobrecimiento de la expresión: cada cual hablaba como le parecía, perdiéndose toda medida disciplinaria. Así, pues, los hábitos lingüísticos de los primeros colonizadores provocaron generalmente la creación de una práctica local que bien puede haber sido alterada hasta cierto punto por el substrato y más tarde por los inmigrantes (italianos en la Argentina, negros en las Antillas, vascos y catalanes en Venezuela, españoles del norte en Chile, Cuba, etc.).

Las diferencias locales, sin embargo, no son tan grandes como muchos lexicógrafos quisieran hacernos creer. El desconocimiento de los dialectos españoles y del lenguaje de las repúblicas vecinas ha hecho incurrir a menudo en grandes despropósitos a investigadores y compiladores hispanoamericanos. Ocurre repetidas veces que tal o cual compilador tiene por estrictamente locales voces o giros que no sólo son corrientes en parte de España, sino asimismo en la mayor parte de Hispanoamérica. Juan de Arona, por ejemplo, en su *Diccionario de peruanismos* (uno de los primeros en su género) confiesa que en un principio había creído exclusivamente peruana la locución *donde fulano* (= *a casa de fulano),* hasta descubrir que se trataba de un americanismo, y su sorpresa fue mayúscula al descubrir que incluso en Castilla se usaba.

La presente obra apunta hacia la unidad en cuanto demuestra que muchas de las locuciones que primero se consideraron como limitadas a una o dos regiones gozan de una extensión geográfica mucho mayor y a menudo forman parte del acervo tradicional español. Nuevos estudios vendrán a confirmar sin duda que los usos lingüísticos de los diversos países tienden a la unidad más bien que al caos. La unificación de la conciencia lingüística puede con el tiempo llegar a borrar las peculiaridades locales [6].

---

[6] Debo un agradecimiento especial al profesor Robert K. Spaulding y a Miss E. Hortense White por su ayuda en la lectura de pruebas de este libro y por sus valiosos consejos.

NOTA A LA SEGUNDA EDICIÓN ORIGINAL

La primera edición (1945) ha sido revisada y puesta al día. Se han eliminado ciertas repeticiones y datos menos pertinentes con el fin de introducir aquí y allá numerosas adiciones y enmiendas. En general se ha mantenido la misma paginación. En lo relativo a las novedades estamos en deuda no sólo con las publicaciones recientes, sino también con numerosos corresponsales nuevos, entre ellos Luis Cifuentes García (Chile), Antonio Díaz Villamil (Bolivia), Marcos A. Morínigo (Paraguay), Alfredo F. Padrón (Cuba) y Ángel Rosenblat (Argentina y Venezuela). A ellos y a muchos otros, entre los cuales incluimos a nuestros consultores originales, demasiado numerosos para mencionarlos, vaya dirigida nuestra expresión de gratitud.

Permítasenos insistir sobre el hecho de que los fenómenos aquí estudiados no se deben considerar *ipso facto* de uso local generalizado. En muchos casos se trata de variantes ocasionales y hasta rarísimas, pero su divergencia del castellano modélico les asegura aquí un lugar.

1950

I

NOMBRES Y ARTÍCULOS

COMPLEMENTO DIRECTO E INDIRECTO

La omisión de la preposición *a* delante de un complemento nominal directo o indirecto cuando éste precede al verbo es bastante frecuente en el habla descuidada tanto en España como en Hispanoamérica. Ello constituye una supervivencia del uso antiguo (Hanssen, § 500). A propósito de la prosa del siglo XVI, Keniston (pág. 31) ya nos habla de esos sustantivos que encabezan la oración y a los que nada parece relacionarlos con el resto de la frase: "La construcción es lógicamente semejante al uso moderno de *en cuanto a*, o de *lo que es*, ante un sustantivo enfático". Semejante "sujeto independiente", colocado al comienzo de una frase para darle énfasis emocional, puede ser complemento directo o indirecto del verbo principal, y su función va generalmente indicada por un pronombre personal inmediatamente anterior al verbo. Es una construcción aún corriente en España en el habla popular y rústica: —"Este mendigo [= a este mendigo] nadien le conoce" (Aurelio Espinosa, *Cuentos*, III, 394 [León]); "Juan Tonto [= a Juan Tonto] le dijo su madre que buscaría novia pa casarse" (III, 408 [Burgos]). En algunas regiones de Hispanoamérica, esta construcción parece gozar de una aceptación social más elevada y ha derivado hacia la literatura realista con mayor libertad que en España, donde los elementos populares del habla tropiezan desde siempre con mayor resistencia.

ARGENTINA: *El corrector* [= al corrector] de pruebas de alguna edición se le antojó rectificarla (L). *El* [= al] muy burro se le dio por jugar al foot-ball (Petit de Murat, pág. 83).

CHILE: —Voy por el licor. Lo traeré yo mismo, porque *el animal* [= al animal] de Parra, mi sirviente, le di permiso el mes pasado y todavía no llega (Rojas y Fernández, *La hoja de Parra,* pág. 13).

VENEZUELA: —Simangal dice que *el negro* [= al negro] José Kalasán no le hace nada la culebra (Díaz-Solís, pág. 24: la misma frase, en la misma página, con *al negro*); *Ese negro* [= a ese negro] no lo mata nada (pág. 30).

MÉJICO: De pie ... Lulú permaneció en espera de que *el señor* [= al señor] cajero se le diera la gana de levantar sus ojos de los papeles de su pupitre (Azuela, *Las tribulaciones,* pág. 18). Ahora mismo, si *la señorita* [= a la señorita] le parece (Robles, *La virgen,* pág. 48).

En contra del uso antiguo, la preposición *a* también se omite hoy en día delante de nombres propios geográficos: *he visto Roma; visitaré también Buenos Aires.* Esta práctica es común en muchos escritores, tanto españoles como hispanoamericanos. Aunque estigmatizada de galicismo por los gramáticos conservadores, va ganando terreno, y algún día puede incluso llegar a prevalecer. A la inversa —y esto es mucho más llamativo—, la llamada "*a* personal" se usa frecuentemente en algunas regiones delante de un nombre común no personificado allí donde el lenguaje peninsular la rechazaría. Los preceptistas argentinos en particular la catalogan entre los principales errores sintácticos de ciertos escritores locales, de quienes dice grotescamente Costa Álvarez: "la *a* inútil pulula en sus escritos tan profusamente que les da el aspecto papilar de gallina desplumada". Igualmente se oye en el lenguaje hablado.

ARGENTINA: —Saqué *a* la bolilla que sabía; vi *a* la película nacional (Herrero Mayor, pág. 87). Trae *al* libro, cosecharon *al* maíz, ya me la sé *a* la lección (*BAAL*, XVI, 268); Esos cambios mejoran *al* habla (XII, 19); *a* la investigación no la realizan los laboratorios (pág. 144). *A* su talle, delgado y flexible, lo cubría una blusa de tul (Candioti, pág. 309).

PARAGUAY: Benítez estaba afilando *al* machete (Casaccia, pág. 132).

PUERTO RICO: Tocando *a* la medalla ... divisaron *a* la isla (María Cadilla, *Hitos de la raza*, pág. 29); dejar *a* la montaña (pág. 35); entorpecían *a* la verdad (pág. 59); vio *a* las sierras (pág. 113).

La expresión *dar vuelta(s) a*, por lo menos en la región del Río de la Plata, en Chile y Bolivia, ha llegado a usarse sin la preposición *a*; es decir, toma un complemento directo más bien que el indirecto normal. Esta frase aparece, pues, asimilada a las locuciones compuestas de verbo + nombre, que a través del continuo uso se sienten y funcionan como un concepto verbal unitario capaz de llevar complemento directo: *hacer pedazos una cosa*. La forma rústica de *vuelta* es *güelta*.

ARGENTINA: El mozo ... miraba apampao, *dando güelta* el sombrero entre las manos (Lynch, *Romance*, pág. 14). *Dar vuelta la pisada* = Procedimiento que usa la gente de campo como remedio para diversos fines ... Consiste en recortar con el cuchillo el trozo de tierra sobre el cual descansa uno de los vasos ['pezuñas'] del caballo; *dicho trozo se da vuelta*, poniendo la parte abajo para arriba ... (Saubidet, pág. 128). Hay quien *da vuelta* el asado y deja que se tueste bien el pelo (Inchauspe, *Voces*, página 86; cf. también Vidal, pág. 400).

URUGUAY: De un tirón de las riendas *dio vuelta* su pingo (Montiel, *Luz mala*, pág. 87).

CHILE: *Dieron güelta* la mesa (Juan del Campo, pág. 12). Tomó por la orilla del río ... *dando vuelta* los matorrales (Manuel Rojas, en *LCC*, pág. 463).

BOLIVIA: El esbirro galoneado ... *da toda una vuelta* la plazoleta con el prisionero (Augusto Guzmán, pág. 183).

El observador alegará acaso que los ejemplos anteriores no son del todo concluyentes, ya que fonéticamente la preposición *a* puede quedar absorbida en una *-u* inmediatamente anterior o en una *a-* inmediatamente posterior, pronunciación que se refleja en ocasiones incluso en la escritura. Esperamos que los siguientes ejemplos disiparán cualquier duda.

ARGENTINA: Nuestros conceptos *serán dados vuelta* (Candioti, pág. 26). —*Lo di vuelta* tan ligero como pude (Güiraldes, *Don Segundo*, pág. 191). Pues apenas atinó / a *dar güelta* como un trompo / su caballo y disparó ... apenas *lo hizo dar güelta* (Ascasubi, pág. 168).

URUGUAY: *Dio vueltas* el sombrero en la mano (Montiel, *Cuentos*, página 16); cuando *daba vuelta* en el magín la idea de pedirle relaciones a Candelaria (pág. 29). Agárrenlos de los cuernos y la cola y *denlos vuelta* (Reyles, *El gaucho*, pág. 34). CHILE: *Dando vueltas* la chupalla [= sombrero] entre las temblorosas manos (Guerrero, pág. 128). A cada instante [el gallo] se detiene, levanta una pata, *da vueltas* la cabeza (Díaz Garcés, en *Hispanoamericanos*, página 121). El vendedor le trae uno [barómetro]. El guasito lo *da vuelta* por un lado (*Tallas chilenas*, pág. 128).

En Chile, y en otras partes esporádicamente, tratándose de frases interrogativas, *de* (o *con*) se omite con frecuencia detrás de *hacer* y ante un nombre o pronombre: *¿qué lo hizo?* por *¿qué hizo de* (o *con*) *él?* Esta omisión bien puede deberse a una fusión primitiva de la *e*, luego de desaparecida la *d (de > e)*, con la vocal precedente. Cf. también *lo hizo pedazos* (español usual).

CHILE: —¿Qué *hizo* la cuchilla, cabro? —La tiré al río (Alberto Romero, *Perucho González*, pág. 72). —¿Qué *hiciste* tu sueldo que no me lo has entregado? (Juan Castro, pág. 400). ¿Esta señora te dio cincuenta pesos ...? ¿Qué los *hiciste?* (Prado, *Un juez rural*, pág. 55). COLOMBIA (ANTIOQUIA): ¿Qué *hiciste* aquellos brazos gordos? (Restrepo Jaramillo, pág. 35). (BOGOTÁ): ¿Qué lo *hizo?* (Flórez, pág. 374).

En algunas regiones se omite *de* tras el verbo *murmurar (BDH*, V, 233). Así lo hacía el habla antigua: en Lope de Vega, Góngora, Alarcón, etc., abundan los ejemplos. Ambas construcciones se hallan codo con codo en *La estrella de Sevilla* (I, 6): "Aquél murmura hoy de aquél / Que el otro ayer murmuró". Por analogía con *murmurar* se puede encontrar el verbo *chismear* en construcciones similares.

ARGENTINA (SAN LUIS): *Me chismean*, etc. (Vidal, pág. 391). PERÚ: *Chismearon a la vieja* (Benvenutto, pág. 153). COLOMBIA (ANTIOQUIA): Señores los que me oyeren, / No me *murmuren la voz*, / Que me ha dado el romadizo / Y me quiere dar la tos (Antonio Restrepo, pág. 127). VENEZUELA: —Pero como Ramón Piña ya venía siendo amo, no faltó el adulante que *los* fuera a *chismear* (Briceño, pág. 61). SANTO DOMINGO: —Don Marcial lo había *murmurado* con Abelardo (Moscoso, pág. 18); —Yo sé que me *chismean* los envidiosos (pág. 106).

En algunas regiones se omite *en* después del verbo *pensar* donde el uso corriente lo pide: *te pienso mucho* por *pienso mucho en ti.* Fenómeno particularmente común en Colombia, hállase también en los países vecinos, a lo largo de Centroamérica y ocasionalmente en otras partes. Surgió posiblemente por confusión con otras acepciones de *pensar* que no llevan preposición *(pensarlo)* y por influjo de palabras semánticamente emparentadas, como *recordar* y *soñar (soñé contigo, soñé en ti,* y, finalmente, *te soñé).* En ocasiones, *reparar* y *fijarse* se emplean sin *en,* que generalmente acompaña a estos verbos en el uso consagrado, y *tirar* aparece sin *a.*

ARGENTINA: *Te pensé* en todas mis noches y muchas veces te lloré (Martínez Cuitiño, pág. 36). *¿Te fijás* la cábula? (Filloy, pág. 429).

ECUADOR: *Te pensé* todo el día, y toda la noche ... Estuve *pensándote* (García Muñoz, *Estampas,* pág. 7); Te quiero, *te pienso* (pág. 8).

COLOMBIA: *Te he pensado* mucho (C). *Piénseme* mucho; *¿me ha pensado* mucho? (Tascón, p. 220). *Te pienso* (Sundheim, p. 505). *Reparó* el sitio que indicaba su mujer (Buitrago, pág. 172). Mucho *pensé* a Tomás Carrasquilla (Malaret, *Suplemento,* II, 284).

VENEZUELA: Ahora ... que *la pienso* (Briceño, pág. 112). Usted que quería *tirar* caimanes (Gallegos, *Doña Bárbara,* pág. 13); —No *lo tire* (pág. 17).

PANAMÁ: *Pienso* mi novia; *pienso* mi hijo (Espino, pág. 110). *¿Te fijas* lo enteco [= flaco] que ha quedado? (L. Aguilera, pág. 259).

COSTA RICA: Anoche *te pensé* (Quesada, pág. 309).

HONDURAS: —Y el sentirla a cada instante, y el *pensarla,* y el soñarla ... (Martínez Galindo, pág. 125).

El verbo *pelear(se)* difiere del uso peninsular en varios aspectos. Fuera de su general aceptación en lugar de *reñir (están peleados = están reñidos),* en algunas regiones se usa mucho en forma transitiva; es decir, toma un complemento directo más bien que la frase prepositiva normal con *por: pelear(se) una cosa = pelear(se)* o *reñir por una cosa* (o *con alguien).* Este cambio se debe a la analogía con los transitivos *pleitear, disputar,* etc., cuyos significados asume a veces *pelear.*

ARGENTINA (RURAL): De balde el rey ha mandado sus ejércitos a *peliarlo al tirano* (Draghi Lucero, pág. 22). Cf. Vidal, pág. 392.

CHILE: Los tres estudiantes *se peleaban el premio;* Las dos hermanas *se pelean el novio* (Román, IV, 188). Los perros *se peleaban un hueso* (C). *La pelean* los hombres (Acevedo H., *Árbol viejo,* pág. 47).

ECUADOR (SIERRA): Y no habla mucho y no *pelea los precios* (Jorge Fernández, pág. 16).

GUATEMALA: —Dígame usted, señor licenciado, ¿querría usted *pelearme* [= pleitear] *ese asuntito?* (*ap.* Sandoval, II, 222).

SANTO DOMINGO (entre pescadores): Tuvieron que *pelear* mucho el *jurel* [= luchar con él para sacarlo del agua]. (Patín Maceo, *Dom.,* página 134).

CUBA: Fulano *me pelea* siempre por todo (Padrón).

En Colombia se oye *lo preguntan* en lugar de *preguntan por usted,* probablemente por analogía con *lo buscan,* etc. (Cuervo, § 426): "Te solicitan al teléfono. Eso me dijo el sirviente que anda *preguntándote*" (Tulio González, pág. 160).

GÉNERO

El tema del género cae principalmente en el campo de la morfología. Por tanto, no necesitamos hacer aquí hincapié sobre él. Puede ser de interés, sin embargo, hacer notar que en el español de América existe, al parecer, una tendencia general a diferenciar el género natural de los nombres, adjetivos y participios con mayor esmero que en el español peninsular, el cual, en esto como en muchas otras cosas, va retrasado respecto al uso popular. Formas como *la presidenta* (por *la presidente), la dependienta, la sirvienta, la taquígrafa, la ministra,* son corrientes casi en todas partes, aunque no siempre se hallan registradas en los diccionarios. Este desarrollo lícito parece evolucionar mucho más allá que en la mayor parte de España. En Hispanoamérica encontramos mucho más frecuentemente que en España formas populares en femenino como *tigra, animala, criminala, diabla, federala, liberala, intelectuala, naturala, orientala, mayordoma, aborígena, individua, tipa, sujeta, verna, negocianta, marchanta, atorranta,* etc. Ciertos nombres y adjetivos que en el uso consagrado terminan en *-ista* para ambos géneros, han tomado en algunas regiones rurales de América una terminación inequívoca en *-isto* para el masculino, al lado de *-ista* para el femenino: *campisto, modisto* (también en España; cf. Casares, *Crítica profana,* pág. 57 n.), *bromisto, burlisto, cuentisto* "chismoso", *pianisto, maquinisto, telegrafisto,* etc. Los casos particulares de divergencia en el género entre el español de España y el de América, como *el vuelto* (general) por *la vuelta* "cambio en dinero", *la muelle* (Méjico) por *el muelle* "resorte", *el bombillo* (zona caribe y Méjico) por *la bombilla,* etc., no es posible registrarlos aquí.

Las diferencias de género en expresiones sintácticas no son comunes: *la misma* (probablemente se sobrentiende *cosa*) por *lo mismo, a la mejor,* en áreas limitadas, por *a lo mejor,* que se estudian bajo el epígrafe de "Locuciones adverbiales" (pág. 322); *de seguido* por *de seguida,* etc.

CHILE: Otra vez con *la mesma* (Romanángel, pág. 19).
COSTA RICA: —¿Cogemos misa en El Llano, / o bamos a l'otra iglesia? / —Como quedrás, Pelegrino; / si biene siendo *la mesma* (Agüero, página 54). Yo digo *la misma* (C).

En ciertos sectores rurales de Puerto Rico (Utuado, Lares, Moca), el gerundio concuerda a veces con el pronombre complemento a aquél unido (*quemándolo, quemándala*): "La mujer está *muriéndase*; —¿Qué le hace la mujer a la niña? —Ta *peinándala*" (Navarro, pág. 130). Al parecer, lo mismo se puede decir de otros lugares: "Es que la muy bandida s'está *hacienda* [sic] la tonta" (Fallas, pág. 26 [Costa Rica]).

NÚMERO

En el español peninsular moderno se emplea el singular para los nombres de los miembros del cuerpo cuando la noción singular puede aplicarse a cada componente de un grupo. Desde la época más primitiva, estos nombres pasaban al plural por atracción. Encontramos en el *Cid:* "de las sus *bocas* todas dezían una razón" (v. 19), "ívanlas ferir de *fuertes corazones*" (v. 718), "escudos a *los cuellos*" (v. 1509), "páranlas en *cuerpos*" (v. 2721), etc. Tales plurales por atracción son hoy mucho menos frecuentes en España que en Hispanoamérica, de cuyo amplio uso nos da razón el recorrido geográfico de los ejemplos que siguen.

ARGENTINA: Ambos han torcido *las cabezas* al mismo tiempo (Sáenz, pág. 54). En una mesa del extremo rincón hablaban dos hombres, *las cabezas* descubiertas (Mallea, *La ciudad*, pág. 103). Las dos vaquitas ... lambiéndose con *sus lenguas* limpias y blancas *los hocicos* relumbrosos (Lynch, *Romance*, pág. 100). Los miserandos se alejan en seguida por la picada, rebalsados *los corazones* de inmensa fe (*ACH*, pág. 30).

URUGUAY: Los peones movieron *las cabezas* y se miraron (Acevedo Díaz, pág. 115). Los indios se habían teñido *las caras* con tierras (Acevedo Díaz, *Cancha larga*, pág. 215).

CHILE: Las sombras corrieron rápidamente detrás, y ellos, levantando *las obscuras cabezas,* dejaron que el aire helado de la carrera les refrescara *los rostros* (Manuel Rojas, *Travesía*, pág. 8). Las muchachas se miran *las frentes* (Azócar, pág. 152).

BOLIVIA: Máscaras idénticas de sombra les envolvían *las caras* (Céspedes, pág. 127). Nos hemos mojado *las cabezas* (A. Guzmán, pág. 37).

PERÚ: Y volvieron a beber hasta que se les hincharon *los vientres* (Ciro Alegría, *Los perros*, pág. 97).

ECUADOR: Gozaban al ver que los tallos mozos caían sobre *sus caras y sus pechos* sudorosos (Mata, *Sanagüín*, pág. 74); Menearon *sus frentes* en negativas silenciosas de ironías (pág. 130). —Pero, se les embota *sus cerebros* ... y no pueden pensar (Mata, *Sumag Allpa*, pág. 6); Enanchaban *sus bocazas* hediondas a tragazo (pág. 11).

VENEZUELA: No caería en *los estómagos* de aquellos hombres (Gallegos, *Doña Bárbara*, pág. 228).

COSTA RICA: Hay una alegría ... en *los rostros* de ambas (Fabián Dobles, pág. 257).

HONDURAS: Eran cinco peones y todos traían *las caras* compungidas (Mejía Nieto, *El solterón*, pág. 92).

GUATEMALA: Sin verse unos a otros *las caras,* principiaron a comer (Barnoya, pág. 107).

MÉJICO: Todos los soldados apenas se atrevían a asomar *sus cabezas* (Azuela, *Los de abajo*, pág. 99). Los concurrentes volvieron *las caras* (Robles Castillo, pág. 103).

El plural no es infrecuente en el uso peninsular, y menos aún en el español de América, aplicado a las prendas de vestir y a los objetos personales. Este uso lo hallamos en el español antiguo *(Cid,* v. 2721: "páranlas en cuerpos y en *camisas* y en *çiclatones").* En la prosa del siglo XVI "predomina ligeramente" el uso del plural sobre el singular cuando el nombre no va acompañado por el adjetivo (Keniston, pág. 37). Por consiguiente, la práctica hispanoamericana nuevamente refleja en esto el uso español antiguo como contrario al uso peninsular moderno. Unos pocos ejemplos serán suficientes.

ARGENTINA: Allí, descalzos, los hombres se quitan *los sombreros* (Mateo Booz, en *ACH,* pág. 29).
URUGUAY: Los paisanos se quitaron *los sombreros* (Montiel, *Alma nuestra,* pág. 87). —Muchachos, quitensén *los ponchos* (Reyles, *El gaucho,* página 40).
BOLIVIA: Nos quitamos *las blusas* (Augusto Guzmán, pág. 67).
MÉJICO: Nos quitamos *los sombreros* (Urquizo, pág. 51).

Es posible que la conservación de ciertas frases del español antiguo en partes de Hispanoamérica, como *ponerse de pies*[1] (que corresponde generalmente a *ponerse de pie* en el lenguaje consagrado actual), se deba a analogía con aquel uso.

ECUADOR: María del Socorro se había quedado *de pies* muda de sorpresa (Pareja, *El muelle,* pág. 129). Juan de la Cruz se puso *en pies* (Gil Gilbert, *Nuestro pan,* pág. 40).
COLOMBIA: El estudiante tenía que ponerse *de pies* (Carrasquilla, *Hace tiempos,* III, 244). Se pusieron todos *de pies* (Bernardo Toro, pág. 94). Se ponen *de pies* (Efe Gómez, pág. 22); se puso *de pies* (pág. 60).
VENEZUELA: Ibarra se pone *de pies* (Arráiz, pág. 186); Se desprende y se pone *de pies* (pág. 233). Poniéndose *de pies* se echó a la cara un rifle (Gallegos, *Doña Bárbara,* pág. 13).
PANAMÁ: "Pararse" tiene en castellano la acepción perfectamente castiza de ponerse *de pies* (Garay, pág. 106).
NICARAGUA: Los hombres ... duermen *de pies* (Robleto, pág. 204). Mi esposa ... se quedó *de pies* (Orozco, pág. 14). Los invitados ... se pusieron *de pies* (Chamorro, *Entre dos filos,* pág. 144); [pero también] Monjará se ponía *de pie* (pág. 146).
HONDURAS: Todos los alumnos se pusieron *de pies* (Zúñiga, pág. 153).

Al parecer, existe una predilección más o menos popular por el plural de ciertos nombres en casos en que el habla de España prefiere el singular.

---

[1] *Calila e Dimna,* cap. xviii: "Et la raposa fue a buscarlo, et fallólo parado en *pies; Don Quijote,* I, 43: "... Don Quijote se había *puesto de pies* sobre la silla de Rocinante ... estaba ... *de pies*"; Ramón de la Cruz, "Los segadores festivos", *Revue hispanique,* LXXVI, 404: "¿qué hacemos en *pies?* Sentaos".

Argentina (Cuyo): Cuanto más subía, más contenía *los resuellos* para no ser sentido (Draghi Lucero, pág. 123).

Ecuador: —Yo no puedo levantarme por *las reumas* —expresó mi Coronel (García Muñoz, *Estampas*, pág. 284).

Costa Rica: Luego la cogió en *los regazos* y se puso a hacerle cariño (Lyra, pág. 82).

El Salvador: Puso sobre *los regazos* de la vieja un corte para un traje obscuro (Torres Arjona, pág. 31).

Esta pluralización, más bien rara, se da particularmente en nombres abstractos, en los cuales sirve de énfasis. Ya en el *Cid* (1140), ciertos nombres abstractos se ponían en plural cuando se referían a algo que estuviese emparentado con la abstracción, más que a la abstracción en sí misma: *amores = fineza* o *agasajo; vergüenças = afrenta*, etc. (Menéndez Pidal, *Cantar de mío Cid*, I, 120, 3). En el *Quijote* (1614) de Avellaneda leemos: "No hizo caso don Quijote de *los miedos* y conjuros de su escudero (capítulo XXVI). Y en la *Oda sáfica* de Villegas: "temo sus *iras*", etc. Pueden seguirse los pasos de este uso hasta remontarse al latín (Meyer-Lübke, § 27). Al paso que el español normal de hoy rechaza la mayor parte de dichos plurales por ser de mal gusto (Huidobro, pág. 168), el español peninsular corriente no está del todo libre de ellos. El español de América, empero, se ve plagado de los mismos, no sólo en el habla popular, sino también en el estilo literario.

Argentina: Pondré en esta empresa *todos mis entusiasmos;* El señor ministro del ramo se propone en esta ocasión desplegar *sus energías* (Forgione, pág. 111). Os halláis en *inteligencias* con los moriscos (Larreta, *La gloria*, pág. 126).

Uruguay: No me echés *las culpas* (Florencio Sánchez, pág. 218); Tengo la certidumbre de haberla traído a *mis destinos* con el imán de *mis energías expansivas* (pág. 610).

Perú: Tudela ... había encomendado a Peña ... que arrostrara *las iras* de las damas (Corrales, pág. 121).

Ecuador: —No me llames hijita porque he de tener *iras* y no he de poder tomar el chocolate (García Muñoz, *Estampas*, pág. 32); —¿Estás con *iras?* —le pregunté a mi señora (pág. 223); ¿Por qué son sus *cóleras*, Zoilita? (pág. 263).

Colombia: —Pueden seguir sin *miedos* (Buitrago, pág. 158).

Venezuela: Tamara se acurrucó de *miedos* en el recodo de un playón ríspido (Briceño, pág. 5); sabroso razonar sin *miedos* (pág. 24).

Costa Rica: Es como cuando a yo me agarraban *miedos* en la noche (Fabián Dobles, pág. 323).

Guatemala: Barnoya Gálvez tiene las condiciones que para ser buen escritor se necesitan: *imaginaciones,* manera de ver y apreciar las cosas, soltura en la pluma y una fina sensibilidad (Máximo Soto Hall, "Prólogo" a *Han de estar,* de Barnoya). Temerosos de despertar sus hasta entonces dormidas *iras* (Barnoya, pág. 107).

Méjico: ¿No te doy *ascos* a ti? (Gamboa, *Santa,* pág. 315). Abandoné la casa ... con tanto miedo a *las iras* de aquel marido coronado de flores, que resolví dejar inmediatamente el pueblo (José Rubén Romero, pág. 55); midiendo *los tamaños* del hecho (Menéndez, pág. 22).

En expresiones temporales predomina igualmente el plural en ciertas locuciones para las que es usual el singular en España. La expresión *¿qué horas son?* es general en Hispanoamérica por *¿qué hora es?* Surgió por analogía con las respuestas —salvo para la una— a la pregunta *¿qué hora es?,* es decir, *son las dos (horas), son las tres (horas),* etc. Idéntico plural por atracción hallamos en *dieron las dos,* originalmente (*el reloj) dio las dos,* etc. (*Lazarillo,* III: "dio las once ... antes que *el relox diesse* las cuatro ... hasta que *dio* las dos", etc.). Cf. portugués *que horas são?*

Argentina: ¿Qué *horas son?* (Ascasubi, pág. 165). ¿Qué *horas serán?* (Laferrère, *Locos de verano,* pág. 14). ¡Vaya a saber uno *las horas* que *serían!* (Lynch, *Romance,* pág. 498).

Chile: ¿Qué *horas son?* (Edwards Bello, en *LCC,* pág. 423). ¿A qué *horas* me recibirá el juez de agua? (Acevedo Hernández, *La canción rota,* pág. 60). No veo *las horas* de hacerlo (C).

Colombia: —¿Qué *horas son?* (Carrasquilla, *Hace tiempos,* III, 192). ¿A qué *horas* llegaría a Túquerres? (Álvarez Garzón, pág. 170).

Nicaragua: ¿A qué *horas* estaremos en San Juan? (Orozco, pág. 133). *Son* la una (C).

Guatemala: ¿A qué *horas* llegó? (Flavio Herrera, pág. 117).

Méjico: ¿A qué *horas* llegó este nuevo pasajero? (Azuela, *Avanzada,* pág. 144). Si alguno quiere saber / la hora con precisión, / no pregunta ¿qué hora es? / porque dice ¿qué *horas son?* (Sánchez Somoano, pág. 55). (Yucatán, pop.): *Son* la una (Víctor Suárez, pág. 153).

Cuba: ¿Qué *hora es?* (culto); ¿qué *horas son?* (pop.) (Padrón).

El Salvador: —En *horas buenas,* me alegro (Torres A., pág. 89).

En ocasiones se halla una *-s* añadida al numeral para hacer más patente su concordancia con *horas* o *años* ("la revolución literaria de los *ochentas",* ap. Speratti; cf. inglés *in his eighties).*

Costa Rica: A *las doces* llegó el Padre (Echeverría, pág. 169). Estaba echada atisbando el tan tan de *las doces* (Luis Dobles, en *LCR,* pág. 114). Ando en los *cuarentas,* en los *ochentas* ... allá por los años *ochentas* (Salesiano, pág. 123).

Cuervo (§ 198) registra el uso de *las onces* por *las once* (colación o bebida ligera que se tomaba al principio a las once, interpretada en ocasiones de forma popular como disfraz de las once letras del *aguardiente*) y (§ 206) *hacer horas* por *hacer hora* "hacer tiempo". A despecho de las protestas de los gramáticos, el plural *onces* se usa en Chile (Román, IV, 74), en Venezuela y en otras partes, así como en Asturias (Corominas, pág. 92). En algunos lugares de Colombia, *las nueves* indica un tentempié que se toma a media mañana (Tobón, pág. 131).

La expresión *hace tiempo* se convierte con frecuencia en *hace tiempos.* Cuervo, ignorante, al parecer, de la extensión de este uso en Hispanoamérica, sugiere que *tiempos* es una contaminación de *hace tiempo + hace días, años* ("Prólogo" a Gagini). Pero bien puede ser una conservación del neutro latino *tempus* o una formación analógica con otros nombres usados en el plural para indicar extensión o abundancia con la fuerza de un singular, como *amores, infiernos, mares, mientes, paces,* comunes en el siglo XVI (Keniston, pág. 37). Leemos en Oviedo *(Historia general y natural de las Indias* [ed. de 1851], II, 2): "esta tierra se supo *grandes tiempos* ha".

Argentina: —Hombre, que sea pa *tiempos* y pa güeno *(Fray Mocho,* pág. 43).
Chile: Ahora *tiempos,* un oficial ... dejó olvidados unos fusiles (Barros Grez, I, 137).
Perú: Y velay que pasó *tiempos* (Ciro Alegría, *La serpiente,* pág. 221).
Ecuador (Azuay): Las mujeres hace *tiempos* que están durmiendo (Mata, *Sanagüín,* pág. 120). (Zona costera): Anda desde *tiempos* que nadie recuerda por todos los ríos buscando un niño (Gil Gilbert, *Nuestro pan,* pág. 15).
Colombia: Yo conozco hace *tiempos* a su taita (Carrasquilla, *Hace tiempos,* I, 66). Tengo *tiempos* de no salir (Obando, pág. 190).
Costa Rica: Hace *tiempos* o hace *tiempos de tiempos* = Ha tiempo o hace tiempo (Gagini, pág. 156).

En algunas regiones, particularmente en el Río de la Plata y zonas del Caribe, las expresiones temporales en que aparecen las palabras *día* y *noche* (en ocasiones *mañana*) se usan a menudo en el plural: *los otros días, las otras noches, las otras mañanas*. El plural parece como si prestara tonalidades de vaguedad a estas expresiones, como si no fuera posible recordar el día o la noche exactos. Cf. plurales temporales consagrados, como *a principios (mediados, fines) de*, etc.

ARGENTINA (RURAL): *Los otros días* tuve que estar dos horas contra el cerco (Martínez Payva, pág. 11). Le hice una pregunta *las otras noches* (Candioti, pág. 103). *Las otras mañanas* tuvimos un examen (C). Deberá cumplir su promesa de casamiento, que le diera *noches pasadas* en la estancia (Heredia, pág. 234); *las otras* siestas (Vidal, pág. 291).

URUGUAY: Me la contaron las de Ibáñez *los otros días* (Sánchez, *M'hijo el dotor*, III, 2). Dice por qué no jué a la reunión de *los otros días* (Sánchez, *Barranca abajo*, II, 15). *Los otros días,* por compulsarla, le dejé entrever la posibilidad de que tú vinieras a la capital (Bellán, pág. 16). *Los otros días* juí a verla (Pérez Petit, pág. 62); —¿A que no sabe quién estuvo *los otros días* po aquí? (pág. 63). *Las otras noches* fuí a pedirle una vela prestada y me la negó (Sánchez, *La pobre gente*, II, 3).

VENEZUELA: *Los otros días* vino a verme (C).

COSTA RICA: Son *los medios días* = es el medio día (Salesiano, página 123).

PUERTO RICO: Me lo dio *los otros días* (C).

A la inversa, hallamos en singular *buen día* por *buenos días* en numerosas regiones, siendo generalmente coloquial o rústico. En España es también rústico: (Carretero): —"Güen día" (Arniches, *La pena negra*, I, 3). Revollo (pág. 105) opina que "el singular revela mezquindad". Fidel Suárez (VIII, 102) encuentra el plural más cordial y amistoso. Rara vez *buena noche* (Sundheim, página 237).

Interesante es el caso de *los julios* por *julio* en regiones de Colombia, con el significado, por lo general, de "vacaciones de verano" (junio a agosto), y *los inviernos* "época de lluvias". Cf. *de los corrientes* por *del corriente (mes)*.

(ANTIOQUIA): —Así es que cuando lleguen *los julios* del año entrante, podemos bajarnos al veraneo (Carrasquilla, *Hace tiempos*, I, 52); Evaristo dizque viene por mí en *los julios* (II, 285). A veces, por *los julios,* sabrosas lechoncillas (Arias Trujillo, pág. 30).

Típicamente americanas son las expresiones *los altos* (español tipo, *el piso alto* o *el primer piso)* y *los bajos* (español tipo, *piso bajo)* hablando de casas de dos pisos. A veces *altos* se refiere a todos los pisos salvo el que está a ras del suelo, pudiéndose considerar como peninsular en este caso, ya que el diccionario de la Academia define *alto* como "cada uno de los pisos o suelos". El uso de *los altos* por nuestro segundo piso está muy generalizado en América y se halla registrado para Argentina (Segovia), Chile (Román), Perú (Arona), Méjico (Icazbalceta), Cuba (Dihigo), Santo Domingo (Patín Maceo) y Puerto Rico (Malaret). En el Paraguay se oye: "Vivo en una casa *de alto* [= de dos pisos]" (Morínigo).

PERÚ: ¿Cómo puede una saber lo que pasa en *los altos* si yo no vivo ahí? (López Albújar, *Matalaché,* pág. 248). Vivir *en altos,* vivir *en bajos; estar buscando *unos altos, unos bajos* para vivir (Arona, pág. 19). En *los altos* vivía el Inca (Corrales, pág. 135).

MÉJICO: Fulano ocupa *los altos* de tal casa; Fulano tiene su tienda en *los bajos* de tal casa (Icazbalceta, pág. 19). La vivienda de Hipólito formaba en *los altos,* y a ella subieron quietamente (Gamboa, *Santa,* pág. 313).

Esta práctica es continuación de una tendencia propia del latín y de las lenguas romances hacia la pluralización de las palabras que denotan lugar de alojamiento, como "casa", "corte", "palacio", etc. (Meyer-Lübke, § 32). De esta manera, el interior de una casa puede llegar a convertirse en *los interiores:* "Un ciego feísimo ... llegando en coche al burdel, en cuyos *interiores* se precipitó auxiliado de un lazarillo" (Gamboa, *Santa,* pág. 309).

El uso de *las casas* parece haber sido un sucedáneo de *la casa* en el lenguaje antiguo: "Fingiendo que por servicios, / honró mis humildes *casas* / de unos reposteros" (Lope de Vega, *Peribáñez,* IV, 27). Ha sobrevivido en regiones de América, si bien restringido actualmente a las haciendas rurales, granjas y posesiones semejantes. Caído hoy en desuso en España, el plural puede haberse conservado en la América rural (especialmente en Argentina y Chile y ocasionalmente en otros lugares) en razón de que semejantes casas rústicas consistían por lo general en un doble alojamiento (uno para los propietarios, el otro para la servidumbre), o, al menos, en una casa y en un granero o cobertizo (*galpón*). A veces erróneamente se ha considerado *las casas* como un localismo: chilenismo (Zorobabel Rodríguez, pág. 98), argentinismo (Garzón, pág. 100). Tiscornia *(Martín Fierro,* pág. 80 n.) sugiere que el plural *las casas* posiblemente retenga "la idea principal primitiva de 'habitación rústica y pobre' ", tal como lo indica Covarrubias (*Tesoro*, Parte I, fol. 141r). Tal vez sea así, pero *las casas* no siempre tuvo semejante significado despectivo en las colonias, tal como lo podemos deducir del ejemplo que sigue: "En la ciudad de Santiago ... lunes cinco días del mes de enero de 1545 años, en *las casas* del mui magnífico Pedro de Valdivia" (Zorobabel Rodríguez, pág. 99). Por otra parte, el plural *casas* (en latín, *casa* "cabaña de una sola habitación") expresa en el español primitivo "multiplicidad acompañada de prestigio" (Gillet, *HR*, XVIII, 179, que evita la "ayuda" árabe de Castro: *casa* "habitación", *casas* "casa").

Inchauspe *(Voces,* pág. 54) da esta explicación para la Argentina de hoy: "En el campo, cuando se refieren a la vivienda, casi nunca se usa el singular. —Me voy para *las casas*— dicen, aun cuando se trate de una casa completamente aislada de toda otra vecindad".

ARGENTINA: La pobre, allá solita en *las casas,* estaría pensando en él (Lynch, *Romance*, pág. 243).
CHILE: —Voy a ir a *las casas* (Acevedo H., *Por el atajo*, pág. 35).
EL SALVADOR: Regresaban a *las casas* (González, *Don Benja*).

En narraciones de tipo tradicional de algunas partes de España se tropieza aún con el plural de *palacio*, "habitación interior" en el habla antigua ("A *los palacios* del rey" [Pereda, *Obras*, VI, 410]), así como en América:

ARGENTINA: "Al otro día ... se fue el mozo a *los palacios* del rey a pedirle un trabajito ... vio que más que palacio, aquello era una ruina (Draghi Lucero, pág. 23).

La extensión de estos plurales a palabras como *campo, pago (pagos* ¿conservación del latín *pagus?), lados, vecindades*, etc., se fue realizando con facilidad.

ARGENTINA: Si no fuera por m'hijito ... no era yo la que seguía viviendo ni un día en *estos pagos* (Lynch, *Romance*, pág. 388).

URUGUAY: Era domingo cuando llegó a *los pagos,* como él mismo amaba decir (Montiel, *Alma nuestra,* pág. 42).

EL SALVADOR: A veces sale a *los campos* a hacer compras para su venta en el mercado (Torres Arjona, pág. 85).

Aquí es conveniente, tal vez, mencionar la costumbre mejicana de pluralizar la palabra *calle* cuando se refiere a una de más de un bloque *(las calles de Bolívar),* ya que tales calles se dividen generalmente en *primera, segunda, tercera calle de* —: *Primera calle de Bolívar, Segunda calle de Bolívar,* etc.

MÉJICO: Septembrino ... caminaba melancólicamente por *la tercera calle de Bolívar* (Gómez Palacio, pág. 31).

Pertenece a la morfología más bien que a la sintaxis la consideración de otros plurales ocasionales en lugar de los singulares corrientes (como *en ciernes* [también en España; cf. Casares, *Crítica efímera,* pág. 186] por *en cierne; quedar de nones* por *quedar de non; a seguidas* por *de* o *en seguida,* por analogía con expresiones como *a sabiendas; sueltos* por *suelto* "cambio pequeño de dinero"; *vueltas,* en Bogotá, por *vuelta* "cambio de dinero"; *perder de vistas* [Gallegos, *Doña Bárbara,* pág. 67] por *perder de vista; a los lejos* por *a lo lejos; a tiros de* por *a tiro de; con sus permisos* y *voy en buscas de* [rural en Colombia, Flórez, pág. 375] por *con el permiso de Uds.* y *voy en busca de,* etc.) y de singulares ocasionales en lugar de los plurales corrientes (como *anda* por *andas* "parihuelas"; *cortapluma* por *cortaplumas; paragua* por *paraguas; pinza* por *pinzas; somos capaz de* [Revollo, pág. 53] por *capaces de,* etc.).

SUSTANTIVOS VERBALES EN "-ADA" E "-IDA"

Es peculiar de numerosas regiones de Hispanoamérica el parafraseo frecuente de simples verbos de acción mediante un verbo auxiliar + un sustantivo verbal femenino en *-ada* (derivado del participio pasivo de los verbos de la primera conjugación) o en *-ida* (derivado del participio pasivo de verbos de la segunda y de la tercera conjugación): *me corté* > *me di una cortada, voy a*

nadar > *voy a echar una nadada,* etc. Tales locuciones son confor-
mes con la índole y con el habla españolas (cf. *dar o echar una
mirada),* correspondiendo como corresponden al deseo de expresar
una acción intensa y completa, o psicológicamente considerada
como completa.

Como se sabe, el español usa el pretérito imperfecto (*miraba*)
para expresar una acción que quedó incompleta en el pasado, y
el pretérito indefinido (*miré)* para expresar una acción completa
en el pasado. Los tiempos futuros (*miraré, voy a mirar,* etc.) no
distinguen, sin embargo, entre una acción que se continúa y una
acción que se ha completado. No obstante, mentalmente se puede
concebir dicha diferencia igual para el futuro que para el pasado.
La locución formada por un verbo auxiliar + un sustantivo verbal
en *-ada* o *-ida (voy a echar una mirada)* llena esta necesidad en el
futuro [2]. En el pasado, en el cual su uso es menos importante por
la existencia del indefinido, añade, empero, intensidad y rapidez
a la potencia de la acción (*eché una mirada* frente a *miré).*

En otros idiomas, tales aspectos se pueden indicar por medio
de verbos o construcciones verbales especiales. Compárese el inglés
to look y *to take a look, to swim* y *to take a swim.* En ruso, la
forma o "aspecto" imperfectivo de un verbo describe la acción
como continuada o seguida en el presente, en el pasado o en el
futuro, y acentúa la acción misma; la forma o "aspecto" perfectivo, por otra parte, describe la acción como ya completa, con su
principio y su fin, sea en el pasado, sea en el futuro. La actitud
psicológica reflejada en el aspecto perfectivo de un verbo ruso es,
pues, la misma que en español se traduce 1), para el pasado, por
medio del indefinido (*miré)* o por medio de un auxiliar + un sustantivo (*eché una mirada);* 2) para el futuro, por medio de un
auxiliar + un sustantivo (*echaré una mirada, voy a echar una mirada),* es decir, un solo acto completo, con principio y fin, expresado con la precisión y a veces con la rapidez de un golpe. Recuérdese que frecuentemente los nombres españoles derivados en

---

[2] La afirmación de Keniston (*Hispania,* XIX, 165) de que "el español
no ha encontrado necesario distinguir entre ambos [para el futuro]" necesita ser modificada, al menos en lo que respecta al habla popular, que
este autor ignoró.

-ada expresan golpe o choque (*puñal — puñalada, cuchillo — cuchillada*); otras comparaciones pueden realizarse con las locuciones francesas en que entra la palabra *coup* "golpe": *jeter un coup d'oeil sur, donner un coup de fer à*, y con el italiano *fare una fumata.*

En España, las formaciones verbo-nominales fueron más abundantes en el habla antigua que en la actualidad, con excepción de formas como *venida, ida, llegada*, etc., aún comunes. En el *Cid* (v. 3043), por ejemplo, leemos: "*tornada da*" por *torna*. En *La Celestina:* —"Queda abierta la puerta para mi *tornada*" (VI); "A esto fue aquí mi *venida*, a dar concierto en tu *despedida*" (XI), etc. En el habla popular y rústica se pueden oir aún: "Me di una *pechá* [= pechada = hartada] de agua" (Rodríguez Marín, página 81).

En el actual habla familiar, popular y rústica de muchas zonas hispanoamericanas, la formación de estos sustantivos verbales + un auxiliar (*dar, echar, pegar, hacer*, etc.) no parece conocer límites. El espíritu que late en su desarrollo y activa su empleo refleja la universal e incesante tendencia a hacer el habla expresiva y plástica. Tales paráfrasis verbales son muy comunes en catalán, así como en francés (cf. A. Lombard, *Les constructions nominales dans le français moderne*, Uppsala, 1930, págs. 200 ss.). En el español de América han recorrido un camino mucho más largo que en el de España.

ARGENTINA: Se presentó, y ai no más / *Hizo una arriada* ["echó una bronca"] en montón (*Martín Fierro*, pág. 27). *Pegó* el güey *una tendida* [= una espantada] (Ascasubi, pág. 238). Cf. lista de nombres en Vidal, página 220.

URUGUAY: Lo vide *pegar sinfinidá de rodadas* (Reyles, *El gaucho*, página 28). Habría que *pegarse unas escapadas* de cuando en cuando (Montiel, *Luz mala*, pág. 15).

CHILE: *Haciendo una encogida* de despecho de sus anchas espaldas (Acuña, *Huellas*, pág. 138). Es inútil que yo puea seguir, si no *echo una escansaít* aquí [= descansadita aquí] (Romanángel, pág. 84). Voy a *echar una nadada;* me voy a *pegar una sudada* (C). Tenía ganas de *echarle una güena ormía* [= dormida] al cuerpo (Juan del Campo, pág. 8). *Tener una tincada* [= una corazonada].

PERÚ: Después de *darme una buena limpiada* de garganta, me puse a cantar (Corrales, pág. 125); *pegó una reculada* rápida ... *le pego una arreada* de ganchos y uppers (pág. 247).

ECUADOR: *Me pegué una magullada; Nos pegamos una atracada* (C).
COLOMBIA (ANTIOQUIA): *Péguese una asomaíta* a mi rancho (Carrasquilla, *Hace tiempos*, I, 216). Hija, *date una asomadita* por la despensa (Carrasquilla, *Novelas*, pág. 19). *Échele una cargada al niño* [= tómelo en brazos] (Sundheim, pág. 136); *Pegar una insultada* (pág. 373). ¿Qué fue *la enamorada que te estabas dando* de una tal Nivia? (Buitrago, pág. 53). *Me pegué una cortada* en un pie con el machete (Posada, pág. 38). (BOGOTÁ): *dar una caminada, una almorzada, una volcada, una varada, una calentada* [= un disgusto], *una leída, una barrida, una quemada,* etc. (Flórez, pág. 375).
VENEZUELA:—¿Ni de *echar una caminadita* conmigo? (Gallegos, *La trepadora*, pág. 222). Tengo tantas ganas de *echar una conversada* larga contigo (Gallegos, *Doña Bárbara*, pág. 306). En el hato de Antón Pérez / *hice la primer dormía* [= dormida] (Machado, pág. 216). —Yo creo que no tengamos inconveniente en *darle una ayudaíta* (Briceño, pág. 82). *Dio la callada* por respuesta (Gallegos, *Cantaclaro*, pág. 72).
COSTA RICA: Después que *dio una* gran *almorzada,* se despidió y siguió su camino (Lyra, pág. 11); Vengan mis muchachitos y *echen una bailadita* en esta tabla (pág. 67). Ella encontraba ocasión de *dar una conversada* con él (Fabián Dobles, pág. 66); esto de tener que *echar una* larga *conversada* (pág. 75); —Sus güenas *platicaditas* que *se da* el hombre con ella (pág. 238). *Ha echado sus lloradas* (Fallas, pág. 113).
GUATEMALA: En *la acurrucada* que *me dí,* se me rompieron los pantalones (Sandoval, I, 10); Una placera *dio una* gran *insultada* a mi patrona (I, 307); Sólo he podido *dar una leída* a la escritura (II, 17).
MÉJICO: —Quédate tantito en mi caballo mientras *doy una registrada* en sus rincones (Inclán, I, 43); —¿Has visto ... qué *cambiada ha dado* ese patarato? (II, 35). (ZONA NORTE): El juez se quedó allí ... *echando habladas* (Urquizo, pág. 12); Buenas *hartadas me daba yo* con las sobras (pág. 304); ¡qué *vacilada* [vacilar = divertirse, ir de juerga] *está usted dando!* ... Pásale pa dentro, mi alma, pa *darte una registradita* (pág. 308). (NUEVO LEÓN): Aguardaban que Chabela *se diera una aliviadita* (García Roel, pág. 55); —¿Por qué no le *dan una arreglada* [a la ermita]? (pág. 97); *Dio* dos o tres *fumadas* largas (pág. 98). (YUCATÁN): *Me di la gran asoleada* en la playa; *una cambiada* de llanta, o de casa (Víctor Suárez, pág. 69).
SANTO DOMINGO: ¡Qué *asustada se dio* cuando vino la noticia! (Patín Maceo, *Dom.,* pág. 18); el sábado *dimos una gran bebida* (pág. 23); *dimos una descansada* como de dos horas (pág. 59); fue al tocador y *se dio una empolvada* (pág. 68); ¡qué *engañada les dio* a sus amigos! (pág. 70); *me di una escondida* de varios días (pág. 73); etc.

A veces el nombre de acción se usa con *tener (tener una corazonada),* o con otro verbo, o simplemente solo, y aun entonces posee la fuerza de un aspecto perfectivo, indicando la terminación del proceso y a menudo rapidez.

ARGENTINA: Mientras ensillaba, tenía que cuidarme de *coceadas* (Güiraldes, *Don Segundo*, pág. 264); venía a beber en el surco de agua nacido seguramente de las *baldeadas* [de *balde* = *cubo*] (pág. 268).

URUGUAY: Previa la consabida *escupida* para asegurar la puntería (Montiel, *Alma nuestra*, pág. 185).

CHILE: So pretexto de ver *la amanecida* desde la cumbre (Acuña, *Huellas*, pág. 66). *La colocada* de una inyección corriente es de tres pesos (C). En *una escuidá* [= descuidada] (Juan del Campo, pág. 71).

COLOMBIA (ANTIOQUIA): Lo difícil que resulta *la conseguida* de tales guayabas agrias (Arango Villegas, pág. 114). De una *leída* se aprendió los versos (Bueno, pág. 27). Nuevo beso, nueva lágrima, nueva *enjugada* (Carrasquilla, *Hace tiempos*, II, 11). (SUR): Me voy ... a rogarle que venga a ayudarme a acabar la *arada* (Álvarez Garzón, pág. 89). (BOGOTÁ): *la planchada, la lavada*, etc. (Flórez, pág. 375).

EL SALVADOR: El chucho [se acercó] ... para olerle las rústicas sandalias. Eran unas *olidas* largas y profundas (Rivas Bonilla, pág. 41). Bancos, sillas, taburetes ... estaban acondicionados en forma que no molestaran la *bailada* (González Montalvo, *Don Benja*). Meditó muy duro ... satisfecho de su *pensada*, dijo ... (Salarrué, *Cuentos*, pág. 167).

COSTA RICA: La *amanecida* trajo alborozo de pájaros (Herrera García, pág. 27). La *platicada* fue corta (Fabián Dobles, pág. 66); con la *enviada* al hospital ... ya no pudo volver más a la finquilla (pág. 71).

GUATEMALA: Las nueve es la hora de mi *acostada* (Sandoval, I, 8); según las *habladas* de la gente (I, 602).

MÉJICO: Esperaba una eterna *regañada* porque no había hecho nada del encargo (Inclán, I, 282).

SANTO DOMINGO: Después de una *bailadita* la invité a tomar cerveza (Patín Maceo, *Dom.*, pág. 20); después de la *bañada* se calmó el niño (pág. 21).

EL ARTÍCULO DEFINIDO

No es éste el lugar de tratar sobre el mal uso del género en el artículo definido. Puede ser de interés, sin embargo, hacer notar que los indios con poco conocimiento del español usan *la* en ocasiones con nombres de ambos géneros, como en el Paraguay (Morínigo, pág. 51), o confunden los géneros *(el mujer, la hombre)*, como en el Perú (Benvenutto, pág. 135) y Méjico (Alcocer, pág. 13); más a menudo aún, con el artículo masculino tienen suficiente para ambos géneros, como especialmente en Guatemala (Bonilla Ruano, *Gramática*, III, 91), Chiloé, Chile (Cavada, pág. 275), etc. Semejante confusión es en gran parte debida a la ausencia de género gramatical en el idioma substrato o a su falta de correspondencia con el género español.

La omisión del artículo definido ante ciertos nombres geográficos está mucho más extendida en el habla familiar de Hispanoamérica que en España: *Estados Unidos* por *los Estados Unidos, Habana* por *la Habana, Argentina* por *la Argentina, Japón* por *el Japón,* etc. Es curioso que los mismos hablantes usarán probablemente el artículo cuando generalmente se omite, como en el caso de *(la) Rusia, (la) Francia, (la) Inglaterra,* etc. En el habla acentuadamente popular, el artículo acompaña a veces al nombre de una ciudad con el que el habla consagrada nunca lo usa. En el habla popular de Chile encontramos *el París* por *París:* "La otra hija acompañó a los patrones, ... en un viaje que hicieron para *el París*" (J. Modesto Castro, pág. 96).

Con unos pocos nombres, como *casa, palacio,* etc., el español corriente omitió el artículo definido desde antiguo, posiblemente porque "el nombre fue considerado originalmente como único y de hecho como nombre propio" (Keniston, pág. 237). Dicho uso se extendió en algunos casos al español americano, pero generalmente ha caído en desuso.

BOLIVIA: —No voy más a *colegio* (Ruiz, pág. 29).
VENEZUELA: Eran las diez en *Catedral* (Rosenblat).
MÉJICO: Las campanas de *Catedral* (Gómez Palacio, pág. 113). (YUCATÁN): Oí misa en *Catedral;* voy a *Tercera Orden;* lo compré frente a *Correos* (Víctor Suárez, pág. 150).
CUBA: Anoche fui a *Payret* [= al teatro Payret] (Padrón).

En Hispanoamérica es general el artículo delante de *casa: voy a la casa* por *voy a casa* (también en Cuba).

ARGENTINA: ¿Te cres que las siet' y media son horas de venir a *la* casa? (*Fray Mocho,* pág. 184).
URUGUAY: Púsose la escopeta al hombro y se fue a *la* casa (Acevedo Díaz, *Argentina,* pág. 24).
VENEZUELA: La hermana y la novia volvieron a *la* casa (Julián Padrón, en *ACMV,* II, 117).
MÉJICO: Pero lo peor fue cuando llegué a *la* casa (Galeana, pág. 28).

Hallamos el artículo en otras locuciones, ocasionalmente también en España, allí donde normalmente se omite: *a la venta* por *de venta, a la pluma* por *a pluma, al propósito* por *a propósito, venir al pelo* por *venir a pelo, si alcaso* por *si acaso, aldrede* por *adrede, al ojo* (Ecuador) por *a ojo, a los borbotones* (Argentina, rústico) por *a borbotones, a las malas* y *a las buenas* por *por malas* y *por buenas, a las patadas* por *a patadas, hacerse el cargo* por *hacerse cargo, a los gritos* por *a gritos,* etc. Gran parte de esta incertidumbre en el uso se remonta al lenguaje primitivo (cf. Keniston, página 637).

ARGENTINA: La pava ["tetera"] ... hirvía *a los borbotones* (Lynch, *Romance,* pág. 433).

URUGUAY: —Mía ha de ser *a las güenas* o *las malas* (Reyles, *El gaucho,* pág. 140); —El matungo, *a las patadas,* no me dejó cortar la estribera (pág. 231).

PERÚ: A la voz de "aura" nos trenzamos *a los puñetes* (Corrales, página 227); una mula ... se abrió [= huyó] *a los corcovos* (pág. 243).

ECUADOR: No sé cuántos hay, los he comprado *al ojo* (Vázquez).

COLOMBIA: *A los brincos, a los gritos, a las patadas,* etc. (Flórez, página 375). (ANTIOQUIA): Yo mise [= me hice] *de las nuevas* (Posada, página 52).

VENEZUELA: Trataban de quitarle *a las malas* las chucherías que vendía (Briceño, pág. 41). Me haré *el cargo* de que ha sido un sueño (Gallegos, *Doña Bárbara,* pág. 295).

COSTA RICA: Si *al acaso* yo muero ayí (Echeverría, *Concherías,* página 128).

GUATEMALA: Por si *alcaso* me busca ... digan que no estoy (Sandoval, II, 269).

MÉJICO: Me ha apachurrado contra la pared *aldrede* (Gamboa, *Santa,* pág. 137); ¿peleaban o te pegaron *a la mala?* (pág. 163).

A la inversa, el artículo definido se omite a veces en contra del uso normal: *todo mundo* (Colombia, Venezuela, zona mejicana, etc.) por *todo el mundo,* tal vez por analogía con *todo hombre, toda persona* y expresiones semejantes; *dichosos ojos* (América Central) por *dichosos los ojos (que lo ven); vez pasada* (área del Río de la Plata, Chile, etc.); *primera vez* por *la primera vez; darle a uno gana* por *darle a uno la gana,* etc. Sundheim (pág. 456) informa que en el norte de Colombia algunos consideran "elegante" y "distinguido" decir *todo mundo.*

ARGENTINA: Se acordó, *vez pasada* en casa, que ... (Lynch, *Romance,* pág. 56); no sé quién se acordó *la vez pasada,* en no sé qué reunión, de que ... (pág. 57). —¿Todavía lo tenés trabajando al viejito? —Sí, *vez pasada* lo quise jubilar y pasarle una pensión pero no quiere (Llanderas y Malfatti, *Cuando las papas,* pág. 13).

CHILE: Lo tenía en *vez pasada* (C).

BOLIVIA: No lo oyeron *segunda vez* (Arguedas, *Raza,* pág. 115).

VENEZUELA: Ya estoy hasta la coronilla de no hacer sino lo que *a ti te dé gana* (Gallegos, *Canaima,* pág. 166). *Todo mundo* lo sabe (C).

COSTA RICA: *Todo mundo,* hasta los soldados ... volvieron a ver qué significaba aquel ruido (Lyra, pág. 83); —*¡Dichosos ojos,* tío Conejo! (página 12). —*¡Dichosos ojos,* hombre! (Fallas, pág. 57).

EL SALVADOR: En lo general *todo mundo* está contento (Quijano Hernández, pág. 7).

GUATEMALA: —*Dichosos ojos* que la ven; usté siempre tan hermosa (Quintana, pág. 185). —Buenos días, señora comadre ... *dichosos ojos que la ven* (Guzmán Riore, pág. 7).

MÉJICO: *Todo mundo* estaba receloso (Ferretis, *Quijote,* pág. 42). Para que fuera a contarlo a *todo mundo* (López y Fuentes, *¡Mi general!,* página 10). *Todo mundo* se pone en pie (García Roel, pág. 221); *Todo mundo* listo para subirse a las carretas (pág. 225); *Todo mundo* come cacahuates (pág. 237), etc. Era *primera vez* que hablaba en público (Galeana, pág. 115). *Todo mundo* está en pie (Urquizo, pág. 47).

CON NOMBRES PROPIOS

El español consagrado no hace uso normalmente del artículo definido con nombres de persona: *Juan, Ana.* No obstante, *la* se oye delante de nombres femeninos en todas partes (incluso en España) en el habla familiar y rústica, y ocasionalmente en el habla culta (como en Chile): *la María.* Por supuesto, *la* es omnipresente, aun en el habla culta, ante un apellido de mujer, tal vez para identificar el sexo, especialmente tratándose de apellidos de mujeres muy conocidas: *la Pardo Bazán, la Xirgu, la Singerman, la Mistral,* etc. Por otra parte, en el habla actual (Gili y Gaya, página 217) el uso de *el* con apellidos masculinos *(el López, el Hernández)* implica desprecio. Generalmente no se usa *el* con nombres masculinos *(Juan, Carlos),* salvo en documentos legales después de mencionado anteriormente el nombre completo: "careados Juan López y Pedro Pérez, dijo *el* Juan". Cervantes empleaba el artículo con nombres masculinos cuando repetía un nombre antes citado: al principio de "El curioso impertinente" *(Don Quijote,* I,

33) leemos "*el* Anselmo" y "*el* Lotario". Pero el habla culta actual
de España restringe tal uso al lenguaje jurídico. En determinadas
áreas rurales, empero, se puede oir el artículo: *el Juan* (Aragón,
Castilla, etc.; cf. Borao, pág. 95; *RFH*, III, 136, n. 1). Ambos
usos contemporáneos (legal consagrado *el Juan* y popular-rústico
el Juan) probablemente se remontan a una antigua práctica más
general. Sin embargo, Keniston (pág. 225) afirma que en la prosa
del siglo XVI los nombres propios "no se encuentran modificados
por el artículo" y que "el empleo del artículo con nombres propios de mujer no se halla muy desarrollado". Debe recordarse
que estas afirmaciones se aplican al lenguaje literario. El lenguaje
coloquial, indudablemente, empleó con frecuencia el artículo, como
lo hace Santa Teresa. Existía una práctica paralela con los nombres árabes *(el Cid),* con nombres en vocativo ("Digas tú, *el* marinero"), con sobrenombres, como hoy *(el Cojo, el Rubio),* ante la
palabra *don* referida a una persona recién nombrada (*"el* don Diego" [Quevedo, pág. 236]) y con su empleo en otros idiomas: en
portugués, como en la actualidad *(o Manuel, o João),* en italiano
con nombres famosos *(il Tasso, il Carducci).*

Los colonizadores debieron llevar esta práctica a América, donde ha sobrevivido en el habla coloquial y rústica de numerosas
regiones mucho más vigorosamente que en España. Esto es parcialmente cierto en las regiones cuya población india es mayor:
zonas andinas y mejicanas. Es posible que su dominio en tales regiones refleje el uso extendido de hacer preceder el nombre con
algún título o palabra descriptiva que entonces exige el artículo:
"ahí están *el taita* Mateas y *la mama* Melcha, *la china* Lucinda y
el caisha Adán y también *el cholo* Lucas Vilca" (Ciro Alegría, *La
serpiente,* pág. 116). Frecuentemente, el artículo se usa sólo delante de nombres de criados y campesinos, indicando así la clase
social. Puede, además, llevar una carga emocional: afecto, reproche, desdén (como con los apellidos).

ARGENTINA (NOROESTE): Cuando *la* Eloísa terminó su cuento, *el* Ru-
perto se quedó en éxtasis (César Carrizo, pág. 19; cf. Vidal, pág. 384).
(NORDESTE): *el* Jacinto despertaba (Varela, pág. 167).
CHILE: Don Audón dijo ... dueño del agua es *el* Audón ... La pica

[= el enojo] *del* Audón es por que *la* Mariana no se casó con él (Acevedo Hernández, *La canción rota,* pág. 71).

BOLIVIA: *El* René (Díaz V., *La Rosita,* pág. 80); lo ve entrar *al* René ... con *el* Gregorio ... *al* Gregorio (pág. 82); *el* Gutiérrez (*El traje,* pág. 94).

PERÚ: *el* Martín (Ciro Alegría, *La serpiente,* pág. 13); *el* Arturo Romero, *el* Arturo (pág. 17); *la* Lucinda mira *al* Arturo (pág. 42).

ECUADOR: *La* Dolores sentía encontrar en *el* Francisco el abrigo de su tierra perdida (Icaza, *En las calles,* pág. 130). *El* Julián (Icaza, *Cholos,* pág. 39); *el* Adrián, *el* Juan (pág. 138); *del* Chango (pág. 218). Siguiendo *al* Carlos Quirós ... *el* Luis Mendieta (Gil G., *Yunga,* pág. 61).

COLOMBIA: Decíle *al* Miguel (Rivera, pág. 29); *el* Miguel y *el* Jesús (página 34); *El* Jesús jué ... a yamá [= llamar] *al* Barrera [apellido] (página 37); *el* Tomás es indio (pág. 227); Yo le di *al* Barrera (pág. 249).

COSTA RICA: *El* Zacarías (Fallas, pág. 47); *el* Juancito (pág. 93).

EL SALVADOR: Los ojos *del* Ugenio (Ambrogi, pág. 207).

GUATEMALA: ¿Qué le pasa *al* Pedro? (Barnoya, pág. 25); *La* Josefa es casada ende hace un año con *el* Martín (pág. 48).

MÉJICO: —Porque no puedo ver al viejo ése ... *al* Demetrio (Azuela, *Los de abajo,* pág. 84).

Varía considerablemente el empleo del artículo delante del nombre propio de animales domésticos, y en ciertas regiones no sigue necesariamente la costumbre predominante en lo que se refiere a los nombres propios de persona. Por ejemplo, en *Los perros hambrientos* (sierra peruana), novela de Ciro Alegría, los nombres de persona van regularmente acompañados del artículo: *la Antuca* (pág. 11), *el Pancho* (pág. 13), *el Timoteo* (pág. 15), *el Simón Robles* (pág. 20), *la Vicenta* (pág. 19), etc., pero no, en cambio, el nombre de los perros en la mayoría de los casos: *Zambo, Güeso, Pellejo* (pág. 14), *Mañu* (pág. 31), *el Mañu* (pág. 32), etc.

En regiones rurales restringidas existen, al parecer, restos desperdigados del artículo definido con sustantivos o con sustantivos adjetivados en vocativo al modo del habla antigua ("Digas tú, *el* marinero"); tales formas interpelativas para la tercera persona pueden constituir una tentativa por evitar el vocativo directo.

PARAGUAY: —Buenos días, *el* señor (Fogelquist, pág. 26).

COLOMBIA (ANTIOQUIA): —Vamos, ¿*el* joven? —dijo Romualdo (Osorio Lizarazo, *El hombre,* pág. 36); —Pero éntrese, *el* negrito, para que lo vean (Carrasquilla, *Hace tiempos,* I, 34).

DÍA LUNES

Delante de *día,* a veces se usa, a veces se omite el artículo definido: *(el) día lunes,* etc. Esta construcción se halla frecuentemente al lado de la usual, *el lunes.* Su empleo puede ser un retoño del arcaico y posiblemente dialectal *el día lunes* (< *dies lunae)* más bien que de *el día del* (o *de) lunes,* que se encuentra en los clásicos como forma enfática del más común *el lunes* (Corominas, pág. 97; Pietsch, *Homenaje a Menéndez Pidal,* I, 41). Cf. asimismo *(el) día de mañana.*

ARGENTINA: *Día lunes,* por ser lunes, amaneció medio enfermo el artesano (Draghi Lucero, pág. 242). —(Ésa) es más antipática que una cortada de pelo en *día sábado* (A. Vaccarezza, *Palomas y gavilanes,* pág. 5). —¿Sabés que es pecao trabajar en *día domingo?* (Lynch, *Romance,* pág. 68). No es *días domingo,* sino *días domingos* (Garrigós, pág. 61). Cf. Vidal, página 386.

CHILE: La audiencia de *los días martes* era característica (Prado, *Juez rural,* pág. 121). "Hacer San Luis" significa no trabajar *el día lunes* (Román, III, 353). *Los días domingo* pasaba por la quinta (Durand, *Mercedes,* página 31).

PERÚ: —Mal hecho que trabajes *día domingo;* Mañana que es *día domingo* descansarás (Benvenutto, pág. 154).

COSTA RICA: —Yo iré *el día martes* (C).

MÉJICO: *Día domingo:* sale sobrando el anteponer la palabra *día* a *domingo* y a cualquier otro de la semana (León, I, 34). *Día mañana* (C).

CON EL INFINITIVO

Censurada constantemente como incorrecta, la locución *hacerse del rogar* por *hacerse de rogar* es casi general: Argentina (Garzón, pág. 238), Chile (Román, III, 98), Ecuador, Colombia (Cuervo, *Apuntaciones,* § 369), América Central (Salazar García, pág. 149; Gagini, pág. 156; Sandoval, I, 609), Méjico (Rubio, *Anarquía,* I, 294), Santo Domingo *(BDH,* V, 234), etc. En Chile, *hacerse al rogar* es popular y rústico (cf. pág. 397; asimismo Cavada, página 285). Bastarán unos cuantos ejemplos tomados al azar.

CHILE: Se anda haciendo *'el* rogar (Acevedo H., *Cardo*, pág. 34).
ECUADOR: No me he de hacer *del* rogar (Mera, pág. 323).
COLOMBIA: —No se hagan *del* rogar (Buitrago, pág. 88).
VENEZUELA: (ANDES) se hace *del* rogar; (LLANOS) se hace rogar, se hace *de* rogar (Rosenblat).
COSTA RICA: La otra no se hizo *del* rogar y se encaramó (Lyra, página 95); —Sí, hombre, llevame, no te hagás *del* rogar (pág. 103).
MÉJICO: No iba a hacerme *del* rogar para aceptar la comisión (Gómez Palacio, pág. 69). No se hicieron *del* rogar los otros (López y Fuentes, *Campamento*, pág. 187). Y no se hacen *del* rogar, les dan gusto (García Roel, pág. 215).

Para ejemplos de *estar al* + infinitivo, por el consagrado *estar para* o *a* + infinitivo, censurado por Cuervo (*Apuntaciones*, § 361), véase pág. 401.

Esto nos conduce al interesante uso de *al* + infinitivo para reemplazar a una oración condicional con *si:* "*a saberlo,* no hubiera ido" = "si lo hubiera sabido, no hubiera ido". En el español antiguo, sin embargo, esta construcción era muy rara: Keniston (pág. 532) afirma que antes de 1550 no se encuentra ejemplo alguno. No obstante, muy poco después era corriente su uso y mantuvo la popularidad. En la actualidad se va viendo rápidamente reemplazado por *de* + infinitivo tanto en España como en América[3]. Por otra parte, el uso de *al* + infinitivo antes que *a* + infinitivo es corriente en el lenguaje coloquial —y ocasionalmente se abre camino también en el estilo literario— en algunas regiones de España y de América. Difícil es saber esta vez si el condicional *al* + infinitivo es una extensión del uso de *el* + infinitivo con fuerza de sustantivo, o si más bien es reflejo de algún antiguo uso regional o dialectal. Empero, la evidente decadencia del condicional *a* + infinitivo en beneficio de *de* + infinitivo hace plausible la posibilidad de una asimilación del condicional, más bien raro, *a* + infinitivo al temporal común *al* + infinitivo. Además, el paso del temporal al condicional no es difícil, especialmente en los casos que involucran futuridad o negación (expresa o implícita), porque

---

[3] Cf. C. E. Kany, "Conditions expressed by Spanish *de* plus infinitive", *Hispania*, XIX (1936), 211-16; "More about conditions expressed by Spanish *de* plus infinitive", *Hispania*, XXII (1939), 165-70.

en tales casos los hechos se deslizan fácilmente al reino de la hipótesis.

El uso del condicional *al* + infinitivo ha sido censurado para Bogotá por Cuervo (*Apuntaciones*, § 360), para Tabasco (Méjico) por Ramos Duarte (pág. 28) y posteriormente por Santamaría (*El provincialismo*, I, 77), violento en su condenación de un uso "propio de la gente indocta por completo ... a la cual no se puede corregir, porque antes hay que enseñarle la gramática y sus reglas más elementales". En Chile, Román (I, 38) es menos duro cuando hace notar que "*Al* tener yo dinero, me compraría una casa" está "mal dicho", puesto que *al* + infinitivo expresa una relación temporal. Más tarde, Morales (I, 43) la emprende contra el condicional *al* + infinitivo en razón de su uso tan común no sólo entre "la gente del pueblo sino entre otra gente que no se tiene por tal". Constituye una reticencia para el caso de Chile, por cuanto la expresión es allí omnipresente en la conversación, pudiendo encontrar ejemplos entre sus mejores escritores, aunque en letra impresa se prefiere *de* + infinitivo a *al* + infinitivo. Aun cuando algunos de los casos pueden parecer explicables como temporal *al* + infinitivo, deben, empero, considerarse como condicionales, ya que los chilenos afirman que ellos perciben la relación como condicional, y no como temporal. (El uso del artículo definido *el* en *al* + infinitivo se encuentra estrechamente emparentado con otra tendencia semejante del lenguaje popular chileno, a saber: el uso de la frase conjuntiva *del que* por *de que* o simplemente *que*, tal como se explica en la pág. 440).

ARGENTINA: *Al no obtener* respuesta, se procederá a suspenderle los envíos (Circular enviada por la *Revista de educación y biblioteca* [La Plata], 14 de agosto de 1943).

CHILE: Pensaba que *al venir* a solicitar su mano un príncipe y un jovencito estudiante, ella preferiría al joven (D'Halmar, *Lucero*, pág. 49); *al provocar* un conflicto, ella ... sería de esas víctimas inevitables (pág. 77). Créame que no le condeno; muy estúpida sería *al juzgar* lo que no entiendo (Edwards Bello, *Criollos*, pág. 109). *Al haber sido* bufón de una corte, princesas habrían escuchado sus galanterías (Acuña, *Mingaco*, pág. 186). *Al no tenerlo* la biblioteca, podría comprarlo aquí (C). Colo-Colo se dio cuenta de que, *al no intervenir,* la reunión corría el peligro de ser un fracaso (Fernando Alegría, *Lautaro*, pág. 40).

Bolivia: Sirpa ve que destruiría su obra de transformación de aquella carne *al hacerla retroceder* a la existencia salvaje de los fortines (Céspedes, pág. 69).

Perú: Saben que *al no dale,* la tierra se enojaría y ya no sería güena la cosecha (Ciro Alegría, *El mundo,* pág. 49). *Al no vencer,* yo soy quien te va a poner ... bocado (López Albújar, *Matalaché,* pág. 226); había estado segura de que José Manuel *al ser vencido* se habría matado (página 230). Y perdóname, lector, que altere nombres y que no determine el lugar de la acción, pues *al hacerlo* te pondría los puntos sobre las íes (Ricardo Palma, en *ACP,* pág. 24).

Ecuador: Se hubiera quedado con el estómago a medio llenar *al no meterse* en los bolsillos abundante ración de tostado (Bustamante, pág. 15). —*Al saber* esto ti'ubiera asado unos cuicitos (Icaza, *En las calles,* página 242). *Al ser* pulmonía no hubiera durado tres días (García Muñoz, *El médico,* pág. 20). Comprendí que *al hacerlo,* ofendería a mi buena amiga Maruja (Salvador, *Noviembre,* pág. 227). Su hijo ... se hubiese hecho señor General *al no haber nacido* idiota y baboso (Icaza, *Media vida,* pág. 12); —*Al ser yo* ca no volviera nunca a esta porquería (pág. 121). Tú has sido una mujer bonita, y *al no conocerme* te habrías casado mejor (Salvador, *Prometeo,* pág. 109).

Colombia: ... delante de mis ojos, que hubieran visto *al no haberse apagado* repentinamente la boquilla del gas; ... semejante expresión no hubiera salido de mis labios *al no saber* yo ... que mi cuenta estaba cancelada (Lozano).

Venezuela: Está claro que de no haber sido aquello una traición, tal cosa [una revolución] hubiera significado *al ser cierto* lo de nuestra incorporación (Briceño, pág. 149).

Panamá: Yerran, pues, los que dicen ... "*Al haberme saludado,* yo le habría correspondido" (Espino).

Méjico: *Al no procederse* en esa forma, faltará el preciado flúido en el mes de marzo próximo (*El Universal de México,* 25 (?) de diciembre de 1940). Mi razón era / que, *al no golver* por aquí, / quí sabe si no tuviera / algo que sentir de mí (González Carrasco, pág. 169). (Tabasco): *Al haber salido* temprano, lo habría encontrado (Santamaría, *El provincialismo,* I, 77).

Con frecuencia, *al* usado con el infinitivo tiene valor causal más bien que temporal o condicional (como en España ocasionalmente).

Argentina: Para ello comenzaremos por los instrumentos musicales, o sea aquellos materiales del canto que, *al ser* los más concretos y visibles, facilitan la solución del problema (Ricardo Rojas, *La literatura argentina,* I [2.ª ed., Buenos Aires, 1924], pág. 334).

Perú: El cura Silva se la da de generoso, *al no sacar* los cien soles que siempre cobró (Barrantes, pág. 170).

Cuba: —¿Quiereh un trago? —Y *al ser* afirmativa la contestación, le
llevó en un jarro un poco de aguardiente (Ciro Espinosa, pág. 407). *Al
no querer* nadie hablarnos, tampoco teníamos nada que decirnos entre nosotros. (Montenegro, *Los héroes,* pág. 135).

EL PASADO, LO PASADO

Con *pasado, presente, porvenir* y *futuro* hallamos la misma in-
decisión que en España entre *el* (que da a la palabra valor de
nombre) y *lo* (que da a la palabra valor de adjetivo). Al paso que
los puristas generalmente se desatan en invectivas contra el uso
de *el* con estas palabras, calificándolo de galicismo, tal uso ha ido
ganando mucho terreno, y no sólo en el lenguaje coloquial, sino
también en la literatura. Aunque *lo* era preferido por los escritores del Siglo de Oro, ahora es el más raro, y por lo tanto el
más elegante en el español de América. Mientras que, de esta
manera, existe una diferencia en su uso, la diferencia de significado
no siempre es tan clara como Cortejón (pág. 36) supone cuando
hace notar: "¿Quién sino la claridad ha enseñado no ser iguales
lo porvenir me tiene inquieto y *el porvenir me tiene inquieto?*".
Algunos gramáticos (Barreto, I, 83-86; Fidel Suárez, I, 309) han
propugnado la aceptación de *el* en estas expresiones sobre la base
de su uso por reconocidos escritores; otros insisten aún en el
antiguo *lo* (Vázquez, pág. 317; Fentanes, *Espulgos,* pág. 22, etc.).
Cf. *por el ordinario, por lo ordinario; el imposible, lo imposible,* etc.

EL ARTÍCULO INDEFINIDO

El artículo indefinido presenta menos divergencias respecto del
uso corriente que el artículo definido. Sin embargo, con frecuencia
encontramos el singular *un(a),* como ocasionalmente en España, con
el significado de "aproximadamente", por analogía con el plural
usual *unos (-as),* de significado semejante.

Chile: Hizo desfilar *una* media docena de personajes (Alberto Romero, *Perucho González,* pág. 117).

Costa Rica: —Que dice mamá si le puede prestar *una* media libra de frijoles (Fallas, pág. 171); le servía *un* medio vaso de ron (pág. 110).

Méjico: Debió permanecer *una* media hora en ese estado (Rubín, página 54).

Casos interesantes de un *un* enfático encontramos en las expresiones populares chilenas *de un todo* y *de un cuanto hay*. *De un todo* significa *de todo, todo, de cuanto se necesita; un cuanto hay* significa *todo*. Estas expresiones derivan probablemente del uso peninsular. Al menos Borao (pág. 95) menciona *de un todo* para Aragón: "tenían *de un todo* en casa"; y en el diccionario de la Academia se registra la expresión *en un todo* con el significado de *absoluta y generalmente*. En otras partes encontramos *de un todo* con el sentido de "completamente", o sea con el significado del español tipo *en un todo:* —"Es un crimen que dejemos sin esquilar, exponiéndolo a que se arruine *de un todo,* un borregaje tan lindo!" (Viana, *Tardes,* pág. 62 [Uruguay]. —"Si querés tanto el río, olvidá *de un todo* a esa mujer" (Buitrago, pág. 95 [Colombia]).

Chile: Tengo *de un todo;* El marido provee *de un todo* la casa (Román, V, 486); Un vendedor dice que tiene *de un cuanto hay* en el género o negocio que trata; una dueña de casa, abastecida de todo, dice también que tiene *de un cuanto hay* (I, 471). Vivimos juntos, yo le doy *de un todo* (Juan Modesto Castro, pág. 154); me proponía ... que no trabajaría, que tendría *de un todo* (pág. 167). —Y na que haga, obligación que tenís de darme *de un too* que pa eso soy [= sois] mi marío (Malbrán, *En semana santa*). Otros dos días pasamos allí servíos *de un todo:* sus ricas comías, sus buenos tragos de mosto y gozando como recién casaos (Guzmán Maturana, pág. 203). —Su mercé verá; a mi señora antes yo le manijaba *de un too,* y al presente apenas anda cubría (Durand, *Tierra,* pág. 62).

II

ADJETIVOS

Los adjetivos *primero, tercero* y *postrero* (junto con *bueno, malo, uno, alguno* y *ninguno*) normalmente pierden la -*o* final cuando preceden a un sustantivo masculino singular *(el primer libro)*, pero no la -*a* del femenino singular *(la primera página)*, a no ser excepcionalmente en la literatura. En el español primitivo se desconocían las formas apocopadas delante de sustantivos femeninos, pero en el Siglo de Oro, en que la práctica era fluctuante, se usaban con frecuencia. Ambas formas se empleaban entonces con ambos géneros: *primer rey* y *primero rey, primer vez* y *primera vez* [1]. Keniston (pág. 301) observa que en el siglo XVI las formas apocopadas "se encuentran ocasionalmente delante de sustantivos femeninos" y que su frecuencia es extraordinariamente baja, siendo sólo de [1-1] para *primer* en femenino contra [16-38] para la forma completa, *primera*. Sin embargo, una lectura de la literatura del siglo XVII nos muestra una frecuencia mucho más alta: *la primer vez, la primer fuente, la primer cosa* (Calderón, *Casa con dos puertas*, I); *la primer luz, la primer enamorada* (Rojas, *Del rey abajo ninguno*, I, II), etc. En todo caso, la forma femenina apocopada, bien que rara en el lenguaje peninsular actual, se encuentra aún en

---

[1] Véase Keniston, pág. 303; asimismo M. A. Zeitlin, "La apócope en la -*a* final átona en español", *Hispanic Review*, VII (1939), 244.

sectores rurales de España: —"Y ¿pa qué más? No será la *pri-mer* vez" (Pereda, *Obras*, XV, 358); "la *primer* cepillada" (Aure-lio Espinosa, *Cuentos*, I, 95 [Zaragoza]); "la *primer* misa" (I, 131 [Ávila]); "la *primer* mordida" (III, 441 [Valladolid]). Pero el fe-menino apocopado es ciertamente mucho más común en América que en España y se usa tanto en la conversación como en la lite-ratura.

ARGENTINA: —¿Qué viento te trae? —fue su *primer* pregunta (Güiral-des, *Don Segundo*, pág. 36); en la *primer* parada (pág. 74); la *primer* noche (pág. 222); nuestra *tercer* jornada (pág. 290); etc. Inició su *primer* campa-ña seguido de cuatro voluntarios (Yamandú Rodríguez, *Cimarrones*, pági-na 13); aquella *primer* "mano" (pág. 30); la *primer* semana (pág. 128), etc. Se pone a festejar a la *primer* mujer que le guste (Larreta, *Zogoibi*, pági-na 16). En Hamburgo tuvo la *primer* tribulación (Cuti Pereira, pág. 89).

URUGUAY: Su *primer* visita (Montiel, *La raza*, pág. 188). La *postrer* tierna mirada (Montiel, *Cuentos*, pág. 82). Es la *primer* vez que oigo su voz (Bellán, pág. 89; también pág. 176).

CHILE: Pasó ... al camarín rojo, donde se refugiara Deusto en su *primer* visita (D'Halmar, *Pasión*, pág. 210). Una *postrer* mirada (Lillo, pá-gina 43).

PERÚ: En la *primer* ocasión (Gamarra, *Algo del Perú*, pág. 164).

COLOMBIA: Tomó la *primer* pareja que halló al entrar (Arias Trujillo, pág. 56).

VENEZUELA: Dominando la *postrer* meseta de las serranías (Pocaterra, pág. 201). —¿Bailamos esta *primer* vuelta, mi blanca? (Briceño, pág. 119).

COSTA RICA: No es *primer* bes que le hablo a un muerto (Agüero, pág. 67). ¡No aguantó la *tercer* cucharada! (Echeverría, pág. 125).

EL SALVADOR: La *primer* coquetería de nuestra Naturaleza (Miranda Ruano, pág. 72). La *postrer* gota del café (Ambrogi, pág. 32).

MÉJICO: —Cuéntame tu *primer* pelea (Benítez, pág. 97); mi *primer* co-branza (pág. 142). Volvería, empero, Payno a su *primer* manera (González Peña, *Historia de la lit. mexicana* [2.ª ed., 1940], pág. 242). —Yo tuve a mi *primer* muchachita a los dieciséis años (García Roel, pág. 257).

CUBA: Una *tercer* mañana (Loveira, pág. 38). Recordaba cuando cons-truyeron la *primer* bomba (Levi Marrero, en *CC*, pág. 184).

En el primitivo español normal, *ciento* se apocopaba en *cien* únicamente cuando precedía al nombre por él modificado: *cien hombres*. Tanto en España como en América, sin embargo, se usa hoy *cien* en la conversación sin nombre *(tengo cien)*, por más que esta forma haya sido calificada como "un barbarismo" por Cuervo

(§ 401) y como "viciosa" e "incorrecta" por Bello (Bello-Cuervo, § 193). No desconocido incluso en escritores de nota (Pardo Bazán, Pereda, etc.), *cien* es mucho más común actualmente en América que en España. Por ejemplo, mientras Madrid dice *cien por ciento* más frecuentemente que *ciento por ciento,* Buenos Aires prefiere *cien por cien (BDH,* IV, 28, n. 4), al igual que la mayoría del resto de las ciudades americanas. De hecho, *ciento* es, al parecer, tan raro en algunas regiones, que fácilmente se interpreta mal. En Ciudad de Méjico indiqué a un taxista que me llevara a la calle Monterrey 100, que yo pronuncié *ciento,* de acuerdo con el uso normal. Pareció quedar perplejo. "*¿Ciento?*", inquirió. "Sí, *ciento*", repetí. "O será *cien,* o será *ciento uno* o *ciento dos*", insistió. Para él no existía tal número *ciento* aislado (cf. también *BDH,* II, 131).

Gagini (pág. 91) hace notar que ningún costarricense diría "Los concurrentes no llegaban a *ciento*" o "Tengo *ciento* o más pesos", sino que usaría *cien* en todos estos casos. Mas ciertamente que la razón de usar *cien* en lugar de *ciento* difícilmente se puede admitir que sea la aducida por Gagini: "sin duda para evitar el equívoco que resultaría con el verbo *siento,* a causa de la pronunciación americana de la *c*" (!).

ARGENTINA: —¿Por qué no vamos [= apostamos] *cien?* (Güiraldes, *Don Segundo,* pág. 236); —Le doy desquite de los *cien* (pág. 240).
PARAGUAY: *ciento por ciento* (preferido), *cien por ciento* (Morínigo).
CHILE: De éstos hay que darte a ti *cien* (Malbrán, *El marido,* pág. 8).
COLOMBIA: Nada me ganaría con que me abonaran *cien* (Arango Villegas, pág. 172).
GUATEMALA: En muchos negocios he ganado *cien* por *cien* y en otros he perdido el veinte por *cien* (Sandoval, I, 180).
MÉJICO: Y tras él aparecieron otros, y otros diez, y otros *cien* (Azuela, *Los de abajo,* pág. 8). Iban más de *cien* (Robles Castillo, pág. 203). Se oye todavía *ciento por ciento (BDH,* IV, 28).
CUBA: Soy cubano *cien por cien* (C).

ADJETIVOS USADOS COMO ADVERBIO

De sobra es conocido que en español los adjetivos se usan con frecuencia como adverbio. Algunos *(alto, mucho,* etc.) pueden considerarse derivados del neutro de los adjetivos latinos, siendo ciertamente adverbios. Otros se usan en aposición y concuerdan con un sustantivo, teniendo el valor simultáneo de adjetivo y de adverbio: *vivieron felices.*

En el lenguaje antiguo, esta práctica parece muy común: "quiero hablar contigo más *largo" (Celestina,* II); "...habla *cortés"* (XI). Cuervo (§ 472) cita ejemplos de *fácil* en Lope y en Tirso.

Por analogía con auténticos adverbios tales como *alto, mucho, bajo, recio, quedo, claro, cierto, infinito,* etc., el español coloquial de América ha transformado en adverbio otros adjetivos, lo cual, al menos en muchos casos, sería considerado como incorrecto en el español modélico peninsular, aun cuando algunos de ellos se oyen en España en el habla popular. Los más comunes son *bonito* o *lindo* por *bien, rápido* por *rápidamente, suave* por *suavemente, ligero* por *ligeramente, fácil* por *fácilmente,* así como muchos otros que deben considerarse como locales (*feo* por *mal, chulo* por *bien, galán* por *bien,* etc.). En el inglés coloquial americano, la distinción flexional entre adverbio y adjetivo se ha perdido igualmente en expresiones como "to talk *big,* run *slow,* sleep *good,* sing *pretty".*

ARGENTINA: [El maíz] germina *fácil* y en poco tiempo (Inchauspe, *Voces,* pág. 90). Esperamos ... la noche ... como una cosa grande y mansa en la que nos íbamos a ir *suavecito* (Güiraldes, *Don Segundo,* pág. 293). ¡Cha que se las ice *lindo* [= bien]! (Lynch, *Romance,* pág. 278). Jineteó *lindo* (González Arrili, pág. 115). Aixa ... púsose a girar *ligero,* muy *ligero* (Larreta, *La gloria,* pág. 118). Un picao, de vigüela, medio poeta, que cantaba *fierísimo* [= feísimo] (*Fray Mocho,* pág. 22). Equivocarse *feo* = equivocarse malamente, de cabo a rabo (Saubidet, pág. 163). ¡Que le vaya *bonito* (o *lindo*)! (Morínigo).

URUGUAY: Toca *lindo* (Montiel, *Cuentos,* pág. 29). El barberito cantaba también, y *lindo* (Montiel, *Luz mala,* pág. 81). —Soñé *fiero* [= feo], me asusté (Montiel, *Alma nuestra,* pág. 34).

CHILE: —Que le vaya *bonito* [= bien] (Romanángel, pág. 11). Voi a moverme *ligerito* (Barros Grez, I, 272). Mis veinte años ... no fueron suficiente fuertes para vencer las zozobras que me asaltaban (Durand, *Mi amigo,* pág. 7).

PERÚ: Almorzar *fuerte* y *feo* (Gamarra, *Algo del Perú,* pág. 85). —Pero toca muy *bonito* (Ciro Alegría, *El mundo,* pág. 95); Unos acostumbran arreglar las cosas *bonito* (pág. 235). ¡Ah, tan *lindo* que toca! (López Albújar, *Matalaché,* pág. 144). (ZONA DEL MARAÑÓN): —*Único* las peñas le respondía [*sic*] (Ciro Alegría, *La serpiente,* pág. 21); Hay que maniobrar *rápido* (pág. 89); *Único* él (pág. 140).

ECUADOR (COSTA): Los brazos se alargaban y encogían *rápido* (Gil Gilbert, *Nuestro pan,* pág. 78); apretaron *fuerte* y *largo* (pág. 111); los hombres iban *lento* (pág. 173). Y sollozaba tan *suave* que no molestaba su llanto (Gil Gilbert, *Yunga,* pág. 86). Regresó María del Socorro. ... Iba *lento,* callada, con el silencio candoroso de siempre (Pareja, *El muelle,* pág. 37). (SIERRA): —Sírvete *breve* [= prontamente] este rico cognac (Icaza, *En las calles,* pág. 121); —¿Por qué no saliste *breve?* (pág. 128). Prendé [= prended] *breve* el alumbrado y *subí* [= subid] no más el chocolate (Icaza, *Cholos,* pág. 8). —Claro pes, si canto *lindo* (García Muñoz, *Estampas,* pág. 317). —¡Qué *lindo* habla usted, doctor! (Salvador, *Noviembre,* pág. 175). Así hubiera podido hablar *claro* y *terminante* (Mata, *Sanagüín,* pág. 94).

COLOMBIA (ANTIOQUIA): Conversando tan *sabroso* (Carrasquilla, *Hace tiempos,* I, 45); ¡Qué *bonito* cose! (I, 188); a nosotras nos criaron tan *distinto* (II, 28); canta muy *bonito* (II, 68); cantaba muy *lindo* (II, 109); habla muy *corto* y muy *lindo* (III, 114); Si tiene cola se la jalamos bien *sabroso* (III, 149); oí y verés qué tan *feo* cantan los gallos criollos ... cantan muy *maluco* (III, 197). Si me ofrece mieles, las degusto *largo* (Arango Villegas, pág. xi); Olía *maluco* (pág. 24); diga *ligero,* ¿qué es? (pág. 64); las medias sí nos las ponemos muy *fácil* (pág. 188).

VENEZUELA: El que quiera beber *sabroso,* que le haga una visita a don Agustín (Gallegos, *La trepadora,* pág. 17); Ya verá como aquí se alienta *ligero* (pág. 37); tú lo cantas muy *sabroso* (pág. 199). Yo no sé hablá *fino* (Pocaterra, pág. 40). Respira *hondo* (Fabbiani Ruiz, pág. 61). El líquido meloso pasa *suave* por la garganta (Díaz-Solís, pág. 13); las palabras eran otras y sonaban *raro* (pág. 25); suspirar *hondo* (pág. 42).

COSTA RICA (RURAL): Tan *galán* [= bien] que muele esa máquina (Gagini, pág. 144). Pensó que le podía ir *feo* (Lyra, pág. 159). Había llovido *apretado* y *largo* (Fabián Dobles, en *CLC,* pág. 113).

EL SALVADOR: Seguía pringando [= lloviznando] *cernido* (Salarrué, *Cuentos,* pág. 58); Cuando vos naciste, taba lloviendo *tieso* [= fuertemente] (pág. 82); sudaban *tieso* (pág. 102); venía lloviendo *tieso* (pág. 122). Nadie afirmaba *categórico* (Ambrogi, pág. 83). *Fácil* lees tú (Salazar García, pág. 134). Lucero corrió ... lo más *rápido, veloz* que pudo ... se lanzó de nuevo a correr tan *rápido,* tan *velozmente* como podía (Ramírez, pág. 11).

GUATEMALA: *Fácil* se va hoy de la capital a Flores (Sandoval, I, 549); Ya iba yo tan *bonito* (I, 710); Esta comida ya huele *feo* (II, 169); *Perenne,* recibo cartas de mi hijo (II, 228). Íbamos ya tan *bonito* (Wyld Ospina, *La gringa,* pág. 67). —¿Cómo han estado ustedes por acá? ... Tan *bonito* (Salomé Gil, *Cuadros,* pág. 381).

MÉJICO: La comida sabe *fea* [= mal], esa señora canta *bonito* [= bien], pinta *rechulo* [= muy bien], corre *macizo* [= aprisa], huele *feo* [= mal], etc. (A. Gutiérrez, pág. 213, n. 1). Sentí tan *feo* que les volví la espalda (Azuela, *Las moscas*, pág. 16). Si vieras qué *feo* siento que tú me digas eso (Azuela, *Los de abajo*, pág. 84). ¡Me duele *feo!* ¡qué *feo* sabe! (Sánchez Somoano, pág. 35). Se encuentra con un amigo para charlar *largo* y *sabroso* (López y Fuentes, *¡Mi general!*, pág. 37). ¡Qué *bonito* solloza! (Ferretis, *Quijote*, pág. 267). Olía muy *bonito* (Anda, *Los bragados*, pág. 102). Se la pasa *viejo* [= fácilmente] ... me lo llevo *viejo* (Rubio, *Refranes*, I, 282). —Sí ... vale más —dijo *sencillo* (García Roel, pág. 38); platican *sabroso* (pág. 170); Ni siquiera lograba disimular *discreto*. No, ya pensé *distinto* (Valle-Arizpe, pág. 397).

CUBA: Hablaba tan *bonito* (Luis Felipe Rodríguez, pág. 116). Pararse *bonito* [= asumir una actitud] (Padrón).

SANTO DOMINGO: ¡Qué *bonito* canta! (Requena, *Camino*, pág. 14).

MEDIO

Existe una tendencia general a hacer que el adverbio *medio* (con la significación de *no del todo, no enteramente, casi enteramente*) concuerde como adjetivo por atracción de la palabra a la cual modifica, sea ésta un adjetivo, un participio pasivo o un nombre adjetivado: *media muerta* por *medio muerta, medios dormidos* por *medio dormidos*.

Bello distingue cuidadosamente entre *medio* en su uso como adverbio (*medio dormido, medio despierta*, § 371 n.) y *medio* en su uso como prefijo ("puro afijo" o "partícula prepositiva": *la sirena era ... medio pez y medio mujer, se medio corrió el capellán*). En el último caso, *medio* debería ser naturalmente invariable, en tanto equivalente a los prefijos adverbiales invariables *semi* y *cuasi*. Sin embargo, los clásicos concordaron *medio* ocasionalmente como adjetivo con el nombre al que modificaba (*media parienta*), aun cuando por lo general usaban la forma invariable (*medio parientas*). No obstante, en lugar de establecer la distinción —un tanto artificial— entre *medio* adverbial y *medio* prefijo, parecería igualmente satisfactorio, y más sencillo, considerar a ambos como adverbios. No constituye objeción alguna el hecho de que la forma prefijo acompañe a los sustantivos, ya que tales sustantivos pueden considerarse explicablemente como adjetivos. Es innegable que la concordancia de *medio* en cuanto adverbio como si fuera adjetivo es corriente en todas partes en el habla popular. Es notable su frecuencia en la moderna literatura realista hispanoamericana. No se halla confinado a ninguna región en particular como pueden llevarnos a creer algunos gramáticos (cf. Bello-Cuervo, § 371 n.), sino que es general a lo largo y a lo ancho de toda Hispanoamérica, así como en el lenguaje popular de España ("Se levantó del suelo *media muerta*", Espinosa, *Cuentos,* III, 451 [Santander]). Constituye una vieja práctica (Meyer-Lübke, § 130; Corominas, pág. 94).

Hay algo que nunca se ha hecho observar, que yo sepa, y es que a veces, cuando *medio* modifica a un adverbio o a una locución adverbial, se le hace concordar con el sujeto como si fuera un adjetivo: *ella está media mal* por *ella está medio mal.* Esto se da especialmente en la Argentina rural.

ARGENTINA (RURAL): La señora repitió *media enojada* (Lynch, *Romance,* pág. 115); me la halló a la señora *media mal* de salú (pág. 247); —¡Y qué iba a hacer! —le retrucó la señora *media con rabea* (pág. 248); los otros se quedaban *medios apampaos* de sorpresa (pág. 253); La pobre e doña Cruz estaba *media mal* (pág. 270); Y tan clarita le salió la voz a doña Cruz, dende la cama ande estaba estirada dandolé la espalda y *media boca abajo* (pág. 370); Ella ... le contestó *media raindosé* (pág. 426). Se rio contenta ... con los ojos *medios llorosos* (Payró, pág. 26).

URUGUAY: Están *medios flacos* (Trías du Pre, pág. 12).

PARAGUAY: *Media enojada, medios dormidos* (Morínigo).

CHILE: Los caballeros están *medios recelosos* (Poblete, en *LCC,* página 274). Se casó con un tipo que canta y toca la guitarra, de estos *medios filóricos* (Juan Modesto Castro, pág. 232). Los ñatos staban *medios emparafinaos* [= bebidos] (Rojas Gallardo, *Aventuras,* 2.ª *serie,* pág. 37).

PERÚ: Estos cholos te están resultando *medios haraganes* (Benvenutto, pág. 153). Yo creo que andas *media olvidada* del novio (López Albújar, *Matalaché,* pág. 160).

ECUADOR (AZUAY): Tomaron hacia *media izquierda* para encaminarse hacia Patul (Mata, *Sanagüín,* pág. 119). Mi mujer y mi'ja ... se pusieron *medias locas* (Icaza, *Media vida,* pág. 152); —Asimismo salen todos ... *medios moraditos* (pág. 181).

GUATEMALA: Manecían muertos, o *medios muertos* (Quintana, pág. 156). Olimpia dice que está *media muerta* de cansada (Sandoval, II, 73); estuvieron *medias muertas* del susto (pág. 74); los templos quedaron *medios arruinados* (pág. 75).

MÉJICO: Van tres o cuatro muchachas *medias jinetes* en caballos regulares (Inclán, I, 322). Ella está *media mala,* ellas eran *medias molestas* ... ellos eran *medios hermanos,* ella llegó *media desilusionada* (A. Gutiérrez, pág. 219).

Santo Domingo: Están *medias locas* (Henríquez Ureña, en *BDH*, V, 225).
Puerto Rico: —Está *media enferma* (Méndez Ballester, pág. 85).

MERO, PURO

A los modernos visitantes de Méjico, desde Sánchez Somoano hasta J. B. Trend *(Mexico: a new Spain with old friends* [1940]), les llama la atención un empleo no usual de los adjetivos *mero* y *puro*, empleo que no se halla con frecuencia en el español peninsular normal. Piensan estos autores que dicho uso es particular de Méjico y que goza de una extensión limitada. Hay otras regiones en que se encuentran peculiaridades del llamado uso mejicano: en toda América Central (Guatemala, El Salvador, Honduras, Nicaragua, Costa Rica), en Colombia, Venezuela y Perú. Esto es cierto particularmente en el caso de *mero*.

En el español consagrado, *mero* significa *puro: es la mera verdad*.

En Méjico, *mero (merito)* en su calidad de adjetivo puede significar:

1. *Mismo:* ¡Ése *mero* era el amo don Inacio! (Azuela, *Mala yerba*, pág. 32). En la *mera* esquina (Ramos Duarte, pág. 354). Está en la *merita* esquina (Sánchez Somoano, pág. 85). —¿Quién es el jefe de las tropas acantonadas en este lugar? —¡Yo *mero!* (López y Fuentes, *Campamento*, pág. 80). ¿Y por qué no le metiste el plomo mejor en la *mera* chapa ["en medio de la cabeza"]? (Azuela, *Los de abajo*, pág. 33); A mí *mero* me lo dijo (pág. 195).

2. *Principal* o *verdadero:* Pedro es el *mero* malo. ... En la compañía X, Fulano es el *mero* amo. ... Después de esto viene lo *mero* bueno (Rubio, *Anarquía*, II, 39). —Se me olvidaba lo *mero* güeno (Madero, *Los alzados*, II, 6). El güero Margarito es mi *mero* amor (Azuela, *Los de abajo*, pág. 189). Don Adolfo es de mis *meros* gallos: antes mueren en la raya que correr (Azuela, *Avanzada*, pág. 278). Mañana es el *mero* día ["el gran día"] (C). ¡Y todavía falta lo *mero* bueno! (Magdaleno, pág. 120).

Refiriéndose a personas se usa con frecuencia *el mero mero:*

Después que desprendió la botella de sus labios la estrelló contra el suelo con ademán altanero. —Y güeno, ¿pos qué más has de servir, si ya bebieron en ti dos hombres de *los meros meros?* (Fernando Robles, pág. 158). *El mero mero* di un regimiento / ... llegó a su casa (García Jiménez, pág. 121). (TABASCO): Ése es *el mero mero (Inv. ling.,* I, 297).

3. *Preciso, exacto:* A las *meras* once se acercaba el cuetero y le prendía fuego (Gómez Palacio, pág. 108). Pedro llegó a la *mera* hora (Rubio, *Anarquía,* II, 39).

En Méjico, *mero (merito)* en su calidad de adverbio puede significar:

4. *Mismo: ya mero = ahora mismo, luego, en seguida.* —¿Cuándo nos casamos? —*Ya mero* (Galeana, pág. 40). (NUEVO LEÓN): —Pepe vive en el jacal de *mero* enfrente (García Roel, pág. 37); pasa por *merito* enfrente de la ermita (pág. 96); *merito* debajo de la cabecera (pág. 126). Ansina *mero* [= así mismo] hice yo (Fernando Robles, pág. 135). ¿Dónde *mero* ["exactamente"] está el hospital? (Magdaleno, pág. 255).

5. *Casi, por poco: (ya) mero* "casi". *Mero* [= casi] me deja el tren (Fentanes, *Tesoro,* pág. 140). *Ya mero* [= por poco] me caigo (Ramos Duarte, pág. 354). Pasaron dos años y *ya merito* se juntaba el dinero (Galeana, pág. 93). *Mero* me caía *(Inv. ling.,* I, 297).

6. *Muy,* pero este significado se halla restringido a algunas regiones sureñas, a Tabasco en particular: Este niño es *mero* vivo. Pa el año que entra ya se casó este bruto, *mero* jovencito (Gutiérrez Eskildsen, pág. 69).

Los usos de *mero (merito)* mencionados en los números 1, 4 y 5, es decir, con el significado de *mismo,* ya en cuanto adjetivo, ya en cuanto adverbio, y de *casi* o *por poco,* no solamente se hallan en Méjico, sino también en casi toda América Central, en el habla rústica del Perú, en Colombia y posiblemente en otras partes.

PERÚ (CALEMAR-ZONA DEL MARAÑÓN): Sacó los cheques y se pusua secalos al *mero* solcito, dándoles viento con el sombrero (Ciro Alegría, *La serpiente,* pág. 21); vive dentre las *meras* peñas (pág. 22); jué a dar al *mero* pie e La Repisa (pág. 24); [darse] cuenta con los *meros* ojos diuno (pág. 141); Los cinco tiros en la *mera* nuca (pág. 160).

COLOMBIA: Esto sí es muy peligroso, señora. Arriesga uno la *mera* hilacha [= la misma vida] (Carrasquilla, *Hace tiempos,* I, 70). HONDURAS: —¡*Merito* ayer no más al mediodía que yo venía del rastrojo! (Martínez Galindo, pág. 147). EL SALVADOR: *Ya merito* se cae (Salarrué, *Cuentos,* pág. 176). GUATEMALA: No tenga pena, que *ya mero* va a estar (Quezada Silva, en *CLC,* pág. 184). —El fuego arderá *ya merito* (Santa Cruz, en *CLC,* página 235). Espérame tantito que *ya merito* vuelvo (Sandoval, II, 613).

El uso de *mero* mencionado arriba en el número 2 con el significado de *verdadero* no solamente se encuentra en Méjico, sino asimismo en Guatemala, siendo aquí considerado equivocadamente como un provincialismo regional (Bonilla Ruano, III, 329: "provincialismo nuestro ... es *mero*").

—Este diablo no era el *mero* sino una mujer llamada Lola (Quintana, pág. 152). De monárquica me dicen / que ya no te queda nada, / conduciéndote en un todo / por la *mera* democracia (Bonilla Ruano, III, 329).

El uso de *mero* con significado de *muy* que se nombra arriba en el número 6 como privativo de Méjico es mucho más común en el habla popular de América Central (especialmente en Guatemala y en El Salvador). Adverbial en su función, concuerda como adjetivo con la palabra a la que modifica. Sandoval (II, 81) llama adverbio a este *mero,* haciéndole consiguientemente invariable en sus ejemplos: *mero* orgullosa, *mero* mujer, *mero* hombres, *mero* bien, etc. Los ejemplos siguientes demuestran, sin embargo, que en el habla popular *mero* concuerda frecuentemente en género y en número con la palabra que modifica.

EL SALVADOR: —Don Rafáil es *mero nesio* (Ambrogi, pág. 9); andan *meros tristones* los otros dos (pág. 32); [la chicha] está *mera güena* (página 100). Se conocía que pasaba hambre, pero aquí se reponía pronto, y pasaba *mero contento* (Mechín, *La muerte,* pág. 106); Entre otras cosas me cuenta ruborosa que mis tíos eran "muy atrevidos". Yo me escandalizo y le declaro que al contrario, son *"mero tímido"* [sic] (pág. 41). La fragancia de la mañana venía *mera cargada* (Salarrué, *Cuentos,* pág. 35). GUATEMALA: —Viera un chivito cruzado *mero chulo* (Quintana, página 19); dio un grito *mero feyo* (pág. 214); tantas cosas *meras estrañas* que he visto (pág. 216); una india *mera bonita* (pág. 216).

Finalmente, descubrimos otro significado más de *mero* (como adjetivo), restringido aparentemente al lenguaje rústico de Colombia y de Venezuela: *solo* (adjetivo) y *sólo* o *solamente*.

COLOMBIA: Cuélome por nuestra casa y la examino. Es *un mero* cuarto bastante grande (Carrasquilla, *Hace tiempos,* I, 63); Tan solamente truje seis platillos y *meras tres* tazas (I, 79); Pero tendrán otros niños ... *Éste mero* (I, 157); —¿Y tienen mucha familia ...? —*Cuatro meros* hijos (I, 323); *Una mera* vez (II, 100). No hubo sino un muerto y *diez meros* heridos (Arias Trujillo, pág. 58).
VENEZUELA: ¿Cuántas cochas ["hornadas de azúcar bruto"] han sacado? —*Una mera* (Picón-Febres, pág. 250).

Para *meramente* usado como verbo en Nuevo Méjico, véase página 279.

El adjetivo *puro* antepuesto al sustantivo y con el significado de "a fuerza de, sin más, solamente", fue común en el habla antigua: "deshaciéndose a *puras* uñadas" (Quevedo, *Buscón,* página 202); "conservando la sangre a *pura* carne y pan" (pág. 210); "con la cara rebozada a *puros* mojicones" (pág. 218); "A *puro* correr, llegó a la hora" (Correas, pág. 535). Encuéntrase aún en el español regional moderno y en grado limitado en el español general: —"Un *puro* peñasco ... *pura* música sin substancia" (Pereda, *Obras,* XI, 186, 195): "le habían obligado a no ejercerla [su facultad] de *puro* no llamarle alma viviente" (Narciso Campillo, *Una docena de cuentos* [1878], pág. 56); "de *puro* hacer el Quijote saldrá del Gobierno como Sancho Panza!" (Benavente, *La gobernadora* [1901], II, 1). En el actual uso peninsular normal es considerablemente menos frecuente que en ciertas regiones de América. En Méjico, por ejemplo, su excesiva frecuencia en el habla coloquial en el sentido de "sólo" nunca deja de captar jocosamente la atención de los españoles recién llegados. "Aquí se sirve la *pura* comida" significa que se sirve "solamente la comida", ni cena ni desayuno.

En Chile, Román (IV, 507) habla de "nuestra acepción" (es decir, uso chileno) refiriéndose a *puro:* "Quien no tiene dineros tiene los *puros* bolsillos, la *pura* cartera, el *puro* portamonedas, porque todos ellos están vacíos de monedas". Guzmán Maturana, en su novela popular chilena *Don Pancho Garuya,* refuerza la idea de *solamente* añadiendo *no más:* "trabajando enterraos en el barro ... en *puritos* cueros *no más*" (pág. 256); "son *puros* planes *no más*" (pág. 301), etc.

Sin embargo, el uso de *puro* en el sentido de *sólo* no es exclusivamente mejicano ni chileno, sino más bien general, aunque en menor grado.

ARGENTINA: Todo se les volvía a los dos mozos *puro* recortarle los vasos a los caballos preferidos; *puro* emparejarles el tuse; o *puro* ensebarse las botas (Lynch, *Romance,* pág. 72); ¿De ánde mujeres? ¡Si estábamos *puros* varones! (pág. 118).

URUGUAY: Lo que te prediqué fue *pura* paparrucha (Reyles, *El terruño,* pág. 144).

CHILE: Con el *puro* té y el pan se mantenía (Juan Modesto Castro, pág. 229). Pensamos en *puro* comer (C).

BOLIVIA: Era *pura* flor el guindal (Arguedas, *Vida criolla,* pág. 11).

PERÚ: Lo hace de *puro* cantor, es decir 'por amor al arte' (Malaret, *BAAL,* IX, 198).

COLOMBIA: La despensa en las *puras* tablas (Carrasquilla, *Novelas,* página 18). De *puro* que he cantado tengo la lengua fría (C).

VENEZUELA: Estuvimos en casa viviendo a *puro* maduro sancochado con leche hervida (Romero García, pág. 57).

COSTA RICA (RURAL): Al *puro* "tan" de las doses [= doce] bolbió a manijar la lengua (Echeverría, *Concherías,* pág. 171). —Sí, güena tierra ésta, muy negra. Lástima que esté en la *pura* calle (Fabián Dobles, pág. 266).

GUATEMALA: Te van a ver a *puro* pie y te llevan flores de pascua (Barnoya, pág. 53). Ir a *puritito* caite ["ir a pie": el *caite* es una especie de sandalia, y de ahí el popular *caiteárselas* "huir"].

MÉJICO: Pues si yo no comí nada: ya ves, la *pura* tortilla (C). No vendo nada ... el *puro* reló, y eso porque ya debo los doscientos pesos (Azuela, *Los de abajo,* pág. 199); ¡Ah, las tropas de Villa! *Puros* hombres norteños (pág. 123); doscientos por el *puro* reló (pág. 198). No hay frijoles, no hay tortilla: *puro* chile picado y sal corriente (pág. 249). Usted tiene un crédito tan bien cimentado ... que sobrará quien le facilite el dinero que pida, con su *pura* firma (Azuela, *Avanzada,* pág. 46); no más son *puros* envidiosos (pág. 89); no alojar en su casa sino *pura* gente decente (pág. 241). Esta tierra mía, tan fea, donde *puros* sufrimientos he tenido (Galeana, pág. 34). Haber manos puras donde había *puras* manos ["trabajadores honrados donde antes había ladrones"] (Rubio, *Refranes,* I, 247).

Puro también puede tener el significado de *mismo* (igual que en el caso de *mero*).

CHILE: ¡Estamos en la *pura* boya! [= con toda felicidad] (Guzmán Maturana, pág. 307); estar en la *pura* pega [= en su punto, en plena juventud] (pág. 341).

COLOMBIA: Yo creí que era de *puro* Bogotá (C). Se quedó *puro afuera, puro adentro* (Flórez, pág. 375).

COSTA RICA: Me puso la pata en la *pura* jeta (Agüero, pág. 61); Y cayó en la *pura* puerta (pág. 68).

EL SALVADOR: En algún rincón, en el *purísimo* suelo ... han montado el garito (Ambrogi, pág. 183).

GUATEMALA: El queso que frabricas tiene el *puro* sabor del suizo (Sandoval, II, 298).

MÉJICO: ¡Toma! ¡En la *pura* calabaza! ["en medio de la cabeza"] (Azuela, *Los de abajo*, pág. 20). Yo soy de Limón ... del *puro* cañón de Juchipila (pág. 74). —Soy de *puro* Guanajuato (Mendoza, *El romance*, página 445). Encomenzó a darle golpes / ¡nomás en la *pura* cara! (Rivas Larrauri, pág. 122).

Como adverbio, *puro* puede significar *muy, sumamente*, etc., y la frase adverbial *de puro* + un adjetivo significa *a fuerza de:* "María pasa por *puro honrada* ... pero *de puro tonta* perdió el empleo" (Sandoval, II, 298). En este caso, frecuentemente concuerda —como adjetivo— con la palabra que modifica, y no ya sólo en el habla popular, sino asimismo en el habla familiar de personas cultas. Tal concordancia se halla ocasionalmente en los clásicos.

CHILE: Lo hice así *de pura tonta* (Román, IV, 507).

PERÚ: Ellos *de puros perversos* chismearon a la vieja (Benvenutto, página 153).

ECUADOR: *De puras brutas* han venido a aviarles (Mata, *Sanagüín*, página 49).

COLOMBIA: Lo hizo *de pura traviesa* (Cuervo, § 380).

En algunas regiones, especialmente en Venezuela, puede significar "uno solo, solamente", etc. (como en el caso de *mero*): "*Una pura* vaca ordeñó ahora; tan *puro* tres fanegas de maíz pude comprar; lo que tengo para vivir es *una pura* choza" (Picón-Febres, pág. 291).

En Colombia (Cuervo, § 537), Venezuela (Alvarado), la mayor parte de las Antillas (Malaret), Chile y Ecuador (observación personal), y probablemente en otras partes, incluyendo España, se usa *puro* con otro significado más: el de *idéntico, muy parecido,* como en el ejemplo peninsular que cita Cuervo: *"Purico, purico* a tu padre"* (Hartzenbusch, *El niño desobediente,* II, 2).

VENEZUELA: Esta joven es *pura* a su hermano. ¡Tan *puro* que es a su padre! (Alvarado, pág. 378).

ADJETIVOS POSESIVOS

En el español moderno, el adjetivo posesivo sigue de ordinario al nombre en la interpelación directa y en las exclamaciones *(hijo mío).* Sólo en ocasiones precede al nombre *(mi hijo),* tal como ocurre siempre con los títulos militares *(mi capitán)* y a menudo en los libros devotos (¡Ay, *mi Dios!).* Incluso en el siglo XVI la posposición era de uso mucho más común en España, y Valdés (pág. 46) la consideraba mucho más cortés. La forma antepuesta, que implicaba mayor intimidad, y era la única empleada para dirigirse a inferiores (Keniston, pág. 243), es la que ha consagrado el español de América (con frecuencia después de *pobre),* al igual que muchas otras que en el habla antigua eran las más íntimas o coloquiales. No hay por qué ver en ello un galicismo, como pretenden algunos gramáticos (Bonilla Ruano, II, 256).

ARGENTINA: —¡Pobre *mi* Almandos! (Greca, pág. 167). *Mi* dotor, no se me asuste / que yo lo vengo a servir *(Fausto,* pág. 269); —¡Pobre, *mi* caballito! (Lynch, *Los caranchos,* pág. 141). Cf. también *RFH,* III, 126.

URUGUAY: —¡Pobre *mi* hermano! (Montiel, *La raza,* pág. 247). —¿Cómo les va, *mis* hijos? (Florencio Sánchez, pág. 443); —Está más desmejorada, *mi* vieja (pág. 444); —Mire, *mi* tía (pág. 259).

CHILE: —Una copa, *mis* amigos, viene bien para el frío (Durand, *Mercedes,* pág. 40); —Pobre, *mi* hijita —suspiró doña Carmela (pág. 262). ¡Pobrecita *mi* "guagüita"! (Pepe Rojas, *La banda,* pág. 4). —¡Pobre *mi* Pascualita! (Brunet, en *ACH,* pág. 254). —¿Regaron la chacra, *m'hija?* (Latorre, *Zurzulita,* pág. 92); ¡No l'olvides, *m'hija!* (pág. 93).

PERÚ: ¡Ay, *mi madrecita!* Cómpreme a mí, *mi* patrón (Benvenutto, página 145).

COLOMBIA (ANTIOQUIA): —Sí, *mi* Niña (Carrasquilla, *Hace tiempos,* I, 174); —Prosigan, *mis* señoras (pág. 187). —Hasta después, *mis* amigos (Buitrago, pág. 67). —Pobrecita *mi* máma (Efe Gómez, pág. 77).

ECUADOR: —¡Dios no lo quiera! ¡Pobre *mi* hija! (Gil Gilbert, *Nuestro pan,* pág. 79). —Pobre *mi* Teresita (Mata, *Sumag Allpa,* pág. 12).

VENEZUELA: —*Mi* doctor, ¿no hay esperanza? (Urbaneja, pág. 197).
—Desde hace un rato, *mi* negro (Díaz-Solís, pág. 12); —Caray, *mi* herma-
no ... —Qué hembra, *mi* hermano (págs. 12, 18).
EL SALVADOR: —¿No encontrastes nada, *mi* hija? (Torres A., pág. 80).
GUATEMALA: —Te contemplaré, ¡oh *mi* amigo! (Bonilla Ruano, III,
256).
CUBA: *mi* socio, *mi* compadre, *mi* viejo, etc. (Padrón).

En numerosos países hispanoamericanos son comunísimas las
formas familiares contractas: *mija, mijita, mijo, mijito,* en lugar
de *mi hija, mi hijita, mi hijo, mi hijito.* En el español tipo, estas
formas serían: *hija mía* e *hijo mío.*

En el español antiguo, y a lo largo del Siglo de Oro, el adjetivo posesivo no acentuado y usado con valor partitivo aparecía
con frecuencia detrás del artículo indefinido o de adjetivos demostrativos e indefinidos y delante del nombre correspondiente: *un
mi amigo, este mi amigo.* En realidad, la forma acentuada del
adjetivo posesivo colocada como en la actualidad detrás del nombre también daba expresión al mismo concepto: *un amigo mío.*
En el español actual, la posposición de la forma acentuada ha
suplantado casi enteramente el uso de la forma no acentuada, si
bien la última se puede hallar con un pronombre demostrativo
(este mi amigo) y en ocasiones con el artículo indefinido *(un mi
amigo).* Hispanoamérica, empero, retiene más vigorosamente el
antiguo uso español en numerosas regiones. En razón de su relativa escasez en el español peninsular y de su sabor arcaico, *un
mi amigo* —por más gracioso, poético y sugestivo— impresiona
mucho más que *un amigo mío* los oídos de un español.

Aurelio Espinosa (*Studies,* II, §§ 68 y 69) nos suministra formas nuevas del habla popular de Nuevo Méjico: el artículo definido o el adjetivo posesivo + el demostrativo *(los ésos, mi aquél,
su ése).* Tales construcciones se usan a veces como adjetivos (*mi
aquel libro = aquel libro mío*).

ARGENTINA: Evocar *aquella mi vida* (*Fray Mocho,* pág. 67).
URUGUAY: Hablaba como ... de *un su amigo* (Pérez Petit, pág. 97).
PERÚ: Nos quedaremos hasta la media noche en esta choza de *unos
mis compadres* (Barrantes, pág. 143). Pero si yo, equivocando a S. E. con
algún mi pariente, le dijera ... (Gamarra, *Algo del Perú,* pág. 163).

COSTA RICA: Viniendo por la acera ella y *una su amiga* (González Rucavado, pág. 10).
NICARAGUA: La hija ... pasaba lo más del día en casa de *unas sus tías* (Chamorro, *Entre dos filos,* pág. 27). ¡Suficiente es lo que [he] sufrido ya con *vos,* con *esas tus cosas* y con *ese tu genio!* (Toruño, pág. 90).
EL SALVADOR: Andáte a lavar *esa tu cara* (Torres Arjona, pág. 142); Si vieras, tiene *un su marido* tan bueno como es feo (pág. 154). Regresaba de rondar la casa de *una mi muchacha* (Martínez Galindo, pág. 147). Va a venir *una mi hermana* (C).
GUATEMALA: Todos los días, echo *un mi sueñito* después de almorzar (Sandoval, II, 87). José teniya *un su amigo* mero traslapado [= amigo] (Quintana, pág. 154). Se hizo pago de sus honorarios con *una mi vaquita* (Guzmán Riore, pág. 8); se sacó ayer *una mi cajita* de plata (pág. 84).
MÉJICO: Me paso ... a recoger dizque una herencia de *un mi tío* que en paz descanse (Inclán, I, 240); Ahora vamos con *el otro mi tío* (I, 244).
NUEVO MÉJICO: *Mi aquel* libro [= *aquel* libro *mío*], *tu ese* papel [= *ese* papel *tuyo*], *sus esos* caballos [= *esos* caballos *suyos*] (Espinosa, *Studies,* II, § 69).

Encontramos una combinación o fusión de ambas construcciones en el bajo pueblo de algunas regiones, tal vez por reforzamiento y por analogía con formas duplicadas tales como *su casa de usted: mi casa mía* por *mi casa* o *la casa mía.*

CHILE: Hablo ... con *mi* lenguaje *mío* (Sepúlveda, *Hijuna,* pág. 34).
GUATEMALA: *Mi* casa *mía* está muy lejos de aquí; *Mis* libros *míos* llevan el sello que tiene el nombre de mi papá (Sandoval, II, 87).

En Chiloé, Chile, tal reforzamiento lo consigue el habla popular añadiendo a la frase el sujeto poseedor. Cavada (pág. 283) atribuye al mapuche, lengua de los araucanos, semejante construcción: "Éste es *mi* sombrero *yo*; ésta es *tu* camisa *tú*; ése es *su* caballo *él;* éste es *su* libro *el maestro*". No obstante, la pérdida de la *d* intervocálica puede haber contribuido en este fenómeno: *su caballo (d)e él > su caballo él.*
En la región del Río de la Plata particularmente, y en otras partes con menor frecuencia, los adjetivos posesivos no acentuados y pospuestos reemplazan a la frase prepositiva de *de* + un pronombre personal detrás de adverbios de lugar: *delante suyo* por *delante de él* (o *de sí*). De esta forma, el adverbio es sustantivado, probablemente por analogía con las preposiciones compuestas que

contienen un nombre que trasmite valor de complemento al adjetivo posesivo: *a causa tuya (a causa de ti), en busca suya (en busca de él), a pesar suyo, en derredor mío, en torno suyo, a la espera suya, a la siga mía* (Chile), etc.

Los gramáticos rompen en invectivas contra construcciones semejantes a *delante suyo*. Alonso y Henríquez Ureña *(Gramática,* I, § 78; II, § 221) aconsejan a los estudiantes argentinos que usen la expresión consagrada *cerca de mí* más bien que *cerca mío, detrás de ti* más bien que *detrás* (o *atrás) tuyo, contra mí* más bien que *contra mío, delante de ti* más bien que *delante* (o *adelante) tuyo, lejos de nosotros* más bien que *lejos nuestro,* etc. Al parecer, sin embargo, esta práctica se halla tan profundamente atrincherada en Argentina, que sus mejores escritores no tienen escrúpulo alguno en hacer uso de ella. No obstante, no se encuentra restringida a la región del Río de la Plata, como muchos creen, sino que se halla —con menor profusión, es cierto— en Chile, Bolivia, Perú, Ecuador y Venezuela, y esporádicamente en países tan al norte como Santo Domingo *(BDH,* V, 239). En el habla popular se halla también en regiones de España, de donde procede, como Andalucía, Bilbao (Arriaga, pág. 48: *atrás tuyo, atrás mío;* pág. 308: *ensima nuestro),* siendo frecuente en catalán.

Es interesante observar la ocasional concordancia adjetiva en semejantes locuciones. En Andalucía, por ejemplo, encontramos *mía* usado con *encima:* "tendío yo der to y er toro tendío der to *ensima mía*" (Muñoz Seca, *El roble de la Jarosa,* pág. 38). En Santo Domingo, *p'arriba mía* (citado en *BDH,* V, 238). El uso de *mía* con *encima* y *arriba* (o con otras palabras que presenten *-a* final) parece natural, ya que la terminación en *-a* es generalmente femenina. A veces aparece el adjetivo femenino *(delante suya)* cuando la persona de que se trata es del género femenino. Esto ocurre igualmente en Andalucía *(BDH,* V, 239). Vázquez (pág. 317) afirma que en Ecuador algunos dicen *en pos suyo,* otros *en pos suya,* sin que existan razones especiales para ninguna de las dos formas. Insinúa que, en el caso de que el adjetivo deba cambiar de género, debería concordar con la persona o cosa a que se refiere, pero él es partidario de usar *en pos de él* o *en su pos.*

En Bolivia, Perú, Ecuador y sur de Colombia hallamos *en* (*por*) *su delante* como variante preferible a *delante suyo* (español tipo *delante de él*, etc.). En el Perú se considera esta construcción como típica del pueblo no culto de la sierra y, en menor grado, de la región costera; sin embargo, en Huánuco se registra corrientemente aun entre la gente culta. En ocasiones, particularmente en Ecuador, ambas formas (*en su delante, delante suyo*) existen una al lado de la otra, pudiéndolas usar alternativamente la misma persona (*delante suyo* es la menos común); a veces se oye una fusión de entrambas: *en delante suyo*.

ARGENTINA: El callejón, *delante mío,* se tendía obscuro (Güiraldes, *Don Segundo,* pág. 21; también págs. 60, 78, etc.); *detrás mío* (págs. 16, 78), *detrás nuestro* (pág. 138), *detrás suyo* (pág. 69), *cerca mío* (pág. 85), *cerca tuyo* (pág. 204), *encima nuestro* (pág. 89), *dentro mío* (pág. 297), etc. Me invita a sentarme *frente suyo* (Güiraldes, *Xaimaca,* pág. 17); *a la par nuestra* ... va tumbándose un río (pág. 20); *atrás nuestro* (pág. 189), etc. *Detrás suyo* quedaba la conmoción de los portazos (Mallea, *La ciudad,* pág. 114). El cabo Gorosito está a *cinco pasos suyos* (Sáenz, pág. 55); Viento *arriba mío* quedaban (pág. 75).

URUGUAY: *Atrás suyo* debe andar un peón con la máquina de alambrar (Montiel, *Alma nuestra,* pág. 137); si alguno se atreve a calumniar a Leonor *delante mío* (pág. 144).

PARAGUAY: *Delante de él* alterna con *delante suyo; detrás de mí* con *detrás mío; en busca suyo,* etc. (Morínigo).

CHILE: Ya la peonada corría *detrás nuestro* (Manuel Rojas, *Hombres,* pág. 35). Aquí me estoy, pues, *a la espera suya* (Barrios, *El hermano asno,* pág. 214). Se cree que todos andan *a la siga mía* (Acevedo Hernández, *Árbol viejo,* pág. 33).

BOLIVIA: No debo decir nada de él *en su delante* (Arguedas, *Vida criolla,* pág. 97). Terneros, ovejas, gallos, patos y gansos pasaban orondamente *por su delante* (Arguedas, *Raza,* pág. 76). Apartó al individuo *de su delante* (Pereyra, pág. 72). —Sigan por acá, indios, *por mi detrás* (Augusto Guzmán, pág. 170); se cuadran *en su delante* cuatro jovenzuelos sin zapatos (pág. 179); corren *en pos mía* (pág. 182).

PERÚ: *En mi delante* se atrevió a faltarla; es una ausenciera que *en su detrás* raja duro y *en su delante* lo adula; sólo saldré cuando tumben las paredes *en mi encima* (Benvenutto, pág. 146). (PIURA): —¡Qué ponderación la tuya, José Manué! Y entoavía *en tu elante* (López Albújar, *Matalaché,* pág. 100). (HUÁNUCO): *Por mi tras, en su tras, en tu encima,* etc. (Pulgar Vidal, pág. 817).

ECUADOR (COSTA): —Mi compadre Jaramillo va *en vez mío* (Gil Gilbert, *Nuestro pan,* pág. 20); Oía golpes *a su detrás* (pág. 73); un cajón que estaba *en su delante* (pág. 75); Magdalena corrió un rato *en su detrás* (pág. 114); iba *delante suyo* (pág. 179), etc. (CUENCA): ¡Y eso *en mi delante,* cara a cara! (Mata, *Sanagüín,* pág. 9); escondiendo *tras suyo* al pequeño (pág. 123); *en su delante* (pág. 173); Jaime oyó *tras suyo* un "aura es cuando" (pág. 195); *en delante nuestro* (pág. 196). *Delante nuestro* camina el muchacho de doce años (García Muñoz, *El médico,* pág. 128). —No, si la llave está *cerca tuyo* (Pareja, *Don Balón,* pág. 168). *En delante mío* no se dice esas cosas (Andrade, pág. 127). —Reido estaba *delante mío* (Icaza, *Media vida,* pág. 162).

COLOMBIA (SUR): —¿Cómo has de estar lloriquiando y despeinada *en su delante?* (Álvarez Garzón, pág. 17); —De a buenas o de a malas les sacamos el papel del secreto y lo romperimos *en su delante* (pág. 178).

VENEZUELA: *Junto suyo* había alguien que no quiso que le pegara a los caimanes (Gallegos, *Doña Bárbara,* pág. 19); cuente que yo voy *detrás suyo* (pág. 331). Aunque cuando el juicio está por encima del hombre y no por *debajo suyo,* que es como debe estar, el hombre está sin juicio (Gallegos, *Canaima,* pág. 174).

SUSTITUCIÓN DEL ADJETIVO POSESIVO POR EL
PRONOMBRE PERSONAL

Puesto que el adjetivo posesivo *su* tiene varios significados posibles ("de él, de ella, de usted, de ustedes, de ellos, de ellas"), con frecuencia se hace necesario por motivos de claridad el empleo de una frase con *de* + un pronombre personal (*la casa de él, su casa de él, de ella, de usted,* etc.). En varios países hispanoamericanos *su* es considerado comúnmente como forma cortés sólo para la segunda persona, debiéndose usar con *usted.* En consecuencia, el habla popular lo evita cuando se trata de la tercera persona, y en tales casos la práctica general es el empleo de *de él, ella, ellos, ellas.* Este empleo se halla en la España del siglo XVI, mas, al parecer, era raro (Keniston, pág. 245). En la actualidad, el *su* aislado se refiere ordinariamente en España a la tercera persona (Gili y Gaya, § 181), pero en Hispanoamérica, más comúnmente a la segunda (por más que diga lo contrario Gili y Gaya, que interpreta mal a Tiscornia, *La lengua,* § 98).

CHILE: Mientras la muchacha hablaba, Lautaro advirtió que en los ojos *de ella* estaba la tristeza de su pueblo (Fernando Alegría, *Lautaro,* página 60).

ECUADOR: Acaso vos sois taita ni mama *d'él* (Icaza, *Cholos*, pág. 32).
El señor Luis Díaz tuvo la culpa. Yo era huambra todavía y una vez que
estuve en la casa *de él* ... (Bustamante, pág. 61). En la vida *de ella* había
una sarcástica contradicción (Salvador, *Noviembre*, pág. 219). La hizo *de*
él (Gil Gilbert, *Yunga*, pág. 21). ¿No ve, patrón, que les gusta dar qué
hacer a las mujeres *de ellos?* (Mata, *Sanagüín*, pág. 160).
COLOMBIA (ANTIOQUIA): —Que se case. Está bien. No tengo derecho a
oponerme, porque no soy el padre, ni la madre *de él* (Arango Villegas,
pág. 103).
VENEZUELA: No; ella volvería, a ser la amada, la compañera *de él* (Pocaterra, pág. 200).
COSTA RICA: —¿Quieren que vayamos al cuarto *de él* a ver si está?
(González Rucavado, pág. 93).

Esta construcción en primera persona de plural (*de nosotros* por
nuestro, etc.), si bien rara en España en el siglo XVI, es popular
en gran parte de Hispanoamérica. Román (V, 708) afirma en el
caso de Chile: "El pueblo nunca dice *nuestro* fuera del *pan nues-*
tro y del *padrenuestro*". La desaparición de *vuestro* en beneficio
del analítico *de ustedes* puede haber influido sobre el cambio de
nuestro por el popular *de nosotros* (*BDH*, II, 141).

ARGENTINA: Dice mama que te pide que no te olvidés de la notisia de
la yegada *de nosotras* (*Fray Mocho*, pág. 120); Eso es una invención *de*
nosotros (pág. 171). Es que ella está en la creencia de que es hija *de nojo-*
tro (Larreta, *El linyera*, pág. 157).
CHILE: El patrón, con el trabajo e *nosotros*, ha comprao otra hacienda
(Acevedo Hernández, *Por el atajo*, pág. 29). —Estos niños ... son nieto
e *nosotro*, pué, señor (Romanángel, pág. 70).
COLOMBIA (ANTIOQUIA): Los relojes *de nosotros* no van a ser de plata
(Carrasquilla, *Hace tiempos*, II, 314). —Es un amigo de toda la confianza
de nosotros (Buitrago, pág. 157).
VENEZUELA: El papá *de nosotros* lo enseñó. ¿Tú no has oído hablar
de Bocú? Ése era el papá *de nosotros* (Guillermo Meneses, en *ACMV*,
II, 151). ¿No crees que sería bueno comprar un carro nuevo? Ya el *de*
nosotros no está muy bien que digamos (Díaz-Solís, pág. 65).
COSTA RICA: ¿Usted no ha encontrado un cintillo de terciopelo rojo?
Tal vez en el cuarto *de nosotras*, barriendo (González Rucavado, pág. 93).
HONDURAS: Recuerdo que fue un amigo *de nosotros* quien ... vino
a llamar (Mejía Nieto, *El solterón*, pág. 113).
EL SALVADOR: —Estas cosas son obra denantes, de los agüelos *de nos-*
otros (Salarrué, *Cuentos*, pág. 10).
MÉJICO: Las vecinas m'emprestaron sus gatos porque el *de nosotros*
solo no 'biera resistío (García Roel, pág. 49); ni sabe nada de las relacio-

nes *de nosotros* (pág. 137); dime el segundo verso de la canción *de nosotros* (pág. 212). —¿De modo que tú eres orita de los *de nosotros?* (Rubín, pág. 156). Éstos son de los *de nosotros* (Ángulo, pág. 101).

Cuba: Rafael, esto no es vida; estos hijos *de nosotros* tienen que vivir de otra manera (Ciro Espinosa, pág. 17); dende que se murió la baca *e nosotroh* (pág. 162); —Los padres *de nosotros* lo hicieron igual (página 469).

ADJETIVOS INTERROGATIVOS

En el español tipo, el adjetivo interrogativo atributivo es normalmente *que:* "¿*qué* libro tiene usted?". Rara vez se usa *cuál* en tales casos, aun cuando se puede usar para indicar una elección dentro de un grupo muy pequeño: "¿*cuál* libro tiene usted?". En la prosa del siglo xvi (Keniston, pág. 281) el adjetivo interrogativo regular era *qué;* el raro, *cuál,* se usaba "para acentuar la limitación dentro de la clase, como en inglés 'which'?". No obstante, *cuál* aparece con mayor frecuencia en el habla antigua que en la actualidad: "¿*Quál* consejo puede regir?" (*Celestina,* I), "¿*Quál* Dios te traxo por estos barrios?" (IV), "¿*Quál* muger jamás se vido en tan estrecha affrenta?" (VI); "¿*Quál* muger de mis años la passa con tantos sobresaltos y desdichas?" (Lope, *Dorotea,* I, 3). La frecuencia comparativa de *cuál* en el habla antigua se refleja en el español de América, contrastando con su menor uso en el español peninsular actual.

Argentina: Sin saber por qué, ni siguiendo *cuál* güella, se encontró de pronto en una pieza alumbrada por un candil mugriento (Güiraldes, *Don Segundo,* pág. 126).

Chile: No sé a *cuáles* asuntos se refiere (Luis Meléndez, pág. 148); *cuáles* secretos posee (pág. 180). ¿Por qué no consigue usted al chilenito de Pincheira? —¿*Cuál* chilenito? (Magdalena Petit, pág. 132). —Me da la primera alegría de la semana. —¿*Cuál* alegría? (Acevedo Hernández, *De pura cepa,* pág. 6).

Perú: —¿Y de *cuáles* caprichos me crees tú capaz? (López Albújar, *Matalaché,* pág. 133).

Ecuador: La madre ha simpatizado conmigo. —¿*Cuál* madre? (Salvador, *Noviembre,* pág. 142). —¿Y *cuál* peón es el herido, patrón? (Mata, *Sanagüín,* pág. 159).

Colombia: Y si se demora un poco más, lo deja el tren. —¿*Cuál* tren? (Restrepo Jaramillo, pág. 150). ¿*A cuál?* por ¿*cuál?* (rústico).

VENEZUELA: ¿Con *cuáles* brazos defenderse, si la tenía enlazada en un abrazo salvaje? (Pocaterra, pág. 191). ¿A *cuál* cabra quieres más? (Briceño, en *ACMV*, II, 122). Pregunto a mi mujer si hay desayuno. —¿*Cuál* desayuno? (Fabbiani Ruiz, en *ACMV*, II, 175).

HONDURAS: —¡Detenga a ese hombre! —¿*Cuál* hombre? (Martínez Galindo, pág. 126).

MÉJICO: Yo sé *cuál* pan es bueno, aunque no sea panadero (Robles Castillo, pág. 21). —¡Ahora vamos a brindar por su conquista! —¡*Cuál* conquista! (Galeana, pág. 89). —¿Pos *cuál* causa defendemos nosotros? (Azuela, *Los de abajo*, pág. 35). —¿*Cuál* curandero? (M. A. Menéndez, pág. 254). ¿*A cuál?* por ¿*cuál?* (rústico, *BDH*, II, 31).

SANTO DOMINGO: —Y yo, ¿*cuál* rumbo tomo ahora? (Requena, *Los enemigos*, pág. 174).

COMPARACIÓN

Puesto que todos los adjetivos, salvo cuatro, forman su grado comparativo y superlativo mediante la partícula *más* (o *menos*) antepuesta al grado positivo, las excepciones (*mejor, peor, mayor, menor*), derivadas directamente de los comparativos latinos, tienden lógicamente a acomodarse a la mayoría en el habla popular. Dicha práctica se remonta al latín mismo: *magis melior* (Meyer-Lübke, § 47). Expresiones españolas como *más mejor* y *más peor* (pop. *pior*), que se pueden hallar en los clásicos, están hoy relegadas a los iletrados en el uso popular y rústico general, tanto en España como en América. En tales niveles lingüísticos se llega con frecuencia a considerar como positivas las formas *mejor* y *peor*, y por consiguiente necesitan la partícula *más* para convertirlas en comparativos (cf. *more better* y *nearer*, comparación doble en realidad: *nigh, near*).

CHILE: No estoy *tan peor* [= tan malo o tan mal] como ayer; No lo hice *tan peor* [= tan mal]; No me salió *tan peor* [= tan malo] el discurso (Román, IV, 209). —Una vez había un hombre que tenía una mujer *tan pior* [= tan mala] como la Juana e Dios (Acevedo Hernández, *Arbol viejo*, pág. 38). Es *más pior* (Juan del Campo, pág. 39).

ARGENTINA: —¿Sabe cómo sigue el hombre? ¿Está *más pior?* ... El Toruno está ... muy mejor, cada vez *más mejor* (Lynch, *Romance*, página 295). (SAN LUIS): *más peor, más mucho*, etc. (Vidal, pág. 399).

PARAGUAY: Estoy *más mejor;* me siento *más peor* (Morínigo).

ECUADOR: —Y de más cerquísima ha de ser *más peor* (Pareja, *La Beldaca*, pág. 60). —¡Ejtoy *maj pior* que antej! (Aguilera M., pág. 60). COLOMBIA: Otros enfermos *más piores* (Tulio González, pág. 13). VENEZUELA: O la [gente] del Siete Cueros, que es *más pior* (Gallegos, *Pobre negro*, pág. 319). MÉJICO: *Más mejor* es mala pizca [= recolección] que buena cosecha en pie (Rubio, *Refranes*, I, 316). Los gachupines ... no eran tan *peores* [= tan malos] (Urquizo, pág. 101).

Sandoval (II, 65) registra para Guatemala la variante vulgar *más a peor:* "El enfermo va *más a peor*", caso en que *más a peor* intensifica la fuerza de *peor*. Lo mismo se da en el lenguaje rural de Costa Rica ("Entre más lo cuido, *más a pior*" [Echeverría, *Concherías*, pág. 155]), de Cuba ("Ha ido *a mejor, a mejor*" [Padrón]) y de otras partes. Las formas populares son grandemente dinámicas, indicando, como indican, un proceso progresivo.

En los ejemplos anteriores, *peor* y *mejor* son ya adjetivos, ya adverbios. El *más* superfluo se halla con frecuencia también delante de otros adverbios, como ocurre frecuentemente en la España rural: *más antes* por *antes*, *más después* por *después*, etc. Tales expresiones se pueden oir casi en todas partes en el habla descuidada, incluso en labios de gente culta. Ocasionalmente se deslizan en el estilo literario. Cf. el lenguaje antiguo: "*más antes* no os vieron" (Torres Naharro, *Comedia Himenea* [1517], jornada II).

ARGENTINA: *Más después, más ahora, más luego* (Vidal, pág. 395). CHILE: —Ponga el disco de *más antes* (C). *Más luego* haré lo que me mandas (Chiloé: Cavada, pág. 284). BOLIVIA: Se oye distintamente el tableteo sonoro de las ametralladoras livianas ... y, *más después*, ... el bombo hiperbólico de la artillería que hace temblar la tierra mártir de los montes (Augusto Guzmán, pág. 53). PARAGUAY: *más antes, más luego* (Morínigo). ECUADOR: —Quiero ir mucho *más antes* (C). —Pero [Sotero] jué mío *más* primero (La Cuadra, *Horno*, pág. 181). Unos se van *más antes*, otros *más después* (Gil Gilbert, *Nuestro pan*, pág. 14). VENEZUELA: —De *más lejos* que *más nunca* (Gallegos, *Doña Bárbara*, pág. 31); —Deje eso para *más después*, Capitán (pág. 35). —Hasta *más luego*, como dicen ustedes. Hasta *más lueguito*, doña Bárbara (pág. 161); *más después* fue visto por la sabana este caballo (pág. 294). COSTA RICA: Un poco *más luego* (Fabián Dobles, pág. 260). MÉJICO (NORTE): Dicen que *más antes* no entraban las mujeres aquí

(Urquizo, pág. 303). —L'otro día me dio el mesmo vajido allá pa la sierra y *más dispués* en la casa (Rubín, pág. 190).

Igualmente encontramos un *muy* o *más* popular con superlativos absolutos tanto en partes de España como de Hispanoamérica: "Es *muy bonitísimo*, sí, señora, no se pué negá" (Muñoz Seca, *El roble de la Jarosa*, pág. 34 [Andalucía]); —"Y de *más cerquísima* ha de ser más peor, ¿no?" (Pareja, *La Beldaca*, pág. 60 [Ecuador]).

Tal vez como consecuencia de la reducción ocasional de la fuerza no sólo de los comparativos, sino además de los superlativos, a simples positivos, surgió el uso frecuente de la terminación *-azo* para los adjetivos (y para los adverbios), especialmente en el habla popular y rústica de la región del Río de la Plata y de Chile, y esporádicamente en otras partes: *buenazo = buenísimo, feazo = feísimo,* reforzados frecuentemente con *muy*.

ARGENTINA: —Si es *apuradazo* ... si es *ladinazo* pa'l retruque (Güiraldes, *Don Segundo*, pág. 84); —Venía *cansadazo* (pág. 293). La verdá del caso jué / Que me tuvo *apuradazo* (*Martín Fierro*, pág. 43).
URUGUAY: —Debían arreglar los caminos. —¿Están feos? —¡*Feazos!* (Reyles, *El terruño*, pág. 99). Ta [= está] *aquerenciadazo* con ustedes (Florencio Sánchez, pág. 212).
CHILE: —Y el contenío estaba *muy aceitosazo* (Romanángel, pág. 27); los [= nos] encontramos con una pelotera *muy grandaza* (pág. 30); El méico estaba *ocupaaso* (pág. 38); el coche iba *muy lejazo* (pág. 43). Ella armó un boche *grandazo* (Romero, *La viuda*, pág. 135). Vengo de *muy relejazo* (Guzmán Maturana, pág. 22); lo recibió *cariñosazo* (pág. 23). Hacía *tantazo* tiempo que no le veíamos (Brunet, *Montaña*, pág. 91). —¿Murió hace mucho tiempo? —*Muchazo* (Latorre, *Zurzulita*, pág. 76); esa gente tiene *malazo* genio (pág. 106); le gustan *muchazo* (pág. 118); Esta vuelta es *muy largaza* (pág. 152); está *lindazo* (pág. 135).
VENEZUELA: ¡Qué feliz fuera yo, con la *pocaza* riqueza que tenía y mi hombre en casa! (Urbaneja, pág. 169).
GUATEMALA: Los padres de ella siempre fueron *abiertazos* [= muy espléndidos, generosos] (Sandoval, I, 3).
MÉJICO: ¡Oh, los *buenazos* y rudos amigos de la arriería! (López y Fuentes, *¡Mi general!*, pág. 53).

Gutiérrez Eskildsen (pág. 53) registra para Teapa, Tabasco, las formas *peorsísimo* y *mejorsísimo*. Aun cuando sean locuciones adverbiales, *peor que peor* (con significado de *tanto peor*) y *mejor que mejor* (con significado de *tanto mejor*) se pueden mencionar aquí por ser corrientes en todas las regiones de España y de Hispanoamérica: "pues casaos con rica, y si es feúcha *mejor que mejor*" (Gamboa, *Santa*, pág. 177 [Méjico]). En numerosas regiones se oye el *para peor* coloquial (rústico *pa pior*), equivalente al expresivo *peor que peor, tanto peor,* etc.

CHILE: —¿Pero quién se anima a decirle nada al hombre? Sería *pa pior,* usted lo conoce (Alberto Romero, *Perucho González,* pág. 61; también página 106); Pero fue *para peor,* porque se enfurecieron (pág. 227).

URUGUAY: No se meta con esas brujas, que es *pa pior* (Florencio Sánchez, pág. 216).

COMPARACIÓN CORRELATIVA

La comparación correlativa, tanto con adjetivos como con adverbios, se expresa normalmente por medio de los correlativos *cuanto más* (o *menos*) ... (*tanto*) *más* (o *menos*). La locución *mientras más* (o *menos*) ... *más* (o *menos*) también se usa, pero parece menos corriente que *cuanto más,* etc. En el español de América ocurre todo lo contrario: *mientras más* ... *más,* etc., es con mucho la más común de las dos formas de expresar la comparación correlativa, y parece la preferida en Andalucía. De acuerdo con el cálculo de Keniston (pág. 326), era rara en la prosa del siglo XVI.

Los especialistas americanos, influidos por el predominio de *mientras más* en su propio ambiente, han concedido la primacía a esta forma, creyéndola erróneamente común en todas partes, y relegado *cuanto más* a un lugar secundario, y esto siempre que lo mencionen. Así, Cuervo (§ 450): "*mientras más,* etc. ... es la construcción castellana corriente. ... En vez de *mientras más, mientras menos,* se dice también *cuanto más, cuanto menos*". Santamaría (*Ensayos,* pág. 291), portavoz de Méjico, afirma: "La forma correcta debe ser ésta: *Mientras más* tiene, *más* quiere. Y así las demás. Siempre con el adverbio *mientras*".

De uso frecuente en numerosas regiones de Hispanoamérica es la locución *entre más* ... *más,* etc., para expresar la comparación correlativa tanto entre el bajo pueblo como entre algunos hablantes cultos. Cuervo (§ 450) la menciona en los casos de Colombia, Méjico y Costa Rica; Román (II, 264) añade Chile. Actualmente sabemos que se usa a lo largo de América Central, en Venezuela, Panamá (*BAAL*, X, 649), las Antillas y zona noroeste de Argentina. No es rara en la España rural: "*entre más* quiero, *menos* me dan" (Garrote, § 64 [León]); "Y *entre más* se retiraba la vieja de él *más* iba aclarando el día" (Espinosa, *Cuentos*, II, 331 [Granada]); "*entre más* ricos, *más* animales" (Sánchez Sevilla, § 98 [región salmantina]).

El origen de *entre más*, etc., no ha sido explicado satisfactoriamente. Cuervo piensa que deriva de la contaminación de *entre tanto que* + *mientras más*, lo cual es posible. Román (II, 264) opina que este *entre* pudiera ser una corrupción de *mientras*, "porque el vulgo es muy capaz de comerse la *m* inicial y la *s* final y, recortado así el vocablo por delante y por detrás, no le quedó más que metamorfosearse en *entre* o fundirse con éste en un solo ser". No merece fe esta explicación. Es obvio que *entre* es simple derivación del latín *inter*. Débese recordar que *ínter* (junto a *ínterin* o *interín*) fue corriente en España en el sentido de *mientras*, habiendo conservado vigencia en cierto número de regiones.

Méjico: Saqué mi manojo de llaves *ínter* él amarró el caballo (Inclán, II, 179); *interín* unos publicaban ... el decreto, otros corrían a hacer lo mismo (II, 347); volteó su caballo y partió a escape por la cuesta arriba, *ínter* se reían de sus disparates y aturdimiento. *Ínter más* lo pienso, estoy más seguro (Rivas Larrauri, pág. 149); *Ínter más* me cura, me pongo más malo (pág. 164).

Además, *entre* (< *inter*) a menudo se intercambia por *mientras* (< *dum interim*), como en *entre tanto* = *mientras tanto*.

Argentina (San Luis): *Entre más* le pegan al muchacho, *pior* se pone (Vidal, pág. 295).
Chile: Las enfermedades *entre más* nos preocupan, *más* nos friegan (C).
Colombia (Bogotá): *Entre más* bebe, *más* sed le da. *Entre menos* tiene, *más* gasta (Cuervo, § 450). (Valle del Cauca): *Entre menos* coma, *menos* engorda. (Tascón, pág. 138). (Costa Atlántica): *Entre más* lo veo, *menos* me gusta; *Entre menos* le hable, *mejor* será (Sundheim, pág. 274).
Venezuela: *Entre más* mira, *menos* ve (Alvarado, pág. 181).
Panamá: *Entre más* me regañan, *peor* es (L. Aguilera, pág. 316).

Costa Rica (rural): *Entre más* lo cuido, *más* a pior (Echeverría, *Concherías,* pág. 155). *Entre más* plata, *mejor* (Fallas, pág. 14).

El Salvador: *Entre menos* personas haya en la Asamblea, *más* luego se entienden y armonizan (Quijano Hernández, pág. 17).

Guatemala: *Entre más* dinero se gane, se pasa *mejor* la vida; *Entre menos* bulto, *más* claridad (Sandoval, I, 490). *Entre más* brazos, *más mejor* (Quintana, pág. 61); *entre más* mal las tratan, *más* quieren a su hombre (pág. 153).

Méjico: *Entre más* sangre *más* abono (Taracena, pág. 79). *Entre más* crítica sea la hora ... *más* importantes serán ... estos inesperados cambios (*Universal* [Ciudad de México], 17 de diciembre de 1940). *Entre más* duro se den, *mejor* (*Informador* [Guadalajara], 20 de julio de 1941). Y *entre más* médicos haya, ¡*más* enfermedades! (Ferretis, *San Automóvil,* pág. 23). (Yucatán): *Entre más* te doy, *más* quieres (V. Suárez, pág. 62).

Cuba: *Entre más* dinero tiene, más quiere (Padrón).

En numerosas regiones rurales de España encontramos que se usa *contra* y *contri:* "*contra más* pobre, *más* generoso" (Borao, página 198 [Aragón]); "*contra más* te digo, *menos* me oyes" (Garrote, § 64 [León]); "*contra más* pronto, *mejor*" (Lamano, pág. 351 [Salamanca]); "*contri más* anda, *más* atrás estás" (Sánchez Sevilla, § 98 [Salamanca]); "*Contra más* me echo las cartas, *peores* cosas me dicen" (Álvarez Quintero, *Teatro,* X, 278 [Andalucía]). *Contra* se oye en Chile (Román, II, 264), en Nicaragua ("*contra más* habla, *menos* se entiende" [A. Valle, pág. 63]) y probablemente en otras partes. Hallamos *contri* en Cuba rural ("*contrimás* piensa uno en eso, *peol* eh" [Ciro Espinosa, pág. 157]). Estas formas pueden ser simplemente una fusión de los términos del habla popular *contimás* (< *cuanto y más*) y *contra* para reforzar la antítesis.

III

EL "VOSEO"

Los pronombres personales y las correspondientes formas verbales que mayores divergencias presentan entre el castellano castizo y el español de América son los que implican familiarmente la segunda persona, tanto en singular como en plural. Ante todo debe quedar bien sentado que en América ha desaparecido la forma familiar *vosotros* (así como la forma verbal correspondiente a la segunda persona del plural), excepto en ocasionales usos literarios y en boca de quienes se fingen españoles. Ha sido reemplazada por *ustedes* (con la forma verbal correspondiente a la tercera persona del plural). En Andalucía y en otras partes (Llorente, § 125) se puede oir *ustedes* con la forma verbal de la segunda persona (*ustedes tenéis*).

REGIÓN DEL RÍO DE LA PLATA: Si yo tengo que trabajar y *vos* y *tus* hermanas *pueden* estudiar en el pueblo, es porque el patrón es mano larga con *ustedes* (Acevedo Díaz, *Argentina*, pág. 23).

CHILE: Vaya uno de *ustedes: tú*, Pedro; *tú*, Nicolás; *tú*, Lorenzo (Lillo, pág. 147). —Perros de ... ¡salgan pa fuera! (Marta Miranda, pág. 115). A *vos* y a *tu* quiltro *los* voy a atravesar de un balazo (Latorre, *Hombres*, página 203). *Tú* y *tu* pueblo *han* venido esta noche ... (Fernando Alegría, *Lautaro*, pág. 26).

ECUADOR: Me gusta que *vos* y *tu* mamacita, Fanny, *sean* de aguante para esto (Mata, *Sanagüín*, pág. 117). He sabido que *tu* padre era casado, cuando *naciste tú* y una hermana *tuya*. Que *tu* madre *las* [= os] abandonó, que *fueron* [= fuisteis] recogidas las dos por esa señora que me *has* presentado como *tu* madre (Salvador, *Noviembre*, pág. 149). *Tú* y *él cállense, vénganse* (Vázquez, pág. 422).

SANTO DOMINGO: Porque la tierra es buena y generosa, hijo mío. Me ha sostenido a mí, a *tu* madre, a *ustedes* y a muchos padres e hijos antes que nosotros (Requena, *Los enemigos,* pág. 17).

MÉJICO: *Tú* ya sabes que a *ti* y a *tu* compadre *los* traen los españoles entre ojos (Urquizo, pág. 11).

La doble forma (la literaria infrecuente *vosotros* + un verbo en segunda persona del plural y la conversacional *ustedes* + un verbo en tercera persona del plural) lleva a veces confusión a la mente de los semicultos y gramaticalmente ignorantes, los cuales ocasionalmente se esfuerzan en vano por reproducir el plural castellano familiar correcto (*vosotros* + un verbo en segunda persona del plural), considerándolo socialmente más elegante. Tarde o temprano disparatan en mixturas no ortodoxas, ya que el *vosotros* peninsular ha llegado a caer en una enorme torpeza por falta de uso. Algunos autores han echado mano de tales incongruencias gramaticales con fines humorísticos, por indicar la pedantería de los semicultos:

Ya sabíamos que *ustedes* no *faltaríais.* ... *Estáis* en *vuestra* casa. En seguidita *les* voy a dar cuenta del secreto. *Ustedes* no *sabían* a qué *veníais,* ¿verdad? (*Patoruzú,* 11 de noviembre de 1940). *Tomen* nota de lo que *os* digo (Pereyra, pág. 20); Tampoco hemos de olvidar el fijarnos en *vuestras* señales de regreso y aun entonces nos tocará asegurarnos que se trata de *ustedes* (pág. 36); ¡me *responderán* con *vuestras* vidas! (pág. 204); ¡*Digan* que *tenéis* suerte! (pág. 304).

En el dicho "Pies, ¿para qué *os* quiero?", el *os* normal no sólo lo convierten en el esperado *los,* sino asimismo en el inesperado *te.* En Argentina (*BDH,* V, 174) se oye "Pies (*o* patitas), ¿pa qué *te* quiero?", igual que en Chile (Román), Bolivia, Cuba y otras partes.

Semejantes incongruencias, sin embargo, no se hallan limitadas al español de América. Actualmente tenemos suficientes pruebas de su uso en España, sobre todo en Andalucía y ocasionalmente aun en Madrid. A las veces, el habla muy vulgar reemplaza incluso el reflexivo *os* por *se:* "Les voy a enseñá a *ustedes* una cosa que *se vais* a queá con la boca abierta" (Muñoz Seca, *El roble de la Jarosa,* pág. 63)[1]. En España, empero, estas formas son populares, no pedantes.

La palabra *tuteo* significa generalmente el uso correcto del pronombre *tú* con la forma verbal singular de segunda persona, junto con los pronombres *te, ti,* y los adjetivos posesivos *tu* y *tuyo.* La palabra *voseo* significa el uso del *vos* familiar singular en sustitución de *tú,* con formas verbales oscilantes entre la segunda persona del singular y la arcaica segunda persona del plural, junto con los pronombres *te, vos* (por *ti*), y los adjetivos posesivos *tu* y *tuyo. Vosear* o *llamar de "vos"* se opone, pues, en general a *tutear* o *llamar de "tú".* Sin embargo, el verbo *tutear* se refiere frecuentemente al uso de *vos,* ya que ambas formas indican tratamiento familiar.

ARGENTINA: *Vos mataste* a Machao. ... —¡Cómo es eso! ... Dígame, / por más alcalde que sea: / ¿por qué me gruñe y *tutea?* (Ascasubi, página 172). —¿Y usté mesmo se doma los caballos? —*Tuteándome,* como a veces se hace de primera intención entre muchachos, respondió burlón: —Hasta aura que *has venido vos* (Güiraldes, *Don Segundo,* pág. 309). —*Decime.* ... *Te* pueden ver ... no le hará bien a nadie, ni a *vos* ni a ella, excitarse así. ... Molesto se daba cuenta recién que habían comenzado a *tutearse* (Petit de Murat, pág. 146).

No solamente encontramos *tutear* con significado de *vosear,* sino que incluso hemos encontrado *tú* refiriéndose a *vos,* cosa que identifica absolutamente *tú* y *vos,* en concordancia con la frase "hablarse de *tú* y de *vos*": —"Es linda ... pero no tan linda como *vos.* Era la primera ... vez que Lucio se atrevía a *tutearla.* ... Aquel *tú* que por primera vez volvía a resonar en sus oídos ..." (Viana, *Gaucha,* pág. 79).

En Argentina, *vosear* se relaciona jocosamente con *chechear,* ya que la partícula vocativa *che*[2] acompaña con frecuencia a las for-

---

[1] Citado por R. K. Spaulding y F. Sánchez, "El uso de *ustedes* como sujeto de la segunda persona del plural", *Hispanic Review,* X (1942), 165-67. Para Murcia, véase García Soriano, § 66, 3.

[2] El origen del *che* ha sido muy discutido. Es probable que derive de la antigua interjección española *ce* (J. Martínez Orozco, "Origen del che", *Segundo congreso internacional de historia de América,* III [Buenos Aires, 1938], 678-86). Algunos han propuesto una derivación del mapuche, len-

mas verbales de la segunda persona con el valor de un *vos* o un *tú* vocativo (ocasionalmente, también con *usted*, pero casi exclusivamente entre hombres) para llamar la atención de la persona interpelada, como la palabra *hombre* en exclamación. Como el uso de *che* en este sentido se asocia primariamente con la Argentina (aun cuando se encuentre también en Bolivia), ha quedado convertido en un cómodo recurso para caracterizar a los personajes argentinos en la literatura de otros países, y, junto con la exclamación *¡qué esperanza!*, sirve en tales escritos para representar el llamado "diálogo argentino". (En Chile, *che* se ha sustantivado en su aplicación como epíteto peyorativo a argentinos y bolivianos). Pero el voseo está lejos de ser una práctica estrictamente argentina, como ocasionalmente suponen los no iniciados. El propio Keniston (*Syntax list,* pág. 47) confunde al estudiante al afirmar que "en Argentina y Uruguay *vos* es la forma común de tratamiento en estilo coloquial", excluyendo de esta manera las demás regiones en que es casi igualmente coloquial. Es cierto que el voseo ha arraigado mucho más en las clases sociales todas de Argentina y de Uruguay que en casi ningún otro país. Pero su difusión geográfica incluye dos terceras partes de Hispanoamérica [3]. Actualmente sabemos que el voseo es general en Argentina, Uruguay, gran parte de Paraguay, en regiones de América Central (Guatemala, El Salvador, Honduras, Nicaragua, la mayor parte de Costa Rica) y en los estados mejicanos de Chiapas y Tabasco. En conflicto con *tú* existe en Chile, sur del Perú (limítrofe con Chile), norte del Perú (lindante con Ecuador), Bolivia, la mayor parte de Ecuador, Colombia y Venezuela, interior de Panamá y un pequeño sector oriental de Cuba. Por otro lado, *tú* es general en la

gua de los araucanos (Lenz, *Dicc. etim.,* pág. 270). Véase también Tiscornia, "La lengua de 'Martín Fierro'", *BDH,* III, 126, n. 1. Para una descripción más detallada de su uso actual, véase Frida Weber, "Fórmulas de tratamiento en la lengua de Buenos Aires", *RFH,* III (1941), 105-39. Para el *chey* rústico, cf. Vidal, pág. 196.

[3] Véase Henríquez Ureña, "Observaciones sobre el español en América", *RFE,* VIII (1921), 379-90; Tiscornia, *La lengua,* § 97 y págs. 289-90, que contiene también un mapa llamado "Geografía del voseo"; el estudio de Tiscornia se halla resumido en I. E. Chart, "The 'voseo' and 'tuteo' in America", *Modern Language Forum,* XXVIII (1943), 17-24.

mayor parte de Méjico, Cuba y Perú, en partes de Bolivia, norte de Colombia y de Venezuela (costa atlántica), región occidental de Ecuador, la mayor parte de Panamá (incluyendo la capital y Colón), Santo Domingo y Puerto Rico.

EVOLUCIÓN PRIMITIVA DE "VOS"

Antes de examinar los distintos tipos de voseo y su difusión general, bueno será presentar un breve panorama del desarrollo histórico del pronombre de segunda persona y de su uso.

Vos fue originalmente una forma plural (como tal sobrevivió hasta el principio del siglo XVI). Pronto se añadió *otros* a *nos* y a *vos*, y las formas amalgamadas pasaron a convertirse definitivamente en plural fácilmente distinguible de *nos* y de *vos*, que desde el principio se habían usado también como formas singulares de respeto, si bien siempre acompañadas con verbo en segunda persona del plural.

En el *Poema del Cid* (1140) se usa *vos* como fórmula respetuosa de tratamiento entre el rey y los nobles, entre marido y mujer, entre nobles (*vos tomades, tomedes, veedes, sodes, seredes, fincaredes, llegastes, fostes,* etc.); por el contrario, *tú* se usa para dirigirse a personas de categoría inferior: el Cid a Muño Gustioz, su servidor y vasallo; los paladines del Cid a los Infantes de Carrión cuando los retan a duelo; el Cid al rey moro Búcar; los moros cuando se dirigen a los cristianos, y, por lo general, en las oraciones al dirigirse a Dios (*tú callas, dizes, eres, veerte as, dirás, fizist, mintist,* etc.). Pero incluso en este documento primitivo se usan ocasionalmente tanto la forma singular *tú* como la plural *vos* para dirigirse a la misma persona, mas no en la misma frase: el rey dirígese primero a Muño Gustioz con *tú* (vv. 2954-67) y luego usa imperativos plurales, *dizidle* (v. 2968), *saludádmelos* (v. 2972), etc. Mucho más frecuente era en el siglo XV este intercambio de *vos* y *tú;* la *d* de las formas verbales de la segunda persona del plural fue desapareciendo (*vayaes* por *vayades, soes* por *sodes,* etc.), frecuentemente con una fusión de la *e* contigua en los verbos de la segunda conjugación (*irés < irees < iredes;*

avés < *avees* < *avedes; debés* < *debees* < *debedes*). Probablemente, formas como *debés* dieron nacimiento a las formas analó-
gicas *sepás* (< *sepaes* < *sepades*), *sos* (< *soes* < *sodes*), *partís*
(< *partíes* < *partides*), etc. Por otro lado, los grupos *ae* y *oe* fácilmente se diptongaron en *ai* y *oi* (*andais, sois*), y tales diptongos
favorecieron el desarrollo de *ei* desde *ee* (*avees* > *aveis; debees* >
debeis). Hacia la mitad del siglo XV, todas estas formas se usan
con gran promiscuidad [4], y muchas de las actuales formas del voseo
americano derivan de aquella confusión.

También en el siglo XV la forma culta de tratamiento llegó a
ser *vuestra merced, vuessa merced,* con forma verbal en tercera
persona del singular, y en el siglo XVII, *usted.*

En el siglo XVI, las formas más ampliamente empleadas fueron
vos tomáis, tomaréis, toméis, tomábades [5], *tomaríades, tomastes* [5], etc.; *coméis* (a veces, *comés*), *comeréis, comáis, comíades,
comeríades, comistes,* etc.; *decís, diréis, digáis, decíades, diríades,
dixistes,* etc. El intercambio de *vos* y *tú* se mantuvo en boga, pero
perdiendo *vos* gradualmente su valor de respeto. Ya en el primer
tercio del siglo XVI, el uso de *vos* con frecuencia "implicaba, si no
un insulto, al menos familiaridad íntima o rango social superior
por parte del hablante". Con testimonios de aquella época [6] se ha
demostrado ampliamente que tal era el caso.

El uso literario, de acuerdo con Keniston (págs. 42-44), era
como sigue: se usaba *tú* para dirigirse a "una persona de condición humilde y de rango inferior", para dirigirse a "los de igual
condición en tono de intimidad familiar", "en estilo literario elevado", como en cartas y oraciones, por "convención en las obras
teatrales de la primera mitad del siglo XVI, en que todos los per-

---

[4] Para ejemplos, véase Cuervo, "Las segundas personas de plural en
la conjugación castellana", *Romania,* XXII (1893), 71-86, y *Obras inéditas*
(Bogotá, 1944).

[5] La *d* en formas como *tomábades, tomaríades, tomássedes, tomárades,
tomáredes,* etc., se fue perdiendo a lo largo del siglo XVII, mientras que los
tiempos perfectos, como *tomastes, comistes,* etc., se fueron convirtiendo,
por analogía con los tiempos presentes, en *tomasteis, comisteis,* etc. Cf. también Y. Malkiel en *Hispanic Review,* XVII (1949), 159-65.

[6] Cuervo, § 332; J. Pla Cárceles, "La evolución del tratamiento de vuestra merced", *RFE,* X (1923), 245-80; Arturo Capdevila, págs. 77 ss., etc.

sonajes usaban *tú* como forma regular de tratamiento", y en "discursos fingidos". Por otra parte, *vos,* con la forma verbal en plural, era la forma interpelativa habitual con "los iguales en la conversación formal", para dirigirse "respetuosamente a un superior" y "a un inferior con respetuosa consideración"; usado con una persona a la cual de ordinario se trataba de *tú,* constituía "evidente seriedad airada".

Creo que podemos presumir sin temor a equivocarnos que semejante uso no refleja exactamente el estilo conversacional de la vida diaria, el cual a fines del siglo se fue divorciando más y más del estilo literario. Y, por su parte, la práctica literaria del siglo XVII cada vez estuvo más lejos de ser un índice relevante del uso coloquial. Al paso que todos los personajes de las obras teatrales de la primera parte del siglo XVI (igual que a todo lo largo de la *Celestina*) convencionalmente usaban *tú* —con esporádicas excepciones—, en el XVII adquirió preponderancia el *vos,* igualmente de manera convencional. Pero ahora alterna con *tú* hasta el punto de que a veces se usa sin discriminación en una misma escena, e incluso en un mismo diálogo, implicando a veces familiaridad, a veces respetuosa consideración. Este caótico estado predomina en casi todas las obras teatrales de la época. Por ejemplo, en *Peribáñez,* de Lope de Vega, la labradora Casilda se dirige al Comendador dieciséis veces con *vos* y catorce con *tú;* el Comendador se dirige a Casilda diecisiete veces con *vos* y once con *tú;* el Comendador se dirige a sus lacayos Luján y Leonardo únicamente con *tú,* y ambos lacayos responden a su amo solamente con *tú.* El Condestable emplea *tú* al dirigirse al rey, pero el rey usa *vos* al dirigirse al Condestable. El pintor trata de *vos* al campesino Peribáñez, pero de *tú* al Comendador, etc.

Tal revoltijo significaba una ventaja para el poeta dramático, el cual, mientras pudo recurrir convencionalmente a una u otra forma, pudo igualmente optar por la forma que mejor se acomodaba a la medida del verso. El uso conversacional de la época nos lo aclara grandemente otro testimonio contemporáneo, tal como lo cita Cuervo (§ 332): Covarrubias —en 1611— nos dice que el *vos* no siempre es bien recibido; Ambrosio de Salazar —1622— afirma que *vos* se considera como "afrenta muy grande"; Correas

—1626— declara que *merced* se usa en tratamiento respetuoso; *él* se mantiene entre el más elevado *merced* y el familiar *vos*. *Vos* se usaba en el tratamiento de criados y campesinos o entre amigos íntimos, e incluso para dirigirse al rey "con debido respeto y uso antiguo", es decir que su uso era convencional, igual que *tú* lo había sido en la literatura del siglo XVI. El gramático Juan de Luna observa (1619): "El primero [título] y más bajo es *tú*, que se da a los niños o a las personas que queremos mostrar grande familiaridad o amor. *Vos* se dice a los criados y vasallos". En el *Buscón,* por ejemplo, mientras que la madre usa *tú* con su hijo y *vos* con su marido, el maestro emplea *vos* con el niño. Lazarillo trata al escudero como *vuestra merced*, pero emplea *vos* con el ciego, el cual, a su vez, usa *tú* cuando se dirige a Lazarillo. En el *Quijote,* I, 51, leemos: "Finalmente, con una no vista arrogancia llamaba de *vos* a sus iguales". Suárez de Figueroa (*El pasajero* [1617], Alivio II) declara: "En breve se convirtió en tigre la que al principio pareció cordera. *Voséame* sin ocasión a cada paso, hace que la sirva de rodillas". Hurtado de Mendoza (en carta al Cardenal Espinosa fechada en 1579) escribía: "El secretario Antonio de Eraso llamó de *vos* a Gutierre López, estando en el Consejo, y por esto se acuchillaron".

En el curso del siglo XVII, *vos* quedó prácticamente reemplazado por *tú* en el tratamiento familiar, al igual que *vuessa merced* lo fue por *usted* en el tratamiento culto [7]. Pero el *vos* ha sobrevivido vigorosamente hasta el día de hoy en Hispanoamérica, posiblemente, como explica Cuervo, en razón de que los conquistadores, oriundos en su mayoría de una clase social humilde, empleaban el *vos* entre sí; a los indios y mestizos los trataban de *vos*, asumiendo así un aire de superioridad. El *tú* se usó igualmente entre iguales por la gente común, así como confidencialmente entre criados y amos, con la salvedad de que, cuando estos últimos se

---

[7] Existen ciertas pruebas de la supervivencia del *vos* en España aún a fines del siglo XVIII: "del pronombre *vos* nos servimos hablando con inferiores y de ordinario con alguna suerte de enojo", dice Gregorio Garcés en 1791 (*Fundamento del vigor y elegancia de la lengua castellana*), según cita de Pla Cárceles, *RFE,* X, 247. En España quedan huellas de él en sectores rurales (Oviedo, Salamanca, etc.).

airaban, cambiaban el *tú* por el *vos*. Con las varias formas fundidas en el habla coloquial ocurrió lo siguiente: *tú* y *ti* se desgastaron (ahora resultan desagradables al bajo pueblo) y fueron reemplazadas por el *vos; te* se mantuvo como caso complemento directo mientras se perdía *os; vos* se usaba generalmente con las arcaicas formas verbales de segunda persona del plural en presente y en indefinido, como *amás* (= *amáis*), *tenés* (= *tenéis*), *amastes* (= *amasteis*), *tuvistes* (= *tuvisteis*), y el imperativo fue *amá* (= *amad*), *tené* (= *tened*), *vení* (= *venid*). En otros tiempos se empleaba la forma verbal de la segunda persona del singular (por analogía con las formas arcaicas *amás, amastes*, etc.): *vos amabas, tenías,* etc.

Cualesquiera que sean las formas de voseo generalmente adoptadas por el habla vulgar y rústica de un país determinado, las personas cultas y semicultas de los centros urbanos tratan con frecuencia de evitar o al menos de elevar un poco el sabor bajo del voseo sustituyendo la forma verbal correcta, la de la segunda persona del singular, por la forma verbal correspondiente a la segunda persona del plural acompañada de *vos* (la sustitución de *tú* sería pomposa y pedante): *vos tomas, comes, vives, tomaste, tomarás*, etc. Así se oye en algunas ciudades (Quito, La Paz, Bogotá, Tucumán, Salta, etc.), pero nunca en labios de los campesinos. Tal ocurre en Quito, por ejemplo, donde se han establecido dos tipos de uso en la conversación familiar (se estudian más adelante): el común o corriente —*vos tomas*, etc.—, y el vulgar —*vos tomás*, etc.—. Asimismo, los grupos hipersensibles y puristas usan el *tú* con las correspondientes formas verbales correctas con diversos grados de éxito. Los usuarios habituales del voseo emplean generalmente las mismas formas familiares en oraciones improvisadas, especialmente cuando éstas van dirigidas a los santos y a la Virgen María, pero, por lo común, las aprendidas de memoria las rezan de acuerdo con la forma correcta del texto, ya emplee éste el *tú* o el *vos*, todo lo cual conduce a un amasijo caótico rayano con la anarquía. Más adelante se citan para cada país los usos y variantes regionales.

Esta confusión se remedió en España (salvo en lo referente a algunos restos dialectales aún corrientes; cf. Tiscornia, *La lengua,* pág. 290) por medio del uso correcto del *tú* con las formas verbales de la segunda persona del singular y del *usted* con las formas verbales de la tercera persona del singular para el tratamiento culto. Pero en dos tercios de Hispanoamérica se mantuvo el *vos* de las masas en regiones libres de ciertas consideraciones sociales de clase. El tercio restante lo constituyeron en sentido amplio los dos virreinatos de Perú y Méjico, centros de la cultura colonial, con sus universidades, sus poetas y literatos, en que la clase intelectual culta pudo ejercer una gran influencia en materia de pureza lingüística. Estos países, considerados globalmente, siguieron el uso español al rechazar el *vos* ofensivo en beneficio del *tú*. El concepto de forma culturalmente superior en favor del *tú* prevalece en la actualidad incluso en países del más intenso voseo, en los cuales los más altos círculos intelectuales lo prefieren antes que el plebeyo *vos*.

Los puristas de cada país [8] en que se halla vigente se han desatado en invectivas en contra del voseo, mas ninguno tan violentamente como el argentino Arturo Capdevila, el cual, en su *Babel y el castellano* (págs. 87 ss.), manifestó que el Perú y Méjico deben su actual forma *tú* a sus orígenes culturalmente superiores. Capdevila se torna extremadamente cáustico en su denuncia del voseo en su tierra natal. Le llama "sucio mal, negra cosa, horrendo voseo", y así por el estilo. Empero, parece hallarse demasiado profundamente enraizado para que se le pueda exterminar de Argentina. La diatriba de Capdevila encuentra eco en América Central en el gramático guatemalteco Bonilla Ruano (III, 11-13), que habla de "craso barbarismo", "repugnante vos", "el denigrante voseo", "infamante vos". Previamente había sido censurado su uso en Chile por Bello (*Advertencias* [1834]) y por Román (I, 397), el cual dice que el sistema popular de conjugar los verbos es

---

[8] Como se verá más adelante, se equivoca Américo Castro cuando afirma que "... no existe[n] en Centro América ... críticas acerbas del voseo ... a nadie le calienta la pluma ni la cabeza el que hablen de vos en Honduras o Guatemala" (*La peculiaridad lingüística rioplatense*, pág. 75). Nadie que hubiese oído una vez al desaparecido escritor hondureño Froylán Turcios lanzar sus andanadas contra el voseo centroamericano habría hecho semejante afirmación.

"capaz por sí solo de desorientar a cualquier extranjero hasta creerlo un dialecto especial". En Colombia fue anatematizado por Cuervo, que en las ediciones primeras de sus *Apuntaciones* le endilgó la etiqueta de "repugnante", calificando el revoltijo de los pronombres de "menjurje que encalabrina los sesos". En sus ediciones posteriores ([1914, 1939], § 332) corrigió su expresión, limitando su denuncia a estas palabras: "Inútil es decir que a quien esté acostumbrado al modo de expresarse culto y literario, todo esto le suena a barbarismo". En Ecuador, además de *Barbarismos fonéticos*, de Lemos, encontramos un poco conocido artículo de Francisco Javier Salazar ("La pronunciación del castellano en el Ecuador", *Revista Ecuatoriana*, I [1889], 209-16), en el cual sostiene que las formas verbales irregulares, junto con otros "provincialismos y barbarismos", con el tiempo han de crear "varios dialectos del castellano más o menos bárbaros, y tan diferentes entre sí como el árabe que se habla en Argel comparado con el de Egipto o de la Siria". En Costa Rica, Gagini (pág. 244) observa que semejantes mescolanzas de formas "ponen los pelos de punta a los peninsulares que las oyen". Añade luego un comentario —más curioso que necesariamente cierto— en el sentido de que los aventureros españoles que fueron a América usaban el voseo en la esperanza de ocultar de aquel modo su humilde cuna y pasar por nobles a los ojos de los criollos.

De esta forma, las sentencias condenatorias se hacen más o menos rigurosas, probablemente, conforme al arraigo mayor o menor que haya alcanzado el voseo en la lengua local. Los comentaristas más científicos muestran mayor serenidad, y, dentro del espíritu último de Cuervo, se conforman —como hay que hacer— con registrar las formas sin caer en denuncias apasionadas. Así, el gramático costarricense Quesada (pág. 397) dice sencilla y atinadamente: "En el tratamiento corriente, hasta entre las personas de distinción social, es desconocido el *tú;* se emplea el *vos* acordado con formas arcaicas o vulgares de la segunda persona del plural".

Tal vez la forma menos complicada de tratar el voseo consista en hacerlo por países y regiones.

REGIÓN DEL RÍO DE LA PLATA (ARGENTINA,
URUGUAY Y PARAGUAY)

El presente de indicativo del verbo *tomar* en el habla coloquial de la región del Río de la Plata es como sigue, frente al castellano normal:

Argentino	*Castellano*
yo tomo	yo tomo
vos tomás	tú tomas
él toma	él toma
nosotros tomamos	nosotros tomamos
ustedes toman	vosotros tomáis
ellos toman	ellos toman

Los dos conjuntos de formas son idénticos excepto en lo que se refiere a la segunda persona del singular y del plural. Dado que la forma de la segunda persona del plural familiar es siempre *ustedes* + la forma verbal de la tercera persona del plural, podemos, por conveniencia y brevedad, omitir en lo que sigue sobre el estudio del voseo todas las formas excepto la de la segunda persona del singular.

Presente de indicativo

vos tomás	tú tomas
vos comés	tú comes
vos vivís	tú vives

Presente de subjuntivo

vos tomés	tú tomes
vos comás	tú comas
vos vivás	tú vivas

Pretérito indefinido

vos tomaste *o* tomastes [9]	tú tomaste
vos comiste *o* comistes	tú comiste
vos viviste *o* vivistes	tú viviste

---

[9] *Tomastes, comistes*, etc., son asimismo formas populares de singular usadas con tú: *tú tomastes*, por *tú tomaste*, etc. Parece lógico considerar

Imperativo

tomá	toma
comé	come
viví	vive

En todos los otros tiempos, la forma verbal es la de la segunda persona del singular, cuyas terminaciones son en parte similares a las del presente arcaico: *-ás* (por *-áis*), *-és* (por *-éis*), etc. Así, el pretérito imperfecto de indicativo es:

vos tomabas, comías, vivías, etc.

El futuro de indicativo es:

vos tomarás, comerás, vivirás, etc.

El pretérito imperfecto de subjuntivo es:

vos tomaras, comieras, vivieras, etc.

La forma preposicional *ti*, así como la forma de sujeto *tú*, han cedido ante *vos;* la forma de complemento directo *os* ha cedido ante la forma de complemento directo *te;* los posesivos son *tu* y *tuyo*. Así, se oye, pues, lo siguiente:

vos te acostás	*por*	tú te acuestas
acostáte	*por*	acuéstate
si vos te vas, iré con vos	*por*	si tú te vas, iré contigo
vos tenés tu libro, etc.	*por*	tú tienes tu libro, etc.

En la región del Río de la Plata, el voseo es característico no sólo del habla rústica y popular, sino que asimismo se ha exten-

---

la forma *tomastes* en *vos tomastes* como la forma arcaica de plural, y el *tomastes* en *tú tomastes* como una forma popular en singular, por analogía con otras formas singulares con *-s* final. Su retención como singular se vio reforzada cuando, en el siglo XVII, la forma normal de la segunda persona del plural se convirtió en *tomasteis, comisteis*, etc.: *-eis* quedó definitivamente asociado al plural y *-es* quedó asociado al singular. A veces se halla *tomates, comites, vivites*, por *tomaste(s), comiste(s), viviste(s)*.

dido a la clase media y alta. Precisamente es esta amplia difusión del voseo en todas las clases la característica más sobresaliente de esta región de Hispanoamérica. Fuera de ella, su uso es considerablemente menor, excepto en las clases más bajas, o es exclusivamente rústico. En la región del Río de la Plata se emplea en el tratamiento familiar entre iguales, pudiendo usarlo un superior con un inferior. En el último caso sirve para guardar la distancia, pero al mismo tiempo implica afecto. Lo usan los padres con sus hijos, y en Buenos Aires también los hijos con sus padres, pero en las provincias y en el habla rústica los hijos tratan a sus padres de *usted*. Éstos pueden alternar el *vos* y el *usted* al hablar a sus hijos, adoptando el *usted* ya para expresar enojo o reproche, ya en el caso de los niños más pequeños, para expresar afecto. Se usa *vos*, además, entre hermanos y parientes. Entre amigos, igual que entre amigas en Buenos Aires, *vos* se está extendiendo más que antes al parecer, al paso que entre hombres y mujeres, aunque sean amigos, *usted* es lo más frecuente [10].

En la escuela, los profesores tratan de *tú* a los alumnos. Éstos hacen lo propio con sus compañeros mientras están en clase, mas tan pronto como se hallan en el patio recurren al menos pomposo *vos*. En ocasiones, sin embargo, los alumnos continúan usando el *tú* fuera del colegio. El *tú* se oye, por otra parte, en Buenos Aires dentro de las familias españolas y en algunas familias argentinas. Tiscornia (*La lengua*, pág. 127) informa que los profesores de las escuelas nocturnas para adultos invariablemente se dirigen a éstos con el *vos*. Frida Weber afirma (*RFH*, III, 107) que, en ocasiones, ciertas personas que habitualmente emplean el *vos*, al entablar amistad con una persona echarán mano a menudo del *tú*, a manera de intermediario o forma de transición entre el *usted*, más ceremonioso, y el *vos*, más íntimo.

Por extraño que parezca, algunos usuarios del *vos* evitan poner por escrito esta forma, aunque se trate de la carta más íntima. De ordinario la cambian por el *tú*, más literario, aun cuando, en verdad, ocasionalmente vuelven a la forma verbal incorrecta (*tú sos* por *tú eres*), razón que aconseja cautela al juzgar el lenguaje es-

---

[10] Véase Frida Weber, "Fórmulas", *RFH*, III, 107.

crito de ciertos autores en el diálogo supuestamente realista como indicativo del actual uso hablado. (Lo mismo vale para el drama del Siglo de Oro). En la literatura argentina se usa el *vos* para provocar un clima especial en la descripción de costumbres locales, como en el drama y en la novela regionales. Por otra parte, el *tú* aparece en traducciones y en las novelas que tienden a idealizar la vida argentina, reproduciendo así la realidad de manera muy inadecuada. La mezcla del *vos* habitual (*vos tomás*) y del *tú* ocasional (*tú tomas*) conduce con frecuencia en la lengua de Buenos Aires a cruces como *tú tomás* y *vos tomas*, tendencia tal vez ventajosa (cf. pág. 85).

El uso del *tú* en Montevideo ha progresado más que en Buenos Aires. Américo Castro (págs. 74 ss.) se inclina a atribuir este fenómeno a una diferencia de "sutil psicología colectiva" entre los habitantes de ambas ciudades: "La gente de Montevideo se muestra menos alardeante y desatada que la de Buenos Aires ... procura distinguirse espiritualmente, ya que no puede exceder en riquezas a su pujante rival". Inclínase este autor a achacar el insistente y creciente uso del *vos* en Argentina a una general actitud rebelde frente a influencias culturales y a una fanfarrona agresividad contra el refinamiento en el habla, en la creencia por parte de sus usuarios de que "el plebeyo *vos* es el colmo de la argentinidad".

Los niños paraguayos tratan a sus padres de *usted* más bien que de *vos*. Además, el presente de subjuntivo usa exclusivamente las formas singulares: *vos tengas, dejes*, etc., en lugar de *vos tengás, dejés*, etc. Por lo general, se prefiere el guaraní en los casos de mayor intimidad y cordialidad.

Los anteriores paradigmas argentinos son generales en la mayor parte del país, particularmente en las zonas orientales y bajas, incluyendo Buenos Aires. Se recordará que las formas que se oyen en el noroeste de Argentina son, por lo general, similares a las corrientes en Chile, y, por lo tanto, se mencionarán en el estudio del voseo chileno (pág. 95). Los ejemplos que se dan a continuación son, pues, característicos de casi todas las regiones del Río de la Plata, con excepción del noroeste argentino.

Rural: —¡Quién *sos vos?* ... ¿Qué *tenés vos?* ¿Qué *te* pasa? ... ¿Qué *sentís?* (Lynch, *Palo verde,* pág. 51); ¡Mirá que es preciso que *te curés!* (pág. 52); ¡Sacá la lengua, *te* digo! ¡Vos no *tenés* nada! ¡Estás mintiendo! ¡No me *vengás* con compadradas! A *vos te* pasa alguna otra cosa ... ¿por qué *querés irte?,* ¿estás loco? (pág. 53); ¡sos un trompeta! (pág. 54); ¿qué *te has* creído? ... *vos* lo *mataste* ... *fuiste* ... lo *escondiste* ... *merecerías* que *te* mataran ... Che, Troncoso (pág. 59), etc. —Andá decíle algo (Güiraldes, *Don Segundo,* pág. 15); —¿Cómo *te* va? ... tranca *tenés,* si ya no *sabés* quién soy ... —No *ves* que soy Filumena, *tu* mujer, y que si *seguís* chupando ... cuantito *dentrés* a casa. ... —No *amagués* ... no vaya a ser que se *te* escape la mano y *rompás* algún vaso (pág. 16); —¿Ande lo *has* visto? (pág. 24); *Hacé* lo que *te* parezca (pág. 37); —Vos *te has* juido 'el pueblo (pág. 39); —¿Sos bien mandao? (pág. 40); —Si *sos* gaucho ... no *has* de mudar ... *irás* (pág. 303); —¿Sabés lo que *sos vos?* —Vos *dirás* (pág. 310). ¿De qué *te reís vos?* ¡Ahí *tenés* lo que *has* conseguido! ... ¡ponéte serio! ¡mirá que *te* pego! ... ¡Calláte, mujer! (Sánchez, *M'hijo el dotor,* I, 1); —No *seas* malo ... *vos sabés.* ... —¿Lo *oís?* ... *Vos* que *estabas* rezongando ... *vos* que *decías* ... ya lo *ves* (I, 2), etc.

Urbano: —¿Verdad que no *irás?* ¡No *podés* ir esta noche! (Petit de Murat, pág. 154); —Dejáte de tragedias. Y *cuidáte.* ... *No empecés.* ... ¡Qué *vas* a saber, si *te quedás!* (pág. 168). ¿Querés ir? ... ¡Estás loco! ... ¿me *viste?* ... *te vas* ... *hacéme* el favor ... *tomá* ... *tenés* (Laferrère, *Locos de verano,* pág. 14); ¿has estado *vos* en la casa? ... ¿has visto? ... *decíme,* ¿pensás comprarles algo? ... *decís* ... *escucháme* ... no *te enojés* (pág. 20, etc.). ¿Vos *sos* o *te hacés?* (C).

Como se puede ver por los ejemplos anteriores, la forma argentina del voseo en el presente de indicativo del verbo *haber* es generalmente *has,* más bien que *habés,* y el futuro termina actualmente, por lo común, en *-ás* (*irás, dirás,* etc.). En las zonas altas y en las rurales se encuentra también *habés* (*habís* en la frontera con Chile).

CHILE

El voseo, con formas distintas de las corrientes en Argentina, se hallaba un siglo atrás igualmente extendido en Chile. Sin embargo, con la ayuda de los gramáticos (empezando por Bello en 1834) y una estricta vigilancia en las escuelas, se ha conseguido desarraigarlo en gran medida, y es casi completamente desconocido entre la gente culta, la cual usa *tú* y *usted* casi indiferente-

mente (Lenz, *La oración*, pág. 156; *BDH*, VI, 261-68). Mas el
voseo mantiene aún sus dominios en el habla vulgar y rústica, con
variaciones respecto a las formas argentinas ya estudiadas. Si bien
se oyen otras formas ocasionalmente, las siguientes muestran el
uso general:

Presente de indicativo

Argentino	*Chileno*
vos tomás	vos tomái(s)
vos comés	vos comís [11]
vos vivís	vos vivís

Presente de subjuntivo

vos tomés	vos tomís
vos comás	vos comái(s)
vos vivás	vos vivái(s)

Futuro de indicativo

vos tomarás	vos tomarís
vos comerás	vos comerís
vos vivirás	vos vivirís

Imperativo

tomá	toma *o (menos frecuentemente)* tomá
comé	come *o (menos frecuentemente)* comé [12]
viví	vive *o (menos frecuentemente)* viví

---

[11] Oroz y Pino Saavedra consideran estas formas como muy *vulgares*,
admitiendo, empero, su frecuente uso en el lenguaje familiar de ciertas personas no carentes de cultura. "Estas gentes emplean los giros *tú vis, tú
comís*", conservando la forma verbal correspondiente a *vos* incluso después
de la pérdida del *vos* (en "El español en Chile", *BDH*, VI (1940), 57, apunte a las *Advertencias* de Bello). Si bien es cierto que formas como *tú comís*
es posible oirlas en personas poseedoras de cierta cultura, no lo es menos
que *veís* parece ser más común que *vis* en dicho uso del verbo *ver* (*tú
veís*); *vis* es la forma más vulgar que se oye al lado del *vos*, más bien
que junto al *tú*.

[12] Henríquez Ureña (*RFE*, VIII, 384) observa que las formas que deberían terminar en *-é* (*comé*) terminan generalmente en *-í* (*comí*). Las autoridades por él citadas (Lenz y Bello) nada dicen de un imperativo *comí*,
que nosotros tampoco hemos oído. Al parecer, confundió con un imperativo la forma *komí*, así escrita por Lenz, en lugar del indicativo (con *s*
aspirada) que representa.

Las formas *tomá, comé* y *viví* se usan ahora principalmente en las zonas limítrofes con Argentina.

Pretérito imperfecto de indicativo

vos tomabas	vos tomábai(s)
vos comías	vos comíai(s)

Pretérito imperfecto de subjuntivo

vos tomaras	vos tomárai(s)
vos comieras	vos comiérai(s)

Debemos recordar que en Chile la -*s* final se convierte generalmente en una simple aspiración o queda completamente sin pronunciar. En la terminación -*ái*(*s*), prácticamente es muda, y, por lo tanto, estas formas son, por lo general, -*ai* o -*ay: estai, estay, tomai, tomay,* etc. En la terminación en -*ís,* sin embargo, en razón de la vocal *í* acentuada la aspiración se oye con claridad. Tales formas se escriben, por lo común, con *s,* menos frecuentemente con *h: venís* o *veníh, lleguís* o *lleguíh,* etc. La mayoría de los escritores que tratan de reproducir el habla popular se contradicen, y hay quienes tienen un método individual de registrar la actual pronunciación. Así, encontramos las siguientes variantes en la grafía: *vos gozay, pongai, despreciáis, estaís, sepaih; vos comís, sentíh, valrí; vos soy, soís,* etc. En otras partes, dicha aspiración se registra con *j: voj, soj,* etc.

En los ejemplos anteriores podemos ver cómo 1) la terminación de la segunda persona del plural en el presente de indicativo de los verbos en -*ar* y en el presente de subjuntivo de los verbos en -*er* e -*ir* es aquí -*ái*(*s*) más bien que la forma arcaica -*ás*; 2) la terminación -*és* en el presente de indicativo de los verbos en -*er* y en el presente de subjuntivo de los verbos en -*ar* se convierte en -*is* (al igual que ocasionalmente en el aragonés y en otros dialectos españoles: región salmantina, Sánchez Sevilla, § 59) por analogía con la terminación regular -*is* de los verbos en -*ir* [13];

---

[13] Menéndez Pidal *(Gramática,* § 115) cree que *comís* no es una asimilación con los verbos en -*ir,* pues hallamos -*ís* también en el presente de subjuntivo de los verbos en -*ar: juntís,* etc. Sin embargo, la teoría analógica

3) la terminación de la segunda persona del plural en el futuro de todos los verbos es aquí *-ís* más bien que *-ás* [14]; y 4) el imperativo presenta generalmente formas normales en la segunda persona del singular, pero también se usa el plural, especialmente en zonas rurales y a lo largo de la frontera con Argentina.

Las formas de voseo corrientes en Chile se encuentran asimismo en las provincias argentinas de Cuyo, Mendoza, San Juan y San Luis (Selva, *Crecimiento*, pág. 163). De *Viento de la altipampa*, de Carrizo, entresacamos formas como "*sabís, tenís, ponís,* pa que *acabís* de sanar, *querís, entendís,* no quiero que *llorís,* cuando vos *lleguís*", etc. Las formas en *-éis,* consideradas como las más rústicas, están en vía de desaparición (Vidal, pág. 120).

---

descansa sobre el hecho (no registrado por Menéndez Pidal) de que en Chile la forma popular de la primera persona del plural de los verbos en *-er* es *-imos* (*comimos,* en lugar de *comemos*), muy probablemente por analogía.

[14] Alonso y Henríquez Ureña sugieren (*Gram.*, II, 99) que la terminación *-ís* se debe a la formación regular del futuro: infinitivo + terminaciones del presente de *haber*. Por consiguiente, arguyen, puesto que en el este de Argentina el presente es *vos has,* el futuro termina en *-ás* (*vos andarás, verás*); puesto que en Chile el presente es *vos habís,* el futuro termina en *-ís* (*vos andarís, verís*); y puesto que en Colombia "se usa *vos habés*", el futuro termina aquí en *-és* (*vos andarés, verés*), etc. Tal puede ser o no ser la verdadera explicación. También se podría razonar de esta manera: si la forma *vos has* es común en la Argentina, significa que la forma singular se prefirió en el futuro, así como en los otros tiempos; si el plural *habís* (por *habés*) es corriente en Chile, significa que allí predominó el plural en todos los verbos y que la misma forma analógica se transfirió al futuro (*andarís, verís*), puesto que la misma *i* analógica se transfirió asimismo a la primera persona de plural en los verbos en *-er: tenimos* por *tenemos,* etc.; y si *vos habés* fuese general en Colombia, demostraría que también allí rigió el plural, en este caso bajo la forma arcaica. El futuro en *-és* constituye la forma usual en Colombia, pero también existe la forma regular en *-ás.* Además, *vos habés* es allí tan raro que Henríquez Ureña no pudo hallarlo registrado. Nosotros lo hemos hallado, pero la forma corriente es *vos has,* al igual que en la Argentina. Por otra parte, en Guatemala el futuro termina en *-és,* pero el presente de *haber* es *habís* más bien que *habés*; en El Salvador, el futuro termina en *-ás* y el presente de *haber* es tanto *habís* como *has*; incluso en la Argentina se encuentra el futuro en *-és* en los escritores más antiguos (Tiscornia, *La lengua,* pág. 121 n.).

Por supuesto que ocasionalmente se oyen en Chile otras formas además de las arriba mencionadas, tales como *amá(s)* por el más general *amái(s)*, *so(s)* por el más general *soi(s)*, etc., formas debidas probablemente a influencia argentina. También aquí ciertas gentes iletradas, en un esfuerzo por evitar lo que han oído que constituye una incongruencia gramatical, usan el *tú* + una forma verbal de segunda persona del plural: *tú tomáis;* o el *vos* + una forma verbal de segunda persona del singular: *vos tomas* (Echeverría y Reyes, pág. 77).

ZONA CENTRAL (SANTIAGO): —*Vos gozay* tanto cuando *comís* choro cruo, que no te *fijay*, niño (Godoy, pág. 124). —No lo *tomís* a mal ni *pongai* esa cara (Alberto Romero, *La viuda*, pág. 30); Como *vos tenís* sangre de rica, *despreciáis* al pobre (pág. 33); Y *vos te atrevís* a hablar ... *vos te podís* imaginar (pág. 73). ¡Qué *estás* pensando? *Debís* correr ... *vos sos* niño ... *cómete* todos los chupes que *poday* y *verís* qué gloria ... pa que *vos* no *pongay* esa cara ... *¡mira!* te voy a contar (Sepúlveda, *Hijuna*, página 70); *vos* que *sos* tan callado ... *has* de saber ... si *vos defendí* a tu Patria, *afíjate, defendí* a tu madre ... *vos* no *tenís* na madre. ¿Es fuerza que lo *digay?* (pág. 72). ¿No *vis?* Aquí al lao corri'otro. ... ¿*Vis* como se va viendo toitito el Puerto? (Romanángel, pág. 87); ¿*vis?* —Sí, las veo (pág. 89).

ZONA CENTRAL (RURAL): No *creay* ... dejálos no más ... ¡no *seay* bruto! Las cosas que se *te* ucurren ... ¿qué *habís* visto? ... Tan fregao que *sois* ... *te sujetay* ... ¿qué *decís vos?* ... antes no *éray* tan sinvergüenza ... Tan hablaor que *soy vos*. ... ¿Qué *vay* hacer? ... *Vení* p'acá ¿*Ve?* ... Y *vos,* ¿cuándo *vay* a ir a trabajar? ... no *saliay* ... ¿*tay?* [= estáis] armao? ... ¡No *seay* embustero! *Vos querís* a la Mariana. ... Mieo mieo *decís?* ... *¡Tené cuidao!* ... *Te* repito que *tengay* cuidao ... *Cállate vos* ... ya *stás* aquí ... ya no *t'irís* más (Acevedo Hernández, *La canción rota*, I, 1); *Te* pago lo que *queray*. ... *Vos sabrís*. No *inoray* ... *vos* me *debís* ... *sois*. ... *Mira*. ... Muy por bien que le *busquís* (I, 2), etc.

Manuel Guzmán Maturana escribe en su *Don Pancho Garuya* (1933; 2.ª ed., 1935), calificado por Lenz como "el libro más chileno que he visto" y "una verdadera enciclopedia del lenguaje vulgar chileno":

ZONA CENTRAL (RURAL): —¿Qué *decíh, niña?* ... —¿Cuánto *valrí* [= valdrás], pelotita dioro? (pág. 22); —¡Pero, niña por Dios! Tuavía no *habíh* tréido vino. ... *Andá* a buscar unas botellas y *tréy* ... un buen peazo de queso del mejor que *encontrí*. ... *Sírvele*, niña, un trago de vino (pág. 23); Agora *veríh* (pág. 30); —¿*Teníh* hambre? ... *Toma* ... por si sentíh frío (pág. 64); —Te lo presto; *llévatelo* ... después me lo *devolveríh* (pág. 70); —Ayer *te andábay* escondiendo de la policía ... ¡Me alegro de que *volvay* a ser hombre honrao! (pág. 99); *Hiciste* bien en defenderte. Debían fusilarte ... pa que no *atentáray* a la vía de las personas (pág. 100); *Vení* pa acá pa escond*ete* (pág. 101); *Métete* aentro. ... No *te movay* ... *vos* no *atravesíh* una palabra con él (pág. 102), etc.

Se habrá notado que este autor representa generalmente la *s* final aspirada con una *h* (*decíh, habíh, veríh*), aunque ocasionalmente la omite en la escritura (*valrí* por *valrís, encontrí* por *encontrís*).

En *Por el atajo* (pág. 58), de Acevedo Hernández, hallamos un diálogo entre dos hermanas, Chabela, niña criada en el campo, y Rosario, que ha sido educada en la ciudad y usa correctamente las formas que corresponden al *tú* en lugar de las rurales del *vos*:

ÑO JUSTO (*el padre*): —Chabela, anda a comprarle queso a tu hermana.
CHABELA: —¡Qué señorita! ¿Tiene sirvienta? ¡Que vaya ella!
ROSARIO: —Y yo voy, pues. No me estés pidiendo no más.
CHABELA: —No te dé cuidado; ya sé que pa mí no se han hecho las cosas güenas. Yo soy una huasa ordinaria, no sé ni hablar.
ROSARIO: —Ya, Chabelita, no *seas* así; tanto que me *haces* sufrir; no le puedo decir nada.
CHABELA: —Ná me *tenís* que decir *vos*, ni naide, porque yo no doy que hacer.

En su novela corta *Montaña adentro*, Marta Brunet emplea la grafía que se pone a continuación:

No *tenís* ojos *vos* ... echáis ... serías *vos* ... *vos* cerráis tu hocico (página 11); a *vos te* va pasar ... estáis segura ... *tú* sabís (pág. 20); no *seáis* ... sí que *soís* canalla (pág. 21); no *estaís* (pág. 23); te *ponís* (pág. 30); te *juiste* (pág. 31); no *m'estís* levantando testimonios (pág. 45); *vos te calláis* tu hocico (pág. 57); *vos sos* (pág. 63); *vos sabrís* (pág. 64); ¿qué *te habís* imaginao *vos*? (pág. 69); *hácele* (pág. 85); *estaís* (pág. 88); *estaís* loco (pág. 91); *vos serís* (pág. 93); si *fueras* cobarde serías ... *soís vos* ... *vos sos* (pág. 96); *vos te calláis* (pág. 103).

Parece que hay varias contradicciones en los citados pasajes de Marta Brunet. La acción se desarrolla en las montañas de la provincia de Malleco, de manera que algunas de las formas pueden ser sureñas. La ubicación del acento escrito en *estaís, soís*, *callaís*, es probablemente una tentativa para indicar la aspiración de la *s* final y el consecuente reforzamiento de la *i* que la precede. El uso de *tú sabís* ofrece sus dudas. Si bien el *tú* puede oirse en las ciudades, es dudoso que constituya una auténtica forma rústica. El trozo citado pone de relieve la necesidad de registrar el habla popular de acuerdo con un sistema coherente y más o menos basado en la fonética.

De acuerdo con ciertas informaciones, extravagancias tan singulares como *tuz* y *tis* se hallan en uso en el campo, constituyendo un esfuerzo por imitar a las clases cultas, que usan las formas normales del *tú* (y nunca el *vos*). Román (I, 398) trae la forma *tuz* como sujeto y como forma preposicional: *tuz, a tuz, de tuz, con tuz*, etc. En otros lugares se halla escrita *tus*. En la pronunciación, la *s* es sencillamente aspirada, añadiéndose, sin duda, por analogía con *vos* [15]. En otras partes encontramos también *tis*, que es la misma forma (añadiendo la *s* aspirada) de que habla Cuervo (§ 332) para Colombia: "el vulgo mira como insultante el *ti*"; cf. asimismo Uribe (*Dicc.*): "más feo sos *ti*". En Aragón (Menéndez Pidal, *Gram.*, § 94) se halla *tos* en lugar de *vos* (o de *os*).

¿Son acaso los Ministros del Señor descendientes de turcos o de gitanos, o de chinos, que al primero que pillan a mano, se lo echan al hombro y lo tratan de *vos* y de *tus*, y sin más ni más, tratan de arrancarle sus ahorros? (Muñoz, pág. 244); —Eres *tis*, Adancito mío (pág. 120); —¿Llegastes *tis* de Chillán? Pu allá me tirastes *tis* con tus desprecios: ¡cara de pan con anís! (pág. 179).

BOLIVIA

La gente culta usa generalmente las formas normales del *tú* (*tú hablas, tú vienes*). En el habla urbana popular y coloquial, la regla es *vos* + el verbo en singular (*vos hablas, vos vienes*), excepto 1) en el imperativo, en el cual predomina el plural (*hablá, vení*), y 2) en el presente de indicativo de *ser* (con frecuencia *vos sois* al lado de *vos eres*). En las regiones rurales, y particularmente en

---

[15] Otra forma analógica es *yos* por *yo*: "quien soy *yos*" (pág. 120), "aquís toy *yos*" (pág. 160), etc., en Muñoz, *Don Zacarías Encina*.

Santa Cruz de la Sierra y en los departamentos de Potosí y de Tarija —limítrofes con Chile y con Argentina—, se oye el *vos* con las formas verbales del plural (*vos habláis* o *hablás, vos venís, vos sabés,* etc.).

LA PAZ: Es mejor que lo *leas vos* ... *¿vos crees?* ... *tú te encuentras* (Arguedas, *Vida criolla,* pág. 221); *¿irías vos?* ... *¿has* ido? (pág. 22); *oí* ... tengo que hablar*te* ... *¿qué quieres? hablá* pronto, *che* (pág. 256); no *hables* así, *che* (pág. 257); Es *a vos* que no *te* quiere (pág. 258). *Vos* ... me *sigues* ... me *has* seguido ... *estás* ... *sois* ... *escucháme* (Díaz Villamil, *La Rosita,* pág. 10); no me *interrumpas* ... *dejáme* hablar ... con *vos* ... te *acuerdas* ... a *vos te* han dejado en la calle ... me *quieres* (pág. 11); *abríte* nomás una botella ... *quedáte* (pág. 13); *vos* ... *servíte* (pág. 15); *vos sois* una guagua (pág. 89) ... *eres* (pág. 90); *andá acostáte* (pág. 92); *Andá acabálo* (*Cuando vuelva,* pág. 15); *vos* no *conoces* (pág. 21); *vos* no *eres* hombre (pág. 23); *Vos eres* ... *perdé* cuidado (pág. 50). (Panchita, una *chola*): —*Vos eres* ... *dejáte* de cosas ... *oíme.* (Raquel, que representa a la clase culta, replica): —*Óyeme,* Panchita ... *tú sabes* ... *tú eres,* etc. (Rodrigo, pág. 22); qué feliz *sois* (pág. 29) ... *¿y de vos?* (pág. 31) ... ¿por qué no *hablas vos* con ella? (pág. 41).

RURAL: No *serías vos* quien lo dijo (Céspedes, pág. 51); *¡Salí, salí!* (pág. 56); *Aguardá* la azotera, *te* mato. ... *Vos soltá, soltáme.* ... *Cálmate,* doña Trini. Trinica, *vos* me *conoces* (pág. 57); *¡Tendéte,* mi Coronel! (página 117); ¿Dónde *te perdiste, voj,* camba? *Te pierdej* otra vej, *te* mato. Ayá en Santa Cruz maté mucho camba como *vos* (pág. 120); *vení tú. Andá* pa adelante (pág. 125); *lleváte* ese queso (pág. 215). ... *Che, oyé,* ps, *che.* ... Dicen los otros que *te debés* desertar (Toro Ramallo, pág. 34); *Andáte* ... *pasáte* (pág. 35); *Andá* a ver si *traés* alguno (pág. 51); *¿Tomás* otro trago, *che?* (pág. 104).

SANTA CRUZ DE LA SIERRA: *¿Vos* lo *conocés* a don Hermógenes Parada? ... *decíle* (Alfredo Flores, en *ACB,* pág. 67); Al escuchar esto don Hermógenes ... dirigiéndose a un peón, le ordenó: —A ver, *che, traé* pronto mi sillonero ensillao ... , y no *perdás* tiempo (pág. 68); —¿Qué *querés,* hija? ... *andá* no más (pág. 69); *Tenés* que conformar*te.* ... No *sos* hombre, *che* ... *permitíme* (pág. 71); *vos sabés* (pág. 73).

TARIJA: —Güen día, *che. Pasá. Sentáte.* ¿Qué se *te* ofrece? ... *Aguardáte,* hombre. No *te aflijáis* (Alberto Rodó Pantoja, en *ACB,* pág. 96); Lo que *debés* hacer es vicharlos y cuando *sepáis* quién es el buen mozo, le *tiráis* una planiada. ... Después la *lleváis* a tu mujer (pág. 97). *Peláte* las papas. ... Y *vos,* Higinia, *andá* deschalando los choclos (Luis Azurduy, en *ACB,* pág. 108).

En lo que se refiere al Perú hallamos algunos datos, no siempre confirmados o claramente explicados, en *El lenguaje peruano* (1936), de Benvenutto Murrieta. Se usa el voseo en el sur del Perú, especialmente en Arequipa, tanto en el habla urbana como en el habla popular. Además aparece de manera arcaica y con vigor decreciente en las ciudades hispanohablantes de la provincia de Pallasca (Ancash), y en menor grado aún en el departamento de San Martín y en ciertos poblados indios a lo largo de la costa norteña. En Huánuco (Pulgar Vidal, pág. 816) el *vos* no es una forma familiar; por el contrario, la mayoría lo emplea para reemplazar el menos ceremonioso *usted:* "¿Para quién son estas flores? —Para *vos*, doctor". En las zonas centrales de Lima y el Cuzco es probable que el *vos* haya sido completamente reemplazado por el *tú* hacia fines del siglo XVIII. No obstante, de las expresiones aún corrientes en el Perú y en otras partes —"hablarse de tú y vos", "el ser de tú y vos"— se puede inferir el auge de que gozó el *vos* en un período primitivo tanto allí como en los demás países: "Se han destapado conmigo con una familiaridad grande, *tratándonos de tú y vos,* como si desde la más tierna infancia hubiéramos comido del mismo choclo" (Corrales, pág. 49).

Las características del voseo arequipeño son esencialmente las mismas que encontramos en Chile, tal como se explicaron bajo este epígrafe (pág. 92), con excepciones como *tomás, estás, vas, has,* etc., correspondientes a las formas chilenas *tomái(s), estái(s), vai(s), habís,* etc.

> Si vos me *querís, quereme*
> Y no me *engañís* bandíu,
> No me *dejís* despancada
> Que para *vos te* he paríu
>
> F. MOSTAJO, citado por BENVENUTTO, pág. 139.

En las provincias noroccidentales de Pataz (La Libertad) y de Cajamarquilla (Cajamarca), el voseo se halla limitado al uso del *vos* con las formas verbales normales de la segunda persona del singular. En esta región, a lo largo del río Marañón, se desarrolla *La serpiente de oro*, de Ciro Alegría, de la cual espigamos lo que sigue:

> —Y *vos tias* [= te has] güelto mentiroso (pág. 32); —La cosa va con *vos* (pág. 45).

Los perros hambrientos, del mismo autor, nos ofrece:

> ... como *vos quieres* (pág. 51); —Wanka, Wankita, *vos sabes* lo ques cuanduel pobre yel animal no tienen tierra ni agua. ... *Has güelto* como la lluvia güena" (pág. 168).

Matalaché, de López Albújar, del departamento norteño de Piura, nos muestra:

> —Es que *vos*, José Manué, *sos* aquí l'único después del amo, a quien ese bandido respeta. Con dos palabras que *vos* le *digas* no golverá a tocarme ... como *vos estás* un poquito más arriba que nosotros, no *sabes* (pág. 88); ¡Qué mal pensao *sos!*" (pág. 104).

El uso del voseo a lo largo del Perú, igual que en otras muchas regiones, necesita de una investigación científica para que los hechos lingüísticos puedan ser explicados satisfactoriamente.

ECUADOR

En lo que al voseo se refiere, Ecuador se puede dividir en dos regiones: la región interandina (central y norte), con inclusión de Quito, y la región costera, con inclusión de Guayaquil. En la región interandina, el vosco es general en el habla diaria, tanto rural como urbana, incluso dentro de un amplio grupo de personas cultas. Sin embargo, la regla entre los grupos puristas es el uso normal del *tú*. En las clases todas de la región costera y surcentral (con inclusión de Cuenca), el uso del *tú* es mucho más común que en la sierra. Las formas dominantes del voseo [16] son, en su mayor

---

[16] Hay que tener un gran cuidado al interpretar los textos, y no ya sólo en atención a los fallos humanos del autor, sino incluso debido a la falsi-

parte, las más generalmente usadas en Chile (pero la *s* final se pronuncia en la sierra): la terminación *-áis* para los verbos en *-ar*, la terminación *-ís* para los verbos en *-er* y en *-ir* (*querís, habís, decís*, etc.). En realidad, en el caso de unos cuantos verbos en *-er* se oye ocasionalmente la terminación *-és* (*sabés*, etc.) en ciertos sectores rurales, pero la terminación *-ís* (*sabís*, etc.) es la forma general tanto en el campo como en la ciudad. El futuro lo forman con frecuencia sobre el modelo chileno (*tomarís, comerís, dirís*, etc.) —forma que se considera como la más vulgar— y más comúnmente sobre el modelo argentino (*tomarás, comerás, dirás*) [17]. El imperativo es en su forma a veces singular (*toma*), a veces plural (*tomá*). Al igual que en los centros urbanos de otros países, en las ciudades del Ecuador las clases semicultas sienten inclinación al uso de formas verbales de la segunda persona del singular con el *vos* (*vos eres, vos sabes*, etc.) [18]. (Esta concordancia, empero, nunca se halla en los campesinos). El *tú* con las formas singulares normales alterna ocasionalmente con el *vos* y las formas mezcladas. La confusión es grande, y, por lo tanto, no hallamos una tendencia terminante o siquiera generalizada hacia la unificación, como en

---

ficación deliberada de las formas. En *Cantares del pueblo ecuatoriano* (1892), J. León Mera pone *tú* + un verbo en singular en lugar de *vos* + un verbo en plural, porque lo último le parecían "barbaridades repugnantes" (pág. 240). Argumentaba así (pág. ix): "Con tal que se conserve puro el espíritu ... ¿por qué no ha de corregirse su lenguaje? ¿En qué se menoscaba, por ejemplo, al quitarle la mezcla del *tú* con el *vos* y en sustituir el *vení* con el *ven* y el *tenís* con el *tienes?*". No obstante, le fue imposible "purificar" el texto completo, debiendo conservar algunas formas (*tenéte*, etc.), por las exigencias de la rima y del metro. Igual modo de hacer ediciones es también desgraciadamente el de Antonio José Restrepo en su obra *El cancionero de Antioquia* (Colombia).

[17] Lemos (*Barbarismos fonéticos del Ecuador*, § 29) menciona la tendencia en favor de *-ís* para las terminaciones de futuro, pero la gran mayoría, con mucho, de los ejemplos que nos salen al encuentro presentan *-ás* para el futuro. Sólo un número limitado presenta *-ís* y ocasionalmente *-éis* (*vos tendréis*).

[18] En una muestra de verbos usados en la conversación familiar, F. J. Salazar ("La pronunciación del castellano en el Ecuador", *Revista Ecuatoriana*, I [1889], 210) da dos formas verbales para cada tiempo, la común y la vulgar: común = *vos* (por *tú*) *has, hubiste, vienes, veniste, ven;* vulgar = *vos* (por *tú*) *habís, hubistes, venís, venistes, vení*.

el caso de Argentina y de Chile. Como en otras partes, la expresión *tratarse de tú* y *vos* implica afecto y amistad estrecha. El *vos* se usa familiarmente entre iguales y en el trato de personas jóvenes y de "categoría social o económica inferior" (Pérez Guerrero, § 180). Al paso que los padres pueden tratar a sus hijos de *vos* (o de *usted*), los hijos tratan con gran frecuencia de *usted* (más raramente de *su merced*) a sus padres. En el Ecuador, al igual que en otras partes, los indios iletrados usan promiscuamente el *vos*, incluso con sus amos —práctica que demuestra cómo la forma así empleada es arcaica en su aplicación y al mismo tiempo índice de incultura.

Excepto en la región costera, el *tú* lo usan exclusivamente personas de cierto grado de cultura (si bien a menudo afectadamente), de tal forma que Guerrero se atreve a decir (pág. 167): "de quien lo oímos, por este solo hecho, podemos afirmar que habla bien", juicio que parece demasiado exagerado.

ZONA INTERANDINA (QUITO): ¿No *te quedáis?* (Icaza, *En las calles*, página 6); *te vis* (pág. 8); *decís* (pág. 19); *¡Hacé* justicia, amitu! (pág. 21); ¿qué más *te querís?* (pág. 73); *tomáte* el primer trago de tu vida, ya'*stáis* caminando para viejo (pág. 74); ¿Hasta ónde *vais*, hijo? ... *vení* (pág. 80); *Verís* como escribir (pág. 82); *abrí, ve.* ¿*Estáis* ocupada? (pág. 88); Ya *sabís vos* mesmo. ... ¿*Ti'acordáis?* (pág. 101); *te presentáis* (pág. 114); *Pondrás* yapando. ... *Poné* más trago (pág. 165); *Verás ... vos ... vais* ... mañana *pedirás.* ... *Andá* no más (pág. 181); —*Cashá*, no *shores* tanto. ¿Qué más *te querís?* (pág. 182); A *vos ... te* van a mandar. ... *Tenís* qui'andar*te* con cuidado ... *estáis* poniéndo*te* así agachado (pág. 189); *vos* mismo *te'stás* revolcando (pág. 225); *venriste ... trairás ... saludarás* al compadre si le *vis* (pág. 242), etc. Payaso que no *valís*, al diablo *te parecís* (García Muñoz, *Estampas*, pág. 47); —No *tomés* más, mañana *tenís* que ir al trabajo (página 54); *vos te chumas* (pág. 55); —*Quitaríste, quitaríste*, José. ... No le *insultarís* a la Rosa (pág. 182); —*Callá* no *digáis* quias estado con cuatro. ... No *vendrís* a hacer*te* la brava (pág. 185); *vos* bien fuerte *sois.* *Sentáte.* ... Pero antes *trai* el número de la lotería (pág. 199); *Vos* no has de salir; —¿*Querís?* no *comprendís* ... no *te preocupáis* (pág. 274); *Subíte* a la cama, *ve.* ¿*Tenís* algo? (pág. 285), etc.

ZONA COSTERA (RURAL): —¿*Habij* echao er barbajo? ... —¿Y qué *ejperaj* entonces? *¡Apúrate! Vos sabés* (Aguilera Malta, pág. 8); —¡*Ven*, hombre, *apriende!* ¿Me *tenés* miedo? ... ¿*Quierés* [sic] acompañarme? (pág. 27); (un padre a su hijo): *Tú sabés.* ... ¿*Sabés vos?* (pág. 32); (habla el *patrón*): *voj* no *vaj* a poder pagarme. *Tás* muy viejo. *Bebes* mucho. *Te morirás* muy pronto; (el hijo a su padre):

—Yo pago, viejo. No se preocupe (pág. 33); —Me *gustás máj* que antej. ...
—¿Qué *querés? Bajá* (pág. 38); quiero que *te vengas* a vivir conmigo ...
no *seas* ... me *gustas.* ... *Tú te venís* conmigo. *Te vas* conmigo. ... Yo
vendré por lo que *tú querás* después (pág. 39); *voj érej* un pendejo. ...
Si *querej te* llevo donde ér [= él] (pág. 60); *Oye* ... *vos* no le *conocés*
(pág. 62); me *habés* fregao ... ya *veraj* (pág. 73), etc.

Gil Gilbert, en su colección de cuentos cortos llamada *Yunga*
(escrita en 1931 y 1932), usa generalmente la forma normal de
la segunda persona del singular con el *vos:*

—*Oye,* Pedro, *vos* bien *sabes. Vos* que me *enamoraste* primero (página 65); *vos* no *eres* mi ñaña ... no *comas* en los platos de nosotros (página 114); *vos te dejas* mandar por tu mujer ... *vos* no *te impone*s (pág. 76).

Esta concordancia del *vos* con la forma verbal de la segunda
persona del singular es corriente en las personas semicultas de los
centros urbanos.

COLOMBIA

Las características generales del voseo en el habla popular colombiana, en la cual vive en conflicto con el *tú,* son semejantes a
las de las formas argentinas (*vos tomás, tenés, vivís; tomastes* o
tomates o *tomaste,* etc.; *tomá, tené, viví, tomabas, tenías,* etc.),
pero, en contra del uso argentino, el futuro termina generalmente
en -*és* (*verés*), mas no exclusivamente, como supone Henríquez
Ureña (*RFH,* VIII, 385). El presente de *haber* es generalmente
has, raramente *habés.* En el sur de Colombia, empero, las formas
del voseo se asemejan a las empleadas en Ecuador. En Bogotá,
lo mismo que en los centros urbanos de otros países, se oye con
frecuencia el *vos* + forma verbal en segunda persona del singular (*vos tomas*). En la costa atlántica de Colombia (Barranquilla,
Cartagena, Santa Marta) es general el *tú,* mientras que el *vos* es
raro (Sundheim, pág. 648), limitado tal vez a las provincias de
Mompox y Magangué (Revollo, pág. 281). Los negros usan el *tú*
sin discriminación, y raramente el *usted.* Además, *Tiscornia* (página 289) afirma, de acuerdo con la información dada a Henríquez Ureña por el filósofo ecléctico colombiano Baldomero Sanín

Cano, que en Antioquia se oye frecuentemente la combinación *tú te callás* (fusión de *tú te callas* y *vos te callás*). Una lectura rápida de *Hace tiempos,* novela de Tomás Carrasquilla en tres volúmenes, que se desarrolla en Antioquia, no revela semejante fusión de formas, y, por tanto, el "frecuentemente" debería leerse con propiedad "ocasionalmente". La citada novela fue galardonada con el premio Vergara y Vergara por la Academia Colombiana de la Lengua, de donde podemos concluir que en aquella obra se hace un uso auténtico del lenguaje popular. En Antioquia, el *vos* no está restringido a las áreas rurales: ocasionalmente se oye en el lenguaje íntimo de la ciudad, principalmente en formas estereotipadas (*caminá, fijáte,* etc.) o con fines humorísticos.

En el volumen I (*Por aguas y pedrejones* [1935]) de *Hace tiempos,* de Tomás Carrasquilla, leemos:

... *vos estás* muy creído ... *sos* un bobo ... no *sabés* ni pelear ... no *acosés* más a Eloy ... ya *venís vos* ... pa que *te* dé comida (pág. 27); *entendé* que de hoy en adelante *tenés* que pagar (pág. 265); —Porque me *coglies* con una cuerda enearamada. *Dejá* y *verés* (pág. 285); *acordáte* ... si *dejás* a este muchacho (pág. 282); no *vengás* aquí (pág. 317), etc.

En el volumen II (*Por cumbres y cañadas* [1935]):

—*Fijáte* ... *ve* ... ahora *verás* ... ¿no lo *alcanzás* a ver? (pág. 45); ¿has compuesto muchos versos ... ? Bien *podés* decir ociosidades; pueda ser que con eso *te purgués* de todos los papeles públicos que *leés* con tu taita. *Mostrános* el reló ... no lo *cojás,* porque algún daño le *hacés* (página 263); El día que *te murás, conseguirés* juicio ... *irés* a ser obispo ... no *creás* ... *vos* no *has* subido ... *vos sos* tan bobo que no *te has* fijao (pág. 266); lo que *entenderés vos* de esas cosas (pág. 275); *vos* misma me *enseñaste* (pág. 277); *vos,* ¿por qué no me *has* contado bien todas esas peleas? (pág. 279); *has* vivido ... *sabé* y *entendé* (pág. 308); *vos deberías* ser directora de minas (pág. 330); y *vos,* ¿por qué no me *has* mostrado a la negra Loaiza? (pág. 336), etc.

En el volumen III (*Del monte a la ciudad* [1936]):

Allá *verés* qué tan bueno (pág. 43); ¿*vos has* visto? (pág. 58); Bien picao que *ti'habrés* quedao (pág. 142); *oléme* y *verés* (pág. 163); *oí* y *verés* qué tan feo cantan los gallos criollos (pág. 197); *vos sabrés* que *hacés* (pág. 225), etc.

En *Bobadas mías* (1936), de Arango Villegas, encontramos un uso literario corriente del voseo con fines humorísticos, aquí provocados a través del contraste entre la dignidad de un supuesto diplomático que trata graves asuntos de Estado con el presidente de los Estados Unidos y su empleo del superconfidencial y rastrero voseo:

sentáte ... *creéme* ... (con mezcla de las formas correctas con *tú*) *tú comprendes*, no *tengas* cuidado ... *vos comprendés* ... no *llames*, *vos creés* ... *decí* ... lo que *vos querés* ... no *te calentés* ... *vos trajiste* (págs. 140-41).

Más adelante se provoca el mismo efecto cuando el Señor hace uso del voseo para dirigirse a un pecador que acaba de llegar a los cielos:

...*vos fuistes* ... *temás* ... (con mezcla de las formas correctas con *tú*) para que me *hagas* unos trabajitos (pág. 182), etc.

De *Pescadores del Magdalena* (1938), de Jaime Buitrago, entresacamos:

—*Mirá* mijo, le decía su padre: Si una muela *te* duele, *te* la *podés* sacar ... no *te encerrés* ... *cogé* la atarraya ... si *vieras* (pág. 57); —Qué hubo: ¿no *cogistes* pescao? ... no *te asustés* (pág. 58); *vos* no *has* ido ... ni *habés* visto ... *acordáte* ... *vos sos* ... para que *te vas* de mi río y *dejés* de quitarme los peces; *vos podés verte* con Verónica (pág. 66); a medida que lo *conozcás* (pág. 70); *vos* la *pegastes* (pág. 109); esta tarde *irás vos* a pescar (pág. 117); a *vos* el que *te* importa es el Vitorio (pág. 134), etc.

En *La vorágine*, de Eustasio Rivera, en lenguaje rústico y familiar hallamos:

Andá ... *buscále* ... *decíle* ... *dános vos* algo de comé (pág. 29); si *querés*, pa *vos* también hay (pág. 31); ¿*vos* por qué *te quedás* aquí? ... *vos parecés* picure [= prófugo]; *vos estabas* ... *vos eras* (pág. 151); *te referís* (pág. 248); ¡no me lo *recordés*! ¡*ponéle* conciencia a lo que *decís*! ... *vas* (pág. 249); me *pegaste* y *querías* matarnos, y *te fuiste* ... *vos* le *ibas* a meté no sé cuántos chismes ... ya *ves* (pág. 250); *vos* ... *sos* (página 255).

En *Los Clavijos*, de Álvarez Garzón, que representa el sur de Colombia (Pasto y aledaños), leemos:

—Hambre *dirís* que *tenís* ... si *comís* que *comás* ... si *querís, comé* sin
sal (pág. 55); no me lo *negués,* lo *mirabas* (pág. 81); *andá* ... ¿no *vis?* ...
¿no *sabís?* (pág. 90); *te hacís* una cruz ... *oirís* bien ... *llevarís* una pala
para que *abrás* (pág. 103); (nivel social superior) *vos tienes, eres* (pág. 135);
vos mereces (pág. 192), etc.

VENEZUELA

El voseo es desconocido en Venezuela oriental y central, con
inclusión de Caracas, la capital. Sin embargo, existen dos amplias
regiones en que se usa el voseo: 1) las formas del voseo en la
región andina son en *-ás, -és,* etc. (Estados de Táchira, Mérida y
gran parte de los de Lara y Falcón, vecinos a aquéllos). No obstante, aquí el voseo es limitado (los superiores con los inferiores, los
hacendados con los rancheros, los amos con los criados, con una
posible connotación peyorativa), ya que la forma familiar en el
trato es rara (*RFE,* VIII, 389 n.): el *usted* es general incluso dentro de la familia (los padres con sus hijos, entre hermanos, entre
marido y mujer, etc.). 2) Las formas del voseo en la región costera son en *-áis* y *-éis* o en *-ái* y *-éi,* con pérdida de la *-s* en la
pronunciación, a la manera de Chile (Maracaibo o Zulia, exten-
diéndose hacia el Estado andino de Trujillo). En los Llanos, posible tercera zona, el habla de los más viejos mantiene pequeños
restos de voseo, principalmente en las formas del imperativo (*tomá,
vení,* etc.). Aquí, sin embargo, han triunfado prácticamente las
formas normales del *tú* usadas en Caracas, y están irrumpiendo en
las regiones andinas y costeras.

Rómulo Gallegos, en *Doña Bárbara* (1929), representa los sectores rurales de Venezuela oriental (llanuras del Arauca), y hace
uso de un número extraordinariamente limitado de las formas verbales del *vos.* Las formas en plural van aquí acompañadas por el
tú. Únicamente las siguientes llamaron mi atención:

—*Salí tú* primero, chica; —¿Gúa y por qué no *salís tú?* (pág. 49);
—¡*Andá* viendo, pues! ... *Contá,* pues. ¿Qué *has* mirado? —¿Qué *decís
tú* a eso? (pág. 76).

Una lectura somera de *Pobre negro* (1940), del mismo autor, que representa el nordeste de Venezuela y la costa, no muestra formas verbales del voseo, sino solamente formas normales con *tú*, que es el mismo caso que vimos en la costa atlántica de Colombia. Las regiones costeras, como más accesibles al tráfico, se hallan por consiguiente más expuestas a modificaciones lingüísticas de fuera. No obstante, las regiones costeras de Maracaibo y de Argentina han resistido este fenómeno.

El uso relativamente escaso del voseo queda ampliamente puesto de relieve por su ausencia en los cuentos cortos seleccionados por A. Uslar Pietri y J. Padrón y publicados en Caracas (1940) con el título de *Antología del cuento venezolano (1895-1935)*. De los treinta y cinco cuentos, sólo cinco hacen uso de las formas del voseo, y —cosa sumamente significativa— cuatro de estos últimos son de autores de las llamadas generaciones de 1928 y de 1930, o sea los más modernos de la colección. El quinto es del grupo anterior, de 1920. Ni una sola forma de voseo usan los autores más conservadores, representados en los dos primeros períodos: 1895-1910 y 1910. Podemos concluir, pues, que el voseo se halla más extendido en el habla popular de Venezuela de lo que demuestran las obras de los escritores más antiguos, más conservadores y puristas. No obstante, probablemente se halla mucho menos extendido que en los demás países. Las siguientes son las formas más importantes entresacadas de la *Antología:*

—*Mirá vos,* ¿por qué no *queréis* tirála conmigo? ... me *habéis* ganado ... *has* arrasao con mis moneítas ... *tenéis* los daos aquerenciaos ... *tú sabés* ... *aflojá* (González Eiris, "Los Caribes", I, 324). —¿No *querés?* ¿Acaso es lo que *tú quieras?* ... *vos sabés* que sí (Díaz Sánchez, "Veintiuno", II, 57-58). ... *Tenéis razón* ... *Mirá* ... *te tirastes* ... *te echastes* (Bracho Montiel, "Odio", II, 82-83). —Si *queréi te* pongo aceite e coco ... *Alevantáte tú* también pa que *cueles.* ... ¿Aquí no *has* vivío? ... *contestá.* ... ¿Por qué no *te morís* aquí? ... Si *queréi* ... *vete tú* ... ¿Qué *tenéi?* ... *¡Quitámela* de encima! (Luis Peraza, "La güira", II, 167-68); (tomado de una canción): *Queréme* chinita ... no *sias* remilgada ... *abrazáme* ... *reyíte* ... etc. (II, 190). *Decí,* qué *venís* a hacer. ... ¿Estás reclutando? no lo *apresaste.* ... *¡Sabés! Quedáte* quieto ... si no *querés* ir (Gonzalo-Patrizi, "Queniquea", II, 194, 204).

En *Puros hombres* (1938), novela de Antonio Arráiz sobre la vida carcelaria, hallamos, entre otras, estas formas:

—¿Y *vos? ¿*Qué *tenéis?* ... *Ven* acá (pág. 13); *Meté* la cabeza para que *veáis* (pág. 30); *te imaginás vos* ... para que *veáis vos* (pág. 31); ¿no *veis vos?* ... ¿no *te fijás vos?* ... ¿no *comprendéis vos?* (pág. 33); no *servís* ... *vos sos* ... malhaya *te pudrás* (pág. 34); *vos estabais* presente (pág. 157); *vos* no *has* oído (pág. 158); *fuiste vos* y a *ti te* toca ... ¿*vos* me *garantizáis* que si *fueras sido vos, vos botaras?* (pág. 188), etc.

REGIÓN ANDINA (SAN CRISTÓBAL): *Vos* me *ibas* a envainar ... *cogé* la cajeta y *echate* una boliada ... no *saqués* (Croce, pág. 12); *seguís* (página 17); *cojé* el camino que *querás* ... no lo *hagás* (pág. 18).

PANAMÁ

En Panamá, el *tú* se usa en la capital y en Colón; el *vos* se puede oir en el interior, particularmente en las provincias rurales del centro.

Sin embargo, el voseo fue en tiempos familiar en la provincia occidental de Chiriquí, como lo evidencia una representación teatral popular de escenas de las llamadas "juntas" de los campesinos panameños, los cuales se reúnen para ciertos tipos de regocijo y de trabajo comunal. Narciso Garay presenció una de estas "églogas bucólicas" en David, provincia de Chiriquí, y la reprodujo luego en *Tradiciones y cantares de Panamá* (1930). He aquí las formas de voseo espigadas en su libro (págs. 40-43):

Cipriana por vía tuyita, *tráeme* una poca de agua de la quebrá. ... *Ponélos* acá. ... *Cuenta te quemáis.* ... ¡Jesú, *andá!* *parecéi* qu'*estái* movía [= rígida].

La provincia de Veraguas (en el centro de Panamá) sirve de escenario a la mayor parte de los cuentos de Nacho Valdés en *Sangre criolla* (1943), obra en la cual encontramos las siguientes formas rurales:

—Es que *vos te habéis* vuelto zoco [= manco] ... *vos* no *sabéis* jugar ... *vos te estáis* creyendo (pág. 34); *te dejáis* pegar ... *vais* a tocarme (página 35); ¿qué *queréis vos* que haga? (pág. 64); *decíme* ... *vos querés* (pág. 95); no *te dejéis* llevar (pág. 104).

Se habrá notado que las terminaciones preferidas son -*áis* y -*éis* y que la -*s* final generalmente es aspirada.

COSTA RICA

El voseo es común en las cinco repúblicas de América Central[19]. Las formas son a veces como las argentinas, a veces como las chilenas, y también aquí parece existir confusión general, con una mescolanza del *tú* y el *vos* y de las formas verbales del singular y el plural. Tal confusión la hallamos en Costa Rica. Existen plurales ocasionales del futuro en -*és*, pero la mayoría se adaptan al singular en -*ás;* hallamos una forma de plural ocasional *habís* al lado del singular más extendido *has;* hallamos tanto *vos eres* como *vos sos*, etc., y tanto *vos pagastes* como *vos pagaste*, considerándose como más selecta la forma singular normal de la segunda persona; al parecer, no existen formas como *amái(s)*, *queréi(s)*, que hallamos en Chile. El voseo es tan general en Costa Rica, que se puede oir incluso en las escuelas, siendo tachados de pedantes y presuntuosos quienes hacen uso del *tú*. Se nos asegura que "los ticos [= costarricenses] todos, cultos e ignorantes", son adictos al voseo y lo usan siempre en la conversación familiar: "Resulta muy gracioso oir a personas muy cultas hablar con corrección, y repentinamente, hablando con sus familiares (y aun con las mismas personas, repitiendo una conversación o frase fami-

---

[19] Debido a la escasez general de material literario adecuado en la América Central, y más que nada en atención a que la producción local es difícil de conseguir o incluso desconocida, hemos sido mucho más generosos de lo que normalmente hubiera sido necesario con los ejemplos espigados en escritos recogidos en aquellas regiones. En razón de dicha penuria de datos documentales, Tiscornia, por ejemplo, se veía totalmente incapacitado para dar información alguna sobre El Salvador: "No poseemos datos seguros acerca del voseo en San Salvador [*sic*]" (pág. 135). Quería decir probablemente El Salvador, que es el nombre de la república; San Salvador es la capital de El Salvador. La misma razón conduce a Américo Castro a formular la siguiente declaración, parcialmente errónea: "No existe en Centro América una literatura vertida audazmente en la lengua rústica" (*La peculiaridad lingüística rioplatense*, pág. 75).

liar), usan modismos como los siguientes: '*Mira*, no *hagás vos* eso. ... ¿Cómo *estás vos?* ¿Quién *sos vos?* ... Si *te vas*, iré *con vos*'", etc. (Salesiano, pág. 130).

RURAL: —*Cogé* esa pujienta / y le *jalás* el pescueso; / *te fritiás* unos frijoles / *hasés* dos tortas de güebo / y ¿pa qué más? (Agüero, pág. 28); *Precurá* dormir, hijito ... / Cuando *estés* algo más grande / *entenderés* el motibo ... / ... *Dormíte*, niñó, *dormíte* (pág. 35); —¡Ché, no *toqués*, trabieso! (pág. 41). *Vos sos tonta.* ... Si *querés te* llevo conmigo (Lyra, página 38); ¡no me *robés* mis torrejas! (pág. 65); no *te hagás* del rogar (página 102); *eres vos* (pág. 104); ¿ya *olvidaste* a lo que *venías?* ... a ver si *vas* al cuarto ... y *te alcanzás* cuanta mesa y silla *encontrés* (pág. 115); ¿Con que *vos eras?* ... *Aguardáte* ai y *verás* (pág. 122), etc.

Los cuentos folklóricos ponen comúnmente el voseo en boca de los animales con el fin de suscitar efectos populares y humorísticos.

En las *Concherías* de Aquileo Echeverría († 1909), a quien Rubén Darío llamó "el poeta nacional, el poeta regional" de Costa Rica, leemos:

—¿De qué *te ris?* (pág. 111); —¿*Bos biste* eso? (pág. 113); —*Bos cantás* lo que *quedrás* (pág. 128); —Pos *oyí* (pág. 130); —¿Por ónde *te habís* metido? (pág. 147); ¿Cuántos *tenés?* (pág. 148); ... no me los *pagastes* (pág. 149); *Mirá*, por bida tuyita, no *fregués* (pág. 189); ¡*Adiviná* si *sos* hombre! (pág. 190).

Herrera García escribió en *Vida y dolores de Juan Varela* (1939):

—Hombre, no *te metás* en filosofías. ¿*Vos vas* a saber más que el presidente de la república? —*Decidíte* de una vez (pág. 11); *Vos te desanimás* de todo. *Sos* muy flojo. ¿*Te has* fijado ... '? *Estarías* salvado ... no *te desanimés.* ... Los chiquillos se ponen tristes si *te* ven *a vos* alicaído (pág. 12); No *seas* así ... *veme* a mí ... *vete vos* mismo (pág. 13); *Salí* y *date* preso (pág. 25).

En *Aguas turbias* (1943), novela rural de Fabián Dobles, leemos:

—*Vos sabés* que yo miedo no *te* tengo —dijo Moncho, voseando ya a su rival. ... *Date* cuenta (pág. 35); (la tía a su sobrina): —*Mirá*, muchacha, yo *te* quiero mucho *a vos* ... pero si *seguís* ... *vas* a tener que busca*te* otra casa (pág. 160); (la sobrina a su tía): —¿Por qué *dice* eso, ah? Si *usté* platicara con él lo vería; (la tía a su sobrina): —*¡Vos sos* una chacalina! *¿Crés* que *te* busca pa casase con *vos?* (pág. 161); (la madre a su hijo): —¿Qué *decís,* hijó? ¿*Estás* pensando casa*te?* ... —*Trétela* pa acá ... cuando *te casés* (pág. 46); (el hijo a su madre): —¡Y como *usté* no quiere a Chela! (pág. 47), etc.

NICARAGUA

Idéntico empleo confuso rige en Nicaragua, como lo testifican las formas que siguen, tomadas de *Sangre santa* (1940), de Calero Orozco, siendo aquél común a todas las clases sociales (A. Valle, pág. 294):

Me *soltás* la mano ... me *decís* ... qué *querés* (pág. 46); que me *ayudés* ... *vos sos* (pág. 47); ¿*oís?* ... *vestíte* y *andáte* ... ¿*oíste?* (pág. 64); no *serás* manco (pág. 81); anoche *acabastes* la plata ... eso es lo que a *vos te* mata (pág. 82); *vos fuistes* ... *vos creías* (pág. 86); Como cosa tuya *vos* le *levantás* el arresto, y *te arreglás* con él como *querrás* (pág. 113); Si lo *has* custodiado ... lo *has* tratado bien ... no se lo *pidás* (pág. 114); lo *confesastes* ... *hubieras* visto *vos* ... *vos te perdías* de vista (pág. 116); El jefe *sos vos.* Lo que *digás vos* (pág. 121); *te llamarás* ... si *querés* (página 129); *decíme* como *has* pasado (pág. 145); quiero que *vos te vayas* (pág. 147).

En *El silencio* (1935), de Juan Felipe Toruño, leemos:

Estás loco. *Crés* que porque *andás* en ese animal. ... *Sos* una desgraciada y me *habís* quitado a mi hombre (pág. 69); ¡A ése lo *podrés* fregar, a mí no! (pág. 72).

Aquí también los niños, y especialmente en el campo, tratan, con toda probabilidad, de *usted* a sus padres y parientes de cierta edad, los cuales, a su vez, usan el *vos:*

—Niño ... quién sabe qué *tenés.* ... ¿Cuándo *querés* que vayamos, ah? —Tía ... son preocupaciones *suyas.* ... Vd. acabará por enfermarme (Chamorro. *Entre dos filos,* pág. 200).

Parte de la confusión en las formas, sobre todo el empleo del *tú* con el verbo en plural, se debe indudablemente, al igual que en otras partes, al deseo que ciertos iletrados sienten por conformarse con el uso social correcto. En *Entre dos filos,* de Chamorro, hallamos un ejemplo de las contradicciones que de ello derivan:

(El padre a su hija): —No te vayas, *vení* para acá ... tanto que te quiere tu papacito y *vos* tan mal que le *correspondés.* —Pero, papá, no digas esas cosas. ... —Eso quiere decir que *tú* no *querés* contármelo.

El propio autor añade: "Como se ve, Robles, en su laudable afán de hablar correctamente, a veces empleaba el *tú,* otras, el *vos,* y las más usaba ambas formas promiscuamente. Esto sucedía, sobre todo, cuando estaba inquieto" (pág. 174).
Más adelante leemos:

—Hombre Manuel, no te conozco. *Estás* muy cambiado. No, no *sos* ... no *eres* el mismo de antes (pág. 296); No es que me *molestés vos* ... no *te vayas, espera, siéntate* ... pero *tú comprendes* (pág. 297); no son cosas mías, como *vos* ... como *tú crees* (pág. 299). (Más adelante, a su hija): ¿Lo *conocés?* ... que sólo a *vos* toca resolver ... dice que está enamorado de *ti.* ... *Dime, hija,* ... si *tú* le *quieres* ... *decíme* lo que *sientas* (pág. 300).

Y el autor añade a manera de explicación: "Otra vez la excitación hacía a Robles promiscuar el *vos* con el *tú*" (pág. 300).
Observamos que la forma corriente del presente de *haber* es *has,* pero también se encuentra *habís* y *habés:* "¿dónde te *habís* escondido?" (*ibid.,* pág. 87). La terminación corriente del futuro es *-ás,* raramente *-és* [20].

HONDURAS

En Honduras prevalece aproximadamente el mismo uso popular que en el resto de América Central, con la acostumbrada mezcla de formas singulares y plurales. Membreño (*Hondureñismos* [3.ª ed., 1912]) da las formas del verbo *ser: vos sos, fuistes, serés, seas.* De los ejemplos que siguen se puede deducir que con fre-

---

[20] Henríquez Ureña (*RFE,* VIII, 385) afirmó que, en Centroamérica, el futuro termina generalmente en *-és.* Ello parece ser cierto únicamente para Guatemala; en el resto de las repúblicas, si bien las formas pueden variar, *-ás* parece la preferida. Henríquez Ureña rectificó su declaración anterior, bien que no completamente, en *BDH,* IV (1938), xxii.

cuencia se usa igualmente el futuro en singular (al igual que otras
formas singulares). A veces se oyen juntos entrambos pronombres,
vos y *tú: vos tú,* o *tú vos.*

Andáte a dormir ... para que *te compongas,* y luego *venís* a la casa
(Mejía Nieto, *Relatos,* pág. 36); *tú* lo *sabías,* ¿no lo *sabías vos?* (pág. 42);
entrá (pág. 43); ¿por qué *lloras vos?* (pág. 164); *vos creés* ... *¿te acuerdas?*
(pág. 166); *vos engañas* a tu padre (pág. 168); *ándate* para *tu* cama *vos*
... *hacé* como *tu* padre *te* manda ... *andáte* a acostar (pág. 169); *acordáte*
de nuestros hijos ... malvada que *sos* ... *verás* ... *vos* no *tenés* nada que
decirme (pág. 171); no me voy aunque lo *quieras vos* ... ¿lo *oís?* (página 173); ¿Quién *te* ha juzgado a *vos?* ... *Vos* me *rogaste* ... *vos* lo *sabés*
... *vos* lo *sabes* (pág. 174), etc. *Tú sos* una mujer susia ... si me *vuelves* a
calumniar *vos* o *tu* marido (Mejía Nieto, *El solterón,* pág. 47); ¡Soh hombre raro! (pág. 61); *voh mataste* al amigo (pág. 67); *voh* no *sabé* nadita
(pág. 70); ¿cómo *te sentís?* (pág. 121); ya *te rís;* ya *podés* comer gallina
... *cómetela vos* (pág. 125), etc. Si *sos* de la otra vida ... ¿cuáles son *tus*
penas? ... *querés* venir (Carías Reyes, *La heredad,* pág. 28); —¡Si no *te*
callás te rajo! (pág. 75); *mirá* (pág. 85), etc. *Vos* no *sabés* (Carías Reyes,
Cuentos de lobos, pág. 21); *andáte* (pág. 67); *cómetelo* (pág. 89), etc.

EL SALVADOR

El Salvador no constituye excepción en lo referente al voseo
popular. De hecho, el voseo está allí enormemente extendido en
la conversación familiar. Menos general que en Argentina, su uso
(no sus formas) es tal vez más comparable con el de Chile. En las
clases altas se usa ocasionalmente "de una manera velada", si bien
el uso social educado impone el *tú.* Formas: *vos amás, comés,*
vivís, habís y *has, amarás* (no *amarés), amastes* o *amaste, sos* y
eres.

La colección de cuentos rurales de Arturo Ambrogi titulada
El Jetón (1936) nos ofrece las formas que siguen:

¿Juana? *abrí* ... ¿por qué diablos no *abrís?* ... ¿Qué ... quería usted,
señor? (pág. 16); ¿qué *hacés?* (pág. 21); Ya *sabés.* Si *te mobés* di'hay, *te*
tiro (pág. 23); —¿Di 'onde *venís* tan temprano? —Ya lo sabe, patrón (página 32); ... *Ti alistás* ... pa que *salgás* mañana (pág. 33); No las *desen-*
sillés. Aflojálas nomás las cinchas (pág. 49); *ti'amarrás* la mano (pág. 119);
¿qué *decís?* (pág. 154); *ayudáme* (pág. 155); *Bení* apriesa (pág. 160); *apu-*
ráte ... *desíle* (pág. 161); *sentáti'* aquí (pág. 187); *hacéte* la sonsa ¿no

ti'acordás? (pág. 196); o la *dejás* ... o *te* las *tenés* que haber conmigo; hay *ve vos, escogé* (pág. 197); ¿por qué *te rís?* *te* quiero ... a naide más qui'a *vos* ... si me *querés* asina como *decís,* ¿por qué no *te casás* di'una vez conmigo? (pág. 203); *quedrás* decir ... pué que se los *incontrés* (página 204); ¿por qué *sos* así? (pág. 205); ¿qué *tenés?* ... *desímelo* a yo, a tu nanita, pue (pág. 208); ¿cuánto *calculás* que *habís* ajuntado? (pág. 213).

En *Tierra adentro* (1937), Miguel Ángel Ramírez ofrece, entre otras:

Asigún *pintás vos* (pág. 17); *quedáte* a ver si *sos* capaz ... *tendrás* (página 18); el día que me *andés* con sinvergüenzadas ... cuando *te murás* (pág. 19); ¡Niña, *habís* dormido con un muerto! (pág. 20); *comprenderás* ... que con nosotras no *jugás* ... *cogé* ... lo que *te merecés* (pág. 27); ¡Qué *dieras vos* ... ! (pág. 43).

Rafael Torres Arjona, en *Correntada* (1934), presenta éstas:

¿*Decís vos,* Ña, que *vijiastes* al niño? (pág. 22); Conque eso *traés vos.* Mi mujer y *vos* se han compichao pa engañarme (pág. 23); *vos podés* fumarlo, si a *vos te* gusta ... no quiero que *tomés* ... ¿*querés?* (pág. 28); ¿*ves vos?* ... *te* lo agradesco a *vos* (pág. 29); no *te molestés* (pág. 30); que sea cuando *vos querrás,* niño (pág. 32); ya lo *verás vos* ... mejor que *vayás, vos* ... tamaño susto es el que *vos* nos *has* dao (pág. 35); no *hablés* de eso; ahora que *te casarás* con mi niña (pág. 37); *vos has* hablado (pág. 38); ¿cuándo me *has* enseñado *vos?* (pág. 53); que *durmás* bien (pág. 55); *vos eres* la hija (pág. 72); quizá *tengás* razón (pág. 73); ¿no *encontrastes* nada, mi hija? (pág. 80); ¿qué *venistes vos* a buscar? ... *acabarás* de decir (página 88); *vos fuistes* (pág. 90) ... ¿o es que *te has* muerto? (pág. 98); (en una carta): y *vos* ¿cómo *estás,* cómo lo *has* pasado? (pág. 126); (en una carta): sufro por todo lo que *has* sufrido y *sufrís* (pág. 130); *decíselo* (pág. 157); mañana *irás* (pág. 161).

En su exquisito libro *Cuentos de barro* (1934) nos da Salarrué este delicioso sabor de la tierra:

Vos vas arando ... *pegás* ... *ti haces* de plata (pág. 10); *te metés* ... *habís* perdido lonra (pág. 17); *apurá* el paso, *vos* (pág. 20); *dormíte* (página 21); *estiráte* ... *cuchuyáte* contra yo (pág. 22); ¿*vos his* [= *habís*] visto* ... ? ... —Me *vuá* quedar con *vos* atrás, y *te golvés* ... (pág. 40); ¿*Habís* venido? ... —*Date* priesa, si *querés* que *te* les den algo a los cipotes (pág. 54); ¿*Vos* no *sos* del pueblo? ... ¿*entendiste?* (pág. 55).

De la mescolanza que hace Don Nayo cuando se dirige a su hija Cande podemos inferir que el *vos* alterna con el *usted,* como en muchos otros países, tal como sigue:

—*Date* priesa (pág. 70); ¡no *téi* dicho que cuando *vengás* a trer lagua, *cerrés* bien la palanquera! ... ¡No *cierre,* animala, *espere!* ... *Traiga* el canasto (pág. 71); (Lupe, mujer de Nayo, se dirige a éste): —¿Le *arvertiste* a Nicho de lo que *te* dije? ... *arrecuérdese,* Nayo, de nosotros ... (pág. 74).

La madre a su hija Santíos, de siete años de edad:

—*Quitá* ... *bís* [= habís] nacido para muerta (pág. 122); —¡Istúpida, bien *bís* oído que *tenés* catarro! ... *Güelva* luego ... si no *quiere* que *la* tundeye como ayer (pág. 123).

Y la alternancia de las formas del *vos* con las formas correctas del *tú* se ve claramente en este diálogo entre dos enamorados, sacado de *Correntada,* de Torres Arjona:

—*Ven* ... *siéntate* aquí ... para que *reposés* ... ¿en qué *piensas?* ... *mirá* ... *fijáte* ... mi cielo, mi mundo se centralizan en *ti* ... *toma* (páginas 41-42).

GUATEMALA

El voseo es más general en Guatemala que en El Salvador, mas no exactamente "a la manera del gauchesco", como afirma Tiscornia (pág. 134), ya que en Guatemala la regla es el futuro en -*és,* mientras que en Argentina la regla lo es en -*ás,* y *habís* es la regla en Guatemala, mientras que *has* lo es en Argentina.

El costumbrista del siglo xix Salomé Gil (José Milla) nos dice en sus *Cuadros de costumbres* que el chapín —guatemalteco típico— "habla un castellano antiquísimo: *vos, habís, tené, andá*", y que un guanaco acampesinado de Nicaragua, en razón de que les unía un lejano parentesco, le trató en forma muy poco considerada "de tú y de vos alternativamente". Por lo que afirma el joven escritor Carlos Alberto Quintana en su colección de cuentos cortos titulada *Mal agüero* (1937) podemos deducir que el voseo se halla aún firmemente establecido en la gente común de Guatemala. Dice así: "Por su boca habla el pueblo. Con su vocabulario lleno de extraño colorido ... sus modismos que se burlan de todas las reglas gramaticales. Pretender hacerle hablar de *tú* [como querrían los gramáticos] es un sueño" (págs. 186-87). Sandoval (II, 603) dice que el voseo es "tan usado entre personas de confianza como en la correspondencia familiar". Y añade (s. v. *vosear*): "Hay personas que por abuso injustificado y que de buenas a primeras o de *primas a primeras,* como decimos nosotros, se permiten dar a uno el tratamiento de *vos* (o de *tú*), sin tener con uno la menor confianza, o sin que uno haya autorizado tal proceder".

—*Andáte* lista ... *te* mato a *vos* (Wyld-Ospina, *Nahuyacas,* pág. 92); *te juntás* con él ... para que *veás* ... lo *estás* engañando con que *te casás* más tarde ... *te debés* casar ... no *negués* ... no *jugués* con los hombres (pág. 93); *sos* bonita (pág. 94); no *salgás* (pág. 97); ¿*estás* ay? *abríme* ... ¿qué *querés?* (pág. 100); *te habís* metido. *Entrá,* pues; pero Dios *te* guarde si *te propasás* ansina (pág. 101); no *seás* bruto: así no *lograrás* nada (pág. 102); ¿Por qué no *te desidís?* ... *Serías* la reina ... pa que *vos disfrutés* ... *vos sos* patoja (pág. 108); ¿onde dejastes al Pedro? (pág. 113); *¡Vos* lo *matastes, desílo!* (pág. 114); no le *vayás* a decir (pág. 165); lo que *fuistes* ... si *tenés* pisto ... ya *podrés* pagar ... *creémelo: habís* de cambiar de profesión (pág. 284); si no *fueras* tan bruto ... bueno *irías* estando ya pa general (pág. 286); *dirés* (pág. 288). *Ve vos* ... si no *entendés* y *querés* salir de la Meches y *tus* patojos ... ya *verés.* ... No *siás* papo (Quintana, pág. 157); *ve* m'ija, porque *querés te hogás* en un vaso di'agua (pág. 183); no *olvidés* (pág. 184); no *pongás* esa cara (pág. 185); ¿*ti 'acordás* del último par de medias que me *hiciste* comprar? ... ¿de dónde *sos vos?* ¿cómo *te llamás?* ¿qué *te* duele? (pág. 203); ni me lo *acordés* (pág. 211).

MÉJICO

En Méjico se usa principalmente el *tú*[21]. El voseo sólo se emplea en una región relativamente limitada del sureste, la región

---

[21] González Moreno (*Manual elemental de gramática histórica hispano-mexicana* [1926], § 275) afirma que "en las clases sociales de alguna cultura se confunden las personas y se mezclan los pronombres; *vos eres, vos estás* oímos con alguna frecuencia. Pero el pueblo no participa de esa mezcolanza". ... Para todos los mejicanos consultados sobre este punto parece un misterio cómo pudo hacer semejante declaración, aparentemente errónea. F. J. Santamaría está de acuerdo con Rafael Domínguez, el cual

que se extiende entre Guatemala y el istmo de Tehuantepec. Esta porción de Méjico presenta afinidades lingüísticas con Guatemala, habiendo formado parte de la capitanía general de Guatemala durante la colonia. La región del voseo incluye tanto el Estado de Chiapas como la mayor parte del de Tabasco. Hasta el presente, la mayoría de los letrados han limitado inconscientemente la zona de voseo en Méjico al Estado de Chiapas [22]. Sin embargo, el Estado de Tabasco debe ser también incluido en su mayor parte. Al uso del voseo en dicho Estado se refirió someramente en 1933 R. M. Gutiérrez Eskildsen [23], la cual seleccionó en la famosa novela argentina *Don Segundo Sombra,* de Güiraldes, unas veintisiete formas verbales de voseo idénticas a las empleadas por los campesinos tabasqueños (pág. 307): *andá, decíle, dejás, querés, tenés, sabés, conocés vos, andás, mirá, comprometés, tené, amanezcás, podés, decís, sos,* etc. Sin embargo, la exposición de la autora en lo referente a la fonética del voseo no está clara. Da por supuesto que las formas son idénticas a las del gaucho y escribe "tenés", "venís", etc. (pág. 266). En seguida (pág. 267) afirma que en la pronunciación de Tabasco desaparece la -*s* final de las palabras. M. E. Becerra (*Inv. ling.,* II, 60) revisa el citado artículo y pone en evidencia que aquella afirmación constituye un error, e indica que la -*s* no desaparece de la pronunciación, sino que se convierte en aspirada, para cuya representación él prefiere la *j: compraj,* etc.

En una obra posterior, *El habla popular y campesina de Tabasco* (1941), la señorita Gutiérrez consagra un capítulo al voseo. Algunos de sus comentarios son discutibles, pero en lo que se re-

---

replicó a nuestra duda sobre la extraña afirmación de Moreno: "Las clases sociales de alguna cultura no dicen *vos eres* ni *vos estás.* La primera frase (*vos eres*) no la dicen ni los cultos ni los incultos. La segunda (*vos estás*) se oye entre los campesinos de Tabasco y entre mucha gente de Chiapas. ...".

[22] Henríquez Ureña afirmaba en 1921: "El *vos* no existe en México, fuera de Chiapas" (*RFE,* VIII, 390). Tiscornia decía en 1930: "En Méjico el *voseo* está cincunscripto al estado de Chiapas" (*La lengua,* págs. 135 y 290). En 1939, Amado Alonso y Henríquez Ureña repetían lo esencial de esta declaración en su *Gramática* (II, 81), aunque Henríquez Ureña había indicado las regiones en 1938 (*BDH,* IV, xxi): "Chiapas y parte de Tabasco".

[23] "Cómo hablamos en Tabasco", *Inv. ling.,* I, 266-312.

fiere al uso actual hace interesantes observaciones, que podemos recapitular como sigue.

El voseo existe solamente en el habla de los campesinos y de las clases populares de Tabasco. Sólo se emplea en conversación muy familiar: los padres con sus hijos, la gente de edad con los niños, entre hermanos y entre amigos íntimos. Jamás se usa con un extraño o con una persona que no tenga relaciones estrechas con el interlocutor, ni tampoco con personas dignas de respeto, como, por ejemplo, entre "compadres". La afinidad espiritual entre compadres —el padre del niño y el padrino de éste— merece tan alto respeto, que "compadre" se prefiere a "hermano" en el caso en que un hermano es al mismo tiempo el padrino, y entonces se hace uso del *usted* respetuoso más bien que del voseo.

El voseo lo emplean los campesinos y las clases medias a lo largo del Estado de Tabasco, salvo en la región de Los Ríos, también llamada Este de Tabasco, dentro de la cual se hallan Jonuta, Balancán, Zapata y Tenosique. Sin embargo, a medida que la cultura va penetrando en los sectores más remotos, cada vez es menos usado.

Fuera de las formas verbales regulares del voseo anotadas para Argentina, encontramos la terminación del futuro en *-és* (igual que en Guatemala) más bien que en *-ás,* así como una mezcla de las formas del *tú* y del *vos:* "*acordáte* de tu mama, lo *oíste* ... *ven* acá, dijo la mama agüela, *veníme* a dar los buenos días ... *andá, vete* ... si lo *quieres,* arreglado, no me *volverés* a ve. ... Si *quieres, te vas,* si no *querés,* no *te vas,* dijo la madre". Al lado de la forma regular *habés* es corriente la forma *habís.*

La autora ha aclarado su fonética del voseo (págs. 37-40) indicando que el *vos* se convierte en *boh* delante de consonante y en posición final. Mas no menciona el futuro en *-ás* (o *-áh*), forma regularmente usada en la novela tabasqueña *Los abrasados* (1937), de Alfonso Taracena. La escena de esta novela tropical es la ciudad de Cunduacán, la llamada "Atenas de Tabasco", cuna del autor. En su obra espigamos los siguientes ejemplos (la *s* aspirada se representa por medio de la *j*):

Ahora *voj* ... *hacé* algunaj *preguntaj* ... no *hagáj* chijtej maloj. *Soj* muy pesao ... *voj soj* ... *opináj* igual que elloj ... *dijijte* (pág. 37); la ma-

nera de que te *larguéj.* Ya *quedáj* notificado (pág. 38); ¿qué *vaj* a decí
voj? ... *dejámelo* de mi cuenta (pág. 92); no sea que *vayáj* a atacá a la
autoridá ... *tomá,* pa que lo *dejéj* tranquilo ... *volvé* a ponéte a cantá
(pág. 93); ¿*terminajte* ya *voj?* ... no *te creáj* ... no *hagáj* naa, si *voj* no
queréj (pág. 94); *hacé* todaj tuj ocupacionej sin precipitación y *vení* con
calma (pág. 111); *voj diráj* ... ¿qué *te* pasa? ... puej *veráj* (pág. 170); ya
habráj sabío (pág. 171); *vení* acá, ya *sabráj* (pág. 181); *dijitej* ... *eraj* (página 186).

LAS ANTILLAS

En Puerto Rico y en Santo Domingo se usa únicamente el *tú.*
Cuba conoce el voseo en un limitadísimo sector oriental de la isla.
Como en otras partes (sobre todo en Méjico y en Perú), el uso
regular del *tú* más bien que el del *vos* refleja la cultura colonial
de la región, cultura que sirvió de freno a la corriente popular
del lenguaje. Además, Cuba y Puerto Rico permanecieron como
colonias españolas hasta casi un siglo después de que el resto de
Hispanoamérica había alcanzado su emancipación. El *vos* apareció solamente en el interior de Cuba oriental, principalmente en
Camagüey, Bayamo y Manzanillo [24], pero con un matiz especial:
aquí no va acompañado por los pronombres *te* y *tuyo* como en
los demás lugares, sino por las formas normales *os* y *vuestro,* las
cuales reflejan un medio ambiente cultural y socialmente más elevado. En el siglo pasado comentaba Pichardo (*Diccionario provincial* [4.ª ed., 1875], pág. XI): "En Tierra-dentro, singularmente en
Puerto Príncipe y Bayamo, es aun mui usado el antiguo pronombre
personal *vos,* mal espresado el verbo que le sigue por una especie
de síncopa de rutina, v. gr.: *vos habís visto* ... *vos sabís esto* ...
por *vos habéis visto* ... *vos sabéis esto* ..., etc.". Más adelante expresa que esta forma interpelativa es "el trato de mayor confianza
y franqueza", tan suave y cordial que los más cultos, cuando hablan familiarmente con los miembros de su hogar, dejan de lado
las formas puristas, "que estiman de etiqueta"; pero que el cama-
güeyano, a medida que se va sintiendo molesto y poniéndose seriamente reservado, hace uso del *usted* formal con la forma verbal

---

[24] Henríquez Ureña, "El español en Santo Domingo", *BDH,* V (1940), 49.

de la tercera persona del singular. Añade que este uso estaba extinguiéndose. En 1921 Henríquez Ureña (*RFE*, VIII, 390 n.) nos informa (información suministrada por cubanos nativos) que el *vos* (pronunciado *vo*) en lugar del *tú* se usaba aún muy frecuentemente entre los campesinos de Camagüey, los cuales, empero, nunca lo emplean en la ciudad ni en el trato de extraños. Su empleo se estaba reduciendo más y más.

El uso actual queda de manifiesto a través de *Ciénaga* (1937), novela cubana de Luis Felipe Rodríguez dedicada a su ciudad nativa, Sabana de la Mar, donde las formas verbales difieren de las registradas por Pichardo:

—¡Qué cara tan desmejorá *tenéi!* (pág. 115); —*tomá, dale* bien la cera ... como *sabéis* —le dice a un prójimo (pág. 161); —Ahora me *vai* a despresear ... *meteo* [= meteos] el muslo de gallina y no *seái* fascitora, que en *vuestra* casa no *vei* de esto toos los días ... *mirá*, Fengue, *dejaos* de aconsejar a quien puede *haberos* parío, porque yo *os* aguaité escondiendo un maso de tabaco pa llevarlo a *vuestra* abuela. ... Mongo, ¡qué malas influencias *traéi! Os* perdono la animalá por que sé que *estái* osesao ... ni siquiera *reparái* por donde *andái* caminando. *Necesitái* que *os* hagan oraciones y que *os* santigüen (pág. 175); —la misma [cara] que *tenéi vo* (pág. 179).

El voseo ha penetrado asimismo en el *papiamento* de la isla de Curaçao [25].

A juzgar por los datos que anteceden, parece evidente que el cáustico anatema de gramáticos y puristas no logrará tan fácilmente desarraigar el voseo, hondamente cimentado y ligado a la medula misma de la lengua.

[25] R. Lenz, *El papiamento* (Santiago de Chile, 1928).

IV

OTROS PRONOMBRES PERSONALES

Acabamos de examinar el voseo, o sea las formas íntimas de tratamiento. Estudiaremos ahora las formas de cortesía y respeto. Como se ha dicho, los niños, y especialmente en el campo, con frecuencia tratan a sus padres respetuosamente de *usted* + una forma verbal de tercera persona del singular, e incluso, en ciertos sectores rurales restringidos, los tratan de *su merced*, forma aplicada igualmente a otras personas de respeto o de rango social superior. La vieja forma *vusted* (o *vosted*) se oye aún en reducidos sectores rurales, como ocurre asimismo en el español dialectal.

CHILE: —Estaba pensando, paire —contestó el cachorro—, si habrá en too el mundo uno más guapo que *su mercé* (Así trataban antes los hijos a los padres) (Manuel Rojas, en *LCC*, pág. 461). (MALLECO): ¿Quere *su mercé* que l'amarremos las manos? ... no tenimos seguridá alguna con *su mercé* librecito (Brunet, *Montaña*, pág. 58). Si *vosté*, paire, tiene que icil un argo en su abono (Muñoz, pág. 160); yo me muero por *vosté* (página 167), etc.

ECUADOR: —A *su mercé* que los indios le quieren como a taita Dios (Icaza, *Cholos*, pág. 36). —Traigo un mensaje para *vusté* (Vásconez, página 202); Así es, aunque *vusté* no lo crea (pág. 203). (AZUAY): —¿Cómo te llamas, bestia? —Bestias en patio están, amo. Macario Zhañay llamo yo. —Para servir a Dios y a *su mercé*, patroncito, has de decir, ¡bruto! (Mata, *Sanagüín*, pág. 133). Y más para *busté*, comadrita (La Cuadra, *Horno*, pág. 27).

COLOMBIA (ANTIOQUIA): —*Sus mercedes* me dispensarán un momentico (Carrasquilla, *Hace tiempos*, I, 206); Y *vusté* sabe cómo es el señor cura (I, 232); *vustedes*, muchachos, bien puedan [véase pág. 218] ir acostase (I, 233). —¿No son, pues, *sus mercedes* los que estuvieron en el trapiche? (Rivera, pág. 15); ¿Qué quiere *busté?* (pág. 202).

VENEZUELA (ANDES, LLANOS): No sea *busté* tan malcriado (Machado, pág. 216).

EL SALVADOR: —Asina mesmo es, patrón. No 'ba crérme usté: pero el Damián Flores —¿lo conoce *su mercé?* (Ambrogi, pág. 176).

MÉJICO: —¡Compadrito! ¿Pos qué había pasado con *su mercé?* (González Carrasco, pág. 169). (NOCHISTLÁN): —Buenos días le dé Dios a *su mercé* (*Inv. ling.*, I, 188).

Usted, además de ser una forma de respeto, se usa con frecuencia de modo íntimo y afectuoso en lugar de *tú*, especialmente para niños. Frida Weber (*RFH*, III, 114) afirma que en Buenos Aires el *usted* aplicado a los niños pequeños puede implicar tanto enojo como ternura, quedando clara la distinción entre ambos por la entonación o por medio de otras palabras que se añaden, pero que el uso del *usted* con los niños ya mayores sólo implicaría enojo [1], coincidiendo así con el empleo a que hace referencia el refrán español "Cuando en mi casa me hablan de usted, cerca anda el palo".

Dicho cambio de *tú* por *usted* debido a enfado es tan común en América como en España. Unos cuantos ejemplos serán suficientes:

URUGUAY: La chica dio media vuelta y salió corriendo. Cuando su padre la trataba de "usted" ya sabía ella que había que obedecer de inmediato, "sin palabrita" (Amorím, *La carreta*, pág. 21).

VENEZUELA: —Mamá, mamá. —¿No *te* he dicho que eso no se come? *Cállate* la boca y *déjame* trabajar. ... —Mamá, mamá. —Ah, cará: *usted* lo que está buscando es que *le* dé una cueriza. *Cállese* la boca (Arráiz,

---

[1] Esto no siempre fue cierto en la Argentina, como se puede suponer ante el siguiente pasaje de *Entre-nos* (pág. 104), de Mansilla: (Habla el tío a un sobrino suyo adulto) —"Sobrino, estoy muy contento de *usted*. ... Es de advertir que era buen signo que Rozas tratara de *usted*; porque cuando de *tú* trataba, quería decir que no estaba contento de su interlocutor, o que por alguna circunstancia del momento fingía no estarlo". En el mismo libro (pág. 9) encontramos un ejemplo más antiguo del uso del *usted* aplicado a niños pequeños; en el texto lo citamos como ejemplo de *usted* afectivo.

pág. 164). —Lo que es *usted*. ... Mamá, cuando está disgustada, me suprime el *tú* (Briceño, pág. 166).

Costa Rica: (la madre a su hijo): —*¡Llevále* el almuerzo a Moncho! *Corré*. (El hijo): —¡Adió, por qué no viene él a coméselo aquí? ... La delgada cara de Ninfa se llena de un celaje de cólera. —¡Lencho, qué es eso? *¡Coja* ese almuerzo y *lléveselo* a Juan Ramón! *¡Haga* caso! (Fabián Dobles, pág. 259).

El *usted* afectuoso, por otra parte, es, al parecer, americanismo. Se aplica mucho a los niños, más por las madres que por los padres:

Argentina: Fingía dormir; como el niño que, a la intimación de *duérmase Vd.*, cierra los ojos (ejemplo antiguo de Mansilla, *Entre-nos*, pág. 9). Chile: (El padre a su pequeño): —¡Pero *sosiégate*, mocoso! (La madre a su pequeño): —No le *tenga* miedo, mi lindo. *Dígale* Copito. (El padre): *¡Corre*, Tin! (Sepúlveda, *Camarada*, pág. 18). Venezuela: (Victoria y su madre se han estado tratando de *tú*): Acercándose a la madre le echó los brazos al cuello y la cubrió de besos, mientras conduciéndola a su cama, le iba diciendo con aquel juego de papeles trocados [es decir en el lenguaje que la madre debería haber usado con su hija]: —*Vuélvase* a acostar, mijita. Y *duérmase* tranquila porque a *su* madre no le va a suceder nada malo, ¿sabe? (Gallegos, *La trepadora*, pág. 180).

Por el contrario, un padre que ordinariamente usa el *usted* puede —para mostrarse confidencial— adoptar el voseo, tal como lo ejemplifica el pasaje que sigue:

Uruguay: (el padre a su hijo): —Yo estaba resentido ... porque no había güelto, porque *lo* creía un desamorau con los *suyos* ... Y el favor ... el favor. ... El muchacho se ha hecho humilde: —No me diga así, tata. El padre, cual si el correr del prólogo lo hubiera animado, se confía, hasta haciéndose más cordial, abandonando el *usted* grave, usado por nuestra gente nativa, hasta con los allegados, en ciertos momentos solemnes. —El favor es que *levantés* la línea, que *trabajés* con la deligencia ... (Montiel, *La raza*, pág. 95).

Aunque en Buenos Aires el *usted* puede implicar ternura únicamente cuando se usa con los niños pequeños, en otras partes (Chile, Colombia, etc.) sabemos que se puede aplicar a personas de cualquier edad, alternándolo con el *tú* o con el *vos*. En Colombia se usa asimismo *su merced* con valor afectuoso de padres a hijos y viceversa, entre marido y mujer y entre amigos íntimos.

CHILE: (la madre a su hijo mayor): —Mi hijo, *usted*, y de dónde me sale ¡ay! ... *Acérquese*, m'hijo. —Pa usted, mama. ... —Dios *le* pague la delicadeza, m'hijo (Alberto Romero, *Perucho González*, pág. 60). —Rosario, hijita, no *olvidís* nunca que *sois* muy pobre, hija de un viejo campesino. Que tóos *te* tienen envidia y que tóos desearían ver*te* en la desgracia. —Padre, yo no soy mala; se lo probaré. ... —Mihijita, *perdone* a su viejo que habla así porque *la* quiere demasiao (*La abraza*) (Acevedo Hernández, *Por el atajo*, pág. 23).

COLOMBIA: —Mamá, aquí tengo el brazo de Carlitos. El otro pedazo lo lleva *su merced* (*El Tiempo*, 8 de mayo de 1944).

El siguiente pasaje ilustra sobre un uso de *usted* frecuente en Chile:

"Ella misma había expresado que llamar al esposo por su apellido, o evoca una diferencia de edad, que entre ellos no existía, o una falta de cariñosa e íntima unión. Igual cosa ocurría con respecto del tratamiento: el "tú" era lo justo, lo natural entre seres que se aman; pero ella prefería el "Vd." por parecerle más cariñoso, más de acuerdo con su carácter. Llamar siempre a su marido por su nombre de pila, era cosa que ya estaba consiguiendo; pero el tratamiento de "Vd." quiso conservarlo" (Maluenda, *Venidos a menos*, págs. 12-13).

Este empleo del *usted* afectivo, particularmente de parte de la mujer para con su marido, se halla extendido en Chile. El marido, empero, suele tratar de *tú* a su mujer. (El marido a su mujer): —Vieja ¡leche al pie de la vaca! ¿*Te* gusta? (La mujer a su marido): —¿No *le* gusta a *usted*, hijo? ... Hijo, no *sea* chiquillo (Sepúlveda, *Camarada*, pág. 21).

Prácticas semejantes las hallamos también en otros países. En *La trepadora* (Venezuela), de Gallegos, nos encontramos con esta reveladora escena entre Hilario y su mujer, Adelaida, a la cual trata aquél de *usted* cuando se siente especialmente tierno o conmovido:

(Habla Adelaida): —Tengo un retrato de padrino ... y a él le gustaban tanto estos muebles ... se sentiría más a gusto en su sala amueblada como él la tenía. Y como nombrar a don Jaime era tocar la fibra más sensible del corazón de Hilario, éste accedió: —Tienes razón. ... Y en seguida, quitándole el *tú*, que no se lo daba nunca cuando quería mostrarse tierno o le hablaba conmovido: —*Mire,* mi Blanca: *usted* no *sabe* cómo le agradezco que quiera tener un retrato del Viejo en la sala. Y eso de que él se encuentre a gusto ... ¡Bueno! ¡Eso no se me olvidará nunca! (pág. 153).

El *usted* reemplaza generalmente al *tú* en la zona andina de Venezuela (véase pág. 107).

En *Minas* (Antioquia, Colombia), de Toro, Don Evaristo telefonea a su mujer: —Mija, me demoro un poquito. ... *Acuéstate* tranquila. (La mujer replica): —Negro, no me puedo dormir sin estar vos aquí. ... (Don Evaristo, evidentemente emocionado, añade): —*Acuéstese,* mijita (pág. 41).

Al lado del *usted* afectuoso, especialmente para los niños, se halla el uso de *él* y de *ella* como viejas formas de tratamiento (Keniston, pág. 47; *Hispania,* XXIII [1940], 336-40) que aún se encuentran en el español dialectal (Menéndez Pidal, *El dialecto leonés,* § 20; Llorente, § 125) y en algunas regiones de América. En Buenos Aires, por ejemplo, se emplean para expresar simpatía emocional, si no intelectual, hacia alguien que ha sido reprendido o acusado: "¡Pobre viejo, lo que le dicen a *él!*" (*RFH,* III, 115).

URUGUAY: —Tú en ningún caso estarías contra mí. —¡Contra *ella!* ¡Quién podría estar con *ella,* Dios santo! (Sánchez, *Los derechos de la salud,* I, 1).

En otras partes se halla asimismo para expresar un cambio emocional, a menudo para expresar enojo y ocasionalmente una muestra deliberada de afecto.

CHILE: —Mira, tú no sabes hacerlo. —¡Claro, *ella es* [= tú eres] la única que lo hace bien! —¿Quién rompió esto? —Yo. —*Él tenía* [= tú tenías] que ser no más! (Cifuentes).
VENEZUELA: —Mamá, cuando está disgustada, me suprime el tú. Otras veces me trata en tercera persona (Briceño, pág. 166).
COLOMBIA: ¡Cómo *él se queda* callao! (Flórez, pág. 376).

En las provincias del sur de Chile, de acuerdo con Román (II, 204), el marido usa *ella* para referirse a su mujer ausente, lo mismo que la mujer usa *él* en el caso contrario: "Pregúntenselo a *ella, ella* dirá", dice el marido; y la mujer: "Lo consultaré con

él, y según lo que *él* diga, así contestaré". El citado autor atribuye esta práctica a la natural repugnancia que los recién casados
sienten a decir *mi mujer, mi marido.* Esta práctica, corriente en
todas partes probablemente, se puede hallar en el español dialectal
de hoy (para la región salmantina, cf. Sánchez Sevilla, *RFE,* XV,
244). El ejemplo que sigue bastará para el habla popular de Argentina: —"¿Dónde estás establecida? —Aquí cerca. En un corra-
lón donde *él* guarda el coche con que trabaja. ... —*¿Él? ¿*Quién
es *él?* —Mi marido. —¿Te has casado? ¿Cuándo? —Hace más
de tres meses. *Él* está esperándome en la esquina". (Laferrère, *Locos de verano,* III).

Como extensión de la práctica peninsular, a menudo se usa
en el habla popular la forma verbal de la tercera persona del plural, en lugar de la de primera o segunda persona del singular, a
fin de suavizar lo que se dice, sobre todo los reproches, impersona-
lizando la conversación. El interlocutor duda, ya por modestia, ya
por educación, en asumir la categórica autoridad implicada por la
primera persona o en dirigirse directamente con la aspereza de la
segunda persona, mientras que la tercera persona del plural puede
dar a su expresión un tono menos pungente.

CHILE: —Tan cargoso que te *han* de vel, Fidel [= que te ves, *o* que
te veo, *o* que eres, etc.] (Romanángel, pág. 9); —¡Déjese *le icen* [= le
digo]! ... Ya, asosiéguese *le icen* [= le digo] ... —¿No *ven* [= no ves]?
Pa paliquero no tenís precio (pág. 10), etc.

ECUADOR: —Más mudo que te *han* de ver (Jorge Fernández, pág. 155).
—Tan tragón que lo *han* de ver (Pareja, *La Beldaca,* pág. 30).

En Chiloé, provincia insular del sur de Chile, nos encontramos con un uso peculiar. En el tratamiento respetuoso se usa *ustedes* o *usted* + una forma verbal en plural en lugar de *usted* +
una forma verbal en singular, y también se usa con frecuencia el
verbo en tercera persona del plural con nombres que reemplazan
a personas en singular: *¿Qué dijeron usted(es)?* = *¿qué dijo usted?* (Cavada, *Chiloé,* pág. 277; cf. también *BDH,* VI, 24-25). Esta
pluralización respetuosa de un pronombre en el tratamiento directo
coincide con el español antiguo (*vos*), con el francés (*vous*), el italiano (*voi*) y el inglés (*you*).

De *Gente en la Isla* (1938), novela regional de Rubén Azócar, tenida por fiel en la descripción del ambiente local, de las costumbres y del lenguaje, podemos entresacar unos cuantos ejemplos del uso chilote tal cual lo registra un hombre nacido en la propia región:

—Ya me lo sabía yo que *volverían* [= volvería], caballero ... esto *decían* [= decía] su padre; mas no *les maldijeron* [= le maldijo] nunca; don Lorenzo *les querían* [= le quería] como a las niñas de sus ojos. ... *Créanlo* [= créalo], caballero (pág. 32); Mas mi amo no *irán* [= irá] ... *anden* [= ande] usted a Quicaví, don; ahora mismo; no *dilaten* [= dilate]. Doña Ignacia me lo *han* [= ha] manifestado (pág. 88).

Entre la población de la provincia de Corrientes (Argentina) y del Paraguay observó Mansilla unos setenta y cinco años atrás (*Una excursión*, pág. 30) la mezcla de los pronombres de la segunda y tercera persona en el tratamiento: —"Aquí *te* vengo a ver, che Comandante, pa que me *des* licencia *usted*" (pág. 32); —"Aquí *te* vengo a ver, *V. E.* ... —Che, *V. E., hacé vos* el favor" (página 50), etc. Los indios mejicanos iletrados dicen a veces: *tú dijo, tú resolverá* (*BDH*, IV, 323). Son hechos corrientes en cualquier frontera hispanoamericana entre los indios que aún no han aprendido el nuevo idioma.

Sabemos que en Castilla aparece el *usted* como sujeto usualmente al menos una vez en el discurso y que su omisión frecuente puede implicar descortesía. En el español de América no es tal el caso por lo general. Al igual que en ciertas localidades del sur de España, se omite[2] con mucha frecuencia, empleándose únicamente cuando se usan otros pronombres sujeto: *es usted = eres tú*, pero *vaya a verme* (Corominas, pág. 104). Su excesivo uso parece reminiscencia de una obsoleta distinción social o de clase. Con las formas verbales de imperativo[3] se suprime con gran frecuen-

---

[2] Lenz lo hizo observar en el caso de Chile (*BDH*, VI [1940], 263-64; *La oración*, pág. 258).

[3] Keniston (*Syntax list*, pág. 162) muestra que el *usted* es más frecuentemente omitido que expresado; pero en este caso no se puede tener en cuenta el cálculo de frecuencia, puesto que los textos son tanto españoles como hispanoamericanos, y por tanto no establecen la distinción geográfica pertinente.

cia, práctica que, escuchada en España, muchas veces revela el origen del que habla. De hecho, fue la frecuente supresión del *usted*
en partes del apócrifo *Don Quijote* (1614) del misterioso Avellaneda lo que llevó a algunos a la creencia de que su autor era Ruiz
de Alarcón (Vázquez, pág. 393), nacido en Méjico.

En el caso del Perú, por otra parte, Benvenutto (pág. 145) registra una repugnancia popular por la forma plural *ustedes*. Debido a que en ciertos casos parece implicar desprecio, con frecuencia se reemplaza por *usted y usted* o por *a fulano y a usted*, etc.,
es decir, cuando las dos personas interpeladas están presentes.
Esto no se aplica a Huánuco (Pulgar Vidal, pág. 817).

Otra peculiaridad del *usted* (junto con el *tú*), tanto en el español americano como en el peninsular, es su frecuente uso en expresiones impersonales, análogo al uso del inglés *you* en el sentido de "uno".

VENEZUELA: *Mero* equivale, en Venezuela, a uno solo, o solamente uno.
Por eso *usted* oye decir: "¿cuántas cochas han sacado?" "Una mera" (Picón-Febres, pág. 250).
SANTO DOMINGO: No sabe *usté* qué pensar. Es capaz de decir*te* cualquier cosa [= "a cualquiera"]. (*BDH*, V, § 93).

PRONOMBRES DE LA PRIMERA PERSONA

Así como la forma de sujeto *tú* se encuentra ocasionalmente
detrás de una preposición (*a tú*), posiblemente por analogía con
a él, ella, usted, etc., casos en que la forma preposicional es idéntica a la forma sujeto (Keniston, pág. 54), en numerosas regiones
de Hispanoamérica se reemplaza la forma preposicional *mí* por
la forma *yo*. Tal se oye aún en algunas regiones rurales de España,
especialmente en Aragón (Borao, pág. 95: "para casarte con *yo*";
Kuhn, § 33: "a *tú* ... pa *yo* ... con *yo*", etc.), y también en portugués [4]. La preferencia por el *yo* tal vez se explique por el mayor

---

[4] "En la actualidad se usa incorrectamente en Brasil (y primero se hizo
en Portugal) la forma de sujeto en lugar del complemento o forma preposicional: *que espere por eu* (*por mim*), etc." (J. Dunn, *A grammar of the
Portuguese language*, § 234 [*b*]). Para el catalán y el valenciano, cf. Menéndez Pidal, *Gram.*, § 93.

énfasis psicológico de un pronombre sujeto. Su extensión geográfica es mucho más amplia de lo que generalmente se supone [5].

ARGENTINA (SAN LUIS, RÚSTICO): Pobre de *yo*; ¿te vas con *yo?* Yo hablo con *yo* mismo; andan preguntando por *yo* (Vidal, pág. 381).

PERÚ (CALEMAR, ZONA DEL MARAÑÓN): Yo soy diaquí, calemarino, anque quién sabe único los viejos sepan de *yo* (Ciro Alegría, *La serpiente*, pág. 220). Él duerme aquí acompanao de *yo* y Valencio (Ciro Alegría, *El mundo*, pág. 235).

ECUADOR: Van a acabar ... con *yo* (Ortiz, pág. 92).

VENEZUELA: Cerquita e *yo* está durmiendo un trigueño (Briceño, en *ACMV*, II, 128). Bueno es que se vaya acomodando cerquita de *yo* (Briceño, pág. 112).

COLOMBIA (ANTIOQUIA): A *yo* me mandaron trabajar con usté (Posada, pág. 40); le gustaba bailar con *yo* (pág. 67, etc.). A *yo* la rabia me abre el apetito (Carrasquilla, *Hace tiempos*, I, 30); a *yo* no me da miedo (página 295). Eso sí que no sería con *yo* (Rivera, pág. 221). (SUR): —¿Vivirás siempre con *yo?* (Álvarez Garzón, pág. 59). (BOGOTÁ, VULG.): Eso es pa *yo;* camine con *yo*, etc. (Flórez, pág. 376).

COSTA RICA: Él irá alante de *yo* (Agüero, pág. 49); a *yo* me picó la cresta (pág. 69). Se rieron de *yo* (*Leyendas*, pág. 132). —A *yo* no me vengás con cosas ... lo que a *yo* me gusta, etc. (Fabián Dobles, pág. 247).

EL SALVADOR: Cuchuyáte contra *yo*, pué (Salarrué, *Cuentos*, pág. 22); Síganme a *yo* (pág. 59). Asina mesmo me parece a *yo*, patrón (Ambrogi, pág. 33); Desímelo a *yo*, a tu nanita, pues (pág. 208).

GUATEMALA: Sé que en mi ausencia hablas de *yo*. Esta casa es de *yo* (Sandoval, I, 366). El mal será para *yo* (II, 198).

Existen otros vicios rústicos: *yo* por *a mí*, (*a*) *mí* por *yo:*

ZONA DEL RÍO DE LA PLATA: *Yo* me parece que ... (C).

CHILE (CHILOÉ): *Yo* me gusta la música; tú cantas mejor que *a mí* (Cavada, pág. 277).

COLOMBIA: *Yo* no me gusta ir a la plaza (Flórez, pág. 376).

COSTA RICA: Hay que ser más hombrecito que *mí* (F. Dobles, página 10).

CUBA (VULG.): *Yo* me gusta la música (Padrón).

El plural masculino *nosotros* se usa con frecuencia como si fuera femenino en lugar del normal *nosotras* (cf. Lenz, *La oración*,

---

[5] Por ejemplo, Tiscornia (*La lengua*, pág. 122, n. 2) dice: "El gauchesco ... desconoce las formas vulgares que se notan en los rústicos *españoles* y *colombianos*".

§ 156). Cuando se pierde el sentido de la composición (pronombre *nos* + adjetivo *otros* u *otras*), tiende a desvanecerse igualmente la distinción del género.

ARGENTINA: —*Nosotros* estábamos *desesperadas* por conocerlo (Pico, pág. 5). Las madres como *nosotros* (Vidal, pág. 376).

URUGUAY: —Será muy lejos, pues *nosotros* no sabemos nada. —Háganse *las mosquitas muertas.* ¡No van a saber! (Sánchez, *Barranca abajo*, I, 4). Ninguna de *nosotros* valemos un pie de los tuyos (Bellán, pág. 60). —¡Salgan ligerito, piojosas arrastradas! —¡Pero *nosotros* qué culpa tenemos! (Espínola, pág. 48).

PERÚ: Ya pasaron los tiempos en que *nosotros* [= las mujeres] éramos ceros a la izquierda de ustedes [= los hombres], y que cuando alguno nos burlaba no había más remedio que desbarrancarse por ahí o encerrarse para toda la vida (López A., *Nuevos cuentos*, pág. 79).

MÉJICO: Mientras las mujeres servían la comida, se pusieron a conversar con nosotros. ... Cuando les preguntamos sobre la gente que se quedaba a dormir en ese paraje, su contestación fue rotunda: —Sólo *nosotros* (Mena Brito, pág. 232).

La forma complemento *nos* se convierte con frecuencia en *los, nosotros* se convierte en *losotros* (o *lojotros*) en más regiones hispanoamericanas que las estudiadas hasta ahora. Parece que *los* es forma popular y rústica exclusiva de Chile, donde la -*s* final se convierte en una leve aspiración: *los vamos* por *nos vamos, vámolos* por *vámonos,* etc. Afirma Román (III, 340) que el uso de *los* por *nos* se halla tan hondamente arraigado entre los chilenos sin cultura, que *Nos,* estación de ferrocarril, es llamada *Lo e No* (= *Lo de Nos*). Debe querer decir *Lo e Lo* (para *lo de,* cf. pág. 163). En el habla popular de Santiago, *nos fuimos* (tal como se explica en la pág. 203 por *nos vamos* o *vámonos*), pronunciado *loh juimoh,* se traduce humorísticamente por *ele jota* (*l j*), que representan las iniciales de la expresión: *¿ele jota?* = *¿nos fuimos?* = *¿nos vamos?*

Sin embargo, *los* por *nos* no pertenece solamente a Chile, sino que goza de una extensión geográfica mucho más amplia, como se puede ver por los ejemplos que se ponen más abajo. Además, lo mismo ocurre en regiones rurales de España, especialmente en Murcia (García Soriano, § 66, 3, donde *los* también = *os*), en Cádiz y en otras partes probablemente (cf. *BDH,* I, § 126; II, 139).

El cambio de *n* por *l* probablemente se deba explicar por analogía con los numerosos pronombres que empiezan por *l-* (*lo, la, los,* etc.), si bien el intercambio de *n* y *l* se da también en otras palabras (Menéndez Pidal, *Gram.*, § 54, 2*b*; § 72, 5*a*), siendo común en el habla popular de Chile (Román, IV, 1): *frionera* por *friolera, penícula* por *película, alimar* por *animar,* etc.

ARGENTINA (ZONA COSTERA): Vámo*los* ... *los* vamos (*BDH*, I, § 126, n. 2; también IV, pág. 26, n. 5: "En Buenos Aires y La Plata, entre las clases muy humildes, y, por influencia de los sirvientes, entre los niños, se oye *loh* por *nos*"). En San Luis, Cuyo, Córdoba (*BDH*, II, 139).

CHILE: —En carrito mataero tenimos qu'i*los* [= irnos] (Romanángel, pág. 22); *los* pasamos a toma*los* una pilsen (pág. 23); y *los* juimos (página 24); ámo*los* [= vámonos] andando (pág. 56), etc. *Los* habimos queao paraos (Acevedo Hernández, *Por el atajo,* pág. 29); *los* poímos pasar sin ella (pág. 62). Si querís *los* casamos (Cariola, I, 1).

COSTA RICA: Si hay alguno que se atreba / a acompañame, *los* bamos (Agüero, pág. 69). Por ella *los* vamos a tomar esta botilla de coñá (Dobles Segreda, pág. 37); *los* juimos esapartando (pág. 38); Ellos creiban que éramos munchos. Si hubieran sabío que *los* podían contar con los dedos, se güelven y *los* deshacen (pág. 48); *Losotros* éramos ricos, pero después *los* fregamos (pág. 74). Muriéndo*los* de miedo, los cuatro muchachos *los* juimos ... ¿quién iba con *losotros*? (*Leyendas,* pág. 116). Al bolber del trabajo / *los* pedía las tinajas (Echeverría, pág. 122).

EL SALVADOR: Ya *los* duele el lomo a yo y al Tiburcio Jeta (Ambrogi, pág. 66).

GUATEMALA: Si masito [= por poquito] ya no *los* volvemos a ver, pues por poco me muero anoche (Sandoval, II, 31).

MÉJICO (TABASCO): Ya *los* vamos (Ramos Duarte, pág. 338). Cuando *los* avisaron fimos a onde estaba ... *los* dio orden de que *los* viniéramos a Villahermosa (Gutiérrez Eskildsen, pág. 84).

CUBA: Vamoh*loh* [= vámonos], *loh* vamoh, *loh* dijo (Padrón).

En Argentina se encuentra un uso popular de *se* por *nos*. Lafone (*Tesoro,* pág. 210) opina que se debe a influencia quichua (en quichua, *ca* es el reflexivo único para las tres personas); en Buenos Aires es posible que se deba a influencia italiana. Más probable es que la confusión se haya heredado de España: en Andalucía, Murcia (García Soriano, § 66, 3), etc., se usa el *se* en el habla popular en lugar de *os;* así, *se vais* = *os vais, se la lleváis* = *os la lleváis.*

CATAMARCA: *Se* fimos [= nos fuimos] ... *se* vamos (Lafone, pág. 210). *Se* iremos un día del rancho (Carrizo, pág. 64); *se* querimos como hermanos (pág. 69); —¿Que *se* juntemos pa siempre? (pág. 74). BUENOS AIRES: ¿*Se* ponemo de novio o no *se* ponemo? (Llanderas y Malfatti, *Cuando las papas,* pág. 19). ¡Pues así no *se* podemos seguir! (Llanderas y Malfatti, *Giuanín,* pág. 17). *Se* tenemo que pasar el día (Last-Reason, pág. 14); vámo*se* ... *se* jugamo la cena (pág. 25).

PRONOMBRES COMPLEMENTO: "LE", "LA", Y "LO"

El pronombre complemento directo en el español primitivo para nombres de personas o cosas en masculino era *lo.* Durante el siglo XVI, el *le* se fue generalizando tanto para personas como para cosas, sobre todo entre los escritores de origen castellano (llamados, en consecuencia, *leístas*), mientras que los escritores del Sur y del Levante español prefirieron el *lo* (y por ello se les calificó de *loístas*). A media distancia entre ambos grupos existió otro, más amplio aún, que generalmente empleaba el *le* para referirse a personas y el *lo* para referirse a cosas. Este último uso parece ser hoy el más corriente y el más aceptado por el castellano modélico, aunque entre conocidos escritores españoles se pueden hallar tanto leístas como loístas. Spaulding (*Hispanic Review,* XIII, 336) prueba que el *le* goza de mayor extensión de lo que generalmente se supone: en León, en Zamora e incluso en el Sur. La gramática de la Academia en sus últimas ediciones recomienda a los escritores la norma etimológica: *lo* para el complemento directo de personas y cosas, *le* únicamente para el complemento indirecto.

El *lo* es la forma más extendida en Hispanoamérica, mas no la única como muchos han creído[6]. Así como el uso del *lo* para cosas y del *le* para personas de ninguna manera constituye una regla entre los escritores españoles, ya que el nombre de una cosa puede personificarse y el de una persona "despersonalizarse" (véase Keniston, *Syntax list,* pág. 55), en el español de América frecuentemente alterna el *lo* con el *le* como complemento directo

---

[6] Cf. McHale, *Diccionario:* "Desde Méjico hasta Chile nadie dice *le vi, le conocí*" (pág. 146); "... en América, donde todo el mundo dice *lo vi, lo saludé, lo conocí, lo llamé*" (pág. 150).

en el lenguaje escrito y ocasionalmente en el habla culta (mas no en la popular, salvo en los casos que se indican más abajo).

ARGENTINA: —Sí, *lo* vimos ayer ... *le* vimos a nuestro lado (Pico, página 6).

URUGUAY: —Aquí *lo* dejo, mi amigo. ... ¡He tenido el mayor gusto en acompañar*le!* (Amorím, *El paisano*, pág. 43); ¡Cómo *lo* voy a dejar en medio del callejón! ¡No faltaba más! *Lo* acompaño hasta su tranquera (pág. 44).

CHILE: —Y sobre todo, volvería a ver*le* a él; muy de tarde en tarde, pero a ver*lo*, siquiera alguna vez (D'Halmar, *Lucero*, pág. 70). ¡Y qué hombre era nuestro capitán! ¡Cómo *le* queríamos todos! (Lillo, pág. 92). Afortunadamente fue ella misma quien *le* recibió ... al volverse *lo* vio junto a la puerta (Durand, *Mercedes*, pág. 154). Solaguren ... vio a un hombre gordo que *le* observaba (Prado, *Un juez*, pág. 148); nadie *lo* observa [al padre] (pág. 176); *le* veníamos observando (pág. 248).

BOLIVIA: —¡Sí, sí, yo *le* mato! —repuso el pequeño. ... —No; haz*lo* parar más bien (Arguedas, *Raza*, pág. 105). Yo *lo* he esperado ... *le* espero ahora (Díaz Villamil, *El traje*, pág. 52).

ECUADOR: Yo *le* quería ... yo *lo* había querido ... *lo* quise de golpe (La Cuadra, *Palo 'e balsa*, pág. 303).

EL SALVADOR: Braulio, el jefe de los campistos, no *le* quería (Ramírez, pág. 9).

MÉJICO: —¿Pero tú *lo* viste? ... —No. Yo no *le* vi (M. A. Menéndez, pág. 34).

CUBA: Salí a emplear toda mi autoridad para salvar*le* a usted, y mentí, ¡y *lo* salvé! (Hernández Catá, pág. 151).

En el habla popular de Hispanoamérica, la regla general es el *lo*, excepto en Ecuador y en Paraguay (probablemente también en otras áreas limitadas, como en la Guayana venezolana), en donde se puede oir el *le* (plural *les*) referido a personas en labios de todas las clases (sin embargo, en la costa de Ecuador son loístas).

ECUADOR: —*Les* van a matar (Icaza, *En las calles*, pág. 255); ¿*Le* soltaron de la cárcel? (pág. 263). La antigua tendera ... empezó a recoger ... los hijos de los cholos indigentes para educar*les* en la santa ley de Cristo y enseñarles a trabajar desde pequeños. *Les* amaba (Icaza, *Cholos*, pág. 29); como *les* quería tanto (pág. 30). —¿*Los* conoces? La otra noche *les* conocí (Mata, *Sanagüín*, pág. 184). *Le* reconoció al indio ... Con razón *les* quiero tanto a mis señores (Bustamante, pág. 124).

PARAGUAY: *Le* veo a él, *les* veo a ellos (Morínigo).

Es más, tanto en Ecuador como en Paraguay se oye con gran frecuencia el *le* como pronombre complemento femenino en lugar del *la* (igual que ocasionalmente en el español antiguo y moderno).

ECUADOR (SIERRA, URBANO): Las amigas y parientes de la Petrona, sosteniéndo*le* del rebozo, a duras penas logran detener*le* en sus ímpetus de furia. Asimismo las amigas y conocidas de la Rosa, *le* consuelan y le piden que cese la batalla ... y era de ver*les* ... guiñar los ojos ... a dos cargadores que ... las contemplaban, lanzándolas bromas de color subido (García Muñoz, *Estampas*, págs. 183-85); —Mi comadre Susana, ni sabe el gusto que tengo de ver*le* (pág. 243). Mienten los poetas al fingirse enamorados de la luna, a la que ni siquiera *le* conocen (García Muñoz, *El médico*, página 73). —Tendrán*le* bien [= ténganla bien], a lo mejor me muerde (Icaza, *En las calles*, pág. 179). ¡*Le* quiero, Gloria! ... Hoy será usted mía (Salvador, *Camarada*, pág. 47). —¡Porque yo *le* amo, Magdalena! (Salvador, *Prometeo*, pág. 117). (AZUAY): *Le* ha tumbado y golpeado a gusto, hasta dejar*le* sin sentido. Entonces fue cuando abusó de la guagüita inocente (Mata, *Sanagüín*, pág. 181). Usted es digna de mejor suerte. ¿*Le* engañó algún hombre? ... Cuando la vea envejecida, enferma, *le* botará a la calle (Salvador, *Noviembre*, pág. 227). (SIERRA, RURAL): *Le* encontré acostada (Icaza, *Cholos*, pág. 176); yo *le* miraba de reojo (pág. 177); *le* llamé por lo bajo (pág. 178). (ZONA COSTERA): —Muchas gracias, Gertru. Y Cusumbo, que *le* devoraba con los ojos: —Oiga, ña Andrea. La muchacha ejtá güenaza. A usted *le* voy a hacer mi suegra (Aguilera Malta, pág. 49).

PARAGUAY: *Le* veo a ella; *le* seguí con la vista hasta ver*le* [a ella] entrar en su casa (Morínigo).

Generalmente se piensa que el *la* no se usa en el español de América como pronombre en calidad de complemento indirecto femenino, tal como se hace corrientemente en España, y especialmente en Madrid. Lo mismo pensaba Cuervo: "Entre americanos jamás he oído *la* por *le*" (Bello-Cuervo, n. 121, pág. 114). Es cierto que no se usa *la* por *le* en la conversación, pero sí se puede hallar en la literatura.

ARGENTINA: Y pronto sus manos ... *la* ofrecieron otros tantos vasos, de los cuales Marta aceptó uno sin mirar de quién venía (Mallea, *Fiesta*, pág. 47).

CHILE: Rosaura declaró ser una entusiasta amazona a quien sólo faltaba un caballero que *la* hiciese compañía (Silva, pág. 63). *La* dije que fuera a acostarse (Edwards Bello, *La chica*, pág. 92). Cuando *la* dieron de alta, la Ufra hizo venir un coche de alquiler y se largó (Alberto Romero, *La viuda*, pág. 18); ¿Qué sorpresas *la* traería ese sol? (pág. 78).

BOLIVIA: Falleció ayer sin tener tiempo de escribir*la* (Jaime Mendoza, *Memorias*, I, 78).

PERÚ: Y lo que *la* gritaba aquel pensamiento era la liberación de su alma (López Albújar, *Matalaché*, pág. 53).

ECUADOR: Dos cargadores … las contemplaban, lanzándo*las* bromas de color subido (García Muñoz, *Estampas*, pág. 185).

VENEZUELA: Quiso ponerme la mano sobre los labios; yo se la tomé con pasión y *la* di un beso (Romero García, pág. 59).

COSTA RICA: Será muy beya mi niña y *la* ponré Juana Amparo (Agüero, pág. 50).

EL SALVADOR: Los campesinos, que regresan de sus guatalitos, *la* dicen siempre, siempre: —¡Dios, nanita! (Ambrogi, pág. 92).

MÉJICO: ¿La chica, Florita, que *la* da por decir versos? (Quevedo, *Las ensabanadas*, pág. 103). Como si *la* leyese los pensamientos, Hipólito pidió la botella del catalán (Gamboa, *Santa*, pág. 318).

Sin embargo, *la* como dativo femenino por *le* es la excepción en el español de América, y *lo* es, con mucho, más común que *le* como acusativo masculino de personas. Los treinta y cuatro autores rioplatenses representados en la *Antología de cuentistas rioplatenses* (Buenos Aires, 1939) usan *le* 76 veces frente a 284 veces *lo* referido a personas. En más de 400 páginas de prosa se emplea, pues, el *lo* aproximadamente cuatro veces más que el *le* como complemento directo referido a personas. En la *Antología del cuento hispanoamericano* (ed. Manzor [Santiago de Chile, 1939]), más de cincuenta autores usan el *lo,* en representación de diecisiete repúblicas hispanoamericanas, aproximadamente dos veces y media más que el *le* como complemento directo de persona.

Debemos recordar que con frecuencia es prácticamente imposible determinar si el *le* es complemento directo o indirecto. La analogía y otras causas (por ejemplo, formas idénticas del complemento directo e indirecto de nombres referidos a personas) han borrado las diferencias originales. La situación es incluso más oscura en lo que se refiere al español de América, en el cual ciertos verbos toman en algunos lugares un pronombre complemento directo allí donde el español tipo toma un pronombre complemento indirecto (*hablar,* por ejemplo), añadiéndose, además, ciertos verbos variables (*mirar, seguir, pegar, obedecer,* etc.). En la lengua antigua, *hablar* podía tomar un complemento directo; Keniston (pág. 17) da esta distribución y frecuencia para la prosa del siglo XVI: [6-9]. En partes de Hispanoamérica se emplea así con frecuencia en la actualidad al lado del uso consagrado. De acuerdo con Garrigós (pág. 147), preceptista argentino, las personas que dicen *lo* (o *la*) *hablo* se volverán seguramente al uso normal *le hablo* cuando el verbo vaya seguido por alguna clase de complemento: *le hablo muy bien de Juan* (y no *lo hablo muy bien de Juan*), *le hablo en francés* (y no *lo hablo en francés*).

ARGENTINA: Esté solo, completamente solo. Tengo que hablar*lo* (Greca, pág. 165). El otro *lo* conversaba con los más finos modales ... ponerse a hablar*le* ligerito (Lynch, *Romance*, pág. 261). —Vamos, viejo, ... yo *lo* tengo que hablar para ver si me sigue (Yrurzun, pág. 18). Los mozos tímidos y los gárrulos mirábanlas y *las* hablaban (Mallea, en *ACH*, pág. 84). No *la* he hablado (Güiraldes, *Xaimaca*, pág. 49). Si *los* hablas, vendrán y son siete hermanos (Ezquer Zelaya, pág. 196). Ella los mira y *los* habla por la ventana (Petit de Murat, pág. 95).

URUGUAY: Toqueló en la rienda y hablé*ló* (Montiel, *Cuentos*, pág. 14).

CHILE: Desde varias camas más allá *lo* hablaron: —¿Viene Ud. enfermo del corazón? (Juan Modesto Castro, *Aguas*, pág. 14). —Escúchame, Lorenzo, ¿desde cuándo *la* hablas? (Azócar, pág. 259).

PERÚ: (habla una *chola*): —Señor, diz que *lo* quieren hablar dos señores (Corrales, pág. 146); —Conque oidó al parche, que don Corrales *los* va a hablar (pág. 191).

COLOMBIA (SUR): Cuando Antoñina *lo* habló ... él dormía (Álvarez Garzón, pág. 80; pero hay muchos más casos con *le* [págs. 16, 20, 45, 48, etc.]. Para Bogotá no se halla registrado el *lo* [Flórez, pág. 376]).

GUATEMALA: Ya no tarda en llegar. ¿Quiere hablar*lo*? (Quintana, página 108).

El uso del *le* complemento directo con preterición de *lo* parece ser una práctica personal en la mayoría de los países hispanoamericanos. Más de la mitad de las 76 formas *le* (frente a los 284 *lo*) empleadas por los treinta y cuatro escritores rioplatenses en la *Antología de cuentistas rioplatenses* pertenecen a la pluma de sólo cinco de ellos, uno de los cuales al menos (Méndez Calzada) recibió en España su educación primaria y secundaria, habiendo vuelto a la Argentina a los diecisiete años. Benito Lynch, en su cuento "Aquel hijo", emplea el *le* y el *lo* aproximadamente con la misma frecuencia. Dígase lo mismo del propio novelista en las partes narrativas de *Los caranchos de la Florida*, mientras que en el diálogo usa el *lo* con poquísimas excepciones. Con el verbo *mirar* usa *le* y *lo* casi con la misma frecuencia, con una pequeña ventaja para *lo*. De entre los escritores argentinos, Benito Lynch y Eduardo Mallea son los que usan el *le* con más frecuencia que ninguno de los demás. Únicamente cuatro de los doce escritores argentinos presentes en la *Antología del cuento hispanoamericano* usan *le*, y sólo uno de ellos (Eduardo Mallea) hace de él un uso notablemente mayor que del *lo*. En los escritores de la mayoría de los demás países notamos el uso restringido del *le* en la narración y el uso casi exclusivo del *lo* en el diálogo. Ello refleja el uso poco menos que exclusivo —con excepciones, como la del Ecuador— del *lo* en el lenguaje hablado de Hispanoamérica, al igual que en gran parte de España (Andalucía, Navarra, etc.). No obstante, en el estilo literario, muchos escritores hispanoamericanos, recordando la literatura peninsular, imitan el uso castellano del *le* como complemento directo masculino de persona, que consideran más elegante y más formal que el *lo* conversacional. Román (III, 281) observa significativamente: "Como ac. de él, dicen todos los gramáticos y también la Academia, que, tratándose de personas, es preferible [*le*] a la forma *lo*. ... En Chile somos más *loístas* que *leístas*; pero *ya nos iremos enmendando*". Este sentido de la preferencia literaria por el *le* sobre el *lo* se refleja claramente en *La chica del Crillón*, de Edwards Bello, escrita en forma de libro diario. La protagonista (pág. 193) nos cuenta que ha comprado un libro traducido del inglés: *How to be charming*, o sea *El arte de ser encantadora*. Está leyendo un pasaje del capítulo titulado "La vida social", del cual se dan algunas citas. Los pronombres directos correspondientes al masculino son todos *le*, probablemente porque Edwards Bello deseaba dar la impresión de que estaba citando de una obra literaria:

> "Si algún joven fuera a pedirle una vuelta de baile, aunque no haya tenido el agrado de ver*le* nunca, míre*le* fijamente en los ojos durante varios segundos ... y en voz baja, discreta y musical díga*le*: Su rostro no me es ajeno: yo *le* conozco a usted y no *le* olvido. ¿Dónde *le* vi antes? ...".

Más adelante (pág. 199), en una fiesta social, contando la protagonista cómo puso en práctica lo que había leído, emplea únicamente el *lo*, su forma conversacional acostumbrada, dando así mayor verosimilitud al relato de su experiencia, ya que *lo* (y no *le*) es la forma corrientemente usada en Chile:

"El interés que tuviera por ver*lo*. ... *Lo* miré un instante ... y le dije: —Yo *lo* he visto a usted en alguna parte, y no puedo olvidar*lo*. ...".

Tal vez sea éste el lugar adecuado para recordar que en algunas zonas indígenas el *lo* es el único complemento directo de la tercera persona del singular que los indios incultos emplean para el masculino y femenino tanto de personas como de cosas. Así, en partes del Perú (Huacho, Eten): "¿Ya se *lo* casó la María? ... la platita *lo* tengo aquicito no más" (Benvenutto, pág. 143). Ramos Duarte (pág. 353) registra para el Estado de Morelos, Méjico: "Me *lo* saludas a la señorita". En la provincia de Chiloé, Chile: "¿Viste ayer a Juana? —No *lo* vi" (Cavada, págs. 215-77). Igualmente en Bolivia, Argentina (Tucumán, Santiago [cf. Moglia, página 251]) y Yucatán (V. Suárez, pág. 150).

"LE" INDIRECTO REDUNDANTE

El empleo del *le* redundante y anticipador de un complemento indirecto plural, aunque frecuente en el español castizo, tanto antiguo como moderno, parece ser mucho más común en toda América. Probablemente tenga analogía con el complemento indirecto invariable *ge* (español antiguo) > *se* (español moderno) y con el pronombre reflexivo invariable *se*. Dicho *le* pleonástico es a veces una simple partícula expletiva que sirve para dedondear la frase; a veces posee valor adverbial, siendo, pues, invariable; incluso puede tener valor distributivo con una lógica sensación del singular implícito en el plural: *le* por *cada uno de*[7], etc. Los gramáticos suelen calificar como error este *le* en lugar de *les*, pero es "genial de nuestra lengua" (Cuervo, § 335) en España y, al parecer, mucho más aún en Hispanoamérica, probablemente porque aquí los escritores son mucho más reacios a aceptar reglas gramaticales.

---

[7] Cf. C. Sturgis, "Uso de *le* por *les*", *Hispania*, X (1927), 251-54.

ARGENTINA: Cuídese mucho y dé*le* recuerdos a los viejos (Lynch, *Los caranchos*, pág. 121). *Le* tiene miedo a las ánimas (Larreta, *El linyera*, páginas 12 y 14). Pues es porque *le* obedecen a las mujeres (*Fray Mocho*, pág. 175).

URUGUAY: ¡A las malas mañas *le* llaman ahora costumbres! (Sánchez, *M'hijo el dotor*, I, 3). A algunos *le* chispearon los ojos (Montiel, *Alma nuestra*, pág. 139). *Le* cambiaba el alpiste a los canarios (Montiel, en *ACH*, pág. 377). Ahora puedes dar*le* vuelo a tus planes (Reyles, *El terruño*, página 290).

CHILE: Se estaba hasta el amanecer ... haciéndo*le* el amor a las niñas (Alberto Romero, *La viuda*, pág. 17). A la última hora *le* quitan a los enfermos las camas (Juan Modesto Castro, pág. 12); cuénten*le* a carneros esta historia (pág. 155).

COLOMBIA: Al otro día ya estaba Eva coqueteándo*le* a las manzanas (Arango Villegas, pág. 18); Yo no *le* temo a las ideas. *Le* temo, sí, a los decretos (pág. 109). *Le* roba a los ricos, para dar*le* a los necesitados (Buitrago, pág. 159).

VENEZUELA: No quiso que *le* pegara a los caimanes (Gallegos, *Doña Bárbara*, pág. 19). Este animal ... no *le* embiste a los muertos (Romero García, pág. 21); ¿por qué no *le* pagará a sus hijas? (pág. 79). No pudo poner*le* freno a las palabras (Salazar Domínguez, en *ACMV*, II, 44).

NICARAGUA: Hay que hablar*le* a los muchachos (Orozco, pág. 95).

HONDURAS: —Yo no *le* creo a los hombres (Mejía Nieto, *El solterón*, pág. 19); no *le* tenía miedo a los muertos (pág. 98).

MÉJICO: Usted prénda*le* fuego a los carros (Fernando Robles, página 258). También me sirvió para ... prohibir que se *le* siguiera llamando a esos pájaros "ladrones" (Mena Brito, pág. 69).

CUBA: Huyéndo*le* a los vapores de guerra ... salí con mi familia (Luis Felipe Rodríguez, pág. 27); ¡A cuántas muchachas *le* habrá dicho usted lo mismo! (pág. 98); el campesino no *le* da mucha importancia a esas uniones irregulares y libres (pág. 208). Yo no *le* temo a sus amenazas (Ciro Espinosa, pág. 208).

"SE LOS (LAS)" POR "SE LO (LA)"

Bien sabido es que la frase *se lo dimos* puede significar "se lo dimos a él, a ella, a usted, a ustedes, a ellos, a ellas", etc. No existe, pues, claridad en lo que al número se refiere, ya que el *se* puede ser tanto singular como plural. Para evitar esta ambigüedad se aconseja añadir las frases preposicionales *a él, a ella, a usted, a ellos*, etc., con objeto de establecer la concordancia con el género, número y persona representados por el *se* en cualquier caso dado. Puesto que la conciencia del número es importante y en la conversación rápida con frecuencia se omiten las frases prepositivas (cf. *usted*, pág. 128), el habla popular de numerosas regiones de Hispanoamérica trata insistentemente de indicar la pluralidad del complemento indirecto *se* añadiendo una *s* al complemento directo que sigue inmediatamente, *lo* o *la,* convirtiendo a éstos en *los* y *las* aun cuando dicho complemento se halle en singular. La *s* pluralizadora se añade a *lo* o a *la* incluso en el caso de que el plural pertenezca al otro pronombre, pues *los* y *las* son formas completamente familiares y una forma *ses* sería inconcebible. Así, *se lo digo a ustedes* (caso en que *ustedes* aclara la relación) se convierte en *se los digo* (puesto que *se lo digo* es ambiguo).

Este error sintáctico, ejemplo de "interferencia asociativa", puede hallarse ocasionalmente en España, pero evidentemente es raro: Cuervo (§ 356) menciona su presencia en "libros españoles desaliñados"; Gili y Gaya (pág. 208) registra para Aragón: *ya se les* [= *los*] *he dicho* por *ya se lo he dicho*. En el español de América, empero, prospera abundantemente en numerosas regiones. En determinadas zonas americanas constituye un uso popular; en otras es general incluso entre la gente culta y en estilo literario.

Naturalmente, gramáticos y puristas se desatan en diatribas contra este solecismo, profundamente arraigado y difícil de eliminar, como lo demuestran en ocasiones las largas y elaboradas exposiciones que de su uso y abuso se hallan en las gramáticas y otros tratados lingüísticos publicados en los países en que es más flagrante (Lenz, *La oración*, pág. 262, n. 1; Santamaría y Domínguez, *Ensayos*, págs. 226, 295, 296; León, *Barbarismos*, II, 87-92; Cascante de Rojas, pág. 421; Cuervo, § 356; Alonso y Henríquez Ureña, *Gramática*, II, 109, etc.).

En numerosas regiones no sólo se convierte el *se lo* en *se los* cuando *se* es plural, sino que incluso el *le* dativo puede convertirse en *les* en formas imperativas cuando el sujeto está en plural: *ábranle ustedes la puerta* > *ábranles ustedes la puerta* "ábranle la puerta a él", etc. Semejante atracción del número por parte del complemento o del sujeto es corriente en el español de América, mas no conozco aquí atracción del género de los pronombres complemento por parte del sujeto como se registra en las clases bajas de Madrid: "ella *la* quiere ayudar a usted"; *usted* es aquí masculino, mientras que *la* (que debería ser *le*) es femenino, atraído por el sujeto femenino *ella* [8].

Imposible es predecir actualmente si con el tiempo se aceptará *se los* (*las*) por *se lo* (*la*), pero lo que no se puede negar es que en determinadas regiones este fenómeno se halla en camino de tácita aceptación.

Argentina: Siento venir a hablarles de su comedia ... pero si no *se los* dijera me iría a acostar molesto (Mallea, *Fiesta*, pág. 121). No hay mujer que se conforme con ser vaina 'e cuero no más. ... *Se los* dice uno que siempre jué aficionao (Larreta, *El linyera*, pág. 93). Los franciscanos ... habían hecho sus camas muy cerca de mí. ... Yo *se los* había recomendado (Mansilla, *Una excursión,* pág. 108).

Uruguay: Yo *se los* permito (Amorím, *La carreta,* pág. 38).

Chile: Los niños pidieron pan y no había quien *se los* partiese (Román, III, 339). Siempre ha de ser necesario decír*selos* todo a éstos (Barros Grez, I, 155); has hablado con las señoras. —I *se los* he dicho todo (IV, 45). —¡Encontraré los asesinos. *Se los* prometo! (Latorre, *Hombres,* página 98). Cuando andaban payaseando en la góndola yo *se los* advertí: váyanse (Alberto Romero, *Perucho González,* pág. 92). Me acuerdo diuna [payasada] muy diablona que *se las* voy a decir (Juan del Campo, pág. 7); ¡a vos te pasan cosas que no *les* suceden a naiden! (pág. 43).

Bolivia: Mis soldados padecen ... pero debe continuar la excavación. *Se los* notifiqué (Céspedes, pág. 34).

Ecuador: Rezaron todos, despacito, tal como *se los* había indicado el señor cura (Pareja, *La Beldaca,* pág. 58). Y de haber sabido algo, ya *se los* habría hecho olvidar el trabajo duro, agobiador (La Cuadra, *Horno,* pág. 33).

Colombia: Eso pasó como *se los* digo a ustedes (Cuervo, § 356; también Uribe, *Dicc.*) Piden posada. Con todo corazón *se las* doy (Carrasquilla, *Novelas,* pág. 18). Nu hay como el trabajo honrao. Yo sé cómo *se los* digo (Arias Trujillo, pág. 211).

Venezuela: —Y *se los* he dicho (Pocaterra, pág. 18). Pero como los demás que están presentes no conocen la historia, *se las* voy a echar (Gallegos, *Doña Bárbara,* pág. 81); *Se los* diré así (pág. 97); Lo demás *se los* diré en Altamira (pág. 318). —¡Este cacho es pesao! Pero *se los* voy a echá (Briceño, en *ACMV,* II, 128).

Panamá: La advertencia *se las* hizo a todos. ... El dinero ... *se los* trajo su cuñado (Espino, pág. 139).

---

[8] J. Vallejo, "Complementos y frases complementarias en español", *RFE,* XII (1925), 126.

Costa Rica: ¿Y saben lo que calculo? *Se los* digo, y no lo digan (Echeverría, pág. 113).

El Salvador: El niño Raúl quedó de un año. Las niñas —las hermanas del patrón— se lo pedían, pero él no lo quiso dar y sólo *se los* mandaba para las ferias (Mechín, *La muerte*, pág. 106).

Guatemala: —Digo la suerte ... ¿Quieren que *se las* diga a los cavalleros? ... *Se las* echo, señores, por nada (Samayoa, pág. 25); Bueno, pues, echánosla (pág. 26); les pido que no me desgraceyen. Por favor *se los* pido (pág. 108). Nuestros grandes abuelos, los Mayas, pusieron fin a la ya larga peregrinación ... porque así *se los* habían ordenado que lo hicieran Tzacol y Bitol (Barnoya, pág. 89). —¡Qué horror, señora! No sabe usted cuánto lo sentimos. —Dios *se los* pague, señores (Arce, pág. 29).

Méjico: Hacía frío pero no lo sentían; el trabajo y el mezcal *se los* quitaba (Fernando Robles, pág. 64); de ésta se escapará Carlitos, pero cuídenlo bien, *se los* encargo mucho (pág. 155). —¡Pero si es la verdad, *se los* aseguro! (pág. 174). A mis hermanas divertía grandemente aquel chiquitín prieto ... y pedían al padre que *se los* llevara ... lo vi llegar con su hijillo ... para dejárselos (Ferretis, *Quijote*, pág. 31); ¡Qué dieran los periódicos ... por conseguir un retrato mío! ... *¡Se los* voy a mandar! (página 94); Y *se los* ofrece en venta a cuantas gentes lo miran (pág. 243). *Se los* devolveré más sano y más fuerte que un roble (Azuela, *Avanzada*, pág. 30). Mi madre platicó todo lo de la carta a mis hermanas y *se las* entregó para que la leyeran (Núñez Guzmán, pág. 96). —Danos una media. *Se las* di (Galeana, pág. 68); Salí a buscarlo. Lo tenían encerrado. ... *Se los* quité (pág. 111). Yo creía que venían a felicitarme porque *se los* había quitado [al profesor de Ética] (Vasconcelos, pág. 136); les censuraba y así *se los* hice presente (pág. 146); Bien *se los* merecía un pueblo de visión obtusa (pág. 311); Como que el ejemplo *se los* daba su jefe (página 440). Las bestias se encabritan cuando ven a la culebra; pero él las acaricia suavemente, *se las* pasa por el anca, y termina atándola a la cabeza de su silla (Mena Brito, pág. 42). Creí que les estorbaría y *se los* dije (García Roel, pág. 78).

Nuevo Méjico: Sacó la oreja de su bolsa y *se las* enseñó. Mi agüela me lo contó a mí, y yo *se los* cuento a ustedes. El capitán *se los* agradeció mucho (Rael, en *HR*, VIII, 347).

Cuba: Los ricos no le venden la tierra a los pobres, pa eso *se las* venden a los americanos (Ciro Espinosa, pág. 36); De aquí a manaña no hay quien aguante la pehte, yo *se loh* galantiso (pág. 114); Muy pronto lo sabrán por este viejo sacerdote, que les dará la buena nueva. Y a ustedes también *se las* doy (pág. 235).

LA "-N" ENCLÍTICA

La analogía entra también en juego en otro interesante error sintáctico; consiste éste en añadir una -*n* a los pronombres que, en calidad de enclíticos, se funden con las formas verbales de la tercera persona del plural en el imperativo: *siéntensen* o *siéntesen* por *siéntense*, etc. La *-n* se añade aquí por la misma razón que la *-s* a *lo* en *se los* (por *se lo*): sin ella queda frustrada la legítima sensación numeral. El sonido *-n* satisface la sensación de pluralidad en las formas verbales de tercera persona lo mismo que la *-s* satisface idéntica sensación en nombres y pronombres. En *siéntense*, semejante sensación de pluralidad queda vacía para muchos de los hablantes, los cuales sólo ven en la forma combinada simplemente un concepto verbal, no la combinación de verbo y pronombre; estas personas esperan que la sensación de pluralidad se vea satisfecha justo al final de la palabra, como ocurre en la mayoría de tales formas imperativas: *hablen, vengan, coman.* Al parecer, la formación fue, pues, puramente analógica. La forma más corriente, también la más antigua, es *-sen* por *-se*. En ello influyó no sólo la *-n* del plural, sino también probablemente la terminación *-sen* (*hablasen, tuviesen*) del imperfecto de subjuntivo. La analogía se extendió luego a *-me, -le, -lo*, etc. La *n* interior, finalmente, desapareció por superflua. Además, la *-n* del plural se añade ocasionalmente a los pronombres enclíticos fusionados con el infinitivo (*irsen* por *irse*) o incluso con el gerundio (*esperándomen*).

Este fenómeno es corriente en sectores rurales de España[9], pero su nivel social es indudablemente más alto en el español de América, es decir que lo pueden usar también los habitantes de la

---

[9] Hartzenbusch, en "Apéndices al prólogo" (pág. lxiii) de las *Apuntaciones* de Cuervo, dice (1874): *"siéntesen, váyasen,* cualquier honrado labriego lo dice muy grave; y alguna vez he advertido esa *n* añadida a un infinitivo referente a un sustantivo plural, diciendo *al irsen ellos,* en vez de *al irse".* López Barrera, *Arcaísmos y barbarismos de la provincia de Cuenca* (pág. 100): —*Siéntensen* ustedes. —*Márchensen* de aquí. —*Váyansen* a pasear. —Esos chicos van a *pegarsen.* —Van a *comersen* un cordero. —¡A *estudiarsen* las lecciones!". Borao, *Dicc. de voces aragonesas* (pág. 95): *"querersen".* Menéndez Pidal, *Gramática* (§ 94, 2): "En el habla vulgar de Castilla, Aragón, América y de los judíos españoles ...: al *marcharsen* ellos, *siéntensen* ustedes, *váyansen".* Véase también M. L. Wagner, *Caracteres generales del judeo-español de Oriente,* pág. 70; Rosenblat, *Notas,* páginas 229-32.

ciudad no cultos y hasta un pequeño número de personas ilustradas. Su ascenso a la literatura realista hispanoamericana, particularmente en el presente siglo, ha sido muy rápido. No obstante, en ninguna región ha sido tácitamente sancionado como el erróneo uso de *se los* por *se lo*, a pesar de que no faltan ejemplos de su uso por parte de personas cultas. La práctica puede variar según las regiones. A veces la *-n* aparece únicamente al final de la palabra (*siéntesen*); otras veces, también al término del verbo propiamente dicho (*siéntensen*). Por otra parte, el habla popular (particularmente en Argentina) con frecuencia acentúa el pronombre enclítico en las palabras de más de dos sílabas: *sientensén, dejenmelón*, etc. La grafía, por consiguiente, es varia: ciertos escritores acentúan dos veces (*siéntensén*), otros una sola (*sientensén* o *siéntensen*). En el habla rústica o vulgar de España (Castilla, Aragón), la *-n* sólo se añade a *se* y a *me* en las formas verbales imperativas e infinitivas, pero, al parecer, no se añade a *le* o a *lo* como en muchas partes de América, donde, a su vez, el *-lon* es raro, salvo en la zona del Río de la Plata.

ARGENTINA: *Cáyensén* los mirones (*Martín Fierro*, pág. 307); *créanmenló* (pág. 334). Aguarden, *dejenmén* a mí (Lynch, *Palo verde*, pág. 135); —¡*Mirenmelán* a la presumida! (pág. 143). *Demen* mujeres y caballos (Lynch, *Los caranchos*, pág. 103). —Pasen adelante; *sientensén* (Güiraldes, *Don Segundo*, pág. 252); *ladeensén* (pág. 280). —¡*Sígamen!* (Yamandú Rodríguez, *Cimarrones*, pág. 17); —¡*Mirenlón!* (Fray Mocho, pág. 19); *Mirenlán* a la princesa ... ¡*Veanlón* al mozo vivo! (pág. 141); ¡*Mirenmelón* al doctor! (pág. 155). ¡*Lárguenlon!* = Orden que da el domador, cuando ya está acomodado sobre el caballo, a la persona que tiene el potro sujeto de la oreja izquierda (Saubidet, pág. 206).

URUGUAY: —¡Pasen! ... *Acomódensen* (Sánchez, *M'hijo el dotor*, II, 2). —*Agarremén* ese gurí; *enlacenlón*; ¡*bolenlón* al perdulario! (Montiel, *Luz mala*, pág. 48). —*Demen* juego (Viana, *Gaucha*, pág. 229).

PARAGUAY: ¡*Demen* una escafandra! (Casaccia, pág. 59).

CHILE: *Demen, delen, desen* (Echeverría y Reyes, pág. 69; también Román, II, 70). (CHILOÉ): *Vayansén, sientensén, vayasén, sientesén* (Cavada, pág. 275); *traigalón, demelán* (pág. 276).

PERÚ: —*Delen, delen* (Ciro Alegría, *La serpiente*, pág. 136).

ECUADOR: —¿*Preguntarálen* al doctor, no? (Icaza, *En las calles*, página 190). *Váyasen, suéltemen, cállesen* (Pérez Guerrero, § 166). *Digamén, cojalén, tengalén* (Lemos, § 36).

COLOMBIA: —*Gánesen* ... y *agárresen* del palo di'arriba (Carrasquilla, *Hace tiempos*, I, 234); Los ángeles tienen que *volvesen* pal cielo (I, 258);

Espérensen un momentico (II, 249). Ya estaban los músicos _esperándomen_ (Buitrago, pág. 54); _levantesén_ (pág. 126). Prendieron otra vela pa _ponesen_ a jugar dao muy pasito (Posada, pág. 14).

VENEZUELA: A médico célebre y de vasta ilustración le he oído decir: "_delen_ las píldoras esta noche" (Calcaño, § 483).

COSTA RICA: Sin que yeguen a _sitamen_ [= citarme] lo mandaré a primer grado (Agüero, pág. 49); deben _tenesen_ las niñas enserradas (pág. 51); _demen_ campo (pág. 62); ¿quieren _casasen_ [= casarse]? (pág. 85). Y que beban sin _socarsen_ [socarse = emborracharse] (Echeverría, pág. 127); —_Traiganmén_ al Padre Piedra (pág. 169). No van a venir endespués a _esquitasen_ [= desquitarse] con naide (Fabián Dobles, pág. 92); _Siéntesen_ por aquí (pág. 129); _Bébasen_ este poquillo de café (pág. 131), etc.

NICARAGUA: Es muy frecuente oír en Nicaragua "_demen_ un vaso de fresco", en lugar de "_denme_ un vaso de fresco" (Castellón, pág. 56).

EL SALVADOR: —_Desen_ priesa, que ya tengo sueño (Mechín, _Brochazos_, pág. 134). —_Demen_ paso, pues, _déjenme_ ver quién puede ser (Torres Arjona, pág. 71).

GUATEMALA: _Demen_ un poco de agua (Sandoval, I, 328).

MÉJICO: Es muy común oír hasta en boca de maestros: _Demen café; demen agua_. Debe decirse _denme,_ que es lo mismo que _den a mí_ (Ramos Duarte, pág. 192). "_Delen ... por denle_". Cometiendo el mismo yerro dicen algunos "córralen", "páselen", por "córranle", "páselne" (León, II, 29).

NUEVO MÉJICO: _Váyasen, dígamen, demen, desen, delen, hágamen_ (Aurelio Espinosa, _Estudios,_ § 214).

SANTO DOMINGO: _Demen_ dulce, _demen_ agua (Patín Maceo, _Dom.,_ página 58); Niños, _estesen_ quietos (pág. 77).

CUBA: _Demen, dígamen_ (Padrón).

PUERTO RICO: _Siéntensen ustedes, siéntesen ustedes, demen, dígamen, delen_ (Navarro, pág. 129).

OMISIÓN DEL PRONOMBRE COMPLEMENTO

En el español normal se usa _lo_ generalmente con verbos de entendimiento y de expresión (_decir, saber, preguntar,_ etc.), casos en que el inglés no emplea complemento directo: _lo sé_ "I know", _se lo dije_ "I told him". Este _lo_ se omite ocasionalmente en el español peninsular y con mucha frecuencia en el de América, sobre todo en la conversación y casi siempre que hay un pronombre complemento indirecto expreso (en este caso, el _lo_ desaparece también con otros verbos). Parece haber poca propensión al uso de dos pronombres juntos. A veces se alude a esta supresión del pronombre de tercera persona como peculiaridad sintáctica de las provincias vascongadas: *Ya le dije* por *Ya se lo dije* (Huidobro, página 178). Su distribución geográfica es mucho más amplia. A través de toda Sudamérica se halla especialmente difundida. Semejantes omisiones son también características del portugués del Brasil en cuanto opuesto al portugués peninsular. Idéntico uso se registra para el francés y el italiano. Tampoco el latín lo desconocía (Meyer-Lübke, § 379).

En algunos de los casos que se registran a continuación es posible que se trate de tentativas por evitar el ambiguo *se lo,* como *prepararles* = *preparárselo; les quitamos* = *se la quitamos.*

ARGENTINA: —No quiero decir nada. —¿Por qué? ... ¿Qué puedo ganar con decir*le?* [= decírselo] (Mallea, *La ciudad,* pág. 41). —¡Vas a ver! Cuando lo vea a tu padre, *le* [= se lo] voy a contar. —Cuénte*le* [= cuéntcselo] (Yrurzún, pág. 44). Empieza por pedir agua. *Le* [= se la] traen. (Yamandú Rodríguez, *Cimarrones,* pág. 66). Sabiendo que ibas a dir, hubiera hecho con gusto un poco e mazamorra pa mandar*le* [= mandársela] (Lynch, *Romance,* pág. 34).

CHILE: —Mire, vecina, ¿por qué no cruzamos su gatita con mi gato? —Hay que decir*le* a él —respondía Luz Dina. Todo había que decírselo a él (Godoy, pág. 25). Les tengo cafecito listo. Pero si les gusta más el té, no me dilato una nada en preparar*les* (Durand, *Mercedes,* pág. 193); No olvides de mandar a decir*le* a doña Celia (pág. 203).

BOLIVIA: —¿Y les quitamos la carga a las bestias? —*Les* quitamos (Arguedas, *Raza,* pág. 53). —¿Y quién *les* [= se los] ha dado? —El Satuco *me* ha dado (Díaz Villamil, *Cuando vuelva,* pág. 68). Si *le* [= se los] devolvemos, creerá que somos unas orgullosas (Ruiz, pág. 15).

PERÚ: —Bueno, por ahora pidan hospedaje en la casa de los colonos. *Les* darán. ... Seguro que *les* darán (Ciro Alegría, *Los perros,* pág. 108).

ECUADOR: ¿Para qué? Ayúdenme primero y luego *les* diré (García Muñoz, *El médico,* pág. 32). Apenas llegue *le* voy a decir (Gil Gilbert, *Nuestro pan,* pág. 133). —¿Vas a coger flores? Traerás también para mí. No le digas nada: *te* ruego. ... Aunque llores lágrimas de desconsuelo, él *te* secará (Vázquez, pág. 335). —¡Ah, caramba! Calla la boca. Y al decir*le* le da un empujón (Pareja, *Baldomera,* pág. 32); Claro que no tengo. Si no, *te* diera (pág. 34).

COLOMBIA: —Ella siempre era grandecita, ¿para qué *le* voy a negar? (Arango Villegas, pág. 166). —Cuánto *le* agradezco (Álvarez Garzón, página 263). —Lleve este paquete a la señorita Dolly. —¿Y qué le digo? —Nada. Entrégue*le* y nada más (Bernardo Toro, pág. 90).

En ocasiones, el habla popular hace caso omiso incluso de un pronombre complemento único, especialmente cuando el sustantivo implícito se halla inmediatamente antes:

BOLIVIA: —Pero tampoco yo *he hecho* [= lo he hecho] adrede (Díaz Villamil, *Cuando vuelva*, pág. 25). —Tienes que ir a entregárselos ... —¿No ves que él *ha puesto* [= los ha puesto] a propósito en la silla? (Ruiz, página 15). —Aquí están los medicamentos. —¿Cómo *has traído* [= los has traído]? (Rodrigo, pág. 64).

ECUADOR: —¿Por qué no has hecho el deber, ociosa? —Ya *hice*, pues, mamá (García Muñoz, *Estampas*, pág. 273).

PRONOMBRES REDUNDANTES

El español consagrado usa frecuentemente un pronombre complemento indirecto de redundancia cuando el complemento indirecto lo constituye un nombre o un pronombre personal enfático: *le doy el libro a Juan, le doy el libro a él.* En el caso de pronombres en complemento directo enfático se usa igualmente un pronombre redundante: *no le veo a él.* Pero si el complemento directo es un nombre, entonces la mayoría de las veces se omite el pronombre complemento redundante en el español modélico normal: *veo a Juan.* Sin embargo, su uso es frecuente en el habla coloquial y en determinados escritores: "...*le* llevó a Zalacaín al cementerio ... *lo* encontró al vasco francés" (Pío Baroja, *Zalacaín*). Existen testimonios muy antiguos de esta construcción: *priso lo al conde* (*Cid*, v. 1012), *afelas sus fijas* (v. 2947). Parece tratarse de un esfuerzo compensatorio por establecer mayor claridad en un idioma en que el orden extraordinariamente libre de las palabras y la supresión frecuente del pronombre sujeto podrían provocar cierta oscuridad. Actualmente, el uso de todas estas formas redundantes es, en general, mucho más corriente en los escritores hispanoamericanos que en los peninsulares cuando el complemento es directo.

ARGENTINA: Santos *la* miró a Rosa (Ascasubi, pág. 137); *lo* han muerto a Vizcacho (pág. 154); *lo* vido muerto a Berdún (pág. 217). ¡Oigan*lo* al rebelde! (Larreta, *El linyera*, pág. 25); Siéntan*lo* al hereje (pág. 51); ¡Míren*lo* al sarnoso! (pág. 61). *Lo* llamah' a tu padre (Güiraldes, *Don Segun-*

do, pág. 128); La vieja *lo* tomó al llorón de la mano (pág. 128); *La recordaba* a su morocha (pág. 132). —¿Así que el tarambana de Octavio *la* liquidó su fortuna? (Rodríguez A., *El barro humano*, I, 4).

URUGUAY: —¿No *lo* esperaba a don Eloy? (Florencio Sánchez, página 67); —¡Está borracho y *lo* ha provocado al señor! (pág. 318); —Tú *las* conoces bien a las muchachas (pág. 450).

CHILE: —Cárdenas *la* perdona a Adelaida (Azócar, pág. 259). Yo *lo* comprendería al pobre (Luis Meléndez, pág. 130). —Es que *lo* quieren al árbol y no quieren creer que cayó (Acevedo H., *Árbol*, pág. 48).

PARAGUAY: —¿No te da vergüenza llamar*lo* Demetrio a un hombre casi extraño? (Casaccia, pág. 106).

BOLIVIA: ¿*Lo* ha visto a Lucas? (Pereyra, pág. 176). Los amigos ... *lo* encontraron a Suárez un poco pálido (Arguedas, *Raza*, pág. 327). Desde hacía poco *la* notaba a la joven distraída (Arguedas, *Vida criolla*, pág. 51); La cita de la joven *lo* traía preocupado al periodista (pág. 57).

PERÚ: ¿Ya *lo* vistes al Ministro? (Gamarra, *Algo del Perú*, pág. 81). (HUÁNUCO): ¿Cuándo me *lo* das a la muchacha el traje que le ofreciste? (Pulgar Vidal, pág. 816).

ECUADOR: —Ustedes no *lo* querían a Proano ¿no? (La Cuadra, *Guásinton*, pág. 21). Viéndo*la* a la luna sin mirarla (Bustamante, pág. 61); se *lo* veía al cadáver (pág. 121); nunca *las* tratas a las mujeres en serio (pág. 169). Quiero ver*lo* al desgraciado ése (Gil Gilbert, *Nuestro pan*, pág. 123); hága*lo* al muchacho que sepa ser hombre (pág. 170).

COLOMBIA: Ella *lo* amaba a Andrés (Álvarez Garzón, pág. 73).

NICARAGUA: Ella no *lo* quiere a don Robustiano (Chamorro, *Entre dos filos*, pág. 240).

Este *lo* redundante parece ser la regla, especialmente en el bajo pueblo andino, incluso cuando el complemento directo lo constituye una cosa. Además, no sólo los indios iletrados, sino también otras personas con cierto grado presumible de cultura, a veces emplean el *lo* prescindiendo del género o número del nombre complemento directo, posiblemente para prestar valor afectivo a la frase o para redondearla.

ARGENTINA (TUCUMÁN, SANTIAGO): Me *lo* va a escribir la carta (Moglia, pág. 251).

BOLIVIA: —Traéme*lo* un vaso (Díaz Villamil, *La Rosita*, pág. 14); Yo se *los* preparaba unos picantitos (pág. 16); ¡Cómo pues *lo* estás tirando así la plata! (pág. 57); Cuando a una le han robado todo lo que tenía, cuando se *lo* matan a sus padres (pág. 85). —¿Pudiera usted coserme*ló* unas camisas? (Rodrigo, pág. 28).

PERÚ: (*Chola*) —Me *lo* dieron estos papelitos (Corrales, pág. 146).

MÉJICO (YUCATÁN): ¿No te *lo* da vergüenza? Ya me *lo* cansé mis rodillas (Víctor Suárez, pág. 150).

En el español castizo la forma redundante no es infrecuente después de un pronombre relativo en función de complemento directo cuando el relativo se halla a cierta distancia del pronombre que lo reproduce. Tal uso parece ser general en el español de América. Tampoco era infrecuente en el habla antigua (cf. Keniston, pág. 85), especialmente después de *que*, en atención a que no se veía una distinción clara cuando el *que* se empleaba como pronombre relativo, como adverbio relativo y como conjunción. Es posible que los hispanoamericanos hayan heredado algo de esta cualidad descolorida o indefinida del *que*, imponiéndose así la necesidad de usar un pronombre complemento redundante para aclarar la relación de aquél con el verbo. Wijk (pág. 207), que cita ejemplos antiguos, cree que una construcción semejante en árabe influyó sobre su amplio uso en español.

ARGENTINA: Te voy a hacer una confesión *que* nunca me animé a hacer*la* a nadie (Cuti Pereira, pág. 22); ochenta centavos en efectivo, *que* pensó dar*los* de propina (pág. 55).

URUGUAY: ... epítetos ... que él lanzaba como una excomunión, y *a los cuales* temía*les* ella más que al fuego (Reyles, *El terruño*, pág. 76).

PARAGUAY: Una pregunta *que* nunca se *la* había hecho (Casaccia, página 64).

CHILE: Traté de buscarle conversación, *la que* no costaba mucho encontrár*sela* a don Pancho Garuya (Guzmán Maturana, pág. 57). Cuántos pecaos habré cometío que *los* pagan mis hijos (Acevedo Hernández, *Árbol viejo*, pág. 61).

BOLIVIA: Adquirió ... un saco de cuero *que lo* usaba indiferentemente en invierno o verano (Céspedes, pág. 186).

PERÚ: Al único sentido de equilibrio *que* no *lo* afectan las perturbaciones descritas es a la vista (Martínez de Pinillos, pág. 161). Pero a veces hay tentaciones *que* uno haría mal en rechazar*las* (Diez-Canseco, *Duque*, pág. 66). Pasaré por alto las peripecias de mi viaje hasta Juliaca, *las que* por lo demás *las* tengo anotadas (Corrales, pág. 132).

ECUADOR: Dijo cosas *que las* había tenido guardadas durante toda su vida (Icaza, *Cholos*, pág. 161); saltó unas cuantas líneas *que* creyó no entender*las* (pág. 170).

COLOMBIA: A los ocho días ... se casó con Belisaria *a la cual la* llevó para dicha ciudad (Álvarez Garzón, pág. 27).

VENEZUELA: —No hay arbitrariedad *que* no le provoque hacer*la* (Gallegos, *Doña Bárbara,* pág. 331).
NICARAGUA: Trae un niño *que* se *lo* dejaron (Toruño, pág. 21).
CUBA: Le llevó en un jarro un poco de aguardiente, *que* el paciente *lo* sorbió con avidez (Ciro Espinosa, pág. 407).

CASOS PREPOSICIONALES

En el español normal, cuando una persona es la destinataria de un movimiento, con ciertos verbos (*acercarse a, unirse a, oponerse a,* etc.) se usa preferentemente la preposición *a* más la forma preposicional del pronombre personal. Sin embargo, cuando el complemento directo lo constituye el *se* reflexivo, ambos pronombres complemento preceden con frecuencia a dichos verbos en el habla normal: "él *se* me acercó"; pero generalmente se prefiere "*me* acerqué a él" al posible "*me* le acerqué", aunque el uso varía y los gramáticos no están de acuerdo (Bello [§ 941b] y Cuervo [*Dicc.,* I, ix y 9] consideran correcto "me le acerqué" cuando *le* se refiere a persona, pero no cuando se refiere a cosa). La separación (u otra relación) se expresa a veces con *a* y a veces con *de* más el pronombre personal, de acuerdo con el verbo (*escaparse de,* pero ocasionalmente *a, desprenderse de, reírse de, huir de, apartarse de,* etc.). Muchas de estas relaciones se pueden hallar expresadas, no ya por la construcción preposicional más corriente, sino por un simple pronombre complemento directo o indirecto según los casos [10]. Es posible hallar semejante uso en reconocidos escritores españoles, sobre todo en lenguaje antiguo. Sin embargo, estos usos alternos parecen estar actualmente más extendidos en el Nuevo Mundo que en la madre patria, tal vez en atención a su cariz popular.

ARGENTINA: Pero él se *les* desprendió de golpe, saltando p'atrás (Lynch, *Romance,* pág. 256). ¡Me *le* escapé gritando! (Angélica Mendoza, pág. 57). —Ayer me *le* juyí al Comisario (Filloy, pág. 192). Disparándo*le* a la ley (Martínez Payva, pág. 9).

---

[10] Cf. el uso español de *quedarse una cosa* por *quedarse con una cosa:* "Te la quedas ... quédate la sarta" (Valle-Inclán, *Opera omnia,* IV, 12, 14).

BOLIVIA: ¿Por qué se *te* habrían de reír? (Arguedas, *Vida*, pág. 139).
COLOMBIA: Las autoridades del puerto se propusieron seguirle la pista
... pero El Coica se *les* fugaba en la canoa (Buitrago, pág. 126). —Me *les*
voy (Osorio Lizarazo, *El hombre*, pág. 6).
VENEZUELA: *Le* estuvo enamorada (Gallegos, *Canaima*, pág. 60); se *le*
aparta [= se aparta de él] (pág. 228).
MÉJICO: Yo pensé que me *les* escaparía a los guardias (Galeana, pági-
na 127); me *les* solté y me puse a repartir patadas a los agentes (pág. 154).
—Haces bien en retirárte*les*. Son muy peladotes y ordinarios (Azuela, *La
Marchanta*, pág. 15). —Yo juí l'único que me *les* juyí (Rubín, pág. 186).
(YUCATÁN): Ella se *lo* ríe. Él se *lo* carcajea (Ramos Duarte, pág. 337).
CUBA: Me persiguieron a tiros. ... Pero me *les* fui entre las uñas (Fer-
nández Cabrera, en *CC*, pág. 59). A medida que me *les* acercaba, fui preci-
sando (Carlos Montenegro, *Los héroes*, pág. 109).

REFLEXIVOS: "SÍ, CONSIGO"

La forma reflexiva preposicional *sí* (*consigo, para sí*, etc.) se
usa poco actualmente en gran parte de España y de América, tanto en el habla culta como en el habla popular. En América, las
cinco formas originales del español antiguo con *con* (*conmigo, contigo, consigo, connusco, convusco*) han quedado reducidas a sólo
dos. En las regiones de voseo, en las cuales *contigo* se ha perdido
igualmente, las cinco formas se han reducido a una sola: *conmigo*.
Y en determinados sectores rurales en que se usa el *yo* como preposicional (convirtiéndose *conmigo* en *con yo*) ninguna de las cinco formas originales ha sobrevivido [11]. La razón del cambio de *sí*
por *él* (*ella, ellos, ellas*) es simplemente facilitar la comprensión
y aclarar género y número mediante el cambio del *sí* —invariable
en su forma, pero múltiple en sus significados— por algo inequí-
voco simultáneamente en número y género, y a menudo en persona. Evidentemente, esta aclaración se acomoda a la percepción
de cuantos hacen uso de ella, sin hallarse limitada a clase social
determinada ni a región alguna, como algunos querrían hacernos

---

[11] Henríquez Ureña (*BDH*, V, 174) registra para Santo Domingo las dos
curiosas formas *tigo* (al igual que *ti*) y *migo* como nominativos en sujetos
compuestos, y cita ejemplos: "Ya yo y *ti* no semo na. ... Ni an lo piense,
que yo y *tigo* nos liemos. ... Algún día *tigo* y *migo*".

suponer [12]. En ciertos casos en que el uso de *consigo* o de *sí* parece inevitable, puede surgir otra construcción distinta: *habla consigo mismo > habla solo* o *para sus adentros; volvió en sí > se recobró,* etc.

Por extraño que parezca, lo contrario ocurre en algunas regiones, como en Colombia, por ejemplo a lo largo de la costa atlántica (Sundheim, pág. 171) y probablemente en otras partes (Obando, pág. 34), incluso en España (Vázquez, *También en España,* pág. 87): *consigo* por *con nosotros, consigo* por *contigo,* etc. Ocurre a la inversa con ciertas expresiones corrientes, como *volver en sí,* en la cual el *sí* se usa con frecuencia, aunque erróneamente, para todas las personas. Es posible que este empleo, como puntualiza Cuervo (§ 345), se deba al hecho de que el *sí* reflexivo de la tercera persona es mucho más frecuente que los pronombres reflexivos de las demás. Pero, al parecer, la influencia más poderosa consiste en que expresiones como *volver en sí, estar en sí, fuera de sí, de por sí,* etc., se han estereotipado y se consideran como locuciones indisolubles e invariables, como un concepto único, habiendo pasado el *sí* a adquirir la connotación de "el interior de uno mismo". Su percepción es, pues, fácil y no ofrece nada de la indeseable vaguedad que se siente en el uso de *sí* detrás de otras preposiciones, las cuales, en razón de su cambiante variedad, no se han asociado suficientemente con el *sí* hasta fosilizarse como en el caso de *volver en sí,* etc. En muchas regiones se puede oir "volví en *sí*" por "volví en *mí*" y construcciones semejantes (Román, V, 257; Gagini, pág. 244; Sandoval, II, 602; etc.). El gramático ecuatoriano Pérez Guerrero (§ 166) lamenta el que "personas distinguidas" no se hallen exentas de semejante uso. A veces se usa normalmente *sí* y *ellos* (acordaron entre *sí* y acordaron entre *ellos*), pero se prefiere el *sí* (cf. Hanssen, § 512; Meyer-Lübke, § 67, etc.). En otras lenguas hallamos también prácticas análogas.

---

[12] Tiscornia (*La lengua,* pág. 119): "La existencia de la forma sujeto *él* y su empleo cotidiano sepultaron en el olvido a *consigo,* porque *con él* representaba mejor la idea de persona en la mente del gaucho". Román (V, 257): "Muy común es, en los que manejan libros franceses, usar en vez de este pronombre [*sí*] el personal *él, ella, ellos, ellas*".

ARGENTINA: Doña Julia ... dijo ... con voz quejosa y como si hablase *con ella* [= consigo] mesma (Lynch, *Romance,* pág. 15). Cuando no puede hablar mal de nadie, habla de *ella* [= sí] misma (Ezquer Zelaya, pág. 147). Abre suavemente la puerta, mira a todos lados, y la cierra *tras ella* [= tras sí] (Wast, I, 11).

URUGUAY: Se la toma con ambas manos ... y la atrae hacia *él* [= sí] (Florencio Sánchez, pág. 420).

CHILE: No las tengo todas *consigo* (Román, I, 403).

PERÚ: Cautelosamente guarda la suma *para él* [= para sí] (María Wiesse, en *ACP,* pág. 144). Cuando *volví en sí* ... creí prudente hacerme el sueco (Corrales, pág. 43).

ECUADOR: Lo demás ... lo llevaban dentro de *ellos* [= sí] mismos (Pareja, *El muelle,* pág. 6). Porque disqué todo lo quería *para ella* [= para sí] (Aguilera Malta, pág. 21). Los guardias cívicos se matan entre *ellos* mismos (Mata, *Sanagüín,* pág. 188). De pronto *volví en sí* (Vásconez, página 163).

COLOMBIA (ANTIOQUIA): —Cuando *volví en sí* (Carrasquilla, *Novelas,* pág. 123). (COSTA ATLÁNTICA): Vamos a llevarlo *consigo* [= con nosotros] (Sundheim, pág. 171). Dije para entre *sí* (Obando, pág. 61); estoy fuera de *sí* (pág. 77). Lo traen hacia *ellos* (Buitrago, pág. 174).

COSTA RICA: No quería tampoco a su hijo para *ella* sola. Quería compartirlo, pero por partes iguales (Salazar Herrera, pág. 7). Le cruzó un brazo por la espalda y la atrajo hacia *él* (Fabián Dobles, pág. 152); Ninfa le contestó ... en talante de defenderse de un ataque contra *ella* misma (pág. 161); estaba entre esas personas que piensan más en su prójimo que en *ellas* (pág. 165).

GUATEMALA: Yo siempre llevo *consigo* mi cuhete (Sandoval, I, 245). Llevá de *consigo* tu chispero [= revólver] (*CLC,* pág. 35).

MÉJICO: El miedo que sentía la mujer no era ya por *ella* [= sí] misma (Rubín, pág. 143). Lo llevamos *consigo* (Ramos Duarte, pág. 136).

CUBA: ¿Qué hacer de la hora que aún faltaba para poder quedarse a solas *con él* [= consigo] mismo? (Carlos Montenegro, *Hombres,* pág. 187).

POSICIÓN DE LOS PRONOMBRES COMPLEMENTO

El uso moderno prescribe generalmente para todo tipo de lenguaje que los pronombres complemento precedan a las formas verbales finitas, excepto en los mandatos afirmativos, y que sigan como enclíticos a infinitivos, gerundios y mandatos afirmativos. En la lengua antigua, los pronombres complemento eran enclíticos y seguían siempre al verbo en cada nuevo grupo fónico. Únicamente podían anteponérsele cuando al frente de la frase iba algún elemento enfático (Keniston, pág. 89). En el español de hoy, la posposición de estos pronombres, salvo raras excepciones (*habráse visto, diríase*, etc.), es cosa puramente literaria; a veces se emplea en el diálogo teatral para provocar efectos de pedantería cómica. La práctica literaria general actualmente es seguir el antiguo uso de la posposición sólo al principio de grupo fónico o después de pausa (Keniston, *Syntax list,* pág. 68). La posposición es más corriente en Galicia, Asturias y León que en otras partes de España. Pero escritores de otras partes y especialmente muchos hispanoamericanos han convertido la posposición en verdadero manierismo que emplean más de acuerdo con las viejas tradiciones, e incluso yendo más allá de la tradición misma al practicarla también en oraciones subordinadas. Este excesivo uso, o abuso, acaba por obstruir el rítmico fluir de la frase. En determinadas regiones (Antillas, Venezuela andina, etc.) se usa mucho la posposición en la conversación corriente (igual que en Galicia, Asturias y León), sobre todo al narrar algo.

ARGENTINA: Desde temprano, su madre *rodrigóle* (Larreta, *La gloria,* pág. 22). La misma palabra *macana* tiene entre nosotros otra acepción distinta de la que la Academia *adjudícale* (Cantarell Dart, pág. 53). La necesidad *obligábalo* a participar de la mísera ganancia (Leopoldo Lugones, *Filosofícula* [1924], pág. 20).

Bello (§ 906) habría calificado de "algo dura" esta construcción; García Medina (*Disparates*, II [1929], 106) la tacha de "intolerable: primero, porque el esdrújulo es muy feo; segundo, porque sería, en todo caso, 'obligába*le*'; tercero, porque cualquiera que tenga gusto dirá siempre 'la necesidad le obligaba' ". La mayoría de las construcciones que siguen las habría calificado Bello como "insoportables":

Sus ojos *diríanse* como envejecido [*sic*] de haber contemplado la miseria del mundo, de ese mundo que él *habíase* como apartado durante el tiempo en que *dedicóse* a sus invenciones (Marengo, pág. 101). Disimuló su rencor ... como quien *vase* arrimando ... a un arma oculta (Larreta, *Zogoibi,* pág. 120). Un incierto tropel *percibióse* distante ... La luna *perdíase* en el horizonte (Greca, pág. 25).

URUGUAY (estilo narrativo): Ha poco, *díjele* que yo admiro a Madame (Bellán, pág. 106).

CHILE: Mi cabeza vacía *llenábala* un tumulto de precipitados latidos (Latorre, *Hombres*, pág. 87). Solaguren *quedóse* allí todavía un rato (Prado, *Un juez*, pág. 98). —Dicho *habíaseme* que el archipiélago austral era abundoso (Azócar, pág. 146). —Creía que todo en el universo *estábale* subordinado (Lillo, pág. 19); cuando sus manos *tropezábanse* en las tinieblas (página 32); toda duda *fuele* ya imposible (pág. 63). Supo también que ya no *quedábale* derecho ni para pensar en él siquiera (D'Halmar, *Lucero*, página 92). Baltasar *quédase* meditando largo rato. ... El alma de Baltasar *siéntese* conmovida (Santiván, pág. 13).

PERÚ: No desdeña don Ignacio —título que *plácele* sobre manera— ser mandadero (Benvenutto Murrieta, *Quince plazuelas*, pág. 79); hecho del cual *préciase* sobremanera (pág. 159); y que *remátase* en el cementerio (pág. 185); en cuyo centro *osténtase* una vista (pág. 200).

COLOMBIA: Verónica *sentíase* una reina (Buitrago, pág. 31); Marcelino *díjole* (pág. 92).

VENEZUELA: El más locuaz y ocurrente de todos, a quien *decíanle* Arteaguita (Gallegos, *Canaima*, pág. 100); por haberse comprado otro, *díjole* (pág. 147); —Berenice —*díjole* su mujer (pág. 164); —Él tenía que llegá, de tos modos —*repúsole* (pág. 174); —Es un espectáculo curioso— *habíale* dicho (pág. 294); —¿Qué, chico? —*repúsele* (pág. 364).

COSTA RICA: Él y ña Rafaela *hanse* quedado solos (Fabián Dobles, pág. 253); En el segundo en que el viejo *tocábale* casi ... (pág. 341).

MÉJICO: Cuando mi padre *enviábame* al pueblo (Ferretis, *Quijote*, página 29); Él *escuchábame* (pág. 124).

CUBA: Se detuvo de pronto, con los ojos fijos en algo que *veíase* ... y que seguramente *sorprendíale* mucho (Loveira, pág. 44). (Estilo narrativo): Ayer vi a José y *díceme* "¿No vas al juego?" (Padrón).

SANTO DOMINGO (en narraciones): "estaban conversando, y *dícele* ... "; "llega y *vístese* de prisa ... "; "*déjolo* encerrado y me voy ... " (Henríquez Ureña, *BDH*, V, 49). —Espero que esta noche tenga mejor suerte —*díjole* (Requena, *Camino*, pág. 26); y *díjole* a ella (pág. 59); que acaso sea grave —*díjole* (pág. 122).

CON PARTICIPIO PASIVO

En el lenguaje antiguo no era frecuente que un pronombre se convirtiera en enclítico con el participio pasivo de un tiempo compuesto. Ello podía ocurrir 1) cuando el participio pasivo iniciaba la oración: *Leídolo he;* 2) cuando el verbo se encontraba detrás de otro elemento enfático: *dicho peón había ya salvádose;* 3) con un segundo participio cuando el verbo auxiliar no se repetía, o con un participio pasivo cuando el auxiliar quedaba sobrentendido: *han ofrecido sus servicios y dádose por sus súbditos* (Keniston, págs. 102-3).

Esta práctica ha caído casi totalmente en desuso en el español moderno. Bello (§ 917) afirma que la forma enclítica sólo se puede enlazar legítimamente con un segundo participio pasivo cuando no se repite el auxiliar ("habíamos aguardado a nuestros amigos y *preparádoles* lo necesario") y cuando se intercala una frase entre el auxiliar y el participio pasivo ("habiendo primero en la marina *hincádose* de rodillas"). Ramsey (§ 1382) y Hanssen (§ 505) limitan su empleo a un segundo participio cuando no se repite el auxiliar ("donde había nacido y *criádose*"). Keniston (*Syntax list*) no menciona este uso para el español contemporáneo. Sin embargo, en algunos escritores, sobre todo hispanoamericanos, nos salen al encuentro el uso y abuso de la vieja construcción.

URUGUAY: Un accidente *ocurrídole* en el corral de yeguas fue el motivo (Acevedo Díaz, *Cancha larga*, pág. 80).

MÉJICO: —Yo lo que siento ... es haber *ayudádoles* a ustedes sin saberlo (Inclán, I, 321). Me habría gustado no haberle sugerido aquel artefacto: así hubiera *interesádose* por los otros (Ferretis, *Quijote*, pág. 124); me impresioné yo mismo al hablar de aquel viejo blanco, que de buena gana habría *contempládome* hasta que se le cerraran los ojos (pág. 188).

Para la posposición en el futuro, véase pág. 195.

En Tucumán (Argentina), y probablemente en otras partes, incluso las personas cultas colocan los pronombres complemento delante del subjuntivo exhortatorio: *lo sigamos* [= normal *sigámoslo*], *nos quedemos aquí, nos apuremos* (Morínigo). Se trata de un retoño del habla antigua. En la España regional se hallan prácticas análogas: *se siente usted,* etc. (Zamora Vicente [Mérida], página 73; Llorente [Salamanca], pág. 163).

POSICIÓN DEL PRONOMBRE SUJETO

Éste es el momento adecuado de mencionar un uso peculiar, y más bien popular, de los pronombres sujeto *él, ella,* etc., a continuación de un adjetivo o sustantivo, al parecer para reforzar su empleo e identificar de manera inequívoca la persona modificada.

En la mayoría de los tratados no se ha tenido en cuenta dicho uso, a pesar de su frecuencia en numerosas regiones de América y de España: —"Parece listo este Escopeta. —Sí, señora; pero ... muy movido *él*" (Álvarez Quintero, *Doña Clarines*, ed. S. G. Morley, pág. 21 [Andalucía]). Cf. inglés "a fine man *that*".

ARGENTINA: Era muy peleador *él* (Varela, pág. 167).

PERÚ: Últimamente un diputado, buen mozo *él* ... (Corrales, pág. 67); Por culpa de doña Melania Querejazu, escritora *ella* y feminista ... (página 118); Donato, que es un joven, muy simpático *él* (pág. 185); un señor Corrales, tuertecito *él* (pág. 222).

COLOMBIA (ANTIOQUIA): Y ai estaba el Enemigo Malo acostao en un colchón, dormido y como enfermoso y aburridón *él* (Carrasquilla, *Novelas*, pág. 36); Se golvió el Señor pa su trono, y a un ratico hizo señas a un santo, apersonao *él*, vestido de curita (pág. 42). Uno de mis hijos, casado *él*, es el que molesta (Osorio L., *El hombre*, pág. 45).

VENEZUELA: Sí, ése como que es el nombre. Es un doctorcito *él*, muy nervioso, vestido de casimir (Arráiz, pág. 136). Si yo creo que lo vi. ¡Trigueño *él!* (Uslar Pietri, pág. 159).

MÉJICO: ... un muchachuelo, ladino *él*, que iba con la madre, se quedó mirándolo (Valle-Arizpe, pág. 380).

SANTO DOMINGO: Es un joven, alto *él*; es una muchacha, rubia *ella* (*BDH*, V, 228; también en Cuba [Padrón]).

En las Antillas especialmente, también en Venezuela y esporádicamente en otras partes, con frecuencia se coloca un pronombre sujeto (se exceptúan *él, ella, ellos, ellas*) delante del verbo: *¿qué tú dices?* por *¿qué dices tú?* Hay quienes lo atribuyen a influencia negra y quienes lo atribuyen a contaminación inglesa. Se trata probablemente de una simple fusión de *¿tú quieres?* y *¿qué quieres?* Idéntico fenómeno es corriente en el portugués brasileño.

REGIÓN DEL RÍO DE LA PLATA: ¿Por qué *vos* querés que yo juegue? ¿Por qué *Vd.* dice que yo soy el culpable? (Morínigo).

VENEZUELA (POP.): ¿Qué *tú* dices? ¿Qué *tú* quieres? (Rosenblat).

CUBA: —¿Por qué *tú* quieres que las cosas sucedan así? (Carlos Montenegro, *Los héroes*, pág. 108). ¿Cómo *tú* te llamas? (Padrón).

PUERTO RICO: ¿Qué *tú* dices? ¿Qué *usted* quiere? (Navarro, pág. 132). —¿Y qué *tú* quieres que uno haga? (Méndez Ballester, pág. 36); ¿Por qué *usted* no quiere que yo me case? (pág. 58). ¿Dónde *yo* estoy? (C).

SANTO DOMINGO: ¿Qué *tú* quieres? ¿Qué *tú* tienes? (*BDH*, V, 232). ¿Qué *tú* dices? ¿Qué *tú* crees? (Patín Maceo, *Dom.*, pág. 143).

POSICIÓN DEL SUJETO DE INFINITIVO

En el actual español normal, el pronombre sujeto de un infinitivo suele seguir a éste: *sin saberlo yo*. Muy raras veces precede el sujeto al infinitivo: *sin yo saberlo*. El habla antigua, sin embargo, manifestaba una "fuerte tendencia" a colocar el pronombre sujeto delante del infinitivo (Keniston, pág. 550). Esta tendencia antigua, casi totalmente perdida hoy en el español normal, ha sobrevivido en numerosas regiones de España y de América. Ocasionalmente, el pronombre precede incluso al gerundio o al participio pasivo, como ocurre en Santo Domingo: *en yo llegando* (menos frecuente que *en llegando yo*), *después de tú ido* (*BDH*, V, 230). Con frecuencia ocurre lo mismo con los sustantivos.

ARGENTINA: —¡Cómo ... se me puede morir Luisa en las manos, sin *yo* verlo, sin *yo* sentirlo! (González Arrili, pág. 133).

URUGUAY: Sin *él* notarlo, [el caballo] giró sobre sí mismo volviendo hacia las casas (Montiel, *Luz mala*, pág. 86).

ECUADOR: Luego de *ella* desnudarse ... apagó la vela (Jorge Fernández, pág. 56).

VENEZUELA: Al *ella* hablar, el silencio crecía alrededor de él hasta defenderlo como un baluarte (Díaz Rodríguez, pág. 94).

COLOMBIA (ANTIOQUIA): No nos vemos desde antes de *yo* nacer (Arango Villegas, pág. 139); Una alma es algo demasiado delicado, demasiado frágil, para *uno* comprometerse a mantenerla limpia de este fangal de la vida (pág. 205). (BOGOTÁ): Se fue antes de *yo* llegar; lo hizo sin *nadie* mandárselo (Flórez, pág. 377).

PANAMÁ: Este salón es para *la gente* bailar; no encuentro razón para *la gente* murmurar (L. Aguilar, pág. 322).

CUBA: Al poco tiempo de *uhté* habel benío pa acá llegó a Jaricoa el Sargento (Ciro Espinosa, pág. 483).

SANTO DOMINGO: *Al yo venir* alterna con *al venir yo;* sin *tú* decir nada (Henríquez Ureña, *BDH*, V, 230). El amigo que encontró en este viaje sin *usted* buscarlo, seguirá siendo su amigo (Requena, *Camino*, pág. 33); a los tres meses de *mamá* morir (pág. 55).

PUERTO RICO: Para *yo* comérmelo, etc. (*ap.* Navarro, pág. 132).

POSICIÓN REDUNDANTE

En el español tipo, los pronombres complemento pueden ir delante de un verbo auxiliar (*lo voy a hacer*) o fusionarse con el infinitivo subordinado (*voy a hacerlo*). El primer caso predomina en la conversación, el segundo en el uso literario. En el habla coloquial o vulgar de algunas regiones, los pronombres se colocan, por redundancia, en ambas posiciones, incluso con frecuencia aunque el primer verbo no sea auxiliar. Este fenómeno parece darse particularmente en el habla coloquial o vulgar de Chile, a veces por motivos de claridad, en ocasiones con fines cómicos, y frecuentemente para imprimir valor afectivo.

CHILE: *Los* [= nos] pasamos a toma*los* [= tomarnos] una pilsen (Romanángel, pág. 23); ¿pa qué *te* voy a menti*te*? ... yo *te* voy a lleva*te* (pág. 89); *les* voy a prepara*les* un ajiaco (pág. 98); al tiro *le* voy a busca*le* (pág. 100); que *le* amos hace*le*, pué (pág. 104). Y a vó *te* va a llega*te* tamién ... —¿Qué *te* va a llega*te*, *te* va a llega*te*? Roto tirillúo [= andrajoso]. ¡Ni hablar aprienden siquiera! (Cariola, II, 9). No escupai tan cerca del perro de la iñora, porque *se lo* podís ahogá*selo* (*Tallas chilenas*, página 45). —¿Otra vez *se lo* voy a dá*selo*? (Rojas Gallardo, *Aventuras*, 2.ª serie, pág. 9).

V

PRONOMBRES NEUTROS, RELATIVOS, INTERROGATIVOS, DEMOSTRATIVOS E INDEFINIDOS

Un interesante uso sintáctico es el del *le* sufijo o enclítico con ciertos verbos e interjecciones. En el español tipo hallamos otro uso idiomático con el verbo *hacer: ¿qué le vamos a hacer?*, empleo en que el *le* significa "con ello". Tal empleo neutro de *le* es extremadamente raro en el español antiguo (Keniston, pág. 70), y en el español normal de hoy se halla prácticamente limitado al verbo *hacer*. Sin embargo, construcciones análogas con interjección + pronombre, derivadas probablemente de imperativo + pronombre (*dale*, etc.), se encuentran en el norte de España, sobre todo en Aragón, Asturias, Santander y probablemente en otras partes. En este caso, empero, el pronombre enclítico no es el neutro invariable *le*, sino que, al parecer, se concibe como directamente personal, y como tal puede concordar en número y a veces en género con la persona o personas implícitas: "¡Redio*le*! ¡Re-diez*la*! ¡Cóntra*les*! ¡Repúña*les*!" (Braue, pág. 7).

En el español de América abunda el neutro *le* en el habla familiar de ciertas regiones. Román (III, 281) lo considera exclusivamente chileno en expresiones como *ándale, ándele, ándenle, córrale, camínele, atráquele, dígale, ¡épale!, ¡huífale!, ¡ópale!*. Este autor se inclina a atribuirlo a influencia vasca, ya que los vascos

(y los gallegos, podemos añadir nosotros) insertan el *le* frecuente
e innecesariamente cuando hablan en español. Román, sin embargo, se halla del todo equivocado al creer que este *le* es exclusivamente chileno, pues lo hallamos en otros lugares usado en mucho
mayor grado que en Chile. En Méjico es extraordinariamente frecuente, y muchos lo han considerado como exclusivo de este país.
Ramos Duarte (pág. 43) afirma: "En esta Capital [Méjico] es rara
la persona que no diga: *ándale*, en vez de *anda*, o *ve*, a tal lugar".
El español Sánchez Somoano (pág. 32) explicaba en verso años
atrás, luego de su permanencia en Méjico: "Para animar allí a
alguno / que no peque de atrevido, / lo mismo para negocios / que
para cruzarse un tiro, / como palabra suprema / en uno y otro sentido, / para decidirle pronto / le dicen *ándele, amigo*". Este *le*
neutro es corriente también en partes de América Central y otros
lugares en diversos grados. En numerosos países hispanoamericanos en que no es corriente, y también en algunos en que lo es,
se emplea la locución adverbial *no más* inmediatamente detrás del
verbo para expresar la misma noción que el *le* enclítico: *pase no
más = pásele, ande no más = ándele*, etc. A veces el *le* se convierte en *les* por atracción de un sujeto en plural: *ándenles* (cf.
asimismo Rosenblat, *Notas*, págs. 209-11).

ARGENTINA: ¡Meta*lé*! ¡Meté*le*! [= para incitar] (*BDH*, II, 210).
CHILE: —Camín*ele*, pues, señorita (D'Halmar, *Lucero*, pág. 199). —Apú-
re*le*, agüelo, que ya viene aquí (Acevedo Hernández, *La canción rota*, pá-
gina 10); —Entonces atráca*le* no más (Cariola, I, 1). —¡Écha*le*, diablo!
—¡Baila*lé*, Felipe! (Sepúlveda, *La fábrica*, pág. 147).
COLOMBIA: Ánde*le*, córra*le*, ¡úpa*le*! ¡új*uale*! (Flórez, pág. 377).
VENEZUELA: —¡Otro palito, mi negro! ¡Éche*le*! (Díaz-Solís, pág. 14).
¡Ánde*le*! (El cobrador del autobús al chófer): ¡Púya*lo*! (Rosenblat).
PANAMÁ: ¡Ánde*le*! (Malaret, *Suplemento*, I, 106).
EL SALVADOR: —¡Atráquen*le* juego! (Ambrogi, pág. 99).
GUATEMALA: Ánda*le*, que se hace tarde (Sandoval, I, 54).
MÉJICO: Entonces, arriesgándo*le*, me bajé por un lado de la cama (Galeana, pág. 20); Vete a ver ... cómo *le* hacen para salvar a esos compañeros (pág. 147); y entonces el agente ... nos dice a los dos: "Jálen*le*" (página 182); *le* entramos duro (pág. 202); ¿cómo *le* haremos con tu chamaca? (pág. 217). —Anda, pues, córre*le* para tu casa (Madero, II, 6); Jále*le*,
amigo (III, 4). —¡Cuarenta y nueve! ánden*le*! (Quevedo, *La camada*, página 16). Pero no más camín*ele* para allá (Magdaleno, pág. 50); ¡Jálen*le*,
hatajo de desgraciados! (pág. 103). —¿Cómo *le* hace para estar en todo,

don Felipe? (pág. 299). —Lo colgamos / con un clavito en la puerta ...
—*¡Le* atinates! ¡Sí, mi encanto! (González Carrasco, pág. 135). ¿Pos cómo
li hacías? (Rivas Larrauri, pág. 96); Pero, sígu*le*, ¿aluego qui hacías?
(pág. 99). —Pása*le* aquí, al cuarto, para ver qué llevas (Urquizo, pág. 307).
— ... ese vendedor de cacahuates, que con su constante: "¡Pásen*le*; tostado y dorado!" ... me distrae (Valle-Arizpe, pág. 393). —¿Pasan muy de
prisa por aquí los camiones? —¡Új*ule!* —exclamó la chamaca, atropellán-
dose. —Ayer vide pasar uno requeterreciote (Rubín, pág. 182); —¡Éje*le!*
(pág. 218). Y Santiago *le* acertó (Azuela, *La Marchanta*, pág. 36). —¡Ánden*les!* —les dijimos cuando vinieron a vacunarnos (García Roel, pág. 129).
¡Páre*le!* (C).
    CUBA: ¡Méte*le*, Guayabo! = Manifestación de entusiasmo para aplau-
dir o animar a una persona que canta, baila, etc. (Suárez, pág. 564). (El
cobrador del autobús al chófer): ¡Da*le!* (Padrón).

LO DE = CASA DE

Originalmente, *lo de* se usaba delante de un nombre propio
para indicar alguna propiedad rural perteneciente a la persona
nombrada: *lo de Guzmán* "lugar, propiedad, casa, etc., de Guzmán". Tenía gran parentesco con expresiones inglesas como "to
go to John's", "to eat at Foster's", etc. Román (III, 323) demostró
que esta práctica era de vieja raigambre en España (cf. *RFE*, VIII,
358 n.; Álvar [Aragón], § 72; Llorente [Salamanca], § 123c).
    En Chile, cuando el número de habitantes de los caseríos rura-
les creció hasta formar un pueblo, la preposición *de* se fue omitiendo generalmente de la expresión *lo de*. Así, en las viejas provincias centrales se hallan unos 130 nombres de haciendas, poblados o pequeñas ciudades (Lenz, *La oración*, § 202) que llevan
nombres como *Lo Bravo, Lo Guzmán, Lo Herrera, Lo Abarca*, etc.
En algunos casos ha desaparecido igualmente el *lo*. Pero *lo de* se
usa también para significar "casa, residencia, almacén", etc., perteneciente a uno o a varios individuos. Este uso era antes mucho más
corriente en Chile que hoy en día. Desde las primeras ediciones
de la *Gramática* de Bello (mediados del siglo XIX), en la cual censuraba esta expresión, *lo de* ha ido en Chile cediendo gradualmente lugar a *donde* (estudiado en "Preposiciones", pág. 422), aunque no del todo: constituye aún una forma rústica que se aplica

principalmente a los *fundos* o grandes haciendas rurales (*BDH,* VI, 59, n. 3).

En la Región del Río de la Plata se ha conservado vigorosamente *lo de,* usándolo coloquialmente todas las clases como expresión general por *casa de.* Sin duda, la frase consagrada *ir al médico* es frecuente en Buenos Aires en lugar de *ir a lo del médico* (Tiscornia, *La lengua,* § 176). Se oye igualmente el italianismo *ir del médico,* e incluso *dal médico* (u otra palabra cualquiera referida a persona), en boca de los italianos: "Está *dal* escribano" (Sánchez, *La gringa,* II, 3).

En otras regiones de América se halla esporádicamente *lo de,* sobre todo en sectores rurales, así como en la España dialectal (Sánchez Sevilla, § 92; Toro Gisbert, "Voces", pág. 491), lo cual demuestra que se trata de una supervivencia del habla antigua, y no de un localismo como algunos han creído. A veces, *a lo de* no significa "casa", sino más bien "el lugar en que se encuentra la persona" = *donde está* (cf. los ejemplos de Bolivia).

ARGENTINA: Para ir *a lo de* Galván tenía que tomar la misma dirección que para *lo de* don Fabio (Güiraldes, *Don Segundo,* pág. 37). Su hijo ... no está *en casa* el padrino ... si no *en lo de* esa mujer (Lynch, *Romance,* pág. 51). ¡Hay que llevarlo *a lo del* doctor! (Ezquer Zelaya, pág. 119). Esta noche cenaremos *en lo de* Rossi (Boj, pág. 193). Voy *de* mi madre; voy *del* médico (Joaquín Romero, pág. 399).

URUGUAY: En la puerta *de lo de* Hardoy descubrió las figuras de Sofía y Dora (Amorím, *El paisano,* pág. 76). Mañana ... podemos ir *a lo de* la Perró, nuestra modista (Sánchez, *M'hijo,* II, 3). ¡[El zapato] parecía salido *de lo de* Fattoruso! (Montiel, en *ACH,* pág. 377).

CHILE: Se fue *pa lo el* capitán (Vicuña Cifuentes, pág. 345). Pase *por lo de* mi compaire (Acevedo Hernández, *Por el atajo,* pág. 60). —Dile a Mañungo que se pase *por lo de* misiá Desideria (Maluenda, *Los ciegos,* página 170). Al frente teníamos el camino *de lo Aguirre* (Guzmán Maturana, pág. 53). (SANTIAGO): —Entonces anda *a lo de* las González (Alberto Romero, *La viuda,* pág. 55).

BOLIVIA: Olaguibel se fue *a lo de* su novia, donde acostumbraba pasar los domingos, y Luján y Ramírez *a casa de* Elena (Arguedas, *Vida criolla,* pág. 65); Luján corrió *a lo de* [= a donde estaban] sus amigos y los presentó al anfitrión (pág. 105); salió escapada al convento de los Jesuitas, *a lo de* su confesor (pág. 213). Se alojó *en lo de* mi compagre Mateo (Jaime Mendoza, *El lago,* pág. 30). —Pues, yo también iré mañana *a lo del* fotógrafo para que me haga algunas copias (Jaime Mendoza, *Memorias,* página 17).

COLOMBIA (RARO): Voy *a lo de* Pedro (Malaret, *Suplemento*).

VENEZUELA: Era un salteador ... hasta venir a parar *en lo de* doña Bárbara donde ahora trabaja (Gallegos, *Doña Bárbara*, pág. 15).

HONDURAS: Madame Dugas debería llevar aquel invierno un suntuoso abrigo de pieles. Iría *a lo de* Kreeger o *a lo de* Godchaux (Martínez Galindo, pág. 87).

EL SALVADOR: El sol comienza a ispiar detrás *de lo del* ductor Martínez (Salarrué, *Cuentos*, pág. 11).

MÉJICO: Por ai andan por el cerro *de lo de* Ávalos, con veinticinco hombres (Anda, *Los bragados*, pág. 49).

ELLO [1]

El pronombre neutro *ello* ha gozado de usos numerosos: 1) referido a una idea general, expresa o tácita; 2) referido a un pronombre o adjetivo neutro; 3) referido a un sustantivo concreto, masculino o femenino; 4) como sujeto impersonal (*ello es cierto que*), a veces con *haber;* 5) como partícula enfática (*ello que yo lo vi*); 6) como partícula indicadora de concesión hecha de mal grado, a veces separada por una pausa del resto de la oración.

Tales usos de *ello,* al parecer desde las postrimerías del siglo pasado, han ido desapareciendo. Keniston (*Syntax list*, pág. 49) da únicamente dos para la actualidad: 1) para recapitular una idea implícita en una cláusula anterior, pero no nombrada; 2) en la frase tópica *ello es que.* Al paso, pues, que *ello* se encuentra en el lenguaje escrito, especialmente de estilo académico y oficial, casi ha desaparecido del lenguaje hablado ordinario, para el cual resulta desagradable el arcaico sabor de *ello.* El habla diaria tiende a sustituirlo por *eso* o *el caso* o *la cosa:* así, pues, *ello es que* se convierte generalmente en *el caso* (o *la cosa*) *es que.*

Sin embargo, algunos de los antiguos usos de *ello* sobreviven ciertamente en el habla popular de regiones limitadas de España, Méjico, sudoeste de los Estados Unidos, las Antillas (especialmente en Santo Domingo, cuya lengua es característicamente ar-

---

[1] Este estudio se basa principalmente en la historia de los distintos usos de *ello* hecha por Henríquez Ureña ("Ello", *RFH*, I [1939], 209-29, con interesantes ejemplos adicionales de "El español en Santo Domingo", *BDH*, V [1940], 228, n. 1).

caica), Colombia, y probablemente en otras partes. Entre estas
supervivencias de *ello* se encuentra su uso como sujeto impersonal
y como partícula enfática y concesiva. Además, *ello* ha adquirido,
especialmente en Santo Domingo, las siguientes derivaciones del
uso antiguo: 1) para indicar concesión y evasión; 2) para indicar
duda, probabilidad o aceptación; 3) como negación enfática, equivalente a *no, nunca, ¡qué va!* (Puerto Rico y Santo Domingo
[Malaret, *Suplemento*, I, 478]); 4) en las combinaciones *ello si*
(que se halla también en partes de España, mas no como enfático,
o en el sentido de *eso sí*) y *ello no* como aseveraciones enfáticas
tanto del habla popular como del habla culta.

COLOMBIA (VALLE DE RISARALDA): —La Rita es pa vusté ... —*Ello no*
(Arias Trujillo, pág. 47); —Parece que va como triste, el amigo. —*Ello*
no, compadre. Estaba apenas recordando (pág. 158). (ANTIOQUIA): "ello sí,
ello no" ... para afirmar o negar (Fidel S., X, 127).
MÉJICO (TEZIUTLÁN, PUEBLA): *Ello* me costó diez pesos. ¿Cuánto pagaste
por *ello? (RFH*, I, 209).
PUERTO RICO: —¿Lloverá hoy, señora? —*Ello* [expresa negación o probabilidad negativa]; —¿Qué remedios ... han administrado ustedes al niño?
—*Eyo* [evasivo] dotol (Meléndez Muñoz, *ap.* Malaret; en *RFH*, I, 226,
así como en Navarro, pág. 124).
SANTO DOMINGO ("ello" impersonal): *Ello* es fácil llegar (*BDH*, V,
226); (con *haber*): ¿*Ello* hay dulce de ajonjolí? *Ello* hay maíz; (concesión
o evasión): —Esa familia. ... —*Ello* dicen que no es muy buena ...; (separado de la frase): —*Ello,* quizás no viene (pág. 227); (duda, probabilidad
o aceptación): —¿Vas al pueblo? —*Ello* [= "depende" o "quizá"]. ...
¿Quiere bailar? —*Ello* [= "Sí, si tú me invitas"] (pág. 228). —¿Pero tú no
estuviste allí? —*Ello sí* [= "Ya lo creo que estaba"] (*RFH*, I, 225).

"QUE" POR "A QUIEN(ES)"

El empleo del *que* relativo en lugar del complemento indirecto
a quien(es) fue corriente en el antiguo lenguaje escrito (ejemplos
del siglo XVI en Keniston, págs. 87, 209), pero hace mucho tiempo
que esta construcción ha pasado a ser en España más o menos coloquial: "Te acuerdas de aquel hombre viejo *que* [= a quien] le
di un achuchón" (Aurelio Espinosa, *Cuentos*, I, 146 [Granada]);
"Mandó publicá un bando que se casaría con la niña *que* [= a
quien] le viniera er chapín" (II, 215 [Granada]); cf. también Bein-

hauer, pág. 239. Su nivel social aparece hoy ligeramente más alto en algunas regiones de Hispanoamérica que en España, cosa que refleja parcialmente su viejo abolengo. La gramática de la Academia (§§ 351, 352) llama dativo a este *que*.

ARGENTINA: Pero yo ando como el tigre / *Que* [= a quien] le roban los cachorros (*Martín Fierro*, pág. 66). La hija de don Cepeda, esa *que* le dicen Filomela (Lynch, *Romance*, pág. 267); el moreno ese *que* le dicen don Motita (pág. 295).
CHILE: Al fin era una amistá *que* le gustaba harto el mosto (Juan del Campo, pág. 9); ésa ... *que* le faltaban los dientes (pág. 32).
ECUADOR: A su mercé *que* los indios le quieren como a taita Dios (Icaza, *Cholos*, pág. 36); Isabel, moza *que* le gustaba tenderse en las cunetas (pág. 219).
VENEZUELA (RÚSTICO): —Yo no sé cómo puede haber cristianos *que* [= a quienes] les gusta vivir entre cerros o en pueblos de casas tapadas (Gallegos, *Doña Bárbara*, pág. 367). (URBANO): —Pues, hijo, eres el único ejemplar poético que conozco *que* no le gusta el agua picante (Certad, pág. 14).
COLOMBIA: Hay gente *que* le gusta vivir así (Flórez, pág. 377).
HONDURAS: Era un niño *que* le gustaba la broma (Mejía Nieto, *Relatos*, pág. 6); A Dolores *que* le gustaba el trabajo le buscó un puesto (pág. 23).
GUATEMALA: Y miraron el campo, temerosos de que apareciese el temido personaje, *que* [= a quien] la leyenda ha dado cuerpo (Quintana, página 216).
MÉJICO: Hay reses *que* les gusta tumbar las cercas de los potreros (Núñez Guzmán, pág. 40). Una vez por poco se mata con un inglés *que* no le gustó el mole de guajolote (Gamboa, *Teatro*, II, 13).
SANTO DOMINGO: Era un hombre *que* le gustaba mucho divertirse (Requena, *Camino*, pág. 40).

"QUE SU" POR "CUYO"

En el lenguaje antiguo se usaba corrientemente *que su* por *cuyo*: "Hay sujetos *que sus* [= cuyas] muchas prendas los hacen ser buscados de todos" (Gracián, *El discreto*, capítulo XI); "Primos del Rey, *que* bastaban, / no de Granada, de Troya, / ser incendio *sus* espadas" (Lope, *Peribáñez*, III, 1). Tanto en España como en América se mantiene aún este uso en el habla coloquial y rústica, si bien el estilo literario lo reprueba: "El padre, *que su* [= cuyo] hijo trabaja en el campo" (Tiscornia, *La lengua*, § 181);

"un árbol *que la* flor es blanca" (Gagini); cf. también *BDH,* II, 148, y Flórez, pág. 377.

Aurelio Espinosa (*Studies,* II, § 73) trae para Nuevo Méjico el uso de *cuyo* en lugar de *que,* etc., incluso en los periódicos locales: "las leyes *cuyas* [= que] la comisión acaba de revisar"; "sacaron de la mina más de veinte cadáveres *cuyos* no fue posible identificar". Ello debe de proceder del semiculto "tengo dos casas, *cuyas casas* ..., etc.".

PRONOMBRES INTERROGATIVOS

Para expresar una pregunta de posesión pronominal, en el español moderno se emplea la frase *de quién.* Antiguamente, por lo regular se usaba *cúyo.* Keniston (pág. 283) trae un solo caso de *de quién* en la prosa del siglo XVI. Desde entonces, *cúyo* ha quedado prácticamente desalojado por *de quién.* Sin embargo, *cúyo* sobrevive aún en regiones limitadas de la España dialectal (Sánchez Sevilla, § 91) y de Hispanoamérica. Vázquez (pág. 119) afirma que *cúyo* se emplea regularmente en el sur del Ecuador, mas no en el norte, y que los habitantes de esta zona critican a los primeros por dicho arcaísmo: "*¿Cúyo* es ese libro? decimos en Cuenca. Debe decirse: *¿De quién* es ese libro? —nos corrigen en el Norte".

ARGENTINA (SAN LUIS, JUJUY, SALTA, etc.): —*¿Cúyo* es este sombrero? (Rosenblat, *Notas,* pág. 144).
BOLIVIA: —*¿Cúya* casa es ésta? (Bayo, pág. 86).
COLOMBIA (ANTIOQUIA): —*¿Cúyo* eres tú? *¿*Es tuyo, Elisa? —No, don Julián: éste es Gamboa (Carrasquilla, *Hace tiempos,* II, 197). (CHOCÓ): *¿*Estas sillas *cúyas* son? (*BICC,* VI, 112).

¿CUÁL ES QUE?

Una locución muy peculiar usada en la conversación familiar de Chile incluso por personas cultas es *¿cuál es que?* (cargando el acento sobre *és*) con el significado de *¿por qué no?* Román (I, 467) explica que una frase como "*¿Cuál es que* me pagas lo que me debes?" significa "¿cuál es el motivo o la razón por que no me pagas lo que me debes?". Califica esta locución chilena como "inexplicable e inadmisible". En el latín de san Jerónimo halla un uso de *quale* semejante en alguna manera, pero no con sentido negativo: "*Quale* enim *est, ut* individuus comes ... hoc solum ignoraverit?", caso en que el empleo del *quale* neutro o adverbializado es similar al *cuál* chileno, pero la frase no es de sentido negativo como el *¿cuál es que?* de Chile. Es muy posible que esta expresión esté emparentada con el coloquialismo peninsular *¿qué es que ...?* con el significado de "¿por qué, por qué razón?" (Beinhauer, pág. 66); la negación puede ser un desarrollo análogo al implicado en la expresión *en mi vida* "nunca en mi vida" (cf. página 430). *¿Cuál es?* puede también hallarse solo, significando entonces *¿por qué no?, ¿y qué?,* etc. Además, la idea negativa se puede reforzar por medio de *ná* [= nada].

CHILE: —Es pura pica [= burla] con la Rosario porque no los lleva de apunte [= no les hace caso]. *¿Cuál es que* a la Chabela le icen ná? [= ¿Cuál es el motivo (o la razón) por que a la Chabela no le dicen nada?] —La Chabela tampoco los lleva. —Pero no es metía a rica (Acevedo Hernández, *Por el atajo,* pág. 34). *¿Cuál es que* viene? [= ¿Por qué no viene?] *¿Cuál es que* se acabó? [= ¿Por qué no se acabó?] *¿Cuál es que* me pegay?* [= ¿Por qué no me pegas?] (C). —¿Tanto miedo, y a mí *cuál es que* me tocan? —A vos no, porque tenís mango [= dinero] (Alberto Romero, *Perucho González,* pág. 66); —Yo; a mí, mi cabo; yo estaba primero y *¿cuál es?* (pág. 225). *¿Cualés ná* que yo te pregunto? (J. M. Castro, *Froilán Urrutia,* pág. 45).

Al igual que actualmente en España (Hanssen, § 551; Braue, págs. 66, 67), en la Argentina, Chile y zonas de Méjico y del Caribe se puede oír *¿el qué?* (en lugar del más corriente *¿qué?*) en el lenguaje rústico, e incluso en el culto; en la Argentina, también *¿lo qué?* (*BDH*, V, 232), resto del español popular (Borao, página 95), influido posiblemente por el portugués *o que?* Cf. inglés coloquial "the which?". He aquí unos cuantos ejemplos:

ARGENTINA: —¿Qué? ¿El qué, mamá? (Lynch, en *ACH,* pág. 67). —Che, apropincuate. —¿El qué? —Que te acerqués (Filloy, pág. 219). —¿Con cuánto hace el mercado por día? —¿Lo qué? ¿El mercado? (Saldías, página 19). —¿Yo, disimular? ¿y el qué? (Monti, pág. 264).

URUGUAY: —Pero cristiano, si es mi tatita. —¿*El qué?* ... —Mi tatita (Reyles, *El gaucho*, pág. 282). CHILE: —¿*El qué decía?* (C). COLOMBIA: —¿No oyes? —¿*El qué?* —Pues la orquesta (Efe Gómez, pág. 116); serás el único que no sabe. ... —¿*El qué?* (pág. 203).

DEMOSTRATIVOS

En el español normal se usa el pronombre (o adjetivo) demostrativo *ése* (*ese*), etc., para referirse a objetos pertenecientes a nuestro interlocutor, o con él relacionados, o cercanos a él en el espacio o en el tiempo; *aquél* (*aquel*) para objetos distantes en el espacio y en el tiempo tanto de la persona que habla como de la que escucha. Por otra parte, *ése* se emplea para referirse a objetos no muy distantes ni de la persona que habla ni de la que escucha, reservándose *aquél* para objetos más alejados: en estos casos, la relación entre *ése* y *aquél* es simplemente relativa. No obstante, en el español de América existe una tendencia a hacer caso omiso de *aquél* y sustituirlo por *ése* en la mayoría de las circunstancias. De esta manera, *ése* soporta una doble carga, perdiendo en parte su expresividad. En realidad, semejante uso se puede hallar en el español peninsular y se remonta al lenguaje antiguo, en el cual se empleaba *ése* con frecuencia allí donde la lengua consagrada actual exige *aquél:* "Por todas *esas* tierras ivan los mandados" (*Cid*, v. 564; cf. Menéndez Pidal, *Cantar*, I, § 139, 1).

El gramático mejicano Revilla, en su *En pro del casticismo* (pág. 52), nos relata una interesante anécdota relacionada con el uso de *ése* y *aquél*. De visita en Valladolid, hizo esta pregunta a un humilde mozo de cordel: "¿Qué edificio es *ése?*". Rápidamente saltó el mozo de cuerda: "¿*Aquél*, dice V.? Pues es el frontón". Y añade el culto escritor mejicano: "De un modesto ganapán, recibí una buena lección de gramática práctica. Aunque desde pequeño supe que el demostrativo *ése* sirve para señalar la cosa cercana del que escucha, y *aquél* para indicar la distante del que habla y del que escucha (y éste era el caso en la ocasión), yo, con mi habitual descuido de expresión, troqué un demostrativo por otro;

cosa que no pasó por alto el zafio vallisoletano, aunque sin ninguna malicia, sino guiado tan sólo por su natural buen hablar".

ARGENTINA (CULTO): En *ese* momento entraba el hijo mayor; os enviaba *ese* caparazón, con que me obsequia el alcalde de Toledo. El lacayo se adelantó a ofrecérselo (Larreta, *La gloria*, pág. 84). (RURAL): El coronel las tenía, / según dijo *esa* ocasión (*Martín Fierro*, pág. 34); que la gente acobardada / quedó dende *esa* ocasión (pág. 39). —¿Ve, allá lejos, adonde parece que se juntan *aquellas* dos líneas obscuras que cierran el horizonte? ¡Bueno ...! Pues sabrá que *esas* líneas no se juntan (*Fray Mocho*, página 65).

CHILE: La humanidad pecadora fue redimida por *aquel* hombre que murió en la cruz. ¿Quién fue *ese* hombre? (Acevedo Hernández, *La canción rota*, pág. 57); ¿Qué hizo la sociedad de su tiempo con *ese* gran reformador que se llamó Jesucristo? (pág. 58). ¡Nunca se me olvidará cuando se la llevaron al Cementerio al amanecer de *ese* día que llovía tanto! (Pepe Rojas, *La banda*, pág. 7).

Es posible que, como en dos de los ejemplos anteriores, el cambio de *aquel* (o *aquella*) por *ese* (o *esa*) indique que, después de ser mencionados por primera vez, los nombres pueden considerarse como "relacionados" con la persona interpelada.

"ESTE" DE RELLENO

El demostrativo *este* se usa también desenfadamente en la conversación hispanoamericana como palabra de relleno cuando el hablante duda en su expresión por no dar rápidamente con la palabra adecuada, ya por pobreza de vocabulario, ya por no saber qué decir en una situación embarazosa. En este caso, *este* corresponde al *esto* o al *pues* peninsular (cf. inglés *a*, o *uh*, o *well uh*). A veces se escribe *estee*, *esté* o incluso *estééé*, con objeto de poner de relieve la pronunciación alargada de la *e* final.

Al igual que muchas otras expresiones hispanoamericanas, semejante uso de *este* lo califican con frecuencia como exclusivamente local ciertas personas que lo creen tal e ignoran que es corriente en la mayor parte de Hispanoamérica. El gramático argentino Monner Sans [2] lo apellida "la muletilla cansadora del 'este' *porteño*",

---

[2] Véase Cantarell Dart, *Defendamos nuestro hermoso idioma*, 2.ª ed. (1937), pág. 42 n.

limitando así erróneamente su uso a Buenos Aires. En algunos lugares, como en Cuba, se prefiere *esto.*

ARGENTINA: —Déjala a ella. Hable usted, Cristina. —(Vacilando) *Este* ... arreglaba la ropa de Aurora en las valijas (Rodríguez Acasuso, *La mujer olvidada,* pág. 12). El profesor vuelve a la carga, dulcemente: —¿Quién es el autor de "Mireya"? —*Este* ... *este* ... —hace la externa frotando las yemas de los dedos medio y pulgar. Pero la chispa no brota (Méndez Calzada, en *ACR,* pág. 362). —No ... no es eso ... Soy yo que no tengo ... *estee* ... que me falta ... *estee* ... yo, ¿sabes? (Saldías, pág. 5).

URUGUAY: —¿Tienes algo urgente que hacer? —Según y conforme. ... *Estééé* ... se ha muerto un amigo mío (Florencio Sánchez, pág. 459). —Diga, *esté* ... ¿tiene tabaco? (Espínola, pág. 82).

CHILE: García permaneció silencioso. Había olvidado sus bellas frases y sólo tontas vulgaridades venían a golpear su mente. —*Este* ... iba a decirle, que me encuentro un poco enfermo (Durand, *Mercedes,* pág. 70).

ECUADOR: —¿Y cómo te sacó? —¡Ay, niña! *Este* ... me enamoró, pues —decía María del Socorro, bajando los ojos (Pareja, *El muelle,* página 34). —Vamos, vamos, ¿qué le ocurre? —*Este,* doctor, yo vengo porque *este.* ... —Vamos, hable recto (Pareja, *Baldomera,* pág. 124).

VENEZUELA: —Señorita, *este* ... dispénseme, pero ¿usted no sabe, por casualidad, dónde vive la familia Rodríguez? (Díaz-Solís, pág. 37).

CUBA: —¿Qué es una isla? —*Esto* ..., una porción de tierra rodeada de agua por todas partes (Padrón).

Este se emplea localmente en otras locuciones. En no pocas regiones es corriente *este que diga* en el habla vulgar y entre los niños como sucedánea del español tipo *digo, quiero decir, mejor dicho,* etc., en calidad de tentativa por corregir una falta acabada de cometer en la conversación. En Venezuela se usa *este que digo* con el mismo sentido:

—¿No será poco, Cho ... —*este que digo*— Pantoja? (Gallegos, *Canaima,* pág. 87); —Eso es hambre vieja, catire [= rubio] —¡No sea confianzudo, amigo! *Este que digo:* mi jefe (pág. 218); —¡Que lo siento, catire! *Este que digo:* mi jefe (pág. 219).

Tanto *qué digo* como *qué diga* se oyen sin *este* en el español peninsular y americano.

VOCATIVO "ESTE"

En frases vocativas del habla familiar y coloquial de numerosas regiones se emplea *este* (*esta, esto*) para dirigirse a una persona cuyo nombre se desconoce, no se recuerda o no se desea mencionar.

ARGENTINA (frecuente en las escuelas): *¡Esta chica, pero* [= expresión de impaciencia y de presión activa], alcánceme el centímetro! ¡Rosalía, *esta chica,* apúrese! Mire, *esta chica,* el libro no se lo puedo prestar (Frida Weber, pág. 120).
CHILE: *Don Éste, Doña Ésta, Ño Éste, Ña Ésta* (Román, II, 311). —Asosiéguese, *¡ñor éste!* (Muñoz, pág. 164; con una nota a pie de página: "Incomodada, no quiere llamarlo por su nombre").
BOLIVIA: —Gracias, *doña Esto* (Díaz Villamil, *La Rosita,* págs. 32, 49).
ECUADOR (CUENCA): —Ocioso *este* ... milagro que te has levantado (Mata, *Sumag Allpa,* pág. 12); —Para que estemos juntos los dos, palomita. —Pretensioso *este* (pág. 33); —Bruto *este* ... de gana dije (pág. 59).
COLOMBIA: (*llamando a una chica*) —*¿Esta niña* ...? (Flórez, pág. 377).
VENEZUELA: ¡Ah negro bandido *este,* caray! De perinola [= de remate] que te la pegaste (Díaz-Solís, pág. 13).
COSTA RICA: —Ah, muchacho *este* (Fabián Dobles, pág. 230).
MÉJICO Y ANTILLAS: "*Esta muchacha* ... se usa mucho. ... En México y otras partes es sustituto del nombre que no se recuerda" (Frida Weber, pág. 120, n. 3).

ESTOTRO

Los adjetivos y pronombres anticuados *estotro* o *este otro* y *esotro* o *ese otro* se usan hoy ocasionalmente en España con cierto sabor arcaico. En el habla familiar y popular de Chile se ha reservado *estotro* para referirse al futuro en expresiones como *estotro año,* con el significado de "el año próximo"; *el otro año* significaría allí "el año pasado" (Lenz, *La oración,* § 186). Lo mismo ocurre generalmente en otras partes. En la España dialectal (región salmantina) encontramos *sotro* < (*e*)*sotro* con el significado temporal de *siguiente:* "al *sotro* día de venir se puso malo" (Sánchez Sevilla, § 54). Para restos de *sotro* en Puerto Rico, cf. Navarro, pág. 124 n.

CHILE: *Este otro* año dice que va a sembrar solo (Acevedo Hernández, *Por el atajo,* pág. 12). —¿Si me quitas la plata, cómo te voy a traer algo mañana? —Te volvís a encalillar [= adeudar] hasta *este otro* mes (Juan Modesto Castro, pág. 400). Pienso hacerlo *estotra* semana (C). *El otro mes* le cortaron una pata (J. del Campo, pág. 37).

Otro puede generalmente significar "próximo" o "siguiente" en el tiempo o en el espacio, como con frecuencia en el lenguaje antiguo con nombres de tiempo (Keniston, pág. 272): *la otra calle* es "la próxima (o segunda) calle", *el otro domingo* es "el próximo domingo", etc.

ARGENTINA: —*El otro* domingo vuelve mi padre de la corte. Vaya vuesa merced a saludalle (Larreta, *La gloria,* pág. 218).
VENEZUELA: —Él no viene hasta *la otra* semana. Espérame hoy, como siempre (Pocaterra, pág. 185).
COSTA RICA: *El otro* sábado viene un contratista (Fallas, pág. 14).
MÉJICO: —Vuelvo *el otro* domingo (Gamboa, *Santa,* pág. 202).
CUBA: No podré trabajar hasta *la otra* semana (Padrón).

Otro día, tal como se usaba en la lengua antigua (Hanssen, § 555; Keniston, pág. 272) junto con *al otro día* y *al día siguiente,* es aún corriente en el habla regional y rústica de España (Aurelio Espinosa, *Cuentos,* I, 87: "Vamos allí mañana de paseo. Y *otro día* fueron de paseo"; asimismo I, 34, 55, etc.) y prospera también en partes de América.

MÉJICO: *Otro día* Demetrio se quejó mucho de la herida (Azuela, *Los de abajo,* pág. 25); Luis Cervantes, *otro día,* apenas pudo levantarse (página 48); Camila lloró toda la noche, y *otro día,* por la mañana, dijo a Demetrio que ya le diera licencia de volverse a su casa (pág. 205).
NUEVO MÉJICO: *Otro día* se levantó muy de mañana (Aurelio Espinosa, *Estudios,* pág. 292).

"LE" INDEFINIDO REDUNDANTE

En el habla popular de algunas regiones, en Chile con gran frecuencia y en Argentina en grado un poco menor, encontramos un curioso empleo de *le: se me le cayó* por *se me cayó,* etc. Es probable que se trate de una formación por analogía con *se le cayó*, etc., y se halla emparentado con los vagos dativos "éticos" que sugieren cierto grado de incumbencia o posesión por parte del hablante sobre el asunto de que se trata. Mas no debe confundirse con un *le* dativo ético, ya que, al parecer, carece de un punto definido de referencia, mientras que el *le* dativo ético es un verdadero pronombre personal referido a una persona determinada (*castíguesemele*, etc.). El *le* de que aquí se trata puede ser simplemente una añadidura desprovista de significación con objeto de redondear rítmicamente la frase y prestarle valor afectivo.

ARGENTINA: ¡Y quién sabe cuánto tiempo se hubiese quedao ahí como dormido ... si un redepente no me *le* da por estornudar! (Lynch, *Romance*, pág. 275).

CHILE: A mí no se me *le* da na (Brunet, *Montaña*, pág. 63); se me *le* olvía (Romanángel, pág. 88); como se te *li* ocurre (pág. 91); casi se me *le* sale un garabato ... cuando se me *le* acaba el molío (pág. 108); se me *le* va la vista (pág. 118). Se me *le* cayó el pañuelo; se me *le* perdió el sombrero; te se *le* soltó la liga (Román, III, 281). —Ésta se me *le* quiso como arrepentir, ¿ah? (Acevedo Hernández, *De pura cepa*, pág. 3).

"LA" Y "LAS" INDEFINIDOS

El pronombre complemento *la* o *las* con valor de indefinido (con antecedente no expreso, pero quizá ocasionalmente sobrentendido) se usa en el español de América y en el modélico, y se ha ido extendiendo a numerosas expresiones populares del tipo de *la de malas* (*la* = *hora, suerte*) "mala suerte, infortunio"; *echarlas a correr, rasparlas* (chileno *raspar la bola* = modélico *escurrir la bola*); *emplumarlas* (= "irse como el ave que ya emplumó" [?]) (Cuervo, § 570); por analogía con *tomar las de Villadiego; endilgarlas, envelarlas* (= término marítimo: *alzar velas*) "irse corriendo", etc.; *irla(s) con* "ir tirando"; chileno (*en*) *la de no* "y si no, de lo contrario" (para ejemplos, véase pág. 351); chileno *la sin pepa* "la tajada del melón que no tiene pepitas"; etc.

En relación con la última expresión, Román (IV, 210) nos informa que, de acuerdo con un dicho popular chileno, el que se lleva la "tajada del melón sin pepitas" se casará con la hija del rey. Por consiguiente, *sacarse uno la sin pepa* significa en el habla familiar "tocarle el premio gordo u obtener cualquiera otra suerte"; *tocarle a uno la sin pepa* significa "una buena suerte, una sinecura ...", e irónicamente, "una mala suerte o desventura, un gran trabajo, un mal empleo, etc.".

ARGENTINA: —Después de una buena siestita, *la* voy a trabajar de lo lindo (Draghi Lucero, pág. 239). ¡No *las voy con* vueltas! (Angélica Mendoza, pág. 57). *La vamos de* cigarrillos (Last-Reason, pág. 9).

URUGUAY: —Te he dicho que no *las voy con* la funeraria. ... ¡Mozo! ... ¡Ese champagne! (Sánchez, *Los muertos*, II, 4). Los nietos no *las van con* los agüelos. Ya no se respeta la familia ni nada (Sánchez, *El desalojo*, escena 4.ª).

CHILE: Mañana *la* duermo hasta afirmar*las* bien (Durand, en *ACH*, pág. 230). —A tranco largo *las raspó* pa la calle (Guzmán Maturana, página 20); Al ver esto el que estaba más adelante, *las echó* a correr que se *las* pelaba (pág. 80); *las endilgó* derechito para su casa (pág. 112). —¡Córte*la*, cambie el disco, pues, salvaje! (Luis Meléndez, pág. 88). —Esta mañana Tito Jara *se las emplumó* ... *se las echó* a primera hora (Durand, *Mercedes*, pág. 85). Me puse a sestiar*la* (Latorre, *Hombres*, pág. 118); —No vaya a ser cosa que on Peiro *se las envele* pa la Rinconá (pág. 170); —al tirito *me las endilgo* p'al cerro (pág. 223). Si esta semana no trabajay y seguís tomando, *la* [= la amistad] perdís pa siempre conmigo (Romanángel, pág. 14). Charo ... hizo güenasa suelte: se sacó *la sin pepa* al casarse con Hilarión Machuca (Muñoz, pág. 35). Se *la* hago [= le invito a beber] (Román, III, 92).

COLOMBIA (ANTIOQUIA): Siempre *la voy* muy bien *con* ellos y siempre me quieren mucho (Carrasquilla, *Hace tiempos*, II, 31). (BOGOTÁ): Fulano no se *la* [= la mona, borrachera] apea; si la miran, *la* [= vergüenza] pasa; *emplumarlas, empuntarlas* [= "huir"] (Cuervo, § 570). Saben que no *la voy con* ella (Buitrago, pág. 185).

NICARAGUA: *Abrírselas* [= echar a correr] (A. Valle, pág. 2).

VENEZUELA: *La* voy a dormir; va a *la* de ganar (Rosenblat).

GUATEMALA: Ir uno siempre a *la* de ganar [= salir uno siempre bien en todo] (Sandoval, I, 715).

MÉJICO: Si la revolución no se acaba, nosotros tenemos ya lo suficiente para irnos a brillar*la* una temporada fuera del país (Azuela, *Los de abajo*, pág. 174). —¡No *la* amuelas! (Galeana, pág. 99); Ahora sí que *la* amolamos —pensé yo. —¡Se acabaron las comidas del Regis! (pág. 166). Me persiguió *la de malas* en el juego (Santamaría, *Dicc.*, II, 221). Ustedes *la* van a pasar mal (Urquizo, pág. 15); con la resignación que tiene el pobre cuando le llega *la de malas* (pág. 24); verás si tengo narices y *las* [= las cosas] huelo bien (pág. 343).

CUBA: Juan *se las templó* [= se fue]; Él se *la* busca muy bien (Padrón).

A lo largo de toda Hispanoamérica se emplea *pasarla* más bien que *pasarlo*, como en el español tipo. El *la* se concibe como referido a *vida, suerte,* etc. La preferencia hispanoamericana se puede atribuir al hecho de que *la* es la variante popular de *lo*[3], y como tal goza de un nivel social más alto y de un uso más frecuente que en España.

ARGENTINA: —La suerte que aquí no *la* vamos pasando tan mal tuavía (Payró, en *Hispanoamericanos,* pág. 62).

CHILE: Entonces ha dicho mi abuela que como me *la* paso leyendo libritos de cuentos ... no estudio (Barrios, *El niño,* pág. 66; véase también más adelante, pág. 274).

PERÚ: Es la manera como él cree que puede pasar*la* mejor (López Albújar, *Matalaché,* pág. 42). Todo el domingo nos *la* pasamos en planes de inversión del nuevo haber (Corrales, pág. 246).

COLOMBIA: —Y en tu casa, ¿qué tal? —Ahí vamos pasándo*la* (Arango Villegas, pág. 139). *La* pasé [= fui tenido] por poeta (Tobón, pág. 140).

VENEZUELA: —Vamos, cuéntelo todo, sin mentiras, porque *la* puede pasar mal (Nelson Himiob, en *ACMV,* II, 73). Si supiera que cantando / mis penas se distraían / cantando me *la* pasara / toda la noche y el día (Machado, pág. 3).

GUATEMALA: *La* estoy pasando con muchas dificultades (Sandoval, II, 205). ¡Vieras cómo *la* pasé de alegre! (Arévalo, pág. 115).

COSTA RICA: —Y vos, ¿cómo te va? —Voy pasándo*la* (Fabián Dobles, pág. 186; también págs. 358, 360); pero cf. Tenía un hijo ... que ... se *lo* pasaba en el parque (pág. 188).

CUBA: —A Vd. le conviene no meterse en las cosas ajenas, porque puede ser que no *la* pase muy bien (Ciro Espinosa, pág. 208).

MÉJICO: —No sabemos cuántos días *la* vamos a pasar en despoblado (Azuela, *Las moscas,* pág. 44). —¡Buenos días! ¿Cómo *la* ha pasado? (Galeana, pág. 70).

"UNO" INDEFINIDO

Referido a la persona que habla (como sucedáneo de *yo*), el pronombre indefinido *uno* se usa en todas partes con gran frecuencia, pero parece más corriente en el español de América en general que en España, indicando tal vez una tendencia, como para el gaucho sugirió Tiscornia (*La lengua,* § 100, 2), a abando-

---

[3] Leo Spitzer, "La feminización del neutro", *RFH,* III (1941), 339-71.

nar la construcción reflexiva con *se* y así dar énfasis al agente de la acción de manera más concreta que la vaga construcción reflexiva.

ARGENTINA: Y después de un güen tirón / en que *uno* se daba maña (*Martín Fierro*, pág. 22); si *uno* anda hinchando el lomo / ya se le apean como plomo (pág. 35).

CHILE: *Uno* también ha sío chico (Romanángel, pág. 68).

COLOMBIA: ¿Qué va a decir *uno?* (Carrasquilla, *Hace tiempos*, I, 176); Es que cuando *uno* es tan solo ... le pasan tantas cosas (II, 326); Pero se lo podían avisar a *uno* (II, 100). El bruto no es el indio; el bruto es *uno* (C). *Uno* nues pendejo (Posada, pág. 92).

VENEZUELA: Entonces vamos a tener por pecado el ratico que nos queda para decidir que una cosa sea ajena o de *uno* (Briceño, pág. 156).

COSTA RICA: —Ella no es como *uno* [= yo] (Fabián Dobles, pág. 250).

HONDURAS: Ellos se creen perfectos y son más corrompidos que *uno* (Mejía Nieto, *El solterón*, pág. 119).

MÉJICO: Él gana menos que *uno* [= yo] (C).

CUBA: *Uno* también tiene sus ocupaciones (Padrón).

Cuando, en calidad de pronombre indefinido, *uno* se refiere a la persona que habla, debería concordar en género con dicha persona. Pero cuando una mujer no se refiere a sí misma en particular o a asuntos propios exclusivamente de mujeres, entonces prefiere *uno*. Con todo, ocasionalmente hallamos en el habla coloquial o rústica el uso de *uno* allí donde el actual español normal preferiría probablemente *una:*

URUGUAY: —Además *uno* no puede sustraerse a estas persecuciones [se refiere a las chicas seguidas en la calle por los hombres] (Bellán, página 26).

BOLIVIA: —¡Ché, qué malos son los hombres! ¡Cómo la dejan a *uno* plantada a lo mejor! (Díaz Villamil, *El traje*, pág. 24).

COLOMBIA: [Los hijos] se van pa lejos, y ¿qué puede saber *el pobre di' uno?* Los hijos hombres siempre dan mucha lidia. ... Ni los maridos le ayudan a *uno* en estas cosas (Carrasquilla, *Hace tiempos*, I, 175). (Habla una viuda): —¿Qué va a estar *uno* piensa y piensa en el muerto? (Álvarez Garzón, pág. 236). Cuando *uno* es madre (Obando, pág. 199).

COSTA RICA: —¡Ay, si no juera porque *uno* tiene esta fe tan granditítica, no sé qué hacía! —termina por decir ña Rafaela (Fabián Dobles, pág. 61).

MÉJICO: Nunca se puede *uno* sentir segura (L).

CUBA: Está *uno* cansada de tanto hablar (Padrón).

Este uso coloquial o rústico se remonta probablemente al español antiguo, en el cual, al parecer, *uno* como pronombre indefinido no se aplicaba directamente a la persona hablante tal como ocurre hoy, siendo *uno*, por tanto, la forma general. Cuervo (§ 242) nos dice que santa Teresa siempre empleaba *uno*. En el habla vulgar y rústica del lenguaje antiguo era corriente *el hombre* u *hombre* como equivalente a *yo* incluso referido a una mujer (Keniston, página 42): "como *hombre* [= yo] es mujer y vieja, no hacen caso de *hombre*" (Correas, pág. 62). Para *usted* indefinido, véase pág. 129.

ALGUIEN, ALGUNO: NADIE, NINGUNO

El español castizo no admite el empleo de *alguien de ustedes* por *alguno de ustedes, nadie de nosotros* por *ninguno de nosotros;* tampoco constituye la mejor costumbre el uso de *ninguno* por *nadie* o de *alguno* por *alguien* (en algunas regiones nunca se oye *alguien* en el habla popular). Cuervo (§ 374 n.) señaló unos pocos ejemplos de semejante uso en el lenguaje antiguo y en época más reciente, pero los gramáticos lo censuran constantemente. Tal vez sea tan frecuente en la España regional como en América.

ARGENTINA: —Pensar que cuando *alguien de nosotros* muere, trazan con dos cruces chuecas ... la doble incógnita de nuestra identidad (Filloy, página 9); —Si *alguien de ustedes* manejara, yo iría (pág. 154).

CHILE: *Nadie de los presentes, nadie de nosotros* (Román, IV, 4).

COLOMBIA (CULTO): *Alguien (nadie) de Uds.* (Flórez, pág. 378).

COSTA RICA: *Alguien de ustedes, de nosotros, de los presentes* (Gagini, pág. 53).

GUATEMALA: *Alguien de ustedes* fue el que gritó en la clase (Sandoval, I, 39); *Nadie de nosotros* tiene la culpa de tu desgracia. ... En *nadie* parte hallo trabajo (II, 114).

MÉJICO: No llegaba *nadie de las demás mujeres* (Galeana, pág. 103). *Nadie de nosotros* decía una palabra (Urquizo, pág. 174); *nadie de nosotros* pensaba en irse (pág. 200). *Alguien de ustedes* (Ramos D., pág. 34).

La forma española antigua *nadi* se convirtió en *naide* en el habla popular del siglo XVI. El uso literario impuso la forma actual *nadie*, pero en el habla popular han sobrevivido *naide, naiden, nadien, nadies* y *naides* (cf. Rosenblat, *Notas*, pág. 150).

En el habla popular de zonas limitadas hallamos la forma apocopada *ningún* como adverbio enfático negativo:

CUBA: —María es muy bonita. —*Ningún* bonita [= no es nada bonita]; Tienes que hacer este trabajo. —*Ningún* de eso [= nada de eso] (Padrón).

SANTO DOMINGO: Él no está *ningún* enfermo; ella no parece *ningún* celosa; él no está *ningún* mal (Patín Maceo, *Dom.*, pág. 122).

ALGOTRO

Por analogía con formas tales como *estotro* (por *este otro*) y *esotro* (por *ese otro*), que se estudiaron más arriba, en unos pocos países hispanoamericanos se formó y se emplea un nuevo adjetivo y pronombre indefinido: *algotro* (por *algún otro*), *algotra* (por *alguna otra*), *algotros* (por *algunos otros*), *algotras* (por *algunas otras*). Malaret (*Dicc.*) indica únicamente Colombia (Cuervo, § 948), pero este uso parece mucho más común en partes de América Central, sobre todo en Guatemala y en El Salvador, y en zonas de Méjico y Argentina. El lexicógrafo colombiano R. Restrepo (*Apuntaciones*) clasifica la palabra como "inaceptable", si bien "personas de distinción caen en este vulgarismo". Alcalá Venceslada (página 18) registra su uso en Andalucía y da este ejemplo: "Todavía ha de venir *algotro* cofrade".

ARGENTINA (SAN LUIS): *Algotra* vendrá cuando yo no esté; es capaz de fijarse en *algotra* (Vidal, pág. 115).

COLOMBIA (ANTIOQUIA): A yo no me gusta plantala en tierra, comu' hacen otros. ... *Algotros* tienen el vicio de ponela en el tejao (Carrasquilla, *Hace tiempos*, II, 150). Eso no pendía de los doctores, sino de *algotra* cosa (Carrasquilla, *Novelas*, pág. 30); Póngame *algotro* oficio que hacer (página 31). Me faltan *algotros* (Buitrago, pág. 107).

EL SALVADOR: Después de la comida de la noche, empezó a llegar gente: ... algunas un poco mayores, otras mayores y *algotras* más o menos de su misma edad (Torres Arjona, pág. 102).

GUATEMALA: Si recibes *algotro* aviso, acude al instante ... si te puedo servir en *algotra* cosa, lo haré con gusto (Bonilla, III, 170).

MÉJICO (NUEVO LEÓN): Se ocupa de *algotra* cosa (García Roel, página 112); A juerza que dabas con *algotro* si quisieras buscarlo (pág. 173).

NUEVO MÉJICO: *Algotra* vez; *algotros* cabayos (Aurelio Espinosa, *Studies*, II, § 82, con significado de "alguno que otro" [cf. *BDH*, II, 159]).

AMBOS A DÓS

Junto a *los dos* o *ambos*, preferidos normalmente, se encuentran supervivientes desperdigados, ya en el habla, ya en la literatura, de *ambos dos* y especialmente de *ambos a dos*, que son antiguos. A veces se hace un distingo: se usa *ambos a dos* cuando la acción se realiza "entre dos" simultáneamente (como en el caso del arcaico *entrambos*, etc.). En áreas restringidas se oye *todos dos*, como en Colombia (Tascón, pág. 271) y en Santo Domingo (*BDH*, V, 174); *juntos* (Cuervo, § 532) y *de por ambos* (Tobón, pág. 24) se oye en Colombia. Cf. asimismo *BDH*, II, 158.

ARGENTINA: *Ambos a dos*, el doctor y yo, preguntamos por la citada (Cione, pág. 8).
CHILE: Tienen que respetarse y quererse mutuamente, *ambas a dos* (Acevedo Hernández, *Por el atajo*, pág. 36).
PERÚ: Río de agua y río de sangre, *ambos a dos* agitados y convulsos (Ciro Alegría, *La serpiente*, pág. 29).
GUATEMALA: *Ambos dos* vinieron a verme; *ambas dos* son mis hermanas (Sandoval, I, 49).
PUERTO RICO: Me echó los brasos a mí y a éste ... a *dambos a dos* (Meléndez Muñoz, pág. 148).

CUALESQUIER

El plural de *cualquier(a)* es *cualesquier(a)*: *cualquier hombre, cualesquier hombres, cualquier(a) cosa, cualesquier(a) cosas,* etc. Sin embargo, con frecuencia se usa el plural *cualesquier(a)* o *cualisquier(a)* en lugar del singular *cualquier(a)*. Evidentemente, aquella forma no se tiene por plural porque el signo de la pluralidad no se halla al final, donde normalmente se espera. Además, la idea numeral implícita en *cualquiera* es aproximadamente tan incierta como en la palabra inglesa *any*. Al oír *cualquier cosa*, podemos pensar en más de *una* cosa: es posible que la frecuente confusión de *cualesquier(a)* con *cualquier(a)* se deba a aquella pluralidad implícita. Además, el singular *cualquier(a)* se ha empleado con sustantivos plurales, mostrándose así que, ya en su plural normal, ya en su forma singular, aquella palabra se concibe como indeclinable, quizá por analogía con otras locuciones semejantes, tales como *quienquiera, qual si quier, dondequiera* y otras por el estilo. Esta confusión no se halla presente en la primitiva poesía popular, pero sí en la literatura del Siglo de Oro (Keniston, pág. 269; Cuervo, § 197), siendo hoy corriente en la España dialectal. Rodríguez Marín (*Cantos populares españoles* [Sevilla, 1882-83], II, copla 1716) pretende que el singular *cualquier(a)* es desconocido en gran parte de Andalucía. Cuervo ("Prólogo", pág. XXXI) afirma que *cualesquier* con un nombre en singular es más común en Andalucía que en otra parte alguna.

En Hispanoamérica es general la confusión, y no ya sólo en el habla popular, sino también en la de ciertas personas cultas. La forma *cualesquiera* con un nombre en singular —intento de reponer una -*s* allí donde se supone que pertenece al habla normal— puede convertirse en ultracorrección propia de regiones en que la -*s* final desaparece en la pronunciación. Román (I, 467) dice refiriéndose al uso chileno: "No olviden algunas personas, señoras sobre todo, que por lo demás no carecen de educación, que el plural de esta palabra es *cualesquier* o *cualesquiera;* pues ellas creen hacerlo mejor diciendo muy repulidas y con pésima concordancia: *cualesquier día, cualesquiera cosita.* Sin duda les parece que el singular *cualquier, -ra,* sólo es para los zafios que acostumbran no pronunciar la *s*". Sundheim (pág. 187) declara que *cualesquiera* no es forma popular del norte de Colombia, pero que se encuentra en ciertos escritores ("entes de pluma").

ARGENTINA: He servido en la frontera / ... como sirve *cualesquiera* (*Martín Fierro,* pág. 291). ¡*Cualisquiera* crería que tenés a tu disposición el Mercado del Centro! (*Fray Mocho,* pág. 184).

CHILE: Por esto ... alguno por *cualesquier* motivo que no sea grande se funde en lo que le dé (Acevedo Hernández, *Árbol viejo,* pág. 19). Hay que ... unirse para luchar contra las injusticias de *cualesquiera* índole que sean (Acevedo Hernández, *La canción rota,* pág. 57). —Yo me espanto de *cualesquier* cosa (Juan Modesto Castro, pág. 188).

PERÚ: —Ya verá, don Fernán, que a todos los habladores los traigo pacá *cualesquier* día (Ciro Alegría, *Los perros,* pág. 86).

COLOMBIA (SUR): Como *cualesquier* hija sin madre (Álvarez Garzón, pág. 17). (ANTIOQUIA): No dejará de llorar / *Cualesquiera* que la vea (Antonio Restrepo, pág. 176). Cf. también *BICC,* I, 352.

Costa Rica: Seguí jalando terreno con l'intención de llegar de *cualisquier* manera (*Leyendas*, pág. 132). Después, pa *cualisquier* comisión, yo no sabía otra cantada que dicir (Dobles Segreda, pág. 34). —Ningún cristiano está safo de *cualesquier* contingensia (Echeverría, pág. 158); Corte uno *cualesquiera* (pág. 177). Es como *cualesquier* otro (Fabián Dobles, página 284).

Guatemala: Te advierto que don Sixto no es un *cualisquiera*, para que lo trates así (Sandoval, I, 238).

Méjico: *Cualesquera*, por maje que sea, / sempre jalla chamba (Rivas Larrauri, pág. 43). —*Cualesquier* día los tenemos aquí (Urquizo, pág. 217).

Puerto Rico: Tardan tanto tiempo en llegar ... que el que tarde *cualesquiera* de nosotros en llegar a San Juan en automóvil (Meléndez Muñoz, pág. 32).

Otras formas populares que se registran son *cualquieras* por el plural *cualesquiera* (a menudo con el significado de "persona sin importancia": *son dos cualquieras*) y *cualsiquiera* por *cualquiera*. La forma *qual se quier* se halla en el español antiguo (cf. italiano *qualsivoglia*). Cuervo (*Dicc.*, II, 628) afirma que "en Castilla el vulgo dice todavía *cualsiquiá*". *Cualsiquiera* lo registra Kuhn (página 35) para Aragón, Lemos (pág. 87) para Murcia, etc.

Argentina: *Cualquieras* sean las dificultades que se presenten, seiá necesario salvarlas (Forgione, pág. 135).

Venezuela: *Cualsiquier* día de éstos ... me va rebosá la totuma de la pacencia (Gallegos, *Pobre negro*, pág. 22).

UN POCO DE

La locución indefinida *un poco* (o *poquito*) *de* es indeclinable en el español consagrado. Antiguamente, *poco* (o *poquito*) concordaba ocasionalmente en género y número con el nombre regido por la preposición *de*. En tales casos, *poco* (o *poquito*) equivalía a un adjetivo: "*una poca de* hierba" (Keniston, pág. 138); "*una poca de* sal, *unos pocos de* soldados" (Bello-Cuervo, § 853); "*unas pocas de* migajas ... *otras pocas de* tripas cocidas" (*Lazarillo*, III). En expresiones como *un poco de pan* es naturalmente imposible decir si *poco* constituye la forma indeclinable o la forma masculina en concordancia con pan. Sea como fuere, el antiguo uso, en el cual *poco* concordaba con el nombre precedido por *de*, se conservaba aún con ciertos nombres en la España rural (Aurelio Espinosa, *Cuentos:* "*una poca de* agua", I, 145 [Granada]; "*una poca de* caridá", III, 448 [Córdoba]; cf. también Sánchez Sevilla, § 93; Zamora Vicente, § 48) y en gran parte de Hispanoamérica, con un nivel social ligeramente superior en algunas regiones.

CHILE: Dame *una poquita di'*agua (Brunet, en *ACH*, pág. 255).

COLOMBIA: En algunos puntos de Colombia se oye todavía decir *una poca de agua* (Bello-Cuervo, n. 111).

VENEZUELA: —Lo sorprendieron enterrando una barreta de jabón, una vela de sebo y *una poca de* sal (Gallegos, *Pobre negro*, pág. 204); *Una poca de* agua (pág. 311). *Una poca de* agua ... en el pueblo venezolano (Calcaño, pág. 54).

MÉJICO: Merecían *una poca de* atención (Payno, I, 6); tengo *una poca de* más libertad (I, 10). Yo, si la anemia me hubiese dejado *una poca más de* sangre ... habría enrojecido de rabia (Ferretis, *Quijote*, pág. 18); Lo único que pude reunir fue *una poca de* saliva (pág. 227). Adrede no habían querido llevar consigo nada; *una poca de* ropa (Ferretis, *San Automóvil*, pág. 35). Hasta *una poca de* lástima ante un pobre diablo metido entre rejas (Gómez Palacio, pág. 77). —*Una poquita de* alegría (Azuela, *Avanzada*, pág. 209).

CUBA (RURAL): *Una poca de* agua (Padrón).

Otra manera de decir "un poco" en algunas regiones, especialmente en Méjico, consiste en emplear *tantito*, no en calidad de pronombre, como con frecuencia en la lengua antigua e incluso en la actualidad ("con *tantico* de curiosidad", *Don Quijote*, I, pról.), sino generalmente como adjetivo (también se usó de este modo en el lenguaje antiguo: "con *tantica* verdad", Gracián, *Criticón*, III, 3). (Para *tantito* como adverbio de cantidad, véase pág. 385). En el español peninsular hallamos una construcción análoga con *poco: una poca hoja, una poca leña, una poca madera* (Alarcón, *El sombrero de tres picos*, cap. III; cf. Keniston, pág. 274).

MÉJICO: Eso se quita con *tantita* árnica y aguardiente (Azuela, *Los de abajo*, pág. 213). —Denme *tantita* agua (Benítez, pág. 128). *Tantita* carne una vez al mes (Urquizo, pág. 83).

COLOMBIA: Páseme *tantica* agua (Flórez, pág. 378).

En Colombia, en Panamá y en otras partes oímos, incluso entre las personas cultas, *un poco de* en el sentido de "(bastante) pocos"

(a menudo con valor de aumentativo) allí donde el español normal emplea *unos pocos, unos cuantos,* o *unas pocas, unas cuantas.*
En otros lugares parece ser corriente un uso similar: "le das a cada uno ... *su poco de* vacas" (La Cuadra, *Los Sangurimas,* página 36 [Ecuador]). La expresión análoga *una poca de* es rara.

COLOMBIA: Compré *un poco de* libros; escribí *un poco de* cartas (C). —Por áhi están *un poco de* viejitos (Buitrago, pág. 13). Había allí *un poco de* muchachos gritando (Sundheim, pág. 530). Se encontró *un poco* [= un montón] *de* dinero (Revollo, pág. 216).
PANAMÁ: Voy a comprar *un poco de* naranjas; Tengo que contestar *un poco de* cartas (C). Vinieron *un poco de* soldados (*BAPL,* VIII, 86).
PARAGUAY: Voy a comprar *un poco de* bananas (Morínigo).
VENEZUELA: *Una poca de* esos pertrechos (Gallegos, *Pobre negro,* página 356); *una poca de* ganado (*Cantaclaro,* pág. 176).
SANTO DOMINGO: *Una poquita,* —repetía a todo el que le preguntaba como cuántas reses tendría. —Una migajita (Moscoso, pág. 29).

CON TODO Y

La locución *con* + sustantivo + *y todo* era corriente en la lengua antigua, y lo sigue siendo actualmente en el español peninsular y americano: *con caballo y todo.* La expresión *y todo* tuvo dos significados: 1) *también,* con sentido de mera adición; 2) *también, hasta* o *aun,* con sentido de corroboración o énfasis sobre lo que precede inmediatamente —una forma de realzar más aún la significación del sustantivo antecedente que la implicada por el simple adverbio *también.*
Con el significado 1) *también,* no mencionado por Keniston, lo hallamos en época clásica: —"Estoy celosa. —Yo *y todo* [= yo también]" (Tirso); —"Así lo ofrezco. —Yo *y todo* [= yo también]" (Calderón)[4]. Este empleo ha caído casi completamente en desuso. El diccionario de la Academia lo registra como anticuado.
Con el significado 2) *también, hasta* o *aun,* se usaba asimismo en la época clásica, en contra de la suposición de Castro (*RFE,* IV, 287). Keniston (pág. 142) menciona este uso, y explica que

---

[4] A. Castro y S. Gili, "Miscelánea", *RFE,* IV (1917), 288.

tiene "la fuerza de *todo lo demás,* como el inglés infantil 'nevrything' ": "¿cómo avía de comer el rocín con el freno *y todo* en la boca?" (Lope de Rueda; cf. también Cejador, *La lengua de Cervantes,* II, 1081). Se encuentra con frecuencia en la literatura española del siglo xix, siendo extraordinariamente común en la lengua hablada: "se lo expliqué *y todo,* pero no me lo ha creído". En el actual español de América, este uso no sólo es corriente en la lengua hablada, sino que también se halla en la escrita. Su contrapartida negativa es *ni nada:* "no sabe leer *ni nada*".

Ahora bien, en numerosas regiones de Hispanoamérica, la locución *con* + sustantivo + *y todo* ha sufrido una curiosa metátesis recíproca en el habla popular: *con caballo y todo* > *con todo y caballo,* en la cual el sustantivo y *todo* han intercambiado su lugar. Por anticipación, se ha colocado *todo* en una posición más enfática [5]. Por otro lado, esta locución puede ser un desarrollo de otra que se encuentra en la España regional: *con todo y con eso* (o *ello*), con el significado de *a pesar de eso:* "Los cinco sentíos del alma le pone uno encima, y *con todo y con eso* no se la pué meter por vereda" (Pereda, *Obras,* V, 363); "Pero *con to y con eso,* ganas me daban muchas veces de echarme a corré" (Muñoz Seca, *El roble de la Jarosa,* pág. 80). De hecho, *con todo y* + sustantivo frecuentemente significa *a pesar de.*

Con infinitivo, *con todo y* significa asimismo *a pesar de,* empleándolo especialmente los escritores catalanes (Morales, *Apuntes,* pág. 353) y en partes de Hispanoamérica. Tal vez se trate de una trasposición y extensión de la frase usual española *con ser y todo.*

Mientras, por una parte, los puristas condenan acremente el *con todo y* [6], los numerosos ejemplos que se dan a continuación demuestran, por otra, no sólo su extensa distribución geográfica, sino también su uso por reconocidos escritores, así como en el habla

---

[5] Para la triple pronunciación de *todo y* (tǫ́ị, twí y tí) en Nuevo Méjico, véase Espinosa, *Inv. ling.,* II (1934), 195-99.

[6] Cf. A. Ayón, *Filología al por menor* (León, 1934 [Nicaragua]): " '*Fulano cayó con todo y caballo,* por *Fulano cayó con caballo y todo,* es un disparate, pues después de *todo,* no puede quedar otra cosa'. Esta observación es del escritor mejicano Dr. Francisco Pimentel, y me parece muy razonable", etc.

coloquial. Parece particularmente corriente en Méjico y en América Central, mas también se registra en Colombia y en Venezuela, no siendo desconocido más al sur.

COLOMBIA: Recuéstase en un taburete, se pone a fumar muy tranquilo y me hace sentar a su lado, *con todo* y perro (Carrasquilla, *Hace tiempos,* I, 44); La muchachuela se va; mas siempre vuelve el cuerpo atrás, *con todo* y tarro, para mirarnos (III, 32). Lególe la imagen de mi padre San Roque *con todo* y nicho (Carrasquilla, *Novelas,* pág. 129); ¡Ésta sí era la que se iba a ir pa el cielo *con todo* y ropa! (pág. 139).

VENEZUELA: Usted no dio en el blanco, *con todo* y ser [= a pesar de ser] muy buen tirador (Gallegos, *Doña Bárbara,* pág. 19); A ese espanto lo desvisto yo solo, *con todo* y [= a pesar de] la fama que tiene (página 341). *Con todo* y [= a pesar de] *no tener* los contornos firmes del primero vale mucho en mi ánimo (Briceño, pág. 75); Pero ahí mismito, *con todo* y [= a pesar de] la bulla de la quebrada y del agua, se escuchó un rezo (pág. 91).

PANAMÁ: *Con todo* y [= a pesar de] que es pesado, me gustaría mucho hacerlo (C).

COSTA RICA: Llamó al zopilote y le habló para que lo llevara *con todo* y pieles adonde Tatica Dios (Lyra, pág. 105). Pos se pudo haber ido al río *con todo* y carga (Fabián Dobles, pág. 82; también pág. 116); Mas, *con todo* y [= a pesar de] que en la casa se manejaba con desenvoltura, frente a la gente extraña la oprimía una timidez profunda (pág. 139). *Con todo* y el miedo (Fallas, pág. 75); *con* miedo y *todo* (pág. 77).

NICARAGUA: *Con todo* y [= a pesar de] mi anuencia ante su propuesto pacto de protección mutua, mi compadre no se marchaba (Orozco, pág. 4). *Con todo* y [= a pesar de] su renquera, Juan iba al riachuelo a lavar los trapos (Toruño, pág. 135). ¡Qué buena sos; te vas a ir al cielo *con todo* y zapatos! (Chamorro, *El último filibustero,* pág. 65).

HONDURAS: Stokowsky *con todo* y su nombre eslavo, es un valor yanqui (Martínez Galindo, pág. 22). Esas palabras, *con todo* y [= a pesar de] lo que expresan, son poco (Carías Reyes, *La heredad,* pág. 6).

EL SALVADOR: Pero, *con todo* y [= a pesar de] su explicación ella no lo creía (Torres Arjona, pág. 31); la correntada me arrastró *con todo* y caballo (pág. 31). Carretas ... transportaban una familia entera, *con todo* y ajuar (Ambrogi, pág. 113). Le regaló la vaca, *con todo* y la cría (Mechín, *Brochazos,* pág. 47). *Con todo* y la esperada (C).

GUATEMALA: Ni Bello, ni Irisarri, ni D. José Joaquín de Mora, *con todo* y ser [= a pesar de ser] muy celosos defensores de la independencia, jamás creyeron que al cambiar de instituciones, debiéramos haber cambiado de manera de hablar (Batres, pág. 41).

MÉJICO: Es evidente que al encumbrar rodemos *con todo* y caballo en cualquier desfiladero (Inclán, I, 42); fue conducido entre filas *con todo* y mulas a la aduana (I, 89); no le han de valer sus respetables canas, sino

que, con todo y ellas, lo pongo a columpiarse un rato en cualquier roble
(I, 191). Y bien, con todo y [= a pesar de] eso, Pascual ha seguido visi-
tándonos como si tal cosa (Azuela, *Las tribulaciones*, pág. 38). La señorita
con todo y [= a pesar de] su bondad no deja de tener su condición (Robles, *La virgen*, pág. 91). Había momentos en que ... con todo y [= a pesar de] su dolor, sentía el deleite del descanso lejos de su mujer (Gómez
Palacio, pág. 107). ¡Me llevará presa, pero con todo y propaganda! (Galeana, pág. 122). Irse como el mayate ["escarabajo"] con todo y hebra (Rubio, *Refranes*, I, 265). ¿Es que son capaces de metérsele con todo y caballo? (García Roel, pág. 108).

NUEVO MÉJICO: Se jué contui [= con todo y] familia (Aurelio Espinosa,
Studies, II, 77).

SANTO DOMINGO (MOCA): Con todo y carga; (en otras partes de Santo
Domingo) tiene novia y todo, con eso y todo (*BDH*, V, 238).

PUERTO RICO: Contui'l agua pasa la gente (C).

VI

VERBOS: TIEMPOS; REFLEXIVOS

En numerosos países americanos se oye frecuentemente la observación de que el futuro va desapareciendo y que en la conversación apenas se usa, siendo reemplazado por el presente o por circunlocuciones varias. Desconocedores del cambio lingüístico en otras partes, los que tal dicen se inclinan a pensar erróneamente que la desaparición parcial del futuro es puramente local. Además, no siempre se debe considerar el presente como sustituto del futuro, sino más bien continuación de una vieja práctica, ya favorecida probablemente en el latín vulgar (igual que hoy en el habla popular), pues el futuro era la forma literaria (Meyer-Lübke, § 102; Hanssen, § 575).

Se recordará que el antiguo futuro latino se fue perdiendo y que con la ayuda de los llamados verbos auxiliares se idearon nuevas formas en las lenguas romances. El auxiliar *haber* (*de*) tuvo y tiene aún cierto número de significados: obligación (necesidad moral), coacción, compromiso. Dichos significados no siempre son rotundamente distinguibles, y, habiendo perdido su expresividad afectiva, pasan fácilmente al dominio de la simple futuridad. Este proceso trajo consigo el futuro español: *ha* (*de*) *hablar* > *hablará* "debe hablar, ha de hablar" > "hablará". El futuro inglés ha tenido un desarrollo paralelo. Como al principio no existía el futuro, se usaron los auxiliares *will* ("to have the will to") y *shall* ("to be obliged to"), los cuales, habiendo llegado a intelectualizarse, pueden actualmente expresar simple futuridad. Nuevas combinaciones que restituyen el contenido emocional perdido los sustituyen hoy con frecuencia: "to be about to", "to be going to", etc. En el español se continuó empleando, al lado del nuevo futuro, *haber de* + infinitivo con sus varios significados, y probablemente tuvo siempre mayor vigor en el habla popular que la nueva locución. El futuro, incluso en la lengua literaria, era concebido todavía en el siglo xvi como una combinación del infinitivo y del presente de *haber; haber de* y *haber* se consideraban como prácticamente equivalentes, ya que "la duda entre el simple infinitivo y el infinitivo más *de* era característica de la época" (Keniston, página 461). En la actualidad, *haber de* + infinitivo representa en numerosas regiones, particularmente en el español de América, un simple futuro. Ocasionalmente, el *de* incluso se omite. El futuro de probabilidad o conjetura se oye, pues, con menos frecuencia en Hispanoamérica que en España. Se le reemplaza con *haber de* + infinitivo o con alguna otra locución. De igual manera se ha perdido este futuro en el inglés de América, mientras en Inglaterra se conserva. Cf. Inglaterra: "It *will* be about five o'clock"; América: "It *is* about five o'clock".

ARGENTINA: Mejor *he de ir* yo [= iré yo] a sorprenderlos ... esta tarde ya *he de arreglar* [= arreglaré] todo para ir allá (Ezquer Zelaya, página 38); —Después te *hemo de contar* bien (pág. 67). —¡No se atropellen, señores, que pa todos *ha de haber!* (Lynch, *Palo verde*, pág. 16); ¿Y caso que te hagan juerza en contra, *has de decir* que si no te dejan casar conmigo, *has de matarte* con cuchillo, veleno u lo que sea? (pág. 161). —¿Me parece que si no vine antes no *ha de haber sido* [= no habrá sido] e vicio? (Lynch, *Romance*, pág. 426). Pero dende la otra vida *hay volver* [= ha de volver = volverá] mi ánima en pena en tu busca (César Carrizo, pág. 146; cf. también Vidal, pág. 388).

CHILE: Seña es que *li' ha de poner* [= le pondrá] toas las impedías pa que sea enterrá en sagrao (Latorre, *Hombres*, pág. 23); ¡nunca si' *ha de saber* quién ha sío! (pág. 97); Nu' *ha d'estar* lloviendo, porque nu' hay nubes. Cuando vi la tierra medio colorá: Nu' *ha de ser* sangre, igo (página 118); —Un entierro *ha de ser* (pág. 131); No *ha de estar* estudiando (pág. 179); Lo vide de pasá. Él *ha de ser,* digo yo (pág. 225).

BOLIVIA: Los del pueblo *no han de comprarnos* gran cosa, pero *han de venir* de las haciendas (Arguedas, *Raza*, pág. 25). —¿Quieres ofrecernos hospedaje por esta noche en tu casa? *Hemos de pagarte* (pág. 72); Oye, madre; *has de encontrar* en el atado un poco de maíz (pág. 229). —¡Pero chica, te *has de matar!* (Arguedas, *Vida criolla*, pág. 70).

PERÚ (SIERRA, RÚSTICO): Comues temprano *han querer* [= querrán] pasar (Ciro Alegría, *La serpiente*, pág. 148).

ECUADOR: —Y por esta porquería el clérigo te *ha de haber sacado* lo menos unos veinte sucres (Icaza, *Cholos*, pág. 34). ¿*Ha de ser* [= será] posible? ... ¿*Ha de haber* [= habrá] paciencia? ... Ya *han de ser* las cuatro (Bustamante, pág. 112). Todas las familias *han de venir;* apenas yo llegue a la otra hacienda, le *he mandar* (Mata, *Sanagüín*, pág. 207). —Ve, monstruo, no me llames hijita porque *he de tener* iras y no *he de poder* tomar el chocolate (García Muñoz, *Estampas*, pág. 32); Papacito, no tomes porque te *has de chumar* (pág. 40); Éste le *hemos de dejar* en cuatro "riales" (pág. 65); —¡Vamos pronto, hijita, que los bebés *han de estar* llorando! (pág. 74); —¿Verdad que una color verde me *ha de sentar?* (pág. 79).

EL SALVADOR: —Ésos *han de ser* Mateyo y Julián. —Palomas *han destar matando* (Salarrué, *Cuentos*, pág. 146).

MÉJICO: —¿Oye, curro, y tú *has de saber* contar cuentos? (Azuela, *Los de abajo*, pág. 50). —No, mal no, *he de haber cogido* frío (Gamboa, *Santa*, pág. 254). —*Ha de ser* un diplomático. Yo alcancé a fijarme en la placa (Gómez Palacio, pág. 22). Usted la *ha de haber* escondido (Urquizo, pág. 57); se lo *he de agradecer* (pág. 150).

En el habla familiar y popular se usa en forma semijocosa la locución *tan* (o *más*) + adjetivo + *que lo* (o *la*, o *te*) *han de ver* [= verán]: *tan tonto que lo han de ver*, con el significado de *tan tonto que te ves* (o *eres*). En esta frase, *han de* parece tener algo de la fuerza de la "necesidad moral", y la expresión en su totalidad se concibe como presente en el tiempo; el uso de la tercera persona plural, que es vaga, parece tratar de hacer menos incisiva la afirmación, es decir, de mitigar la punzada de reproche, ironía o burla inherente en aquella locución. Es fácil encontrar parentesco entre ella y la frase *hay que ver* y con usos tales como "Mirad si no han de ser locos ..." (*Don Quijote*, II, 32), etc. La explicación de Román (V, 656: "Es tan tonto que hay que verlo para creerlo") no siempre es aplicable en la actualidad. Su sentido ha pasado a ser menos complicado, siendo hoy por lo general equivalente a "eres muy tonto, qué tonto eres", con matices de juguetona ironía.

CHILE: ¡*Tan* tonto *que lo han de ver!* ¡*Tan* mezquina *que la han de ver!* (Román, V, 565). —*Tan* cargoso *que te han de vel.* ... *Tan* cargao a las riendas *que te han de vel* (Romanángel, pág. 9). —¡*Tan* cínico *que lo han de ver!* (Maluenda, en *ACH*, pág. 204). —¡Gilidioso [= molesto] *que te han de ver,* mirá! (Durand, *Tierra,* pág. 47). Lo largo e manos *que lo han de ver* (Guzmán Maturana, pág. 21).

ECUADOR: —*Tan* tragón *que lo han de ver* (Pareja, *La Beldaca,* página 30). —*Más* mudo *que te han de ver* (Jorge Fernández, pág. 155).

La locución *ir a* + infinitivo en reemplazo del futuro es común en todas partes, pero en el español popular de América ha extendido sus dominios más allá de su uso normal en España. Ocasionalmente la hallamos con un infinitivo para dar sentido de futuridad (véase Méjico, más abajo), curiosa supervivencia del sentido latino, si no ya de la forma. Cf. Canellada, pág. 33.

CHILE: Y lo pior es que no "sabimos" en qué estación *va a ir a parar* [= parará] este tren (Pepe Rojas, *La banda,* II, 3).

PERÚ: —¡Caramba! hom. ... Ya *va usted a querer* pelear con nosotros por semejante porquería (Barrantes, pág. 153).

COSTA RICA: El Moncho es hombre de pantalones y *no va a haber estao dormío* estos meses atrás (Fabián Dobles, pág. 239).

HONDURAS: —La muchacha ... se dirigió al cuarto de las bebidas. —¿Cuánto *va a querer,* señor? (Mejía Nieto, *El solterón,* pág. 122).

EL SALVADOR: Si baila con vos, todos *van a querer* lo mismo (González Montalvo, *Don Benja*).

MÉJICO: Después de la sopa, ¿qué *va a querer* usted? (C; camarera en un restaurante). Ni crea que *va a querer* (Urquizo, pág. 15); A poquito llegó mi mamá de prisa, temerosa seguro de no *ir a encontrarme* ya [especie de infinitivo futuro] (pág. 19).

En numerosas regiones hallamos el empleo del auxiliar *ir* + *a* + infinitivo, *haber* + *de* + infinitivo, etc., con el tiempo del auxiliar usado como si perteneciera a la locución como totalidad: *iré a querer = querré; hubo de ir = fue,* etc. ("Temo si *iré a ponerme* tísica", Benavente, *El automóvil,* I, 3).

ZONA DEL RÍO DE LA PLATA: Han llamado a la puerta. ¿Quién *irá a ser* [= será]? (Morínigo).

CHILE: —Su mercé *habrá de ver* [= verá], pué, patrón (Durand, en *ACH,* pág. 227). *Irá a llegar* a las nueve (C).

COLOMBIA: ¿Se *irá a aburrir*? (Carrasquilla, *Hace tiempos,* I, 68).

MÉJICO: ¿Cuándo *iré a querer* a un hombre? (Galeana, pág. 63).

CUBA: ¡Está herida! ¿*Irá a morirse* [= se morirá]? (Cuca Quintana, en *CC*, pág. 221).

Semejante uso, sin embargo, es más característico del pretérito. El futuro de probabilidad se evita también mediante el uso de *deber* (*de*) + infinitivo, como en todas partes.

ARGENTINA: *Deben de ser* como las jonce (Lynch, *Los caranchos*, página 27); *Deben ser* como las cinco (pág. 100).

PRESENTE POR PRETÉRITO PERFECTO

Con frecuencia, un presente negativo (generalmente después de *todavía* y equivalentes) reemplaza al pretérito perfecto, probablemente en un esfuerzo por aligerar y vivificar la expresión llevándola al terreno de lo que está ocurriendo en el momento. Esta construcción es frecuente en España.

ARGENTINA: El perro ... paró las orejas ... y quiso gruñir. —No hay pa qué. ... Calma y güen discurso, que entuavía *no pasa* [= no ha pasado] nada (César Carrizo, pág. 63).
ECUADOR: Todavía *no me devuelven* [= no me han devuelto] los pesos. Dicen que ya mismo habrá algo (Pareja, *El muelle*, pág. 5). —Vea, chapita. ... —No tengo fósforos —me respondió. —Si todavía *no le pido* [= no le he pedido] nada (García Muñoz, *Estampas*, pág. 74). *No viene* [= no ha venido] (Rosenblat).
MÉJICO: —Date priesa, Pifanio. ... Ya se metió el sol y todavía *no bajas* [= no has bajado] al agua a las bestias (Azuela, *Los de abajo*, página 190); ¡Trabaja dende que Dios amanece! ¡Qué ha que se metió el sol ... y mírelo, *no para* [= no ha parado] todavía! (pág. 192). *No nace* todavía el hijo de la ... que tenga que derrotar a mi general Villa (página 233). A pesar de su carta ... a esta hora *no recibo* [= no he recibido] aviso del ... banco (L). Toavía *no me bautizan*, ni siquiera me han echao l'agua (García Roel, pág. 32).

IMPERFECTO POR PLUSCUAMPERFECTO

De igual forma, en el mismo tipo de construcción se halla el imperfecto cuando normalmente se espera el pluscuamperfecto.

CHILE: El capitán todavía *no se vestía* [= no se había vestido] cuando llamé a la puerta de su cabina (Délano, pág. 120).

ECUADOR: Estaba viviendo sola ... porque su tía aún *no regresaba* [= no había regresado] (Ortiz, pág. 41).

COSTA RICA: Media hora larga había pasado y la morenilla *no parecía* [= no había parecido] (Magón, pág. 107).

MÉJICO: Rodrigo, con la inexperiencia de sus pocos años, todavía *no aprendía* [= no había aprendido] a engañarse a sí mismo. Ni siquiera lograba disimular discreto (García Roel, pág. 294). —No, me dejó su padre cuando *no nacía* [= no había nacido] la niña (Galeana, pág. 92). Oíamos ... el ruido de la fusilería ... pero todavía no *entrábamos* [= no habíamos entrado] en juego nosotros (Urquizo, pág. 227).

IMPERFECTO POR PRESENTE

Normalmente, el presente se emplea para indicar que una acción iniciada en el pasado se continúa en el presente: "hace mucho que no le *veo*". El pretérito perfecto se puede usar especialmente cuando el verbo es negativo: "hace mucho que no le *he visto*". Por extensión se ha llegado a usar el imperfecto en lugar del presente, especialmente cuando el objeto del verbo subordinado se halla a plena luz y, por consiguiente, la acción acaba de terminar en aquel preciso momento. Tanto en España como en América, este uso es corriente. Constantemente se oye: "hace tiempo que no te *veía*, hace tiempo que no *venía* usted", y otras por el estilo. A continuación damos unos ejemplos tomados al azar.

CHILE: —Aló, Carmencita. ... Hace un mes, por lo menos, que no la *veía* (Luis Meléndez, pág. 159). ¡Cuánto me alegro de encontrarlo! ¡Qué tiempo que no nos *veíamos!* (Guzmán Maturana, pág. 60). —Hace mucho que *deseábamos* mudarnos a Providencia (Edwards Bello, *La chica*, página 66).

COLOMBIA: —Hace tiempo que no te *oía* hablar (Buitrago, pág. 224).

VENEZUELA: —Hace tiempo que no te *oía* ese grito (Gallegos, *La trepadora*, pág. 127).

GUATEMALA: ¡Qué milagro! Endequiaque [= hace mucho tiempo que] no lo *veíamos* por acá, don Domingo (Samayoa, pág. 112).

MÉJICO: —Hace cinco años que no lo *probaba* (Azuela, *Avanzada*, página 20).

CUBA: —Compadre ... no te *veía* desde hace mucho tiempo. ¿Qué haces por aquí? (Ciro Espinosa, pág. 177).

Puerto Rico: Hace veinte años que no *veía* un campo (Meléndez Muñoz, pág. 189).

En el habla popular es frecuentísima asimismo otra construcción en la que, para expresar tiempo pasado, *hacer* aparece en presente (*hace*) en lugar del imperfecto (*hacía*), lo cual provoca un contraste más vívido entre el presente (que es el tiempo en que se habla) y el pasado.

Ecuador: Como supe que se hallaba enferma volví a la casa. *Hace* [= hacía] muchos meses que no había ido por allí (Icaza, *Cholos*, página 177); No tenía luz eléctrica desde *hace* [= hacía] algunas semanas; le habían cortado por falta de pago (pág. 180).

FUTURO POR IMPERATIVO

En español, siguiendo el uso latino, se ha empleado el futuro desde los tiempos más primitivos para expresar mandatos autoritarios. Así, leemos en el *Cid*: "por Molina *iredes*, i *yazredes* una noch" (v. 2365). Se emplea asimismo en las leyes, como en "No matarás". Esta práctica, que da al mandato un matiz narrativo, se mantiene en la actualidad, pero, al parecer, en ninguna parte como en el Ecuador, en donde, bajo esta forma, el pronombre complemento ha conservado su antigua posición enclítica (salvo cuando el verbo es negativo), y no sólo en el lenguaje popular, sino asimismo en el habla familiar de las clases cultas. Da la sensación de un imperativo mitigado. En la lengua antigua: "*Dirásle*, buena vieja, que ... quise más dexarle por loco que publicar su grande atrevimiento" (*Celestina*, IV); "busca a Lisardo, y *dirásle* / como mi afecto le avisa / que a verme vaya esta noche" (Calderón, página 92). Esta construcción se puede considerar como supervivencia local de una genuina forma clásica, fijada probablemente y extendida bajo influencia del substrato quichua, lengua que, además de un imperativo presente, posee uno o más imperativos futuros.

Ecuador: —Entonces *prepararáste* [= prepárate] (Icaza, *En las calles*, pág. 76); —*Acordaráste* [= acuérdate] de nosotros ... ¡Cuidarás [= cuida] al guagua! ... —*Escribirás* pes (pág. 81); —*Casharáste* [= cállate], perra corrompida (pág. 174). ... —*Tendránle* [= ténganla] bien, a lo mejor me muerde (pág. 179). —*No te harás* [= no te hagas] el chistosito (García Muñoz, *Estampas*, pág. 223); *Harás* [= haz] desaguar el arroz, Lucrecia (pág. 247); —Entonces, *dirále* [= dígale] a su mujer que mande a sacar las cucharas (pág. 266); —*Daráme* [= déme] unos diez sucres (pág. 314). —*Daráse* [= dése] prisa, que de no le multo (Pareja, *Baldomera*, pág. 12); —¡Mata a la vieja! —*¡Matarás* [= mata] a tu madre, desgraciado, mal parido! (pág. 21); Uno de ellos ... le da una tremenda patada en el estómago: —*¡Tomarás* [= toma] este dulce, negrita! (pág. 23). —Mamacita, ... *irán* [= vayan] pronto allá. —¡En seguida te seguiremos, hijito mío! *Cuidaráste* bien, *abrigaráste* bien en el páramo, *tomarás* quinina para el paludismo, por si acaso (Mata, *Sanagüín*, pág. 50).

COLOMBIA (SUR): —Bueno, pero *tendrás* [= ten] cuidado (Álvarez Garzón, pág. 60); —*Vendrís* [= ven] a avisarme el resultado (pág. 106).

UNA LOCUCIÓN LOCAL DE IMPERATIVO

En el habla popular de la sierra ecuatoriana y del sur de Colombia, el imperativo se atempera asimismo por medio de otra construcción modelada sobre el quichua: se trata del uso de *da* o *dame* (*cuy* en quichua) más un gerundio. Por ejemplo, *dame trayendo* constituye una súplica o ruego cortés, y se prefiere al seco *tráeme* o *tráemelo*. Vázquez (pág. 127) da otros ejemplos de este español tipo-quichua: *dame llevando = llévamelo; dame escribiendo = escribe* [sic]; *dame hablando a mi favor = habla a mi favor, recomiéndame; dame leyendo = léeme*. Esta locución no sólo es característica del habla rústica de los indios, sino que tampoco es infrecuente entre la población urbana iletrada de Quito, e incluso se oye en la conversación familiar de personas con cierto grado de cultura. Es posible, por ejemplo, que un jefe diga a su secretaria: "*Déme escribiendo* esta carta" en lugar del más abrupto y menos fino "*Escríbame* esta carta", o "¿Quiere *darme corrigiendo* esto?" por "*Corríjame* esto", etc.

ECUADOR: —¿Qué es pues, cholita? —Nada, don Luquitas ... quiero que *dé haciendo* [= haga] un favorzote bien grande por lo que más quiera, lindítico. —¡Habla claro y pronto! —Vay *dé rogando* [= ruegue] en el Estanco que se porten mejor con mi Julián (Mata, *Sanagüín,* pág. 96); Vay *dé hablando* [= hable], bonito, y *no se enojará* [= no se enoje] (página 97); Vaya ... *dé preguntando* [= pregunte], señor Diez de Jijón (página 124); Oye, ... *da dejando* [= deja] esta carta a algunos de los Fernández (pág. 216).

COLOMBIA: Cf. pág. 255.

POTENCIAL POR IMPERFECTO DE SUBJUNTIVO

En las cláusulas condicionales con *si,* muchas regiones suelen emplear el potencial en lugar del imperfecto de subjuntivo. Keniston (pág. 412) anota en el siglo XVI un solo ejemplo ("si en algo *podría*"), y eso que en otras oraciones subordinadas se encuentra a veces el potencial en lugar del pretérito de subjuntivo [1]. En el norte de España y en partes de Hispanoamérica se emplea el potencial coloquialmente: *si yo vería* por *si yo viera; si yo diría* por *si yo dijera.* Evidentemente, estas formas se usan por atracción o por analogía con la oración principal. Senet (pág. 133) hace notar que en el habla popular de Buenos Aires casi ha desaparecido el subjuntivo (cf. "lo recibiré el día que nuestras tropas *entrarán* en Madrid" [Martínez Zuviría, pág. 384]). A su vez, Joaquín Romero (pág. 399) afirma que en la Argentina cada vez es más frecuente el potencial ("si yo *tendría*").

ARGENTINA: Si *tendría* tiempo, iría; si *estudiaría* más, aprendería (Tiscornia, *La lengua,* § 173, según el cual en la escuela se oyen semejantes frases). (POPULAR): —Mirá, ché, por compadre [= por arrogante] me *gustaría* [= me hubiera gustado] que le *ganarían* [= ganaran] (Senet, página 133; cf. también Vidal, pág. 389).

CHILE (CHILOÉ): Si *tendría* dinero, compraría aquel terreno (Cavada, pág. 284).

ECUADOR: Hernán piensa cuál sería su situación si él *caería* bajo el hacha del terror (Salvador, *Noviembre,* pág. 106); si ella *llegaría* a morir, ¿a dónde iría la niña? (pág. 119); Si me *acariciarías* ahora, serías un

---

[1] Común actualmente en la provincia de Burgos y en otras partes. Cf. A. Espinosa, "The use of the conditional for the subjunctive in Castilian popular speech", *Modern Philology,* XXVII (1930), 445-49. "Yo le dije que si le *encontraría* un piojo que le *mataría*" (A. Espinosa, *Cuentos,* III, 408); "Mi madre me dijo que *iría* [= fuera] a misa y que *haría* [= hiciera] lo que los demás" (pág. 404); "*quería* ... llevárselo al león pa que se lo *comería*" (pág. 444), etc. Cf. también G. Fernández Shaw, *El caserío* (1926), I, 8; II, 6.

hombre más en mi vida (pág. 156); —Serías una ingrata si te *disgustaría* el quedarte conmigo (pág. 206); ¿qué importaría, si *podrían* conseguir un cargo en el exterior? (pág. 210).

COLOMBIA (SUR): Y si no *podría* hacerlo, ¿cómo se las arreglaría? (Álvarez Garzón, pág. 103); y si así lo *vería* la Alegría, cómo se burlaría de él (pág. 222).

GUATEMALA: El médico recetó a una enferma delicada / darle media cucharada de un elixir cada día, / hasta que él lo *indicaría* (Bonilla Ruano, III, 156).

SANTO DOMINGO (CIBAO): Ajolá que sucediera / Que yo *sería* tu mujer (Brito, *Dicc. de criollismos*, pág. 38, *ap. BDH*, V, 177).

EL POTENCIAL EN LAS NOTICIAS PERIODÍSTICAS

Con el significado aproximado de "se ha comunicado que, se rumorea o presume que, se dice que", etc., ocasionalmente se emplea el potencial en titulares y artículos periodísticos. Nos encontramos en este caso con una variedad de potencial de probabilidad o conjetura. Particularmente común en los periódicos de Chile y Argentina, se trata probablemente de un galicismo, un reflejo del uso francés (también, posiblemente, italiano), en el cual el potencial indica frecuentemente afirmaciones o informaciones dudosas. Mientras la práctica española exige el futuro en casos de conjetura para el tiempo presente y el potencial en casos de lenguaje indirecto, expreso o implícito, ello no es frecuente en los sumarios periodísticos, como lo es en francés.

CHILE: El vapor chileno Copiapó *se estaría hundiendo* en la bahía de Cristóbal (*Mercurio*, 7 de julio de 1940). No cabe la menor duda que el teatro chileno *estaría* a punto de entrar en una fase definida de su desarrollo (*Prólogo* a *La feria* [Santiago, 1939] de Pedro de la Barra).

EL POTENCIAL EN EL HABLA VULGAR DE BUENOS AIRES

En el habla vulgar de Buenos Aires hallamos un uso peculiar del potencial para expresar incredulidad o ironía: ¡*estaría!*, que significa *no está, aunque tú lo creas*, o ¡*a quién se le ocurre pensar que está!* El filólogo español Amado Alonso estigmatiza en *El problema de la lengua en América* (pág. 94) el excesivo uso estereotipado de los modos afectivos de expresión en la capital argentina y la pobreza de recursos lingüísticos individuales que se ejemplifica en dicho uso vulgar del potencial. Afirma, por ejemplo, que, en respuesta a la afirmación "me parece que me van a subir el sueldo", la reacción corriente sería invariablemente *¡subirían!* (o, en forma corrompida, *¡subiriólan!*), respuesta que expresa una mezcla de incredulidad, sarcasmo e ironía: —"Sí, hermana. Tu marido ha dormido todas las noches como un bendito en casa de Ferruccio ... —¡Fu! ¡Tiempos idos! Ahora ... *¡dormirióla!*" (Llanderas, *Giuanín,* pág. 24). Esta extravagancia lingüística, escuchada por vez primera en Buenos Aires en 1928 y de allí extendida hasta Paraguay, ha caído actualmente en un desuso que en nada perjudica: tal es el sino de la mayoría de los caprichos lingüísticos de este tipo.

INDEFINIDO POR PRETÉRITO PERFECTO

El indefinido (*vine*) debió de distinguirse muy bien del pretérito perfecto (*he venido*) en la lengua primitiva, ya que el último surgió para llenar una verdadera necesidad (en el pretérito perfecto latino se combinaban ambos significados). El español moderno —basado en la mejor práctica y en mejores normas— emplea el indefinido (*vine*) para expresar una acción completa en el pasado. El pretérito perfecto (*he venido*) lo emplea para expresar una acción pasada cuyos efectos llegan al presente, siendo reales dichos efectos o meramente supuestos por la persona que habla. Por consiguiente, se emplea para expresar una acción pasada, pero reciente (*he venido* = "acabo de venir"), o para expresar una acción realizada en un tiempo aún no terminado (*hoy, esta semana, este año*, etc.). Dichas diferencias se tienen puntualmente en cuenta en Navarra, Aragón y parte de Castilla la Vieja, pero fuera de aquí se ha rechazado a veces esta práctica. En algunas regiones de Galicia, Asturias y León (Menéndez Pidal, *El dialecto leonés,* § 21; Garrote, § 77) únicamente el indefinido es corriente —supervivencia arcaica del uso latino— para expresar ambos significados:

vine "vine" y "he venido". En el resto de España, ambos usos han tendido a fusionarse. En Madrid, por ejemplo, al indefinido se prefiere el pretérito perfecto, empleándose con frecuencia en casos en los que antaño únicamente el indefinido se consideraba legítimo: "ayer *he ido* [= fui] a verlo". Este uso es raro en el español de América: es corriente en Bolivia (véase más abajo), al igual que en el noroeste de Córdoba (Argentina), de acuerdo con Moglia (pág. 251), y ocasionalmente en otros lugares. Por el contrario, en la mayor parte de Hispanoamérica se emplea frecuentemente el indefinido en casos en los que los puristas insisten sobre el pretérito perfecto: *no vino hoy* por *no ha venido hoy, ¿qué pasó?* por *¿qué ha pasado? ¿Qué hubo?* —generalmente pronunciado con sinalefa: *quiubo* (en Méjico *quiúbole*)— es corriente en cierto número de regiones no sólo en el sentido de *¿qué ha habido?* = *¿qué ha pasado?* = *¿cómo te ha ido?* = *¿cómo estás?* y de *¡hola!*, sino también en el sentido de "¿qué opinas?, ¿estás de acuerdo?, ¿qué piensas sobre ello?". (Fórmulas tales como *¿qué hubo?,* en la cual la acepción verbal ha desaparecido casi por completo, no deberían tal vez incluirse aquí).

Debemos recordar que las distinciones no son rígidas, pero en general se emplea mucho más corrientemente en Hispanoamérica el indefinido popular que el pretérito perfecto (con menor frecuencia en Perú, Bolivia y otras áreas limitadas, así como en San Luis, Argentina). El indefinido, brusco y recortado, tiene su paralelo en el inglés familiar de América ("did you do it?" más bien que "have you done it?").

ARGENTINA: —¿No se halla mejor? —le pregunté. —Igual no más. —*¿Durmió?* —Hasta aurita, no más (Güiraldes, *Don Segundo*, pág. 206); —*¡Reventó* la yegua el lazo! —comenté (pág. 250); —*Ganaste* una— me dijo el patrón (pág. 264). —Hoy *pasé* por ese pueblo (Larreta, *El linyera*, pág. 44); don Nazario me *vendió* hoy el cuchillo (pág. 103); Los *retiré* hoy mismo (pág. 161). —¿Le *compraste* algo? (Rodríguez Acasuso, *La mujer olvidada*, I, 1); ¿*Cerraste* todo? (III, 12). —Hoy *se fueron* papá y mamá. —Por eso *vine* (Boj, pág. 219; cf. Vidal, pág. 387).

URUGUAY: —¡Qué suerte que *viniste!* ... Te *gané* (Acevedo Díaz, *Cancha larga*, pág. 12); *Saliste* aprovechao como tu padre (pág. 45); ¿Y *viniste* nada más que pa dar las gracias? (pág. 51); ¡Pero! ¡No te *mostré* la sobrecincha! (pág. 52); ¿Se te *pasó?* (pág. 69); ¿*Lloraste?* (pág. 120); —*Viniste* como anillo al dedo (pág. 158); ¡Le *acertaste!* (pág. 161). CHILE: —Buenos días. ¿Cómo *pasó* la noche? (Maluenda, en *ACH,* pág. 204). —¿*Comió* el forastero? —Sí; y está durmiendo (Acevedo Hernández, *Por el atajo,* pág. 12). —Güenos días. —Me *curé* pue, eñor (página 23); —¿Por qué no *vino?* ... Hoy *fue* el olio del niñito nuevo (página 49); —Se *fue* (pág. 54); —Ya 'stá el desayuno. —Yo me *esayuné* (pág. 57); —Vos lo *quisiste* (pág. 66); —Jorge, ¿a qué *vino? —Vine* porque tenía necesidad de verte (pág. 70). —*Llegué* hoy (Prado, *Un juez,* página 232). —¿*Qué hubo,* cómo te *fue,* conquistador? (Acuña, *Huellas,* página 115). Nuevamente en su cama se acerca el doctor: —¿*Qué hubo,* 21? ¿cómo le *fue?* —Bien, doctor (Juan Modesto Castro, *Aguas,* pág. 76). Me *devolví* [= he vuelto] (C). Esa tarde estábamos comiendo cuando *se ha estremecido* [= se estremeció] la tierra (Pino, § 146).

BOLIVIA: Este chico *ha tenido* un mal sueño anoche. ... ¿Qué *has soñado,* chico? ... —¿Quién me llama? —*he preguntado* angustiosamente. —Te *ha llamado* la mina (R. U. Peláez, en *ACB,* pág. 163). Ayer *ha solicitado* audiencia del viejo (Arguedas, *Vida criolla,* pág. 126); la otra noche la *hemos esperado* inútilmente a su hija (pág. 204); Cuando l'e *visto* antes de ayer, daba miedo y m'a *dicho* que no saldría (pág. 217); Anoche *he soñao* con toros (pág. 258). —¿Te acuerdas de esa tarde que *has roto* la jarra? (Díaz Villamil, *Plebe,* pág. 51). De repente *hemos oído* ... el sonido (Leitón, pág. 30).

PERÚ: ¿En dónde *compraste* hoy los huevos? (Ricardo Palma, en *ACP,* pág. 39). —*Vine* pa despedirme, vidita (Diez-Canseco, en *ACP,* pág. 178).

ECUADOR: Lo *gastó* hoy en necesidades urgentes (Salvador, *Noviembre,* pág. 117). Hoy *estuve* con Beatriz (García Muñoz, *El médico,* pág. 61). —Y el chico, ¿*vino?* (Gil Gilbert, *Nuestro pan,* pág. 171); —¿*Qué hubo,* aparcerito? (pág. 217); —¿Dónde *estuviste* hasta esta hora? (pág. 271). —¿*Qué hubo?* (Pareja, *Baldomera,* págs. 56, 64, etc.). —¿Ya *trajeron* el pan? (García Muñoz, *Estampas,* pág. 223); ¿Y los guaguas? ¿Y por qué no les *trajeron?* (pág. 243).

COLOMBIA (ANTIOQUIA): —Estoy deshecha, Cantalicia; ¿*qué hubo?* —Todo lo *arreglé,* mi Niña. —¿Y qué *fue,* Cantalicia? Cuénteme (Carrasquilla, *Hace tiempos,* I, 31); Me examina los dientes. ... —Te *salieron* muy bonitos y muy parejos. No te *dañaste* nada con la muda: siempre *quedaste* el negrito Eloy (pág. 44); —¿Por qué *se volvió* él de allá, Jerónimo, yéndole tan bien? —No *se ha vuelto* (pág. 50); —¿Y entonces por qué *se vino* para acá la tal Pastora? (pág. 103); —¿Sí le *gustó,* Nicanor? —Muy sabrosa, Pastora (pág. 118); —Pa eso *truje* los zapatones (pág. 151); Tan siquiera no *perdí* el tiempo. —¿Cómo le *parecieron?* —Muy simpáticas (pág. 194). —¿*Qué hubo?* Aurelio; ¿por qué no te *fuistes* a chinchorriar ... ? (Buitrago, pág. 34); Saltando de contenta entró María Trina a la sala. —¿*Qué hubo?* mija. ¿*Convidaste* a Verónica? (pág. 85). (COSTA ATLÁNTICA): ¿*Qué hubo?* (Revollo, pág. 226, el cual opina que fueron los soldados quienes llevaron del interior al norte de Colombia la citada locución).

VENEZUELA: —¿*Qué hubo*, Juan Primito? —solían preguntarle los peones de la mujerona (Gallegos, *Doña Bárbara*, pág. 174); —¿*Qué hubo*, pues, vale? (pág. 236). —¿*Qué hubo?* —inquirió roncamente uno de los hombres (Díaz-Solís, pág. 24).

PANAMÁ: ¿*Qué hubo?* (Herrero Fuentes, pág. 97). —*¡Quiubo!* —*Quiubo*, pues (Nacho Valdés, *Sangre criolla*, pág. 100).

COSTA RICA: —Hoy nada *traje* (Noguera, pág. 46); —¿Qué tal *quedé?* (pág. 63). —¿Por qué *dilataste* tanto? (Fabián Dobles, pág. 162).

EL SALVADOR: —¡Hijo: abrí los ojos; ya hasta la color de que los tenés se me *olvidó!* (Salarrué, *Cuentos*, pág. 9); —¿*Qué lihubo*, Nayo? —Los *casaron* (pág. 75); *¡Oyó* ... tréme la bolsa! (pág. 95).

MÉJICO: —¿*Quihúbule*, amigo? (López y Fuentes, *¡Mi general!*, página 36); —¿Qué no acostumbra tomar? Pues, entonces, ¿a qué *vino?* A preguntar la hora (pág. 88); —Voy de regreso para mi casa. *Estuve* en la ciudad tratando algunos asuntos comerciales (pág. 169). Hoy *hubo* mucha gente de fuera (Madero, I, 2). —*Veniste* tarde. Todo ese personal está completo (Azuela, *Avanzada*, pág. 167). —¿Qué tal *pasó* la noche? —Muy mal, jefe (Anda, *Juan del Riel*, pág. 223). —Pos entonces, ¿a qué *vino?* (González Carrasco, pág. 73); —¿Qué, ¿*golviste* sin permiso? (pág. 77). Te lo compro pero te vas conmigo esta noche, ¿*qu'iubo?* ["¿qué te parece?"] (Galeana, pág. 162). —¿*Quiubo*, qué *pasó*, compadre? —Pues ya lo ve (Urquizo, pág. 13); —¿*Quiúbole? —¿Quiubo? —¿Ya despertastes?* (página 186). —Te voy a hacer capitán. ... —¿*Qué hubo?* ["¿qué te parece?"]. ¿La aceptas de capitán? (Rubín, pág. 158).

SANTO DOMINGO: —¿Tú por aquí? —*Llegué* ahora mismo. ... —*Vine* a ver cómo está esto por acá (Requena, *Los enemigos*, pág. 29).

CUBA: ¿Qué *pasó?* ¿Cómo *amaneciste* hoy? (Padrón).

INDEFINIDO POR PRESENTE O FUTURO

Normalmente, el indefinido se usa a veces acompañado por el adverbio *ya* con valor de pretérito perfecto o, más bien, de presente: *ya se acabó, ya pasó; ya se fue;* etc. En razón de la predilección hispanoamericana por el indefinido, dicho uso se ha extendido considerablemente a otros verbos, siendo especialmente corriente con *estar: ya estuvo* por *ya está.* Además, teniendo en cuenta que el presente se emplea con frecuencia por un futuro inmediato, un indefinido como *ya estuvo* ha pasado a indicar en numerosas regiones una acción repentina en el futuro inmediato. En Chile,

Colombia, Méjico, Cuba y otras partes es popular el indefinido *nos fuimos* (ocasionalmente *fuímonos*) por *nos vamos*, con el significado de "nos vamos a ir, vámonos".

En Chile (*nos* > *los* en el habla popular, cf. pág. 131) *nos fuimos* se pronuncia popularmente *loh juimoh* y, posiblemente a modo de capricho pasajero, se representa humorísticamente como *ele jota* (*l j*), por los sonidos iniciales de cada palabra de esta locución: ¿*ele jota?* = ¿*nos fuimos?* = ¿*nos vamos?* En el caso de Méjico, Henríquez Ureña (*BDH*, IV, 222, n. 1) llama a ¡*nos fuimos!* por ¡*vámonos!* "uso fantasístico, tal vez humorístico en su origen". Cf. mejicano ¡*nos vimos!* por ¡*nos vemos!* [= ¡hasta luego!].

En estas expresiones, el indefinido anticipa realmente la acción, a la manera de un futuro, pero la describe expresamente como ya cumplida e irrevocable (como el *se acabó* modélico).

ARGENTINA: —Va a leernos algo. (*A Pastora*) A ver, trai. (*Pastora trae lu vela. Don Ladislao saca del bolsillo de su pantalón unos papeles*). *Ya estuvo*. Nos va a leer la sentencia como a los condenaos (Larreta, *El linyera*, pág. 143).

URUGUAY: —Les jugamos yo y usted a don Pedro y al doctor. —¡Cómo no! *Ya estuvo* (Sánchez, *La gringa*, II, 1). El ayudante dio media vuelta ... y de súbito ... se desplomó. —*Ya estuvo* —exclamó el comandante—; ¡pobre muchacho! (Pérez Petit, pág. 161).

CHILE: —¡Cinco al caballito! —¡Uno al chancho! —¡El pescado me tinca; voy tres pesos! —¡*Nos fuimos!* —gritó el fondero. El disco giró rápidamente y todos los ojos se abrieron (Silva, pág. 22). —¡Ya está, *nos fuimos!* —dijo el viejo. Los dos entraron al cuarto de Don Juan (Ernesto Montenegro, pág. 236).

PERÚ: Si te dan la beca para el colegio de la Magdalena, *te armastes* (Benvenutto, pág. 146).

ECUADOR: —Págame tú la comida y el trago. —*Ya estuvo* ... —¿Quieren tomarse un puro? [= copa de aguardiente de caña]. Yo pago. —*Ya estuvo* (Pareja, *Baldomera*, pág. 76); —Oye, Lamparita, vámonos casando. —*Ya estuvo*, Baldomera (pág. 87). —Oye, nos vamos atrás del tiburón. —*Ya estuvo*, pues (Pareja, *La Beldaca*, pág. 75).

COLOMBIA: —Es que si pedís cosa mala, va y el maestro te la concede; y, una vez concedida, *te amolaste*, porque la palabra del maestro no puede faltar (Carrasquilla, *Novelas*, pág. 23). El peje que caiga, *cayó* (Álvarez Garzón, pág. 86). *Nos fuimos* [= nos vamos, etc.] (Flórez, pág. 376).

EL SALVADOR: Por fin ... vido brillar un objeto extraño. —¡*Yastuvo!* —gritó (Salarrué, *Cuentos*, pág. 18). La masa endurecía paulatinamente.

... Julián la fue acolochando y levantándola ... hasta darle el toque final. ...
—*¡Tuvo!* [= estuvo] (Ambrogi, pág. 70).
GUATEMALA: —Buscar un mujer. Si el jefe dal permiso yo lo busque
en mi pueble. ... —*¡Ya 'stuvo!* (Samayoa, en *CLC*, pág. 70).
MÉJICO: —Fíjate dónde hay buenos caballos. Que en diciendo "*nos
fuimos*", todo eso nos va a servir (pág. 12). ... Me despedí con un garboso
"¡nos vemos!" Al ganar el camino, con mis vaqueros y con el que del
rancho me llevara, les dije apretando los talones a mi caballo: —*¡Nos
fuimos*, muchachos! (López y Fuentes, *¡Mi general!*, pág. 31). Ese arroz
ya estuvo [= ya está caliente] (Rubio, *Refranes*, pág. 202). Cuando termi-
nen ustedes, *ya sonó* la trompeta del juicio final; Al ratito *ya se compuso*
[= ya se compondrá] el tiempo (C). *¡Nos vimos!* (C).
CUBA: —*Te fastidiaste* [= te vas a fastidiar]; —*Te moriste* [= te vas
a morir], en son de amenaza (Padrón).

"HUBO DE" + INFINITIVO

Igual en España que en América, el indefinido de *haber* +
de + infinitivo no expresa con frecuencia más que lo que el indefinido del verbo principal, es decir que el sentido de obligación
asociado con *haber de* se ha perdido en gran parte, probablemente
por analogía con *ha de* para expresar un simple futuro y *había de*
para expresar un potencial: "Le persiguieron y *hubieron de cap-
turarle* [= le capturaron]" (Romero García, pág. 84); "Era inexacta la versión de que ... el Líder Máximo *hubo de resbalar*
[= resbaló] al cruzar un río" (Taracena, pág. 57).

Para Argentina, empero, Capdevila (págs. 109 ss.) menciona un
empleo peculiar de *haber de,* que él estima como localismo. Explica que, en el lenguaje corriente argentino, *hube de viajar a Europa* significa "estuve a punto de viajar a Europa (pero no lo hice
así)", equivalente al español tipo *estuve a punto de viajar a Europa;* como la locución indica una tentativa, va seguida por la conjunción adversativa *pero,* que sirve de introducción a la razón de
por qué la acción no se llevó a efecto. Se trata desde luego precisamente de lo contrario al sentido normal tal como lo emplean los
mejores hablantes y escritores de todas partes, a saber: que la acción se realizó, a menudo incluso con implicación de necesidad (*haber de* = con frecuencia *tener que*). Sin duda, esta práctica constituye una extensión de locuciones como *he* (o *había*) *de hablar,* en pre-

sente (o imperfecto), al indefinido. Así, *he de hablar* "voy a hablar"; *había de hablar* "iba a hablar"; *hube de hablar* "fui a hablar (en un momento concreto)" > "estuve a punto de hablar". Igual cosa hallamos en la España dialectal: (Galicia) "por poco *hube de caer* al río" (Robles Dégano, *Gram.*, pág. 112); (Asturias) "hubo caer" [= *casi se cae*] (Canellada); cf. Salvá, *Gram.*, página 206.

HABÍA SIDO, HA SIDO

Es interesante el uso popular del pluscuamperfecto *había sido*, más un sustantivo, pronombre o adjetivo generalmente, con sentido de presente o imperfecto de indicativo para expresar sorpresa o admiración: *¡había sido usted!* con el significado de *¡conque es* (o *era*) *usted!* Esta locución parece representar una especie de elipsis del pensamiento del hablante: *era usted y yo no lo sabía*, o *yo no creí que era usted*, o *que había de ser usted*. Ya que *ha de ser* expresa futuro, *había de ser* podía expresar un presente, tal como lo hace en el lenguaje indirecto.

La expresión *había sido usted* se oye corrientemente en la Argentina. Tiscornia (*La lengua*, pág. 264) presume que se trata de un uso típica o exclusivamente gaucho: "esta forma verbal que ... tiene expresión admirativa en el gauchesco corresponde a una afirmación española", "la frase del paisano", "al imperfecto simple *era* el paisano prefiere la perífrasis *había sido*", "la expresión gauchesca", etc. En verdad que parece mucho más abundante en la Argentina (tanto en la literatura como en la conversación) que en otras regiones. Con todo, los ejemplos que se dan más abajo mostrarán que es también muy común en Uruguay, Bolivia, Perú, Ecuador y otras partes probablemente, con las siguientes particularidades: en el Ecuador (y en el sur de Colombia) el pretérito perfecto, *ha sido*, se emplea mucho más frecuentemente que *había sido* con el mismo sentido de presente. En el Ecuador y en Bolivia es muy frecuente con otros verbos, no sólo en el habla popular, sino también en la de las personas cultas. El hablante siente que aquel tiempo atempera la expresión, prefiriéndolo, por tanto, al presente, que es más brusco.

Tal vez por analogía con el futuro *ha de ser* surgieron *había
sido* y *ha sido* (= *es*). Ya que en numerosas regiones *ha de ser*
toma el lugar de *será*, el presente de *haber* (*ha*, etc.) se ha concebido como futuro. Consiguientemente, para reflejar el presente, los
demás tiempos han retrocedido un paso, habiendo sido asociados
vagamente con el presente el imperfecto *había* o el pretérito perfecto *ha sido*. Además, al mitigar la expresión por medio de un
tiempo al que se le ha hecho dar un paso atrás, se puede haber
llegado al "imperfecto de modestia" corriente (*¿qué deseaba usted?*, etc.), en el cual se atempera psicológica y acústicamente la
brusquedad del presente, terminante y apretado, manteniéndose
más pausadamente sobre la forma misma: la forma *deseaba*, más
larga, ofrece sobre la brusca forma *desea* la ventaja de una cortés
morosidad.

Una consideración más: el pretérito perfecto expresa un doble
aspecto: 1) una acción pasada, 2) la extensión presente de dicha
acción pasada. Ahora bien, es posible que uno de los dos aspectos
se conciba como más importante que el otro. El sentido de la extensión presente de la acción pasa a predominar sobre la propia
acción. De esta forma, cuando el aspecto predominante 2) ha reducido al aspecto 1) a la insignificancia, el pretérito perfecto como
tal pasa a equivaler a un presente en su sentido y para todos los
fines prácticos: *ha sido = es, ha tenido = tiene*. Algo de semejante proceso debe ser la razón de una peculiar construcción corriente
en el Ecuador (*ha sido = es*) y de una locución hermana de aquélla (*había sido = es* o *era*), mucho más común en otras partes. En
el Ecuador, *ha sido* puede funcionar asimismo como futuro (*será*):
"el año que viene *ha sido* [= será] bisiesto" (Toscano, pág. 260).

ARGENTINA: A su amigo cuando toma / se le despeja el sentido, / y el
pobrecito *había sido* / como carne de paloma (*Martín Fierro*, pág. 112).
—¡Cha que *había sido* salame [= es tonto]! (Lynch, *De los campos*, página 50). —¡Ay! Pero. ... ¡Vean quién *había sido* [= es]! ¡Qué bueno!
¿No? ¿Cómo le va, señor? —Ya lo ve, señora (Lynch, *Palo verde*, pág. 35).
—¿Conque usted *había sido* [= es] la madre del mayor González? —Sí,
señor ... para servirle (*Fray Mocho*, pág. 130). —A ver, enseñe las manos. —¿Y por qué se las vi a enseñar? Caprichudo *había sido* [= es].
—Dale no más el gusto. Te va a decir la suerte (Larreta, *El linyera*, página 48); Con que *había sido* [= es] usté (pág. 147). Dos paisanos se encuen-

tran en Buenos Aires después de mucho tiempo de no verse. —Cha, digo.
¿Pues no *había sido* [= es] don Pedro? —Don Mariano. Tantos años que
no nos vemos (*Fogón de las tradiciones,* pág. 153). —Mañana, con su licencia, vendré a buscarlo y le traeré la plata. —*Había sido* redondo pa los
negocios (Güiraldes, *Don Segundo,* pág. 60); —¿Sos vos Pedro? —Barra-
les de apelativo. Yo mesmo soy. ... —Y es claro que vos no más *habías
sido*. Con razón cuanto te vide las viruelas me dije: Ésa es cara con hocico
(pág. 106); Cuando malició que ella iba a salir del agua, abrió los ojos
a lo lechuza porque no quería perder ni un pedacito. —*Había sido* como
mosca pa'l tasajo —gritó Pedro (pág. 125).

URUGUAY: —¿No quiere darme un poco de carne? Aunque sean las
achuras. —¿Conque le gustan las achuras? *Había sido* [= es] delicado
—dijo Ireno (Acevedo Díaz, *Cancha larga,* pág. 342). —¡Pucha qui *habían
sido* [= son] flojo los nacione! (Montiel, *Luz mala,* pág. 155). —¡Sabe
que es muy gracioso, amigaso, muy gracioso! ¡La pucha que *había sido*
vivo usté! ... ¡Ja, ja, ja, que *había sido* bicho! (Amorím, *La carreta,*
pág. 40).

CHILE: —Miren qué yunta 'e novillos *ha tenido* [= tiene] este Benito
(Acevedo Hernández, *Árbol viejo,* pág. 36).

BOLIVIA: —Dicen que para ser comandante de batallón se necesita tener actos de machismo. —¿Machismo? ¿Cómo *había sido* [= es] eso?
—¿Qué será, pues? Deben ser seguramente hazañas ... (Augusto Guzmán, pág. 27). Hoy mismo tienes que desocupar la hacienda ... tu hijo
había sido [= es] un mañudo. No saben en La Paz qué se ha hecho,
porque se ha fugado ... a lo mejor robando (Hugo Blym, en *ACB,* página 183). Miranda se levantó de su asiento exclamando: —¡Huá! *Había
sido* [= es] ya tarde. ... Los gallos están cantando (Jaime Mendoza, *El
lago,* pág. 57). —¡Bravo! —aplauden. —Usté *había sido* [= es] un artista
(Blym, *Puna,* pág. 37). —¡Ah, qué cholita tan simpática *habías tenido*
[= tienes], eh! (Díaz Villamil, *La Rosita,* pág. 17); —¡Qué ricas humin-
tas! —¡*Habían estado* [= están] como de sus manos! (*Plebe,* pág. 31);
¡También *había habido* [= hay] mujeres verdaderas! (pág. 174). —Esta
carta no más *había habido* [= hay o había], señorita (Rodrigo, pág. 53).
—¡Ah! llokalla [= muchacho], *habías venido* [= has venido] (Unzueta,
pág. 31).

PERÚ: —¡Qué mal pensado *había sido* [= es] usted, don Juan Francisco! (López Albújar, *Matalaché,* pág. 7); ¡que se me caigan los ojo
horita mesmo si en mi vida e visto nada más mejó! ¡Jesú, la mesma
Virgen! —¡Vaya, que todas ustedes *habían sido* [= son] igualmente adu-
ladoras! (pág. 46); —Y ya mía, te dotaré para que te cases con tu godo.
Ya verás. La mulatilla ... cayó de rodillas ... y la decía, con sincero alborozo: —¡Ah!, qué buena y generosa *había sido* [= es], niñita María Luz!
(pág. 58). —*Habías sido* [= eres] tan zorro y madrugador como tu padre
Rufino (López Albújar, *Nuevos cuentos,* pág. 110).

ECUADOR: —*Nu' a sido* [= no es] mudo. ¿Veremos la cabeza? Uuu,
con piojos, con sarnas (Icaza, *Cholos,* pág. 53); —Grandote *ha estado*
[= está]. Ahora que estoy solo quiero que le mandes a casa para que
me sirva (pág. 39). —Bastantes muebles *ha tenido* [= tiene] —dijo la Petrona. —Sí, hija, y eso que hemos empeñado algunos (García Muñoz,
Estampas, pág. 125). —Me muero, ya *ha sido* [= es] tarde —apuntó—,
ya han de ser las cuatro cuando ya viene su hijo, señora Rosita. Y ... se
despidió y bajó a sus cuartos (Bustamante, pág. 112). — ... Lo que m'icie-
ron a mí ... los chumados [= embriagados] de un automóvil, eso es cosa.
Habían sido [= eran] los hijos de unos señores de las haciendas de Ma-
chachi (Icaza, *En las calles,* pág. 169); ¿Qué te parece? La cosa va arre-
glándose. El pobre Landeta *ha sido* [= es] leproso (pág. 188); si esto ca
ha sido [= es] páramo. Sí, pes ... estamos en las faldas del Pichincha
—murmuró arrebujándose en el capote y en la toalla (pág. 195); Luego
la hembra ... examina la dentadura del soldado y exclama: —*Nu'a tenido*
[= no tiene] ni un diente güeno (pág. 269). Sacó su pistola y apuntó.
Pero una risa clara ... la detuvo. —Brava *había sido* [= es] Ud. ¿no?
—Como andamos cerca de los Aragundi (Gil Gilbert, *Nuestro pan,* página 115). Vaya, me dije, *n'ha sido* [= no es] este sitio para dormir, y
comencé a ver de dónde venía el viento pero no *había habido* [= había]
huecos en la roca. ... Creyendo que era sueño mesmo, me despierto y
resulta que *había sido* [= era] un indiecito conocido (Vásconez, pág. 168).
Los espectadores comentaban: —Piernas gordas *ha tenido* [= tiene] la Laura, ¿no? —¡Y blancotas! —Pero más mejores son las de la Mariana, ¡fí-
jense! (La Cuadra, *Los Sangurimas,* pág. 138).

COLOMBIA (SUR): —Buena jugadora que *ha sido* —dijo Andrés. —Buena suerte es lo que tengo —repuso Alegría (Álvarez Garzón, pág. 131);
—Tamién *ha sabido* hablar. ... Ambos pueden hablar (pág. 148); qué horrible *ha sido* la vejez, y con mayor razón una vejez como la mía ... esto
es insoportable (pág. 254); Me acerqué, oí que me saludaban. *Había sido*
[= era] una mujer, una india, pero era una mujer (pág. 258).

PLUSCUAMPERFECTO DE INDICATIVO EN "-RA"

Las formas verbales en -*ra* usadas como pluscuamperfecto de
indicativo se clasifican generalmente bajo el epígrafe de subjuntivo mediante alguna explicación como ésta: "el subjuntivo en
-*ra* se usa a veces con valor de pluscuamperfecto de indicativo".
Así lo hacen Keniston (pág. 441; *Syntax list,* pág. 191), Alonso y
Henríquez Ureña (II, § 199) y las pocas de nuestras gramáticas
españolas que mencionan el indicativo en -*ra*. Pero esta forma, al parecer importante todavía, debería recibir un tratamiento más cui-

dadoso. ¿Por qué no llamarla por su propio nombre y clasificarla como tal? [2]. Todo el mundo sabe que la forma en -*ra* de que tratamos deriva etimológicamente del pluscuamperfecto latino de indicativo y se usaba como tal en un principio, que en el siglo xv era considerada también como pretérito o como imperfecto (en los romances), que su nueva función subjuntiva reemplazaba (al lado del verdadero subjuntivo en -*se*) su significado de indicativo, que su empleo en indicativo fue decayendo gradualmente hasta que en el siglo xix lo reavivaron con vigor los escritores románticos, y que, en grado vario, se usa aún en partes de España y en la mayor parte de Hispanoamérica [3]. La forma en -*ra* (como pluscuamperfecto, ocasionalmente como pasado simple) se limita en España principalmente a las oraciones subordinadas (relativas y adverbiales), hallándose más frecuentemente en los hablantes y escritores del Norte (Galicia, Asturias): *el libro que le diera = el libro que le había dado* (o *dio*). El uso de las formas en -*ra* en las oraciones principales se halla en escritores gallegos y asturianos, pero se considera dialectal (Spaulding, § 44, *b*): *jamás se le viera más alegre = jamás se le había visto* (o *se le vio*) *más alegre*.

Los preceptistas españoles miran con malos ojos las formas de indicativo en -*ra,* especialmente las de significado de indefinido o de imperfecto. Bello (§ 720) consideraba el indicativo en -*ra* como arcaísmo "que debe evitarse, porque tiende a producir confusión. ..." Los mejores escritores, a excepción de los de Galicia y Asturias, al parecer están de acuerdo con Bello. Incluso los poetas, indulgentes por lo general con las expresiones arcaicas, se inclinan a rehuir este tiempo en particular. Su uso excesivo es considerado como característico de neófitos, cuyo estilo carece de elegancia (Cortejón, pág. 206).

---

[2] Es posible que la forma en cuestión se sienta aún vagamente como indicativo en la apódosis de oraciones condicionales, en las cuales puede ser reemplazada por el potencial o por el indicativo, pero no correctamente por el subjuntivo en -*se* (al menos la forma en -*se* no es aceptada universalmente como normal en este caso, a pesar de su frecuente uso): *si tuviera dinero, lo compraría* o *comprara* o *compraba* (pero no *comprase*).

[3] Cf. Leavitt O. Wright, *The -ra verb form in Spain* (1932); asimismo, *Hispania,* XII, 259-78; XIV, 109-14; XXIX, 355-62; XXX, 484-95.

En Hispanoamérica el caso es algo diferente. Keniston (*Syntax list*, pág. 191) registra la forma en *-ra* como si se hallara en "algunos" escritores hispanoamericanos. Más exacto sería decir "en muchos" o incluso "en la mayoría de los escritores hispanoamericanos". También aquí, sin duda, los preceptistas, guiados no por el uso local, sino por la práctica y norma peninsulares, se inclinan a condenar este empleo. Martín Aldao (pág. 83) se refiere a él como "el empalagoso imperfecto de subjuntivo en *-ra* usado en lugar del pluscuamperfecto". Alonso y Henríquez Ureña (II, § 199) dicen que sobrevive "como afectación" y que "en general lo evitan los mejores escritores". Esta última afirmación es aplicable al uso peninsular, mas no seguramente a los hispanoamericanos, algunos de cuyos mejores estilistas se gozan en él, como se verá por los ejemplos que siguen. El uso de la forma en *-ra* con valor de mero indefinido, como *desde que saliera* por *desde que salió, los aplausos que le prodigaran* por *los aplausos que le prodigaron*, es denunciado más amargamente aún. Los lexicógrafos mejicanos Santamaría y Domínguez (*Ensayos*, pág. 154) observan: "A esta forma verbal le llama Robles Dégano caso errante o polícrono, porque desempeña el oficio de varios tiempos. Pero este uso es indebido, y, por tanto, las frases antes indicadas son repudiables".

En *El problema de la lengua en América* (pág. 52) aparece Amado Alonso como más conciliador con el indicativo en *-ra* tan usado en la Argentina. Lo menciona como particularmente frecuente en los artículos periodísticos, con fines principalmente ornamentales. En el lenguaje local escrito le parece percibir una tendencia a la fijación del uso sintáctico y del significado de la forma en *-ra:* para referirse a algo bien conocido por el lector. En "la noticia que este diario *diera* tiene confirmación", el verbo *diera* equivale a "ya ha dado" o a "como sabe el lector, ya ha dado". Pero añade cautelosamente que la forma en *-ra* se emplea también para informar sobre algo no conocido aún por el lector. El auge de las formas indicativas en *-ra* parece ser de fecha relativamente reciente. Los escritores antiguos, y ocurre lo mismo incluso en el caso de escritores jóvenes, hacían uso de ellas como medio estilístico de inyectar gravedad histórica a la narración. En la actualidad se ha generalizado tanto entre la mayoría de los escritores, que ha perdido gran parte de su primitivo sabor arcaico.

El uso de las formas en -*ra* es corriente no sólo en los periódicos hispanoamericanos (Wright, *Hispania*, IX [1926], 288-93), sino asimismo en sus mejores estilistas, y no ya únicamente como pluscuamperfecto de indicativo, sino además frecuentemente como indefinido o como imperfecto de indicativo. Con mayor frecuencia se halla en las oraciones relativas, no raramente en las adverbiales, y ocasionalmente en las principales. Sin embargo, en la conversación familiar no se usa, hecho que parece negar una relación estrecha con la práctica dialectal del norte de España.

ARGENTINA: Un jinete, que *viera* [= vio] venir al Cura, quedóse reteniendo la tranquera automática (Larreta, *Zogoibi*, pág. 12); Hacía más de tres años que doña Rosario *dejara* [= había dejado] aquella costumbre del saludo mañanero (pág. 293). En su vida el pueblo *sintiera* [= había sentido] más profunda división espiritual (*ACH*, pág. 38).

URUGUAY: Renovó la simpatía que lo *impulsara* a padrinarlo años antes (Acevedo Díaz, *Cancha larga*, pág. 31); Ella *viera* al padrillo correrla, dominarla a mordiscos (pág. 77); Él *se apeara* [= se apeó] confiado en que les daría la voz de "¡juera!" (pág. 184); La meta le cubrió el pecho con el poncho de su juventud, bajo el que *alentara* su corazón de varón recio (pág. 375). Pancho Aguilar ... volvía de la capital, donde *hiciera* estudios (Amorím, *El paisano*, pág. 7).

PARAGUAY: Desde que *se sentara* no había pronunciado una sola palabra (Casaccia, pág. 140); el regodeo que ... *se prometiera* (pág. 64).

CHILE: Lorenzo saboreaba la agradable bebida que le *ofertara* Adelaida (Azócar, pág. 313). Allí sobre la mesita de noche *dejara* desde días atrás varios libros (Prado, *Un juez*, pág. 44); El juez desea darse cuenta cabal del daño que usted *recibiera* [= ha recibido] (pág. 76). La primavera que *comenzara* luminosa y casi ardiente, habíase tornado nebulosa y fría (Durand, *Mercedes*, pág. 127). A las palabras duras que le *dirigiera*, contestó la joven con otras ásperas e incisivas (Lillo, pág. 31); Está en el sitio y muy cerca del escollo junto al cual se *hundiera* la rubia cabeza del náufrago (pág. 38). Esta manera de apreciar la vida sorprendió a Lucía; nunca *oyera* hablar así en su casa (Edwards Bello, *Criollos*, pág. 63); Nunca *escuchara* hablar a su madre de manera tan rectilínea y precisa; nunca la *viera* interviniendo en sus asuntos íntimos con tanta pasión (pág. 105); Nunca *fuera* a los toros y le alteraba la proximidad de ese espectáculo (pág. 269). Nacimos años y años después de que él *perdiera* la vista (Ernesto Montenegro, pág. 8). No *viera* antes ... aquella cerca de recortados álamos (Maluenda, *Los ciegos*, pág. 124).

Bolivia: Tuvo ganas de besar a su mujer, cosa que *olvidara* hacerlo desde hacía la mar de años (Arguedas, *Vida criolla*, pág. 212).

Perú: Más de una vez los *viera* preparar la mixtura de hojas con un poco de cal (García Calderón, en *ACP*, pág. 91). Gaviria excusó gratitudes y dijo que *hiciera* [= había hecho] su deber. ... El mozo contó entonces que *estuviera* embarcado (Diez-Canseco, *Estampas*, pág. 51). Todavía hay eco del ruido que *metiera* usted en sus mocedades con eso de los pesos (López Albújar, *Matalaché*, pág. 4); En la carta que ésta le *escribiera* y le *entregara* María Luz ... él no quería entenderlo así (pág. 22).

Colombia: Impuso fuertes contribuciones y recogió bastante dinero, que, según la voz pública, *destinara* [= destinó] en gran parte para su provecho, etc. (Cuervo, § 319). *Asistiera* [= asistió] en la mañana al entierro de un amigo (Efe Gómez, pág. 10); *Subiera* [= subió] esa tarde a esperar la salida de sus amigos (pág. 80).

Venezuela: Era extraño; precisamente esa misma semana *tuviera* un altercado con el general Estranón (Pocaterra, pág. 8).

Ecuador: Cuando *llegara* [= llegó] el Presidente ... el doctor Sandoval ... fue a encontrarlo (Gil Gilbert, *Nuestro pan*, pág. 255); Una mañana se *sorprendiera* [= sorprendió] por el saludo frío de Eusebio. ... *Viniera* él vestido con aire de ausencia y ... le *dijera*. ... Se *quedara* jugueteando con el cinturón (pág. 268).

Costa Rica: Quisiera ... sacudir el aire, como nunca lo *hiciera* hasta ahora (Fabián Dobles, pág. 52); Moncho está luego contándole cómo le *fuera* hace unas horas en la Candelaria (pág. 65).

Nicaragua: Alcanzó a oír el toque de ángelus que le *llegara* [= llegaba] como en un eco, y se santiguó. ... Al internarse en el camino penumbroso, oyó un débil llanto de niño, a modo de maullido, que *saliera* [= salía] del enmontado terreno que a su siniestra mano *quedara* [= quedaba] (Toruño, pág. 7); preparó agua de azúcar en uno de tantos frascos que *llevara* [= llevaba] en su provisión de fugitivo (pág. 8).

El Salvador: Diez veces *desapareciera* [= desapareció] del convento durante muchas horas, sin que nadie pudiera decir a dónde iba (Salarrué, *El Cristo negro*, pág. 16).

Guatemala: ¡Como si él pudiese trabajar ahora, viejo y enfermo, cuando jamás *trabajara* [= había trabajado o trabajó] en sus días de mocedad robusta! (Wyld Ospina, en *ACH*, pág. 136). Marchó aquella tarde el viejo José María a la ciudad. *Pensara* [= había pensado] largo en ello (Wyld Ospina, *Nahuyacas*, pág. 95).

Méjico: Por la tarde me acosté a dormir en la cama que *ocupara* [= ocupaba] el patrón durante sus visitas al rancho (López y Fuentes, *¡Mi general!*, pág. 41); Tan sólo una de las alhajas que yo le *comprara* [= había comprado] ... bastaría para mis gastos más urgentes. La misma casa, que yo le *regalara* [= había regalado], bien podía ser hipotecada (pág. 215).

Cuba: Y encendí el tabaco que me *obsequiara* (*CC*, pág. 37).

En razón de la frecuencia con que pueden alternar las formas subjuntivas en *-ra* y en *-se*, algunos autores se ven llevados a sustituir la forma en *-ra* por la forma en *-se* en función de pluscuamperfecto de indicativo. Igual cosa ocurre en España.

ARGENTINA: Se encontró con la nueva casa, que *hiciese* [= había hecho] construir su amoroso padre (Heredia, pág. 110).

CHILE: La sepultó donde mismo la *encontrase* [= había encontrado] (Fernando Alegría, *Leyenda*, pág. 11).

MÉJICO: Ni rastros del muchacho paliducho y enclenque que, cinco años antes, *hubiese* [= había] partido rumbo al Canadá (Azuela, *Avanzada*, pág. 13). Vio que la mujer, a quien unos momentos antes *dejase* dormida allí, había desaparecido (Rubín, pág. 21).

PRESENTE DE SUBJUNTIVO EXHORTATORIO

En el español normal se emplea la primera persona del presente de indicativo para preguntar pidiendo órdenes o directivas: *¿entramos?* La primera persona plural del presente de subjuntivo hace las veces de imperativo: *entremos*. En una interesante locución usada en algunas regiones de América, especialmente en Chile y Argentina, hallamos una combinación de ambos significados: *¿entremos?* Se trata del subjuntivo empleado interrogativamente como imperativo, combinando de este modo los significados de *entremos* y *¿entramos?* El sentido fundamental es probablemente el de imperativo, morigerado por la entonación interrogativa. Mas por los ejemplos que se dan más abajo queda claro que con frecuencia se espera una respuesta. Lo mismo puede ocurrir con otras formas: *¿déme un cinco?*

Ciertas preguntas pueden, pues, funcionar como los deseos en otros idiomas: *Send me a postcard?* atempera el mandato *do send me a postcard* por medio de su combinación con la pregunta *will you send me a postcard?;* en alemán, *gehst weg?* modera a *geh weg!*

Entonación interrogativa semejante se da a la forma conminatoria *mande*, equivalente a *¿qué manda usted?,* para pedir que se repita algo que no se ha oído o entendido en la conversación; este uso es corriente en Méjico, América Central, sur de Chile (Román,

III, 409), noroeste de Argentina (Solá, pág. 185) y las Antillas, así como en España.

ARGENTINA: Otro respondió: —¿*Entremos?* ... La contestación no se hizo esperar como si todos hubieran estado pensando exactamente lo mismo (Marengo, pág. 103). —¿*Corramos?* —Ya está ... ¿*Entremos?* —*Entremos* (C). ¿*Lo matemos?* (Morínigo). URUGUAY: ¿*Formemos* una patria ...? ¿Sí ...? No tenemos patria (Horacio Quiroga, IV, 120). CHILE: —¿*Comamos?* —dijo ... ambos se dirigieron hacia el comedor (Prado, *Un juez,* pág. 11); ¿*Entremos?* —insinuó Mozarena, consultando a su amigo (pág. 111); —¿*Volvamos?* —¡Para qué! —replicó Solaguren (pág. 237). ¿*Hagamos* un convenio? (Moock, *Cuando venga el amor,* página 21). —¿*Bajemos* a almorzar? —dijo Mercedes amablemente, deteniéndose en el umbral de su vecina (D'Halmar, *Lucero,* pág. 144). —¿*Hagamos* collera, niños? —¡No! Pa los agentes no desenvaino yo mi cuchillo (Mery, I, 2). —¿*Saquémosle* la miel? —¡Chis! ¿Pero dónde se la vamos a encontrar? (Durand, *Mi amigo,* pág. 92); —¿*Galopemos* un poco? —Bueno, Pancho (Manuel Rojas, *Travesía,* pág. 7). Mateo lo invita con entusiasmo de niño. —¿*Sigámosla?* El pequeño no oye más (Latorre, *Zurzulita,* página 73). BOLIVIA: —¿*Lo matemos?* —Matálo vos (Céspedes, pág. 136). COSTA RICA: —¿*Apostemos* a que aquí no entra Ud.? (Lyra, pág. 59). —Ma, ¿*déme* un cinco? —Y sus ojillos se unieron, suplicantes, con los de Ninfa. —¿*Pa* qué lo querés? —le respondió ella (F. Dobles, pág. 194). CUBA: —Tráeme la montura del caballo. —¿*Mande?* (Padrón).

VÁMOSNOS, ETC.

Como es bien sabido, la -*s* final de la primera persona del plural se pierde por disimilación delante del *nos* enclítico: *vamos* + *nos* > *vámonos.* Tal es la práctica normal en la actualidad. En el lenguaje antiguo existen casos en que la forma se halla entera (Keniston, pág. 367). Así, encontramos: —*Tornémosnos* (*Primera crónica general,* capít. 1084); *contentémosnos* (*Celestina,* XII). Actualmente no es raro oir en el habla popular, e incluso entre personas cultas, formas como *sentémosnos* y otras semejantes. Evidentemente, esta forma cacofónica es mucho más común en Hispanoamérica que en España, encontrándose especialmente extendida en las regiones en que la -*s* final es extremadamente débil, aspirada o inexistente, ya que se presume que la pérdida de la -*s* final se debe a una falta de pronunciación. El caso es un poco más complicado en Chile, puesto que en el habla popular y rústica es corriente emplear *los* por *nos*, manteniéndose normalmente la *-s* delante de *los*. Lo mismo ocurre en Costa Rica y en el resto de la América Central. La *-s* puede desaparecer asimismo allí donde el habla consagrada la mantiene: *escribámole*, etc.

ARGENTINA: *Vamosnós*, amigo Cruz (*Martín Fierro*, pág. 126). *¡Dejemosnós* de pavadas! (*Fray Mocho*, pág. 21); *Dejémosnos* de roñas (página 174). *¡Vamosnós* pa "la Estancia"! (Lynch, *Romance*, pág. 18). —Ché Jorge, *vámosnos* —dijo la de ojos inquietos (Petit de Murat, pág. 17).
URUGUAY: ¡Hija, *vámosnos!* (Sánchez, *M'hijo el dotor*, II, 7); *Sentémosnos* (III, 4).
CHILE: —Güeno; *dejémoslos* [= dejémonos] de pensar en leseras (Acevedo Hernández, *Por el atajo*, pág. 12); —Vaya, *dejémosnos* de tonterías (pág. 40). —*Preparémosnos* mejor (Luis Meléndez, pág. 34). *Limitémosnos* a analizar (Muñoz, pág. 14).
BOLIVIA: —*Acerquémosnos* para estar seguros (Pereyra, pág. 118).
COLOMBIA: *Quedémosnos; unámosnos* (Obando, pág. 129). *Dejémolo, cojámolo* (Flórez, pág. 378). *Tumbémolo* (Posada, pág. 40); *saquémola* (página 43).
VENEZUELA: *Perdonémosnos* (Blanco F., pág. 118); *dediquémosnos* (página 204).
PANAMÁ: —Pues, *volvámosnos* ... contestaron los cargadores (Nacho Valdés, *Cuentos*, pág. 36).
COSTA RICA: *Empujémoles* (Fallas, pág. 175).

VAMOS, VAYAMOS

Entre las formas de presente de subjuntivo que en Hispanoamérica se emplean equivocadamente con mayor frecuencia que en España se hallan éstas del verbo *ir: vamos* y *vayamos*, y ocasionalmente otras personas de aquel mismo tiempo. La forma *vamos* deriva del latín *vadamus*, mientras que *vayamos* proviene del latín vulgar **vadeamus*. Ambas son, pues, subjuntivas en su origen, y como tales se podían emplear ambas en la lengua antigua, sobre todo en su sentido imperativo. En la actualidad, el habla consagrada limita generalmente a *vamos* el sentido optativo, reservando *vayamos* para los demás usos de subjuntivo. Sin embargo, debido a que el antiguo uso implicaba cierta confusión de formas, ha sobrevivido en algunas regiones hispanoamericanas, como se verá por los ejemplos que siguen, usándose ocasionalmente *vayamos* en sentido optativo a despecho de la advertencia de Bello de que "En el optativo no se dice nunca *vayamos*, sino *vamos*" (Bello-Cuervo, § 582). En la España regional se hallan también ejemplos: "Mas, por de pronto, *vayámonos* con calma" (Pereda, *Obras*, VI, 442), e igual cosa ocurre ocasionalmente en el uso literario de la Península (Spaulding, § 71, *e*).

ARGENTINA: Apóyate en mí para que *vamos* [= vayamos] hacia nuestra noche (Güiraldes, *Xaimaca*, pág. 149). —Saltemos el alambrado y *vayamos* a verlo (Boj, pág. 202). (NOROESTE): —Pero no son pa que *vas* a pastoriar (César Carrizo, pág. 112).

CHILE: ¿Quiere que *vamos* [= vayamos] hasta la oficina, señor? (Durand, *Mercedes*, pág. 23). —Bueno, apúrate para que *vamos* (Maluenda, *Escenas*, pág. 5). —¿Quiere que nos *vamos* pal bajo? (Acevedo Hernández, *Árbol viejo*, pág. 14). —¿Quiere que *vamos*, misiá Juanita? (D'Halmar, *Lucero*, pág. 88); —¿Está lista para que *vamos* a ver a la matrona? (página 174).

BOLIVIA: Bien, *vayamos* por ahí (Céspedes, pág. 47). Y *vayamos* al hígado (Jaime Mendoza, *Memorias*, pág. 43).

COLOMBIA: A ver si quiere que *vamos* con los indios (Uribe Piedrahita, en *Hispanoamericanos*, pág. 169). No es posible que nos *vamos* a marchar así (Arango Villegas, pág. 193). No, no es para que nos *vamos* de esta tienda (Osorio Lizarazo, *La cosecha*, pág. 10); ¿Quieres que *vamos* por el cafetal? (pág. 120).

HONDURAS: —Tengo hambre; *vayamos* a comer (Martínez Galindo, pág. 14).

MÉJICO: —Bien, bien ... *vayamos* a prosternarnos ante César (Ferretis, *Quijote*, pág. 81).

QUERRAMOS, QUERRÁS

En el español antiguo no era infrecuente el futuro de indicativo en oraciones subordinadas referidas a tiempo futuro indefinido (hoy se suele usar el futuro de subjuntivo): "miedo han que y *verná*" (*Cid*, v. 2987), "quando los gallos *cantarán*" (*Cid*, v. 316), "pide lo que *querrás*" (*Celestina*, VI, 80), "comenzá por do *querréis*" (Lope de Rueda, *Comedia Eufemia*, I), "Se hará como *querrás*" (Torres Naharro, *Comedia Himenea*, II), "responderé como mejor supiere a todo lo que esta tarde me *querréis* preguntar" (Valdés, pág. 2).

Especialmente común en textos aragoneses, tampoco era infrecuente en los demás, y puede haber influido sobre una forma peculiar corriente en gran parte de Hispanoamérica: *querramos, querráis* (o *querrás*, forma del voseo, y popular *quedrás*), etc., usadas en lugar de las formas correctas de subjuntivo *queramos* y *queráis*. Es posible que las formas con *-rr-* en lugar de las normales con *-r-* se deban a influencia de *querremos* y *querréis*. El hecho de que el futuro de indicativo cediera en algunas construcciones ante el subjuntivo ayudó a labrar las actuales formas anómalas, que han sobrevivido únicamente en este verbo. Empleadas incluso por personas cultas, pueden hallarse en autores relevantes, especialmente en la frase *querramos o no querramos* (por *queramos o no queamos*).

El gramático salvadoreño Salazar García (pág. 230), en un intento de corregir la forma *queráis tú o no*, indica que propiamente debería ser singular y da *"querrás tú o no"* (!). El lexicógrafo argentino Segovia (pág. 610) incluye *queramos* en su lista de barbarismos, y añade: "Dígase *querramos"* (!). Tales declaraciones dan testimonio de la frecuencia de la *-rr-* (cf. también *BDH*, IV, 254, n. 4). Formas populares como *quedría* son evidentemente tan comunes en el habla coloquial de ciertas regiones, que algunas gramáticas locales advierten: "El pospretérito es *querría* y no *quedría"*, etc. (Cascante, pág. 263; cf. también *BDH*, II, 234).

ARGENTINA: —Cuando *querrah* 'ermano (Güiraldes, *Don Segundo*, página 78).
URUGUAY: —¿*Quedrás* creer? Ni un beso le pude dar (Acevedo Díaz, *Cancha larga*, pág. 121).
PERÚ: —Sobre todo, de la libertad de comerciar con quien *querramos* (López Albújar, *Matalaché*, pág. 210).
COSTA RICA: —Como *quedrás*, Pelegrino; si biene siendo la mesma (Agüero, pág. 54). ¡Salí por lo que más *querrás!* (Lyra, pág. 62).
NICARAGUA: Onque *querrás,* no podrás llegar a la hacienda en toda la noche (Robleto, pág. 68).
EL SALVADOR: Y tei [= te he] de topar, aunque no *querrás* (Salarrué, *Cuentos*, pág. 13). —Que sea cuando vos *querrás,* niño —repuso el padre (Torres Arjona, pág. 32).
GUATEMALA: Todas las supersticiones absurdas, que *querramos o no,* se nos pegan como mariscos al casco de los buques (Santa Cruz, pág. 123). Tanto en la una como en la otra lengua [español y portugués], caso que no las *querramos* tener por una misma en su origen, tuvo este artículo [lo]

una verdadera declinación parecida a la latina (*Publicaciones de la Academia guatemalteca*, IV, 175).

MÉJICO: Cuando morimos les dejamos nuestros bienes a los hombres, *querramos o no querramos* (Lizardi, pág. 105).

CUBA: Aquí también es corriente en el habla popular el uso de *querramos* por *queramos* (Padrón).

PRESENTE DE SUBJUNTIVO POR INDICATIVO:
"PUEDA (SER) QUE"

El presente de subjuntivo *pueda* se emplea coloquialmente con frecuencia en la locución *pueda* (*ser*) *que* en lugar del normal y culto *puede*. Es tan corriente en Hispanoamérica comparada con España, que frecuentemente se ha considerado como americanismo, creencia errónea, sin embargo, ya que la expresión también es corriente en España bajo las formas de *pueda* (*ser*) *que, puá* (*ser*) *que, ¡pueda!* y *¡puá!* [4]: —"Será la cría, padre ... ¡*Puá que*, hijo: no te diré yo que no lo sea" (Pereda, *Obras*, VIII, 281); "*Puá ser que* esté yo denquivocao" (Lemus, pág. 261 [Murcia]). Empero, en la literatura peninsular se evita generalmente el *pueda* popular, mientras que en la de Hispanoamérica abundan los ejemplos de su uso. En España se considera de más bajo nivel social que en Hispanoamérica, pudiéndose oir aquí en la conversación familiar de personas cultas. En algunas regiones se emplea *¡Bien pueda!* en respuesta a la petición de anuencia para hacer algo.

Pueda ser que tiene otro uso más interesante aún: para expresar un deseo con el significado de *ojalá*. Este significado se ha desarrollado fácilmente a partir de "quizás", tal como ha ocurrido con otras numerosas locuciones (estudiadas en la pág. 312): "quizás" > "puede ser que" > "espero que", etc. Particularmente fácil fue la transición cuando *puede* pasó a convertirse en *pueda* "puede ser que sea". No obstante, dicha transición no parece haberse

---

[4] El desarrollo de *puá* desde *pudiera* tal como lo sugiere Pietsch (*Mod. Lang. Notes*, XXVI [1911], 98: *pudiera* > *pudiá* > **puiá* > *puá*) no es imposible. De hecho, *pudiera* se usa en este sentido: "¿Sería posible? *Pudiera*" (Arguedas, *Vida criolla*, pág. 109); —"*Pudiera* que no todos" (página 121); —"¿Crees? —¡Psh! *Pudiera*" (pág. 205).

operado en toda la geografía hispanohablante. Extraordinariamente común en Chile, Colombia, Panamá, partes de Ecuador y en otros lugares probablemente, su significado es, con mayor pureza, de duda (= "quizás") en España, Argentina, Bolivia, Venezuela, Méjico y otras partes (a juzgar por los ejemplos literarios y por la reacción personal de muchos nativos consultados en estos países). A menudo es imposible determinar con un solo ejemplo qué significado predomina: únicamente la sensación del hablante puede ser decisiva, y no siempre es suficientemente aclaradora, razón por la que a continuación damos ejemplos con ambos significados (duda y deseo).

ARGENTINA: *Pueda que* [¿deseo?] Dios la perdone (Lussich, *Los tres gauchos orientales*, II, 228); *Pueda ser que* [?] ansina sea; *pueda ser que* [?] el muy sotreta / se olvide hasta de comer (*P. Collazo*, v. 19, *ap.* Tiscornia, *La lengua*, pág. 263).

URUGUAY: —Y vea, don juez: *pueda ser que* [duda] yo al tirarle a un carancho le haiga pegao al pobre mozo, pero lo que es aldrede, ¡eso sí que no! (Viana, *Abrojos*, pág. 142). Viá dir rejuntando güevos guachos y *pueda ser que* [?] enllene tuito el poncho con el rosario (Viana, *Tardes*, pág. 33); *Pueda ser que* llueva (pág. 39).

CHILE: —Interróguelo, ¡*pueda ser que* [deseo] tenga más suerte que nosotros! (Juan Modesto Castro, pág. 104); —Haga Ud. una tentativa, *pueda ser que* [deseo] tenga mejor suerte (pág. 270); —Voy a ver, *pueda ser que* [deseo] encuentre algo (pág. 364). ¡*Pueda ser que* [deseo] se acabe la guerra pronto! (C). —¿Usté quiere que los hombres se levanten pa que los lleven presos y los pongan a la barra? ¡Si a usté no le hace falta mi mario, a mí me hace falta y a sus hijos! —*Pueda ser que* [duda, "tal vez"] usted tenga razón (Acevedo Hernández, *La canción rota*, pág. 62). —Yo quiero ver una mujer fea en este pueblo; *pueda ser* [deseo] (Sepúlveda, *Camarada*, pág. 6).

PERÚ: *Pueda ser que* [duda] en otras partes no sea así (Llokje Runa, *Sara cosecho*, pág. 28).

ECUADOR: —¡Ah, viejo Vega, que nos conocemos! ... —*Pueda ser* [duda, "tal vez"], Capitán (Gil Gilbert, *Nuestro pan*, pág. 84).

COLOMBIA (ANTIOQUIA): *Pueda ser que* [deseo] le haiga ido go le vaya bien en la cuenta (Carrasquilla, *Hace tiempos*, I, 208); *Pueda ser que* [deseo] te haya asomado el juicio (II, 251); Habrá que casarte pronto; *Pueda ser que* [deseo] yo alcance a ver los tataranietos (II, 281); *Pueda ser que* [deseo] aquellos muchachitos lo alcancen. —Mediante Dios, Ignacita. ... Ahí está rezando Ignacio porque lo alcancen (III, 193-94). —Pero en verdá la creciente estuvo blanda. *Pueda ser que* [deseo] no vengan las duras, porque ésas sí nos hacen salir en estampida (Buitrago, pág. 52; también pági-

na 118). También Bogotá (Flórez, pág. 378). *¡Bien puedan* ["adelante"], muchachos! (Jaramillo, pág. 48).

VENEZUELA: *Pueda ser que* [duda] presente examen (Rosenblat).
PANAMÁ: *¡Pueda ser que* [deseo] llueva! (C). —*Pueda ser que* [deseo]
haya algo para que vean ustedes la puntería que tengo (Cajar, pág. 90).
COSTA RICA: —*Pueda ser que* [duda] nada ... *y pueda ser que* mucho
(Fallas, pág. 237).

EL SALVADOR: *Pueda ser* ["tal vez"] que una sobada ... (Salarrué, *Cuentos*, pág. 89).

MÉJICO: Si él mi abandonara / por no ser yo güena / ... *pueda ser*
["tal vez"] qu'estuviera conforme (Rivas Larrauri, pág. 109). *Pueda ser que*
[deseo] dejemos el pueblo por obscuro, lodoso, sucio (Núñez Guzmán, página 17).

PRESENTE POR IMPERFECTO DE SUBJUNTIVO

En unas pocas regiones de Hispanoamérica hallamos con frecuencia un presente de subjuntivo usado en oración subordinada
en casos en que debería emplearse un imperfecto de subjuntivo de
acuerdo con la regla secuencial de los tiempos. De acuerdo con
dicha regla, se puede emplear un presente de subjuntivo después de
un tiempo pasado cuando el sentido de la oración subordinada continúa en el presente: "le dije que lo *haga* mañana". Así ocurría
también en la lengua antigua. Keniston (pág. 456) observa en la
prosa del siglo XVI el empleo de un presente de subjuntivo en oraciones subordinadas dependientes de un participio activo en las
cuales "se ha olvidado el efecto del verbo original en pasado".
Aún se hallan casos de este empleo, sobre todo en el habla local
y en lenguaje escrito familiar (véanse abajo ejemplos de *Cholos,*
de Icaza).

La práctica de gran parte de Hispanoamérica va más allá de
las pocas excepciones permitidas por la regla general secuencial de
los tiempos: que los presentes puedan ir seguidos por el presente
(o por el perfecto) de subjuntivo y que los pasados puedan ir seguidos por el pasado (o pluscuamperfecto) de subjuntivo. Tales
infracciones son naturalmente más comunes en el lenguaje hablado
que en el escrito, y es posible oirlas en la conversación de personas cultas. El proceso ha sido aquí paralelo con el del francés hablado, en el cual han desaparecido todas las formas de pasado en

subjuntivo. Hasta es posible oir un futuro de subjuntivo por un pasado (véase abajo Venezuela).

ARGENTINA: Fui a verla para que me *preste* un libro (C).

CHILE: Lo auscultaron uno tras otro, y mientras ellos discutían, el enfermo seguía hablando sin que ninguno le *escuche* [= escuchara] ni lo *tome* [= tomara] en cuenta (Juan Modesto Castro, pág. 366).

BOLIVIA: Era preciso que *sea* [= fuera] un hombre de porvenir ... pero era preciso que *corra* [= corriera] tiempo para el ingreso de Arturo al cuartel. ... Arturo despojóse de ella [la capa]; pero supo sobre qué echarla, sin que se le *descubra* la treta (Abel Alarcón, en *Hispanoamericanos*, pág. 123). —Habría que ir a ver lo que rondan los cuervos allá abajo: pudiera que *sea* él (Arguedas, *Raza*, pág. 59).

ECUADOR: Sin que el jinete le *obligue* [= obligara], la mula paró frente a la tienda "El Descanso". ... Con el cólico cro que'está —informó la mujer *alzando* la bujía para que el patrón *vea* mejor y no *vaya* a tropezarse (Icaza, *Cholos*, pág. 28); Empezó a guardar encierro por las noches *buscando* la tranquilidad que *pueda* dar contestación (pág. 35); Hizo una pausa *dando* tiempo al muchacho para que *formule* la queja ahogada en lágrimas y en hipos (pág. 41); Le gustaba que le *manden* a ver la chicha y los picantes (pág. 53); Peñafiel ordenaba le *preparen* el caballo a toda prisa y huía al galope hacia la capital (pág. 54); Mas en aquella ocasión no había trazas de que los insultos *lleguen* (pág. 57). Cerca de las diez, sin que nadie le *llame*, ... llegó el ciego ... se sentó en un rincón, ... (Icaza, *En las calles*, pág. 73). Los chicos querían que les *haga* conocer el Panecillo (García Muñoz, *Estampas*, pág. 24); Por no entablar una pelea me *aguanté* que me *diga* ratero (pág. 66); Esperé que *sean* las siete de la noche y, a pie, emprendí el viaje hasta Quito (pág. 90); Los cargadores ... tiraban de los muebles sin importarles que se *rompan*. ... En la cocina, la Patrona, para que el "guagua" no *llore*, le había hecho sentar sobre un retrato de mi suegra (pág. 126); las voces de mis "guaguas" que deseaban que *mande* a comprar pan, llenaron mi cabeza (pág. 222).

VENEZUELA: —Yo sí ... dijo, bajando la cabeza como para atender a la limpieza del sombrero que tenía en las manos y del cual sacudía el polvo que realmente *hubiere* y el que no existía (Gallegos, *Pobre negro*, página 47); Deseaba terminar solo ... sin despedidas definitivas que le *frustraren* la ilusión (pág. 379).

IMPERFECTO DE SUBJUNTIVO

De acuerdo con el cálculo de Keniston (*Syntax list*, pág. 174), la forma en *-ra* del imperfecto de subjuntivo se emplea aproximadamente dos veces más que la forma en *-se* (evidencia en docu-

mentos escritos) en oraciones condicionales, relación que es totalmente distinta en el caso del español de América, la cual ha sido
variamente estimada. Wright (*Hispania*, IX, 170-73) ha mostrado
que, en el estilo periodístico hispanoamericano, la forma en *-ra*
aparece aproximadamente seis veces más que la forma en *-se*. Personalmente sabemos que, en la mayoría de los países hispanoamericanos, la forma en *-ra* ha desalojado prácticamente del lenguaje
hablado a la forma en *-se*. Cuervo hacía notar ya muchos años
atrás la escasez de las formas en *-se* en el habla hispanoamericana
(Bello-Cuervo, pág. 94) por oposición a su predominio en España.
Desde entonces, al parecer, la forma en *-se* ha ido perdiendo terreno también en España: Gili y Gaya (§ 137) opina que en España predomina aún la forma en *-se* en la conversación ordinaria,
pero que la forma en *-ra* es considerablemente empleada también
por las personas cultas y en el lenguaje escrito, si bien es imposible fijar fronteras con exactitud. Por otra parte, la forma en *-se*
casi ha desaparecido del habla de la mayor parte de Hispanoamérica. En el caso de Chile, por ejemplo, Lenz (*Oración*, § 289) informa que el pueblo emplea exclusivamente la forma en *-ra*, excepto en algunas de las viejas provincias sureñas, en que también
se conoce la forma en *-se;* las personas cultas del centro de Chile
prefieren la forma en *-ra*, y muchos la usan con exclusión de la
otra; algunos escritores usan con frecuencia la forma en *-se* porque, "siendo más rara, se considera como más elegante", fenómeno que se halla en concordancia con el principio de que, de dos
formas semejantes, la de uso más corriente es la que se evita en el
estilo cultivado y literario. En el caso de Argentina, Tiscornia (*La
lengua*, § 123) contó en *Martín Fierro* 76 formas en *-ra* contra 9
en *-se;* en otros textos gauchos, un total de 353 en *-ra* contra 131
en *-se*. A partir de la mitad del siglo XIX nota este autor una creciente predilección por las formas en *-ra*, y por observación personal indica que la forma en *-ra* es prácticamente la única que
usan los argentinos en el habla familiar y popular. Gagini (pág. 96
observa para Costa Rica: "son perfectamente desconocidas las
formas en *-se*". González Moreno (pág. 180) afirma que en Méjico
el subjuntivo en *-se* "apenas si se usa en la conversación familiar"

La verdad es que las normas académicas impiden aún a ciertos autores llevar a sus páginas el uso regional. Los últimos veinte años de emancipación literaria de los modelos europeos han provocado asimismo una cierta emancipación en las formas lingüísticas, no siendo la menor la preferencia por las formas de subjuntivo en -*ra* sobre las formas en -*se*. Con el tiempo, es posible que la forma en -*se* desaparezca completamente.

En algunas regiones, como en Bolivia, parece que se prefiere el subjuntivo en -*ra* en casos en que, por lo general, se emplea normalmente el potencial. En Bolivia igualmente, así como en algunas otras zonas, el subjuntivo en -*ra* suplanta frecuentemente al presente de indicativo, que es más usual, en frases en que se solicita dirección: español normal ¿*qué hago?*, etc.

BOLIVIA: —¿Qué *hiciera?* [= ¿qué hago?]. —Botálo, como el perro (Díaz Villamil, *La Rosita*, pág. 82); —¿De cómo le *dijera* [= digo] ahora al Protasio? ... porque si ahora no aprovecho (*Cuando vuelva*, pág. 26); —¿Qué *hiciéramos?* [= ¿qué hacemos?] (pág. 56); —Joseso, ¿qué *hiciera?* (*Plebe*, pág. 51). ¿Adónde *fuéramos* [= vamos] esta noche? (C). COSTA RICA: —¿Qué más le *pusiéramos* [= ponemos]? decía Secundino, dictando su misiva (Fallas, pág. 273).

IMPERFECTO DE SUBJUNTIVO Y DESEO

El uso del imperfecto de subjuntivo en -*ra* es sumamente común para expresar un deseo, al igual que en España (si bien especialmente en el habla antigua). En áreas determinadas (América Central y Méjico), semejante uso aplicado al verbo *ver* (*viera*) ha pasado a generalizarse tanto que ha desaparecido su verdadero valor (cf. *acabáramos* y su valor exclamativo), sirviendo simplemente para redondear la frase con cierta connotación vaga adverbial o interjeccional, como "desgraciadamente", o "por raro que parezca", o "ciertamente", o "no lo querrás creer, pero", etc. En lenguaje cotidiano se oyen trozos de conversación como éstos: —"¿Van al cine? —*Viera* que no sé ... ¿Cuál es el mejor hotel de aquí? —*Viera* que no sé ... —¿Podría usted ir en barco? —*Viera* que no", etc.

En el lenguaje antiguo hallamos numerosos ejemplos como éste: "la *viérades*, ¡o hermosas Nimphas! fingir una risa tan dissimulada" (Montemayor, *Diana*, II); y como imperativo para suavizar un mandato: "*Dexássedesvos*, Cid, de aquesta razón" (*Cid*, v. 3293; cf. Menéndez Pidal, *Cantar*, vol. I, § 156, 2). Dialectal actual: "lo *hubieses hecho*, lo *cantaseis* mejor" (Zamora Vicente, pág. 43 [Mérida]).

En el uso consagrado, las formas verbales de los ejemplos que siguen irían acompañadas normalmente por alguna palabra introductoria (*si, que, ojalá,* etc.).

ARGENTINA: —¿Exagerado? *¡Hubieras visto* a tres loteros que yo llevé! (Laferrère, *Locos de verano*, pág. 49). —*¡Vieran* los sermones! ... Era cosa de perecer de risa (Payró, pág. 29); ¡Le *vieran* los ojos al fraile! Parecía que se quería tragar la plata (pág. 31).

URUGUAY: —*Vieras* qué alegrón cuando recibimos el anuncio de tu venida (Sánchez, *M'hijo el dotor*, III, 4).

PARAGUAY: *¡Vieras* cuánto hemos sufrido! (Morínigo).

CHILE: Allí tenemos nuestras casas. ¡Las *viera!* son pequeñas (Prado, *Alsino*, pág. 91). *Viera* cómo brillan las arenitas (C). ¡Los *hubiera oído* Vd. lo enojados que estaban! (Juan Modesto Castro, pág. 130). —*Supiera* la alegría con que me muestra sus cartas (Durand, *Mercedes*, pág. 169). ¡Me *tragara* la tierra si nues cierto! (Juan del Campo, pág. 40). —*Estuviera* aquí José Luis. —¡Me *condenara!* [5] (Acevedo Hernández, *Por el atajo*, pág. 24).

BOLIVIA: —*Vieras* tú las pruebas que hizo (Abel Alarcón, en *Hispanoamericanos*, pág. 130).

ECUADOR: Estoy en pelotas, *viera*, mama (La Cuadra, en *ACH*, página 265). El cerrito tiene la forma de una cabeza de gato, *vieran* (La Cuadra, *Guásinton*, pág. 98).

COSTA RICA: —Papacito, dígale a esa señora que se venga a vivir en nuestra casa; *viera* qué buena es (Noguera, pág. 138).

NICARAGUA: —*Viera* usted lo que me ha costado convencerlo (Chamorro, *Entre dos filos*, pág. 204). —*Vieras* —le dijo— que no han podido hacer las instalaciones (Toruño, pág. 201). —*Viera* que el hombre que anda en campaña sin mujer, ni el café negro lo puede tomar caliente (Orozco, página 37).

HONDURAS: —*Vieras* cuánto me preocupo por tu hermano (Mejía Nieto, *El solterón*, pág. 25). —*Viera* usted, Piíto, cuántas cosas buenas por aquí (Martínez Galindo, pág. 99).

---

[5] La forma apocopada de *¡me condenara!* o *¡me condeno!* es *¡mecón!*, usada en el habla popular chilena como juramento (véase pág. 485).

GUATEMALA: —*Viera*: un chivito cruzado mero chulo (Quintana, página 19). —*Vieras* que te riagradezco (Bonilla, pág. 46).

MÉJICO: —*Viera*, compañero, qué mal me estoy sintiendo (Anda, *Los bragados*, pág. 83). Una cuchara chica tenía que tomarme en cada vez. Pero *viera* usté qué pronto me alivié (García Roel, pág. 50). ¿Es cierto que ya va haciéndose el trabajo? —*Viera* que sí —dijo (pág. 73). ¡Ah, *pudiéramos* mandar a Juanito al colegio, el año que viene! —dijo suspirando Elena (Azuela, *Los caciques*, pág. 8). —¡Te *callaras!* (C).

FUTURO DE SUBJUNTIVO

El uso del futuro de subjuntivo es actualmente tan raro en España, que se puede decir que prácticamente ha desaparecido (Gili y Gaya, § 140), aunque los gramáticos lo mencionan aún a causa de su frecuencia en los autores del Siglo de Oro y hasta principios del siglo XIX, y de su persistencia en los documentos legales, en los escritos eclesiásticos y en unas pocas frases estereotipadas ("sea lo que *fuere*", "venga lo que *viniere*", etc.). Por lo demás, en el lenguaje escrito y hablado ha cedido casi completamente ante otros tiempos. En Hispanoamérica, sin embargo, el futuro de subjuntivo ha sobrevivido en unas pocas regiones. Henríquez Ureña informa que en Santo Domingo lo usan frecuentemente las personas cultas, especialmente en la escritura (*BDH*, IV, 326, n. 1; V, 49), al igual que en el alto Ecuador y en otras partes (*BDH*, II, 216). Los ejemplos siguientes muestran su supervivencia en el lenguaje escrito, si no en el hablado:

ARGENTINA: —Yo le dejaré nuestra dirección para lo que *fuere* (Filloy, pág. 248); sea lo que *fuere* (pág. 520).

URUGUAY: Si ello le *resultare* a Vd. violento, yo estoy dispuesto a callar (Bellán, pág. 101); Y si no lo *consiguiere*, ¡ya verás! (pág. 127).

CHILE: No aparecía nada, si no *hubiere* la misma imagen ... mejorada a su manera (Luis Meléndez, pág. 65); lo que *fuere* (pág. 169).

BOLIVIA: Lo recibe el criollo cordialmente y se ratifica una vez más en su propósito de que las cuentas *estuvieren* listas para la transacción (Blym, pág. 17); —Ven mañana por la noche y te indicaré lo que *hubiere* resuelto (pág. 85).

PERÚ: Como vuelva con la gracia de ir donde el presidente u otro sujeto cualquiera, ya sea a título de religión o de lo que *fuere* ... (Corrales, pág. 124).

ECUADOR: Todos son niños y niñas ... infeliz del que se *atreviere* a decir señor o señora (Mateus, pág. 276).

COLOMBIA (ANTIOQUIA): Y si asina no *fuere*, ¿no haberá con qué pagar? (Carrasquilla, *Hace tiempos*, I, 172). Botín colorao, perdone lo malo que *hubiere* estao (Carrasquilla, *Novelas*, pág. 47).

VENEZUELA: En la paneta gobierna el patrón ... vigilante al aguaje que *denunciare* la presencia de algún caimán en acecho (Gallegos, *Doña Bárbara*, pág. 9). —Aunque así *fuere*, que no será (Gallegos, *Canaima*, página 146); si realmente *hubiere* sentido alguna vez la verdadera necesidad de ello (pág. 173; también págs. 179, 187).

COSTA RICA: ¡Siempre que no se le *fuere* a ocurrir volver! (Fabián Dobles, pág. 142); algún día, si las cosas *siguieren* su rumbo ciego ... (página 299); más tarde, si *sucediere* la desgracia ... (pág. 301).

MÉJICO (NUEVO LEÓN): Y si así *hubiere* sido, ¿habrían estado éstas al alcance de sus escasos recursos? (García Roel, pág. 114). (NORTE DE MÉJICO): Bajar por donde se pudiera y como *hubiere* lugar (Urquijo, página 90); —¿Aunque sea mujer? —Lo que *fuere* (pág. 236).

VERBOS REFLEXIVOS

GENERALIDADES

En el español de América, al igual que en el habla popular de la Península, se usan los pronombres reflexivos con verbos intransitivos más frecuentemente de lo que suele hacerlo la lengua consagrada con verbos como *venir, subir, bajar, entrar, huir, amanecer, aparecer, volver, tardar* y otros. No resulta fácil determinar si el pronombre reflexivo se emplea en este caso por analogía con el de los verbos transitivos o si es una a manera de complemento indirecto, dativo ético, dativo de interés, "pseudorreflexivo" o algo por el estilo. Muestra en todo caso interés o voluntad por parte del sujeto, junto con cierto matiz de vigor o intensidad, de familiaridad o espontaneidad, peculiaridad no estudiada aún suficientemente por los gramáticos.

Tales pronombres reflexivos eran muy frecuentes en la época antigua, en que el lenguaje escrito se parecía mucho más que en la actualidad a la lengua vernácula. Se hallan numerosos ejemplos como éstos: "*Huyóse* luego con su mujer" (Lope de Vega, *Peribáñez*, III); "Cómo *se pasa* la vida, / Cómo *se viene* la muerte" (Jorge Manrique, *Coplas*), etc. Lope de Vega y otros dramaturgos del

Siglo de Oro usaron con frecuencia *entrarse* (*éntrese*, *éntrense*) en sus indicaciones escénicas para apuntar el vase de los personajes, reservando *entrar* (*entre*, *entren*) para el momento de salir a las tablas. (Calderón y los dramaturgos posteriores prefirieron *salir* a *entrar* e *irse* a *entrarse*).

Ejemplos semejantes los encontramos en el español moderno, especialmente en lenguaje hablado, muchos de los cuales pertenecen al habla de un nivel social más bien bajo: "la aconsejó que *se huyera* con ella al monte" (A. Espinosa, *Cuentos*, II, 207 [Zamora]); "*se había tardado*" (II, 213 [Granada]); "Y ya el diablo determinó *robarse* a la muchacha" (II, 180 [Zamora]); "*me he soñado* contigo" (Zamora Vicente, pág. 44 [Mérida]).

Tales construcciones, con ramificaciones numerosas, han sobrevivido vigorosamente en Hispanoamérica con un nivel social más liberal. La frecuencia del reflexivo en estas expresiones ha abierto el camino a su aceptación local en otras que son raras o construidas de manera distinta en el lenguaje modélico (*ganarse en* = *ganar*, *saludarse con* = *saludar*, etc).

ARGENTINA: —Ya sabe que a mí *se* me importa un pepino de todo (Petit de Murat, pág. 47). Gómez ... *se* habría robado el dinero (Mansilla, *Una excursión*, pág. 43); *me* saludé con Mariano (pág. 161). *Se* ganó [= se ocultó] en una casa (Garzón, pág. 222). (SAN LUIS): soñar*se*, trasnochar*se*, amanecer*se*, sanar*se* (Vidal, pág. 134).

URUGUAY: ¿Y a usted qué *se* le importa? (Sánchez, *La gringa*, I, 2).

CHILE: ¿Qué *se* amaneció? (Juan Modesto Castro, pág. 204); Hay noches que *me* amanezco quejándome y sin poder dormir (pág. 215). Fulano *se* amaneció jugando, y yo *me* amanecí leyendo (Román, I, 52). (En Chile y en otras partes se emplea *amanecerse* con el significado de "estar en pie toda la noche"). A él no *se* le importaba nada (Edwards Bello, *Criollos*, pág. 119). *Me* soñaba que hacía un viaje (C). Gáne*se* Ud. [= venga Ud.] para acá; *me* gané [= me fui] a la cama (Román, III, 8). Podían hacer el ruido que *se* les diera la gana (Alberto Romero, *Perucho González*, pág. 23). Él *se* arrancó (C).

BOLIVIA: La pelada no *se* juye con éste (Alfredo Flores, en *ACB*, página 72). Quiero ir no para robár*se*la a la Filomena ... (Jaime Mendoza, *El lago*, pág. 52). [El avión] *se* despega ... *se* ha volcado (Augusto Guzmán, pág. 50). *Me* he soñado anoche con él (Díaz Villamil, *Cuando vuelva*, pág. 51); después de haber*se* amanecido los dos (*Plebe*, pág. 221).

PERÚ: El muchacho *se* apareció con las copas (Diez-Canseco, *Estampas*, pág. 29). *Se* han amanecido (C).

ECUADOR: Ya *se* crecen las mareas (Gil Gilbert, *Nuestro pan*, pág. 45). *Nos* amanecimos (Salvador, *Prometeo*, pág. 47). —¡Ya quieren que [el muchacho] *se* robe otro chivo! (La Cuadra, *Horno*, pág. 106).

COLOMBIA: ¡Y aparecer*se* a la media noche! (Rivera, pág. 20). Tiene el malvao vicio de roba*se* [= robarse] las gallinas de cualquier casa (Carrasquilla, *Hace tiempos*, I, 34); Pero éntre*se*, el negrito, para que lo vean (I, 156). —¿Quién creés vos Aurelio que *se* nos robó la canoa del embarcadero? (Buitrago, pág. 70); —Háble*se* con el alcalde, don Pioquinto, a ver qué le dice. —Si ya *me* conversé con él (pág. 111); —Entre*sén* (pág. 130); Entrá*te* (pág. 178); Este fenómeno ... *se* sucede con frecuencia (pág. 162); *se* sucede el fenómeno conocido (pág. 165); el piloto la siguió y al llegar al ruedo ... *se* le desapareció ["la perdió de vista"] (pág. 196). Anoche *me* soñé que estábamos en Bogotá (C).

VENEZUELA: Los de Altamira *se* cambiaban sus impresiones acerca de todo aquello (Gallegos, *Doña Bárbara*, pág. 186). Una tarde *se* apareció con Trino (Briceño, pág. 96).

COSTA RICA: —Ni siquiera *se* apareció a la hora de almorzar (Fallas, pág. 113); —Usted, Chepón, cuénte*se* un cuento (pág. 46); *Me* soñé con Caimán (pág. 274).

EL SALVADOR: —Vénga*se*, chero; usted tiene una buena voz. ¡Tóque*se* algo! ¡cánte*se* algo! —No me acuerdo de nada esta noche (Torres Arjona, pág. 4). Tráiga*se* [= tráiganos] dos botellas (C).

GUATEMALA: *Se* soñaba con ser presidente (Sandoval, II, 455).

MÉJICO: ¿La chamaca [= muchacha]? Mire que *se* huye (Quevedo, *La camada*, pág. 343). —¿Y si *nos* juyéramos de aquí? (Urquijo, pág. 14); *se* huyen de la casa (pág. 201); las viejas soldaderas les enseñan a robar*se* las gallinas (pág. 96). Juan *se* trasnocha (V. Suárez, pág. 153).

SANTO DOMINGO: Todos *se* huyeron (Requena, *Camino*, pág. 27). *Me* hablé con él; *te* hablas con ella y la convences; *se* habló conmigo (Patín Maceo, *Dom.*, pág. 90); el carro *se* volcó; allí *se* volcaron algunos automóviles (pág. 179). —No me faltará ... descuíde*se* (Moscoso, pág. 158). —Horita *se* crecen todos esos caños (Bosch, *Dos pesos*, pág. 14).

CUBA: "Pága*te* algo" se usa cuando una persona desea que otra la invite a tomar algo; ¡tóque*se* algo! (Padrón).

DEVOLVERSE = VOLVER(SE), REGRESAR

Mientras *volverse* "regresar" se usa también en el español tipo (además del más culto *volver*), la forma *devolverse* es primariamente de uso hispanoamericano (en los países que se ejemplifican más abajo). En la lengua antigua, las locuciones castizas eran *volver una cosa* "devolver una cosa" y *volverse* "regresar". En el moderno lenguaje general, *devolver una cosa* ha reemplazado a *volver una cosa*, y *volver(se)* se ha mantenido como verbo intransitivo empleado para personas. El español de América emplea *devolver* (así como el antiguo *volver*) para cosas, pero ha dado un paso más al aplicar *devolverse* a personas, parangonando así el antiguo *volver* con *volverse*. Tal como Cuervo (§ 501) lo hace notar, *devolverse* es análogo al latín *reddere se* y al francés *se rendre*. Hay que observar, sin embargo, que los significados de *devolverse* no siempre corresponden a los de estas formas. Cuervo añade que, mientras en poesía *devolverse* puede sonar a elegancia, en su empleo ordinario "sabe a vulgaridad". En Chile se puede oir la forma vulgar *revolverse* por *devolverse* entre "la parte más indocta del pueblo" (Román, II, 133); en otras partes, por ejemplo en la cordillera de Venezuela (Picón-Febres, pág. 146), goza de un nivel social semejante.

CHILE: Salieron algunas gentes ... y como no viesen nada, *se devolvieron* a sus lechos (Azócar, pág. 216). Los barcos ... llegan casi hasta la playa misma y *se devuelven* después de grandes saludos y aclamaciones (Délano, *Procesión de San Pedro*). Me devolví (C).

COLOMBIA: Estábamos allí parados, esperando que abrieran ... —"Que *se devuelvan*" (Arango Villegas, pág. 180). Casi la oye, pues torna a entrar: *se ha devuelto* del comedor de los empleados (Carrasquilla, *Hace tiempos*, II, 318). —*Devolvámonos*, Laura (Carrasquilla, *Novelas*, pág. 85).

VENEZUELA: A las dos horas ... oyóse tumulto de tropa. —Debe ser papá que *se devuelve*. Pero no, no era el papá que *se devolvía* (Blanco Fombona, en *Hispanoamericanos*, pág. 80). No *se devolvió* temiendo perder tiempo (Pocaterra, pág. 285). La mujer *se devolvió* al llegar a la puerta (Calcaño, § 491). (CORDILLERA): Del Alto de la Cruz *me regolví*, porque la noche estaba muy oscura ... (Picón-Febres, pág. 146).

COSTA RICA: Pero no siguió adelante ... y *se devolvió* (Lyra, pág. 93); Mejor será que *se devuelva*, mano Lagarto, y me deje aquí. Yo no puedo dar un paso (pág. 104). Caminó hacia ellas, luego quiso *devolverse* (Fabián Dobles, pág. 171; también págs. 38, 365, 382).

MÉJICO: *Devuélvanse* por esta misma calle, tuerzan sobre su mano zurda (Azuela, *Los de abajo*, pág. 98).

PUERTO RICO: Me devolví a casa (Malaret, *Vocabulario*, pág. 156).

SANTO DOMINGO: Llegué hasta la esquina y *me devolví* (Patín Maceo,

"Amer.", V, 434). Muchas noches llegué a pedir posada a algún bohío y *me devolví* de la puerta (Bosch, *Dos pesos*, pág. 111).

REGRESARSE

En el español consagrado no se usa reflexivamente el verbo intransitivo *regresar*, pero sí, y con frecuencia, en la mayor parte de Hispanoamérica, debiéndose probablemente este uso reflexivo a analogía con varios verbos corrientes de movimiento, tales como *volver(se)*, *ir(se)*, *devolver(se)*, etc. Generalmente se pueden oir ambas formas (*regresar, regresarse*), y frecuentemente los hablantes sienten una diferencia real en el significado y en la aplicación de ambos. Dicen que la forma reflexiva (tal como en *volverse, salirse, quedarse*, etc.) indica voluntad de parte de la persona que habla, indicando la función analítica desempeñada por el hablante en la acción del verbo. Empero, dicha distinción es frecuentemente más teórica que práctica. Santamaría (*Ensayos*, pág. 288) establece una diferencia al parecer diametralmente opuesta, pero que, analizada cuidadosamente, realmente sustenta el aspecto volitivo. Afirma que la frase *fuimos a Puebla y regresamos al día siguiente* implica que el retorno fue absolutamente voluntario de nuestra parte, mientras que *fuimos y nos regresamos* implica que la vuelta se debió a alguna circunstancia fortuita que nos obligó a tomar tal decisión. En verdad nos obligó a tomar aquella decisión, y al tomarla pusimos en ejercicio nuestra voluntad. Este distingo es válido con frecuencia, y algunos de los ejemplos que se dan más abajo se han escogido para indicar la presencia de circunstancias concomitantes. Sin embargo, en algunos otros ejemplos se verá que no siempre es aplicable el aspecto volitivo.

El reflexivo *regresarse* es tan común en ciertas zonas de Hispanoamérica, que ocasionalmente ciertos gramáticos locales (como Bonilla Ruano, III, 209, para Guatemala) lo clasifican junto con otros verbos (*ir, venir, llegar, estar*, etc.) utilizables con o sin pronombre reflexivo, siendo más enfáticos los primeros. Otros no lo aceptan así del todo. Gagini (Costa Rica) dice: "no hay necesidad de hacerlo reflejo, diciendo *me regresé, se regresa*, pues basta decir *regresé, regresa*". Otros condenan el uso reflexivo por el hecho de no hallarse en el diccionario de la Academia (Román, V, 61, para Chile), o le ponen el mote de "vicio común y censurable" (Batres, pág. 491, para Guatemala). El lexicógrafo Darío Rubio escribe regocijadamente sobre el uso mejicano: "Y con tal barbarismo [*regresarse*] cargan orgullosos entre nosotros muchos, pero muchos que andan por esas calles de Dios luciendo algún título que les da derecho a parecer ilustrados, en tanto que la Gramática, sonriendo maliciosamente, va tras ellos rogándoles que *se regresen* a la escuela de primeras letras" (*La anarquía*, II, 184).

Sin embargo, *regresarse* está actualmente tan extendido, que su estigmatización servirá probablemente de poco. Santamaría aboga por que la Academia autorice el uso de *regresarse* en atención a que los distintos aspectos volitivos que él ve en *regresar* y *regresarse* no pueden menos de contribuir a enriquecer el idioma.

CHILE: Podía pasarse allí el verano, y en invierno, época en que alma alguna se aventuraba por esos lugares, *se* regresaría al rancho familiar (Manuel Rojas, *Travesía*, pág. 165).

BOLIVIA: —Tatay, *me* he regresado (Díaz Machicao, en *ACB*, pág. 210). PERÚ: Es difícil respirar. Acaso el aire no exista. —*Nos* regresaremos, mejor (Ciro Alegría, *La serpiente*, pág. 84). Estos sitios no deben ser buenos para la pescana. Regresémo*nos* algo más atrás (Emilio Romero, pág. 101). Yo *me* regresé a las peñas para recoger mi bolsa de pejesapos (Corrales, pág. 233).

ECUADOR: Cansado, ganoso de sueño, *se* regresó a su casa (Bustamante, pág. 122). *Se* regresó a mirarlo con sus ojos (Gil Gilbert, *Nuestro pan*, página 25). *Se* regresó a la montaña (Aguilera Malta, pág. 42); Regresaría a su casa (pág. 45). Si no fuera por su caballo ... *se* regresaría en ese mismo instante a la hacienda (Icaza, *Cholos*, pág. 58). Ahorita resolví que dentro de una semana, mi familia y yo, *nos* regresemos a Cuenca (Mata, *Sanagüín*, pág. 183).

COLOMBIA: Mañana *me* regreso (Cuervo, § 347). —Vengo de Pasto. ... —Sería mejor que *se* regrese a Pasto (Álvarez Garzón, pág. 168). —Yo cogí mi canoa y me fui a recibirlo ... y me tomé dos copitas antes de regresar*me* (Buitrago, pág. 53).

VENEZUELA: Don Crisóstomo regresó a los pocos días. ... *Se* regresó de la Guaira (Pocaterra, pág. 51). —Ahora *te* regresas a tu casa (Gallegos, *Doña Bárbara*, pág. 117); Si resuelvo ... regresar*me* a Caracas ... ¿qué hago con Marisela? (pág. 248); Pero al regresar a la casa ... (pág. 252). Y en seguida *se* regresó a la Casa Grande (Gallegos, *Pobre negro*, pág. 38).

Tengo que arreglar mis cuentas con los Hanssen. *Me* regresaré dentro de dos o tres días (Gallegos, *La trepadora,* pág. 232).

PANAMÁ: Al llegar a un extremo de la barandilla, el señor cura ... *se* regresa al altar (Nacho Valdés, *Sangre criolla,* pág. 90; también pág. 80). COSTA RICA: *Me* regresé; *se* regresa (Gagini, pág. 214). Una bes quél *se* regrese (Echeverría, pág. 172).

NICARAGUA: Me chocó tanto aquella frescura de este señor que no reparé más en los detalles del aposento ni seguí mi exploración. *Me* regresé al despacho particular (Orozco, pág. 19); Pensando a qué color político habría pertenecido mi señor padre en vida, regresé a mi casa a tomar el desayuno (pág. 20).

GUATEMALA: El correo que iba al Petén, *se* regresó de Cobán, porque se enfermó (Sandoval, II, 343).

MÉJICO: Recoge los platos y hace ademán de regresa*r* por la izquierda (Madero, I, 2). ¿No *te* regresas conmigo? (González Carrasco, pág. 20). (YUCATÁN): Fui a Izamal i de Tixkokob *me* regresé (Ramos Duarte, página 434; cf. también V. Suárez, pág. 153).

A veces se encuentra el verbo intransitivo *regresar* usado incorrectamente como transitivo en lugar de *devolver,* o incluso en lugar de *volver,* el cual llena asimismo ambas dimensiones.

PERÚ: Voy a *regresar* [= devolver] el libro mañana (C).
ECUADOR: —*Regresa* [= vuelve] la cara y ríe (Pareja, *La Beldaca,* página 37). En el camino estiró la pata el angelito ... lo *regresé* donde la mama (La Cuadra, *Los Sangurimas,* pág. 27). Estuvo a punto de *regresarla* donde su padre (Ortiz, pág. 109).
PANAMÁ: —*Regrésame* el libro (C).
NICARAGUA: *Regresamos* nuestras cabalgaduras (A. Valle, pág. 250).
GUATEMALA: Vamos a *regresar* muchos alimentos (Arévalo, pág. 126).
MÉJICO: ¡*Regresa* lo que te ha dado! (Galeana, pág. 41).

ENFERMARSE

Otro verbo intransitivo en el español modélico ampliamente empleado por el español de América como reflexivo es *enfermar.* Indudablemente, la forma reflexiva se puede encontrar en los clásicos, pero era relativamente rara. Se formó probablemente por analogía con palabras semasiológicamente emparentadas, tales como *resfriarse, constiparse, curarse* y semejantes. Román (II, 241) sugiere una explicación parcial basada en la forma latina pasiva de *infirmare* "debilitarse": *infirmor, infirmari.* Sabemos que algunos deponentes latinos pasaron a reflexivos en español (por ejemplo, *morirse* [Hanssen, § 514]). Empero, la mayor parte de los verbos deponentes pasaron a la forma activa, y es posible que *enfermar* sea una formación posterior sobre *enfermo* (Hanssen, § 390). En España, particularmente en el habla popular, en áreas rurales, etc. (Aurelio Espinosa, I, 40 [Burgos]; I, 166 [Cuenca]; III, 376, 379 [Granada]), es posible oir aún *enfermarse,* pero en Hispanoamérica ha desalojado prácticamente al no reflexivo *enfermar.* Es fácil que prevalezca, sobre todo teniendo en cuenta que *enfermar* se puede emplear también transitivamente con el sentido de causar o transmitir una enfermedad. Monner Sans (pág. 175) piensa que *enfermarse* está justificado cuando la enfermedad se la acarrea la persona misma por sobretrabajo, malas costumbres, etc., pero si la persona no es responsable en absoluto, entonces la forma indicada es *enfermar.* Ni que decir tiene que tal distinción no se hace; se oye casi sólo la forma *enfermarse.*

ARGENTINA: Pero era necesario que se quedara para no enfermar*se* otra vez (Monner Sans, pág. 174). A los pocos días *se* le enfermó la madre (Güiraldes, *Don Segundo,* pág. 127).

CHILE: *Me* enfermé de fiebre; El niño *se* enfermó de muerte; *Te* enfermarás si comes tanto (Román, II, 241).

BOLIVIA: Los hombres *se* enferman (Céspedes, pág. 39).

ECUADOR: —Nosotras *nos* enfermamos pronto (Salvador, *Noviembre,* pág. 227). ¿Por qué *me* enfermaría ahora? (Gil Gilbert, *Nuestro pan,* página 293).

COLOMBIA: El niño *se* enfermó (Cuervo, § 347).

VENEZUELA: —Ay, no me pegues así, que *me* enfermo (Pocaterra, página 317). Éste como que *se* nos enfermó también (Uslar Pietri, pág. 138).

GUATEMALA: Mi madre, como ya es anciana, *se* enferma frecuentemente (Sandoval, I, 473).

MÉJICO: He sabido que usted *se* enfermó; *Nos* enfermamos de calenturas (Ramos Duarte, pág. 232).

CUBA: *Se* enfelmó la mujel de Don Geraldo Lope (Ciro Espinosa, página 59); —¿Y *se* enferman muchos así? (pág. 405).

TARDARSE, DILATARSE, DEMORARSE

En el lenguaje consagrado, *tardar* se puede usar tanto intransitiva como transitivamente: *he tardado* y *me he tardado*. La primera es la forma normal más generalizada, hallándose más frecuentemente la segunda en Hispanoamérica. En el lenguaje antiguo, *tardarse en* era raro comparado con *tardar en* (Keniston, página 523).

PERÚ: Si *me* tardo, el gramalotal me va ganar (Ciro Alegría, *La serpiente*, pág. 25).

ECUADOR: Y Uds. sabrán dispensar el que *me* haya tardado tanto (Gil Gilbert, *Nuestro pan*, pág. 112). ¿Por qué *te* has tardado tanto? (Salvador, *Camarada*, pág. 33).

VENEZUELA: Ya *te* has tardado bastante y podrían notar tu falta (Padrón, en *ACMV*, II, 115).

EL SALVADOR: El portador de la carta no *se* tardó (Torres Arjona, página 125).

MÉJICO: Por eso *me* tardé más (Quevedo, *Las ensabanadas*, pág. 13). No *me* tardo (González Carrasco, pág. 29). ¿Me tardé? (Gamboa, *Teatro*, II, 35).

Sin embargo, en América *tardarse* ha cedido en gran parte el terreno a los verbos *dilatarse* y *demorarse,* los cuales, empero, no se emplean de acuerdo con los dictados de la Academia.

En el español castizo, *dilatar* y *demorar* son transitivos y significan "diferir, aplazar". Como intransitivo, *demorar* puede significar "permanecer". En el español de América, sin embargo, *dilatar(se)* y *demorar(se)* se emplean entrambos para significar "diferir, emplear un largo tiempo", etc., usurpando así el oficio a *tardar(se).* Dicho empleo ha sido muy estudiado por gramáticos y lexicógrafos. En círculos cultos se tiende a favorecer a *demorarse* más bien que a *dilatarse,* el cual, según Román (II, 149), está en vías de desaparición entre la gente culta de Chile, aunque se oiga mucho entre el bajo pueblo, al igual que en otras partes (para Nochistlán, Méjico, cf. *Inv. ling.*, I, 171).

ARGENTINA: —Cuando se dice a las nueve ... se interpreta a las once. ... *Demorarse, demorarse:* ¡qué hermoso compendio de filosofía! (Filloy, página 480).

CHILE: *Me demoré* en llegar; *me demoré* en el viaje; el viaje *demoró* veinte días. ¿Por qué *te has dilatado* tanto? No *me dilaté* sino lo necesario (Román, II, 88 y 148). —¿No ha venido ño Manuel? —No, pero ya *no dilata* (Maluenda, *Escenas,* pág. 20); cuando uno es solo *se demora* más en mejorarse (pág. 72).

PERÚ: —¿*Te demoraste* mucho? (Diez-Canseco, *Estampas,* pág. 101).

ECUADOR: No *te demores,* que te pueden jugar una mala pasada (Pareja, *La Beldaca,* pág. 146). *Se demora* en los mandados un mundo (Pareja, *Baldomera,* pág. 181).

COLOMBIA: —No *te demores* (Restrepo Jaramillo, pág. 148). (SUR): —Me voy, máma, no *me dilato;* con la tarde hey de regresar (Álvarez Garzón, pág. 99); —¿Y *te vas a demorar* allá? (pág. 135).

VENEZUELA: Mal ... *te dilataste* mucho (Romero García, pág. 77); —No *te dilates;* mira que no puedo estar sin ti (pág. 161). Sí, fuimos a bañarnos. ... *Nos dilatamos* por eso (Pocaterra, pág. 19).

PANAMÁ: —Por favor, no *te demores* ... (L. Aguilera, pág. 177).

COSTA RICA: El tren *se dilató* mucho (Gagini, pág. 125).

GUATEMALA: La cocinera *se dilata* mucho cada vez que va a compras al mercado (Sandoval, I, 371).

MÉJICO: —Arranque para el pueblo y tráigase lo que necesita, no *se dilate,* por vida suya (Inclán, I, 44); Vayan a ver a Manuel, pero no *se dilaten* (I, 200). —No *te dilates* mucho, que miro a esto muy feo (Urquizo, pág. 93). —Pues ándale, vete para que no *te dilates* (pág. 193).

CUBA: —Podía haber estado ya hace días; pero *me he demorado* a propósito (Martínez Villena, en *CC,* pág. 73).

SANTO DOMINGO: Él fue a comprar cigarrillos, pero *se dilata* demasiado (Patín Maceo, "Amer.", V, 435; cf. también *BDH,* V, 61).

PUERTO RICO: ¡Anda, avanza; no *te demores!* (Navarro, pág. 210).

ATRASARSE, ADELANTARSE

Los verbos *atrasar* o *retrasar* y *adelantar* se pueden usar con o sin pronombre reflexivo, es decir tanto intransitiva como transitivamente. En España se usan generalmente las formas intransitivas: *el reloj atrasa, adelanta,* etc. En Hispanoamérica, por su lado, el uso corriente lo constituyen las formas reflejas: *el reloj se atrasa, se adelanta,* etc.

RECORDARSE

En el español consagrado corriente, *recordar* no se usa como reflexivo. Correctamente se dice *recordar una cosa* o *acordarse de una cosa*. Sin embargo, en los clásicos de los siglos xv y xvi se pueden encontrar ejemplos de *recordarse de*: "Ya *me* voy recordando *della*" (*Celestina*, IV). Semejante uso, que en la actualidad sólo esporádicamente se halla en España, para angustia de puristas y gramáticos ha sobrevivido más vigorosamente en Hispanoamérica, tanto en boca de personas cultas como en boca del pueblo.

ARGENTINA: Ahura *me* recuerdo bien, doña Julia (Lynch, *Romance*, pág. 43). CHILE: No *me* recuerdo. Ya *me* recordé (Román, V, 45). No *me* recuerdo naíta (Juan Modesto Castro, pág. 224). Se recordaba con bastante mala intención del Torito (Muñoz, pág. 43). PERÚ: No recuerdo *de* haberla perjudicado (Corrales, pág. 71). VENEZUELA: De vez en cuando *se* recuerda *de* su importancia (Arráiz, pág. 17). PANAMÁ (RURAL): —Usted *se* ricuerda (Nacho Valdés, *Sangre criolla*, pág. 79); ¿*Se* recuerda usté *de* la carta? (pág. 109). EL SALVADOR: —Francamente no *me* recuerdo. —¡Ah! no *si'*arrecuerda (Ambrogi, pág. 19). MÉJICO: ¿*Se* recuerda usté *de* cuando corrieron de la escuela a Rosario? —¡No me he de acordar! (Madero, I, 3).

El verbo *recordar* tiene otro significado, corriente en los clásicos, pero actualmente arcaico o dialectal en España, el de *despertar: Recuerde el alma dormida* (Jorge Manrique, *Coplas* [1476]). El diccionario de la Academia ha calificado de intransitivo a este verbo, por lo cual numerosos gramáticos se han negado a aceptar su uso transitivo, uso que, por ser común todavía en el habla popular de gran parte de Hispanoamérica, ha sido calificado de americanismo. Pero hace tiempo que Cuervo (§ 453) demostró que los clásicos se hallaban lejos de desconocer el uso transitivo de *recordar* "despertar": "Y si duerme mi niña, / No la *recordéis*" (Lope de Vega, *La niña de plata*, II, 20). Por lo tanto, su uso actual en el habla popular y rústica de Hispanoamérica no se ha de considerar como neologismo, sino simplemente como arcaísmo (Santo Domingo, *BDH*, V, 75; Méjico, *ibid.*, IV, 67; Bolivia, véase pág. 443; España, Corominas, pág. 90, etc.).

ARGENTINA: Hágame el favor de *recordarmeló* a su esposo, si está sestiando (Lynch, *Romance*, pág. 277). ¡*Recuérdese* que es tarde! (Lynch, *Los caranchos*, pág. 26).

URUGUAY: Sería mejor prepararlo ... cuando *se recuerde* (Sánchez, *M'hijo el dotor*, III, 4). Aquella noche ... se habían acostado. Él *se recordó* dos o tres veces, inquieto (Montiel, *Cuentos*, pág. 8); *Se recordó* mal, con dolor de cabeza, con un sabor agrio en la boca (pág. 74).

CHILE: —Coman calladitos, pa que el taita no *se recuerde* —advirtió (Alberto Romero, *Perucho González*, pág. 32).

ECUADOR: —Han de estar acostadas ... ¿No *se habrán recordao?* —No ... ¡qué va! El sueño del muchacho es como el sueño del chancho (La Cuadra, *Horno*, pág. 164).

VENEZUELA: Para hacer saber que estoy despierto pregunto a só voz: —¿Es Chicho? ... —No. Soy yo. ... ¿Ya cómo que *se recordó?* (Briceño, pág. 146).

COSTA RICA: Tío Conejo que estaba bien privado *se recordó* con sobresalto (Lyra, *Cuentos*, pág. 134).

OMISIÓN DEL PRONOMBRE REFLEXIVO

En el español de América se halla también ocasionalmente la tendencia opuesta, es decir, la supresión del pronombre reflexivo con verbos que generalmente lo requieren en el habla consagrada normal, como en el caso de *desayunar* (corriente también en España), *disparar* (arcaico en España), *llamar* por *llamarse* (así, ocasionalmente, en Colombia), *casar* (en España, más frecuentemente *casarse*), etc. Igualmente en la España dialectal: *voy* por *me voy; marchó* por *se marchó* (Llorente, § 128).

ARGENTINA: Según él, se había traído el animal cuando *disparó* de Leubucó (Sáenz, pág. 34). *Dispararon* las yeguas chúcaras que andaban con el matungo y él *disparó* también (Lynch, *Romance*, pág. 390). Todos los roedores *dispararon* (Larreta, *La gloria*, pág. 297).

URUGUAY: Las yeguas vienen *disparando* (Sánchez, *M'hijo el dotor*, I, 3). El animal *disparó* campo afuera (Acevedo Díaz, *Cancha larga*, pág. 80).

BOLIVIA: El cachorro *disparó* como una flecha (Alfredo Flores, en *ACB*, pág. 67). *Desayuno* rápido y voy a la oficina (A. Guzmán, pág. 83).

ECUADOR: Jaime ha comenzado a *desayunar* (Salvador, *Noviembre*, página 115).

VENEZUELA: Mientras *desayunamos* observo a Rosa (Briceño, pág. 85); ¿no *te* vas a *desayunar?* (pág. 173).

COLOMBIA (ANTIOQUIA): Con huevos pericos [= revueltos], chocolate, arepa de pelado y quesito, *se desayunó* nuestro hombre (Bernardo Toro,

pág. 56); Paco *desayunó* (pág. 69); *Desayunaron* trancado (pág. 81).
¿Cómo *llama* [= se llama] el niño? (Tobón, pág. 116).

GUATEMALA: *Casaron* al iniciarse la época de la recolección de los frutos
(Wyld Ospina, *Nahuyacas,* pág. 109). No *he desayunado* todavía; Don Fulano *embarcó* ayer. Juan *casó* hace pocos días (Bonilla Ruano, III, 23).

MÉJICO: ¿Ya *desayunaste* tú? (Gamboa, *Teatro,* II, 27).

SANTO DOMINGO: El otro hermano *casó* joven (Moscoso, pág. 23).

VII

LOCUCIONES VERBALES (*a*)

Los verbos auxiliares se clasifican generalmente de acuerdo con
la naturaleza de las modificaciones que llevan a cabo en los conceptos verbales. Mientras los auxiliares modales (*deber, poder, haber de,* etc.) expresan la interpretación o estado mental del hablante y los auxiliares temporales (*ir a, haber de, acabar de,* etc.) expresan el tiempo de la acción, los auxiliares de aspecto expresan
alguna parte o aspecto de una acción. Y pueden reflejar gran variedad de calificaciones del verbo principal: pueden cargar el acento sobre la iniciación de la acción (*ponerse a, echar(se) a*), sobre
el fin de la acción (*acabar de*), sobre una repetición única de la
acción (*volver a*), sobre la repetición habitual (*soler*), sobre la
progresión (*estar* y participio presente), sobre la consecución (*llegar
a*), etc. Tales verbos auxiliares pueden ser fecundos en cualquier
estadio de desarrollo lingüístico, y, por consiguiente, no es sorprendente su abundancia y su gran variedad regional en el español
de América. Algunos reflejan el empleo de la lengua antigua o
de los dialectos españoles, otros son puramente locales.

Uno de los auxiliares de aspecto más generalizado es *ir y,* usado en la conversación familiar en presente, en indefinido y en man-

datos: *voy y lo tomo, fui y lo tomé, vaya y tómelo*. La idea de movimiento físico desaparece, sirviendo el verbo *ir* meramente para expresar con mayor vigor el significado del verbo al que sirve de auxiliar. Keniston (*Syntax list*, pág. 203) llama a *ir* y auxiliar de "aspecto unitario"; como ocurre a veces con *ir a*, "pone de relieve el carácter unitario de la acción". Recordando su uso en el habla popular de Venezuela, Alvarado (pág. 242) lo describe como "*ir* histórico, y diríamos, casi bíblico, que se emplea como conjuntivo en una serie de actos indicados por verbos en presente o pretérito". A *va y* Sandoval (II, 575) la llama "frase pleonástica e invariable que da idea de fatalidad, de algo casual e inevitable". Gagini (pág. 161) observa que esta locución "envuelve la idea de posibilidad y riesgo".

Este auxiliar se emplea coloquialmente tanto en España como en Hispanoamérica, pero la moderna literatura realista de América ha hecho mucho mayor uso de una expresión cuyo nivel social, como en el caso de muchas otras construcciones, es superior en algunos países americanos que en España. En el español peninsular hallamos ejemplos como éstos: "Y *jue y* la encontró ... y *jue y* entráronle unas tercianas a la otra" (Pereda, *Obras*, VI, 150); "Y entonces *fue* La Serrana y *va y* me dise ... y *jue y* me hiso asín ..." (Muñoz Seca, *El roble de la Jarosa*, pág. 20).

En el uso de la primera persona *jui* con la tercera persona del verbo principal (véanse abajo los ejemplos de Costa Rica) hallamos una aparente peculiaridad, la cual, sin embargo, no representa sino una fusión: *jue y* > *jui*. En Yucatán (Méjico), *ir a* es auxiliar de aspecto unitario.

ARGENTINA: Él, entonces ... *jué y* trujo dos platos y dos cucharas y dos galletas (Lynch, *Romance*, pág. 434). —*Vaya y* tráigame el rebenque (Martínez Payva, pág. 4); Tome, *vaya y* cuélguelo (pág. 5). Colmar *fue y* llamó, y el mozo vino (Mallea, en *ACR*, pág. 335).

COLOMBIA: ¿Y si *va y* el Señor lo sabe? ¿Y si *va y* las tiene contadas? (Arango Villegas, pág. 18). *Va y da* = también "dará", etc.

VENEZUELA: *Fue y* cogió una piedra del suelo (Alvarado, pág. 242).

COSTA RICA: No se levante porque *va y* se cae. No llevamos los anteojos, porque *va y* los rompemos. Si suelto los perros, *va y* me muerden (Gagini, pág. 161). *Juí* [fusión de *jué* e *y*] se trujo los trastos / del cuarto de mi mama (Echeverría, pág. 123); *juí le cojió* ese mal / anteayer en la cama ... *juí y* abrí la ventana (pág. 124).

GUATEMALA: —Te traía una carta; pero *va* y se me cae de la bolsa. No vendió su casa Efraín, porque *va* y se la bota el terremoto (Sandoval, II, 575).

MÉJICO (YUCATÁN): ¿Cómo *te fuistes a* caer? (V. Suárez, pág. 152).

Otro auxiliar de aspecto unitario es *coger* y: *cogió* y *se fue;* cf. "he up and left, he took and left". Posee gran parte del significado de *ir* y, pero posiblemente exprese mayor determinación, de tal manera que *coger* y se explica a veces como "resolver hacer algo". Se empleó en la lengua antigua y ha sobrevivido en el habla rústica: "Conque entonce *coge* y se va de pira par palacio" (Aurelio Espinosa, *Cuentos,* I, 41 [Córdoba]); "*cogió* y se fue" (I, 98 [Santander]; II, 200 [Ciudad Real]; II, 249 [Soria]; etc.). El diccionario de la Academia mencionaba su uso hasta la undécima edición, pero desde entonces lo eliminó, posiblemente como vulgarismo. Cuervo (§ 548) le llama "muletilla de muy mal gusto".

Bien sabido es que *agarrar* ha reemplazado casi por completo a *coger* y *tomar* en numerosos países hispanoamericanos. Una de las razones puede ser el natural debilitamiento que con el tiempo sufren numerosas palabras; otra de las razones puede ser el sentido obsceno secundario adquirido por *coger* en partes de América (particularmente en Argentina, Uruguay, Venezuela, Méjico), en donde la escrupulosidad de ciertos individuos se inclina a evitar su uso en el habla [1]. Así, se puede oir *agarrar* (por *tomar*) *una mala costumbre; agarrar* (por *coger*) *frutas de sus árboles; una*

---

[1] ARGENTINA: "En el Río de la Plata *coger* es palabra malsonante y hay que reemplazarla siempre por *agarrar*" (Bayo, *Vocabulario,* pág. 58); "La inmoralidad y malicia precoces de la juventud han llegado a tal extremo, que no puede uno hacer uso de este verbo tan castizo, en las aceps. que le son propias, sin exponerse a provocar la risa de los que lo toman en doble sentido" (Garzón, pág. 113); "En la República Argentina ninguna persona medianamente culta emplea dicho verbo" (Sundheim, pág. 159). VENEZUELA: "En Caracas ya no se puede usar el verbo *coger*" (*ap.* Alvarado, pág. 117). MÉJICO: Santamaría (*El provincialismo,* I, 369) repite la declaración de Bayo como aplicable allí; "en Méjico lo evitan a veces personas remilgadas, pero nunca la gente culta" (*BDH,* IV, 49, n. 1). Rosenblat registra *coger* como común todavía en Venezuela: "voy a *coger* el autobús". Llorente (§ 128g) atribuye a influencia argentina el uso de *agarrar* por *coger* en unos cuantos pueblos salmantinos.

cometa agarra (por *toma*) *vuelo; me agarra* (por *coge*) *el sueño; agarró* (por *tomó* o *se fue*) *para abajo.* Por consiguiente, no es raro que *agarrar* haya reemplazado a *coger* también como auxiliar de aspecto. En la España rural se oye asimismo *agarrar*: "entonce va er chico y *agarra* y le dice a su hermano ..." (Aurelio Espinosa, *Cuentos,* III, 424 [Sevilla]).

ARGENTINA: *Agarró* y se sentó (*BAAL,* XVII, 585).
PERÚ: *Agarré* y le dije; *agarró* y dio su examen (Benvenutto, pág. 151). *Agarró* y se murió la niña (García Calderón, en *ACP,* pág. 93).
ECUADOR: —Y *agarramos* y salimos (La Cuadra, *Los Sangurimas,* página 20); *agarró* y dijo (pág. 26); *agarras* y le das (pág. 36).
COLOMBIA: *Agarró* y se fue (Cuervo, § 548). (ANTIOQUIA): *Agarré* y me fui p'al monte (Antonio Restrepo, pág. 279).
PANAMÁ: Y *agarró* y dijo [= frase corriente en los cuentos folklóricos] (Garay, pág. 105).
MÉJICO: Yo *agarro* y me largo (González Carrasco, pág. 46).

De acuerdo con Malaret (pág. 456), que cita un ejemplo español, "Y oyéndolo el otro, *salta* y le dice" (Pereda, *Obras,* VI, 406), en Puerto Rico hallamos *saltar* y con el mismo significado de *ir y* o *coger y* (como en *saltó y dijo, saltó y bebió*) para expresar determinación o resolución. Así se empleaba *tomar* y en la lengua antigua (Keniston, pág. 467), "*tomé* y víneme", que para Valdés (*Diálogo,* hacia 1535) constituía "un malo y feo arrimo"; por su parte, Correas (pág. 652) describe "*tomó* y fuese", "*tomó* y murióse", como "donosa manera: poner esta palabra *tomar* antes de lo que se va a decir". Para analogías angloamericanas, véase Torres Naharro, *Aquilana* (ed. Gillet, nota a *Introito,* v. 104).

Particularmente en Chile (y probablemente en otras partes) se oye con frecuencia en el habla coloquial *llegar y*: "Juan y yo estábamos bebiendo cuando él [Juan] *llegó* y me pegó"; "Yo le dije que no saliera, pero él, como es testarudo, *llegó* y salió" (C). Cavada (pág. 282) menciona con el verbo *pasar* ciertas construcciones en las cuales este verbo parece llenar las funciones de un auxiliar de aspecto unitario en frases como éstas, tomadas de la isla de Chiloé (Chile): "Antonio *pasó a* ganar [= ganó] a Juan en la carrera", "El caballo *pasó a* morir [= murió] en el camino", etc. También menciona el empleo de *dejar* como auxiliar en expresiones tan populares y enérgicas como éstas: "Antes de venir *dejé tomado* leche [= tomé leche]" y "*¿Dejaste ya comido?* [= ¿ya comiste?]". En forma extraña y bajo influencia maya, en Yucatán se registra *pasar a* en el sentido de *estar a punto de:* "me *pasé a* caer; *pasó a* quemarse su casa; lo *pasé a* atropellar con mi automóvil" (Víctor Suárez, pág. 152).

AUXILIARES INCOATIVOS

Los auxiliares incoativos corrientes en el idioma consagrado son *empezar a, comenzar a, echar(se) a, ponerse a, romper a, soltarse a*, etc. Estos auxiliares incoativos expresan cierto grado de violencia en la iniciación de la acción del verbo principal. En la lengua antigua se encuentran otros verbos incoativos más, tales como *tomarse a, acogerse a, meterse a, dar a, apretar a, decir a* (este último no registrado por Keniston), etc. Así, leemos en el *Cid: "tomáronse a* quexar" (v. 852); en Quevedo: "agarréle y *di a* correr" (pág. 83), *"dio a* correr" (pág. 247), *"apretó a* correr" (pág. 234); en la *Celestina:* "¿... no puedes *decir* corriendo *a* abrir la puerta?" (V).

El último de los nombrados, *decir a*, es todavía muy común en algunas partes de Hispanoamérica, siendo posible que se halle emparentado con el antiguo *deçir* "descender" (*Cid*, v. 974: *"diçe* de una sierra").

COLOMBIA (ANTIOQUIA): Entre los tres arrimamos y montamos los palos, y *dijimos a* [= empezamos a] echar serrucho ... se escureció de presto ¡y *dice a* [= empieza a] llover, mi padre, y *a* hacer huracán! (Carrasquilla, *Novelas*, pág. 117). También en Bogotá (Flórez, pág. 379). VENEZUELA: *Dijo a* [= se echó a] llorar. Él entonces *dice a* [= echa a] correr. *Decía a* [= se ponía a] hablar en seguida (Alvarado, pág. 162). Eso me tiene preocupado, porque la sangre es una cosa seria cuando *dice a* [= empieza a] dar lo suyo (Gallegos, *Doña Bárbara*, pág. 331). *Dice* [= empieza] él *a* sostenerme que era lana y yo a replicarle que era algodón y así estuvimos más de una hora larga (Gallegos, *La trepadora*, página 277). Usted cuando *dice a* empujar, todo se lo lleva de pecho (Gallegos, *Canaima*, pág. 214); cuando *dice a* trabajar no hay quien lo iguale (página 360).

Costa Rica: *Dijo a* desir pachotadas (Echeverría, pág. 198). Desde ese día no paró en su casa, sino que *dijo a* correr por todo ... paró el rabo y *dijo a* correr y correr (Lyra, pág. 133). —Uno ve cuando lo están esplumando [= criticando] los demás, pos *dicen a* miralo con cierta malicia (Fabián Dobles, pág. 253; también pág. 85).

Nicaragua: Pero *dije a* caminar, a caminar, por el lado del deshecho para llegar más pronto (Robleto, pág. 69).

El Salvador: *Decir a* reír, *a* correr, *a* llorar (Salazar G., pág. 98).

Guatemala: Pue cuando se vio dentro las tripas de la culebra, *dijo a* hincharse hincharse, hasta que la culebra reventó (Quintana, pág. 132). En cuanto anocheció, *dijo a* llover. No se puede contrariar al nene ... porque luego *dice a* gritar ... cuando era yo niño, *decía a* dormirme en la silla después de cenar. Al verme la lora *dijo a* reír, *dijo a* cantar, *dijo a* llorar, alternativamente (Sandoval, I, 315).

Santo Domingo: *Dije a* bailar como a las diez de la noche, y estuve bailando hasta las seis de la mañana; *dijo a* llover, y estuvo lloviendo hasta la madrugada (Patín Maceo, *Dom.,* pág. 56).

Ocasionalmente se encuentra el antiguo *dar a:*

Bolivia: Berta ... echó ... en su mandil cuanto quedaba en la mesa y, *dando a* andar a tropezones, tomó el camino que había traído (Pereyra, pág. 37).

En el habla popular son corrientes *coger a* y *agarrar a:*

Argentina: Y de áhi no más ya *agarró a* acordarse de todo (Lynch, *Romance,* pág. 114); *Agarró a* caminar con el recao al hombro (pág. 500). Colombia: Se *agarró a* llorar; *cogió a* insultarme (Flórez, pág. 379). Venezuela: La familia *cogió a* llamar médicos y más médicos y no le curaban (Romero García, pág. 247, *ap.* Alvarado, pág. 117).

Mientras *pegar a* se registra en Canarias (Millares, pág. 130) y en Cuba (Malaret, *Suplemento,* II, 277), *pegarse a* se emplea al menos en Guatemala: "con sólo mirarlo *se pega a* llorar; cuando *se pegaba a* cantar la cocinera, era mejor irse de la casa" (Sandoval, II, 218).

También *arrastrarse a* se encuentra como auxiliar incoativo:

Argentina: El rubio subió en un alazancito malacara que, ni bien sintió el peso, *se arrastró a* bellaquear [= corcovear] (Güiraldes, *Don Segundo,* pág. 177).

Asimismo, *largarse a*, sinónimo de *soltarse a*, en muchas regiones:

ARGENTINA: Dentra al centro un indio viejo / y allí *a* lengüetiar *se larga* (*Martín Fierro*, pág. 148). COLOMBIA: Me vio y *se largó a* llorar (Bueno, pág. 27). *Se largó a* reír (Obando, pág. 99).

En lenguaje gaucho encontramos *dentrar a:* "Y *dentra* a crusar el mundo / como burro con la carga" (*Martín Fierro*, pág. 77). "Cuando *dentra a* no querer llover, puede ir arriando la hacienda" (Güiraldes, *Don Segundo*, pág. 217); "a la mula ... se le perdió una herradura y *dentró a* manquiar" (pág. 246).

Malaret (*Suplemento*, I, 47) registra para Cuba *abrirse a correr* con el significado de "emprender la fuga", y para Puerto Rico *abrió a correr, abrió a cantar*, "empezó a", etc. Igual en Colombia (Flórez, pág. 379).

AUXILIARES DE ASPECTO EFECTIVO

Al menos en Venezuela, *catar de* se emplea como auxiliar de aspecto efectivo o de consecución (como *llegar a*), y *catear a* (especialmente con *ver*) al menos en Colombia. Ambos verbos conservan un cierto matiz de su valor original de *mirar, buscar, procurar*, etc., pero *catear* se inclina hacia *intentar* y podría emplearse como auxiliar de intención.

VENEZUELA: En esto *cato de ver* [= alcanzo a ver, etc.] el cepillo del Santísimo (Briceño, en *ACMV*, II, 129). Lo que pasa es que como estamos hundíos en el fondo de ella no la *catamos de ver* (Gallegos, *Pobre negro*, pág. 199). —No te creas que no *caté de* pensarlo; pero. ... —Pero es que hay personas que, entre pensar y hacer, le salen canas (Gallegos, *Doña Bárbara*, pág. 76). Me fijo bien y *cato de ver* patente que son los mismos hombres (Briceño, pág. 91); anduve por esos tunales cuando *caté de ver* un camino trillaíto (pág. 93). COLOMBIA (CAUCA): *Catee a ver* ["vea", "pruebe"] si puede con esta llave (Tascón, pág. 73). —Voy a *catear a ver* (Buitrago, pág. 70).

Ocasionalmente se encuentran como auxiliares de aspecto efectivo *hallar a* y *merecer*.

ARGENTINA: Cuanto más subía, más contenía los resuellos para no ser sentido. Al fin *mereció* llegar a una hendidura donde hizo pie (Draghi Lucero, pág. 123).

COSTA RICA: Tiempo atrás, una vez que iba la india por el interior de la selva, *halló a* mirar a un manigordo [= leopardo] con su hembra (Salazar Herrera, pág. 6).

Ya se examinó (sustantivos de acción, págs. 34 ss.) la predilección hispanoamericana para reemplazar un verbo por una locución perifrástica consistente en un auxiliar (*dar, echar, pegar,* etc.), más un sustantivo de acción en *-ada* o *-ida: me dio una insultada = me insultó; se pegó una magullada = se magulló.* También recordábamos entonces que semejante modo de formar sustantivos es característico del idioma español, pero en España fue más frecuente antaño que en la actualidad. Existen otras combinaciones de *dar* con un sustantivo de acción también características del idioma: *dar un salto, un grito,* etc., por *saltar, gritar,* etc., práctica que se puede considerar como una especie de sucedáneo del verbo, consistente en un auxiliar (*dar*) y un sustantivo. El auxiliar empleado comúnmente en el español tipo es *dar,* pero también *pegar* es frecuente. En el español de América se halla sumamente extendida la locución de verbo auxiliar + sustantivo, y *pegar* se ha desarrollado generalmente mucho más que en España en el habla coloquial. Los ejemplos que siguen son testigos del vigor y extensión de semejante uso:

ARGENTINA: Mis tías *me pegaron un reto serio* [= me retaron seriamente = me riñeron] (Güiraldes, *Don Segundo,* pág. 33). El patrón *le pegó unos rebencazos* (Lynch, *Los caranchos,* pág. 30). —Mañana *pegamos la vuelta* (Chiarello, pág. 43). *Pegáte* también *una güelta* po el corral (Larreta, *El linyera,* pág. 35). Algún bicho de las selvas *pegaba un alarido* que le enfriaba la sangre (Castelnuovo, en *ACR,* pág. 126); ... el vehículo *pegó un barquinazo* (pág. 129). *Pegó un resuello* tan fuerte que algunos ... alzaron la vista para mirarlo (Lynch, *Romance,* pág. 49).

URUGUAY: ` —Eso está crudón, señorita; *pegue* [= tome] un tajo de acá (Montiel, *Alma nuestra,* pág. 138).

PARAGUAY: *pegar un reto, un julepe* [= un susto] (Morínigo).

CHILE: *Pegué la carrera* [= corrí] pacá (Moock, *Un crimen,* pág. 10).

ECUADOR: ¿Quieres *pegarte* [= tomarte] *un trago,* cholito? (Icaza, *Cholos,* pág. 134). Vamos a *pegarnos unos tragos* (Sergio Núñez, pág. 9).

COLOMBIA: *Pegué patas* pa la puerta y me boté a la calle (Carrasquilla, *Hace tiempos*, I, 36); *pegan patas* agua arriba (I, 138). Los vecinos ... *se pegan los grandes sustos* y se echan a correr (Arango Villegas, pág. 91). VENEZUELA: ¿No se le quiere *pegar* [= tomar], dotolcito? —No, Pancho, no tomo licor nunca (Cabrera, *ap.* Alvarado, pág. 345).
PANAMÁ: Los chiquillos ... *pegan* mentiras [= mienten] (Mangado, página 110).
COSTA RICA: Cada vez que pasaba el joven, ella *pegaba un suspiro* o le hacía ojitos (Lyra, pág. 87); vamos a *pegar una carrera* en esa cuesta (pág. 127).
NICARAGUA: —Ay, niña, qué *susto nos ha pegado* (Chamorro, *Entre dos filos*, pág. 346).
GUATEMALA: Melecio *pegó la carrera* de regreso. Don Enrique creyó *pegar golpe* [= dar golpe] con el discurso. ... *Pegó volido* [= alzó el vuelo] mi pijije (Sandoval, II, 218, 219).
MÉJICO: —¡Qué *chasco me he pegado* [= llevado]! (Inclán, II, 285). Aquí cada uno hace lo que *se le pega* [= da] la gana (Azuela, *Las moscas,* pág. 65).

Locuciones como éstas han dado nacimiento a otras expresiones locales y populares que emplean algún verbo sustituto o auxiliar y un sustantivo (no de acción), cuyo conjunto reemplaza a un verbo de acción. La construcción es una especie de auxiliar de aspecto, ya que la locución expresa progresión, prolongación o continuación de la acción del verbo sustituido por la perífrasis. Así se emplea localmente el verbo *volar,* variamente interpretado: *volar ojo* (*vidrio, anteojo*) = "ver, mirar, observar"; *volar lengua* = "hablar, murmurar"; *volar máquina* = "escribir en máquina"; *volar canilla* = "bailar"; *volar diente* = "comer"; *volar espalda* = "estar muerto" (Sandoval, II, 598, y Bonilla Ruano, III, 69 [Guatemala]); *volar lengua* = "trapalear o parlotear"; *volar canilla* = "viajar, caminar, andar, trotar" (Salazar García, pág. 288 [América Central]); *volar bala* = "tirotear"; *volar cuchillo* = "acuchillar"; *volar lengua* = "charlar"; *volar reata* = "azotar"; *volar cincha* = "dar cintarazos"; *volar espalda* = "estar sepultado"; *volar pluma* = "escribir mucho"; *volar pata* = "caminar"; *volar biscocho* = "dar coces"; etc. (Gagini, pág. 243 [Costa Rica]); *volar bala, volar reata, volar cincha, volar lengua, volar chilillo (látigo), volar pluma, volar pata,* etc. (Castellón, pág. 124 [Nicaragua]);

voliar (*volar*) *pala, azadón, cocas, la angarilla,* etc. (Flórez, página 379 [Colombia]).

Costa Rica: El viernes muy de mañana se puso en camino con cinco mulas y todo el día no hizo más que *volar hacha* [= cortar leña] (Lyra, pág. 29); estaban a la ventana ... *volando ojo* para la esquina (pág. 57); Tío Conejo ... estaba *volando ojo* para todos lados (pág. 124).

Honduras: De las torres nos *volaban bala* que era un contento (Carías Reyes, *Cuentos,* pág. 19).

Guatemala: Puede que la bribona / me *vuele vidrio* ella a mí (Bonilla Ruano, III, 69). —Aquélla ... querrá imitar a Chaplin: *volá ojo,* cómo se ha embadurnado la cara con colorete (Guzmán Riore, pág. 35).

Empleado de la misma forma hallamos en Colombia, entre otros, *aventar,* y en Santo Domingo *dar:*

Colombia: —Ya me ve usted aquí *aventándole martillo* [= martillando] a esta suela para ganarme el bocado de comida (Arango Villegas, página 19); ... tal vez vernos mañana empastillando chocolate, fregando trastos, y *aventando escoba* [= barriendo] (pág. 40).

Santo Domingo: *dar ojo* "curiosear"; *dar pata* "caminar"; *dar lengua* "murmurar" (Patín Maceo, *Notas*).

AUXILIAR DE MODO

Un auxiliar peculiar de modo es *tomar* en futuro o potencial más infinitivo para expresar, respectivamente, deducción o posibilidad en tiempo presente o pasado. Este uso existe en el habla popular de Costa Rica y probablemente en otras partes: —"*Tomará tener* [= tendrá] veinte años, / según dice ña Sotera" (Echeverría, pág. 134); —"*Tomarían ser* [= serían] más o menos / las sinco, más bien pasadas, / cuando llegó Cocobola" (pág. 197); "*Tomaré llegar* a medio día" (Magón, pág. 84).

AUXILIAR DE REPETICIÓN HABITUAL

En lo relativo al uso de *saber* como auxiliar de aspecto para indicar repetición habitual de una acción, expresada en el espa-

ñol modélico con el verbo *soler, sabía decirlo* = *solía decirlo,*
existen conceptos erróneos y opiniones contradictorias. En Argentina es donde se encuentra con mayor frecuencia este empleo de
saber, y de ahí que algunos lo hayan considerado como fenómeno
puramente argentino. Así, Malaret (*Dicc.*) indica únicamente Argentina; Alonso y Henríquez Ureña (*Gram.*, II, § 146) dan al
menos por implícito el uso exclusivo de este "vulgarismo" en la
región del Río de la Plata. Tiscornia (*La lengua*, pág. 263) se refiere al mismo como "el giro verbal gauchesco" y "el argentinismo", tal como lo indican Segovia (pág. 281) y Garzón (pág. 44),
común especialmente en el interior de Argentina. Tiscornia menciona su empleo tanto en el habla rústica como en el habla familiar urbana, y añade: "No conocemos construcciones análogas de
saber en el español popular de otras partes". Por el contrario, Ciro
Bayo (*Manual*, pág. 222) se pasa al extremo opuesto al afirmar
que *saber* reemplaza a *soler* "en toda América", afirmación no
menos absoluta, pero más cercana a la verdad que su restricción
a la Argentina. Corrientemente encontramos *saber* en Ecuador,
Bolivia, Perú, Venezuela y América Central, y únicamente de manera limitada en Chile, Colombia, Méjico, Paraguay (Morínigo) y
otras regiones.

Por desconocer en ocasiones su uso en otras partes, ciertos lexicógrafos locales tratan de explicarlo a veces como debido a influencia local. Vázquez (pág. 362), al menos, parece sugerir que su
empleo deriva del quichua, ya que el verbo quichua *yachana* posee
el doble significado de "saber" y "soler". Semasiológicamente el
paso de "saber hacer una cosa" a "hacer una cosa habitualmente"
es lógico y fácil. De hecho, en griego y latín literario y popular,
en español desde temprana época hasta el Siglo de Oro, y asimismo en otras lenguas romances, con inclusión del moderno portugués de Brasil [2], se hallan ejemplos de dicho cambio semántico,
sea efectivo, sea en proceso. Podemos considerarlo, pues, como
continuación del uso latino o simplemente como desarrollo esporádico desde "saber" a "hacer habitualmente". Así, leemos: "Onbre

---

[2] Cf. María Rosa Lida de Malkiel, "*Saber* 'soler' en las lenguas romances y sus antecedentes grecolatinos", *Romance Philology*, II (1949), 269-83.

corto de rasón, muy alegre y de grant conpañía con los suyos, ca jamás *sabía* estar solo, sino entre todos los suyos" (Pérez de Guzmán, pág. 51); "Los unos que no *saben* ser vencidos, / los otros a vencer acostumbrados" (Ercilla, *La Araucana*, IV); "con razón con su hermosura [de la mujer] reynos se *saben* perder" (Mira de Amescua, *El esclavo del demonio*, II; cf. Américo Castro, página 148); "el bien no *sabe* parar" (*El arpa de David*, ed. Aníbal, v. 2575).

Los tiempos en que mayormente se usa *saber* son los mismos de *soler,* o sea, de ordinario, presente e imperfecto de indicativo, a pesar de que *saber* se halla a menudo en el indefinido y ocasionalmente en tiempos perfectos. Algunos de los ejemplos pueden reflejar, sin duda, una reproducción inexacta del habla popular, pero, no obstante, su reiteración nos lleva a pensar que, al menos en algunos casos, *saber* ya no se concibe como indicador de repetición habitual, sino que, debilitado, ha pasado a constituirse en auxiliar de aspecto unitario, en el cual el significado del auxiliar como tal no afecta grandemente al significado de la locución, dando a aquél el tiempo que se debía dar al verbo principal: *supo ser = fue; supe tener = tuve; había sabido ayudar = había ayudado,* etc. En numerosos casos es incontrovertible esta total pérdida de la fuerza. Es imposible que *saber* pueda tener significado por sí solo en frases como éstas, que se refieren a un caso individual: *sabía ser* [= era] *alto, juerte; sabía estar* [= estaba] *amiedentao*; etc. Esta pérdida de su fuerza debe de haber acaecido en parte a través del progresivo debilitamiento natural de su contenido activo y en parte en razón de que los adverbios y frases adverbiales de que va acompañado, los cuales en un primer momento contribuían a intensificar el contenido del auxiliar, fueron usurpando gradualmente dicho contenido. Es posible que tales adverbios no se hayan usado hasta que se desgastó el valor auxiliar: *saben decir siempre = dicen siempre; sabe venir todos los días = viene todos los días; sabía decirle siempre = le decía siempre; no sé ir con frecuencia = no voy con frecuencia;* etc. Semejante pérdida de contenido es evidente asimismo en *soler* (*solía venir = venía*), *poder* (*podrá ser = será*), *querer* (*quiso huir = huyó*), etc. En español se ven favorecidas las combinaciones binarias.

ARGENTINA: Y son tantas las miserias en que me *he sabido* ver (*Martín Fierro* [3], pág. 104). Los mejores domadores son los menos jinetes, *saben* decir siempre los hombres (Lynch, *Romance,* pág. 20); su Pantalión ... *sabe* cair allí todos los días de visita (pág. 51); ninguno se movió, ni siquiera un viejito ya muy bichoco que *supo* estar en "La Indiana" (pág. 95); un tal Floriano que *supo* ser pión en "La Estancia Grande", pero que ahura andaba sin conchabo (pág. 109); Pero doña Cruz se había puesto, como *saben* hacer las señoras en el caso, a cortar unas rodajas de papa pa pegárselas en las sienes (pág. 248); don Pacomio, al que *había sabido* ayudar en otras ocasiones, me lo quiso conchabar (pág. 254); no *sabe* haber dificultá cuando dos quieren lo mesmo (pág. 311); Dicen que lo *supo* conocer muy mucho al finao mi padre (pág. 380); Vea, yo *supe* conocer a un vasco que tenía una pierna seca (pág. 437). ¿Vago? No, él nu' es un vago como le *supieron* decir [= le dijeron] l'otro día en Fortín Miñana (Sáenz, página 7); casi todas las noches *sabíamos* dormir con alguna tropilla en nuestro corral (pág. 33). A principios de año ... la clase *sabe* llenarse ... los padres ... *suelen* acobardarse a los pocos días ... para fin de año, me *saben* quedar muy poquitos (Lynch, *Los caranchos,* pág. 138); Yo *supe* conocer ... a uno ... El finao don Isidro, mi padrino, *sabía* decirle siempre al padre (pág. 175). (CATAMARCA): Aquí no *sabe* llover / Todo se *sabe* secar / (J. A Carrizo, pág. 91); Al darle maíz a mis pavos / Me *sé* acordar de vos (pág. 221). —Yo *he sabido* encontrarla algunas tardes por ese mismo sitio (Pico, pág. 14). —¿*Sabe* verlo al muchacho, viejo? ¿Cómo está de alto? ... ¿Así? (Yrurzún, pág. 10). Es un tal Tomás que *supo* ser cabo de bomberos y que aura tiene a su cargo una manguera e las aguas corrientes (*Fray Mocho,* pág. 23); El señor es sobrino mío ... que *supo* vivir frente a tu casa (pág. 163). —Yo *supe* tener un naranjo, el mejor del pueblo. A su sombra tomaron mate mis agüelos, mis padres y yo mismo (Draghi Lucero, pág. 249).

URUGUAY: Cuando el Dotor supo lo que me había pasao se rio, como se *saben* reír todos los puebleros (Montiel, *Cuentos,* pág. 131). —Yo *supe* tener un amigo llamao Dionisio Lafuente. ... Era mozo guapo (Viana, *Leña seca,* pág. 262).

BOLIVIA: Fulgían intensamente las estrellas ... como sólo allí, bajo el trópico, en la altura de los yermos, *saben* brillar (Arguedas, *Vida criolla,* pág. 99). —¿Por qué me lo has matado [al perro]? Nunca *sabía* morder a nadie (Arguedas, *Raza,* pág. 323).

PERÚ: —Él no *sabe* molestarse, al menos conmigo, ¿no es cierto, padrecito? (Barrantes, pág. 42); Dizque en la Costa los sucios costeños *saben* comer estas tripas de gallina (pág. 101). (AREQUIPA, POPULAR): ¿A qué

---

[3] Por raro que parezca, ésta es la única vez que en *Martín Fierro* se usa *saber* por *soler.* El autor da rienda suelta a sus hábitos cultos al preferir veintidós veces *soler* en lugar del popular *saber* (véase Tiscornia, *La lengua,* § 186 y § 187, 3).

hora *sabe* usted almorzar? ... La preparación de esta chicha *sabe* ser difícil (Tovar, *BAAL*, X, 186).

ECUADOR: Usted *sabe* equivocarse frecuentemente; N. *sabe* irse por esa calle (Vázquez, pág. 362). En guango [= en multitud] mismo *saben* ir todos los años, para prepararse a la fiesta de la Virgen (Icaza, *Cholos*, página 75); se recargó de joyas imitando al altar mayor de la capilla de su pueblo donde le *supieron* cegar de veneración flores y festones dorados y plateados (pág. 160). Mete las hierbas en la olla de barro donde la Cunshi *sabe* hacer la mazmorra (Icaza, *Huasip.*, pág. 38).

COLOMBIA (ZONA SUR): Los duendes que ya tarde de la noche dizque *saben* subir a esta torre (Álvarez Garzón, pág. 12). (SANTANDER): N. *sabía* venir a visitarnos (Flórez, pág. 379).

VENEZUELA: Segundo *sabe* pensar estas cosas (*ACMV*, II, 154).

NICARAGUA: *Sabe* cambiarse de ropa de vez en cuando; *Sabe* ir al cine; *Sabe* echarse sus copas (A. Valle, pág. 257).

HONDURAS: En esoh díah' e calor asomó en el pueblo un joven 'e nombre Florencio Aguilar. *Sabía* ser alto, juerte, galán muchacho (Mejía Nieto, *El solterón*, pág. 60); La casa 'el muerto *sabía* sé al otro lao el cerro (página 64); Al momento 'e levantá el brazo, se topó con una hacha. —¡Diablo! Aquí *sabe* estar la hacha con que le rajaron la cabeza al viejito (página 65); Florencio *sabía* estar [= estaba] amiedentao: —Yo no lo hei matao (pág. 66); Duro trabajo *sabía* ser llegar ande el rancho (pág. 74). Y una estela de negro humo se *sabe* dibujar en las claras mañanitas rubias (Coello, pág. 10); los lupanares se *saben* abrir para todos los gustos (página 14); las mujeres, que *saben* llegar los días de cupón o de pago (pág. 24); su machete sin vaina, al que *sabe* prodigar caricias de amante (pág. 26).

GUATEMALA: Cuatro años antes, él *sabía* llegar mucho por aquella casita (Samayoa, pág. 115). El finado Julián Penagos *sabía* contarme de cuando estuvo en las monterías (Samayoa, en *CLC*, pág. 65); *Sabe* haber algunos muy enconosos (pág. 66). No *sé* ir con frecuencia al teatro; A veces *sabe* venir a casa mi suegra (Sandoval, II, 393).

MÉJICO: —¿Por qué corren, curros? ... ¡No *sabemos* comer gente! (Azuela, *Los de abajo*, pág. 211); Valderrama, poeta romántico, siempre que de fusilar se hablaba, *sabía* perderse lejos y durante todo un día (página 234); con aquella confianza súbita que a todo el mundo *sabía* tener en un momento dado, le dijo al oído ... (pág. 240).

CUBA: (A modo de reproche) —Cuando Juana vivía aquí, bien que *sabía* venir todos los días (Padrón).

Su variado uso y las frecuentes explicaciones entre sí divergentes confirman la frecuente vaguedad de significación del auxiliar *saber*. Los preceptistas guatemaltecos, por ejemplo, al parecer conciben en este verbo el significado de *gustar*, así como el de *soler* o *acostumbrar*. Así, Sandoval (II, 393) explica la frase "no sé ir con frecuencia al teatro" diciendo que significa "no acostumbro (o no me gusta) ir con frecuencia al teatro". Bonilla Ruano (II, 334) explica "sé comer de todo" como "me gusta comer de todo". En ambos casos, sin embargo, adivinamos un significado especial de *saber*, sin conexión con *soler*, sino más bien con *poder*, ya que *saber* y *poder* tienen entre sí, en calidad de auxiliares, estrecha afinidad, de capacidad mental y de capacidad física, respectivamente. Su frecuente confusión práctica es fácilmente comprensible. He aquí unos ejemplos en que se emplea *saber* por *poder:*

PERÚ: —Matías, no fastidies ... ¿No *sabes* [= puedes] dormir? (Emilio Romero, pág. 95).

ECUADOR: Ella, agotadas las fuerzas, apenas *sabe* llorar o queda desmayada (Gil Gilbert, *Nuestro pan*, pág. 82).

Hallamos asimismo un uso galicado de la frase de potencial *no sabría ser* (francés: *ne saurait être*) en lugar de *no debe ser* o *no puede ser*. Uribe (*Dicc.*) da estos ejemplos: "La virtud *no sabría ser* tímida ante los perversos" y "este sacrificio *no sabría ser* costoso para un patriota".

Por si fuera poco, también se confunde *saber* con *conocer*. Los preceptistas mejicanos rompen en diatribas contra la expresión *saber un lugar* en vez de *conocer un lugar*: "¿*Sabe* usted Toluca?" (Ramos Duarte, pág. 447); "¿*Sabe* Vd. Guadalajara? Yo no sé Veracruz, querría *saber* Tabasco" (Santamaría, *Glosa*, pág. 266); —"Me gustaría *saber* por allá" (Galeana, pág. 91). En Santo Domingo y en otras partes hallamos construcciones elípticas como "¿*sabe* a casa de Juan?" o "¿*sabe* adonde Juan?" (*BDH*, V, § 94) por "¿*sabe* el camino a casa de Juan?" o "¿*sabe* ir a casa de Juan?", etc. La mayoría de estas expresiones se encuentran también en España, en el habla rústica o popular: "¿*Sabes* a casa de la bruja?" (Concha Espina, *La esfinge maragata* [1914], capítulo XVII). Al parecer, su uso es antiguo (Malaret, *Suplemento*, II, 381).

AUXILIAR "MANDAR"

El auxiliar *mandar* perdió tan pronto su fuerza, especialmente
en su forma imperativa, que dio origen a una perífrasis menos
brusca en lugar del verbo simple: "mandedes ensillar" (*Cid*, v.
317) = *ensillad;* "mandes lo tomar" (*Fernán González*, v.
570) era una simple fórmula empleada para invitar a una persona a que
aceptase un regalo, con el significado de *tómalo*, etc. (cf. también
Menéndez Pidal, *Cantar*, I, § 160, 2). Hernán Cortés (*Segunda
carta-relación*) escribía a principios del siglo XVI: "A V. S. M.
suplico me *mande* perdonar" con el significado de "suplico me
perdone", etc. (Keniston, pág. 464). El empleo de *mandarse* en el
sentido de *servirse* "sírvase, por favor" ha sobrevivido coloquialmente en ciertas áreas de Hispanoamérica; en la América Central,
y en otras partes probablemente, es corriente con verbos como *entrar, sentar, apear*, etc. (*mándese entrar* "sírvase entrar"); en Argentina, Chile, Ecuador, y probablemente en otras partes, lo hallamos en la expresión coloquial *mandarse cambiar* (o *mudar*) con
el significado de *largarse, irse, marcharse* (*mándese cambiar* o
mudar "lárguese").

ARGENTINA: —A ver si *te mandás mudar*, muchacho, y dejás tranqui-
los a los mayores (Güiraldes, *Don Segundo*, pág. 17). *Mándate mudar;
mándese Vd. mudar; mándese mudar* = ¡largo! ¡largo de ahí (o de aquí)!
(Garzón, pág. 295). Cf. *mandarse a mudar*, pág. 392.

CHILE: En un Jesú arreglaron los chirpes [= pingos "trapos"] que tenían y *se mandaron muar*, porque no querían seguir viviendo con este ban-
dío miserable (Guzmán Maturana, pág. 201). Dile a esa mujer que *se mande mudar* en el acto ... ¡Te he mantenido y ahora vienes a pedirme plata! *¡Mándate a cambiar* de aquí! (Medina, pág. 223). Esa gente no avisa;
se manda cambiar (Latorre, *Zurzulita*, pág. 233).

ECUADOR: Sin conocerlo y nadie *te mandaste a cambiar* (Pareja, *El muelle*, pág. 27). —Te ha de *mandar pateando* [= patear] (Icaza, *Huasipungo*,
pág. 137). —¿Y la gente de aquí no les *mandó pateando?* (Mata, *Sanagüín*,
pág. 210).

EL SALVADOR: —Güenas tardes déle Dios, ño Goyo. —Güenas, ña Jacinta. *Mándese dentrar* (Ambrogi, pág. 79); —*Mándese sentar*, señor Tin,
que debe usted estar cansado (pág. 175).

GUATEMALA: *Mándese apear*, don Casimiro, y pase adelante (Sandoval,
II, 55).

AUXILIAR "DAR"

En Ecuador y en la adyacente zona sur de Colombia hallamos, además de *mandar* + gerundio, el uso de *dar* en calidad de auxiliar seguido por un gerundio: *dar vendiendo* = *vender*, *dar matando* = *matar*, etc., construcción corriente no sólo entre el bajo pueblo, sino asimismo en el habla coloquial de personas de cierto grado de cultura. Resulta menos abrupto, y por tanto más cortés, que el simple verbo: usado especialmente en forma de mandato, la fuerza imperativa de la expresión queda morigerada al convertirla en ruego cortés (para su estudio, cf. pág. 196).

ECUADOR (SIERRA): —Así *des matando* [= aunque mates], amito, ca no hemos de ir (Gil Gilbert, *Yunga*, pág. 50). Yo y mis hermanos le *damos vendiendo* [= vendemos] su trago (Mata, *Sanagüín*, pág. 177). —*Haciendo* favor ca *dé* [= si usted quiere hacerme favor] (Mera, pág. 266). —Ya dije al vecino Amador que haga la caridad de *dar trayendo* [= de traer] (Icaza, *Media vida*, pág. 31); —Por Dios vecinita, venga' *dar viendo* [= venga a ver] (pág. 178). —Aura, Conchita, te *daré acompanando* [= te acompañaré] a tu casa (La Cuadra, *Horno*, pág. 18); —Te he de *dar amarcando* [= te amarcaré = te llevaré en brazos]. Chazo [= campesino] recio soy (pág. 20); —Él misu [= mismo] *dio enseñando* [= enseñó] esos juegos del diablo (pág. 21).

COLOMBIA (ZONA SUR, PASTO): —Como siempre me voy a demorar en Pasto, le ruego *me dé teniendo* [= me tenga] aquí en su casa esta platica (Álvarez Garzón, pág. 135).

Otros auxiliares usados en quichua con gerundio son los que corresponden a *poner*, *dejar*, etc., que han pasado igualmente al español hablado de aquella región: "De rabia, *puso rompiendo* [= rompió] la olla", "Antes de cerrar la puerta, *dejarás apagando* [= apagarás *o* dejarás apagado] el fuego" (Vázquez, pág. 127).

"HABER" IMPERSONAL

En el español consagrado, el verbo impersonal *haber* (*hay, había, habrá, hubo*, etc.) va siempre en singular, puesto que el sustantivo que le acompaña no es sujeto, sino complemento directo.

Cuervo (§ 378) sugiere que dicha construcción puede haber surgido de la fusión de locuciones como éstas: *fueron grandes fiestas en la ciudad* y *la ciudad hubo* [= tuvo] *grandes fiestas* > *hubo grandes fiestas en la ciudad.* Sin embargo, dicho desarrollo se remonta al latín (Bourciez, § 233): *in arca Noë habuit homines.* Desde el principio existió, empero, evidente discrepancia entre la noción psicológica (el sustantivo como sujeto) y la expresión gramatical (el sustantivo como complemento), no debiendo sorprender, por lo tanto, que los hablantes permitiesen a la noción psicológica establecer su hegemonía, haciendo que el verbo impersonal concordase con su complemento gramatical como si éste fuera sujeto. (Compárese el desarrollo análogo de esta serie: *el reloj dio las tres* > *dio las tres* > *dieron las tres*). Existen ejemplos en la lengua antigua: "Algunos *ouieron* que ... quisieron disfamar al rey de Navarra" (Pérez de Guzmán, pág. 144); "en ella *hubieron* cosas dignas de memoria ... *hubieron* palabras" (*La pícara Justina* [1605]), etc.

Ni que decir tiene que el hablante que empleaba *habían muchos* por *había muchos* se vería llevado con facilidad a pluralizar los verbos auxiliares usados con *haber*: así, *pueden, deben, suelen haber muchos* en lugar de la forma normal *puede, debe, suele haber muchos,* etc.

Esta concordancia viciosa, registrada ocasionalmente en la lengua antigua, se encuentra aún hoy en España, si bien en literatura es relativamente rara: —"¿Pero y los centinelas? —No *suelen haber* muchas veces" (Baroja, *Zalacaín*). Asimismo en portugués: *haviam* (por *havia*) *muitas senhoras* (E. C. Pereira, § 313). En Hispanoamérica, es muy común en todas partes tanto en el habla como por escrito, sin que, fustigado por los gramáticos, haya perdido su fuerza. Su frecuencia difiere naturalmente según los países, tolerándose más en unos que en otros, pero, en conjunto, los ejemplos que aparecen más abajo demostrarán que son muy pocas las regiones que se han librado de este uso popular y que en muchísimas se puede encontrar codo con codo al lado de la forma normal entre la gente culta y en algunos de los más destacados escritores. En Argentina, Chile y América Central parece particularmente extendido. En el habla rústica de la Argentina, por ejemplo, es tan imperiosa la sensación de pluralidad, que para satisfacer dicha sensación se añade a veces una *n* al singular *hay* (*hain, hayn*).

ARGENTINA: —Bueno, ¿y quiénes hay en lo de Sandalio? —En lo de Sandalio *hain* doña Rosa, Jacinto, y Pedro (Lynch, *Los caranchos*, página 27). *Habían* varios caballeros en el palenque (Lynch, *Romance*, página 251); ¿... quiénes *hayn* adentro? (pág. 253); Si te pregunta quiénes *hayn* en la Estancia, le decís que está la Filomela (pág. 320). *Habían* 25 plateros, 7 lomilleros. ... Los *habían* por robo ... (*BAFA*, I [1939], 45). —¿Y quién sabe los que *habrán* dentro? (Lynch, *Palo verde*, pág. 132). —En el mar *deben de haber* hombres así (Carlos Quiroga, pág. 107). ¿Qué novedades *han de haber,* pues? (Draghi Lucero, pág. 206); En la plaza *hubieron* bodegones bulliciosos (pág. 215); *iban a haber* fuegos de artificio (pág. 277).

URUGUAY: El paisanaje supuso que *habrían nuevas elecciones* (Montiel, *Alma nuestra*, pág. 166). *Hubieron* más pasajeros de los supuestos (Montiel, *La raza*, pág. 63). En el seno del helenismo *hubieron* tan distintas escuelas como la de Platón, la de Aristóteles, la de Zenón, la de Epicuro (Zum Felde, pág. 155).

PARAGUAY: Si no *hubieran* evidencias histológicas (*ap.* Malmberg, página 104).

CHILE: En el suelo *habían* dos hermosos gallos (Lillo, pág. 31). A esa hora los leñadores y carboneros que *pudieran haber* en los buques duermen fatigados (Prado, *Alsino,* pág. 67). Largo rato miraba frente a las ventanas iluminadas, donde *habían* montones de galletas (Durand, *Mercedes,* pág. 12); —No se imagina Vd. la cantidad de interesados que *habían* (pág. 162). Pero don Zacarías ... era rehacio al matrimonio como los [4] *hubieron* pocos (Muñoz, pág. 55); ¡con tal que no *hubiesen* presos ni azotes! (pág. 213). Vamos al alto y pobres de ustedes como *hayan* piedras (Brunet, *Montaña,* pág. 12). —En sus estantes *habían* las más diversas ... mercaderías (Manuel Rojas, *Hombres,* pág. 105); ¡Cuántas monedas *habían* en aquella petaca! (pág. 153). ¿Es posible que *haigan* cobardes ... ? (Acevedo Hernández, *La canción,* pág. 74).

BOLIVIA: Ya no *habían* para ella las cabalgatas fragantes a cebada (Céspedes, pág. 75); *Deben haber* otros. ... *Había* muchos pilas heridos (página 163). (La señora a su criada): —Sacá del cajón los botes vacíos que *haigan* (Arguedas, *Vida criolla,* pág. 217). —Bien *pueden* no *haber* lesiones materiales en el edificio celular del cerebro (Jaime Mendoza, *Memorias,* I, 42); saqué un paquete en que *habían* papeles de distintos tamaños. ... *Había* hojas sucias (I, 80); No *habían* entonces en el Prado, como *hubieron* posteriormente hileras de eucaliptus y de sauces (III, 28).

---

[4] Construcciones del tipo *los hubo* prueban que lo que parece ser sujeto del verbo *haber* es realmente complemento. En este caso, por ejemplo, es inconcebible la forma de sujeto *ellos.*

PERÚ: Y las nuevas ideas vinieron a decirle que *habían* dos clases de hombres en el mundo (López Albújar, *Matalaché,* pág. 96). No *habían* manos para desenvolver la soga; y aunque *hubieran habido* ... (Emilio Romero, pág. 11). *Hubieron* muchas niñas con mantilla (Benvenutto, pág. 152).

ECUADOR: *Habrían* culebras (Gil Gilbert, *Nuestro pan,* pág. 176); En el interior de la lancha *habían* ya algunas hamacas (pág. 192); Sí, *han habido* otros hombres ... (pág. 267). *Habían* tantas zarpas que era toda precaución pequeña (Mata, *Sanagüín,* pág. 103). En la fiesta *habían* artistas (Salvador, *Noviembre,* pág. 81); Ahora *habrían* muchos ejecutados (página 309). Siempre *han habido* dueños, siempre *han habido* indios (Icaza, *En las calles,* pág. 69). *Deben de haber* muchas alas de pájaros heridas sin conciencia (Andrade, pág. 39). *Habían* otras cosas en su vida (La Cuadra, *Horno,* pág. 28; también págs. 33, 42, 168).

COLOMBIA: Yo no sé que *hayan* más modos, misiá Rosita (Carrasquilla, *Hace tiempos,* I, 72); pelean bastante y *han habido* muchos muertos (I, 74). Pero no pudo contar / Las que *habían* amancebadas (Antonio Restrepo, pág. 185).

VENEZUELA: —Antes, por dondequiera *habían* casas (Gallegos, *Doña Bárbara,* pág. 122). —En Venezuela *han habido* infinidad de revoluciones de este tipo (Briceño, pág. 216).

PANAMÁ: *Habían* ("*habían* muchas cosas") es un solecismo bastante usado, aun entre gente culta y se encuentra en diarios y revistas (Herrero Fuentes, pág. 98, n. 7).

COSTA RICA: —*Han de haber* más hombres como ése (Fabián Dobles, pág. 391); *Hubieron* bastantes envitaos (pág. 114). Recorrían ... las calles preguntando ... si *habían* muertos que llevar (*Leyendas,* pág. 163).

NICARAGUA: Ahí no *habían* más que unas pocas botellas escondidas (Toruño, pág. 14); Lástima que no *habían* osos por aquellos lados (página 43).

HONDURAS: Casi no *habían* hombres (Mejía Nieto, *Relatos,* pág. 7); no le importaba que *hubieran* cielos (pág. 127). En medio de los pinares *habían* manchas de robles (Carías Reyes, *La heredad,* pág. 9).

EL SALVADOR: —Mama, ¿y en el injierno *habrán* hoyitos para mirar lo que andan haciendo en el cielo? (Salarrué, *Cuentos,* pág. 129). En la cubierta de proa *habían* muchos marineros (Torres, pág. 18).

GUATEMALA: *Habían* más de mil hombres en la frontera. ... *Habrían* cien parejas en el baile. ... *Comienzan a haber* desagrados en el matrimonio que vive enfrente. ... *Deben haber* mil soldados. ... *Podrán haber* cien alumnos en la escuela. *Suelen haber* niños desobedientes, etc. (Sandoval, I, 601-2). La tercera equivocación es dar por regla de buena concordancia poner el verbo en plural siempre que *hayan* dos o más substantivos con la partícula disyuntiva (*Pub. acad. guatemalteca,* VII [1940], 225).

MÉJICO: *Hubieron* toros en Santiago (Ramos Duarte, pág. 301). *Habían* hombres tan cultos, tan eminentes (Santamaría, *Americanismo,* pág. 64); ¡Como si entre la plebe *hubieran* unas personas más despreciables que otras! (pág. 247).

CUBA: Se dirigió a la Alcaldía, donde *habían* varias personas (Ciro Espinosa, pág. 111); a mí me gusta que siempre *hayan* personas entendidas (pág. 199); Le preocupaba el número de personas que *habían* allí (página 327); Allí *había* dos camas (pág. 404).

PUERTO RICO: No *habrían* cedros (Meléndez Muñoz, pág. 27). En la puerta *habían* dos palmas; *hubieron* muchas lluvias (*ap.* Navarro, pág. 131).

La concordancia del sujeto con *haber* se traslada asimismo a la primera persona de plural: arcaico *habemos cuatro* por el castizo *somos cuatro*, etc. Hartzenbusch ("Prólogo" a las *Apuntaciones* de Cuervo, pág. LXII) dice: "*habíamos muchos* por *éramos* o *estábamos muchos* lo tengo oído en lo mejor de Castilla la Vieja". Así empleado, en España se considera como uso incorrecto y muy popular o rústico. En Hispanoamérica, a despecho de la censura constante, y a las veces violenta, de gramáticos y preceptistas [5], *haber* se halla en esta locución muy extendido no sólo entre el bajo pueblo, sino también entre personas cultas. El preceptista mejicano Fentanes (*Espulgos*, pág. 131) dice haber oído semejantes construcciones en labios de "profesionales de algunas polendas", y así nos ha ocurrido a nosotros, no sólo en Méjico, sino en casi todos los demás países de Hispanoamérica. En los círculos académicos, sin duda, los escritores tratan de mantener la forma aceptada. Los que en la conversación emplean *habíamos*, al transcribir su pensamiento con miras literarias se obligarán a sí mismos a caer en la artificialidad del *éramos*. *Habíamos* ofrece la ventaja de incluir explícitamente al hablante, ventaja que *había* no ofrece. Esta mayor claridad puede explicar la persistencia de *habíamos*, *habemos*, etc.

ARGENTINA: Aquí no *habemos* [= hay] hombres (Heredia, pág. 159). (SAN LUIS): ¿Cuántos *habimos* acá? (Vidal, pág. 391).

URUGUAY: —*Habemos* [= somos] cristianos que con un dedo o dos tocamos algo en la guitarra (Viana, *Tardes*, pág. 77).

CHILE: Aquí en el hospital *habíamos* cuatro (Juan Modesto Castro, página 230).

---

5 "No es posible condescender con errores tan crasos y manifiestos" (Román, III, 83 [Chile]); "Igualmente incurren en gravísimo yerro los que emplean el verbo *haber* como personal en oraciones existenciales, diciendo: *habemos muchas personas aquí*" (Fentanes, *Tesoro*, pág. 117 [Méjico]).

PERÚ: *Habíamos* cinco alumnos y el catedrático (Benvenutto, pág. 152).

ECUADOR: Aquí *habimos* [= habemos] de vez en cuando algunos más mejores que los abogados mismos (La Cuadra, *Guásinton,* pág. 42). —Es que mismo *habimos* hombres así (La Cuadra, *Horno,* pág. 180).

COLOMBIA (BOGOTÁ): *Habíamos* treinta en la asamblea; *Hubimos* muchos heridos (Cuervo, § 378). —Pero estése tranquila que aquí *habemos* machos (Buitrago, pág. 185). (COSTA ATLÁNTICA): *Habíamos* [= éramos] pocos al comenzar la reunión; al salir *habíamos* [= estábamos] muchos bien disgustados por lo que allí se resolvió (Sundheim, pág. 346). (ANTIOQUIA): Aquí no *habemos* sino unos poquitos (Carrasquilla, *Hace tiempos,* I, 67); —Aquí *habemos* muchos locos (II, 185). (SUR): Entre todos los que aquí *habimos* no hay uno solo que no esté de acuerdo con nosotros (Álvarez Garzón, pág. 149).

VENEZUELA: Aquí *habemos* cuatro hombres y un rifle (Gallegos, *Doña Bárbara,* pág. 16); Lo que sucede es que *habemos* personas que le damos fiebre a la calentura (pág. 50); Aquí ... no *habemos* un amo y un peón, sino un hombre ... y otro hombre (pág. 340). Aquí no *habemos* sino dos hombres (Gallegos, *Canaima,* pág. 81).

HONDURAS: *Habíamos* unos veinte y cuatro (Membreño, pág. 89).

COSTA RICA: *Habíamos* muchos en la sala; *Habremos* unos veinte vecinos (Gagini, pág. 155).

EL SALVADOR: *Habemos* tantos que amamos algo porque en realidad ignoramos su condición única y precisa (Miranda Ruano, pág. 213). ¿En qué consistió esa libertad? En que *hubimos* muchos candidatos en cada pueblo (Mechín, *Candidato,* I, 2).

GUATEMALA: Sólo *habíamos* 125 en el paseo cívico (Sandoval, I, 602).

MÉJICO: Entre los pocos que *habíamos* teníamos que hacerlo todo (Galeana, pág. 159). *Habemos* muchas personas que anhelamos el mejoramiento de la educación (Fentanes, *Espulgos,* pág. 131). En el pueblo *habíamos* como treinta familias de agricultores con casas de piedra, con uno o dos caballos y ocho a diez bueyes (Ferretis, *Quijote,* pág. 33). En México *habíamos* varias clases de vivos (Gómez Palacio, pág. 7). En las dos partes *habíamos* forzados (Urquizo, pág. 340).

CUBA: —Sólo dos pescadores *habíamos* allí (Hernández Catá, pág. 142). Aquí *habemos* cuatro hombres (Padrón).

"HACER" IMPERSONAL

En expresiones temporales, con el verbo *hacer* hallamos el mismo tipo de concordancia que con *haber:* "*hacen* [= hace] dos días que estoy aquí". Este uso impersonal surgió probablemente del empleo de *hacer* en el sentido de "completar", primero con sujeto personal (igual que en latín), más tarde con una expresión tempoal como sujeto (Bello-Cuervo, n. 104): "el día de hoy *hace* = completa] cuatro meses que no la veo". El consentimiento de Cervantes, y de otros escritores clásicos ocasionalmente, del error popular de pluralizar la forma *hace* obliga a los gramáticos a cierta cautela en la condenación absoluta del mismo (cf. el caso análogo de *el reloj da las dos > da las dos > dan las dos*). He aquí el ejemplo de Cervantes, tantas veces citado: "Hoy *hacen*, señor, según mi cuenta, quince años, un mes y cuatro días, que llegó a esta posada una señora en hábito de peregrina" (*La ilustre fregona,* ed. R. Marín [1917], pág. 115). Los gramáticos se inclinan actualmente a decir que "aunque los clásicos usaron a veces en plural el impersonal *hacer*, semejante uso no se debería imitar en la actualidad". Cortejón (pág. 274) se va al otro extremo cuando afirma que "en este caso es permitido ... la conversión del acusativo en sujeto". Otros caen en una violencia innecesaria, como, por ejemplo, Fentanes (*Tesoro,* pág. 117), el cual dice: "Incurren en enorme y vulgarísimo disparate quienes, refiriéndose al transcurso del tiempo, usan el verbo *hacer* en forma personal". La gramática de la Academia admite que los verbos impersonales se emplean a veces en el plural: *amanecerán mejores días,* etc. En portugués hallamos idéntico solecismo: "já *fazem* vinte dias" por "já *faz* vinte dias" (E. C. Pereira, § 313). El mismo error se comete a veces en expresiones climáticas: *hacen frío y viento.*

ARGENTINA: *Hacen* años o siglos que los temidos vientos que soplan de la costa ... (*BAFA,* II [1940], 66). Donde estaba el patroncito / de cura *hacían* tres años (Ascasubi, pág. 222). En tan dura servidumbre / *hacían* dos años que estaba (*Martín Fierro,* pág. 177). Ya *harían* muchas horas que estaba ayí (Güiraldes, en *ACH,* pág. 49). Me ocurrió en estos mismos campos, *harán* ahora cuarenta años más o menos (Sáenz, página 27); *Hacen* meses que no te veo (Yamandú Rodríguez, *Cimarrones,* pág. 103); Recién *hacen* dos años (pág. 106). ¡Pa San Pedro *hicieron* dos años que le aconteció lo mesmito! (Lynch, *Romance,* pág. 49); Está enferma dende *hacen* días (pág. 290); *hacían* frío y viento (pág. 332). *Van* [= va] a hacer dos años (Tiscornia, *La lengua,* pág. 220). *Iban* [= iba] *a hacer* dos años que yo me había marchado. ... —*Van a hacer* dos años, mi tío (Mansilla, *Entre-nos,* pág. 106).

CHILE: Ya *hacen* tantos años que pasaron (Juan Modesto Castro, página 302). Como *hicieron* seis semanas, no pudo dudar que el embarazo existía (D'Halmar, *Lucero,* pág. 98); aunque apenas *hiciesen* tres años que no la viera (pág. 187).

BOLIVIA: *Hacen* dos horas que estamos averiguando de un lado para otro (Arguedas, *Vida criolla,* pág. 206). Ya *hacen* seis días que estamos por aquí (Toro Ramallo, pág. 99). *Han de hacer* dos años que caí prisionero (Céspedes, pág. 156). Pero de esto *deben de hacer* algunos años (Jaime Mendoza, *El lago,* pág. 94).

PERÚ: *Hacen* tres meses de tu promesa y hasta hoy nadie te ha visto (López Albújar, *Nuevos cuentos,* pág. 96). Quince años *hacían,* desde que murió la madre (Diez-Canseco, *Estampas,* pág. 20). *Hacen* ya cuatro años (Benvenutto, *Quince plazuelas,* pág. 185). *Hacen* siete años que no te veo (Benvenutto, pág. 152).

ECUADOR: *Hacen* diez años ya (La Cuadra, *Guásinton,* pág. 194). No *hacían* muchos meses ... el patrón mandó clavar las estacas (La Cuadra, *Horno,* pág. 93).

COLOMBIA: *Hacen* siglos (Sundheim, pág. 347). Raro en Bogotá.

VENEZUELA: —*Hacen* días se los vide en su baúl (Gallegos, *Pobre negro,* pág. 92); Me lo topé asina ... *hacen* cosa de dos meses (pág. 340); *Hacen* días que está en nuestro poder. ... ¿De modo que *hacen* días? (página 353).

PANAMÁ: *Hacen* muchos años que pasó eso (C).

NICARAGUA: *Hacían* ya días que don Robustiano estaba en Santa Bárbara (Chamorro, *Entre dos filos,* pág. 60).

GUATEMALA: La mesma llegó al rancho de La Tomasa *hacen* ocho días ... *hacen* treinta años que vivo en la costa (Barnoya, en *ACH,* página 142).

PUERTO RICO: *Jasen* días que estoy a pique [= expuesto] a güelvelme loco (Meléndez Muñoz, pág. 107; cf. también Navarro, pág. 131).

HACE TIEMPO A QUE

En la lengua antigua se empleaba el verbo *haber* (no *hacer*) en la locución temporal que ahora estudiamos; el verbo podía preceder o seguir al sustantivo (Keniston, pág. 426): "*ha* muchos días que" o "muchos días *ha* que", etc. Así, leemos: "hoy *ha* seis años" (Torres Naharro, *Comedia Aquilana,* IV); "*ha* poco que comenzaron a nacer" (Teresa de Jesús, *Moradas,* 2.ª ed. ["Clás. cast."], pág. 36), "catorce años *ha*" (*ibid.,* pág. 65); "yo estoy mejor que *ha* años que estuve", "yo llegué aquí a Valladolid cuatro días *ha* y buena ..." (Teresa de Jesús, *Cartas,* núms. 101, 282); "veinte y dos años *ha* que ando tras hallar el punto fijo" (Cer-

vantes, *Coloquio de los perros*), etc. Keniston (pág. 433) halló en
la prosa del siglo XVI un solo ejemplo de *hacía* ("*hacía* quince años
que no oía misa"), y piensa, por tanto, que en este caso "se trata
casi con seguridad de un error del editor". Es posible que no se
trate de un error, ya que las cartas estudiadas (Bernardino de
Mendoza, *Correspondencia*) son del año 1579, fecha relativamente
tardía del siglo.

Teniendo en cuenta que *ha* se podía encontrar tanto al principio como al final de la locución, es probable que su uso por du-
plicado no fuese infrecuente en la lengua hablada: "E *ha* dos meses *ha* que llueve" (Juan del Encina, *ap.* Bello-Cuervo, n. 104).
Más adelante se empezó a usar *hace* en tales expresiones temporales: *ha dos días que* o *dos días ha que* > *hace dos días que.*
Es probable que, cuando tal ocurrió, los hablantes confundieran el
ha habitual y que, para asegurarse, lo insertasen a menudo al final
de la locución además del *hace* que precedía: *hace dos días ha
que no lo veo.* Tales construcciones son actualmente corrientes en
el habla popular de algunos de los países hispanoamericanos. El
hablante, no dándose cuenta del valor de *ha,* pensó que se trataba
de la preposición *a.* A algunos de los primeros gramáticos les in-
dujo igualmente a error, como en el caso de Bello (Bello-Cuervo,
§ 782 n.): "Otro vicio comunísimo en Chile, en este uso impersonal de *haber* [también de *hacer*], es el intercalar la preposición *a*
antes del *que: Habían cuatro meses a que no le veía*". Igualmente
Cevallos (pág. 41) y Echeverría y Reyes (pág. 96).

Bello se equivocó al considerar este error como puramente chileno (si es que lo consideró así) y la *a* como preposición. En la
actualidad conocemos esta construcción en otras partes (Argentina,
Ecuador, etc.), y es seguro que la *a* se remonta al *ha* original.
Cuervo (en la nota 104 a Bello) sugirió que la (llamada) expresión
chilena "Habían o hacían cuatro días *a* que no le veía" se puede
deber a la fusión de "cuatro días *ha*" con "*hace* cuatro días" y
que en "E *ha* dos meses *ha* que llueve"[6], de Juan del Encina, es

---

[6] Se equivoca Tiscornia (*La lengua,* § 157, 4) cuando dice que Cuervo
consideraba este *ha* como un "acortamiento de *hace*". *Hacer* no fue común
en semejante construcción sino mucho más tarde. Lenz (*La oración,* pági-

posible ver un proceso semejante de redundancia. En tales construcciones, *haber* ha cedido el puesto a *hacer* casi por completo desde la época de Bello, de modo que la frase hoy habría sido ésta: "hacen cuatro días a que no lo veía" (cf. *BDH,* VI, 58, n. 2). Desde la época de Bello igualmente, este empleo de *ha,* de acuerdo con Morales (I, 39), ha desaparecido en parte. Relata este autor que, en cierta ocasión, felicitó Bello a Mariano Casanova después de un notable sermón, añadiendo que todo estaba perfecto menos una *a:* Casanova había dicho "*Hace* un siglo *a* que, etc.". De tarde en tarde, observa, aún se oyen y leen ejemplos como éste (citado de un periódico de Santiago): "Al haberlo conocido oportunamente, haría ya muchos días *a* que se encontraría (el asunto) finiquitado".

ARGENTINA: Hace poco / *a* que un día estuve yo / contemplando una tapera (Ascasubi, pág. 119); Y no hace mucho *a* que un viejo / ... me dijo que ... (pág. 143); hará hora y media / *a* que han pegao el malón (pág. 179). (SAN LUIS): Cumplió mes *ha* que se jué (Vidal, pág. 390).

CHILE: —¿Cuánto tiempo dice que hace *a* que le vendí esos huevos? (Ernesto Montenegro, pág. 99). Hacen algunos días *a* que lo vi (Echeverría y Reyes, pág. 96). Hace *a* que murió seis meses (Vicuña Cifuentes, pág. 324); Ha tres meses *a* que no lo veo; Hace un año *a* que lo espero (*ibid.,* n. 9). Hacían algunas semanas *a* que aguardaba su llegada (Ortúzar, pág. 182).

ECUADOR: Hace un año *a* que nos encontramos (Vázquez, pág. 5). Hace mucho tiempo *a* que vino Sempronio; hace ya un mes *a* que se lo advertí (Cevallos, pág. 41).

AHORA UN AÑO

Teniendo en cuenta que el adverbio *ahora* se empleó con gran frecuencia en la lengua antigua delante de la locución temporal *ha que,* el *ha* se fusionó fácilmente con la *a* final de *ahora,* convirtiéndose en "*a* embebida": *ahora ha dos años que > ahora dos años que,* etc. Así, leemos: "*ora* un año me robaste" (Juan del Encina, *Égloga 5*); "antes que yo entrase en el colegio, *agora* cuatro años"

_____

na 370 n.) llama la atención sobre el hecho de que ningún chileno diría *le veía,* sino sólo *lo veía,* observación que en nada afecta al punto principal en debate.

(Avellaneda, *Don Quijote*, capít. XXII). Con objeto de probar que no se trata de elipsis sino de sinalefa (o fusión), Cuervo observa que nunca se dice "ayer un año" u "hoy dos meses", etc.

El verbo *hacer* fue desalojando gradualmente a *haber* en oraciones temporales de esta especie, y, puesto que, en consecuencia, *ahora* no se concebía ya como *ahora* + *ha*, las locuciones semejantes a *ahora dos años* se consideraron como curiosos casos sintácticos. En España mantuvieron un uso relativamente escaso, registrándose en algunas regiones (Toro y Gisbert, "Voces", página 323 [Andalucía]). Actualmente se hallan aún a veces en la literatura española, siendo muy comunes en el habla de numerosas regiones de Hispanoamérica, donde en algunas áreas las emplean incluso personas cultas. El uso de *ahora* [= ahora ha] es común de manera especial al principio de los cuentos populares: *Ahora muchos años*, etc. La forma rústica es *agora*, a veces *hora*, escrita frecuentemente *ora*.

Sundheim (pág. 18), al igual que Alonso y Henríquez Ureña (*Gram.*, II, § 215), habla de un curioso *ahorás días*, en que *ahora* concuerda, como si fuera adjetivo, con *días*.

ARGENTINA: *Ahora* poco le robaron (Ascasubi, pág. 162). Dentró 'e polecía *aura* quince años (Sáenz, pág. 49); con esa misma sonrisa sería con la que *ahora* cuatro años ... amarró ... a la china Liboria (pág. 101). Mirá, te vi a contar un sucedido de *ahora* treinta años (González Arrili, pág. 37).

CHILE: *Ahora* dos años hubo aquí un rosario muy ruidoso (Barros Grez, I, 11); no se le volvió a ver más la cara, hasta *ahora* poco tiempo (I, 72); aquí tuve yo un bodegoncito *ahora* tiempo (I, 112); he estado hablando con aquel mister inglés que *ahora* tiempos quiso hacer un molino (I, 208); esa linda niña era yo, *ahora* veinte años (III, 170). Doña Lucrecia tiene muchos deseos de irse a Concepción, según le contó a mi madre *ahora* tiempo (Durand, *Mercedes*, pág. 160).

PERÚ: *Ahora* muchos años no corría en Lima esta voz (Arona, página 254); Hallándonos en España *ahora* muchísimos años recibimos una carta de un joven amigo nuestro español (pág. 299). Fue a dar en aguas del Callao *ahora* un mes (López Albújar, *Matalaché*, pág. 2); Así se lo dije *ahora* días (pág. 3). Mi padre estuvo allí escondido *ahora* años (López Albújar, *Nuevos cuentos*, pág. 108).

ECUADOR: El hecho es que *ahora*, cosa de dos años, me vino Torres a decir ... (Gil Gilbert, *Nuestro pan*, pág. 107).

COLOMBIA: En esos laos cundía el oso *ahora* años (Carrasquilla, *Hace tiempos,* I, 180); Pero *ahora* años le gustaban mucho los cachumbos (II, 122). *Ahora* tiempos (Obando, pág. 90).

VENEZUELA: El cura dijo en la plática, *ahora* dos años, que todas las niñas debían usarla (Romero García, pág. 155). Le parecía no ser la misma, la otra, la de *ahora* meses (Pocaterra, pág. 126). —Porque lo resolví *ahora* rato (Gallegos, *La trepadora,* pág. 231). Ya van dos veces con ésta de *ahora* poco (Gallegos, *Doña Bárbara,* pág. 331).

EL SALVADOR: —No nos apalearán como *hora* dos años en el pueblo (Mechín, *Candidato,* III, 2). En el primer momento pienso en los zeppelines, que *hora* cinco años me "echaron" de Londres (Mechín, *La muerte,* página 53).

GUATEMALA: ¿Y la que se trajo de Escuinta *ora* un año? (Flavio Herrera, pág. 50). Vio una tertulia de las de *ahora* cuarenta años (Salomé Gil, *Cuadros,* pág. 267); ¿Pues no estoy yo vestido a la moda? —Sí, a la de *ahora* quince o veinte años (pág. 304). El vulgo dice: "*Hora* un año me casé", por "ahora hace un año me casé" (Sandoval, I, 638).

MÉJICO: No vaya a ser aluego que me pase / lo mesmo qui *ora* un año en esta fecha (Rivas Larrauri, pág. 159). *Ahora* un mes (C).

CUBA: He visto *ahora* poco algo que me ha entristecido (Castellanos, pág. 100); cantaba una de ustedes *ahora* rato (pág. 116).

CUANTO HA

Al reproducir el habla popular, los escritores hacen uso frecuente de *cuantuá* por *cuanto ha*. Los gramáticos se desatan en invectivas contra semejante forma, sin darse cuenta de que *cuantuá* es la pronunciación normal de *cuanto ha* en la conversación rápida corriente. Aun cuando la locución moderna es *cuanto hace* (= *cuanto tiempo hace* o *hace mucho tiempo*), aún se puede oir *cuanto ha* en el habla popular de casi todas partes, tanto en España como en América. Sin embargo, en Costa Rica, *cuanto ha,* o *cuantuá,* o *acuantá,* tiene un significado diametralmente opuesto. Aquí, su sentido no es "hace mucho tiempo", sino "poco tiempo atrás, recientemente": *vine acuantá* significa *vine poco antes, ha poco, hace un rato, hace un instante* (Gagini, pág. 47).

Tal vez por haber llegado *cuanto ha* a significar *hace poco tiempo* se sintiera la necesidad de construir una especie de superlativo, *cuantísimo ha,* para expresar el significado original de *hace mucho tiempo*. En Nochistlán, Zacatecas (*Inv. ling.,* I, 73), y existe en el habla rústica de otras partes, se ha registrado la forma *cuantisimá:* —"Arreglaste lo que te dije? —*Cuantisimá*". La forma *cuánta* se encuentra al lado de *cuantuá* en el noroeste de la Argentina, en donde *cuantita* significa *no hace mucho* (Avellaneda, en Lafone, pág. 294; cf. también Vidal, pág. 391).

ARGENTINA (NOROESTE): Tenís que ser el de *cuánta,* cuando te venías con las alforjas llenas de aves del campo (César Carrizo, pág. 165); —Y diz que *cuánta,* muy *cuánta,* en tiempo de los indios y de los españoles ... ha muerto mucha gente por allá (pág. 176).

CHILE: —Pero esto pasó *cuantu' há* en vía del finao mi paire (Latorre, *Hombres,* pág. 32). Ese filtrao que llevé *cuantuá* no aguanta mezcla (Durand, *Tierra,* pág. 80).

BOLIVIA: El marica de mi compagre ya *cuanto ha* pudo haber llevado fuera del país a don Andrés y su familia (Jaime Mendoza, *El lago,* página 49).

COSTA RICA: —Pos como le venía diciendo *acuantá* [= hace un rato] ... (Fabián Dobles, pág. 199).

GUATEMALA: ¡*Cuánto ha* que no te veo! (Sandoval, I, 240).

MÉJICO: —Ya *cuánto ha* que quero venir a contesta [= charla] con usté (González Carrasco, pág. 49).

DESDE QUEAQUE, ¡DESDE CUÁNDO!

Además de *cuanto ha que,* al menos en sectores rurales de Méjico, se oye (*ya*) *qué ha que* (o *quiaque*): "¡Trabaja dende que Dios amanece! ¡*Qué ha que* [= hace mucho tiempo que] se metió el sol ... y mírelo, no para todavía!" (Azuela, *Los de abajo,* pág. 192). Otra locución popular y rústica corriente al menos en numerosas regiones de Méjico y de la América Central es *desde* (o *dende*) *queaque* (o *quiaque*), basada sobre *qué ha que.* Icazbalceta (pág. 169) la llama "frase del ínfimo vulgo" y la explica como "desde hace mucho tiempo (*desde que ha que*)".

MÉJICO: —¿Ha tenido usted relaciones amorosas con ella alguna vez? —Sí, señor, *desde queaque* (Inclán, II, 1); Sí, ya pasaron, señor amo, *dende queaque* (II, 4); —Qué, ¿conoces a ese caballero, Chepe? —Toma, le contesté, *dende queaque;* somos amigos viejos (II, 5), etc. —¿Ya hizo eso? *Dende quiaque* (*Inv. ling.,* I, 76). —Esta boda no tiene madres; la de Samuel, doña Casilda Peral, falleció *dende queaque* (Quevedo, *Las ensabanadas,* pág. 127). —Si no, *dende anquiaque* [sic] me biera largado con mi hijo a otra tierra (González Carrasco, pág. 44); *dende quiaque* sé que todas son ansina (pág. 87). —¿Siempre está "tomado"? —Sí patrón, *desde qué ha que* (Gamboa, *Teatro*, III, 23). —¿Pos qué ya antes de que se casaran tú y Diego ... ? —*¡¡Dende quiaque!!* ... —la interrumpió (Rubín, página 191).

GUATEMALA: *Dendequeaque* he estado esperándote, sentado en esta banca del parque (Sandoval, I, 329). —¡Ah, don Domingo! ¡Qué milagro! *Endequiaque* no lo veíamos por acá, don Domingo (Samayoa, pág. 112).

Hay lugares en que *¡desde cuándo!* en respuesta a la pregunta *¿desde cuándo?* significa (*desde*) *hace mucho tiempo:* —"Juanita, *¿desde cuándo* no vas al teatro? —¡Pú! *¡desde cuándo!;* —Publio, *¿desde cuándo* no bailas? —¡Quiá! *¡desde cuándo!"* (Venezuela, *ap.* Alvarado, pág. 164); igualmente en Cuba (Padrón) y en otras partes.

¡QUÉ AÑOS!, ETC.

En algunas expresiones elípticas ha desaparecido la forma verbal *ha: ¡qué años!* = *¡qué años ha* (o *hace)!; ¡qué rato!* = *¡qué rato ha!; ¡qué tiempo(s)!* = *¡qué tiempo hace!*

CHILE: ¿*Qué tiempo* que salió? ¡Salió *qué tiempo!* (Román, IV, 517). —*¡Qué rato* que pasaron los otros! (Latorre, *Hombres,* pág. 54). —Ya debiérai habert' ido *qué rato* (Romanángel, pág. 14).

ECUADOR: —*Desde tiempísimo* que quería hablar con usted (Gil Gilbert, *Nuestro pan,* pág. 71). *Tiempísimo* que no me harto de una buena cocada (Ortiz, pág. 179).

COSTA RICA: Si no en la cama / dende *qué rato* / roncando estará (Agüero, pág. 84).

NICARAGUA: —Don Sinforoso, ¿usted ya puso? ¿No ha puesto? —*Quiaños* [= qué años] que puse; yo soy de los primeros (Chamorro, *Entre dos filos,* pág. 138).

GUATEMALA: *¡Qué años* que te estoy esperando! (Sandoval, II, 300); *¡Qué tiempos* que te estoy esperando en esta banca! (II, 311).

(DESDE) DOS AÑOS ATRÁS

En el mejor uso consagrado de hoy, *hace dos años que lo vi* es la forma reconocida para expresar lo que esta locución significa, es decir que *hace* indica el tiempo transcurrido entre una acción pasada y el momento presente. De igual manera, *hacía dos años*

que no lo veía significa "no le he visto desde hace dos años", es
decir que *hacía* indica el tiempo de duración de una acción o estado iniciado en el pasado y persistente hasta un momento posterior
también en el pasado. Ambos tipos de construcción se evitan frecuentemente en numerosas regiones de Hispanoamérica, expresán-
dose la noción temporal implícita mediante el adverbio *atrás* (ocasionalmente *antes*) colocado a continuación del elemento temporal: *dos años atrás* (por *hace dos años* o *hacía dos años*). De igual
modo, *desde dos años atrás* reemplaza con frecuencia a *desde hace
dos años* o a *desde hacía dos años*. Idéntica construcción se puede
hallar en la lengua antigua (para el siglo XVI, Keniston, pág. 433)
como equivalente a *ha dos años* o *había dos años*: "figura y trato
no visto por luengos tiempos *atrás* en aquella tierra" (*Don Quijote*,
II, 16); se emplea aún en España en forma limitada: "Pero como
usté me tenía alvertíu de tiempus *atrás*" (Pereda, *Obras*, XV, 358).
El español de América parece extraordinariamente aficionado a
semejantes construcciones. Ocasionalmente se añade *hace* de adehala: "*hace* un año *atrás*" (véanse los ejemplos de Chile).

ARGENTINA: Y esta vez Marta adivinaba la índole del asunto, lo venía
sospechando *desde meses atrás* (Mallea, *Fiesta*, pág. 68). Serena Barcos llevaba *desde tres años antes* esa vida. ... Entonces, *tres años atrás*, tenía
veintiocho (Mallea, en *ACR*, pág. 324). Me decidí llevar a cabo algo que
de tiempo atrás tenía resuelto (Sáenz, pág. 31). Aunque lo conocía *desde
muchos meses atrás* (Boj, pág. 28).

URUGUAY: Eran co-partícipes *desde varios años atrás* (Acevedo Díaz,
pág. 149). *Desde dos meses atrás* no tronaba la lluvia (Horacio Quiroga,
III, 53); *Desde una semana atrás*, la chica no estaba bien (III, 103).

CHILE: No tardó Gastón en levantarse y saludarme, como si no me
hubiera visto *desde mucho tiempo atrás* (Edwards Bello, *La chica*, página 213). Se encontró con ... Retamales, a quien no veía *desde muchos
años atrás* (Silva, pág. 105). ... unos despojos óseos ... de algún ser humano sucumbido *tiempo atrás* (Zañartu, pág. 73). Se manifestaba enfermo *desde días atrás* (Manuel Rojas, *Travesía*, pág. 123). Yo llegué mucho
peor que Ud. *hace siete días atrás* (Juan Modesto Castro, pág. 15); lo que
me pasó con mi hijo mayor *hace tres o cuatro años atrás* (pág. 173; también págs. 293, 295, 311, etc.). La Tránsito era *desde cinco años atrás* como
de la casa (D'Halmar, *Lucero*, pág. 36); seguía tan ignorante de Santiago
como *tres años atrás* (pág. 110).

BOLIVIA: Sabían que *de meses atrás* venía acumulando el viejo toda
suerte de provisiones (Arguedas, *Raza*, pág. 271). El ayer y el anteayer
le parecían tan distantes como *un año atrás* (Céspedes, en *ACB*, pág. 154).

PERÚ: ... lo que José Manuel venía haciendo *desde un tiempo atrás* (López Albújar, *Matalaché*, pág. 119); pensamientos, que, *desde veinticuatro días antes*, no le dejaban dormir (pág. 251). Conocía yo *desde dos años atrás* a Chale (César Vallejo, en *ACP*, pág. 119).

ECUADOR: Aquello que *un tiempo atrás* hubiera parecido absurdo era ahora una tremenda realidad (Salvador, *Noviembre*, pág. 188); *Desde mucho tiempo atrás* no me conmovía (pág. 229).

COLOMBIA: Han sido mineros a través de varias generaciones *desde quinientos años atrás* (Arango Villegas, pág. 110). Aurelio demostraba *desde algunos días atrás* un decaimiento muy notorio (Buitrago, pág. 56).

COSTA RICA: Y ellos no han observado la pequeña figura de Lorenzo, que *desde unos momentos antes* está mirándolos (Fabián Dobles, pág. 250).

GUATEMALA: Cogiéralas [las fiebres] en las "chiclerías" del Petén, *años atrás* (Wyld Ospina, en *ACH*, pág. 136).

MÉJICO: Aquello no se veía *desde muchos años atrás* (Taracena, página 259). Se le ha hurtado el reloj que *de tiempo atrás* ostentaba (Gómez Palacio, pág. 52). La muchacha andaba inquieta *de días atrás* (Azuela, *Los de abajo*, pág. 63).

VAN PARA DOS AÑOS

Otra locución usada corrientemente en el habla popular y rústica de España y de América para expresar la misma relación temporal arriba explicada lleva consigo el verbo *ir* (más bien que el verbo *hacer*) junto con la preposición *para*. Igual que *hacer* en su uso normal, el verbo *ir* (en presente, imperfecto o futuro) debería ser invariable, pero con frecuencia concuerda en número con el sustantivo expreso de tiempo: *van* (por *va*) *para dos años* o *para dos años van* (por *va*). Cf. *van dos años que estoy aquí*. Tales expresiones van precedidas frecuentemente por el adverbio *ya*.

ARGENTINA: —*Pa* [= para] *quince días van* que no lo agarrás (Lynch, *Romance*, pág. 12); *Iban pa unos cuatros* [sic] *días* que Zoilo ... estuvo en "La Julia" (pág. 287); se acordaron en la pulpería de que don Pedro había güelto *iban pa días* (pág. 426); *iba pa años* que estaba de agregao en "La Estancia" (pág. 245); *¡Pa dos años van*, patrona, que la mía no me ve a mí! (pág. 476); Se lo dije, patrona, *irán pa meses* (pág. 478); el esposo se le murió, *van pa unos quince días* (pág. 492). Creo que *van pa quince años* que no voy a lo de ningún vecino (Sáenz, pág. 24).

URUGUAY: *¡Pa dos meses van*, hijo! (Sánchez, *M'hijo el dotor*, III, 4). —*Va pa sais días* que no vemos a naides (Pérez Petit, pág. 164).

CHILE: *Ya va una semana* larga que lo veo en igual traza (Prado, *Un juez rural*, pág. 72). *Ya va p'al año* qu'estoy aquí (Romanángel, página 77). —¿Cuánto tiempo hace, don Pancho, que no andábamos juntos? —*Va para cuatro años* (Manuel Rojas, *Travesía*, pág. 17). —*Va poco más de un año* que perdí tu inolvidable madre (Juan Modesto Castro, pág. 208); *Ya van para los siete años* que estamos casados (pág. 301).

ECUADOR: *Iba para un año* que vivían en la parroquia (Icaza, *En las calles*, pág. 96).

MÉJICO: *Ya va pa cinco años* que dejé mi tierra (Rivas Larrauri, página 41). *¡Ya va pa las tres semanas* ...! (González Carrasco, pág. 130).

MISCELÁNEA

En *Estampas* (pág. 257), del ecuatoriano García Muñoz, leemos: —"Pase, pase, comadre Timotea. *A los tiempos que le* [= la] *vemos por aquí*. —Así es, compadrito. Sabe que he estado un poco enferma".

En la zona colombiana rayana con el Ecuador encontramos la misma construcción: "*¡A los cuántos tiempos nos vemos*, Sebastián!" (Álvarez Garzón, pág. 239). Igualmente en San Luis, Argentina: —"*A los tiempos* (o *al tiempo,* ocasionalmente *a los muchos tiempos*) *recién cayó por acá*" (Vidal, pág. 170).

En estos ejemplos, *a los* (*cuántos*) *tiempos* equivale a *después de cuánto tiempo*, expresión que corresponde a la consagrada más usual *hace cuánto tiempo que no nos vemos* (o *que no nos hemos visto,* o *que no nos veíamos*) con verbo negativo, es decir que, en vez de expresar lo *no* ocurrido, la frase afirma enfáticamente lo que *está* ocurriendo por vez primera después de transcurrido cierto tiempo. La *a* introductoria puede representar la forma verbal *ha,* antes frecuente, hoy rara, por *hace*.

Este uso es corriente sólo en regiones restringidas, y, en razón de su escasez, generalmente se interpreta mal. Por ejemplo, en *Raza de bronce* (Bolivia), de Arguedas, leemos: —"¿Qué tal, Clorinda? *Te veo de algunos años*. Seguramente ya tienes novio, ¿verdad?". En este pasaje, *te veo de algunos años* significa *te veo después de algunos años,* y corresponde a *no te veo desde hace algunos años* o *hace algunos años que no te veo* (o *que no te he visto* o *que no te veía*), es decir que la forma verbal afirmativa se em-

plea en lugar de la negativa normal y *de* reemplaza a *desde (hace)*.
La frase no significa, como se podría pensar, "veo que has crecido".
En *Vida criolla* (pág. 17), del mismo autor, leemos: —"Ya lle-
gamos, hija. *¿Sabes de cuánto tiempo estoy viniendo a Obrajes?*
[= *¿sabes después de cuánto tiempo vengo a Obrajes?* = *¿sabes
cuánto tiempo hace que no vengo* (o *he venido*) *a Obrajes?*] ¡Admí-
rate, hija! De tres años. La última vez que vinimos, Amelia Montenegro destrozó su lindo vestido ... ¿te acuerdas? ¡el crema! ...
queriendo trepar a un manzano ... Reímos al morir".
    Prisionero de guerra (pág. 168), de Augusto Guzmán, ofrece un
ejemplo excelente de semejante uso. Un soldado que retorna, al
oir a distancia cierta música de piano, pregunta a su camarada:
—"¿Oyes esa música?". (Camarada): —"¡Sí, el vals Ondas del
Danubio!". (Soldado): —"*De qué tiempo oigo un piano y ese
vals*". He aquí otros ejemplos:

BOLIVIA: —Buenas tardes, Raquel. ¿Cómo está usted? —¿Y usted, Panchita? *De mucho tiempo la estoy viendo,* ¿no? (Rodrigo, pág. 56). —¿Hace
mucho que estás aquí? ... —¿Cómo está, Julio? *Lo veo de mucho tiempo.*
¿Cuándo llegaste? (Salas, pág. 27). —*Nos vemos de dos años.* ¿Qué fue
de usted todo ese tiempo? (Unzueta, pág. 71).

    Con frecuencia, el único cambio necesario para convertir la
locución en normal es el de *después de* en lugar de *de,* tal como
se realiza de hecho en el tercero de los ejemplos que siguen:

BOLIVIA: —¡Y ahora que lo he de ver *de* tanto tiempo! ¡Cerca de
cuatro años! (Díaz Villamil, *El traje,* pág. 2). —¡Cómo voy a rechazarte
[un trago] pues, hijo, en esta ocasión en que volvemos a encontrarnos *de*
tanto tiempo! (*Plebe,* pág. 207). —Quédate un momento más; nos vemos
después de tanto tiempo y me haces una visita de médico (Rodrigo, página 6).
MÉJICO: Se conocieron *de* muchos años atrás que fueron insurgentes
(Inclán, I, 4, pág. 59). Todo ha cambiado *de* hace unos meses a la fecha
(López Fuentes, *Huasteca,* pág. 13).

    Las formas *pasa* y *pasan* aparecen como variantes de *hace:*

BOLIVIA (COCHABAMBA): Antes ... *pasa* ya mucho tiempo ... vivía muy
lejos (Unzueta, pág. 7); *Pasan* ya dos semanas que me dejó (pág. 10);
Dos años *pasan* desde que el abuelo lo sacara de la casa (pág. 15); —De
eso ya *pasa* mucho tiempo (pág. 107).

Una construcción especial consiste en la sustitución de *que* por *de lo que,* tal como la hallamos en *Los Clavijos,* de Álvarez Garzón, que se desarrolla en Pasto y alrededores, sur de Colombia. El empleo de *de lo que,* represente éste un uso local o simplemente personal, se debe probablemente a analogía con *de lo que* en reemplazo de *que* en ciertos tipos consagrados de comparación: *era más fácil de lo que había creído.*

Cuanto tiempo *era de lo que* [= hacía que] las había comprado (Álvarez Garzón, pág. 140); Cinco días ya *de lo que* [= hacía que] se encontraba en la ciudad (pág. 162); —¿Y cuánto tiempo hace *de lo que* [= que] viste a don Jaime? (pág. 231); A ella la conocí personalmente al otro día *de lo que* [= que] llegué a ese lugar (pág. 265).

Para otras expresiones locales con valor de *hace poco,* véanse las locuciones adverbiales *denantes, desde hoy, recién,* etc.

"TENER" POR "LLEVAR"

De acuerdo con Keniston (*Syntax list,* pág. 180), la locución consagrada *llevo dos años aquí* se emplea menos que *hace dos años que estoy aquí.* Dicha construcción es ligeramente más frecuente en el pretérito (pág. 184): *llevaba dos años aquí. Llevar* se usa en España y en Hispanoamérica, pero aquí, sin embargo, el verbo *tener* es mucho más común que *llevar,* sobre todo en la lengua hablada: *tengo* [= llevo] *dos años aquí.* Sin duda, este uso se halla influido por frases como *tengo veinte años,* etc. En Méjico, *tener* se encuentra tan extendido que no sólo reemplaza al verbo personal *llevar,* sino además al impersonal *hacer,* oyéndose construcciones como ésta: —"¿Cuándo fue eso? —Ya *tiene* [= hace] un año". En el caso de Yucatán se ha registrado semejante uso excesivo del auxiliar *tener* en lugar de *haber:* "*tengo* leída tu carta; me *tiene* sucedido eso; *tengo* trabajado mucho" (Víctor Suárez, página 151).

ARGENTINA: ¡Dos años *tengo* vividos de agregao en una vizcachera seria! (Lynch, *Palo verde,* pág. 138).
BOLIVIA: *Tengo* ya dos años y medio de campaña (Céspedes, pág. 21).
PERÚ: —Castillo *tiene* siete años de empleado (María Wiesse, en *ACP,* pág. 136).

ECUADOR: *Tengo* aquí más de dos horas (Gil Gilbert, *Nuestro pan,* pág. 271). *Tengo* dos horas esperando (Pareja, *El muelle,* pág. 5); Algunos meses *tenía* ya María del Socorro de cocinera en casa de la familia Arana (pág. 33). —... Que cuántoj añoj *tenía* ujté de vivir por ejtoj laoj (Aguilera Malta, pág. 104).

COLOMBIA: —Hay unos quince mineros ... que ya *tienen* años de vivir de eso allí (Buitrago, pág. 146); este cadáver ... *tiene* cuatro días de ahogado (pág. 230). El cadáver ya *tenía* varios años de enterrado (Álvarez Garzón, pág. 112).

VENEZUELA: Cuatro años *tenía* sin verlo (Gallegos, *Pobre negro,* página 116). *Tenían* ya muchos días en Macuto (Pocaterra, pág. 91). Pues apenas *tengo* un año de casado (Romero García, pág. 26). *Tenía* un año de haber terminado sus estudios de abogado (*ACMV,* I, 257).

COSTA RICA: Ya *tenía* varias semanas de ser el compañero del Padre, y también *llevaba* varios días sin comer (*Leyendas,* pág. 166). —*Tiene* como diez años de ser agente (Fabián Dobles, pág. 284).

NICARAGUA: *Tenían* tres meses de no cobrar sueldo (Orozco, pág. 4). *Tenía* ya dos días de caminar por matorrales (Toruño, pág. 16).

GUATEMALA: Varios días *tiene* ya / la señora Casimira / de estar gravemente enferma / donde la niña Chon Silva (Arce, pág. 103). Cuando apenas *tenía* un día de nacido, quedó huérfano (Santa Cruz, pág. 13). *Tenía* tiempecito de vivir en los Estados Unidos (Arévalo, pág. 95).

MÉJICO: *Tengo* más de un mes de estar mal durmiendo a raíz del suelo frío (Inclán, I, 100). Ya *tenía* ocho días sin venir a verla (López y Fuentes, *¡Mi general!,* pág. 42); Ya *teníamos* una semana con el pie en el estribo (pág. 111). Ya *tenía* como cinco meses con mi hermana (Galeana, pág. 88); *Teníamos* un mes de estar viviendo juntos (pág. 209). No *tiene* ni un año de subsecretario (Gómez Palacio, pág. 47); Ni un año *tiene* de berse casado (González Carrasco, pág. 51); ¿Murió? ... —¡Ya *tiene* ocho meses! (pág. 79). En sesenta años que *tengo* de vivir en estos terrones nunca se me presentó el problemazo (Azuela, *Avanzada,* pág. 45); *Tengo* muchas semanas aquí de estar viviendo como los cerdos (pág. 210).

SANTO DOMINGO: *Tenía* un año de haber llegado de su costeña ciudad de Puerto Plata (Requena, *Los enemigos,* pág. 92); Más de dos meses *llevaban* trabajando (pág. 119).

En todas las clases de Chile hallamos un uso peculiar de *llevarse* en una construcción íntimamente relacionada con el significado de "pasar el tiempo": *me llevo estudiando, él se lleva paseando.* En estas expresiones no existe indicación alguna de elemento temporal, como sería de esperar gramaticalmente (*me llevo* [una hora] *estudiando* o *él se lleva* [el día] *paseando),* ni aparece tampoco el neutro *lo* (como en *me lo paso bien).* En esta expresión chilena se omite con frecuencia el gerundio: "Este niño *se lleva* [= se lo pasa] en la calle" (Román, III, 370). *"Se llevaba haciéndole* cariño a un potrillo [= vaso grande]" (Juan del Campo, pág. 90).

Para expresiones verbales troqueladas sobre el inglés (*no sabía mejor* "he did not know better", *tomar cuidado* "to take care", *tomar un viaje* "to take a trip", etc.), véase el *Diccionario de anglicismos* de Alfaro.

VIII

LOCUCIONES VERBALES (b)

La frase *no le hace* (= no importa) se considera generalmente como americanismo, y tal vez en forma justificada, mas sólo en el sentido de que su uso actual en América es considerablemente mayor que en España, donde es restringido. El diccionario de la Academia da un significado de *hacer* intransitivo como "importar, convenir": *Eso no le hace; al caso haría.* Pero semejante idea de adecuación no es exactamente la misma de la actual expresión hispanoamericana *no le hace,* así como tampoco es el mismo en ambos casos el matiz especial de *importar.* Sin embargo, en Andalucía y en áreas rurales de otras regiones (Borao, pág. 95) *no le hace* se oye con el mismo significado que en América, si bien la expresión no se considera elegante y se halla reducida a la conversación familiar. En general, la mayoría de los españoles peninsulares de hoy dicen *no importa* en el caso en que un buen número de hispanoamericanos dirían *no le hace* (o, pronunciado popular y rústicamente, *no li hace*). Numerosos lexicógrafos han captado esta diferencia, habiendo llegado algunos a declarar que *no le hace* constituye una forma local. Ortúzar (pág. 182), por ejemplo, lo trae como chilenismo. Román (III, 100) no concuerda más tarde con su conterráneo, y considera *no le hace* "de lo más castizo", basando su reivindicación en la definición de la Academia. Tampoco Membreño (1.ª ed., pág. 79) coincidió con el primero al observar: *"No le hace.* —Por *no importa,* no es provincialismo ni de la América Central ni de Chile: lo que hay en la frase expresada es una elipsis del demostrativo *eso.* El Diccionario de la Academia dice 'eso no le hace' ". En la tercera edición de su obra, corregida y aumentada ([1912], pág. 119), Membreño redujo a esto el párrafo: "No le hace = Eso no le hace". Sin embargo, los ejemplos de la lengua antigua nos demuestran que la palabra *eso* no era necesaria. He aquí unos cuantos ejemplos que ilustran el actual uso hispanoamericano:

ARGENTINA: —Mirá —agregó— que el oficio es duro. —*No le hace* (Güiraldes, *Don Segundo,* pág. 56). —¡Pero, Marcelina! —exclama—. ¡Lleva la cincha bailando! —¡Ah, ah! *No li hace* (Lynch, *Los caranchos,* página 115). Es de uso típicamente gaucho.

CHILE: *No le hace* que estés lejos (C). *No le hace* (*no li hace*) es como decir *No importa.* Es frase usada en todo Chile (Laval, I, 174).

PERÚ: —¡Habré pagado de más! — *No le hace,* viejo, *no le hace* (Diez-Canseco, *Duque,* pág. 68).

COLOMBIA: ¡*No le hace* que me dejes sólo! (Rivera, pág. 58). *No le hace* que nos quebremos (Carrasquilla, *Hace tiempos,* II, 117).

GUATEMALA: *No le hace* que se vaya la cocinera (Sandoval, II, 140).

MÉJICO: Pero *no le hace* que sean muchos (Azuela, *Los de abajo,* página 98). Esta tarde saldremos a pasear. —¿I si llueve? —*No le hace* (Ramos Duarte, pág. 369).

En el habla rústica y extremadamente popular de Méjico, la locución general *no le hace* (= *no importa*) se ve ocasionalmente reemplazada por *no li* (o *le*) *aunque* o por *nada li aunque:*

—¡Vieja desgraciada! ¡A que te arrimo unos leñazos! ... *"No le aunque"* nomás me decía la condenada ... y a mí me daba ya más risa que ganas de pegarle (Robles Castillo, pág. 188). *No liaunque* qui ora sia un esqueleto (García Jiménez, pág. 119). ¡*No li aunque* que nazcan chatos, con tal que tengan risuello! (Rivas Larrauri, pág. 37); *no li aunque* qu'ella mi olvide y *nada li aunque* que ella se ría (pág. 173). —¿Y si hay trifulca? —*No le aunque;* es la obligación (Urquizo, pág. 158).

SE ME HACE, SE ME PONE

Otra locución no común actualmente en España a pesar de haber sido empleada en la lengua antigua, pero de gran extensión en el español de América, es *se me hace* (= *se me figura, me parece*). Como no aparecía en el diccionario de la Academia, los lexicógrafos solían considerar esta expresión como americanismo. Tiscornia (*La lengua*, § 187) sospechó la existencia de su uso en otros países hispanoamericanos además de la Argentina. Actualmente se halla en el diccionario: "Hacérsele una cosa a uno. fr. Figurársele, parecerle. *Las manadas que a don Quijote se le hicieron ejércitos*". Por consiguiente, en adelante no debe ser considerada como americanismo. Sin embargo, como tal debe ser clasificada en cuanto que, si bien corriente en la lengua antigua, su frecuencia ha disminuido grandemente en España al paso que se ha incrementado en la mayor parte de América. La hallamos aún en Andalucía y probablemente en otras partes de la España regional, pero allí —testimonio de su raridad— los ejemplos literarios parecen necesitar de explicación. Así, Rodríguez Marín (*El alma de Andalucía* [1929], pág. 121), en nota a los versos "*se me hace* que no hay / hombre como tú ninguno", explica: "hacérsele a uno una cosa, figurársele, representársele, parecerle". En la pronunciación popular y rústica, *se me hace* > *se mi hace*.

En numerosas áreas emplean *se me pone* (cf. *suponer*) en el sentido de *se me hace*, al igual que en Andalucía; en Colombia hallamos asimismo *se me propone*.

ARGENTINA: ¡Cuando la devisé dende lejos, *se me hizo* una muchacha mesmamente! (Lynch, *Romance*, pág. 48); —Porque *se me hace* que esta noche se pueden ganar algunos pesos (pág. 85); A doña Julia *se le hacía* a cada rato que doña Cruz se iba a levantar de la cama (pág. 342). Si el diablo sabe andar suelto, *se me hace* que es a la siesta (*Fray Mocho*, página 125).

URUGUAY: —*Se me hase* que te llevo en el cuerpo (Reyles, *El gaucho*, pág. 219).

CHILE: *Se me pone* que lo va a hacer (C). A mí *se mi hace* que li hace (Laval, I, 174).

PERÚ: —Y *se me pone,* por la voz, que debe usted estar en sazón como para mi diente (Corrales, pág. 221).

ECUADOR: —A mí *se me pone* que el tipo éste anda buscando un acomodo (Gil Gilbert, *Nuestro pan,* pág. 112). *Se le puso* que era un mosquitero de fina gasa la llovizna (Ortiz, pág. 54).

COLOMBIA: —*Se me pone* ... que jué la ánima del dijunto (Rivera, página 72). Ese día [mamá] *se me hace* más hermosa que siempre (Carrasquilla, *Hace tiempos,* I, 186). *Se me hace* que el Andrés te miraba (Álvarez, pág. 80). *Se me propuso* que se iba a caer (Tobón, pág. 151).

VENEZUELA: —A mí *se me pone* lo que es (Briceño, en *ACMV,* II, 127); Pero a mí *se me pone* que eso tiene su puntica tapá (pág. 130).

GUATEMALA: A mí *se me pone* que tal vez seya Juan el hermano de Francisco (Quintana, pág. 53). *Me se pone* que no lo engaño (Zea Salguero, en *CLC,* pág. 51).

MÉJICO: —¡Que *se me hace* que usté está enamorado, curro! (Azuela, *Los de abajo,* pág. 60). A mí *se mi hace* que ya no es la misma (González Carrasco, pág. 51). (NUEVO LEÓN): *Se le puso* y *se le puso* que 'bía sío Lugo el que se 'bía robao las reses. ... Como si no pudiera 'ber juntao él algo de su maíz, ¿no *se le hace?* (García Roel, pág. 100).

SANTO DOMINGO: Cuando a mí *se me pone* una cosa, casi siempre sucede (Patín Maceo, *Notas*).

De acuerdo con Sandoval (I, 609), en Guatemala la frase tiene un significado adicional: "hacérsele a uno una cosa = satisfacer uno un deseo. Cumplírsele a uno algo que anhelaba conseguir, poseer, etc.". El citado autor da un ejemplo de dicho significado: "A Celmira *se le hizo* al fin casarse con Paco".

Según Aurelio Espinosa (*Apuntaciones,* pág. 621), en el habla popular de Nuevo Méjico el adverbio *meramente* ha extendido su significado a "exactamente" o "exactamente como", y luego a "igual" o "idéntico a", y más adelante incluso a "es igual a" o "se parece a" y "parece". Se conjuga igual que si se tratara del verbo *meramenter, meenter, menter* o *enter* (para la pérdida de la *m* inicial, cf. *mi mamá > mi amá,* etc.): "*Meramente* [= parece] un payaso. *Menten* [= parecen] unos locos. *Ente* [= parece] que eres rico. ¿Qué quieres que *meramenta* [= parezca] que estoy loco? *Entía* que staba embolau [= parecía que estaba borracho]. *Meentemos* [= parecemos] hermanitos. *Meramentíamos* [= parecíamos] idiotas" (cf. también Rosenblat, *Notas,* páginas 308-10).

HACE SED, HAMBRE, ETC.

La expresión personal *tener sed, hambre, etc.* (*tengo sed*) se usa ocasionalmente como impersonal (*hace sed, hambre, etc.*) por analogía con expresiones climáticas (*hace frío, calor, etc.*) y posiblemente con el fin de impersonalizar las necesidades corporales. Además, en razón de su relativa sencillez, estas expresiones *hace sed, hambre, sueño*, en lugar de *tengo sed, hambre, sueño*, etc., son características del lenguaje de los niños pequeños.

CHILE: —*Hace sueño* (C).

BOLIVIA: —*Hace sed* —dijo Aniceto. Yo le di a beber un poco de agua caliente (Céspedes, pág. 162).

ECUADOR: —Apura, pues, que *hace hambre* (Pareja, *La Beldaca*, página 27).

COLOMBIA: —*Hace hambre* (C). El comer cuando *hace hambre*, / el beber cuando *hace sé* (*Folklore santandereano*, pág. 135).

PANAMÁ: Es medio día y *hace hambre* (Nacho Valdés, *Sangre criolla*, pág. 52).

NICARAGUA: Volvimos al cuartel. "*Hace hambre*", dijo el general. "Desayunemos porque quién sabe si va a haber almuerzo" (Orozco, página 71).

NO TE HAGAS, NO SEAS, TÚ (SÍ) ERES

En numerosas regiones hallamos la frase *no te hagas el tonto* reducida a *no te hagas*, en la cual, por razones de educación, se omite la parte desagradable, dejando su terminación a cuenta de la imaginación del que escucha. El carácter indefinido de la locución contribuye a aumentar su sugestiva expresividad. Idéntica elipsis hallamos con el verbo *ser* cuando el predicado nominal expresa algún defecto o condición reprensible: *no seas* o *tú (sí) eres* (*tonto, bruto, perezoso, descuidado*). Román (III, 90; V, 247) se equivoca al considerar semejante uso como puramente chileno; Garay (pág. 109) lo considera panameño. Sin embargo, idéntico uso se encuentra igualmente en otras regiones.

ZONA DEL RÍO DE LA PLATA: —¿Sabe ella que llegó su marido? Sí, pero *se hace* (Morínigo).

CHILE: ¿Para qué *te haces* [= el tonto, el disimulado, como que no entiendes]? *No te hagas,* porque sé que entiendes bien lo que te digo (Román, III, 90); Te castigo para que *no seas* ... [= tonto, bruto, descuidado, perezoso] (V, 247). —¿Es tonto Ud. o *se hace?* (Juan Modesto Castro, pág. 350).

PERÚ: —Dizque en la Costa los sucios costeños saben comer estas tripas de gallina. ... —*¡No se haga usted!* (Barrantes, pág. 101).

ECUADOR: —Vamos adentro, Baldomera. —¿Qué es que dice? —*No te hagas;* vamos adentro, negra. ... Vente no más para adentro y *no te hagas* la cojuda [= tonta, sueca] (Pareja, *Baldomera,* pág. 85); —No agarre, don Eleuterio. Se lo voy a decir a la señorita. —¡Boba! ¡Elé, la guambra [= muchacha], *haciéndose* no más! (pág. 177). Es que a mí no me vienen a visitar. —A mí tampoco. —¡Ay, vecina! *No se haga.* Anoche oí hablar en su cuarto. ... —¡Ah! Sí. Un amigo de mi marido que acaba de llegar y me traía noticias de él. —Véanla, véanla, cómo *se hace* (Pareja, *El muelle,* pág. 103); —De esto no me habías dado. ... *Te estabas haciendo* no más (pág. 157). —¿Enterrarlos? ¿Es que *eres* mismo, o *te haces?* (La Cuadra, *Horno,* pág. 170).

COLOMBIA: —*Tú sí eres,* ¿no? (Flórez, pág. 380).

VENEZUELA: *¡Tú sí que eres!* (ZONA ANDINA): *¡Vos sí que sos!* (Rosenblat).

PANAMÁ: ¡Niña, *tú sí que eres!* (Garay, pág. 109; L. Aguilera, pág. 323).

MÉJICO: —¡Ahora vamos a brindar por su conquista! —¡Cuál conquista! —*No se haga,* amigo. ¡Ya me lo dijo Benita! (Galeana, pág. 99).

SANTO DOMINGO: ¿Él borracho? ¡Mentira! *Se está haciendo.* A ella no le ocurre nada; no tiene ningún dolor de cabeza; *se está haciendo* (Patín Maceo, *Dom.,* pág. 77); Ya se lo dijiste. *¡Tú sí eres!* [indiscreto]; ¿Y volvió a decírtelo? *¡Él sí es!* [necio, majadero]; Saben que no me gusta, y me lo repiten. *¡Ustedes sí son!* [malos, perversos, mortificadores] (pág. 157).

CUBA: —*¡Tú sí que eres!* ¡Mira *que tú eres!* (Padrón).

HACE = SÍ

El empleo de *hace* como equivalente a *sí* ha sido registrado en Costa Rica: —"¿Vamos a pasear? —*Hace.* —¿Cenas conmigo? —*Hace*" (Salesiano, pág. 81). No obstante, en otras partes de América (al igual que en España) también hallamos dicha palabra con idéntico sentido, si bien en forma interrogativa (Chile): —"Esta noche podimos alojar en Púa ... ¿*Hace?* —Sí, ... cuanto más lejos mejor" (Brunet, *Bestia dañina*, pág. 37). (Andalucía): —"Despacha la señora; pero un servidó es el encargao de sacarle er corasón por la boca a to er que la mire con segunda. ¿*Hase?* [= ¿comprende, sí?]" (Álvarez Quintero, *La mala sombra*).

ALGUNOS USOS DEL GERUNDIO

En el español normal se usan muy rara vez las formas progresivas de ciertos verbos (tales como *ser, ir, venir*), cosa, empero, que no ocurría en la lengua antigua, en la cual hallamos *id yendo, iremos yendo, vámonos yendo*, etc., expresiones en que se encontraban juntas una forma concreta y el gerundio del mismo verbo para poner de relieve el elemento progresivo (*Homenaje a Menéndez Pidal*, I, 43), antiguo uso que ha sobrevivido en partes de Hispanoamérica, y no sólo en el habla popular y rústica, sino también en boca de los más cultos. La mayoría de los preceptistas condenan dicha práctica, mientras otros (Vázquez, pág. 229), conocedores de su antigua preponderancia, sostienen que no debe ser tachada de incorrecta.

ARGENTINA: —Pase adelante, Ramallo, / diga, ¿cómo le va *yendo?* (Ascasubi, pág. 145). —Se acordó de que iba *diendo* [= yendo] pa lo de don Santos Santos (Lynch, *Romance*, pág. 42); ¡Y vayan *viniendosé!* (pág. 97). —Si quieren ... podemos ir *yendo* (Güiraldes, *Xaimaca*, pág. 178). —Durante estos últimos quince años he estado *yendo* a su pieza a cada rato (Laferrère, *Las de Barranco*, pág. 19). Todos se han ido *yendo* unos tras otros (Lynch, *Palo verde*, pág. 9). —Y si le sale mal el negocio, ya mismo recoge sus cacharpas y se nos está *yendo* (Draghi Lucero, pág. 122). ¿Y para dónde es que va *yendo?* (pág. 218).

URUGUAY: —Güeno, ¿vamos a dormir? —Vaya *diendo*, ya lo sigo (Viana, *Abrojos*, pág. 74). Don Fausto ... se asercó pa preguntarle cómo le diba *diendo* (Reyles, *El gaucho*, pág. 146).

CHILE: ¿Cómo le va *yendo?* (Maluenda, *Escenas*, pág. 71). Creo que la que se sale *yendo* soy yo (Acevedo Hernández, *Por el atajo*, pág. 59). Bueno, me voy ... y vayan *yéndose* ustedes también (Sepúlveda, *Hijuna*, pág. 67).

BOLIVIA: —Sigan *yendo* (Arguedas, *Raza*, pág. 35). ¿Sabes de cuánto tiempo estoy *viniendo* a Obrajes? (Arguedas, *Vida criolla*, pág. 17); —Estaba *yendo* ande la señorita Carlota pa pedirle el traje (pág. 215).

PERÚ: Y estoy *yendo* hacia ella agazapado como un puma (Ciro Alegría, *La serpiente*, pág. 210). *Estoy yendo* [= voy] a Huancayo. Aquí *estoy viniendo a verlo* [= he venido a verlo] compadre (Benvenutto, pág. 156).

ECUADOR: Cuando se estén *yendo* al infierno tan (Icaza, *Huasipungo*, pág. 35). Los Sandoval estaban *yendo* a la perennidad (Gil Gilbert, *Nuestro pan*, pág. 232). Se fue *yendo* ... se van *yendo* (Vázquez, pág. 229). El viernes por la mañana me estaba *yendo* a cuger leña (Vásconez, pág. 217).

COLOMBIA: —Se está *viniendo* la montaña sobre el río (Buitrago, página 49). Melito se ha ido *yendo* (Efe Gómez, pág. 78); había ido *viniéndose* ... en dirección a su casa (pág. 146). (RURAL): —¿Dónde queda eso? —*Iyendo* pa la plaza (Flórez, pág. 380).

VENEZUELA: —¿Cómo está, Capitán? ¿Cómo le va *yendo?* (Arráiz, página 69). —Yo me estoy *diendo* (Gallegos, *Canaima*, pág. 88).

PANAMÁ: Ya está *viniendo;* me estoy *yendo* (C).

COSTA RICA: ¡Upe! Tío Coyote. ¿Cómo le va *yendo?* (Lyra, pág. 12). En la siguiente semana, estuvo *yendo* a la capital (Fabián Dobles, página 174); en estas cuatro semanas ha estado *yendo* sin falta y muy a menudo (pág. 48).

EL SALVADOR: —Ya tesperan. Ite [= vete] *iyendo* [pop. por *yendo*] (González Montalvo, *La cita*).

GUATEMALA: Todas las noches estoy *iyendo* a ver a Isabel, quien ha estado gravemente enferma (Sandoval, I, 747).

MÉJICO: Vi cómo el cantinero se fue *yendo* de lado (López y Fuentes, *¡Mi general!*, pág. 90). (NUEVO LEÓN): Vámonos *yendo* allá (García Roel, pág. 144); te andas *yendo* p'allá (pág. 146). (YUCATÁN): La luz se va *yendo;* Ya me voy *yendo* (Ramos Duarte, pág. 275).

PUERTO RICO: Me estoy *diendo* ya (Meléndez Muñoz, pág. 111).

Las formas progresivas de *ser* (*estar siendo*), no desconocidas en España, en construcciones pasivas son excepcionalmente comunes en gran parte de América: *el puerto está siendo bombardeado* (= están bombardeando el puerto, se sigue bombardeando el puerto, el puerto es bombardeado, etc.). Es posible que en algunos casos se trate de traducciones de noticias de periódicos ingleses.

CHILE: Estaba *siendo* vencido por dos enemigos terribles (Fernando Alegría, *Lautaro*, pág. 83).

COLOMBIA: Rojas está *siendo* curado ... los soldados están *siendo* acosados (*El Tiempo*, 12 de abril de 1944); Una división de policía está *siendo* trasladada al edificio del Seminario (*ibid.*, 26 de abril de 1944).

MÉJICO: El importante puerto ... está *siendo* bombardeado (*Excelsior* [Ciudad de Méjico], diciembre, 1940). Las otras fueron *siendo* llamadas sucesivamente (Gamboa, *Santa*, pág. 255). Muchos eran los católicos que estaban *siendo* pasados por las armas (Fernando Robles, pág. 86). Mi padre está *siendo* visitado con frecuencia (Benítez, pág. 39, 98, 110). CUBA: Estoy *siendo* menospreciada por mi esposo (Ramos, pág. 170).

En las regiones andinas en particular, *estar* + gerundio puede reemplazar a cualquier forma verbal simple del habla consagrada: *estar teniendo* = *tener, estás pudiendo* = *puedes,* etc. (cf. *dar,* pág. 255). Corriente en su mayor parte sólo en el habla popular, esta práctica se puede considerar como prolongación de las construcciones progresivas del español antiguo llevadas a límites insospechados bajo la influencia de las lenguas indígenas locales. En ocasiones, la forma se concibe como incoativa, es decir que pone de relieve el principio de una acción: *estoy yendo* (cf. inglés "I'll be going, I'll be getting dressed"); en otras ocasiones expresa la idea de "aún, todavía", como en *estoy teniendo* = *todavía tengo;* por otra parte, puede no existir idea de progresión o de inconclusión.

CHILE: —Déjate de *estar molestando* (J. M. Castro, pág. 16).
BOLIVIA: Yo me *he de estar sirviendo* [= he de servir = serviré] otro (Díaz V., *La Rosita,* pág. 29); Pero lo que es la Rosita, algo *está teniendo* (pág. 30); Ha de *estar habiendo* tiempo para bailar (pág. 48); —Si ya no te *estás pudiendo* mover (pág. 59); —¿*Está habiendo* en la jarra? (*El traje,* pág. 28); —¿Qué más nos *estuviéramos queriendo?* (*Cuando vuelva,* pág. 14); —Por pura chiripa *había estado habiendo* [= había, cf. página 204] todavía este vasito (pág. 30); Pero mejor no me hubieran *estado haciendo* cambiar de balde (pág. 38); —¿Acaso tenemos siquiera hijos? —Por flojo no *estarás teniendo* (pág. 43); —¡Si son las cosas de mi mama! —*Estarán* pues *siendo* (pág. 57).
PERÚ (SIERRA): *Estamos* pues *queriendo* una beca para nuestra hija (Benvenutto, pág. 156); Tú no más *estás sabiendo* las penas que estoy pasando (pág. 157).
ECUADOR: —Ah, *viniendo* ha *estado* mismo el Inspector (Mata, *Sanagüín,* pág. 225).
VENEZUELA: —¿Ni qué necesidá tiene de *estar llevándose* estos bochos? ... Ya no voy a *está recogiendo* mis trapos (Gallegos, *Pobre negro,* pág. 231).

En el Ecuador se halla un uso peculiar del gerundio en expresiones como ¿*qué haciendo?,* ¿*qué diciendo?,* cuyo significado es ¿*por qué causa?,* ¿*cómo?,* etc.: "¿*Qué haciendo* me ha de hablar la niña?". Es en esta llamada locución quichua, locución que alcanza a Catamarca, Argentina (Lafone, pág. 106), en la que más se emplean los gerundios de *hacer* y *decir*. El significado original de *¿qué haciendo?* y de *¿qué diciendo?* fue *¿por haber hecho qué?* y *¿por haber dicho qué?*, pero estas expresiones han visto reducida su fuerza a un mero *¿por qué?* (Cevallos, pág. 68). También en Chiloé, bajo influencia mapuche, hallamos *¿qué haciendo?*

ARGENTINA (CATAMARCA): *¿Qué diciendo?* [= ¿Qué razón hay para ello?] (Lafone, pág. 106).

CHILE (CHILOÉ): *¿Qué haciendo* [= por qué] viniste? *¿Qué haciendo* [= cómo] se cayó el niño? (Cavada, pág. 282).

ECUADOR: —Así, Rosita, quítale nu más el marido a la Petrona —dijo uno de ellos, por hacer una broma. —*Qui haciendo* ha de quitar pes mi marido —protesta la Petrona (García Muñoz, *Estampas*, pág. 181). —No olvidarán la carabina. —¡Ni *qué haciendo* pues! Bendición nuestra es en montaña (Mata, *Sanagüín*, pág. 75); —He aquí la plata. Pero devuelvan siquiera los mulares. —Ni *qué haciendo* pucs. —Hábleles, niño Jaime, que devuelvan las mulitas (pág. 171). Con su licencia, patroncito. ¿No les dará ya los cinco barriles a los indios? —¡Ni *qué haciendo* pues, Diego! Nosotros nos entendemos de todo (pág. 179).

IMPERATIVO GERUNDIANO

Para denotar la continuidad de una acción, sobre todo si es de duración persistente o hasta irritante, el castellano consagrado emplea una locución popular característica, cuya fórmula consiste en el imperativo singular del verbo + *que* + el imperativo o la segunda persona de futuro (con o sin *te*): *llora que (te) llora* o *llora que (te) llorarás*, etc. [1]. Así, leemos en *El sabor de la tierruca*, de Pereda (*Obras*, X, 39): "la moza de arriba, *acalda que te acalda*, y otras, desde abajo, *peina que te peina* la carga con la rastrilla; y la carga, *sube que sube* y *crece que crece*, hasta que debajo de ella no se ven ni el carro ni los bueyes".

---

[1] Ocasionalmente encontramos el infinitivo en lugar del imperativo, como en el ejemplo que sigue, tomado de Santa Teresa (*Cartas*, núm. 253): "Ternísima cstoy; y el primer día *llorar que llorarás,* sin poder hacer otra cosa".

Otra manera consagrada de expresar la continuidad de una acción consiste en gerundio + *y* + gerundio. Así, leemos en Pereda (*ibid.*, pág. 209): "apartaba las malezas y, *apartando y apartando,* llegó a un campuco".

En algunas partes de Hispanoamérica (en Méjico con gran frecuencia) se halla otra locución que es posiblemente una fusión de las dos anteriores: *llora que llora + llorando y llorando > llora y llora* [2]. La forma verbal se considera a veces en esta expresión como de la tercera persona del singular o incluso como forma reducida del gerundio (y de aquí que se la haya llamado imperativo gerundiano) más bien que como imperativo singular, y por lo general tiene valor impersonal, como lo demuestran algunos de los ejemplos que se dan más abajo; así, "había venido *auméntase y auméntase*".

Ocasionalmente, el verbo se ve reemplazado por un sustantivo, como en *risa y risa* [3], o la expresión va precedida por la preposición *a*, como en *a trabaja y trabaja* [4], o se emplea de modo impersonal el imperativo formal, como en *mátenos y mátenos;* alguna que otra vez se añade *más: trabaja que más trabaja, repite y más repite* (véase Colombia); ocasionalmente se usa el infinitivo.

CHILE (ZONA CENTRAL): ¿Y las chiquillas? ¡Va a quedar la pelería, *lloriquea y lloriquea!* (Juan Modesto Castro, pág. 79). (ZONA SUR): ¿Hasta cuándo ha de hablar la señora? Menudita como es, parece en sus ires y

---

[2] No necesariamente una fusión, sin embargo; posiblemente, una tentativa para aclarar la expresión. Spitzer (*Aufsätze*, págs. 180 ss.) cita unos cuantos ejemplos de idéntica construcción en otras lenguas romances, especialmente en italiano, en el cual se hallan codo con codo locuciones con *e* [= y] y con *che* [= que]. Pero no da las correspondientes formas duales para el español peninsular y, al parecer, desestimó el español de América (véase también el estudio de Spitzer en *RFH*, IV [1942], 253-65).

[3] Hallamos esta forma en el habla antigua: "Yo, por lo desapresar, / Entrometo la camisa; / Ella *risa, y risa, y risa,* / Que se quier desternillar" (Sánchez de Badajoz, *Recopilación* [h. 1554], I, 89).

[4] En regiones de España hallamos una locución popular con *venga + a* + infinitivo: "Y aquel pobre *venga a chillar y venga a chillar*" (Aurelio Espinosa, *Cuentos*, I, 32 [Toledo]); "*Y vengan a vení* conde y duque *y vengan a vení* conde y grande personaje (I, 48 [Granada]; asimismo I, 83 [Granada]; I, 91 [Toledo]; I, 104 [Sevilla]; II, 218 [Cuenca]; II, 232 [Ávila]; II, 236, 283 [Toledo]; II, 326 [Soria]; II, 337 [Granada], etc.).

venires un abejorro, *zumba y zumba* (Azócar, pág. 257). Parecían moscardones ... *zumba que zumba* (Juan del Campo, pág. 83).

PERÚ (CALEMAR Y ZONAS ALTAS DEL NORTE): Éste quiere armarle conversación pero él se limita a responder parcamente, *masca y masca* la coca buena (Ciro Alegría, *La serpiente,* pág. 79); ... los hocicos en la corriente, entre una lluvia de chicotazos, pedradas y gritos. La resistían a pie firme *bebe y bebe* (pág. 232). Llegaban más vacas ... un gran grupo que estaba allí ... *brama y brama* (Ciro Alegría, *El mundo,* pág. 43); y el bruto *corta y corta* (pág. 235); Mi patrón Linche, *tiro y tiro* con la mina (pág. 355); *Golpe y golpe:* la peña era dura (pág. 359).

COLOMBIA (SUR): —¿Qué va a estar uno *piensa y piensa* en el muerto? (Álvarez Garzón, pág. 236). (BOGOTÁ): *hable que hable, hable y hable, llueva y llueva* (Flórez, pág. 380). (ANTIOQUIA): *Aguarda que más aguarda* (T. González, pág. 16); *trabaja que más trabajarás* (pág. 128); él perdía *que más perderás; andar y andar* y casi llegan (pág. 18).

PANAMÁ: Su mujer era *gomitar y gomitar* (Nacho Valdés, *Sangre criolla,* pág. 42). Cf. pág. 285, n.

MÉJICO (ZONA CENTRAL): Pero no furioso, sino que no más está *risa y risa,* sin contestar a nadie ... mi prima Dolores la grande está *llora y llora* junto a la cama (Inclán, II, 227). Ése sería su triunfo, cubrirla de amor, del que había venido *auméntase y auméntase* dentro de su estropeada envoltura de ciego y de pobre (Gamboa, *Santa,* pág. 233). ¿Qué tienen los perros / qu' están *ladra y ladra?* (Rivas Larrauri, pág. 145); la chamaca / se las pasa a tod' hora *chilla y chilla* (pág. 175); me he pasado la vida *sueña y sueña* (pág. 188). —¿Qué piensa ... no va contenta? —Sí, cómo no! *Camina y camina. Piensa y piensa* (Galeana, pág. 73); Ella seguía *habla y habla* (pág. 195). La idea se maduró *a vuelta y vuelta* en la cabeza (Azuela, *La Marchanta,* pág. 121; también pág. 150). Desde la tarde ha estado *vueltas y vueltas* una señorita o señora joven a buscarlo (Robles Castillo, pág. 49); —Ha estado *pregunta y pregunta* por usted (pág. 60). —¡Pero apenas me dio campo de hacerme de la esquina, cuando aistá *a bala y bala!* (Azuela, *Los de abajo,* pág. 134); Los dedos callosos de Demetrio iban y venían sobre las brillantes monedas, *a cuenta y cuenta* (pág. 173); —Desquitas bien el sueldo, hijo — le interrumpió Demetrio con mansedumbre. *A reniega y reniega,* pero *a trabaja y trabaja* (pág. 193); No paraba de rezongar de su patrón, pero no paraba de trabajar tampoco. Y así estamos nosotros: *a reniega y reniega* y *a mátenos y mátenos* (página 245). ¿Ven cómo está *tiembla y tiembla?* (Magdaleno, pág. 188); Está *rebuzna y rebuzna,* y da patadas como los burros (pág. 195). (NUEVO LEÓN): —Pos, también pa' qué'stás ai *friegue y friegue* (García Roel, pág. 305); Luego en la cárcel sigue *dice y dice* qu' él era inocente (pág. 100).

Otra forma de expresar coloquialmente esta continuidad de la acción es usando el imperativo de *dar* junto con el pronombre *le:*

¡dale! El diccionario de la Academia explica que esta interjección "se emplea para reprobar con enfado la obstinación o terquedad". Da como variantes, pero más expresivas, las siguientes ampliaciones: *dale que dale, dale que le das, dale que le darás.* Es más característica del habla familiar que de la lengua culta, sin que se haya determinado su extensión geográfica (*RFE,* XIX, 189 ss.).

En el habla familiar de Hispanoamérica hallamos *dale que dale,* y en algunas regiones *dale y dale, déle que déle, déle y déle.*

ARGENTINA: Y ahora, usted, *dale que dale,* empeñado en perderlo todo por junto (Larreta, *Zogoibi,* pág. 143).

CHILE: Enteraban la semana *déle que déle* ... hasta que todo era un enredo y nadie sabía cuál era su mujer (Prado, *Un juez,* pág. 152). Ahí estaba *dale y dale,* en su manía de buscar entierros (Azócar, pág. 277). Y yo sin chistar, como me ha aconsejado don Carlos; pero ella, *dale y dale* (Barrios, *El niño,* pág. 79).

BOLIVIA: Asaltos en descubierto, matanzas, asaltos, y *déle y déle* con Nanawa (Céspedes, pág. 106).

COLOMBIA (SUR): —Y todavía en dispués de estar *déle y déle* con el machete cortando palos, se le hace poco que traigo ese guango e leña (Álvarez Garzón, pág. 54). (BOGOTÁ): *Déle que déle* (Flórez).

COSTA RICA: Y luego las dos mujeres están otra vez, como la víspera, *déle que déle* al trabajo, una atizando el fuego y la otra con la masa para las tortillas entre las manos (Fabián Dobles, pág. 118).

En España, este *dale* se encuentra con frecuencia seguido por la preposición *con* + un sustantivo: *¡Y dale con el llanto!* En partes de Hispanoamérica se prefiere generalmente otra forma, no desconocida en España: *déle* (así como *dale*) + un sustantivo o un infinitivo, construcción particularmente frecuente en la Argentina rural (Tiscornia, *La lengua,* § 187, 2): "y ansí andaban noche y día / *déle bala* a los ñanduces" (*Martín Fierro,* pág. 36), pasaje en que *déle bala* significa el continuo fuego de las carabinas. Véanse otros ejemplos:

Él me siguió menudiando / mas sin poderme acertar, / y yo, *déle culebriar,* hasta que al fin le dentré / y ahí no más lo despaché / sin dejarlo resollar (*Martín Fierro,* pág. 100); y pedía siempre al resar, / la estirpación de mis tías. / Y *dale* siempre *rosarios,* / noche a noche y sin cesar; / *dale* siempre *barajar* / salves, trisagios y credos (pág. 263).

URUGUAY: —En cuanto Carlos sale, ya está ella *déle que déle cepillo* a su ropa (Florencio Sánchez, pág. 33).

Otro verbo que se halla a veces con el valor de ¡*dale!* o ¡*déle!* es *meter*: ¡*métele!* o ¡*métale!* o ¡*métanle!* Román (III, 499) explica estas formas como equivalentes a "¡ea!, ¡adelante!, ¡vamos!, ¡no hay que temer!". Debería haber añadido "¡dale!", a la cual corresponden más adecuadamente aún. Dicho empleo de *meter* es corriente en el habla popular de la región del Río de la Plata y otras en las locuciones que siguen: *meta y meta* + una forma verbal o + un infinitivo, y *meta* + un infinitivo, un sustantivo, etc.

ARGENTINA: —¡Güenas tardes! ... Pero el viejo como si juera sordo, siguió *meta y meta* sobar la guasca (Lynch, *Romance,* pág. 36); ¡Y *meta* sobarse la pera! —¡Y *meta* comer nueces! (pág. 84); Y aquellos hombres serios ... como si endeveras hubieran sido fulleros y tramposos, *meta y meta:* "¡Cálmese, Rozales! ... ¡Cálmese que no es pa tanto!" (pág. 265); Y *meta* rogarlo la señora y *meta* meniar él la cabeza (pág. 403); y ella, con los ojos bajos *meta* trabajar su media (pág. 428); pero se calló y sin decir palabra siguió *meta y meta* acomodar su camita en el suelo (pág. 437). Y así andan, *meta* cine y *meta* boite. Y como dicen que no hay tiempo ni comodidá pa cocinar, a la hora de comer, ¿qué comemos? (Chiarello, pág. 43). Después, fotos; *meta* fotos. No ven nada, pero se llevan lo que ve la máquina (Filloy, pág. 413).

URUGUAY: —Pero si en cada rancho tiene una chinita, *meta* suspirar (Reyles, *El gaucho,* pág. 141); vide al patrón cortau con las boleadoras en la mano, *meta* espuela (pág. 231; también págs. 146, 214).

PERÚ: En seguida le añadíamos pan frío ... poníamos la sabrosa materia en unas cajas o moldes ... y *métale usted* vueltas al tornillo hasta que se formaba un considerable bloque de chicharrón (Corrales, pág. 238).

"VENGO DE" POR "ACABO DE"

Con frecuencia afirman los preceptistas que la construcción galicada *vengo de* (< francés *je viens de* "acabo de") a menudo se emplea en español erróneamente por *acabo de,* que significa lo mismo [5]. Esto es cierto, pero no hay que considerar cualquier *ven-*

---

[5] Igual cosa es cierta en portugués: "venho de receber um telegrama" por "acabo de receber" o "recebi há pouco" (J. Dunn, *Portuguese grammar,* § 453g).

_go de_ como imitación de la frase francesa: por ejemplo, "vengo de comprarlo en la tienda" puede significar correctamente "vengo de la tienda donde lo compré". Sin embargo, _venir de_ significa _acabar de_ en frases como "Y le conté lo que vos _venís de_ contarnos" (Reyles, _El gaucho_, pág. 207 [Uruguay]). Tales galicismos se oyen tanto en España como en Hispanoamérica.

"DIZQUE" Y VARIANTES

El español antiguo empleaba la genuina forma _diz_ (< ¿del impersonal _dicit?_) _que_ por _dicen que_ o _se dice que_, etc. Ese _diz_ era unas veces apócope de _dice_ y otras aparecía en lugar del indefinido _dijo_ o _dijeron;_ en este sentido, _diz_ es raro actualmente, aunque se encuentran algunos ejemplos en el español dialectal (Menéndez Pidal, _Dialecto leonés_, § 18, 2). Común en la lengua antigua, Juan de Valdés no lo desaprueba, pues escribe hacia 1535: "También dezimos _diz que_ por _dizen,_ y no parece mal" (pág. 121). No obstante, al parecer empezó a caer en desuso muy poco después: de los once ejemplos recogidos en aquel siglo por Keniston (pág. 344), sólo dos pertenecen a su segunda mitad. Con todo, _diz que_ se convirtió en dialectal, provincial o rústico. Covarrubias lo registra a principios del siglo XVII como "palabra aldeana, que no se deve usar en Corte. Vale tanto como _dizen que_". Hasta el siglo XIX se mantuvo en la literatura regional, y evidentemente en el habla, e incluso en la actualidad se oye ocasionalmente en España, mas sólo como arcaísmo en estilo familiar o jocoso.

En Hispanoamérica el caso es distinto: _dizque_ (escrito generalmente en una sola palabra) florece aún vigorosamente en la mayoría de las regiones, en algunas de ellas incluso entre los cultos. Además han entrado en uso diversas formas, todas las cuales se consideran en grado vario como populares o rústicas, pudiéndose rastrear la pista de algunas de ellas en la España dialectal (_es que, is que, y que_ [RFE, XV, 248]). He aquí las variantes con su distribución geográfica:

En Méjico, Colombia, Ecuador, Chile y otras partes probablemente, se halla la forma _izque,_ con pérdida de la _d_ inicial. En

Nuevo Méjico (*BDH*, IV, 15), en Tabasco (Gutiérrez Eskildsen, págs. 83-85) y en otras regiones en que, en posición final débil, la *s* se ha convertido en aspirada (Chile, regiones costeras de Colombia, Ecuador, etc.), se pronuncia *ihke*. En Venezuela y parte de Colombia, dicho debilitamiento ha llegado a tal extremo que la propia aspiración ha desaparecido en el habla popular, hallándose *i que* (también escrito *y que*). Alvarado (pág. 7) afirma que "*y que* es manera vulgar de pronunciar *diz que*". Sánchez Sevilla (*RFE*, XV, 248) recoge *y que* e *is que* en áreas limitadas de la región española de Salamanca; sabemos que en España se emplea en otros lugares [6].

En Méjico, América Central, Colombia, Chile, Argentina rural, etc., se encuentra la forma *es que*. Cuervo (§ 441) la menciona para Colombia, pero sin incluir otras variantes populares: *quesque* para Bogotá, *izque* y *quizque* para Antioquia. Opina que las dos locuciones *diz que* "dicen que" y *es que* "la razón es, es porque" se han confundido en el habla popular con la forma *es que* "*diz que*". El *es que* normal implica la opinión del hablante, mientras el *es que* popular (al igual que *diz que*) expresa la opinión de algún otro. Por ejemplo, la respuesta "*Es que* está enfermo" (réplica a la pregunta "¿Por qué no ha venido?") expresaría la razón que da la persona que habla, mientras "*Diz que* (o popular *Es que*) está enfermo" expresaría la opinión de alguna otra persona. De hecho, si bien es posible que *diz que* y *es que* se hayan fundido en su forma, también han fundido sus significados, de tal manera que *diz que* no significa con frecuencia más que un débil *es que*. Entre el *es que* popular [= *diz que*] y el *es que* normal existe una diferencia de acentuación: el primer *es* es mucho más débil que el segundo. De acuerdo con Cuervo, el *es que* popular débilmente acentuado se emplea corrientemente en Colombia en el relato de cuentos populares. Lo mismo ocurre en otras partes. En el caso de Guatemala, por ejemplo, sin indicar que *es que* es equivalente a *diz que*, Sandoval (I, 515) observa que *es que éste era* equivale a

---

[6] CASTILLA (RURAL): "¿Conque dices *y que* su hijo se casa?" (Benavente, *Señora ama*, I, 1); "ya me he convencío *y que* no es así" (I, 6); "demasiado *y que* lo sé" (II, 1). EXTREMADURA (NORTE): "Dice *y que* vendrá" (Corominas); asimismo en Andalucía. Cf. también *BDH*, II, 311-12.

érase que se era, etc. Un cuento popular chileno empieza así: *"Es que* le 'ijo / La madre al hijo" (Román, II, 300). No obstante, también se halla la forma correcta *dizque* en cuentos populares: "Éste *dizque* era un hombre que se llamaba Peralta" (Carrasquilla, *Novelas,* pág. 17 [Colombia]). En el Ecuador y en el sur de Colombia encontramos la forma *desque,* fusión probablemente de *dizque* y *es que,* de nivel social más bajo que *dizque.* En Chiloé, Chile, además de *es que* hallamos la forma *si que,* tenida como corrupción por Cavada (pág. 281), pero lo más probable es que se trate de analogía con formas dobles, como *cualesquier* y *cualsiquier* (cf. pág. 183), etc.

En Colombia, Méjico y otras partes probablemente se halla la forma *quizque* (< *que* + *izque*) junto con *que dizque.* Su significado no es, como se podría suponer, *que dicen que,* sino un vago *dicen que.* Siguiendo a Spitzer en su tratamiento del *que* narrativo (*RFH,* IV, 123), podríamos calificar a *dizque* como una especie de "narrativo" o "charlativo", pudiendo ser entonces *que dizque* (o *quizque,* etc.) una fusión de ambas especies de "narrativo": *que* y *dizque.* Tanto *que dizque* como *dizque que* los hallamos en Santo Domingo (*BDH,* V, 240). No todos los preceptistas mencionan la forma *quizque,* la cual, sin embargo, aparece con frecuencia en el habla popular registrada. Aurelio Espinosa (*Apuntaciones,* página 619) da noticia de la forma *queisque* en Nuevo Méjico.

La variante *quesque* (< *que* + *esque*) constituye una formación semejante y se halla en Méjico (*BDH,* IV, 308), América Central, Colombia, áreas rurales de Argentina (para San Luis, cf. Vidal, pág. 396) y en otras partes probablemente.

Por el contrario, *quizque* (o *que izque*) y *quesque* (o *que esque*) e *y que,* así como *dizque,* han perdido su fuerza actualmente y con frecuencia se emplean con el valor de la simple conjunción *que* más bien que con su significado original de "dicen que". Dicho debilitamiento de significación se halla emparentado con el uso normal de *es que,* hecho que corrobora la teoría de la confusión de *dizque* y *es que.* Ramos Duarte (pág. 425) llama al *que es que* [= *quesque*] de Méjico un "estribillo de la gente del pueblo", haciendo observar que *"que es que* dice mi tía *que es que* no puede venir" significa simplemente "dice mi tía que no puede venir".

Spitzer (*RFH*, VII, 299) sugiere que el habla popular concebiría *dizque Antonio se casa* como *diz-que: Antonio se casa.* O sea que el nuevo análisis de *diz-que* pasa a indicar un matiz de irresponsabilidad por parte del narrador, y muestra una vez más la preferencia popular por el discurso directo, que aquí ha venido a superponerse, por decirlo así, al discurso indirecto: *diz que se casa > diz-que: se casa.* Ello explicaría el ubicuo *dizque* como adverbio de duda ("al parecer") y el elíptico e independiente ¡*qué dizque!* ("¡ca!") que se menciona más adelante.

En los ejemplos que siguen se indica el significado de *dizque* sólo cuando es distinto del impersonal *dicen que* o *se dice que.* Se recordará que *dizque* puede significar *parece que* = "se supone que", "al parecer" o "entiendo que": *él dizque lo hizo* = "se supone que lo hizo él", "al parecer, lo hizo él", etc.; su valor puede evolucionar hacia la duda e incluso hacia la negación: *él dizque lo hizo* = "parece que lo hizo él" > "se duda de que lo hiciera él" > "probablemente no lo hizo él".

ARGENTINA (NOROESTE): *Diz que* andaba la Virgen por el mundo. ... —*Diz que* andaba curando enfermos (César Carrizo, pág. 17); Y *diz que* dicen, y dicen la verdá, *que* Dios castiga muy juerte al desamor (pág. 109). (SAN LUIS): *quesque, esque, que* (Vidal, pág. 396).

CHILE (ZONA CENTRAL, RURAL): Cuando estaba en pañales, *iz que*, ... como si hubiera tenido empacho (Muñoz, pág. 40); Y *diz que* ... se había permitido el lujo (pág. 54); una catervada de veces, *iz que* se habían encontrado (pág. 132; también págs. 155, 157). A misa *es que* iba un galán / por la calle de la iglesia (Vicuña Cifuentes, pág. 113). (ZONA SUR): Yo estaba chiquichicho cuando murió el finao Juan Barrios. De repente, *es que* (Latorre, *Hombres*, pág. 132). (CHILOÉ): El rey *si que* (o *es que*) llegó al palacio en que su hija estaba encantada (Cavada, pág. 281).

BOLIVIA: *Diz que* en San Ignacio no hubo "elesión" porque se robaron los libros (Alfredo Flores, en *ACB*, pág. 64); *diz que* don José está empeñado en llevársela a Matilde (pág. 68).

PERÚ (sobre todo en la SIERRA): Este sabio *dizque* se metió a publicar pasquines contra don Guillermo y su familia (Corrales, pág. 50). —¡El puma azul ..., *dizque* puma azul! ... ¡Si es como todos ..., medio pardo, medio amarillo! (Ciro Alegría, *La serpiente*, pág. 170).

ECUADOR (ZONA COSTERA): La llamaban la agalluda. Porque *dizque* todo lo quería para ella (Aguilera Malta, pág. 21); Vienen los blancos. *Izque* han comprao una isla. ... *Dizque* por arriba todo lo arreglaban a látigo o a bala (pág. 102). Y *dicen que diz que* [= dicen que] hasta las cuatro de la tarde no más trabajan en el campo (Pareja, *Baldomera*, pág. 138);

Diz que tiene bastantísima plata (pág. 151). —Pero, oye, ¿y la Eudosia? —*Iz que* se jué par Guayas (Gil Gilbert, en *ACH,* pág. 277). (SIERRA): Y por ahí *dizque dicen que* es el alma de mi patrón (Vásconez, pág. 52); bien grande *desque* era el toro (pág. 152).

La forma *desque* (probable fusión de *dizque* y *es que*) es corriente entre el bajo pueblo, tanto urbano como rural, de la sierra ecuatoriana, si bien *dizque* se considera como más correcta y elegante, siendo empleada incluso por las personas cultas. Jorge Icaza empleó *dizque* en *Huasipungo* (1934), pero en sus novelas posteriores *En las calles* (1935) y en *Cholos* (1938) empleó *desque,* probable tentativa de acercarse con mayor precisión al lenguaje de las clases bajas:

(SIERRA): Y el indio ... *dizque* se viene pes toditicas las noches (*Huasipungo,* pág. 30); esto *dizque* va a ser pantano (pág. 66); *Dizque* son generosos (pág. 133). Hasta con los aventadores *desque* negocea, ¿ha de creer compadre? (*En las calles,* pág. 232); —Y éste no *desque* se quiere ir (página 233); Ya *desque* están formando los comités. —Nu'e sabido pes. ... Cerveza *desque* 'stán repartiendo (pág. 234), etc. —No *desque* van a dejar salir a la Virgen (*Cholos,* pág. 130; también págs. 138, 147, 148, 149, 216, etc.).

COLOMBIA (BOGOTÁ): *Dizque* te vas al campo ... ¡*Quesque* te vas a casar! (C). (ANTIOQUIA): Usté *isque* necesita piones y me dijo que sí ... (Posada, pág. 10); me dijo qui Andrea *isque* quedaba debiendo 2 pesos (página 28; también págs. 37, 65). Determinaron descargarme *dizque* ["al parecer"] pa que descansara (Carrasquilla, *Novelas,* pág. 122). —*Dizque* [= que] no sabía bailar, me dijo usté, Crispín (Buitrago, pág. 89). No te ponen en l'escuela, *quizque* pa que no te ayuntés con nosotros: *quizque* te pegamos los piojos (Carrasquilla, *Hace tiempos,* I, 27; también 65, 170, etc.); Dos *izque* son labradores (I, 171); un perro que tenían *izque* [= dijeron que] se los habían envenenao (I, 172); Yo *dizque* [= dice que] soy la reina; que no *dizque* [= dice que] hay una mujer más bella y más querida que yo (II, 108). (COSTA ATLÁNTICA): —Dice la lavandera que *y que* mandó por la ropa sucia. ... Como usted *y que* se va, será ésta la última (Sundheim, pág. 555). (ZONA SUR, PASTO, etc.): —Tamién *dezque* estaba prendado de la hija de ñora Belisaria (Álvarez Garzón, pág. 219).

Rosenblat afirma que la forma *y que,* tan común en Venezuela, se emplea allí no sólo en el habla culta, sino asimismo en los artículos periodísticos.

VENEZUELA: Florencia me dijo que la esperara mientras llenaba la tinaja porque *y que* le tiene miedo al encanto (Gallegos, *La trepadora*, página 213); —Me dijo el peluquero que no era necesario, porque *y que* [= dijo que] las tengo muy bonitas y como se usan ahora (pág. 267). Su ocupación *y que* es brujear caballos, como también aseguran que *y que* tiene oraciones ... (Gallegos, *Doña Bárbara*, pág. 15).—Capitán, ¿usté *y que* va a comprar este barco? (*ACMV*, II, 40); —¿No *y que* no tienes virtud para traerlo? (pág. 151); Tú *y que* tenías una cosa peligrosa, que eso que tú tienes *y que* es de cuidado, y tú *y que* eres muy disparatero. ... —¿Dijo eso mamá? —Sí (Pocaterra, pág. 84). ¿Será por la parte de blanco que *y que* tiene? (Gallegos, *El pobre negro*, pág. 27); Unos periódicos de ésos que *y que* salen en la capital (pág. 92); —Eso *y que* contaba mi máe, a quien no conocí (pág. 348). Me dijeron *que y que* [= que] me andaban buscando (Briceño, pág. 93); ahí mismo se le cuadró ... diciendo *y que* [= que] ... (pág. 156).

PANAMÁ: —¿Qué haces? —*Dizque* estudio ["se supone que estoy estudiando"]; ¿Qué tocas? *Dizque* ["al parecer"] una sonata (C). Dijo aquello, *di que* para que le creyeran; Antonio es hombre *diz que* panameño (Mangado, pág. 91). *Dizque* el veinticuatro es la fiesta; me dijo *que dizque* venía a visitarme (L. Aguilera, pág. 314).

COSTA RICA: Pos también dicen *quesque* [= que] una vez mató a uno (Fabián Dobles, pág. 93); el maestro ... decía a ña Rafela *quesque* [= que] el chacalín era un poco raro (pág. 293; también págs. 85, 167, 226, etc.); *diz que* la sangre nunca es del todo roja (pág. 298).

GUATEMALA: *Dizque* habrá guerra europea (Sandoval, I, 421).

MÉJICO (ZONA CENTRAL): Josefa se tiró de cabeza a un pozo *dizque* porque estaba loca (José Romero, pág. 14); seguían surtiendo las recetas *dizque* para preservarse de todo género de dolencias (pág. 50); metiéronme a la cárcel *dizque* por robo (pág. 121). —Yo les traigo de comer, indios amolados ... contaban las voces que *dizque* oyeron a un emisario del rebelde (Magdaleno, pág. 38; también pág. 66, etc.); —*Quesque* se aparecen por aquí muchas ánimas (pág. 50); *Quesque* un lucas le pegó un golpazo al señor general Díaz, en México ... ¿será posible? (pág. 100); ¿Ya supo *quesque* [= que] hay bolas? (pág. 101); *Quesque* se quieren casar (pág. 180), etc. *Que dizque* yo era maderista y que me iba a levantar (Azuela, *Los de abajo*, pág. 76); en carta que me pone mi mujer me notifica *que izque* [= que] ya tenemos otro hijo (pág. 90). (ZONA COSTERA ORIENTAL): —¡Ay, Comadre! Una orden del juez ... ¡*Esque* acá tienen escondido un hombre! ... *Esque* ustedes lo tienen escondido aquí ... (Delgado, *El desertor*, en *Obras*, I, 205). (TABASCO, ESCUINAPA): Cuando supo *izque* a mi hermano lo habían nombrado del Comité Agrario. ... Ansina que lo vido malherido *izque* partí huyendo (Gutiérrez Eskildsen, pág. 83); cómo se puede pedir ayuda para la señora *izque* quedó con sei niño (página 85).

NUEVO MÉJICO: *Esque* no hubo na. ... *Isque* no. ... ¿*Isque* [= es verdad que] ya vinieron? ... Dicen *quesque* [= que] no. ... *Quisque* ya se acabó too (Aurelio Espinosa, *Apuntaciones,* pág. 619). Dijo *quisque* [= que] ya no vinía; no igas *quisque* no [= no digas que no] (Espinosa, *Studies,* II, 91).

SANTO DOMINGO: ¿No *dique* anda atrás de la hermana? (Bosch, *Dos pesos,* pág. 108). Dicen *dizque* [= que] llegará el vapor esta tarde (Patín Maceo, *Dom.,* pág. 61). Lola dise *que dique* se parese a mí (Bosch, *Camino real,* pág. 45).

La locución *dizque,* así como sus variantes, puede localmente desempeñar funciones especiales. Así, para el Ecuador, Vázquez (pág. 147) da dos usos particulares: 1) Para indicar protesta enfática o gran sorpresa: —"¿Aceptas la invitación que N. te hace? —¡*Dizque* he de ir, después de lo que me ha hecho!". En este ejemplo, *dizque he de ir* a veces significa "¡Cómo! ¿Es posible que alguien piense que voy a ir?". 2) Como vigorosa negación exclamativa: "¡Qué *dizqué!".* Al parecer, el primer significado es el que se puede atribuir a *dizqué* en el siguiente pasaje: —"¡Señorcito, a mí prefiera pes! Dé un litrito. —¡Pish ... para un litro *dizqué* molesta al señor! —¡A mí más mejor dé dando veinte litros!" (Mata, *Sanagüin,* pág. 81). Tanto en Ecuador como en Perú hallamos el significado de negación exclamativa (también bajo la forma de *quesqué*):

ECUADOR: Yo seré tu cualquier cosa, / Tú serás mi no sé qué; / En pares podrás ganarme, / Pero en nones *qué dizqué* (Mera, pág. 265).

PERÚ: Una cuitada lo creía improbable, diciendo este modismo de más fuerza negativa que si estuviera cargado de noes y verbos: —¡*Cuándo, ya, dizqué!* (Barrantes, pág. 192). —¿Le duele la mano? —*Quesqué,* —gruñó (Ciro Alegría, *La serpiente,* pág. 92).

Esta enérgica negación responde al sentimiento de duda reforzado que se mencionó anteriormente. Por ejemplo, *dizque se casa* puede haber evolucionado a través de la siguiente serie: "dicen que se va a casar" > "se duda de que se vaya a casar" > "seguramente no se casará", es decir, "dicen que se va a casar (pero estoy seguro de que no es cierto)".

En Chiloé, Chile, se halla la forma local *si que* empleada como exclamación de sorpresa con el valor de *diz que* en Ecuador: "¡Eso contó *si que!"* = "¡Es posible que haya contado eso!" (Cavada, pág. 281).

Icazbalceta (pág. 202) menciona para Méjico un uso popular especial de *esque* en preguntas con el significado de *¿es así?, ¿es verdad eso?:* —"*¿Esque,* niña?, dijo la nana. —No, Susana, te están engañando" (Inclán, I, 15).

Rudecindo, niño campesino de *Zurzulita* (Chile), de Latorre, da a *esqué* un valor emparentado con el de Méjico, pero, a juzgar por los comentarios del autor, dicho *esqué* constituye simplemente un hábito lingüístico personal ("curiosa forma interrogativa de sus respuestas" [pág. 26]) que provoca invariablemente la hilaridad de los que le escuchan (págs. 26, 34, 68, etc.): —"¿Cómo m'había de llamar, *es qué?* ¡Rudecindo me llamo pú!" (pág. 26); —"¿Qué no' stá viendo qu'es un picaflor, *es qué?*" (pág. 68); etc.

ES QUE

En numerosas construcciones con *es que* va implícito el llamado *que* galicado, corriente en la mayoría de las regiones. Cuervo (§ 460) trata con gran amplitud semejantes expresiones, que él considera debidas a influencia francesa, sobre todo a través de malas traducciones españolas del francés. Entre los ejemplos que da se encuentran éstos: "*fue* entonces *que* nació" por "entonces fue cuando nació"; "*es* por esta razón *que* escribo" por "por esta razón escribo" o "por esta razón es por la que escribo"; "en la paz *es que* florecen las artes" por "en la paz es cuando florecen las artes"; "¿de dónde *fue que* vino?" por "¿de dónde vino?"; "para Europa *es que* se va" por "para Europa es para donde se va"; "mañana *será que* me voy" por "mañana será cuando me voy"; "*es* a usted *que* me dirijo" por "es a usted a quien me dirijo"; etc.

Cuervo admite no sólo que semejante uso se halla en los periódicos, en los escritos de "poetastros, filosofastros y la innúmera caterva de los demás corruptores de la lengua castellana, y aun en los de autores por otra parte estimables", sino que además está ganando terreno en el habla familiar y popular. Pero, como observó Henríquez Ureña (*RFE*, VIII, 358, n. 3), dicho fenómeno se halla en el habla popular de regiones en que es poca la gente que lee y en las cuales ha habido muy pocas traducciones del francés.

Por lo tanto, algunos se inclinan a considerar aquella locución, no como debida a influencia francesa, sino más bien como una simple práctica popular. Además, ocasionalmente se encuentra en la lengua antigua desde el siglo XIII en adelante, circunstancia que llevó a Cuervo, con su infalible perspicacia, a creer que el origen de la construcción provenía de España, y que de esta manera se había preparado el camino a su más abundante uso moderno galicado. Sin embargo, no parece existir motivo para que en algunas regiones no se deba en parte a influencia francesa entre los letrados y para que en otras no sea una simple forma popular de expresión entre los incultos, remontándose la última al punto de partida de una práctica genuinamente característica del castellano. De esta manera, es posible concebir el mismo fenómeno en dos niveles sociales distintos, si bien anclado en fuentes diversas.

ARGENTINA: Entonces *fue / que,* al verlo, reconoció Berdún a Luis (Ascasubi, pág. 170). Y aura *es que* [= es cuando], en habiendo dejao el cuerpo pa los bichos, Miseria pensó lo que le quedaba por hacer (Güiraldes, *Don Segundo,* pág. 258). *Es* entonces *que* [= cuando] descubre por entre uno de los huecos ... (Lynch, *De los campos,* pág. 39).

URUGUAY: *Fue* aquí *que* [= donde] le dio el ataque (Amorím, *El paisano,* pág. 97). Por eso *es que* esta gente lo mira con tanta atención (Trías du Pre, pág. 108).

CHILE: *Fue* en medio de este júbilo *que* conoció el bando del rey (Fernando Alegría, *Leyenda,* pág. 42). —Por eso *es que* no me hallo con los viejos (Alberto Romero, *Perucho González,* pág. 39).

BOLIVIA: Por eso *es que* hay bandidos aquí (Alfredo Flores, en *ACB,* pág. 66). *Es* aquí *que* le he aconsejado a Andrés que haga uso de la prensa (Arguedas, *Vida criolla,* pág. 214).

PERÚ: Luego *es* el barbero *que* [= quien] lo rasura (María Wiesse, en *ACP,* pág. 138). —Pues ahora *es que* la rueda se ha puesto cuadrada (Corrales, pág. 242). Por eso *es que* concluyo, como comencé ... (José Gálvez, *ap.* Corrales, pág. 278).

ECUADOR: Pero si ahora no más *es que* se ha vuelto así (Pareja, *El muelle,* pág. 27). Un muchacho *es que* [= quien] ha venido (pág. 35; también págs. 39, 132). —El ocho mismo *fue que* me diste los cinco sucres (Icaza, *En las calles,* pág. 180).

COLOMBIA: ¿Y a ese marchante *fue que* lo bombiaron [= despidieron]? —No, Amalia. Él *fue que* se apretó la iraca [= se ajustó el sombrero = huyó] (Carrasquilla, *Hace tiempos,* III, 87).

VENEZUELA: Ahoritica *fue que* [= cuando] comenzó el invierno (Arráiz, pág. 13). Ahora *es que* vengo a darme cuenta de que se hallaba aquí (Ga-

llegos, *Doña Bárbara*, pág. 86); Ahora *es que* estoy en un peso (pág. 319).
Entre esos campesinos *fue que* [= donde] llegó Simón (Croce, pág. 24).
Pa la casa *es que* voy yo (Díaz-Solís, pág. 67).
NICARAGUA: Por vos *es que* [= por quien] me yecho hasta baboso (Toruño, pág. 89).
EL SALVADOR: *Fue* entonces *que* [= cuando] la india ... entró una noche ... en el palacio (Salarrué, *El Cristo negro*, pág. 14).
MÉJICO: *Fue* entonces *que* nació; Con él *fue que* peleé (Ramos Duarte [pág. 422], el cual da otros muchos ejemplos que desmienten el juicio de Henríquez Ureña: "en Méjico no existe semejante empleo del *que*" [*RFE*, VIII, 358, n. 3]).
SANTO DOMINGO: Así *es que,* ahora *es que,* allí *es que,* por eso *es que* (*BDH*, V, 178). Con esto *es que* me pagas (Requena, *Camino*, pág. 16); *Es* Dios *que* se ha acordado de mí (pág. 28); —Por esto *es que* muchos hombres prefieren no trabajar (pág. 34).
PUERTO RICO: Allí *es que* lo vi; así *es que* se hace (Navarro, pág. 132).

En Méjico, y en otras partes probablemente, hallamos un *es que* en locuciones como *de modo es que* [= *de modo que*], con el *es* intruso por analogía con expresiones semejantes a *así es que,* etc. Este uso no es desconocido en la España provincial. En *Escenas montañesas* (*Obras*, V, 266), de Pereda, leemos: —"De modo y manera *es que* ... la paré bien tiesa se estaba".

MÉJICO: ¿De moo *es que* usté iba a ser dotor? (Azuela, *Los de abajo*, pág. 49); ¿De moo *es que* no le cierra el balazo? (pág. 53); ¿De modo *es que* si por este corral pudiéramos atravesar, saldríamos derecho al callejón? (pág. 103).

¿ES QUE?

En algunas regiones, sobre todo de la zona andina, abunda la locución *es que* empleada en preguntas, la cual también nos recuerda el uso francés, pero que asimismo es probable que constituya una evolución popular existente igualmente en España. Detrás de los adverbios interrogativos *por qué, dónde,* etc., es evidente su divergencia respecto al castellano modélico.

ARGENTINA: ¿Quién *es que* habla? (C).
CHILE: —¿*Es que* esta guerra no habrá de terminar jamás? (Fernando Alegría, *Lautaro*, pág. 198).

Bolivia: —¿*Es que* no has recogido más que eso? ¡Uy, qué vergüenza! (Arguedas, *Vida criolla*, pág. 38); —¿*Es que* ha bailado usté mucho, mascarita? Parece que está cansado (pág. 107); —¿*Es que* usted me insulta? —¡No, señor! (pág. 132).

Ecuador (zona costera): ¿Por qué *es que* Inocente pelea con mi papá? (Pareja, *Baldomera*, pág. 112); ¿Y qué *es que* [= es lo que] te pasa también en el brazo? ... ¿Dónde *es que* está Lamparita, hágame el favor? (pág. 121); ¿Qué *es que* [= es lo que] mismo te pasa? (pág. 131); ¿Y adónde *es que* te vas? (pág. 132); ¿Quién *es que* [= es el que] te anda rondando? (pág. 180).

Colombia: ¿Adónd'*es que* va? ¿Cómu *es qu'*es? Por esu *es que* lo digo; A ust'*es que* li hablo (Flórez, pág. 380).

Venezuela: ¿Cómo *es que* es, compa? (Briceño, pág. 32).

Cuba (Oriente): ¿Dónde *es que* está Juan? (Padrón).

En Sinaloa y Chihuahua (Méjico) recoge Ramos Duarte (página 425) un típico uso local, el de *qué si quí* por *qué*: "¿*Qué si quí* vendes?" por "¿Qué vendes?". Se debe probablemente a un deseo de dar énfasis a la frase mediante el redondeamiento de la fórmula interrogativa.

ES (ERA) DE QUE

Ya hicimos notar anteriormente (pág. 195) la especial predilección ecuatoriana por el empleo del futuro en lugar del imperativo, que es más abrupto: *escribirásme* por *escríbeme*. Dicha inclinación a evitar el imperativo directo, aparentemente áspero, se manifiesta asimismo en una interesante locución propia de un cierto número de regiones: *es* (o *era*) *de que* + subjuntivo (*es de que te levantes*). Ya que esta locución expresa un mandato atemperado o una idea de necesidad (*hay que*), la frase *es de que te levantes* equivale a *hay que levantarse* o a un atenuado *levántate* (que en inglés a veces se puede expresar con "should": "you *should* get up"). En el habla popular y en la conversación familiar culta es muy común.

Chile: (*de* omitido): *Era que* me dieras uno; yo te lo crío (Acevedo H., *Árbol*, pág. 39). *Era que* los [= nos] juéramos (Durand, *Campesinos*, pág. 61).

Ecuador: —*Es de que* les hagas dormir a los longos en otro cuarto; ya no se puede ni andar por aquí (Icaza, *Cholos*, pág. 31); *Es de que te* vayas a Quito y l'exijas al viejo (pág. 32). ¡Algo siquiera *era de que* vayas shevando [= llevando]! (Icaza, *Media vida*, pág. 45); Vos tan *es de que* les des duro (pág. 54); —Vos tan *es de que* vayas sabiendo (página 115); —Entonces nu'*es de que* digas que no ti'a dicho nada, pes (página 163); —A nosotros *era* pes *de que* grite vecina Matilde (pág. 176). COLOMBIA: ¡*Es de que* lo llames! ¡*Es de que* vaya cuantu antes! ¡*Es de que* li hag'el reclamo! (Flórez, pág. 380). VENEZUELA: Ya *es de que* trabajes; ya *es de que* ganes dinero (Rosenblat). MÉJICO: —Con tanto tiempo que llevas de trabajar, *era de que* ya fueras cuando menos jefe de la estación (Anda, *Juan del Riel*, pág. 123). —Lo peor del cuento, observó Cándido, es que está volviendo como ella a Doña Tomasa la cocinera. Ya *era de que* estuviese dándole a la cena (Quevedo, *La camada*, pág. 175).

Formas con subjuntivo como *es de que veas* podrían constituir elipsis, por *es hora de que veas*, o bien una simple extensión de la forma impersonal *es de ver*. Se emplea la forma concreta del verbo (*veas*) precedida por *que* con el fin de indicar la persona y el número, cosa que el infinitivo personal solo (*ver*) no puede llevar a cabo. La propia forma infinitiva (*es de notar*, etc.) constituye una vieja práctica. En las *Cartas* de Jiménez de Cisneros registra Keniston (pág. 527) un buen ejemplo del siglo XVI: "*es de dar* ynfinjtas gracias a nuestro señor". Esta vieja práctica, restringida en la lengua consagrada moderna, sobrevive en algunas regiones.

BOLIVIA: *Sería de* agradecerle a ese caballero tanto interés que toma por nosotros (Ruiz, pág. 35). ECUADOR: *Era de* haberlo enterrao allá mesmo (*ACH*, pág. 272). —Caray, *era de* cobrarle un poquito más (Icaza, *Media vida*, pág. 83). —¿Por dónde *será*, pues, de hallar trabajo? (Gil Gilbert, *Nuestro pan*, pág. 187); ¿Hasta cuándo *será de* estarnos cojudeando [= haciendo el tonto] aquí? (pág. 45). COLOMBIA: *Era di* haberlo comprao; *era di* haberle cogido la caña (la flota, etc.) (Flórez, pág. 380).

TODO ES QUE

En la expresión *todo es que*, con el significado de *basta que*, se encuentra un uso divergente de *es (de) que*. (En Colombia, *el todo es* = *lo deseable es*).

COLOMBIA: *¡El todu es* que no llueva! (Flórez, pág. 380).

VENEZUELA: *Todo es que* lo sepa uno para que los demás lo sepan (Rosenblat).

MÉJICO: Pero no le hace que sean muchos ... *todo es que* [= basta que] uno haga por voltearse y dejan a los jefes solos (Azuela, *Los de abajo*, pág. 98). *Todo es que* uno de los muchachos empiece a fumar para que los demás lo imiten (C). A la pobre siempre le pasaba igual: *todo era que* se llegara la hora de la fiesta para que se pusiera nerviosa y olvidara lo que ya sabía (García Roel, pág. 214); Lo dejaban sin juerzas ... pero, *todito jué que* empezara a tomar la yerbita que San Lorenzo le dio y ya lo ve usté: güeno y sano (pág. 283; también pág. 320).

COSTA RICA: —Eso se lo arreglan. ... *Todo es que* los de encima se tapen los ojos y le hagan lao. ... *Todo jué que* se apurara en las otras eleciones y echara muchos vivas al candidato, pa que se refrescara (Fabián Dobles, pág. 285); *Todo es que* el probe animal ya no pueda defendese, y ellos [los zopilotes] se encargan de remachalo sacándole los ojos (pág. 318).

GUATEMALA: Y *todo era que* dijera eso, para que metiera otros gritos (Arévalo, pág. 91).

LO QUE SOY YO

En la frase consagrada "*lo que es* + pronombre sujeto", la forma verbal *es* permanece invariable, concordando con el sujeto *que*: *lo que es yo* "por lo que a mí respecta". En la mayor parte de las regiones hispanoamericanas, en cambio, se hace que el verbo concuerde en número y en persona con el pronombre que le sigue: *lo que soy yo, lo que somos nosotros,* etc., práctica debida indudablemente a analogía con las locuciones corrientes *es él, soy yo, somos nosotros,* etc., en que verbo y pronombre concuerdan en número y persona.

ZONA DEL RÍO DE LA PLATA: *Lo que soy yo, lo que somos nosotros* (Morínigo).

VENEZUELA: *Lo que soy yo,* monto el rucio (Gallegos, *Cantaclaro,* página 213). *Lo que somos nosotros,* levantamos el bollo [= nos vamos sin decir nada] esta tarde (Rosenblat).

GUATEMALA: *Lo que somos nosotros* no podemos ir al baile, por estar mamá enferma de cuidado. ... *Lo que soy yo,* como buen cristiano perdono a mis enemigos (Sandoval, II, 30).

MÉJICO: *Lo que soy yo* no vuelvo (Ramos Duarte, pág. 568).

"SER" ENFÁTICO

En expresiones tales como *quiero es pan,* por la enfática *quiero pan,* hallamos un empleo aparentemente redundante del verbo *ser,* fenómeno corriente en Colombia: Cuervo (§ 431) da noticia del mismo en Bogotá; Tascón (pág. 255) en el valle del Cauca. Se encuentra asimismo en Ecuador, Panamá, Venezuela andina (Rosenblat), siendo posible su existencia en otras partes.

En la frase *quiero es pan* es posible que se trate de una fusión de *lo que quiero es pan + quiero pan* (Cuervo), o simplemente de la pérdida del *lo que* introductorio.

En Colombia se pueden oir trozos de conversación como los que siguen: —"¿Llegó usted con hambre? —No, llegué *fue* cansado"; "¿Tomaste té en el desayuno? —No, tomé *fue* leche", etc. Cuervo relaciona semejantes giros con expresiones galicadas como *fue entonces que nació* (< *ce fut alors qu'il naquit*), etc. Para su examen detallado y para ejemplos, véase *Apuntaciones,* §§ 431 y 460. Por raro que parezca, el portugués brasileño ofrece idéntica fusión peculiar: *Capitães de areia* (ed. de 1937), de Jorge Amado, presenta estos ejemplos: "Eu só queria *era* ver" (pág. 62), "gostava *era* de deitar na areia" (pág. 94), "morreu *foi* aqui mesmo" (página 111), "quero *é* trabalbar" (pág. 157), etc. Es posible que el ejemplo siguiente, tomado de la España rural, represente tal vez un estadio intermedio: —"Denguno se ha muerto por eso, que los tres que se me desgraciaron *fue* ya criaos y bien crecíos" (Benavente, *De cerca,* escena 4).

ECUADOR: Aquí se ha venido *es* pa comer (La Cuadra, *Palo 'e balsa,* pág. 294).

PANAMÁ: Él vino *fue* hoy; él tiene *son* diez pesos; yo me voy *es* mañana (Espino, pág. 206). Hablé *fue* con él; nos encontramos *fue* a las ocho (C).

COLOMBIA (BOGOTÁ): ¿Usted es Sánchez? —Yo soy *es* Pérez. ... ¿Llegó hoy? —Llegué *fue* ayer. ... Yo hablaba *era* de usted, etc. (Cuervo, § 431). (VALLE DEL CAUCA): Yo quiero *es* que vamos; lo trajeron *fue* amarrado; van *es* al campo; vine *fue* el sábado (Tascón, pág. 255). ¡Quiero *es* la ropa que yo le di! (Antonio García, en *ACH,* pág. 173). (COSTA ATLÁNTICA): Yo voy *es* en el automóvil; yo fui *fue* a las ocho (Sundheim, pág. 595).

(ZONA CENTRAL ALTA): —Yo necesito *es* jóvenes que no le tengan miedo al agua (Buitrago, pág. 13); —Yo quiero *es* trabajar honradamente (página 133); Ellos buscan *es* los pelotones de bagres (pág. 167).

¿(NO) CIERTO?

Al igual que ocasionalmente en España, la forma verbal *es* se omite con frecuencia o queda absorbida en expresiones como *¿no es cierto?*, *¿no es verdad?*, etc. Es posible que *¿no cierto?* sea simplemente una expansión enfática de *¿cierto?*, usado en todas partes, si bien la forma preferida por la lengua consagrada es *¿verdad?*

CHILE: *¿No cierto?* (C).
ECUADOR: —Te habías enamorao de la Gertru. *¿No verdad?* (Aguilera Malta, pág. 51). —*¿Cierto* que no tienes enamorado? (Pareja, *La Beldaca*, pág. 162).
COLOMBIA (ANTIOQUIA): —*¿No cierto* que es muy dichosa ña Melchorita? (Carrasquilla, *Hace tiempos*, I, 215). —Yo también sé nadar. *¿Cierto*, papacito, que yo también sé nadar? (Efe Gómez, pág. 10).
VENEZUELA (ANDES): *¿No cierto* que ...? (Rosenblat).

COMO SER

Actualmente se emplea con frecuencia la locución *como ser* "por ejemplo" en lugar de la normal *como es*, o sea que se prefiere el infinitivo *ser* a la forma verbal concreta. Román (I, 374), teniendo en cuenta su amplio uso en Chile, incluso por escritores de nota, y no observando su divergencia respecto al castellano normal, la calificó erróneamente de "expresión usada por todos los buenos escritores". En la lengua antigua no tenemos confirmación de *como ser,* empleándose hoy raramente en España.

ARGENTINA: Siempre habrá derecho a suponer que la similitud o identidad de algunas de esas voces con otras arábigas se debe a causas muy ajenas a la Conquista española: —*como ser* un origen común del quichua y el árabe ... u otros motivos parecidos (Lizondo Borda, pág. 8). —¿Querés penuria mayor que la de trabajar en cualquier oficio *como ser* de lavacopas o cuidador de automóviles? (Boj, pág. 190).

CHILE: Este París tiene aspectos falsos, *como ser* los cabarets, los bulevares, los conciertos para tentar a los rastacueros (Edwards Bello, *Criollos*, pág. 23).

PERÚ: Tengo un Folleque [= auto viejo] ... que he usado ... en mis menesteres domésticos y hasta industriales, *como ser* el trasporte de cuchis [= cochinos] (Corrales, pág. 238).

VENEZUELA: Hago cualquier trabajo, *como ser* ... (Rosenblat).

PANAMÁ: De orden espiritual, *como ser* sufrir ... (L. Aguilar, pág. 160).

¡YA ESTÁ!

Esta expresión se ha generalizado en el habla familiar y constituye una locución elíptica en lugar de *ya está hecho;* generalmente significa *entendido, convenido, de acuerdo,* etc., e implica la aceptación de una proposición que se considera como ya llevada a cabo: —"¿Vamos al cine? —*Ya está".* En el castellano consagrado, este ¡*ya está!* sería generalmente ¡*vamos!,* o ¡*muy bien!,* o ¡*está bien!,* etc., ya que el ¡*y ya está!* coloquial se limita por lo general al significado de *y ya está hecho* (cf. Beinhauer, página 243). Se oye, sin embargo, en Andalucía. Para ¡*ya estuvo!,* véase pág. 202.

ARGENTINA: Si me lo pedís, *ya está* (César Carrizo, pág. 108).

URUGUAY: —¿Queré, mi negro? —*Ya está* (Reyles, *El gaucho,* página 141).

CHILE: ¿Vámonos al campo hoy? *Ya está* (Román, IV, 725).

ECUADOR: Cualquier otra cosita que usted encuentre ... traeráme no más, le he de pagar bien. —¡*Ya está,* viejito! (García Muñoz, *Estampas,* pág. 315). Vamos a ver quién vence. —*Ya 'stá,* patrón (Icaza, *Cholos,* página 64); —¿Querís darte? —*Ya 'stá.* ¡Vamos! (pág. 80).

GUATEMALA: Te doy cinco mil quetzales al contado. ¿Aceptas? —*Ya está,* Narciso (Sandoval, II, 612).

En el habla familiar se emplea *ya está* para exhortar a una persona a que deje de hacer algo que puede ser molesto: cuando un niño llora, su padre le dice "*ya está*" a fin de hacerle callar. El equivalente modélico sería en este caso ¡*basta!*

"YA ESTÁ" + GERUNDIO

Para expresar un mandato perentorio se emplea en ocasiones la locución "*ya está* (*estás, estáis,* etc.) + gerundio", la cual pone de relieve la urgencia de aquél mediante la presunción de que la acción se encuentra ya en marcha. Esta práctica se da en el español popular de la Península: —"Bueno, *ya me la estáis pagando* [= pagádmela]" (Aurelio Espinosa, *Cuentos,* III, 406 [Palencia]); "Pues *ya estás yevándolas* [= llévalas] al río" (Castro, *Luna lunera, ap.* Toro Gisbert, "Voces andaluzas", pág. 445). De hecho, es posible que haya ayudado a establecer el uso del gerundio simple en mandatos coloquiales (*¡andando!*), de los cuales ha desaparecido el auxiliar, relativamente poco importante (cf. Braue, página 48; Spitzer, *Aufsätze,* pág. 226).

ARGENTINA: —Y si le sale mal el negocio, ya mismo recoge sus cacharpas y *se nos está yendo* (Draghi Lucero, pág. 122).
MÉJICO: *Ya te vas largando; ya están saliendo* (C).
PUERTO RICO: Ejémonos e contumelias, y manda a buscal papel al pueblo, y ya mesmito *les tás escribiendo,* ¡y se acabó! (Meléndez Muñoz, pág. 59).

LO LAVÓ BIEN LAVADO

Este tipo de construcción es corriente en el habla popular y rústica de España: "Preparó la gallina y la guisó muy bien guisada" (Aurelio Espinosa, *Cuentos,* I, 100 [Valladolid]; cf. también Beinhauer, pág. 200). Debido probablemente a la abundancia de la moderna literatura regional en Hispanoamérica, esta expresión parece más extendida allí que en España, y con frecuencia tiene un nivel social más alto. Es especialmente frecuente con verbos que expresan acción mecánica realizada sobre un objeto, como *lavar, fregar, teñir, torcer, picar,* etc. A fin de indicar la eficacia del procedimiento, la repetición del mismo verbo en participio pasivo sugiere la acción como ya llevada a efecto, es decir que se concibe vívidamente la acción como ya terminada con éxito (como en el caso de *ya estuvo,* pág. 202). Además, el mero eco del verbo fundamental intensifica grandemente su fuerza al reflejar en la mente la prolongación espacial y temporal de la idea. La intensificación de la acción ampliando o alargando la propia palabra constituye una de las características del idioma español.

En inglés habría que emplear la palabra "thoroughly", etc., para dar el significado de esta expresión: *lo lavó bien lavado* "he washed it thoroughly", "he gave it a thorough scrubbing", etc.

CHILE: Se la lavaba *bien lavá* con jabón y [la mancha] no salía (Vicuña Cifuentes, pág. 517); la tiñó *bien teñida;* la fregó *bien fregada;* la miró *bien mirada* (pág. 519, n. 8). Va a comer aquí solita, y después va a reposar *bien reposada* (Edwards Bello, *La chica,* pág. 102); lo que compro es para gozarlo *bien gozado* (pág. 106). Lo insultó *bien insultado* (C).

PERÚ: Una vez ... vide quial cura le sonaron *bien sonao* ... y yo también le di sus cuantos quiños [= golpes fuertes] (Ciro Alegría, *La serpiente,* pág. 133). Había que poner una buena carga de dinamita ... y ... la pusimos *bien puesta* (Ciro Alegría, *El mundo,* pág. 359).

ECUADOR: Aura tarde [= hoy por la tarde], usted les ha de vender *bien vendidos* (García Muñoz, *Estampas,* pág. 318).

COLOMBIA: Li' aseguro que lo que sus padrecitos han pedido en el cielo, se los ha oído mi Dios *muy bien oído* (Carrasquilla, *Hace tiempos,* III, 93).

VENEZUELA: —Le traigo este vagamundo para que ... lo pele *bien pelao* (Gallegos, *Cantaclaro,* pág. 262).

EL SALVADOR: Metió en el hoyo el cántaro, lo tapó *bien tapado* (Salarrué, *Cuentos,* pág. 14).

MÉJICO: Pensaba tomarse *muy bien tomada* su revancha (Rubín, página 77).

SANTO DOMINGO: Lo cogí *cogío;* lo maté *muertecito* (Jiménez, pág. 22).

QUIERDE, QUISTE, QUESE

La expresión verbal o adverbial *quierde,* verdadero rompecabezas para cuantos no la emplean a diario, constituye una forma popular peculiar, al parecer restringida al Ecuador. Los propios ecuatorianos no consiguen ponerse de acuerdo respecto a su significado exacto. Cevallos (*Breve catálogo*) consideraba *quierde* como equivalente al adverbio *dónde.* Los críticos de Cevallos propusieron *¿dónde está?* como equivalente más adecuado. Tobar (página 399) piensa que ni Cevallos ni sus críticos estudiaron con suficiente atención el significado de *quierde* tal como lo emplea el habla popular. Afirma que dicha forma es siempre interrogativa y presume que se trata de un desarrollo a partir de *¿qué es de?* Indudablemente, su sentido es *¿dónde está?*, pero *¿qué es de?* explicaría tanto su significado como su proveniencia. La pronunciación popular ecuatoriana, con su semejanza entre la *s* y la *r* fricativa o asibilada, pudo contribuir al cambio de la *s* por la *r* en el habla rápida. Como ejemplos de *quierde*, Tobar da *¿quierde el dinero?* = *¿qué es del dinero?* y *¿quierde Antonio?* = *¿qué es de Antonio?*

Aunque generalmente calificada de interrogativa, la expresión puede variar en su puntuación (*¡quierde!*, o *¿quierde?*, o *quierde*), variación debida al hecho de que, tal como se oye coloquialmente en Quito, la palabra tiene valor tanto interrogativo como exclamativo.

Icaza usa *quierde* (*En las calles*, pág. 233: —"*Quierde* pes"), pero también emplea *¿qué es de?* (*Cholos*, pág. 34: —"*¿Qué's de* los cien sucres?*"; *En las calles*, pág. 140: —"*¿Qué's de* la longa Mariana?*"; pág. 210: "*¿Qué's del* Rafel? —¿Acaso está aquí?*"). En su colección de cuentos cortos llamada *Horno*, La Cuadra escribe *quiersde*: "¿Podrás dir a pata? Ella lo intentó. No consiguió levantarse. —*¿Quiersde* [= dónde = cómo] he de poder?" (página 20); —"*¿Quiersde* el Saquicela? —Ahí" (pág. 25); —"¿Y l'agua? *¿Quiersde* l'agua? —En Manantial venden" (pág. 105).

Poca duda puede caber sobre la derivación de *quierde* a partir de *qué es de* tal como lo usó la lengua antigua y se usa aún hoy ocasionalmente. En otras regiones hallamos formaciones semejantes. En Bolivia se oye *quiste*: *¿quiste mi sombrero?* (= *¿qué es de mi sombrero?* = *¿dónde está mi sombrero?*). Bayo (pág. 212) recoge esta forma en Santa Cruz, pero su área geográfica probablemente es más extensa. La desonorización de la *d* en *t* en *qué es de* > *quiste* constituye un caso poco corriente de asimilación progresiva[7]. La hallamos también en "*¿qui éste* [= dónde está] el

---

[7] Teniendo en cuenta que la oclusiva sonora *d* no existe en quichua y en aimará, su pronunciación se torna difícil para los indios de la sierra y para los mestizos. Cuando la *d* sigue inmediatamente a la *s*, su letra carac-

chico?", recogida en Salta (Argentina) al lado de "*¿quié de* Juan?"
(Solá, pág. 243).

En Méjico (Ramos Duarte, pág. 425) y en Nuevo Méjico (*BDH*,
I, 139) se encuentra la forma *quese*, cuya evolución es probablemente *que es de* > *quez de* > *queze* > *quese*, ya que en el norte
de Méjico se oye aún la forma *queze* (pronunciada con *s*). Aurelio
Espinosa (*BDH*, I, 139) da estos ejemplos para Nuevo Méjico:
"*¿quése* Juan?" [= *¿dónde está Juan?*], "*¿quése* mis guantes?"
[= *¿dónde están mis guantes?*], "*¿qués* ellos?" [= *¿dónde están
ellos?*].

EXPRESIONES DE DESEO

Los deseos se pueden expresar normalmente mediante *ojalá
que* o mediante *ojalá* solo: *ojalá (que) no viniera*. No obstante,
ojalá y es corriente en algunas partes de España, sobre todo en
Andalucía (donde se dice también *ajolá, anjolá, ojalay* [Braue,
pág. 36]), y más aún en numerosas partes de Hispanoamérica. No
se ha determinado la antigüedad de este uso. Rosenblat (*Notas*,
pág. 197) lo relaciona con la *y* exclamativa (cf. "¡Sant Juan *y*
ciégale!" [*Lazarillo*, II] y "¡Santiago *y* cierra España!", etc.), re-
chazando la explicación de Cuervo (§ 407), a saber: que esta *y*
"superflua" originalmente sirvió para unir dos frases optativas, ex-
tendiéndose más tarde a casos en que se expresaba un solo deseo.
En otras locuciones se encuentra una *y* análoga: *ahora y verá*
(= *ahora verá*), que Cuervo fundamenta sobre *aguarde y verá,
molésteme y verá, hágame el favor y dígame* (= *hágame el favor
de decirme*), basada esta última en *atiéndame y dígame, moléstese
y dígame* (Cuervo): —"*Hori verís* [= ahora y verás]" (Álvarez
Garzón, pág. 65 [sur de Colombia]); —"De modo *y* es ... que
no vuelvo mañana" (Carrasquilla, *Hace tiempos*, I, 24 [Antioquia,
Colombia]). En Méjico son corrientes expresiones como *cuida-*

---

terísticamente desonorizada e intensamente sibilante, se ven especialmente
llevados a reforzar su *t* desonorizada: —"Me *haste* [= has de] esperar"
(Díaz V., *La Rosita*, pág. 11); "*deste* [= desde] ayer" (Rodrigo, pág. 19);
"vaya *traste* [= tras de] ella" (pág. 27).

do y, quién quita y, Dios quiera y: —"*Cuidado y* me contradigas,
¿oyes?" (Gamboa, *Santa*, pág. 12).

COLOMBIA: *Ojalá y* venga (Uribe, *Dicc.*). —*Ojalá y* regrese (Buitrago,
pág. 184).
GUATEMALA: *Ojalá y* sea (Sandoval, II, 167).
MÉJICO: ¡*Ojalá y* lo reviente un toro! (Gamboa, *Santa*, pág. 201). ¡*Ojalá y* el bien que Procopio ha sabido hacer nos salve de la catástrofe! (Azuela, *Las tribulaciones*, pág. 120).
NUEVO MÉJICO: *Ójali* [< *ójala y* < *ojalá y*] que vengan (Aurelio Espinosa, *Apuntaciones*, pág. 622; *BDH*, I, 53, n. 4).
SANTO DOMINGO: —*Ojalá y* no llueva (Bosch, *Dos pesos*, pág. 93).

El acento de *ojalá* se traslada con frecuencia a la penúltima
sílaba (*ojála*) en el habla popular de Chile (Román, IV, 63), del
sur de Ecuador (Tobar, pág. 349), del norte de Guatemala (Sandoval, II, 167), de Argentina y Uruguay (Tiscornia, *La lengua*,
§ 5) y de otras partes probablemente. En España ocasionalmente
(incluso en los clásicos) y con gran frecuencia en Méjico (Ramos
Duarte, pág. 378; *BDH*, IV, 387) y en Nuevo Méjico (*BDH*, I,
§ 12), el acento recae sobre la antepenúltima sílaba (*ójala*)[8]. En el
habla rústica de Colombia se hallan las variantes *ojolá* (Tascón,
pág. 207), *ajolá* (igual que en otras partes), *ajualá* (Sundheim, página 20), etc.: "*Ajualá* que lo tumbe" (Arias Trujillo, pág. 160);
"*ajualá* que se largara del pueblo" (pág. 180), etc.
En Santo Domingo se oye ¡*ojalalo* (u *ojalala*) *yo!* con el significado de ¡*ojalá que fuera mío* (o *mía*)!, mientras que ¡*ojalala tú!*
significa *tú la quisieras*, etc. (Patín Maceo, *Dom.*, pág. 124; *BDH*,
V, 229).
Para *ojalá* con valor conjuntivo de *aunque*, véase pág. 443. En
el norte de Colombia, finalmente, Revollo (pág. 189) trae *ojalá* con
el significado interjeccional de ¡*cuidado!*, ¡*Dios te libre!*: "*Ojalá* te
muevas de ahí, *ojalá* hagas tal cosa" (cf. también Flórez, pág. 380;
en Salta, Argentina, se emplea también *ojalita* [Solá, pág. 207]).

---

[8] Para una posible explicación del cambio del acento, cf. A. Alonso,
"Problemas de dialectología hispanoamericana", *BDH*, I (1930), 363. Para
la etimología de *ojalá*, cf. M. Asín Palacios, *Bol. acad.*, VII (1930), 360-62.

Según los lugares, se hallan también otras formas de expresar deseos.

En sectores rurales de numerosas regiones se emplea corrientemente *amalaya* en lugar de *ojalá* (para su estudio, véase pág. 471). En Antioquia, Colombia, se usa con frecuencia *ah bueno si* como equivalente a *ojalá:* —"*Ah bueno si* Elisa me lo prestara" (Carrasquilla, *Hace tiempos*, II, 298); "*Ah bueno si* estuviera aquí don Ceferino pa que pusiera en el cepo a este Princés" (III, 168). En Costa Rica, Nuevo Méjico, las Antillas y otras partes probablemente, existen supervivencias rurales de la práctica peculiar del español antiguo de expresar un deseo por medio de *tomaría* o *tomara*. También es posible oirlo en regiones de España, como en el caso de Andalucía: "*Tomara yo* que viera usté eso que suena" (Muñoz Seca y Pérez Fernández, *Trianerías* [1919], pág. 133).

Costa Rica: ¡Pos hombre, está hecho un altar! *Me tomara* [= ojalá] que lo biera (Echeverría, pág. 155). *Me cogiera* yo saber (Fallas, pág. 39). Nuevo Méjico: *¡Tomaría* yo nu aberte conosido! [= ¡ojalá no te hubiera conocido!] (*DDII*, IV, 40). Santo Domingo: ¡*Tomara* yo morirme! (*BDH*, V, § 94). *Tomaría* yo sacarme el premio mayor; *tomaría* tú casarte con ella; *tomaría* él que lo nombraran comisario (Patín Maceo, *Dom.*, pág. 170). Cuba: —¡*Tomaría* (o *tomara*) yo tener dinero, pues entonces viajaría mucho! (Padrón). Puerto Rico: —¡*Tomara* que tú fueras como él! (C).

En Costa Rica se emplea a veces *aviaos que* con el sentido de *ojalá que no, no vaya a ser que*, etc. Gagini (pág. 66), que trae también *aviados*, interpreta su significado como *arriesgando, a riesgo de:* "Voy a mandar la loza en una carreta; *aviaos que* se quiebre". Esta locución parece ser una simple elipsis de la frase familiar *aviados estamos*.

—¡*Aviaos que* nos agarre tata y nos rezongue! (Fabián Dobles, página 51); —¡*Aviaos que* le pase algo a mi hijo! —está diciendo casi en voz alta (pág. 59); —¡*Aviaos que no* me reciba [= ojalá que me reciba] ña Rafela! —va diciéndose Ninfa (pág. 126); Aquí la viuda se pone sombría, y continúa: —*Aviaos que* un día me lo traigan malquebrao de por ahi (pág. 226).

En algunas regiones, *ánimas que* puede reemplazar a *ojalá*, invocando así a las almas del purgatorio para que cumplan el deseo (cf. *Dios quiera que*, etc.): *¡ánimas que llueva!* = *¡ojalá que llueva!* Refiriéndose a Flora Boves, uno de los personajes de la novela *Las ensabanadas* (pág. 16), observa Quevedo y Zubieta que su habla era "el lenguaje indígena tapatío, tomado seguramente en el medio familiar donde había crecido y alentaba todavía. Decía *pos sí, diatiro, dizque* y expresaba un deseo con *ánimas que*". Con todo, sabemos que a ninguna de las indicadas locuciones, incluida *ánimas que*, se la puede poner la etiqueta exclusiva de "tapatío", es decir perteneciente a Guadalajara o al Estado de Jalisco en general. En *El resplandor*, de Magdaleno, que se desarrolla en el Estado de Hidalgo, leemos:

> *¡Ánimas que* llegara ahorita y acabara con todos estos sardos [= soldados de vigilancia] que no hallan qué maldades hacernos! (pág. 37); *¡Ánimas que* lleguemos al Mesón de la Providencia! (pág. 50); *¡Ánimas que* acabe todo esto para volver a mi tierra! (pág. 120), etc.

> Costa Rica: —*Animas benditas, que* no llueva. —¡Dios mío, que no llueva! (Herrera García, pág. 20).
> Colombia (Antioquia): *¡Ánimas, que* cante el gallo, / Ánimas, que ya cantó, / *Ánimas, de que* amanezca, / Ánimas, que amaneció! (Antonio Restrepo, pág. 117). (Tolima): *¡Ánimas* [= cuidado] que se caiga! *¡Ánimas benditas* que se moje! (Flórez, pág. 380).
> Venezuela: *¡Ánimas benditas, que* no venga el profesor! (Rosenblat).

Coloquialmente, se expresa con frecuencia un deseo por medio de una locución que originalmente tuvo significado de duda y que por lo común conserva algo o gran parte de su valor primitivo: "quizás" > "espero, deseo"; "quizá venga" > "espero que venga, deseo que pueda venir"; etc. La duda se halla matizada psicológicamente a favor de la persona que habla. Este proceso ha tenido lugar o lo está teniendo con locuciones de duda como éstas: *quizás* (Vázquez [pág. 339] pone en guardia a los ecuatorianos sobre el hecho de que *quizás* y *quizá* expresan duda, no deseo); *pueda ser que*, con significado de duda en algunas regiones, como el consagrado *puede ser que* (véase pág. 218), y de deseo en otras; *quién quita* = *tal vez* (América Central, Méjico, Antillas, Colombia, Venezuela, etc.). En Méjico se dice generalmente *quién quita* y (cf. *ojalá y*, etc.), y ocasionalmente *quién quite*.

De todas estas expresiones, las que gozan de mayor extensión geográfica son *pueda ser* y *quién quita*. Ya se estudió *pueda ser* (pág. 218) y se citaron ejemplos. El rumbo psicológico seguido por *quién quita* parece ser "¿quién puede evitar que?" > "¿puede alguien evitar que?" > "es probable que nadie pueda evitar que" > "espero que nadie pueda evitar que" > "deseo", etc. En la mayoría de los casos, la idea se encuentra a media distancia entre la posibilidad y el deseo, siendo probable que esta fluctuación contribuya a la incertidumbre en la puntuación: *¡quién quita!, ¿quién quita?*, etc.

COLOMBIA: Aunque sea tu enemigo, *quién quita* que quisiera hacerte ese favor (R. Restrepo, pág. 430). —*Quién quita* que yo pueda acompañarte (Buitrago, pág. 43); —Vení, Julita, bailemos los dos, porque *quién quita* que de aquí a mañana vos y yo seamos novios (pág. 89).

VENEZUELA: —Sí, y *quién quita* que en el ínterin nos pongamos en comunicación con otros movimientos (Briceño, pág. 160); —La cosa es que ya estoy viejo ... pero ... *¿quién quita?* (pág. 170). —Parece que lo estuvieras viendo como en un espejo. —¡Jm! *¡Quién quita*, don Manuel! (Gallegos, *Canaima*, pág. 45).

COSTA RICA: Este mes me saco la lotería, *¡quién quita!* (Gagini, página 211). —*Quién quita* ... que te pase lo mismo (Lyra, pág. 29); *Quién quita* que pueda yo sacarlos a ustedes de jaranas [= deudas] (pág. 50); *¡Quién quita* que le salga un marido nonis [= sin par]! (pág. 109); ¡Pobrecito! Pero no está muerto, todavía resuella. Le voy a echar en la carreta y *quién quita* que vuelva en sí (pág. 152). —*¡Quién quita* que con esto se le vaya esa idea de la cabeza! (Fabián Dobles, pág. 58); *¡Quién quita, quién quita* que pueda quedarse allí! (pág. 128); *Quién quita* que si lo pasturiamos bien, se apegue a la casa y siga trabajando aquí (página 257).

HONDURAS: *Quién quita* que yo también / Sin colegios y sin maestros, / Llegue a ser un Bachiller (*ap.* Membreño, pág. 141).

GUATEMALA: *¡Quién quita* me saque la lotería este mes! *¡Quién quita* que el juez te mande a la cárcel, por las injurias que le dices en tus escritos! *¡Quién quita* que le vaya bien! *¡Quién quitucha!* o *¡Quién quituche!* = *¡Quién quita!* (Sandoval, II, 317). —*¿Quién quita* que me lo saque? —dice el sujeto ... empleando una frase que usamos y abusamos no poco los guatemaltecos (Salomé Gil, *Cuadros*, IV, 185).

MÉJICO: ¡El número de la suerte! *¡Quién quita y* que se la saque!
(Rivas Larrauri, pág. 91); *¡Quién quita y* que te dicidas! (pág. 127), etc.
(NUEVO LEÓN): —Suerte que Raúl nos hizo el favor de avisarnos pronto.
¡Quién quita y toavía haiga en qué ayudar! ... —Eso es casi seguro
(García Roel, pág. 52); —Ándele, *quién quita y* pronto los suelten. —Quie-
ra Dios que asina sea (pág. 163). (ZONA NORTE): *Quién quita y* en un des-
cuido nos tocara ser mandones (Urquizo, pág. 207).

CANTAMOS CON ÉL = ÉL Y YO CANTAMOS

Sabido es que un sujeto en singular unido inmediatamente a
otro por medio de la preposición *con* puede llevar el verbo en
plural: "El padre *con* el hijo perecieron" (Bello-Cuervo, § 838;
Hanssen, § 486; Cuervo, *Dicc.*, II, 296). En tales casos se atribuye
a *con* el valor conjuntivo de *y*. Este viejo uso, que se remonta al
latín ("pater cum matre veniunt"), constituye el punto de partida
de una evolución ambigua y frecuentemente desconcertante: *cantamos con él* [= *él y yo cantamos*], es decir que el primer sujeto
(*yo*) no va expreso sino implícito en la forma verbal en plural
(*cantamos*), y el segundo (*él*), introducido por *con,* generalmente
sigue al verbo. Como tales frases fácilmente se interpretan mal,
subconscientemente se evita su uso: en la lengua hablada no son
frecuentes, en estilo literario son raras (con excepción de los casos
en que va implícito el llamado "nosotros real"). En el *Cid* se da
este caso: "*con* diez de sus parientes [= él y diez de sus parientes]
davan salto" (v. 1860). En partes de España y de Hispanoamérica
(lo mismo ocurre en otros idiomas) se hallan ejemplos esporádicos
de semejante uso, apenas registrado en las gramáticas.

ARGENTINA: Durante los días subsiguientes *hablamos* mucho *con* Ferrier
[= Ferrier y yo hablamos] (Mallea, *La bahía de silencio* [2.ª ed.], pági-
na 399).
CHILE: *Jugamos con* Carmen [= Carmen y yo jugamos] (C). *Yo con*
mi General Baqueano aelante no *aflojábamos* un pelo (Romanángel, pá-
gina 17).
COLOMBIA: Carmen *con* Pedro *son* primos (Sundheim, pág. 166).
GUATEMALA: La cocinita la *compramos con* tu papá [= tu papá y
yo] en un paseíto que fuimos a dar hoy en la mañana (Arévalo, pág. 69);
Con ella [= ella y yo] *nos vamos* a diferentes partes (pág. 117); *Con* Anita

nos quedamos viendo [= Anita y yo] (pág. 119); *Nos fuimos con* mi hermano [= él y yo] (pág. 153).

POSICIÓN DEL VERBO

Detrás del adverbio *ya*, a veces el verbo sigue al sujeto (o a alguna frase) en contra de la práctica consagrada, que se prefiere: *ya usted verá* por *ya verá usted*, etc. Esta posición del verbo es corriente no sólo en el habla popular, sino asimismo en la lengua escrita.

En el habla peninsular se halla con alguna frecuencia el mismo fenómeno: "Hasta que *ya* er sacristán tuvo que cerrá la iglesia" (Aurelio Espinosa, *Cuentos*, I, 104 [Sevilla]); "*Ya* yo me voy" (I, 110 [Zamora]); "Y como *ya* la mujer estaba desesperada ... y *ya* su mujer no lo volvió a ver" (I, 164 [Ciudad Real]); "Cuando *ya* la niña estaba en el palacio" (II, 180 [Zamora]), etc. En el habla antigua, *yo* seguía frecuentemente a *ya:* "*ya yo* os conozco, fementida canalla" (*Don Quijote*, I, 8).

ARGENTINA: *Ya* mis tías no hacían caso de mí (Güiraldes, *Don Segundo*, pág. 13); *Ya* la gente se había amontonado por demás (pág. 107); *Ya* el corredor del alazán había convidado dos veces (pág. 240).
BOLIVIA: *Ya* usté sabe (Jaime Mendoza, *El lago*, pág. 52); *Ya* usted comprenderá (pág. 90).
PERÚ: —*Ya* usted sabe, que hay que pagar por adelantado (Corrales, pág. 218).
COLOMBIA: *Ya* usté sabe lo qui hay qui hacer (Flórez, pág. 380).
VENEZUELA: —Pues *ya* usted verá si será agradable la fiesta (Gallegos, *Canaima*, pág. 51); Dice que *ya* su mandato está hecho (pág. 53); —*Ya* los negros pasaron y deben de ir lejos (pág. 108); *Ya* mis amigas ... me han traído el cuento (pág. 147).
EL SALVADOR: *Ya* hasta la color de que los tenés se me olvidó (Salarrué, *Cuentos*, pág. 9); —*Ya* el padre tá cabando [= está acabando] (página 54).
MÉJICO: *Ya* el vino no le interesaba nada (Valle-Arizpe, pág. 377).
SANTO DOMINGO: —Pero *ya* usté está acostumbrado (Bosch, *Dos pesos*, pág. 19); *Ya* usté ve el tiempo que hace de eso (pág. 63).
CUBA: *Ya* usted verá (Padrón).

Otro curioso fenómeno propio de las personas incultas de determinadas regiones es la repetición del verbo al final de una oración o frase. Generalmente parece que se debiera a motivos de énfasis, pero en ocasiones tiene por objeto simplemente redondear el ritmo de la frase. Cf. inglés coloquial: *"He won't* do that again, *he won't"*, etc. En la Argentina se dice que esto es "hablar en sángüiche" (Costa Álvarez, pág. 45).

ARGENTINA: ¿Son muchas las yeguas? —No, señora. *Son* ocho no más, *son* (Güiraldes, *Don Segundo,* pág. 46). *Será* pa que no se ponga demasiado pedigüeña, *será* (Larreta, *El linyera,* I, 27). Y *te has tomao* diez y seis, *te has tomao.* ... Pero *si me buscan* las broncas, hermano, *si me buscan* (Manuel Romero, I). *Tené* pasensia, *tené* ... *soy* un desgraciao, *soy* (Last-Reason, pág. 13).

URUGUAY: *Tengo* sentimientos, *tengo* (Sánchez, *La gringa,* IV, 5). *Me hacen* un caso bárbaro, *me hacen* (Montiel, *Montevideo,* pág. 118).

CHILE: Otra vez que te pille gritando, *te voy* ... *a llevate* pa la carabinería, *te voy a llevate* (Rojas Gallardo, 2.ª *serie,* pág. 50).

IX

LOCUCIONES ADVERBIALES

No es éste el lugar apropiado para examinar las divergencias que respecto a las formas consagradas existen entre *agora, aura* u *hora* y *ahora;* entre *ansí* o *ansina* y *así;* entre *tuavía* o *entuavía* y *todavía;* entre *nuncamente* y *nunca;* entre *casimente* y *casi;* o respecto a los diminutivos, característicos del habla popular y rústica casi en todas partes, como *acasito* por *acá, ahorita* por *ahora, allasito* por *allá, alguito* por *algo, apenitas* por *apenas, ayercito* por *ayer, casitico* (Costa Rica) por *casi, detrasito* por *detrás, endeveritas* por *de veras, lueguito* o *lueguichicho* (Chile) por *luego, nunquita* por *nunca, reciencito* por *recién, siemprecito* por *siempre, yaíta* por *ya,* etc.; o respecto a los aumentativos, tales como *asinote* por *así, abajenque* (sierra peruana, en donde *-enque* constituye una terminación aumentativa corriente entre los cholos o mestizos y entre los indios), y otras por el estilo. La mayor parte de semejantes formas son supervivencias del habla antigua (cf. *BDH,* II, 180; Flórez, pág. 381).

Lo que en este momento nos interesa son las expresiones adverbiales relacionadas con otras partes de la oración y con otros elementos de la misma, es decir la relación sintáctica. Mencionamos asimismo unos cuantos adverbios dignos de consideración en algún aspecto de su evolución semasiológica en Hispanoamérica, recordando, sin embargo, que su alcance pertenece en primer lugar al campo de la lexicografía.

Parte de estas frases adverbiales son comunes a varias regiones hispanoamericanas, mientras otras pertenecen a un área geográfica relativamente limitada. Únicamente puede incluirse en nuestro recuento un número restringido de las más importantes y frecuentes. Su orden no será estrictamente alfabético, ya que en ocasiones se agruparán los adverbios estrechamente emparentados por su forma o significado.

ABSOLUTAMENTE

El adverbio *absolutamente* (así como la frase *en absoluto*) se usa frecuentemente de manera elíptica en lugar de *de ninguna manera, de ningún modo*, etc., es decir que el elemento negativo *no* o *nada*, por sobrentenderse, con frecuencia se omite. Semejante uso se halla en concordancia con aquella peculiaridad del español que, a través del empleo constante de la palabra *no* o de alguna otra palabra negativa, ha llevado a ciertas expresiones originalmente afirmativas a la adquisición de valor negativo: *no lo he visto en mi vida* > *en mi vida lo he visto*. Teniendo en cuenta lo característico del español que es esta práctica, los preceptistas se inclinan a menudo a no considerar incorrecto el empleo de *absolutamente* en lugar de *absolutamente nada* o *absolutamente no*. Hanssen (§ 641) afirma que *absolutamente* puede ser negativo. En América parece más frecuente que en España.

REGIÓN DEL RÍO DE LA PLATA: Yo dudé un rato. —¿Una humorada, Quiroga? —¡*Absolutamente!* (Espinoza, en *ACR*, pág. 220). —¿Estás dormido? —*En absoluto*. —No puedo agarrar el sueño en este catre (Filloy, pág. 146). —Tú no puedes hacerlo? —*En absoluto* (Florencio Sánchez, página 459).

CHILE: —¿Tienes veinte pesos que prestarme? —*Absolutamente.* —¿Oíste lo que dijo Pedro? —*Absolutamente* (Román, I, 9). Así que mi enfermedad ¿no es de cuidado? —*Absolutamente* (Pepe Rojas y Fernández, *La hoja de Parra*, pág. 6).

COLOMBIA: —¿No son, pues, sus mercedes los que estuvieron en el trapiche? —*Absolutamente* (Rivera, pág. 15); —¿Y podrán describirnos? —*Absolutamente* (pág. 69).

VENEZUELA: —Usted habla en un tono que parece que fuera la autoridad. —*En absoluto*, Coronel. Hablo en el tono de quien reclama ante la autoridad el cumplimiento de una ley (Gallegos, *Doña Bárbara*, pág. 157).

Costa Rica: ¿Me das permiso? *Absolutamente* (Salesiano, pág. 32). Guatemala: ¿Lo molesto? —*Absolutamente* (Flavio Herrera, pág. 61). *Absolutamente* consiento, hija mía, en que te cases con Ramiro (Sandoval, I, 5).

En numerosas regiones se oye igualmente la forma *todavía* en lugar de la consagrada *todavía no:* —"¿Ya vino tu padre? —*Todavía*" (Garay, pág. 109 [Panamá]). También se usa en la España rural: "*Entodavía* ha venido = aún no ha venido" (*RFE*, XXVII, 241 [Albacete]).

ACÁ, ALLÁ

Los adverbios de lugar *acá* y *aquí*, ambos con el significado de "aquí", difieren en que *aquí* indica una situación concreta, mientras que *acá* indica con vaguedad la situación o movimiento. En el Río de la Plata, en las zonas andinas y en otras partes se usa actualmente *acá* en el habla coloquial casi exclusivamente con el significado de "aquí", determinado o no, uso que deriva de la lengua antigua. Santa Teresa era sumamente partidaria de *acá*. La forma *aquí* está reemplazada por *acá*, que posee mayor valor afectivo, así como *allí* por *allá*, *donde* por *adonde*, etc.

Igual que en la lengua antigua, la frase *ven acá* se emplea aún en algunas regiones (Antillas, Méjico, etc.) para atraer la atención del interlocutor, el cual puede estar muy cerca de la persona que le habla. Por ejemplo: "*Ven acá*, ¿qué fue lo que te pasó ayer?" (V. Suárez, pág. 67 [Yucatán]).

En el habla popular y rústica de ciertas regiones, el adverbio *acá* puede reemplazar al pronombre demostrativo *éste* o *ésta* —una indicación más de que los adverbios de lugar y los pronombres demostrativos se hallan emparentados lógicamente—. En el habla popular de España se emplea *aquí* en este sentido (Beinhauer, página 204).

Costa Rica: Cuando *acá* y yo nos casamos, / los [= nos] dieron una ternera, / dos quintales de café, / tres bejigas de manteca (Echeverría, página 157). *Acá* tiene razón, *acá* me lo dijo (Gagini, pág. 45).

Santo Domingo: *Acá* le contará lo sucedido; *acá* lo sabe; *acá* me conoce (Patín Maceo, *Dom.*, pág. 8).

Cuba: *Acá* me lo dijo (Padrón).

La forma española corriente _daca_ (_da_ + _acá_) "dame" puede convertirse por analogía en _déque_ en el tratamiento formal. Aun cuando Cuervo (§ 290) llame a _déque_ "tan dañino como asqueroso avechucho", Lope de Vega no dudó en usarlo en lugar de _déme_ ("_Déque_ presto o matarélo", _Los locos de Valencia_, I, 3, citado por Cuervo). Icazbalceta (pág. 165) recoge en Méjico la forma _déquen_ como plural. En Santo Domingo, Henríquez Ureña (_BDH_, V, 176) recoge, además de _déque_, la doble forma _dácame_ y _daca acá_, es decir que _daca_ se concibe como forma del verbo hipotético _dacar_. Supervivencia de la lengua antigua (Correas, pág. 551), _daca acá_ es corriente en Guatemala (Batres, pág. 237; Sandoval, I, 294), en Quito y en otras partes (_BDH_, IV, 100, n. 3).

COLOMBIA: —_Déque_ aprisa. —No vendo, oyé? (Antonio García, página 177). _Déque_ tantica agua (Tobón, pág. 170).
MÉJICO: —_Déque_ dos mil papeles por todo (Azuela, _Los de abajo_, pág. 199). —¿Quiubo amigos? ... _Déquen_ un cigarro (Urquizo, pág. 34).
SANTO DOMINGO: —_Déque_ la mano (Patín Maceo, _Dom._, pág. 58).

AHÍ, ALLÍ, DE AHÍ

En el castellano consagrado, el adverbio de lugar _ahí_ corresponde al demostrativo _ese_ y hace referencia a cosas próximas a la persona con la cual se habla; _allí_ corresponde al demostrativo _aquel_. En el español de América (a veces también en el de España) _ahí_ puede reemplazar a _allí_, así como _ese_ suplanta con frecuencia a _aquel_. Ahora bien, los adverbios de lugar (_ahí, allí_ y _allá_) se pueden convertir en adverbios de tiempo, significando "entonces" o, en ocasiones, "entonces y allí", pero en semejante uso temporal _allí_ se refiere por lo general al pasado ("_allí_ fue Troya") y _ahí_ al futuro. Sin embargo, en Hispanoamérica y en Andalucía, en razón de la confusión de _allí_ con _ahí_, es frecuente hallar _ahí fue_ en lugar de la expresión consagrada _allí fue_ referida al pasado. Coloquialmente, _ahí_ a menudo es monosilábico, cargando el acento sobre la _a_ y escribiéndolo con grafía varia: _áhi, ahi, ai, ay_, etc.

Como adverbio de tiempo, *ahí* se emplea en el habla popular de algunas regiones en el sentido de *pronto, en seguida: ahí vengo = pronto vendré* o *luego volveré; ahí voy = en seguida voy.* Se encuentra asimismo como partícula expletiva o enfática.

COLOMBIA: —¿Quién es ese tipo? —Un italianu *ai;* ¡Bueno, *ahí* se les avisa! (Flórez, pág. 381).

NICARAGUA: Sírvase *ai* unas copas (A. Valle, pág. 7).

GUATEMALA: *Ay* regreso mañana; *ay* te conduces bien (Bonilla Ruano, pág. 48).

MÉJICO (YUCATÁN): Trae *ai* esa silla (V. Suárez, pág. 61).

CUBA: Despácheme una caja de fósforos *ai* (Padrón).

Como adverbio de lugar, en la expresión *por ahí* (al igual que en la lengua antigua y coloquialmente en España en la actualidad, aun cuando el diccionario no da explicación alguna de semejante uso) se emplea *ahí* con el significado de "en cualquier parte", en el cual va implícito un sentimiento de indiferencia o incluso de desprecio por parte del hablante, así como una repugnancia a mencionar la localización exacta (cf. Deinhauer, pág. 53 n.). Unos pocos ejemplos bastarán.

URUGUAY: —¿Y de ánde salís? —De *por ai* (Reyles, *El gaucho,* página 196).

ECUADOR: Tengo que ir a un negocio *por ahí* ... los encontré *por ahí* (García Muñoz, *Estampas,* págs. 161, 314).

VENEZUELA: Lo he oído *por ahí* (Gallegos, *Pobre negro,* pág. 256).

EL SALVADOR: El negro Nayo era de *porái:* de un *porái* dudoso, mezcla de Honduras y Berlice, Chiquimula y Blufiles de la Costelnorte (Salarrué, *Cuentos,* pág. 164).

GUATEMALA: —¿Y Julián? —*Por ay* anda, ya no tarda en llegar (Quintana, pág. 108).

En la expresión corriente *de ahí,* reducida a dos sílabas por el habla popular (y escrita frecuentemente *de áhi* o *de ai,* etc.), o incluso a una sola (escrita frecuentemente *deay* o *diay,* sobre todo en el caso de Chile: (*en*) *dey, dei, d'hey* o *d'ehi*), volvemos a hallar el significado temporal. Dicha frase adverbial lleva consigo la connotación temporal de *luego, en seguida,* etc.

ARGENTINA: *De áhi* Rufo picó tabaco / y dos cigarros armó (Ascasubi, pág. 106).

CHILE: Y *di'ai* m'entró recelo (Latorre, *Hombres*, pág. 118); —Éjalo que se seque primero y *d'ey* le preguntay (pág. 164). —Es un gurto que se me le pone por aquí ... y *en d'ehi* me agarra l'estomo (Brunet, en *LCC*, pág. 489).

COLOMBIA: Y *di ai* me dijo que ... (Flórez, pág. 381).

COSTA RICA: De pronto / se puso a oler la perruja / *d'iay* a ladrar y ladrar (Echeverría, pág. 111); Coja por este saguán / y *d'iay* crusa a la derecha (pág. 180). —En un prencipio me jodía la cosa. ... Pero, *¡diay!* se me quitó (Fabián Dobles, pág. 255).

EL SALVADOR: Arrojaba un piro [= desperdicios en la fabricación de alcohol] espumoso y hediondo y *diay* se desmayaba (Salarrué, *Cuentos*, pág. 48).

Combinada con la conjunción *y*, la expresión *¿y de ahí?* equivale a las consagradas *¿y bien?*, *¿y por fin?*, *¿y luego?*, *¿y entonces?* Como tal, puede hallarse escrita de diversas maneras por los escritores que tratan de reproducir el habla popular y rústica: *y deay, y di-ay, ydiay, idiay, y di'hay;* en Chile sobre todo: *y dey, dei, d'hey.* Esta locución sirve para animar al hablante a terminar de decir lo que estaba diciendo, con esta implicación: "Te has detenido ahí, pero ¿qué viene después?". En inglés corresponde a "what of it?" o al vulgar "so what?".

ARGENTINA: Vea, Pantalión —dijo al fin. ... Antiayer ... se dejó cair de visita por aquí ... doña Casildra. —¡Ah! ¡ah!, la curandera. ¡Ah! ¡ah! *¿Y de áhi?* (Lynch, *Romance*, pág. 43). Ella se pudo casar conmigo ... —*¿Y de áhi?* —*Y de áhi*, que no quiso (Lynch, *Palo verde*, pág. 153). A eso del anochecer le cayó el patrón. —*¿Ydiay?* (Draghi Lucero, pág. 239).

URUGUAY: —No vayás, chino querido. Es cosa de duendes y ánimas en pena. —*¿Y d'ai?* (Reyles, *El gaucho*, pág. 126).

ECUADOR: —Llegué. —*¿Y deay?* —Le reconviene. —*¿Y deay?* (Vázquez, pág. 227). Yo ca iba a trepar el carro di pasajerus, cuando dando tirón al poncho me manda pur un ladu ... cay en sangradera. Toditico poncho estaba hecho lástima. *¿Nu olís?* ... —*Y di'ay* ca. —Él se trepó pes (Icaza, *En las calles*, pág. 95).

PERÚ: —Güeno, *¿idiay?* —prosiguió el viejo— aquí corre pa siempre nuestro río (Ciro Alegría, *La serpiente*, pág. 228). Le escribí una carta. —*¿Y de áhi?* —Nunca me contestó (Benvenutto, pág. 149).

MÉJICO: Asigún nuestras dotrinas / l'acuso de riacionaria / —*¿Y di ai* qué? (Rivas Larrauri, pág. 17). Yo también me pongo avispa / —*Y diai*, ¿qué? —Que te denuncio (González Carrasco, pág. 22); Esta parte a ti te toca, / y est'otra mitá es la mía / —*¿Y di ai*, ¡qué? —¡Que ... lo que hablamos / jué purita fantasía! (pág. 24).

En otras partes, sobre todo en América Central, *y de ahí* o *de ahí* se emplea para llamar la atención de una persona, a manera de un saludo.

COSTA RICA: Tío Coyote, donde oyó gente, por quedar bien comenzó a decir: —¿*Idiai*, a qué hora viene la princesa? (Lyra, pág. 123). —¡*Diay*, muchacho! ¿Estás dispierto? Yo te creiba bien dormío (Agüero, pág. 34). —¡*Diay*, Chano, cómo vamos a hacer con esa mujer? (Fabián Dobles, página 116).
NICARAGUA: Esta vez, al llegar nosotros al cuartel, el jefe salía con dos de sus ayudantes. Cuando nos vio, nos dijo —"¿*Idiay*, muchachos? ¿Vamos?" (Orozco, pág. 69).
EL SALVADOR: —¡Canelóo! ¡Buchinche! ¡*Y diay!* (Ambrogi, pág. 79).

En Chile, junto con la forma consagrada *allá voy* (*vamos*), se emplea la expresión *de allá soy* (*somos*), como en estos casos: —"¿Vamos al parque? —*De allá somos* [= vamos seguramente]" (C); "Y a propósito de ovejas, anda a rodiarlas. —*Di allá soy.* Hasta luego" (Acevedo H., *Canción*, pág. 8).

ACASO

El adverbio *acaso* "tal vez, quizá" ha llegado a convertirse en una simple negación o denegación: ¿*acaso yo lo sé?* = *no sé.* Su empleo irónico es bastante común en España. Así, Pereda (*Obras*, V, 314): —"Hola, Tomasa, ¿qué es eso? ¿Ónde echastes la otra jarra? —¿Pues *acaso* yo la tengo ni la he visto, deslenguada?". Semejante uso se ha extendido en partes de Hispanoamérica, y su valor irónico e interrogativo se ha debilitado tanto con el tiempo que actualmente se concibe como un *no.*

BOLIVIA: —¿Está en casa don Pancho? —¿*Acaso* regresó de la ciudad?; —¿Puedes prestarme el hacha? —¿*Acaso* está sana? (Bayo, *Manual*, página 16; *Vocabulario*, pág. 9).
PERÚ: ¿*Acaso* la señora le había pagado la cuenta del mes anterior? (María Wiesse, en *ACP*, pág. 139).
ECUADOR: ¿*Acaso* he podido dormir? —Yo tampoco (Icaza, *Cholos*, pág. 33); —¿Ya'stará despierto el cura? —*Acaso* nos ha de dar nada (página 88). —¿Otra [copa]? —protesta el visitante. —Qu'es pes. *Acaso* hace mal (Icaza, *Huasipungo*, pág. 20). —¿Ónde está la vela? —*Acaso* hay (Icaza, *En las calles*, pág. 126); —¿Y el huambra Rafel? —¿*Acaso* tiene

nada? —Veamos —decía el médico, apartando los obstáculos (pág. 209).
COLOMBIA: *Acaso* sé; *acaso* me dijeron [= pues si no me dijeron] (Uribe, *Dicc.*).
VENEZUELA: —¿Y a ti por qué te preocupa? —¿A mí? *¡Acaso* es lo mismo! (Pocaterra, pág. 139); —No tuve tiempo; figúrate que ... *¡acaso* es fácil! Y además, no tuve tiempo (pág. 204).
SANTO DOMINGO: —Préstame cinco pesos. —¿*Acaso* tengo dinero? (Patín Maceo, "Amer.", IV, 411; cf. *BDH*, V, 57).

A DIARIO, DIARIO

Gagini (pág. 125) condenaba treinta o cuarenta años atrás la frase *a diario* (= *todos los días, diariamente*, etc.), pretendiendo que se hallaba limitada "al vulgo madrileño", si bien en los periódicos costarricenses se consideraba como "el colmo de la elegancia". Casi al mismo tiempo escribía Mir (*Frases de los autores clásicos*, s. v. *llorar*): "Los periodistas presentes dicen *a diario*. Mañana dirán *a semanario* ... *a mensual, a anual*, etc.". La frase no penetró de momento en el diccionario de la Academia, y, debido a su frecuente uso y a su nivel social en Hispanoamérica, numerosos preceptistas la consideraron como americanismo. A despecho de su formación, aparentemente anómala, desde entonces ha ido adquiriendo en España una sólida posición y la han empleado escritores relevantes [1]; recientemente se la ha admitido en el diccionario de la Academia. De hecho, probablemente ha adquirido mayor extensión en Hispanoamérica que en España. Baste con unos pocos ejemplos.

COLOMBIA: —Hace como dos meses que nos vemos *a diario* (Carrasquilla, *Hace tiempos*, I, 190).
GUATEMALA: —Me escribirás *a diario*, ¿sabes? (Wyld Ospina, *La gringa*, pág. 130).
MÉJICO: Casi *a diario* visitaban al ex-ministro (Gómez P., pág. 34).

---

[1] Benavente, *La otra honra*, I, 3: "Cuando considera uno estos espectáculos que *a diario* nos ofrece la Humanidad". Américo Castro, *La peculiaridad*, pág. 113: "Fuera de ellas se organizan *a diario* cursos de ortografía". Y mucho antes aparece en Pereda (*Obras completas*, XV, 68): "Bajo las coberturas sencillas que usamos *a diario* los simples mortales".

Al presente da que hacer a puristas y preceptistas el empleo del adjetivo *diario* (a veces *de diario*) como adverbio en lugar de *diariamente* o *todos los días* o incluso *a diario* (ya que esta forma se ha aceptado como consagrada). La palabra *diario* se emplea como adverbio en Bolivia (Malaret, *Suplemento*), Colombia (Sundheim), Perú, América Central, Méjico (Rubio, *Anarquía*), Puerto Rico (Malaret) y en otras partes probablemente.

PERÚ: —Existen indios ... que *diario* andan de tarro y leva [= sombrero de copa y levita] (Barrantes, pág. 84).

VENEZUELA: Esperaba *de diario* a que saliese (Blanco F., pág. 135).

COSTA RICA: Ahí lo veo pasar *diario* (Fabián Dobles, pág. 238; también págs. 243, 283, 293). Voy *diario* a la siudá (Gagini, pág. 125).

NICARAGUA: Y cuando se fue la viejita se fijaron donde estaba la sandilla y *diario* la iban a ver y la tanteaban (*Centro*, I, núm. 3, pág. 19).

GUATEMALA: Don Pepe *diario* se afeita (Sandoval, I, 367).

EL SALVADOR: *Diario* va a la finca (Salazar García, pág. 108).

AFUERA, FUERA, ADENTRO, DENTRO

El mejor uso consagrado de los adverbios *afuera, fuera* y *adentro, dentro,* parece ser éste: las formas largas, *afuera* (< *a* + *fuera*) y *adentro* (< *a* + *dentro*), se emplean solas; las formas cortas, *fuera* y *dentro,* se prefieren con preposición, ya en construcciones como *hacia fuera,* ya en las compuestas: *dentro de, fuera de.* El cálculo de Keniston (*Syntax list*, págs. 39, 61) implica dicha preferencia. Mientras la lengua consagrada prefiere las formas cortas detrás de preposición, en Hispanoamérica parece ser cierto lo contrario, sobre todo detrás de *hacia.* Por supuesto que en la conversación ordinaria *hacia fuera* suena exactamente igual que *hacia afuera,* y los que escriben *hacia afuera* es probable que consideren *hacia fuera* como un caso de "*a* embebida", lo cual puede haber sido cierto en muchos casos. *Afuera de* y *adentro de* son populares, pero *hacia afuera* y *hacia adentro* son también formas literarias.

ARGENTINA: *Afuera* de la ramada había colgado un cuarto de carne (Payró, pág. 13). *Adentro* de la ciénaga (Petit de Murat, pág. 67).

URUGUAY: *Hacia afuera* ... se abría el campo (Viana, *Gaucha*, página 180). ... La gallina ... tenía la pollada *adentro* de la cocina (Pérez Petit, pág. 22).

CHILE: Y su angustia creció al advertir que *desde afuera* alguien hacía presión sobre la puerta (Maluenda, *Los ciegos,* pág. 150); dio un paso *hacia afuera* (pág. 151). Ya están aprendiendo castellano *adentro* de la cáscara (Díaz Garcés, en *Hispanoamericanos,* pág. 120). PERÚ: La gente ... mira *hacia afuera* (Barrantes, pág. 74). Los pastores se endurecieron ... llorando *para adentro* sus lágrimas (Ciro Alegría, *El mundo,* pág. 107). COLOMBIA: Sálgome al punto *hacia adentro* (Carrasquilla, *Hace tiempos,* I, 261); bota *hacia afuera* sus copos (II, 7). COSTA RICA: Poco después ya viene *hacia adentro* (Fabián Dobles, página 122; también págs. 135, 158); siguió *hacia afuera* (pág. 171). HONDURAS: La lengua pastosa yacía *afuera* de la boca (Mejía Nieto, *El solterón,* pág. 128). GUATEMALA: Pegastes centro [= acertaste] para calmar mi aflición, / por más que la procesión / la llevemos *por adentro* (Bonilla Ruano, III, 74). MÉJICO: Yo traigo media docena de plomos *adentro* de mi cuerpo (Azuela, *Los de abajo,* pág. 16). En eso vi a un hombre ... mirando *para adentro* (Galeana, pág. 103). Se formó una línea de soldados *adentro* del zaguán (Urquizo, pág. 45). *Adentro* de la choza ... yacía una mujer joven tendida sobre un petate (Rubín, pág. 139). CUBA: Después que el viejo marino hubo mirado un momento *hacia adentro* de sí mismo (Ibarzábal, en *CC,* pág. 42).

A CADA NADA

La locución *a cada nada* "a cada rato, a cada instante" se oye en Chile (Román), Colombia, Venezuela, América Central (Malaret, *Dicc.*) y otras partes probablemente. Para Cuervo (§ 398) su fundamento se encuentra en el significado de *nada* en frases como *nada ha que vino* ("muy poco, un momento"). Hay variantes: *a cualquier nada* (Chile, donde *a cada nada* se pronuncia *a caa na*), *cada poco* (Méjico), *cada nonada* "de vez en cuando" (Nuevo Méjico), *cada manada* "a menudo" (Honduras), etc. (cf. *BDH,* II, 131).

A GATAS

La locución adverbial *a gatas* significa normalmente "a cuatro patas". La expresión figurada y coloquial *salir uno a gatas* significa "librarse con dificultad de un aprieto peligroso". Este sentido figurado de *a gatas* se ha extendido coloquialmente en la región del Río de la Plata al simple significado de *apenas.* La frase (*a gatas, agatas, a gatitas, agatitas*) se emplea como adverbio de modo y como conjunción temporal. Parece que existen huellas de esta extensión del significado en el español popular peninsular (Tiscornia, *La lengua,* pág. 204, n. 1), en Bolivia (Malaret) y en otras partes.

En calidad de adverbio: *Agatas* andaría por los once [años] (Lynch, *Romance,* pág. 105); el hijo e la viuda ... *agatas* si le contestó uno que otro "¡ah, ah" (pág. 245); pa la madre *agatas* si el mozo tuvo un pensamiento (pág. 255). —¿No te podeh' enderezar? —*A gatitas* —contesté mientras lograba tomar posición de gente (Güiraldes, *Don Segundo,* pág. 91); *a gatas* aguantó las ganas que tenía de echársele encima, ahí no más (pág. 134). Aquí *a gatas* sabemos lo que pasa en el pago y eso mismo a veces por puro vicio (Larreta, *El linyera,* pág. 44). El boleto *agatita* alcanzó pa mí solita (Chiarello, pág. 15). La tierra ardía bajo el sol terrible, cubierta *a gatas* con un ponchito de gramillas (Espínola, página 25).

En calidad de conjunción: —El patrón se jué *agatas* llegué yo (Lynch, *Romance,* pág. 318). *A gatas* la vi, me fue simpática (Payró, pág. 22).

AHORA, HOY

En el habla popular de algunas regiones existe confusión en el uso y significado de los adverbios *ahora* y *hoy.* En primer lugar, el uso popular y rústico emplea con frecuencia *hora* (junto con *aura*) por *ahora.* Por otro lado, el monosílabo *hoy,* al parecer por no encontrar en él fuerza suficiente, se ha alargado de diversas maneras (cf. en el *Cid,* v. 754, *oy en este día;* francés *aujourd'hui*). Así, en Méjico provincial sobre todo, se puede oír *ahoy,* probablemente por analogía con *ahora.*

MÉJICO: —*Ahoy* me ha tocado ser de los de la legalidá (Madero, I, 7). Lo que es yo te quedré siempre lo mismo que *ahoy* (Delgado, pág. 64).

La forma *hoy día,* que en el habla consagrada significa generalmente "en nuestros días", se oye en muchas zonas en el sentido de *hoy,* que corresponde a un antiguo uso.

ARGENTINA: *Hoy día* iremos al cine (Morínigo).

CHILE: Está bueno que te vayas *hoy día,* te doy quince días para que te repongas (Juan Modesto Castro, pág. 100); Levántate *hoy día* un par de horas (pág. 127); —Ud. ya se puede levantar *hoy día,* y si sigue bien, irse el lunes (pág. 396).

BOLIVIA: *Hoy día* se ha vuelto usté a perder (Jaime Mendoza, *El lago,* pág. 70).

ECUADOR: —Será *hoy día* que estará bueno, pero mañana ... (Pareja, *La Beldaca,* pág. 27). —Desde *hoy día* te voy a dar ocho sucres al mes (Pareja, *Baldomera,* pág. 176).

COLOMBIA (SUR): *Hoy día* estamos a siete de mayo (Álvarez Garzón, pág. 158); *hoy día* la pagarán (pág. 177); aunque fuera *hoy día* mismo (pág. 199).

Al parecer, en la zona costera del Ecuador se emplea la forma *todoy* (< *todo* + *hoy*) por *ahora* (Toscano, pág. 143).

—¡Ah! ¿Tanto cuesta? —Sí, don Jesús. Todo está caro *todoy* (Pareja, *La Beldaca,* pág. 183); —Le dio un ataque, Jesús. Todito temblaba *todoy* (pág. 184). —No sé. Pero no me gusta argo que ejtá pasando *todoy* (Aguilera Malta, pág. 107).

En relación con *ahora* y *hoy* es particularmente sorprendente su intercambio de significados: hay regiones en que *ahora* significa "hoy" y *hoy* significa "ahora". Evidentemente, el uso de *hoy* por *ahora* se remonta a la lengua antigua: "quesiste casar / A tu hija, *hoy* ha seis años" (Torres Naharro, *Comedia Aquilana,* IV); "Bien parece que no me conosciste en mi prosperidad, *oy* ha veynte años" (*Celestina,* IX). Sobre todo en la América Central se oye "*hoy* (= ahora) ha llovido más que el año pasado", "*hoy* mismo (= ahora mismo) voy", "*hoy* (= ahora) los inviernos son más fríos que antes". En *El médico que pretendió la gloria* (pág. 44), el ecuatoriano García Muñoz emplea *hoy* por *ahora:* —"¿Desde qué horas está usted con esa intranquilidad, señora? —Hace una hora, doctor. —¿Una hora? Entonces, los dolores han empezado a las diez, porque *hoy* son las once". En *Estampas de mi ciudad, segunda serie,* el mismo autor emplea *ahora* por *hoy:* —"¿Por qué no he de beber, pes? Si *aura* es día de chumarse" (pág. 54); "Y como necesito plata para *aura* de noche [= hoy por la noche]" (pág. 317); "*Aura* tarde [= hoy por la tarde] usted les ha de vender bien vendidos" (pág. 318).

Idéntico uso de *ahora* por *hoy* se halla casi en todas partes junto con el uso consagrado. Bonilla Ruano (III, 49) lo testifica para Guatemala con el ejemplo "*ahora* llegaré a verte" por "*hoy* llegaré a verte". El lexicógrafo mejicano Santamaría (*El provincialismo tabasqueño*, pág. 70) hace esta reveladora afirmación: "*Ahora*, propiamente, se refiere a la actualidad durante el día o la fecha en que se habla; así, se dice *iremos ahora, ahora en la noche*, esto es 'hoy'; en tanto que *ahorita* es 'en este momento', en el instante mismo en que se habla". El diccionario de la Academia da *por ahora* como equivalente de *por hoy*.

El uso de *hoy* por *ahora* es muy frecuente en la frase coloquial *desde hoy* (rústico *dende hoy*) con el significado de *desde ahora*, es decir, *desde hace rato o poco antes o hace un momento*.

ARGENTINA: ¡Al fin, mujer! ¿De dónde salís? Desde hoy te estoy llamando (Laferrère, *Las de Barranco*, pág. 19). —¡Desde hoy te estoy esperando! Tengo que hablarte (Laferrère, *Locos de verano*, pág. 24).

URUGUAY: —*Desde hoy* le estoy diciendo que vaya a acostarse, pero ella por esperarte. ... —¡Caramba, y yo que he tardado tanto! (Florencio Sánchez, pág. 39).

GUATEMALA: *Dende hoy* vino a buscarte el carretero, quien trae para ti un certificado urgente (Sandoval, I, 329); Vine *desde hoy* a buscarte y no te encontré (pág. 342). —¿Pero dónde puse las tijeras? Dios mío —dice la costurera—. Si *desde 'oyito* las tenía en la mano (José Valle).

A HUEVO

El diccionario de la Academia ha vuelto a registrar la discutidísima expresión *a huevo*, la cual se encuentra en la lengua antigua [2] y, al parecer, se emplea aún en regiones de España, si bien no con tanta libertad como en partes de Hispanoamérica. El dic-

---

[2] Cf. el refrán "En Toledo el abad *a huevo*, y en Salamanca a blanca", citado en *La Dorotea* (1632), II, 3, de Lope.

cionario explica esta frase como indicadora de "lo barato que cuestan o se venden las cosas". Además del significado general de "barato", la frase ha adquirido numerosos significados más en diferentes regiones. En Venezuela, _huevo_ significa "centavo de cobre", lo cual deriva de la costumbre de hacer trueque con huevos a céntimo por unidad en una época en que no existía ninguna moneda inferior al medio real, que valía cinco sueldos. El francés Lavayasse, que estuvo en Venezuela, dice en 1807: "Si entras en una tienda a comprar algo que valga menos de cinco sueldos, te darán por vuelta dos o tres huevos" (citado por Alvarado, página 238). La expresión consagrada _a huevo_ se convierte en _de a huevo_ en Venezuela y en otras partes. En Cuba (Tierra-dentro), la expresión popular _de a huevo_ significa "una cosa mui fácil o mínima" (Pichardo, pág. 197); "una cosa ... insignificante, o sumamente fácil de preparar, resolver, etc." (Macías, pág. 692); "la escasa importancia de algo: un traje _de a huevo_" (Suárez, pág. 287).

En otras partes, _huevo_ puede tener el significado opuesto, el de gran importancia o valor. Así, en Puerto Rico, "costar una cosa un huevo" significa "costar un ojo de la cara" (Malaret, _Dicc._, página 292). En Guatemala se aplica _de a huevo_ a "la persona valiente, esforzada y apta para muchas cosas, entre otras para el estudio". Sandoval (I, 311)[3], por ejemplo, da estos casos: "Rufino es _de a huevo_ y le pega a cualquiera"; "Tú fuiste _de a huevo_ para las matemáticas".

En Méjico, _a huevo_ significa _por fuerza:_

—Nosotras no salimos de aquí, y si salimos vamos juntas. —¡Pues ustedes salen _a huevo!_ —contestó el oficial. Y ordenó a los soldados que nos sacaran. —_A huevo_ no nos sacan, y si nos sacan, nos sacarán muertas! (Galeana, pág. 187).

La frase _a chaleco_ tiene idéntico significado en Méjico (Rubio, _Anarquía_, I, 54). Ramos Duarte (pág. 156) trae _al chaleco_ con los significados de "A ufo, a la fuerza, porque le dio la gana". Es posible que esta frase esté emparentada con _chaleco de fuerza._

---

[3] He aquí otras expresiones del habla vulgar guatemalteca con el mismo significado registradas por Sandoval: _de a pichinga, de a pipián, de a sombrero, de a pozol,_ etc.

A LA DISPARADA

Al parecer, esta expresión se halla restringida a la región del Río de la Plata, Chile y Perú. El sustantivo verbal *disparada* (de *disparar*) con el significado de *fuga desordenada* se emplea con *a* o con *de* (*a la disparada* o *de disparada*) para significar *con mucha urgencia* (Tiscornia), o *a todo correr* y, en forma figurada, *precipitada y atolondradamente* (dicc. de la Academia). Lo usan incluso conocidos estilistas argentinos:

Antes de echarse a bajar precipitadamente la escalera, se paró ante un espejo, se miró, alisó *a la disparada* la parte derecha del peinado (Mallea, *Fiesta*, pág. 46).

A LA DISTANCIA, LARGO

La expresión consagrada *a distancia*, con el significado de *lejos*, se convierte frecuentemente en *a la distancia* tanto en Hispanoamérica como en Andalucía, probablemente por analogía con *a lo lejos*. Basten unos cuantos ejemplos:

URUGUAY: Había descubierto *a la distancia* a Juan de Dios (Pérez Petit, pág. 72).
CHILE: Tropezó con la dura mirada del viejo que le interrogaba *a la distancia* (Azócar, pág. 314).
PERÚ: Una tarde el cholo ... distinguió *a la distancia* a dos reses trabadas en lucha (Ciro Alegría, *El mundo*, pág. 41).
ECUADOR: *A la distancia* sólo se veía una misma mancha negra (Vásconez, pág. 164). *A la distancia* latían los perros (Icaza, *Media vida*, página 228).
COLOMBIA: Andrés las seguía *a la distancia* (Álvarez Garzón, pág. 91).
VENEZUELA: Un toque de corneta *a la distancia* y luego otro más cerca (Gallegos, *Pobre negro*, pág. 309).
NICARAGUA: *A la distancia* se apreciaba el bloque apretado de las montañas (Toruño, pág. 17).

En algunas regiones, como en Costa Rica, *largo* significa *lejos;* igual ocurre en algunas regiones rurales de España: (Toledo): "Ahora vamos a ver quién coge un canto y lo tira más *largo*"

(Aurelio Espinosa, *Cuentos,* III, 360); (León): "tenemos que ir a muy *largo* por ella" (*Cuentos,* I, 111).

Costa Rica: Así que anocheció, vieron allá muy *largo* una lucecita (Lyra, pág. 65). Las mujeres y los curas, hijito, / hay que ispialos *de larguito* (Dobles Segreda, pág. 74). —¡Llévesenlo *largo!* (Fabián Dobles, página 384). —Ya va *largo* Felipe (Fallas, pág. 58).

La expresión normal *de largo a largo* (= *a todo su largor*) se convierte en *largo a largo* (Román, III, 271 [Chile y otras partes]) o en *de largo en largo* (Vázquez, pág. 235 [Ecuador]), etc. La expresión *a lo lejos* se halla a veces como *al lejos* (por analogía con *a lo menos, al menos*) y *a los lejos.*

A LA FIJA

Esta locución (variante: *en fija*) es corriente en la región del Río de la Plata, Chile, Perú, Colombia y otras partes probablemente. Significa *con seguridad, seguramente.* Corresponde a la frase adverbial normal *de fijo* (= *seguramente, sin duda*) y a la expresión coloquial (*ésa*) *es la fija* (= *es seguro*); *estar en la fija* (por *es la fija*) se ha registrado para Andalucía (Toro Gisbert, "Voces", pág. 451).

Argentina: Era algún remedio *a la fija* (Lynch, *Romance,* pág. 95); *En fija* que hizo mal en humedecerse ansí los pies (pág. 247).
Uruguay: —Ha de ser Ciriaca. —Ésta, *a la fija,* mañana va a denunciarnos (Pérez Petit, pág. 40).
Chile: Vete con el caballero a la hacienda, que irás *a la fija* [= perfectamente, con la deseable comodidad o seguridad]: no sale de ella administrador que no salga con Don por delante i con el riñón tapado (Zorobabel Rodríguez, pág. 3).
Colombia (Valle del Cauca): A las dos lo encuentra *a la fija* (Tascón, pág. 21). (Antioquia): Iban *a la fija* (Jaramillo, pág. 89).

A LA MEJOR

La frase castiza *a lo mejor* "tal vez, cuando menos se espere, posiblemente", con frecuencia se convierte en *a la mejor* en Méjico, en Venezuela (Rosenblat), en áreas de Cuba (Padrón) y en otras partes quizá. En el Ecuador se oye *a lo mejores* (Toscano, pág. 173).

MÉJICO: —¿Por qué no? ¡Tanto ha visto uno! —*A la mejor,* el día de mañana nos depara algo a nosotros (Gómez Palacio, pág. 31); decíase a sí misma que *a la mejor* hay tiros, bomberos, excesos políticos, y que vale más no salir de casa (pág. 32). ¡Quién sabe! ¡*A la mejor* aquel muchacho que tenía buenas ideas y tan firme carácter, triunfaba! (Fernando Robles, pág. 76); todo se va a ir en alegar y *a la mejor* ni se hace nada (pág. 58).

A LAS CANSADAS

En la zona del Río de la Plata, Puerto Rico, Perú, Méjico y otras partes posiblemente, se emplea *a las cansadas* en el sentido de "muy tarde, después de mucha demora, a las mil y quinientas" (Malaret), con el matiz de "cansado de esperar". En el Ecuador se oye *a la cansada* (Toscano, pág. 319).

ARGENTINA: Se descansó, se tomó mate, se durmió y *a las cansadas* llegaron las mulas de carga (Mansilla, *Una excursión,* pág. 57). *A las cansadas,* cayó la policía con el médico (Güiraldes, *Don Segundo,* pág. 282). Güeno, por fin, allá, *a las cansadas* … se abría de golpe … la puerta (Lynch, *Romance,* pág. 358).

"AL ÑUDO" Y SINÓNIMAS

La locución *al ñudo* (variante: *al divino ñudo*), que significa *en vano, inútilmente,* se emplea corrientemente en forma coloquial en la región del Río de la Plata. Las personas cultas la emplean también jocosamente. Al conocido refrán *Genio y figura hasta la sepultura* corresponde el refrán argentino *Al que nace barrigón es al ñudo que lo fajen.* La forma *ñudo* por *nudo* sufrió la influencia de *añudar* (< latín *annodare*). La contaminación recíproca dio por resultado la doble forma *añudar-ñudo* y *nudo-anudar* (*BDH,* I, 159).

Frecuente en los escritores del Siglo de Oro, *ñudo* se considera ahora arcaico, pero ha sobrevivido (además de *nudo*) en los dia-

lectos españoles y en el habla popular de Hispanoamérica. Tiscornia (*Martín Fierro*, pág. 52 n.) opina que su significado deriva de
la dificultad de desatar un nudo, el cual cuanto más se tira de él,
más se aprieta. Rossi (Folleto núm. 21, pág. 21) considera que es
"porque deshacer un nudo es menos práctico que cortar el hilo, y
es tiempo y paciencia malgastados en obsequio exclusivo del nudo".

ARGENTINA: Pero *al ñudo* fue. El mozo no contestó palabra (Lynch,
Romance, pág. 192). Pensó que era *al ñudo* buscar su caburé [= ave de
rapiña] a esas horas (Güiraldes, *Don Segundo*, pág. 130); —No *al ñudo*
te has criao como la biznaga (pág. 299). Lo demás es calentarse / El mate
al divino ñudo (Del Campo, *Fausto*, pág. 281).
URUGUAY: Hacen mal en dir a gastar plata *al ñudo* (Sánchez, *M'hijo
el dotor*, III, 2). —Porque a mí no me gusta gastar la plata ni las palabras
al ñudo (Viana, *Tardes*, pág. 31); —Está *al ñudo* la alvertencia (pág. 33).

Las locuciones *al cohete* (escrita también, por imitación del
habla rústica, *al cuhete, al cuete*), *al botón* y *al pedo*, sinónimas de
al ñudo, se emplean en el habla rústica y vulgar de la misma región. El adjetivo *divino* (también *santo*) refuerza a veces el término
(*al divino botón*), igual que ocurre con *ñudo* (*al divino ñudo*). Las
frases *al botón* y *al cohete* también significan *sin razón, sin motivo*, etc. En este sentido, la expresión *al botón* no es desconocida
en Chile, al menos en algunas regiones, especialmente en la frase
hablar al (divino) botón, que significa "hablar por hablar, sin concierto ni objeto alguno" (Medina, pág. 44). Malaret (*Suplemento*,
I, 206) registra *al (divino) botón* en el Perú.

ARGENTINA: —Cuando yo te digo que no vale la pena, no lo digo *al
cuhete*. ¡Sé lo que son! (González Arrili, pág. 37); No lo hago porque
se me hace que todo va a ser un puro perder tiempo y saliva *al cohete*
(pág. 50). ¡Caramba, yo no quiero hacer un sacrificio *al cuete!* (Martínez
Payva, pág. 11). Una vez entre otras muchas, / tanto salir *al botón*, / nos
pegaron un malón (*Martín Fierro*, pág. 39). ¡Paisano hereje, *al pedo* cansó
el caballo! (Saubidet, pág. 12). —Su sermón no fue *al divino pedo* ... sino
un ataque certeramente dirigido (Filloy, pág. 430).
URUGUAY: —Es *al cohete*. ¡Al viento no se asujeta como a la yegua
por los garrones! (Acevedo Díaz, *Soledad*, pág. 147). —No, no mire p'atrás.
¿Pa qué? Si es *al pedo*. Con mirar p'atrás no se gana nada (Montiel, *Cuentos*, pág. 14). —Están hablando *al santo botón*. ... Más valiera seguir como
hasta aura (Viana, *Tardes*, pág. 68). —Me parece que nos hemos alarmao

al cuete (Pérez Petit, pág. 141). —Allí hay que llegar temprano si no se quiere hacer el viaje *al botón* (Florencio Sánchez, pág. 284).

CHILE: Pero 'chacra' tiene en cambio la variante 'chácara', como suelen decir ciertos puristas *al divino botón,* que se imaginan que para hablar castizo con apartarse siempre del vulgo basta i sobra (Zorobabel Rodríguez, pág. 140).

A LO MACHO

La frase *a lo macho* es corriente sobre todo en la conversación familiar de Méjico con el significado de "firmemente, verdaderamente, de verdad, completamente", etc. Cf. inglés "like a man" y cubano "de a hombre" (Padrón).

ZONA CENTRAL: Échele encima los pleitos en que me he metido *a lo macho,* sin conseguir nada (Magdaleno, pág. 15). Quero que me dé un consejo / *a lo macho* y a lo amigo. ... Lo que les dije, compadre, / y lo sostengo *a lo macho* / jué qu'es usté sinvergüenza (Rivas Larrauri, páginas 85, 157).

En otras partes se da la vuelta a la frase convirtiéndola en *a lo hembra,* que significa "falsamente, traidoramente", etc. En *Cimarrones* (Argentina), de Yamandú Rodríguez, Valerio se queja de su amigo, que a traición le robó el amor de Pastora: "Te portaste *a lo hembra.* Como Pastora. Son parejos. Entre los dos me han echado del rancho, del pago, de mí" (pág. 105).

"AL TIRO, AL GRITO" Y FRASES EMPARENTADAS
CON ÉSTAS

La frase adverbial *al tiro* (= *al instante, al momento, en el acto, inmediatamente, de golpe*) es corriente sobre todo en Chile (Román, V, 477), pero también es conocida en Bolivia, Argentina (aquí se prefiere *al grito*), Perú, Ecuador (Malaret), Colombia (Tascón, pág. 25), Costa Rica (Gagini, pág. 55), Honduras (Membreño, pág. 7), y en otras partes probablemente, si bien no abundan los ejemplos. El significado de *al tiro* se puede comparar con el inglés "quick as a shot". Las expresiones consagradas más cercanas a aquélla son *de un tiro* y *de un tirón*. Es posible que haya sufrido la influencia de la expresión consagrada *a tiro,* cuyo significado "a tiro (de piedra)", "a tiro (de arma de fuego)", etc., evolucionó a "estar muy a tiro" y "cerca"; más adelante, por medio de un cambio frecuente del valor espacial al valor temporal, pasó a "pronto, rápidamente". Así, en Canarias se emplea *a tiro,* o *a tirito,* con el significado de *en seguida, a escape, inmediatamente, sin dilación* (Millares, pág. 17).

Variantes de *al tiro* son *al tirito, alretirito, altirichicho, al tiro liro,* etc.

ARGENTINA: Le soltó / las bolas, con tal certeza, / que, *al tiro,* se las ató / en las manos al rocín (Ascasubi, pág. 168).

CHILE: Vistámonos *al tiro* y veamos qué ha sucedido (Laval, II, 90). *Al tirito* me las endilgo p'al cerro (Latorre, *Hombres,* pág. 223). —Voy a volver *altirito* (Acevedo Hernández, *De pura cepa,* pág. 8); Quiero peliarte, pero *alretirito* (pág. 10). —Cuente lo que le pasó con mi compadre. —*Al tiro liro* (Guzmán Maturana, pág. 198). —¡Me duele tanto la cabeza, hijito! Con un par de puchaditas ["fumadas"] se me quita *al tiro* (Juan Modesto Castro, pág. 17); No se hizo rogar, pagó *al tiro* (pág. 147); me calman *al tiro* el dolor (pág. 214); Empezaron *al tiro* con sus pruebas (pág. 375). ¡Yastá! ¡*Altirichicho!* ¡Los juimos! [= nos vamos] (Muñoz, pág. 232).

BOLIVIA: Retiraron la bolsa y comprobaron que en el ángulo de la vivienda había un hueco. ... —Tápalo *al tiro,* che. La vida es imposible con estas malditas [ratas] (Céspedes, pág. 215).

La expresión rioplatense *al grito* (no registrada en los diccionarios argentinos) posee el mismo valor temporal que *al tiro.* Tiscornia (*Martín Fierro,* pág. 111 n.) observa: "Ambos modos [*al grito* y *al tiro*] parecen tener origen a principios del siglo XIX, en las guerras de la independencia: les es común el sentido bélico de las voces 'grito' y 'tiro', a las cuales acudían prontamente los soldados". Es posible que las citadas circunstancias hayan tenido su influencia en la vida de estas expresiones, pero no representan necesariamente, ni siquiera probablemente, su origen.

Al grito salió de adentro / Un gringo con un jusil (*Martín Fierro,* página 111). Y, en cuanto esto se concluya, / *al grito* nos descolgamos (Hidalgo, pág. 74); al galope llegó arriba / y, *al grito,* ya le echó mano / a la chuspa (pág. 88). Haga el favor / de acollararlos. —*Al grito* (Del Campo, *Fausto*, pág. 261).

Se hallan emparentadas con *al tiro* las locuciones *del tiro* y *de a tiro*, con sus variantes *de al tiro* y *dialtiro*, usadas por el bajo pueblo en Venezuela (*del tiro*), en la mayor parte de América Central (*de al tiro* y *del tiro*) y en Méjico (*de a tiro, de al tiro, dialtiro*) con el significado de *en absoluto, por completo, de un todo* (Alvarado); *de golpe* (Gagini); *enteramente, de golpe o zumbido* (Batres); *de una vez, enteramente, totalmente* (Sandoval); *de una vez, enteramente, de un tirón* (Ramos Duarte). Darío Rubio (*Refranes*, I, 128) informa que en Méjico se emplea *de a tiro* muy corrientemente "para calificar la conducta de una persona, cuando nos parece que dicha conducta merece reprobación", con el significado general de *completamente*, si bien la expresión puede tener adicionales y sutiles connotaciones.

VENEZUELA: No es tan *del tiro* así. *Del tiro* dejé mi oficio (Alvarado, pág. 431).

EL SALVADOR: Por más que se hizo, el niño Raulo ya no tuvo compostura y se perdió *de al tiro* (Mechín, *La muerte*, pág. 107). Éste salió medio rajado y aquél boliado [= astillado] *dialtiro* (Salarrué, *Cuentos*, página 7); La barranca ... se despejaba *dialtiro* y se véiyan clarito los morados del guarumal (pág. 134).

GUATEMALA: —La Toña es una igualada. ¡Y tan *dialtiro* orgullosa! (Wyld Ospina, *Nahuyacas*, pág. 88). *De al tiro* se me rompió el pantalón (Sandoval, I, 311). Ya estaba esperando que el animal se le juera encima y ... la dejara muerta *dialtiro* (Quintana, pág. 130). Pero ahura sí que cambió en un *dialtiro* (Barnoya, pág. 26).

MÉJICO: —No me parroió tan *de atiro* despreciable (Inclán, II, 166). Eres *de a tiro* sinvergüenza; —¿Qué te pareció la tiple que se presentó anoche? —*De a tiro* mala. (Refrán): *Dealtiro* la tronchan verde, no la dejan madurar (Rubio, *Refranes*, I, 128). La suerte / con los que son güenos / *dialtiro* la troncha, / en l'ínter qui hay munchos / que son puras mulas y son los que gozan (Rivas Larrauri, pág. 10); se quedó *dialtiro* / sin un solo jierro (pág. 59); pero es que t'equivocas *dialtiro* si te fias / nomás de l'aparencia (pág. 62); Mi mamacita está muy mala *dialtiro* (pág. 92); ¿Ti has güelto loco *dialtiro*? (pág. 114), etc. —¡No, hombres! Ustedes sí que la amuelan ... ¡*diatiro*! —Este "diatiro", interjección provincial, precedió a otra crudez (Quevedo, *Las ensabanadas*, pág. 129).

A MANO

La frase hispanoamericana *estamos a mano* (empleada en el juego, en las cuentas, obras y palabras) corresponde a la consagrada *estamos en paz* más bien que a *estamos mano a mano,* ya que la última, de acuerdo con el diccionario de la Academia, es restringida en su aplicación: "entre jugadores y luchadores, sin ventaja de uno a otro o con partido igual". Román (III, 417) consideró como chilenismo *estar a mano,* opinando que derivaba de la costumbre de darse un apretón de manos para indicar que dos personas están en paz. Lejos de ser tal localismo, *estar a mano* (o *a manos*) se oye prácticamente en toda Hispanoamérica (cf. Malaret, *Dicc.*). Baste con unos pocos ejemplos:

ARGENTINA: (Terencio, que ya ha contestado a una llamada telefónica equivocada): Hola. ... No, señor. ... Belarmino no está ... [mintiendo]. Se fue a la casa de su agüela. ... Bueno. ¡*Estamos a mano*! (Chiarello, página 42). *Está a mano* con él (Y. Rodríguez, *Bichito,* pág. 70).
PARAGUAY: *Estamos a mano* (Morínigo).
CHILE: —Agora sí qu'es cierto que no le debo ni cobre. —*Tamos a mano,* —me ijo (Romanángel, pág. 73).
VENEZUELA: Ya *estamos a mano* (Alvarado, pág. 274).
GUATEMALA: Nada nos debemos, porque *estamos a mano* (Sandoval, I, 47).
MÉJICO: —Lorenzo, *estamos a mano,* tu cuenta está saldada (Inclán, I, 89).

A POCO

Un típico uso mejicano lo constituye la locución *a poco* (*crees que*), etc., que significa aproximadamente "es probable que pienses (que)", o "supongo que piensas (que)", o "quizá pienses (que)", etc., significado que ocasionalmente se ha debilitado, convirtiéndose en simple negación: *no* (cf. *acaso,* pág. 323). Al parecer, el verbo *creer* constituyó originalmente parte esencial de la expresión, pero actualmente, aun cuando la idea es la misma, se pierde aquél con frecuencia. La entonación corresponde a la de una pregunta y exclamación combinadas. Por esta razón, algunos escritores la puntúan como pregunta, otros como exclamación. La frase es generalmente irónica, ya que el enunciado afirmativo es en realidad negativo: la frase *¿a poco crees que me asustas?* se puede entender como "A lo mejor crees que me asustas", pero con mayor exactitud debería entenderse como "Piensas que me asustas, ¿no es cierto?". Se dan como equivalentes consagrados *acaso* (irónico), *a lo mejor, por casualidad, que te crees que*, etc. (León, 11, 15); a veces significa *yo sospecho, malicio, recelo que*, etc. Cf. también pág. 374.

Con *creer* (o *pensar*): —Pulmonía. ¿Por qué no llevó al médico? —¡Ah, qué doña Chole! *¿A poco usted cree* en ésos? (Ferretis, *San Automóvil,* pág. 23). ¿Pero *a poco piensas que* sin sindicatos, sabiendo trabajar, nos muramos de hambre? (Ferretis, *Quijote*, pág. 239). *¿A poco crees que* puedo correr más fuerte [= más de prisa] que un coche? (C). —Ay, desgraciados, yo también ya los conocí; *a poco creían que* andaban muy bien disfrazados (Galeana, pág. 164). —¡Mmm! *¿A poco creen que* el Coyotito no anda en todo esto? (Magdaleno, pág. 38).

Sin *creer: ¿A poco* es tuyo? [= "¿Piensas tal vez que es tuyo?"]; *¿A poco no me sienta bien el negro?* [= "Tal vez pienses que el negro no me sienta" = "El negro me sienta ciertamente"]; *¿A poco* tienes tan limpia la conciencia? (C). *¡A poco* [= acaso] son los mochos! (Azuela, *Los de abajo*, pág. 71). —Sí, doctor, su futuro suegro, don Ezequiel Casanova, de la familia de los Casanova. ... *¿A poco* no? ¡Hora niéguemelo! Si aquí todo se sabe (Robles Castillo, pág. 19). Porque dígase lo que se diga, lo decente se ve, se siente, se huele. *¿A poco* ustedes no han adivinado que no toda mi vida he sido una pobre cocinera? ¡Cocinera! Tal como se los digo (Azuela, *Avanzada*, pág. 238). Ya nomás el aroma quedó. —¡Cómo! *¡A poco* ya comieron! —Pues sí, figúrate. Llegaste tarde (Galeana, pág. 120). *¿A poco* cualquiera de las muchachas le iba a decir que no? (García Roel, pág. 200); ¿A que nunca han matao una gallina? —¿Y *a poco* tú sí? (pág. 303).

A SABER

En el sentido de *tal vez,* así como de *no sé, no se sabe,* etc., *a saber* es común sobre todo en América Central. Su uso corresponde al de *quién sabe* en otras partes, especialmente en Méjico, donde ocasionalmente se oye *al saber* en el habla popular y rústica de ciertas regiones. El diccionario de la Academia establece que *a saber* como exclamación significa *vete a saber.* Sin embargo, en

España aparece mucho menos frecuentemente que en algunas partes de Hispanoamérica: —"*A saber* si ella hará lo mismo" (Benavente, *Señora ama,* I, 5). Con frecuencia se escribe en una sola
palabra: *asaber.*

VENEZUELA (ANDES): *A saber* quién se robó el dinero (Rosenblat).
COSTA RICA: ¡Y *a saber* si ya endenantes / me bía fabricao muñeco!
(Agüero, pág. 13).
NICARAGUA: *A saber* de qué mujer suya será y quiere venirnos con
que lo recogió (Toruño, pág. 37). No hay uno que no lamente el cambio
de patrón. —¡*A saber* cómo irá a ser el que venga! (Robleto, pág. 66).
EL SALVADOR: —¿Nuha yegado? ¿y eso? —*A saber,* patrón. —¿Qué
li habrá sucedido? Ladislao respondió maquinalmente, como de costumbre:
—*Asaber* (Ambrogi, pág. 62). —Pero, ¿no van al Cielo los que se portan
bien en la Tierra? —*A saber* ... a veces quizá (Salarrué, *Eso y más,* página 29). En seguida puso al fuego un tiliche que quizás tenía agua, y *a
saber* qué vio (Mechín, *La muerte,* pág. 55). —Ende que le entró *asaber*
qué, se propuso hacer pisto (Salarrué, *Cuentos,* pág. 12).
GUATEMALA: ¿Cree usted que vendrá Juan? *A saber* [= quién sabe];
A saber [= no se sabe] quién se robó el dinero; *A saber* [= no sé] si
volveré a ver a mi madre (Batres, pág. 63). *A saber* Dios cómo estarán a
esas horas en su casa (Samayoa, pág. 27); —*A saber, a saber,* donde está
el hombre del monte (pág. 69).
MÉJICO: —¿Luego es decir que este invierno / te lo pasas sin cobija?
—Pos, ¡al *saber!* (González Carrasco, pág. 87); ¿Ya se siente igual que
antes? —¡*Al saber!* (pág. 170).

AVANTE

El adverbio *avante,* que significa *adelante,* lo trae el diccionario de la Academia como anticuado, pero todavía en uso en Salamanca (España) y como término estrictamente náutico: "Hoy tiene uso en *Sal.* y en la marina". Sin embargo, s. v. *salir* hallamos
la frase *salir adelante* o *avante,* que figuradamente significa "tener
éxito en una empresa, vencer una gran dificultad o peligro". El
adverbio *avante* (= *adelante*) es corriente en numerosas regiones
de América; algunos lexicógrafos lo han considerado como localismo (sobre todo la frase *salir avante*): Ecuador (Mateus, página 22), Chile (Echeverría y Reyes, pág. 131), América Central (Salazar, pág. 43), Guatemala (Sandoval, I, 96), etc. Los dos últimos
lo han considerado equivocadamente como vulgarismo por *ovante.*

"triunfante, victorioso". Ocasionalmente se le hace concordar como si fuera adjetivo: "los niños podrán salir *avantes* en sus estudios" (Coen, pág. 28 [Méjico]).

URUGUAY: Pero hemos ido *avante* y aquí estamos (Manuel Bernárdez, *ap.* Martínez Vigil, pág. 10).

VENEZUELA (ANDES): Llevamos los mulos *avante; Avante* lo topará; Siempre *salgo avante* en los exámenes (Rosenblat).

MÉJICO: En la prueba clínica ¿sabes cómo *salí avante?* (Quevedo, *La camada*, pág. 291). Pero el ingeniero supo sacar *avante* la aprobación de sus trabajos (Azuela, *Mala yerba*, pág. 96); algo había hecho Julián: dos homicidios calificados de los que supo *salir avante* y cuando no cumplía veinte años (pág. 107).

PERÚ: Si para algo se necesita desplegar actividades es para sacar *avante* la candidatura de don Antero (Corrales, pág. 172).

CASUALMENTE, TAN LUEGO

El adverbio *casualmente* (= *por casualidad*) se usa con frecuencia por *precisamente:* "*casualmente* por eso he venido" = "*precisamente* por eso he venido". Este uso, criticado como americanismo, se halla igualmente, si bien con menor frecuencia, en el español peninsular.

ARGENTINA: Parece que la recogió uno de los transeúntes, según lo declaró un señor Cabello, que es un corredor rengo, casado *casualmente* con una sobrina (*Fray Mocho*, pág. 180). —Pues podemos repartírnoslos, como buenos hermanos. —*Casualmente*, el dormitorio que tengo está pasado de moda (Rodríguez Acasuso, *La mujer olvidada*, III, 9). La virtud del automóvil reside *casualmente* en la nerviosidad del pique y la constancia de la velocidad (Filloy, pág. 229).

URUGUAY: El caballo te haría mucho bien. *Casualmente*, el overo ... está pidiendo que le pongan el basto (Reyles, *El terruño*, pág. 78).

CHILE: No es que Latinoamérica tenga una producción teatral que pueda compararse en valor y trascendencia a su poesía o a su novela, sino *casualmente* por lo contrario: por su deficiencia (Fernando Alegría, en *Atenea*, XX [1943], 162).

COLOMBIA: —¿Y don Florentino vio al bandido? —*Casualmente* eso es lo que voy a contarles (Buitrago, pág. 73).

VENEZUELA: *Casualmente* no hace mucho que [el Padre] me acaba de casá con una blanquita (Gallegos, *Pobre negro*, pág. 340).

MÉJICO: *Casualmente* por eso he venido (Santamaría y Domínguez, *Ensayos*, pág. 133). —Sí, de veras, todo eso es cierto; yo temo. ... —¿Eh? Pos *casualmente* por esto te lo advertimos (Robles, *La virgen*, pág. 94).

Con casi el mismo significado de *precisamente*, pero limitada al parecer a áreas restringidas, hallamos la locución *tan luego*. En la región del Río de la Plata abundan los ejemplos. El valor castizo de *tan luego* es temporal; su transición al otro concepto es semejante a la de la expresión temporal *desde luego* ("inmediatamente" > "indudablemente, seguramente, inevitablemente").

ARGENTINA: ¿Por qué él, *tan luego* él, debía enredarse? ... ¿por qué él, *tan luego* él, que intervino en los furiosos entreveros ... debía abandonar la ciudad por la sola insinuación de un colega? (Filloy, pág. 45). —Dos personas ... quieren hablar con usted. —¿Conmigo? *¡Tan luego* ahora! (Laferrère, *Locos de verano*, pág. 43). URUGUAY: —¡Qué rareza! Todo eso para escribir un libro. —¡Figúrense! *Tan luego* él que nunca tuvo aficiones literarias (Florencio Sánchez, pág. 538).

"CÓMO" + ADJETIVO

En el castellano moderno lo general es la frase exclamativa con *qué* + adjetivo o adverbio: *¡qué bella es la vida!* Al lado de esta construcción, en la lengua antigua existió también otra, menos corriente, para expresar el mismo tipo exclamativo: *cómo* + verbo + adjetivo o adverbio. Así, se podía decir "¡qué bella es!" o "¡cómo es bella!", frase que nos trae a la mente la famosa canción de *El auto de la Sibila Casandra*, de Gil Vicente: "Muy graciosa es la doncella; / ¡cómo es bella y hermosa!". De acuerdo con el cálculo de Keniston (pág. 158), en el siglo XVI las construcciones con *qué* eran casi dos veces más frecuentes que las de *cómo*. En el lenguaje consagrado, *cómo* ha cedido generalmente el lugar a *qué*, aun cuando ha sobrevivido en el habla popular de ciertas regiones, más en Hispanoamérica que en España.

ARGENTINA: *¡Cómo* somos desgraciadas las mujeres! (Manuel Romero, pág. 13). *¡Cómo* estaría arrepentido de sus burlas y sus risas! (Cuti Pereira, pág. 123).

URUGUAY: *¡Cómo* es difícil vivir! (Trías du Pre, pág. 79). —*¡Cómo* estoy cansada! (Sánchez, *La gringa* [ed. de 1941], II, 3); *cómo* están caras las cosas, ¿eh? (II, 4).

Los recién citados ejemplos de Sánchez son interesantes por presentar en las ediciones anteriores (1920, 1926, 1939) otra construcción (que se estudia más abajo): "*¡cómo* estoy *de* cansada!" y "*cómo* están las cosas *de* caras". Dardo Cúneo, editor de la edición de 1941 (Claridad), sacó sus textos de las ediciones populares aparecidas al tiempo de las primeras representaciones[4]. Se supone, por ejemplo, que María, que emplea las citadas expresiones, tiene un marcado acento italiano (dialecto piamontés) y ocasionalmente se la hace caer en italianismos ("está dal escribano" [II, 3]; "roba de gente, povero diavolo" [IV, 3]). Otros italianismos o coloquialismos originalmente escritos por Sánchez los consideraron como mal interpretados o como faltas los editores posteriores, y, por consiguiente, fueron eliminados sin fundamento, pero en la edición de 1941 recuperaron su forma original (original "ma es caro" [II, 4] por "mas es caro"; original "que lo haga de la modista el vestido" [II, 4] por "que le haga la modista el vestido", etc.).

En otros países se ha calificado de galicismo esta construcción, la cual, por cierto, se asemeja al francés y al italiano, pero hay que recordar que existió en la lengua antigua, usándose en la actualidad en el habla popular y rústica, en la cual es difícil que lleguen a penetrar los galicismos.

BOLIVIA: Mire, señorita, *¡cómo* está bonito el guindal! (Arguedas, *Vida criolla*, pág. 10); —¡Jesús! *¡Cómo* son inmorales estas indias! (pág. 188); ¡Pero *cómo* es puerca la vida! (pág. 234).

---

[4] Conforme con su respuesta a mi pregunta. Su carta dice en parte: "Existe por cierto algún desorden en los textos de Sánchez. Su autor nunca se interesó en unificarlos pues se desprendía de los originales en el momento en que los vendía a los empresarios. Incluso alguna vez, no faltó director de escena que resolviera modificar expresiones y pasajes. A falta de ediciones perfectamente corregidas por su autor, debemos —y así lo hice yo en la organización del 'Teatro Completo'— servirnos de las ediciones más inmediatas a los estrenos, incluidas en colecciones populares y cuyos ejemplares salían al público al mismo tiempo que se levantaba el telón para la representación de la pieza".

COLOMBIA: —¡*Cómo* había sido feliz en la soledad! (Efe Gómez, página 153).

MÉJICO: ¡*Cómo* eres ruin y bajo! ¡*Cómo* eres tonto! ¡*Cómo* eres bobo! (C). ¡*Cómo* eres hablador! (Rivas Larrauri, pág. 140). ¡*Cómo* eres malo! ¿Para qué los incomodas? (Ferretis, *Quijote*, pág. 254). ¡*Cómo* he sido tonto! (Anda, *Juan del Riel*, pág. 59). *Cómo* serán atascados (Urquizo, página 62). ¡*Cómo* eres lenguaraz, hermano mío! ... —Y tú, hermana mía, ¡*cómo* eres cándida! (Gamboa, *Teatro*, III, 177).

La misma construcción con la preposición *de* delante del adjetivo es corriente tanto en América como en España.

ARGENTINA: ¡*Cómo* le parecía *de* bien! (Lynch, *Romance*, pág. 43). ¡Ay, Jesús, *cómo* son estos hombres *de* ciegos! (González Arrili, pág. 54). ¡Sos *de* loco que da asco! (Y. Rodríguez, *Bichito*, pág. 79).

URUGUAY: ¡*Cómo* estoy *de* cansada! (Sánchez, *La gringa* [eds. de 1920, 1926, 1939], II, 3); *cómo* están las cosas *de* caras, ¿eh? (II, 4).

CHILE: ¿*Cómo* estaré *de* grave? (Juan Modesto Castro, pág. 370).

BOLIVIA: ¡*Cómo* fue *de* enorme su consternación! (Arguedas, *Raza*, página 79).

COLOMBIA (ANTIOQUIA): Figúrese, *cómo* es mi niña *de* hacendosa (Carrasquilla, *Hace tiempos*, I, 40); ¡*Cómo* viniste *de* bien puesta y bien peinada! (II, 107); ¡*Cómo* suena *de* extraño aquel golpeo! (II, 142). ¡Ya ve —empezó el maestro Feliciano— *cómo* son *de* orgullosas las mujeres! (Arango Villegas, pág. 15); ¡*Cómo* es la vida *de* cruel, *de* miserable, *de* ruin! (pág. 92). (SUR): *Cómo* le estoy *de* agradecido; *Cómo* es *de* bueno (Álvarez Garzón, pág. 197). Bogotá (Flórez).

VENEZUELA: ¡*Cómo* soy *de* distraído! (Gallegos, *Pobre*, pág. 256).

NICARAGUA: *Cómo* es *de* bueno y *de* ingenuo el soldado nicaragüense (Orozco, pág. 127).

GUATEMALA: *Cómo* era *de* alegre el Pedro (Barnoya, pág. 26); vos sabés *cómo* son *de* águilas los muchachos para dar coba (pág. 42).

MÉJICO: ¿*Cómo* estarían *de* asustados sus habitantes? (Núñez Guzmán, pág. 101). —Pero ¿qué es eso, Borita? ¡*Cómo* vienes *de* revolcada! (Quevedo, *Las ensabanadas*, pág. 107).

CUBA: Ustedes bien saben *cómo* andaba *de* enamorao de Conchita (Luis Felipe Rodríguez, pág. 204).

En algunas regiones, como en Colombia, *como* se usa adverbialmente en el sentido de *un poco, algo, más bien*. Por ejemplo:

—Estoy *como* cansada. —¿Qué tal es esa película? —Es *como* buena, es *como* cansona; Fulano es *como* tan simpático (Flórez, págs. 382, 384).

CONTIMÁS

La forma consagrada *cuanto más* = *con mayor razón* adquirió la forma más enfática *cuanto y más* posiblemente por fusión de *cuanto más* con *y más* (Cuervo, *Dicc.*, II, 658*b*). Corriente en los clásicos (véanse ejemplos en Cuervo), al parecer *cuanto y más* se redujo en el habla familiar a *cuantimás*, forma usada con frecuencia por santa Teresa y por otros. Sea como fuere, es más probable que *cuantimás* derive de *cuanto y más* (A. Espinosa, *Language*, IV [1928], 111-12, y *BDH*, I, 102, n. 2) que de *cuanto más* (Keniston, pág. 660). De cualquier modo, ambas formas, *cuanto y más* y *cuantimás*, son actualmente locuciones familiares y populares en España y, con un nivel social ligeramente superior, en Hispanoamérica. El término popular y rústico *contimás* se halla una sola vez en los *Cuentos populares españoles* de Aurelio Espinosa (II, 192 [Zamora]: "el diablo *contimás* iba creciendo la chica más se iba enamorando de ella"). Es probable que se emplee en otras partes, como en Navarra (*BDH*, V, 88 n.). Sin embargo, parece mucho más común en Hispanoamérica, y a veces se pronuncia *cotimás* (Picón-Febres, pág. 84). Algo de cierto hay en la observación de Santamaría a propósito de *contimás* (*Dicc.*, I, 390): "forma popular tan generalizada, que casi nadie usa de la forma castiza [cuanto más] ni la conoce". Pero esta afirmación es exagerada, a no ser que se aplique exclusivamente al empleo rústico de la expresión, ya que en el propio Méjico la forma *cuantimás* es la predominante en el bajo pueblo tanto de la capital como de las ciudades del interior.

La reducción de *ua* de *cuantimás* a *o* en *contimás* es posible que se deba a la influencia analógica de formas paralelas, como *uo*, *ue*, *ua* (< *ŏ* latina tónica) y *o* (< *ŏ* latina átona), del español antiguo: tónicas *nuove*, *nueve*, *nuave* y átona *novecientos*, tónica *cuento* y átona *contamos*, etc. Por otra parte, como ya se sugirió, es posible que *contimás* se deba a un cruce sintáctico de *contra más* y *cuantimás*.

A veces, como contrapartida de *cuanto y más*, en frases negativas se halla *cuanto y menos, cuantimenos y contimenos: cuanto y menos = con menor razón; cuanto y más = con mayor razón.*

ARGENTINA: *Cuanti más* se lo regalonea, *cuanti más* mañero y más idioso se hace (Lynch, *Romance*, pág. 16). —*Cuanti más* me mire ... más seguro que me compra (Güiraldes, *Don Segundo*, pág. 113).
CHILE: Es difícil de hacer, *contimás* durante la guerra (C). Somos gente trabajaora ... y *contimás* que ya los [= nos] tiene anotaos (Romanángel, pág. 36).
PERÚ: Usté no tiene necesidá diandá con esos revuelos, *cuantimás* que don Pompeyo no se va' quedar con esa pirigalla (Diez-Canseco, *Estampas*, pág. 167). —Yo no me dejo robar ni de mi abuela, *cuantimás* de usted (Corrales, pág. 247).
VENEZUELA: Pero un hombre no tiene precio, *contimás* como don Manuel Ladera (Gallegos, *Canaima*, pág. 88); Pero no crea usted que le sirvió de poco, *contimenos* de nada (pág. 284). Es de los hombres más necesarios aquí, *contimás* ahora que doña Bárbara se va a abrir en pelea (Gallegos, *Doña Bárbara*, pág. 73). *Contimás* ahora que hemos derrotado a esa gente (Briceño, pág. 160).
GUATEMALA: Eugenia dice que no topó al Doctor Zárate, *contimás* al sastre Dávila; No le tengo miedo a Tobías, *cuantimenos* a usted (Sandoval, I, 216).
MÉJICO: Sobre que apenas los envía a traer medio de cigarros, *contimás* manteca, ni chiles, ni pulque, ni carbón ni nada como acá (Lizardi, *Periquillo*, I, 24, 149). El miedo lo tienen hasta los animales, *cuantimás* la gente (Urquizo, pág. 229).
PUERTO RICO: Pero como la hoja del árbol no se mueve sin la voluntad de Dios, *contimás* catorce astas con setenta arrobas de carne (Morales Cabrera, *ap*. Malaret, *Voc*., pág. 134).
SANTO DOMINGO: Horita se crecen todos esos caños que yo he dejado atrás, *contimás* que 'tá lloviendo duro en las cabezadas (Bosch, *Dos pesos*, pág. 14).

DE GANA, DE GUSTO

La locución normal *de (buena) gana* significa "de grado, con gusto". Este sentido ha evolucionado, en el Ecuador al menos, hacia *por capricho, inútilmente* (Vázquez, pág. 192) o hacia *sin razón ni motivo, porque sí* (Tobar, pág. 183); con frecuencia es intercambiable con *por gusto*.

—¿Por qué has caído en la ratonera? —me preguntó uno de ellos. —*De gana* —respondo, temeroso (García Muñoz, *Estampas,* pág. 94); —Oigan "guambritos", ¿por qué están aquí? —*De gana* —me respondió uno de ellos, con un mohín de infinita hipocresía (pág. 95); —¿Qué haces, pues, hijita? —Nada. —¿Y por qué estás triste? —*De gana* (pág. 121). —*De pura gana* no entró en el Colegio (Mata, *Sanagüín,* pág. 176). —*De gana* te ponís a moquiar (Icaza, *Media vida,* pág. 137); Don Manuel Clavijo mató. *De gana,* porque el monte onde juimos a sacar la madera nues d'él (pág. 146).

En la región del Río de la Plata se halla *de gusto* con los anteriores significados de *de gana,* es decir, *sin motivo, por gusto, por capricho, de vicio,* etc.

ARGENTINA: —¡No, no ... zonzo! ¡Si te digo *de gusto!* Ya sabés que soy la que menos te reprocha tus trasnochadas (Laferrère, *Locos de verano,* pág. 13); —¡Lucía! Te llama Elena. —¡Lo está haciendo *de gusto!* (pág. 49).

URUGUAY: —La gente no es tan mala para hacer un daño así, *de gusto* (Florencio Sánchez, pág. 359).

DE INMEDIATO

En numerosas regiones, así como ocasionalmente en España, la frase *de inmediato* se emplea corrientemente por *inmediatamente.* Es probable que se deba a analogía con *de improviso* y otras locuciones semejantes.

ARGENTINA: Esa noche no pudo conciliar el sueño *de inmediato* (Boj, pág. 73); *de inmediato* cambió de parecer (pág. 76); *de inmediato* se recupera (pág. 114); iré *de inmediato* (pág. 173).

PARAGUAY: Luciano quedó *de inmediato* prendado de una de ellas (Casaccia, pág. 96).

URUGUAY: Se presentó *de inmediato* a su jefe (Pérez Petit, pág. 179).

CHILE: Si algo más deseas, todo lo tendrás *de inmediato* (Fernando Alegría, *Leyenda,* pág. 42). Saldrás *de inmediato,* luego, luego (Azócar, pág. 229). Se habría hundido *de inmediato* (Luis Meléndez, pág. 10).

BOLIVIA: La recibieron con placer, pues podían entregarse *de inmediato* al reposo (Arguedas, *Raza,* pág. 16).

ECUADOR: *De inmediato* un calorcillo galopaba en las arterias del mayordomo (Mata, *Sanagüín,* pág. 180).

VENEZUELA: *De inmediato* hizo dibujar por un experto un hermoso árbol genealógico (Díaz-Solís, pág. 61).

COSTA RICA: Hay que contestar *de inmediato* (F. Dobles, pág. 241).

En Panamá se registra *juntamente* con el significado de *inmediatamente,* como en este caso: *"Juntamente* iré a tu casa" (L. Aguilera, pág. 300).

DE JURO

El diccionario de la Academia registra actualmente la locución *de juro* con el significado de *ciertamente, por fuerza, sin remedio.* Se encuentra en la lengua antigua, y al presente aún se emplea en la España rural y en algunas regiones rurales de América, reemplazando a locuciones adverbiales tan comunes como *naturalmente, por supuesto, sin duda,* etc. El peruano Arona (pág. 180) la describió como "palabra ordinaria y grosera usada por los negros y nadie más". También se encuentran las formas rústicas *dejuramente* y *de jurito.* Es probable que las formas *de juro* y *dejuramente* se confundan con *seguro* y *seguramente.* En Colombia (Tobón, Flórez) y en Venezuela (Malaret, *Dicc.*) está registrada la forma *a juro.*

ARGENTINA: ¿Y eso? —No sé. ... Zoilo *de juro* o el chico (Lynch, *Romance,* pág. 13); ¿Y *dejuramente* que habrá fiesta en lo de don Santos? (pág. 31) —*Dejuramente.* ... Yo no podía saber (pág. 41).

URUGUAY: —*Dejuro* no has comido. ¿Querés? (Reyles, *El gaucho,* página 196); —¿Y estará? —*Dejuramente* (pág. 138).

CHILE: —¡Si no calla la boca, amigazo, le rompo la cabeza a culatazos! *¡De jurito!* (Barros Grez, I, 11).

PERÚ: Naides pasaba de miedu al Colluash, que *dejuro* andaba viendo comu alimentarse di algún cristiano (Ciro Alegría, *La serpiente,* pág. 22); —Lindo ai [= ha de] ser. —Como no, *dejuro* (pág. 42).

COLOMBIA: Hacer una cosa *de juro;* ir *a juro* (Flórez, pág. 381).

El sabor latino de la frase *de juro* evoca religión y rito en la mente popular, y así se infiere de ciertas variantes, como *de juro amén* (Guatemala), *de juro a Dios* (Cuba), etc.

GUATEMALA: Para ir sin dificultad a El Salvador *de juro amén* debes obtener pasaporte (Sandoval, I, 324).

CUBA: *De juro a Dios* que era Mongo Paneque. Se lo decía el corazón, pero ya la pagaría el maldito (Luis Felipe Rodríguez, pág. 210).

DEMASIADO

El significado castizo de *demasiado* es *en demasía, excesivamente*, etc. Sin embargo, como el español se inclina a expresar un grado excesivo simplemente por medio de un grado alto, prefiere *muy* o *mucho* a *demasiado*, e incluso a veces pasa por alto el *muy:* por consiguiente, *llegué demasiado tarde* > *llegué muy tarde* e incluso *llegué tarde, es demasiado* > *es mucho*, etc. Por el contrario, en la mayor parte de Hispanoamérica, *demasiado*, por un uso excesivo, ha visto debilitarse su significado a *muy, mucho* o *bastante: él es demasiado amable* = *él es muy amable*. (Cf. *vous êtes trop aimable* "es usted demasiado amable" = "es usted muy amable", y el *too* empleado por el inglés chapurrado que se habla en China (*Pidgin-English*) en lugar de *very:* "I like you too much", etc.). Al parecer, la lengua antigua conoció este significado, si bien la construcción adverbial entonces más general fue *demasiado de* ("hizo demasiado de bien" [*Don Quijote*, I, 25]) o *demasiadamente* ("debe de estar *demasiadamente* cansado" [*ibid.*, I, 7]).

ARGENTINA: El jefe es *demasiado* bueno. Nuestro médico es *demasiado* sabio (Forgione, pág. 158). El amor mandaba inscribir un mote *demasiado* indeleble (Larreta, *La gloria*, pág. 345). —Ya arreglaré mis asuntos en forma, por si muero, para que a usted no le falte nada. —No piense en cosas *demasiado* remotas (Rodríguez Acasuso, *La mujer olvidada*, III, 11).

CHILE: Es *demasiado* discreto, ya sabemos (Luis Meléndez, pág. 146).

BOLIVIA: Fulano es *demasiado* sabio; la quiero *demasiado;* soy *demasiado* honrado, etc. (Bayo, *Vocabulario*, pág. 85).

ECUADOR: —Agradezco a Ud. *demasiado;* —Demasiado lo siento; —Está Vd. *demasiado* bien (Tobar, pág. 184).

VENEZUELA: Con *demasiado* gusto escribo para U. esto (Alvarado, página 163). Rancho = casa de paja muy pequeña y *demasiado* humilde (Picón-Febres, pág. 292).

NICARAGUA: Siento *demasiado* (Castellón, pág. 56).

GUATEMALA: Dios es *demasiado* bueno; Pedro es *demasiado* honrado; Julia es *demasiado* virtuosa (Batres, pág. 248).

MÉJICO: Decía que las maestras ... deben ser *demasiado* vigilantes y prevenidas. ... Su conversación siempre me era *demasiado* agradable (Pensador, *Quijotita*, capít. iii, *ap.* Icazbalceta, pág. 164). Era verdad que se habían conocido mucho en la escuela ... pero nunca habían intimado *demasiado* para hablarse a lo macho, como ahora hablarían (Taracena, página 170). La costilla no se rompió, cosa que yo hubiese lamentado *demasiado* (L). La quiero *demasiado;* es *demasiado* honrado (Santamaría, *Dicc.,* I, 559; cf. también Rubio, *Anarquía,* I, 170). Santo Domingo: Era *demasiado* sincera y amarga su queja (Requena, *Los enemigos,* pág. 61); Por primera vez se sintió *demasiado* solo (página 92); lo encontró *demasiado* triste (pág. 110); el resultado, un poco cruel, pero *demasiado* cierto (pág. 111), etc. Hace ya *demasiados* años que las mujeres dominicanas no se adornan con ellas (Patín Maceo, "Amer.", V, 436).

El adverbio *demasiado* se ve atraído a veces en el habla popular por el género del adjetivo al que modifica, tal como, al parecer, ocurrió en la lengua antigua (Keniston, pág. 533). Sin embargo, al presente se considera incorrecta semejante concordancia (igual que la de *"media* muerta, de *pura* tonta"). Cascante de Rojas (pág. 237), preceptista costarricense, en una tentativa por rectificar la citada concordancia errónea, pasó por alto la impropiedad que constituye el empleo de *demasiado* en el sentido de *muy:* "es incorrecto decir *Demasiada culta es mi maestra.* ... Debemos decir *Demasiado culta es mi maestra".*

En ocasiones se emplea *por demás, demás* y *además* en su sentido antiguo de *mucho, muy:* "El viaje es *por demás* interesante" (L); "actitud *por demás* desairada" (Heredia, pág. 233).

DE NO

Aun cuando no se halla registrada en el diccionario de la Academia, la frase *de no* (escrita a veces *denó* y *dinó* en boca de indios y mestizos) no es desconocida en España. Sus equivalentes normales son *de lo contrario, si no, donde no,* etc. El *de* causal (que en un principio designó origen) ha evolucionado en la forma más natural hacia un significado condicional: "el resultado *de* hacer A es B" > *"por* hacer A resulta B" > *"si* se hace A, el resultado es B". Aunque se encuentra en la lengua antigua, *de no* es relativamente rara en la actualidad: "Se admitirá la postura; y *de no,* allá va mi niño" (Estébanez Calderón, pág. 16); "Que *de no,* y le mataban" (Benavente, *Señora ama,* II, 3).

En cambio, es excepcionalmente frecuente en el habla popular y rústica de numerosas regiones de Hispanoamérica, habiéndola considerado algunos como argentinismo en atención a su uso excesivo en la Argentina rural. En realidad, esta frase, precedida por la *y* y escrita en forma de interrogación (*¿y de no?*, raramente *¿y si no?*), ha adquirido otro sentido en la Argentina: el de una afirmación equivalente a *sí, claro* o *por supuesto*. Su desarrollo semasiológico fue probablemente "*¿y si no?*" (es decir "*¿qué pasaría si no?*") convertido en "por supuesto, ciertamente", etc. Véanse ejemplos ilustrativos de este empleo en la pág. 480.

En Chile es menos frecuente *de no* que la forma alargada (*en, de*) *la de no*, en la cual el indefinido femenino *la* reemplaza a "circunstancia, situación, contingencia", etc.

ARGENTINA: Ya se lo imaginarán, y *de no*, poco importa (Payró, página 6). —Y dejáme que te diga cómo has de hacer, porque *denó* va siendo tarde (Güiraldes, *Don Segundo*, pág. 129).

URUGUAY: —Tome antes un trago 'e caña; *de no*, se va' pasmar (Reyles, *El gaucho*, pág. 102); asegurenló, *de no* voy a tener que chusearlo (pág. 140); ¿Me querés, mi chino? —¿Y *de no*, diba a estar aquí? (página 218).

CHILE: —Ud. debe estudiar a fondo las cosas y *de nó* que lo digan los compañeros, ¿tengo razón o no? (Juan Modesto Castro, pág. 62); tiene que ser mandaruna, *en la de no* cualesquiera le atropella el 'contra' (pág. 278); lo encontraba emponchado o *la de no* con chaleco (página 359), etc. —Monte en mi mula y vaya corriendo a la botica, o *la de no* su amigo pasa a pérdida un poquito tiempo (Ernesto Montenegro, página 147). Hay que pegar como negro ... *en la de no*, se quea uno a ventestate [= ab intestato] (Guzmán Maturana, pág. 103). Hagan el favor d'irse al tiro, *de la de no*, ya verán (Ramírez, *Del mar y la sierra*, ap. Brauc, pág. 108).

BOLIVIA: Mejor será que no largue los animales, *de no*, a la madrugada me va a costar pillarlos en el potrero (Flores, en *ACB*, pág. 64); Ahorita mismo; *de no*, dejamos el cuero en el camino (pág. 68).

PERÚ: —Aura, vamos a ver si surte el otro negocito. ... Si *de no*, ¡a la porra! (Barrantes, pág. 32). —No quedó *dinó* la balsita el Rogelio (Ciro Alegría, *La serpiente*, pág. 19); anque no le paguen *dinó* un ochenta po cada cristiano (pág. 20). Juraría que te ha sembrao. *De no*, ¿cómo t'ibas a rebajá tanto, niña? (López Albújar, *Matalaché*, pág. 150). Dime si aceptas el cargo; *de no*, buscaré a otro (Benvenutto, pág. 148).

ECUADOR (ZONA COSTERA): Y fue bueno, porque *de no*, no hubieran esos retratos de los periódicos (Gil Gilbert, *Yunga*, pág. 110). (ZONA DE LA SIERRA). —Hay qui aprovechar de la mañanita siquiera. *De no ca*, tarde ya nu adiaber [= no ha de haber] agua (Icaza, _En las calles,_ pág. 7). Si la pesco la enamoro, _de no_ me voy al cine (Salvador, _Camarada,_ pág. 101). COLOMBIA (ANTIOQUIA): Sí, que le calcen; que _de no_ el querido se presentaría como un zarrapastroso (Rendón, pág. 37); él amaba a Inocencia, y Ángel la amaba también. ¿Cómo dudarlo? Y _de no,_ ¿a qué ese ir a la casa de Jacinta? (pág. 88). En seguida pienso ir a Iquitos a preguntar si a las señoras ya se les contuvieron las aspiraciones y, _de nó,_ para ver si se les puede hacer algún remediecito (Arango Villegas, pág. 59). (SUR): —Pero harís las cosas como te las hey ordenado; _de no,_ si las hacís mal, no salen bien tus planes, ¿oíste? (Álvarez, pág. 106).

VENEZUELA (LLANOS, ANDES): Iré mañana, _de no_ te llamaré por teléfono (Rosenblat).

GUATEMALA: Viene una tormenta, lo moja y se abajera, o _de no_ se pudre en la arpillada (Acevedo, en _CLC,_ pág. 249).

DE PIE

Esta frase, que significa _constantemente,_ parece restringida a América Central y Méjico. Su desarrollo conceptual puede haber sido "de pie" > "en condición sólida, permanente" > "constantemente, diariamente", etc. Salazar García (pág. 100) da como equivalentes para América Central, y sobre todo para El Salvador, _diariamente_ y _constantemente;_ Ayón (pág. 147) da _de continuo_ para Nicaragua; Sandoval (I, 330) da _frecuentemente, constantemente, periódicamente_ y _sin interrupción_ para Guatemala; Membreño (página 64) da _constantemente, sin interrupción_ y _de permanencia_ para Honduras.

NICARAGUA: _De pie_ está enojado; _de pie_ se ausenta (Ayón, pág. 147).

HONDURAS: El niño está _de pie_ en la escuela (Membreño [ed. de 1895], pág. 37).

EL SALVADOR: _De pie_ voy; _de pie_ viene (Salazar García, pág. 100).

GUATEMALA: _De pie_ voy a las sesiones de la Sociedad de Obreros; _De pie_ se queda Gilberto castigado en el colegio (Sandoval, I, 330).

MÉJICO: Las personas que en los mesones, posadas o casas de huéspedes vivan _de pie_ [= "como huéspedes permanentes"], y no como pasajeros [= "transitorios"], se sujetarán a lo prevenido en la fracción III del artículo que precede (Art. 335 del _Código penal del distrito federal,_ etc., _ap._ Membreño, pág. 37).

DE REPENTE, EN UN DESCUIDO

El significado consagrado de *de repente* es *prontamente, sin preparación, sin discurrir o pensar*, es decir "repentinamente", etc. En numerosas regiones de Hispanoamérica se emplea frecuentemente la frase con el significado de *de vez en cuando, algunas veces* (más raramente *por casualidad* y *a lo mejor*), a menudo con la idea concomitante del "repentinamente" original. El cambio de sentido puede haber sido aproximadamente éste: "ocurrió de repente" > "solía ocurrir de repente" > "solía ocurrir", etc., asomando siempre la idea de repentinidad. Es probable que este desarrollo semasiológico de *de repente* explique el hecho de que la noción de "repentinamente" se exprese con frecuencia por medio de *(de) un repente*, expresión en la que el artículo indefinido *un* hace que el pensamiento se vuelva hacia un acontecimiento terminante, es decir, hacia "repentinamente". Las formas rústicas de *de repente* son *redepente* (por metátesis), *(en) un redeponte*, etc. El significado de *luego* (también el de *de pronto*) está evolucionando en algunas regiones igual que el de *de repente: luego* > *a veces, algunas veces, de cuando en cuando*.

ARGENTINA: ... hasta que *un redepente* ["repentinamente"] don Santos ... se levantó (Lynch, *Romance*, pág. 96); Puede ser que *redepente* / véamos el campo disierto (*Martín Fierro*, pág. 118).

URUGUAY: —Pero *de un repente* ... clavaron la uña (Reyles, *El gaucho*, pág. 15); —*De un repente*, no sé qué me dio (pág. 200).

CHILE: No me atrevo ya a mirar a la ventana, porque *de repente* [= "a veces", también "repentinamente"] me quedo sin poder quitar la vista de la cordillera (Barrios, *El niño*, pág. 94). El hombre se enfermó *de un repente* ["repentinamente"] (Ernesto Montenegro, pág. 51).

BOLIVIA: —No es de descuidarse, porque *de repente* [= a lo mejor] lo zurdean a uno (Céspedes, pág. 82).

PERÚ: *Derrepente* [= a lo mejor] es aprista y tú ni lo sospechas (Benvenutto, pág. 151). Ya vendrá, porque *luego* pasa por aquí (C).

ECUADOR: *De repente* [= alguna vez] salgo a la calle. *De repente* tomo una copa (Mateus, pág. 101). *De repente* [= de vez en cuando] no es malo divertirse (Tobar, pág. 189). *De repente*, no siempre (C).

COLOMBIA: *De pronto* blanquiaba los ojos (Posada, pág. 106).

COSTA RICA: —¿Me acompañas, Pelegrino? —No, *de repente* [= a lo mejor] se queda / enganchau con una mis (Agüero, pág. 59).

NICARAGUA: *De repente* [= algunas veces] eran cosas gratas, de sorpresa: conciertos, músicas ambulantes (Robleto, pág. 92).

GUATEMALA: *De repente* [= a lo mejor, por casualidad] lo sabe el gobierno, y por él nos josemaría [= molesta] a todos (Acevedo, en *CLC*, pág. 254). La tarde cayó, *di un repente* ["repentinamente"], como dijo ella (Barnoya, pág. 54). Yo soy así. ... *En un derrepente* [= cuando menos se piensa] me duele la cabeza, como cuando estaba recién curado de la bebida. Así me pongo en veces y me siento como chucho con rabia (Samayoa, pág. 104).

MÉJICO: Luego empecé a ponerme mala de la vista. ... No podía mover los ojos. *De repente* [= a lo mejor, también "repentinamente"] se me paraban y entonces no podía caminar (Galeana, pág. 189).

PUERTO RICO: Lo conozco porque pasa *luego* por aquí (Malaret, *Dicc.*).

SANTO DOMINGO: Él pasa *luego* por esta calle (Patín Maceo, "Amer.", VII, 58).

En el sentido de *cuando menos se piensa,* o en el de *es de temerse* si se hace referencia a algo desagradable, en Méjico y en las zonas del Caribe, del Río de la Plata y de los Andes se emplea la locución *en un descuido,* emparentada con *de repente.* El proceso mental parece referirse a la posibilidad de que en un momento de descuido ocurran cosas inesperadas y a menudo desagradables, de donde "en un momento de descuido" puede convertirse en "cuando menos se espera" o en "es de temer", y luego en "probablemente".

MÉJICO: —Déjeme, no se apure, ya verá cómo salgo bueno para estas cosas y hasta *en un descuido* me dan mi águila —añadió Carlos bromeando (Fernando Robles, pág. 78). Dieciséis años había dicho Patricia que tenía; *en un descuido* eran menos (García Roel, pág. 32); —Este Blas ha de 'star creyendo qu'es la gran cosa ... oye, pos si *en un descuido* hasta 'stá esperando que mandes a los meros gallones del pueblo a pedir a Chonita (pág. 330). Lhinda Palma no me importa a mí y *en un descuido* hasta me voy (Azuela, *La Marchanta,* pág. 97).

DE SEGUIDO, SEGUIDO

En numerosas regiones de Hispanoamérica (en menor grado en España) se emplea corrientemente *de seguido* en lugar de *en seguida* "inmediatamente" y también en lugar de *de seguida* "continuamente". Sin embargo, el habla familiar prefiere la forma *seguido* en el sentido de *seguidamente* o, mejor, de *frecuentemente*. La lengua antigua no desconoció este uso: "Muchos no hablaban *seguido*, y muy pocos se mordían la lengua" (Gracián, *El criticón*, I, vii).

ARGENTINA: Don Fabio dejó de venir *seguido* (Güiraldes, *Don Segundo*, pág. 19). —Negrita ... ¿por qué no venís más *seguido?* (Petit de Murat, pág. 212).

URUGUAY: —¿Salen *seguido*, así? (Montiel, *Cuentos*, pág. 90). Nos veíamos muy *seguido* (Sánchez, *La gringa*, III, 4).

CHILE: El jutre había agarrao e venir aquí *seguiíto* (Acevedo Hernández, *Por el atajo*, pág. 56). —Es que yo podría venir más *seguido* (Guerrero, pág. 40).

COLOMBIA: Cuando ... lo miran muy *seguido*, dice ...: —Hasta después, mis amigos (Buitrago, pág. 67).

EL SALVADOR: Lo recordamos *seguido* (L).

GUATEMALA: *Seguido* viene Victoriano a pedirme dinero prestado (Sandoval, II, 412). Yo voy a ver muy *seguido* al patrón (*CLC*, pág. 34).

MÉJICO: —Me molesta que ese hombre venga tan *seguido* a la casa (Azuela, *Avanzada*, pág. 211). Mis primos y yo nos lo encontramos *seguido* (Núñez Guzmán, pág. 36). —Y ¿han visto a tu novia *seguido?* (Robles Castillo, pág. 154). Pregunté si había bailes muy *seguido* (García Roel, pág. 44); yo escribo bien *seguido* (pág. 119).

CUBA: Antes venías más *seguido* por aquí (Padrón).

DESPACIO, DESPACIOSAMENTE

El significado del adverbio *despacio* (< *de* + *espacio*) es *lentamente*. Su idea original espacial (medida de espacio) se convirtió en temporal (medida de tiempo), y más tarde pasó a convertirse en adverbio de modo (medida de sonido) con el significado de *bajo, quedo, en voz baja*. Aun cuando este significado no lo registra el diccionario de la Academia, antiguamente se daba en pasajes como los siguientes: "aunque sea un lindo compuesto / que hable melifluo y *despacio* / y aunque galantee en palacio / que es peor que todo esto" (Calderón, *Casa con dos puertas*, II); "El buen filósofo Diógenes vio en la plaza hablar muy *despacio* a un discípulo suyo con un mancebo" (Guevara, *Epístolas*, *ap.* Américo Castro, pág. 146). Este significado se halla en partes de España (Corominas, pág. 95; Llorente, pág. 170) y en regiones hispanoamericanas: Río de la Plata, Chile, Bolivia, Perú (Arona, pág. 183), Ecuador, Colombia (Sundheim, pág. 233), Venezuela y Nicaragua. El cambio semasiológico de "lento" a "bajo" es el mismo que siguió el adverbio *paso* desde "despacio" a "en voz baja". Covarrubias da *hablar passo* con el significado de *hablar quedo*, y en el *Lazarillo* leemos: "Con mejor salsa lo comes tú, respondí yo *paso*". Con el sentido de *en voz baja* se oye aún *apasito* en Cuba (Suárez; Dihigo, *Léxico*), *pasito* en Colombia, etc.

ARGENTINA: Le dije *despacito* porque noté que había gent' en la sala y no quería hacer ruido (*Fray Mocho*, pág. 133). —¡Chist! *Despacito* ... no lo vayan a sentir (Lynch, *Romance*, pág. 345). Me dijo *despacito*, como para que nadie lo pudiese oír ... (Payró, pág. 30). —Váyase nomás ahura ... ¿*despacito*, no? que no la vayan a sentir (Lynch, *Palo verde*, pág. 161).

URUGUAY: Éste al salir la mira y le dijo *despacio*. ... La chinita ... le articuló quedo ... (Montiel, *Cuentos*, pág. 28). Al levantarse el telón aparece don Zoilo encerando un lazo y silbando *despacito* (Sánchez, *Barranca abajo*, III).

CHILE: —Conversen más *despacio*. Va a pasar la guardia (Juan Modesto Castro, pág. 312). De pronto oyó que alguien tocaba *despacito* en su puerta (Durand, *Mercedes*, pág. 103). —No siai indiscreto y habla más *despacio*, mira que se puee dar cuenta el marío (*Tallas chilenas*, pág. 92).

BOLIVIA: Hable *despacio*; tosa *despacio* (Bayo, *Manual*, pág. 108).

ECUADOR: No grites, habla *despacio*, pues pueden oírnos. Habla tan *despacio* que no se le oye (Vázquez, pág. 142). —No haga bulla. Hable *despacio*. Oyen de aquí al lado (Pareja, *El muelle*, pág. 107).

COLOMBIA: Le decí' unos secretos *pasito* (T. González, pág. 19).

VENEZUELA (LLANOS): Canta *despacio* pa oírte yo solo (Rosenblat).

A pesar de que *despacio* ha pasado a significar "en voz baja", también se emplea, si bien menos frecuentemente, en su sentido clásico.

ARGENTINA: —Ahura [= más tarde] se lo contaré más *despacio* (Lynch, *Romance*, pág. 106).

CHILE: Se fue caminando *despacito* (Durand, *Mercedes*, pág. 66).

Sin embargo, teniendo en cuenta que la doble significación puede provocar duda, corrientemente se emplea la forma *despaciosamente* en el sentido de "despacio", sobre todo en las regiones en las que *despacio* se usa generalmente en el sentido de "en voz baja".

Río de la Plata: —¿No sabe, amigo? —dijo *despaciosamente* el Petiso (Eandi, en *ACR*, pág. 183).

Chile: Ha amarrado *despaciosamente* su caballejo a un pilar del corredor (Latorre, *Hombres*, pág. 31); Un arreo de mulas avanza *despaciosamente* por el sendero enlodado (pág. 207). Se restregaba las manos *despaciosamente* (Durand, *Mercedes*, pág. 61); Doña Lucrecia se sacó los anteojos, para meterlos *despaciosamente* dentro de la caja, que al cerrarse sonó tan fuerte que asustó al gato (pág. 133).

Perú: El viejo hablaba *despaciosamente* (Ciro Alegría, *La serpiente*, pág. 66). Don Cipriano, presidiendo la mesa, comía *despaciosamente* (Ciro Alegría, *Los perros*, pág. 157).

DE VIAJE

Las expresiones *de viaje, de un viaje* y *de al viaje* significan *de una vez, enteramente, de golpe, inmediatamente*, empleándose —una o varias— en la mayoría de los países de Hispanoamérica, así como ocasionalmente en España (cf. Borao). El diccionario de la Academia da una de las acepciones de *viaje* en esta forma: "Fam. Acometimiento; golpe asestado con arma blanca corta"; en este sentido se ha extendido fácilmente a todo género de golpe (Román, V, 672).

Argentina: Se mandó el vaso de vino *de un viaje,* sin respirar (Saubidet, pág. 134).

Colombia: Me sirvieron un vaso de herradura casi lleno, y me lo tomé *de un viaje* (Arango Villegas, pág. 174).

Venezuela (Llanos): Me lo tragué *de un solo viaje* (Rosenblat).

Costa Rica: Quiso parase, y las piernas / se le aflojaron *debiaje* / y se jué tras (Agüero, pág. 35). Llegaron todos *de viaje;* lo mataron *de viaje* (Gagini, pág. 125). Al sargento Tomás Miranda le rajó la cabeza *de un viajazo* (Dobles Segreda, pág. 31).

Nicaragua: *De viaje* le arrancaron el dedo (Ayón, pág. 279).

Honduras: Le dieron un balaso [*sic*] a fulano de tal, y *de viaje* (o *de al viaje*) murió (Membreño, ed. de 1895; omitido en la ed. de 1912).

Guatemala: El niño se comió *de al viaje* los dulces y la fruta que le obsequiaste (Sandoval, I, 311).

El Salvador: Dígalo *de viaje* (o *de un viaje*) (Salazar García).

Santo Domingo: Hablaste mal de mí, y vino *de viaje* [= inmediatamente] a decírmelo un individuo (Patín Maceo, *Dom.*, pág. 177).

Cuba: Se tomó el vaso de vino *de un viaje* (Padrón).

DE YAPA (ÑAPA)

En su sentido literal, la locución *de yapa* (a menudo escrita *de llapa*, aunque generalmente se pronuncia *de yapa*) y su variante *de ñapa* significan "de regalo, de corretaje" y se aplican a cualquier mercancía adicional dada gratis a un cliente o añadida por el vendedor o comerciante "para completar la medida" con generosidad. La forma *yapa* (o *llapa*) predomina en la región del Río de la Plata, en Chile, Bolivia (Bayo, pág. 260), Perú (Arona, página 507) y Ecuador (Mateus, pág. 493); *ñapa* predomina en Colombia (Cuervo, § 977), en Venezuela y en parte de las Antillas (Malaret). Ramos Duarte (pág. 371) trae *ñapa* en Veracruz, pero la forma usual en Méjico es *de pilón;* Gagini (pág. 140) trae *ñapa* (también *yapa* y *llapa* en Salesiano) para Costa Rica, pero, al parecer, allí es más común la expresión *de feria* (cuyo origen fue la costumbre de hacer regalos en las ferias): la persona que compra carne puede pedir "una *feria* de hígado, mondongo, etc.". El tendero da *de feria* una golosina a los niños que le van a comprar comestibles. En otras partes se emplean distintas expresiones regionales. En la parte oriental de Cuba es corriente *de ñapa,* empleándose *de contra* en el resto (Pichardo, Macías, Suárez). Además de *ñapa,* los panameños usan *pezuña,* tal vez porque los carniceros se sentían inclinados a dar "de añadidura" dicha parte del animal (Garay, pág. 104).

La palabra *yapa* deriva del quichua. Gillet elabora la ingeniosa conjetura de que la palabra *yapa,* oriunda de los Andes peruanos, "se convirtió en *ñapa* posiblemente bajo la influencia del guaraní, viajó por el sur del continente y, alcanzada la costa oriental de Panamá, cruzó el Caribe, tocó Puerto Rico y el extremo oriental de Cuba, desembarcando con toda felicidad en Nueva Orleáns [bajo la forma de *lagniappe*]" [5]. Es posible que *ñapa* se deba a influencia guaraní, pero hay que recordar que el cambio de *ll* (= *y*) por *ñ,*

---

[5] J. E. Gillet, "Lexicographical notes", *American Speech,* XIV (1939), 93-96.

simple nasalización de la *y*, se da también en otras palabras: *llamar > ñamar*, etc. (cf. *BDH*, I, 203, n. 1).

Los equivalentes consagrados de *yapa* son *adehala*, *refacción* y la expresión coloquial *pal gato;* en forma figurada, *además* y *por añadidura*.

ARGENTINA: Tú sabes del dolor de los niños descalzos y andrajosos que piden al hombre *yapa* de caramelos y a la vida *yapa* de felicidad (Yrurzún, pág. 13). La crio, la educó, y *de yapa* le dio un excelente esposo (Garzón, pág. 511). El hombre ... venía bastante mamao y *de yapa* traiba en la mano una botella (Lynch, *Romance*, pág. 278). —Sí, lo vide; está muy enfermo, y tan viejo. —Y *de yapa*, pobre (Martínez Payva, pág. 25). Me daba rabia y no volvía en muchos días... *De llapa* cuando volvía ... no quería ser mi mujer (Mansilla, *Una excursión*, pág. 181).

CHILE: Podía comprarse una sandía enorme con otra más chica *de yapa* o *ñapa* (lo último decía en sus bandos don Mariano Egaña) (Vicuña Mackenna, *ap.* Rodríguez, *Dicc.*, pág. 482). Fresca la aloja, ¡ay, qué rica, / buena y barata! / si no me la compran toda, / la que sobre doy *de yapa* (Laval, I, 126). Sí, pues, a la Amalia le compran, porque ella da *de llapa* otras cosas (Guerrero, pág. 38); —¿Una *llapita* pal gato? —¡Con mucho gusto, caserita [= parroquiana]! ¿Y usted me dará otra *llapita?* —¡Tan bromista, don Pedro, que lo han de ver! (pág. 173). Lo examinan tanto que casi rogase uno que hubiese menos médicos. Y *de llapa* tiene Ud. a los internos (Juan Modesto Castro, pág. 137).

PERÚ: Al darse a la fuga, Choloque, *de llapa*, les aventaba una cornada por los costillares o las ancas (Ciro Alegría, *El mundo*, pág. 41).

ECUADOR: Por eso es que cuando las cocineras me piden *yapa* en el azúcar, les pongo un poquito más (García Muñoz, *Estampas*, pág. 261); ¡Dará, pes, una *yapita!* (pág. 262); Cinco sucres le doy. Y como *yapa*, puede usted escoger alguna de esas corbatas (pág. 314).

MÉJICO: Al terminar el baile, los músicos nos tocaron una pieza más *de pilón*. Le fui a cobrar a Pedro; no me pagó, y *de pilón* me insultó (Rubio, *Anarquía*, II, 341).

CUBA: Fulano se arruinó en el negocio, y *de contra* perdió la salud; Me convidaron a comer, y *de contra*, a pasear en automóvil (Suárez, página 149).

PUERTO RICO: Le va a metel tres patás / y *de ñapa* otras tres más (Cestero, *ap.* Malaret, *Vocabulario*, pág. 229).

ENDENANTES

En la lengua antigua hallamos los adverbios temporales *denante(s)*, *en(d)enante(s)* y *enante(s)* con el significado de la palabra original *antes*. El diccionario de la Academia Española registra *denan-te* como anticuado, *denantes* con el significado de *antes*, *endenan-tes* como anticuado pero en uso aún en el habla popular de varias partes de España [6], *enante(s)* como anticuado, pero aún en uso en zonas rurales. En casi todos los países hispanoamericanos se pue-den hallar todos estos adverbios temporales, pero con estas dife-rencias: 1) no siempre son exclusivamente populares o rústicos, sino que también los cultos los emplean frecuentemente; 2) no siempre significan simplemente *antes,* sino que con gran frecuen-cia tienen el significado más preciso de *hace poco tiempo.* Esto último ocurre también posiblemente en partes de España, ya que el *Diccionario de autoridades* (1726-39) señala semejante diferen-cia entre *antes* y *denantes* (cf. *BDH,* I, 243, n. 2). En Chile, mien-tras la gente culta emplea *denante* o *denantes* en el sentido de "hace poco tiempo", el bajo pueblo y los campesinos emplean *en-denantes* y *enenantes* (Román, II, 89).

La forma *endenantes* (< *en* + *de* + *en* + *antes*) representa un amontonamiento progresivo de prefijos con el objeto, al parecer, de mantener su valor afectivo; la partícula *en* con frecuencia es parte integrante de expresiones temporales (*en ese día, en ese mo-mento,* popular *endespués,* etc.).

CHILE: —¿Qué me decía, *denantes?* (D'Halmar, *Lucero,* pág. 188). Y yo, *denantes,* vi pasar un cortejo fúnebre (Sepúlveda, *Camarada,* pág. 166). —No cambie las palabras, *denantes* dijo que era dije, bonita (Durand, *Mercedes,* pág. 57); En eso pensaba *denantes* —dijo Andrés hablando len-tamente (pág. 198). —¡Jesús, María! —gritó la misma mujercita que había

---

[6] Hemos hallado los ejemplos que siguen. ANDALUCÍA: —¿De qué peli-gros me hablaba usté *endenantes?* (Muñoz Seca, *El roble de la Jarosa* [4.ª ed., 1925], pág. 38); *Enantes,* cuando pa él no había más que la Jarosa (pág. 44); la copla que tú *endenante* no sabías poné de pie (pág. 81). SAN-TANDER (MONTAÑA): ¿No ajustemos *endenantes* la cuenta más de treinta veces? (Pereda, *Obras completas,* V, 147). EXTREMADURA: ¿Por qué refun-fuñabas *andenantes?* (Luis Chamizo, *El miajón de los castúos* [2.ª ed.; Ma-drid, 1921], pág. 78); *Endenantes* jué la joya de los buitres (pág. 153). Para Salamanca, véase Lamano, pág. 415, y Sánchez Sevilla, § 95. Como ninguna de las formas anteriores se halla en sus *Cuentos populares,* Espinosa con-cluyó que no eran tan comunes como previamente se había supuesto (*Lan-guage,* III [1927], 190). Cf. asimismo *BDH,* II, 173-74; Vicente Zamora, pág. 45.

dado la voz de alarma *denantes,* y se puso a correr como una loca (Magdalena Petit, pág. 27).

Bolivia: ¡Está desconocida, niño! Antes no era así. *Endenantes* m'a dicho que lo quiere al Chungara (Arguedas, *Vida criolla,* pág. 252).

Perú: Y ¿cómo, entonces, dijo usted *enantes* que conocía todo el Perú si no ha visitado nunca el interior? (Barrantes, pág. 121). —*Enenantes* le dije eso (Corrales, pág. 172); lo que dije *enantes* (pág. 196).

Ecuador: —¿Usted mismo no dijo *enenantes?* (Pareja, *La Beldaca,* página 36). Compadecía a María ... que *enantes* no más visitara (Ortiz, página 234).

Colombia: Hicieron del *enantes* "gurrerito" [= terreno estéril] un paraíso en miniatura (Arango Villegas, pág. 120). Cf. Cuervo, § 374.

Venezuela: De esta casa no saldrá nunca una palabra en contra del juramento que *endenantes* le hicimos Eufrasia y yo (Gallegos, *Pobre negro,* pág. 40); —Lo sorprendieron enterrando una barreta de jabón, una vela de sebo y una poca de sal, que *endenantico* no más había comprao en la pulpería (pág. 204).

Panamá: —*Enantes* [= antes] me dijo Ud. que sí, y *enantito* [= hace muy poco tiempo] me acaba de decir él que no (Mangado, pág. 93). *Enenantes, enenantitos* (Garay, pág. 109).

Guatemala: Desde *endenantes* estoy aquí esperándote (Sandoval, I, 470).

Méjico: Vino *endenantes* [= vino hace poco] (Icazbalceta, pág. 191). Y digo lo mesmo que dije *endenantes* (Rivas Larrauri, pág. 34), etc.

Cuba: —Amos a la plaza. ... *Endenantes* llegaron para el torneo (Castellanos, pág. 139).

Garzón (pág. 186) afirma que, en Argentina, *endenantes* (Segovia da también *denantes*), usado "entre la gente del bajo pueblo, en las provincias del interior", sólo significa "recientemente, poco tiempo antes"; para Catamarca, Lafone (pág. 107) explica *endenantes* como "poco ha, acaba de suceder". Los siguientes ejemplos, en los cuales *endenantes* significa simplemente *antes,* y no *hace poco tiempo,* demuestran que aquello no siempre es cierto.

Quiere decir que ansina como *endenantes,* cuando era chiquito, no quiso aprender las letras porque el maistro que daba escuela era un gringo fiero (Lynch, *Romance,* pág. 79). Siento un olor raro, un olor que aquí no se ha sentido nunca *endenantes* (Lynch, *Palo verde,* pág. 145). Empezó a crecer y, cuando llegó al altor que Dios le había dao *endenantes,* le echó los brazos al pescuezo a Dolores (Güiraldes, *Don Segundo,* pág. 135).

En otras partes, asimismo, *denantes* puede tener el mero significado de *antes:* "Había empezao *denantes* que los americanos a regalarles casas" (Gatell, *Flor del cafeto* [1936], pág. 97, *ap.* Malaret, *Vocabulario*).

HOY MAÑANA, ETC.

Por analogía con la locución omnipresente *ayer tarde* (= *ayer por la tarde*) y con la ocasional *ayer noche* (= *anoche*) y *ayer mañana* (= *ayer por la mañana*), en el habla popular y rústica se oye ocasionalmente *hoy mañana* (= *hoy por* [o *en*] *la mañana*), *hoy noche* (= *hoy por* [o *en*] *la noche*), *hoy tarde* (= *hoy por* [o *en*] *la tarde*), etc.:

BOLIVIA: —¿Y ha parido la "Choroja"? —*Ayer mañana* (Arguedas, *Raza*, pág. 131).

ECUADOR: *Aura* [= ahora = hoy] *tarde* usted les ha de vender bien vendidos (García Muñoz, *Estampas*, pág. 318).

EL SALVADOR: *Ayer mañana*, mientras leía en el corredor ... he visto llegar al señor Tin (Ambrogi, pág. 73).

GUATEMALA: Así ocurrió *el jueves noche; hoy mañana* ocurrió el accidente; *hoy noche* se correrá la película (Bonilla Ruano, III, 229).

"LO MÁS" + ADVERBIO O ADJETIVO

En el habla coloquial y rústica de numerosas regiones se halla una interesante locución adverbial —con menor frecuencia locución adjetiva— rara en el español normal. Consiste en *lo más* + un adverbio o adjetivo, y equivale a *muy* + un adverbio o adjetivo: *lo más bien* = *muy bien,* etc. En la España del siglo XVI se encuentran algunos ejemplos de semejante uso, pero son relativamente escasos (Keniston, pág. 241). La expresión más usual con *lo más* fue *lo más que* + alguna forma verbal de *poder;* es muy probable que la expresión actual *estoy lo más bien* (= *estoy muy bien*) constituya una elipsis de una construcción semejante a *estoy lo más bien que puedo estar* o *lo más bien que es posible,* etc., construcción que sobrevive aún en España: "Había en él [paquete] una toalla *lo más preciosa que podía haber*" (Aurelio Espinosa, *Cuentos,* II, 306 [Cuenca]); "Si te los pones en los ojos puedes ver todo *lo más divino del mundo*" (III, 360 [Toledo]). Pero, al parecer, la forma elíptica *lo más bien* no está extendida en España. García-Lomas (pág. 21) la registra como característica de la región montañesa: "estamos *lo más bien*" por "estamos *muy bien*"; Baráibar (pág. 167) la registra en Álava: "allí estuvimos *lo más bien*" por "allí estuvimos *muy bien*".

ARGENTINA: ¿No te lo expliqué *lo más bien* el otro día? (Lynch, *Palo verde*, pág. 106). Saludó el hombre *lo más fino* (Lynch, *Romance*, página 251); Todito anduvo *lo más lindo* pa doña Julia (pág. 315); las visitas se despidieron *lo más cariñosos* (pág. 389), etc. Aprovecho *lo más tranquilo* aquí mis quince días de vacaciones (Olivari, en *ACR*, pág. 366).

URUGUAY: —Este pantaloncito le queda muy ancho. ... —¡No, mentira! ... Me queda *lo más bien* (Sánchez, *Los muertos*, I, 3).

CHILE: —Estoy *lo más bien* aquí (Guerrero, pág. 35). Ha estado *lo más enfermo* (Durand, *Mercedes*, pág. 179).

COLOMBIA: Me recibió *lo más formal* (Arango Villegas, pág. 180). Está *lo más entablao* de botines (Carrasquilla, *Hace tiempos*, II, 16).

PUERTO RICO: La muchacha contestaba *lo más apurá* (Meléndez Muñoz, pág. 138).

SANTO DOMINGO: Allí estaremos *lo más bien* (Patín Maceo, "Amer.", VII, 199).

MÁS NADA, MÁS NUNCA

Ocasionalmente se hallan las expresiones *nada más, nunca más* y *nadie más* con sus términos invertidos, o sea *más nada, más nunca* y *más nadie*, cosa que ocurre en muchas regiones hispanoamericanas, y, al parecer, especialmente en las Antillas. Toro y Gisbert (*L'évolution*, § 183) supone erróneamente que se trata de un galicismo, pero es práctica corriente en León, Galicia y Aragón (Alvar, § 75) y característica del portugués. En opinión de Cuervo (§ 432), la inversión se debería a construcciones dobles como *no pide más* y *no pide nada, que no entren más* y *que no entre nadie*. Sin embargo, se remonta a la lengua antigua (Correas, pág. 607). Es posible que al principio se hiciera una pausa después de *más*.

ARGENTINA: —¿No se le ofrece *más nada*, mama? (Lynch, *Romance*, pág. 34); No quiso saber *más nada* (pág. 471). Generalmente rural.

URUGUAY: —No te vamos a poder mandar *más nada* (Montiel, *La raza*, pág. 108). —¡Que no te vea *más nunca*! (Espínola, pág. 51).

PARAGUAY: No se oyó *más nada* (Casaccia, pág. 77).
COLOMBIA: No vi *más nada* (o *a nadie*) (Obando, pág. 115).
VENEZUELA: —¿*Más nada?* —preguntó ella ansiosamente. —*Más nada* —repuso (Pocaterra, pág. 218); —¡No volveremos a misa *más nunca!* (página 283). No volvían *más nunquita* (Urbaneja, pág. 225).
PANAMÁ: —No me dijo *más nada* (Mangado, pág. 103). ¡Pero no regresó *más nunca!* (Nacho Valdés, *Cuentos*, pág. 89).
COSTA RICA: —Sin acordarse de *más nada* (Lyra, pág. 115).
CUBA: El doctor no contestó *más nada* (Ciro Espinosa, pág. 52). No vuelve a salir *más nunca* (Luis Felipe Rodríguez, pág. 198).
PUERTO RICO: —Samuel no se acostumbrará *más nunca* a ese trabajo (Méndez Ballester, pág. 5). Cf. también Navarro, pág. 134.
SANTO DOMINGO: —¿Qué más se llevó? —*Más nada.* —*Más nunca* vuelvo a salir contigo (*BDH*, V, 238-39).
MÉJICO: —¡No güelvas *más nunca!* (Rubín, pág. 247).

Corominas (pág. 102, n. 3) relaciona este uso propio de la Argentina con otro igualmente corriente allí y parcialmente influido por el francés y por el italiano: *no ... más* (español tipo "ya no ..."): *no lo tengo más, no tengo más nada* "ya no tengo nada". Así, *no está más* "ya no está", etc.

Hay regiones en las cuales el pronombre relativo puede ir precedido por *más* o por otro comparativo: "este libro es el *más* que me gusta" por normal "este libro es el que *más* me gusta", etc.:

ARGENTINA (SAN LUIS): Son los *peores* que se portan; Dicen que son los *mejores* que amansan potros (Vidal, pág. 397).
PUERTO RICO: El final del artículo es lo *menos* que se entiende (Navarro, pág. 133); El más joven es el *mejor* que canta (pág. 134). El más viejo no es el *más* que sabe (Meléndez Muñoz, pág. 104).

En el habla popular de Chile se emplea una construcción emparentada con la anterior, pero de traza típicamente irónica, tal como sigue: —"No s'enoje, joen [= joven]; es una groma no má. —Chs. *El más que* s'enoja" (Romanángel, pág. 72). La frase *el más que s'enoja* ("el que más se enoja") significa "el que más se enoja no soy yo" o "yo no soy de los que se enojan" o "yo nunca me enojo", etc. Asimismo: —"¿Pa qué te aurismay [= te asustas] tanto? —*El más que* se aurisma" (Romanángel, pág. 91).

MÁS RATO

En la expresión *más rato,* corriente en el habla de Chile con el significado de *más tarde,* se emplea el sustantivo *rato* como adverbio de tiempo:

—Con usté voy a tener un palabreo, *más rato.* —¡Cuando quiera! (Moock, *Un crimen,* pág. 9). Y ahora me voy, tengo mucho que hacer; *más rato* vengo a bailar (Acevedo Hernández, *Cardo negro,* pág. 51). —¿Por qué no le dice que me cante una toná? —*Más rato* (Acevedo Hernández, *De pura cepa,* pág. 5). Déjela aquí, compaire; yo se lo voy a dejar *más rato* (Acevedo Hernández, *Por el atajo,* pág. 39).

En Yucatán se emplea el adverbio *masino* (*mas* + *si* + *no*) en preguntas cuya respuesta se espera sea afirmativa: "Todavía me quieres, *masino?*" (V. Suárez, pág. 62).

MISMO

Con frecuencia y con libertad excesiva se emplea el adverbio *mismo* (la forma antigua *mesmo* ahora es rural) para modificar otra parte de la oración, pero sin significación concreta, sino para reforzar la palabra modificada. De vez en cuando, sin embargo, equivale en forma aproximada a *precisamente, siempre, es cierto,* etc., como en *¿Ella mismo se va mañana?* = *¿siempre se va?* o *¿es cierto que se va?* Esta práctica halla con frecuencia su paralelo o prefiguración en España: en Andalucía, *donde mismo* significa *en el mismo lugar* (Toro Gisbert, "Voces", pág. 507). Cf. Llorente, pág. 171.

CHILE: Donde *mismo* le dejara estaba Keltán (Fernando Alegría, *Leyenda,* pág. 31). —La máquina queó onde *mesmo* se averió (Brunet, *Montaña,* pág. 11).

ECUADOR: —¿Siempre *mismo* te vas mañana? —¿Ya no te dije que sí? (Pareja, *La Beldaca,* pág. 217). —¿Y dónde *mismo* estaba, ah? —Enferma donde una parienta pues (Pareja, *Baldomera,* pág. 31); —¿Qué *mismo* dices? (pág. 42); —Y nosotros ni sentimos nadita *mismo* (pág. 43); —¿Y quién *mismo* es? (pág. 96). Frecuentemente *miso.*

COLOMBIA: ¿Adónde *mismo* lo llevó? (Flórez, pág. 382).
VENEZUELA: ¿Vive usted donde *mismo?* (Rosenblat).

En ocasiones, particularmente en la Argentina, se oye un *mismo* galicado (< francés *même*) en lugar de *aun* o *hasta*, como en "*mismo* los españoles hacen eso; no lo haría *mismo* si pudiera". En las áreas rurales del Río de la Plata, *mesmo* se halla con frecuencia como equivalente a *eso mismo* o a *eso es:* —"¡Paice que el dijunto ha resucitao! —*Mesmo*" (Pérez Petit, pág. 80); —"¿Ustedes vienen de allá, por el camino, no? —*Mesmo*" (pág. 172).

Compárese este empleo de *mismo* con el del adjetivo *mismo,* el cual, colocado detrás del sustantivo, puede significar *completo, cabal,* tal como ocurre en la costa atlántica de Colombia (Revollo, pág. 181): "Es hombre *mismo* = es todo un hombre, es hombre cabal; tomó ron *mismo* = puro ron; es un burro *mismo* = un perfecto burro".

Para Guatemala registra Sandoval (II, 95) el uso de *mismas* con *ser* como aplicado a "personas amigas, compañeras, correligionarias". Da estos ejemplos: "Yo soy *mismas* con Sarbelio; el coronel Barrios es *mismas* con el Secretario de Guerra".

MUY MUCHO, NO MUY

Considerada incorrecta actualmente, la locución *muy mucho* está presente a lo largo de todo el siglo XVI como forma enfática de *mucho* (Keniston, pág. 591); el propio Cervantes escribió: "era ... *muy mucho* discreto" (*Don Quijote,* I, 4). Al presente, *muy mucho* constituye una supervivencia rústica de uso general que ocasionalmente se halla en el estilo literario tanto de España como de América.

ARGENTINA: Ya sabe cómo el finao me quiso, *muy mucho* (Lynch, *Romance,* pág. 17); la partida había aflojao ya *muy mucho* (pág. 99); ¿Pero has perdido entonces *muy mucho?* (pág. 175).
ECUADOR: Extraño era todo. Extraña la casa extrañas las ideas de don Balón, *muy mucho* lo que ocurríale y etcétera (Pareja, *Don Balón,* pág. 163).

Ocasionalmente se puede encontrar *no muy* empleado impropiamente por *no mucho,* error corriente, al parecer, en Guatemala, donde se añade otra impropiedad por el empleo preposicional de *muy:* "A Juan *no muy* le gusta [= no le gusta mucho] el trago; Águeda *no muy* quiere a su marido; Ya te dije que *no muy* deseo conciliarme con Rafael" (Sandoval, II, 141).

MUY NOCHE

En la frase *muy noche* "muy tarde" se emplea el sustantivo *noche* como si fuera adverbio, tal vez por analogía con *tarde.* La locución castiza es *muy de noche.* En la lengua antigua se halla ya el empleo de *noche* como adverbio: "El padre prior vino tan *noche,* que le pude hablar poco" (santa Teresa, *Cartas,* núm. 294); "a qualquiera parte que el huésped llega *muy noche* halla mal recaudo" (Covarrubias, *Tesoro,* s. v. *güésped*). Este uso ha sobrevivido en las regiones rurales de España (ejemplos en Aurelio Espinosa, *Cuentos,* I, 166; II, 189; III, 384) y en numerosas regiones de América. A veces se dice *oscuro* en el sentido de "al hacerse de noche".

ECUADOR: —Vaya a que repose, señor Segovia. Ya es *muy noche* (Mata, *Sanagüín,* pág. 120).

EL SALVADOR: Hasta *bien noche* se jué [= no se fue] quedando dormida (Ambrogi, pág. 66).

GUATEMALA: Me acosté *muy noche* ... me acosté *nochísimo* (Sandoval, II, 131).

MÉJICO: No pude hacerlo porque llegué *muy noche* (C).

NO MÁS [7]

Los escritores del Siglo de Oro hicieron uso frecuente de *no más* "solamente" colocado después de la palabra a la cual modifi-

---

[7] Para un examen más completo, cf. C. E. Kany, "American Spanish *no más*", *Hispanic Review,* XIII (1945), 72-79. Para la Argentina y el lenguaje del gaucho, cf. Tiscornia, *La lengua,* § 144; cf. también *BDH,* IV, 61, n. 3, y pág. 387; *Filología* (Buenos Aires), I, 23-42.

caba; todavía se encuentra en el español consagrado moderno, pero en España la forma preferida es *nada más*. Hispanoamérica, por su parte, ha conservado el uso arcaico de *no más* y extendido su valor a acepciones desconocidas en España, si bien en unos pocos ejemplos clásicos pueden hallarse implícitas semejantes derivaciones.

El uso hispanoamericano se puede subdividir tal como sigue:

1. *Solamente,* como en España —donde, no obstante, se prefiere *nada más*—. Este uso es tan común que bastará con unos pocos ejemplos. En Méjico suele colocarse el *no más* (o *nomás*) delante de la palabra a la cual modifica.

ARGENTINA: ¡Eso *no más,* compadre! (Lynch, *Romance,* pág. 205); pa unas copas *no más* (pág. 251).
CHILE: ¿Quién es? —Yo *no más* (Latorre, *Hombres,* pág. 128).
BOLIVIA: Fue al arroyo *no más* (Céspedes, pág. 55).
PERÚ: Hace dos días *no más* que se fue (López Albújar, *Nuevos cuentos,* pág. 94).
ECUADOR: Y dieciséis años *nomás* tiene (Gil Gilbert, *Yunga,* pág. 102).
MÉJICO: ¡Ándale, un tiro *no más!* (Azuela, *Los de abajo,* pág. 20); *no más* te pongo esta reata en el gaznate (pág. 47). *No más* vamos por ahí (Inclán, I, 21); *no más* voy a traer mi cacaztle (I, 252).

El empleo de *no más* (o *nomás*) por *solamente* ha llegado a ser tan extremadamente común en Méjico, que hay quienes lo emplean con frecuencia en lugar de *solamente* en la locución *no solamente ... sino* (cf. también Pino, § 127):

Y *no nomás* [= no solamente] es eso, sino que no le faltan al médico muestras de agradecimiento ... el médico vive y medra, y se la pasa *no nomás* [= no solamente] pagado, sino mimado por esa gente (Lussa). Ramirito *no* 'staba *no más* enfermo, sino que ... (García Roel, pág. 259); antes los señores casaos bailaban con las muchachas y con las demás señoras, *no no más* con sus mujeres (pág. 306). *No* había *no más* que carpas (Pino [Chile], pág. 71).

2. A veces se añade *no más,* a manera de sufijo reforzativo, a adjetivos y adverbios y a otras partes de la oración usadas adverbialmente: "ahí *no más*" = *ahí mismo* o *ahí precisamente* o *ahí cerca,* con el significado temporal adicional de *en ese mismo instante* "precisamente entonces y allí"; "ahora *no más*" = *ahora*

mismo o *en seguida* o *hace muy poco tiempo;* "mañana *no más*" = *no antes de mañana, mañana mismo;* "así *no más*" = *así es, precisamente;* "bien *no más*, lindo *no más*" = "muy bien", etc.; "así *no más*", en respuesta a la pregunta por el estado de salud, equivale a *así, así* o a *regular;* "¡ahí *no más!*" con frecuencia significa "¡alto ahí!, ¡quieto!"; "un así *no más*" = *un cualquiera,* etc.

Este empleo de *no más* es relativamente raro en las Antillas.

ARGENTINA: Me preguntaron por mi paseo. —Lindo *no más* (Güiraldes, *Don Segundo,* pág. 165). Y ahí *no más* [= "en aquel mismo momento y lugar"] ya se largó a caminar pa las casas (Lynch, *Romance,* pág. 39); al oir esto, áhi *no más* agachó la cabeza la curandera (pág. 49); en seguidita *no más* (pág. 134). ¡Lindo *nomá!* [= frase de aprobación, aplauso y estímulo] (Saubidet, pág. 213).

URUGUAY: —¿Cómo está? —Bien, *no más* (F. Sánchez, pág. 138).

CHILE: —Así es *no más* [= precisamente] (Romero, *Perucho González,* pág. 24); —Bien *no más* (pág. 51). Entonces *no más* [= y no antes; cf. *recién,* pág. 379] llegó a mis oídos rumor de pasos (Latorre, *Hombres,* página 87); ¿Y ahora *no más* [= no antes] te vienes a acordar de tu casa? (pág. 235).

BOLIVIA: —Hasta por ahí, *no más* (Céspedes, pág. 48); ¿Crees que ahora se puede dejar de ser militar así *no más* [= "igual que"] como quien se quita las botas? (pág. 88).

PERÚ: Hay que hacerlo tempranito, *no más* (Barrantes, pág. 73).

ECUADOR: Atrás de esa lomita *no más* está (Icaza, *En las calles,* página 199). —A la vueltita *no masito* queda (La Cuadra, *Horno,* pág. 20).

COLOMBIA: ¿Cómo sigue el enfermo? Así *no más* (Tascón, pág. 36). —¿Cómo te va en la pesca? —Así *no más* (Buitrago, pág. 52).

VENEZUELA: Ayer *no más* (Gallegos, *Pobre negro,* pág. 52); Trasantier *no más* (pág. 315).

COSTA RICA: Vivo ahi *nomasito* (Gagini, pág. 50).

GUATEMALA: Podemos ir a pie a mi finca, porque ahi *no más* está (Sandoval, I, 27).

CUBA: Así *no más* (Dihigo, *Léxico*).

3. A manera de sufijo enfático se añade *no más* a las formas verbales, sobre todo a las imperativas. Sirve para poner de relieve el verbo, dejando inconcluso el pensamiento del hablante, debiéndose completar frecuentemente de acuerdo con su entonación. Sus significados más usuales son *sin recelo, resueltamente, libremente, con confianza, sin tardanza* o simplemente *pues.* Menos frecuente

en Centroamérica y las Antillas y raro en Méjico, este uso de *no más* con formas verbales imperativas se oye en toda Sudamérica.

ARGENTINA: ¡Diga *no más*, señora! (Lynch, *Romance*, pág. 54); cuente *no más* conmigo (pág. 70); ¡vaya *no más!* (pág. 146); sentáte *no más* (pág. 166); siga *no más* (pág. 262), etc.

URUGUAY: —Murmuren *no más* (Sánchez, *La gringa*, III, 3); dejen *no más* que me caiga encima (III, 10).

PARAGUAY: Golpee *no más* (Casaccia, pág. 20).

CHILE: Siga, *no más* (Latorre, *Hombres*, pág. 208). —Fume *no más*, a mí no me hace daño (Juan Modesto Castro, pág. 118).

BOLIVIA: Sigan *no más* abriendo el mismo (Céspedes, pág. 34).

PERÚ: —Toque fuerte, *no más* (Barrantes, pág. 20); pregunte, *no más* (pág. 166).

ECUADOR: Diga, *no más* (García Muñoz, *Estampas*, pág. 118); —¿Está arriba? —Sí, suba, *no más* (pág. 232).

COLOMBIA (SUR): Entrá *nomás*, sentáte en ese asiento (Álvarez Garzón, pág. 101); —Vení *nomás*, bebamos un trago (pág. 114); Habla *nomás* (página 135). Raro en Bogotá (Flórez, pág. 382).

VENEZUELA: Siga *no más;* tráigalo *no más* (Rosenblat).

PANAMÁ: —No tenga usted cuidado ... continúe usted *no más* (Nacho Valdés, *Sangre criolla*, pág. 18).

EL SALVADOR: —Tráigalo *nomás* (Ambrogi, pág. 137); —Pase *nomás* (pág. 175).

En Méjico se emplea rara vez *no más* con imperativo en el sentido precedente. Sin embargo, es corriente con ciertos verbos (como *mirar, parecer,* etc.), para expresar sorpresa o admiración: "mire *no más*" = *mire usted qué cosa.* Como se recordará, en Méjico frecuentemente el pronombre enclítico *le* añadido a las formas imperativas implica la misma idea que el *no más* en la región del Río de la Plata, Chile, Bolivia, Perú y Ecuador: *ándele = vaya no más* = peninsular *vaya usted; pásele = pase no más* = peninsular *pase usted,* etc.

¡Mira *no más* qué chapetes! (Azuela, *Los de abajo*, pág. 8); ¿qué te parece *no más*, curro? (pág. 66). ¡Mira *nomás* qué vestido! (Rivas Larrauri, pág. 124).

4. *No más* colocado entre *al* y un infinitivo, con el significado de *apenas, tan pronto como: al no más llegar, lo vi* "apenas llegó, lo vi". Este uso es corriente en América Central y no desconocido

en Méjico, pero en Méjico es más general *no más* con este significado en unión con formas verbales concretas: *no más que llegue,
lo haré* "apenas llegue, lo haré", uso que parece hallarse algo extendido también en la España regional [8].

NICARAGUA: El hueso soldó y al *no más* hacer ejercicio ... ésta se le
inflamaba (Toruño, pág. 41).
HONDURAS: Al *no más* llegar a la tumba ... se inclinó a llorar sobre
ella desesperadamente (Martínez Galindo, pág. 18).
EL SALVADOR: Decidió abandonar el hogar al *no más* rayar el día (Ra-
mírez, pág. 17).
GUATEMALA: Ya lo presentía yo al *no más* verte de nuevo (Wyld Ospina,
La gringa, pág. 76).
MÉJICO: Santa reía al *no más* abrirse la boca de Isidoro (Gamboa,
Santa, pág. 203). Espérate, *nomás* que tenga [dinero], irás por tu hija (Ga-
leana, pág. 93); ... con la intención de echarme a correr *nomás* que llegara
a la calle (pág. 182). ¿Cuándo me va a pagar esa cuentecita? —Pos *no
más* que me suelten mi chiva (Madero, I, 7).
NUEVO MÉJICO: *Nomás* se comensó la misa y ... (*BDH*, I, 290).
VENEZUELA: Cuando *no más* se levanta, lo pide (Rosenblat).

5. El frecuente uso de *no más* ha debilitado a éste y en ocasiones le ha privado de toda significación real: en estos casos, su
función se reduce simplemente a suavizar la frase. En algunos países, como Ecuador y Perú, es posible que esta función de *no más*
haya pasado a convertirse en popular sobre todo a causa de que,
en frases como "¿Qué *no más* has traído?", con facilidad pudo
asumir el papel de la partícula quichua *lla*.

ECUADOR: —Entonces, comadrita, cuente, pues, algo del sermón. ¿Qué
no más dijo el padre Erazo? (García Muñoz, *Estampas*, pág. 245). ¿Qué
no más has traído? (Vázquez, pág. 280).

En el habla popular de Bolivia se expresa a veces este significado de *no más* (o *pues*) por medio de la partícula *jai*, que corresponde a la palabra aimará *ja* (o *ka*), desagradablemente gutural,
la cual originalmente sirvió para expresar duda o incertidumbre, y
en la actualidad se emplea como partícula enfática en posposición.

---

[8] Encontramos un *nada más* y *no más* en la España rural: "*Nada más*
que saco la calandria a la puerta empieza a llover" (Aurelio Espinosa,
Cuentos, II, 222 [Málaga]); "Escríbeme *no más* llegues" (L [Valencia]).

—Es *jay* forastera (Díaz Villamil, *La Rosita,* pág. 23); Eso *jay* me tocaba decir a mí (pág. 25); Llega una forastera y los jóvenes *jay* como moscas detrás de ella (*Cuando vuelva,* pág. 17); —Apaguen ese cirio ... —Si es *jay* para la Virgen, hijo (pág. 77).

OTRA VUELTA, VEZ PASADA

En el habla familiar, y sobre todo en el habla rústica, se oye frecuentemente *otra vuelta* (rústico: *güelta*) y *vez pasada* en lugar de *otra vez* y de *una vez,* respectivamente (también en lugar de *no ha mucho tiempo, en cierta ocasión*). Ambas constituyen supervivencias de la lengua antigua. Para *ocasión* con significado de *vez,* cf. pág. 426.

ARGENTINA: —Dejemé que la abrace *otra güelta* (pág. 61). ¿Quieren creer que *vez pasada* la pic' un coral ...? (*Fray Mocho,* pág. 131); —*Vez pasada* vivía con su familia en la calle Chile y me llevó (pág. 148). ¿Por qué no conchaba un hombre pa que la ayude? ¿No tenía uno *vez pasada?* ¿Qué se le hizo? (pág. 248). ¡Vea qui andan cebaos esta *güelta!* ¿Pero si no han dentrao hasta el Vainticinco *vez pasada?* (Sáenz, pág. 6).

PARAGUAY: *Vez pasada* [= hace poco tiempo] le vi a tu abuela (Morínigo).

PERÚ: Si sobraba gente, *otra güelta* veníamos (Ciro Alegría, *La serpiente,* pág. 20).

VENEZUELA: ¿Viene V. *otra vuelta?* (Alvarado, pág. 459). Empiézalo *otra vuelta* (Gallegos, *La trepadora,* pág. 199); ¡pero con más ganas de rompé a cantá *otra güelta!* (pág. 200).

EL SALVADOR: Miacaban de soplar *otra vuelta* (Salarrué, *Cuentos,* página 95); se metió *otra güelta* por debajo (pág. 126).

GUATEMALA: ¡Bravo! ¡Que se repita *otra vuelta!* Allá viene *otra vuelta* la sirvienta de Mercedes por la contestación de la carta que te entregó ayer (Sandoval, II, 177 y 605).

MÉJICO: Dímelo *otra güelta* (Ramos Duarte, pág. 285).

CUBA: Fui *otra vuelta* a casa de Juan (Padrón).

POR LAS DUDAS

La expresión popular *por las dudas* (también *por aquello de las dudas*) es común en algunas regiones de Hispanoamérica como equivalente a *por si acaso.* Además, la expresión consagrada *por si acaso* puede convertirse en *por si alcaso* (así a veces en Méjico y

Centroamérica) y reducirse a *por si aca* (o incluso a *porsia*) en el habla familiar y jocosa de numerosas regiones. En España también *por si las moscas*.

ARGENTINA: De repente entramos a pisar algo sonoro y resbaloso. Largué los estribos *por las dudas* (Pico, pág. 36). —Y, será por otra cosa. —Yo, *por las dudas* voy a revisar todos esos papeles (Llanderas y Malfatti, *Cuando las papas*, pág. 42).

URUGUAY: Bueno, *por las dudas*, ya el jefe le había adelantado algo sobre la conveniencia de ser previsor (Montiel, *Cuentos*, pág. 71). Traigo la escopeta *por las dudas* (Sánchez, *La gringa*, I, 15).

CHILE: —Era *por siaca* (Romanángel, pág. 103).

PERÚ (ZONA COSTERA): Añadió la oleografía del Señor milagrero y la chaveta, *por si aca* (Diez-Canseco, *Estampas*, pág. 24); —Yo vo'a salir, prienda. ... *Por si aca*, ahí te dejo el machete (pág. 157). Dígale que *porsiaca* ocurriera la desgracia ... no tenga cuidado (Corrales, pág. 181).

ECUADOR: —Es por un *porsiaca* (Pareja, *La Beldaca*, pág. 24). Pero ... por un *por si aca* ... (La Cuadra, *Los Sangurimas*, pág. 58).

VENEZUELA (LLANOS, ANDES): *Por las dudas;* (LLANOS): también *por si las moscas* (igual que en España) (Rosenblat). Sustantivo *porsiacaso* 'alforja'.

GUATEMALA: Usté sabe lo qui hace. Pero *por aquello de las dudas*, li aconsejo que se merque una daga de cruz (Barnoya, pág. 43).

MÉJICO: —Quién sabe si de aquí a la madrugada cambie de opinión el general, y no te fusile. —¡Hum! *por las dudas*, no se te olvide (Ferretis, *Quijote*, pág. 64). Lo más probable era que no se tratase de ningún agente policíaco. Pero *por las dudas*, Nelly resolvió despistarlo (Ferretis, *San Automóvil*, pág. 32). Yo me había llevado, *por aquello de las dudas*, unos cuantos huevos podridos, porque sabía que se iban a necesitar (pág. 154).

CUBA: Me parece que ya no va a llover, pero me pondré la capa de agua *porsia* (Padrón).

POR POCOS, SI MÁS

Variante de *por poco* (= *casi*) es *por pocos*, como en *por pocos me caigo* en lugar de *por poco me caigo*. Cuervo (§ 439) la registra para Bogotá, pero nosotros la hemos oído también en boca de antioqueños cultos, y asimismo en el habla popular de otras partes, sobre todo de Centroamérica. Quesada (pág. 56) la trae para Costa Rica. Sandoval (II, 268) registra *por pocos* ("*por pocos* te caes"), así como la forma *por poco y* ("*por poco y* me caigo"). Cuervo opina que la *s* de *por pocos* deriva de la forma antigua *por pocas*, empleada, al parecer, desde antiguo y a lo largo del siglo XVI [9], aun cuando Keniston no la registra. También se podría pensar en la *s* adverbial analógica, tan corrientemente usada: *en ciernes* por antiguo *en cierne;* uso esporádico de *corrientes* por *corriente, adredes* por *adrede, cercas* por *cerca, de corridas* por *de corrida, a poquitos* por *poco a poco, a seguidas* por *de seguida*, etc. En la Argentina está registrada la forma *por poca* (Segovia, pág. 609).

Además, fuera de la forma antigua *por pocas*, otra forma sinónima era *a pocas* [10] (no la trae Keniston). Por consiguiente, si relacionamos la forma moderna *por poco* con la antigua *por pocas*, igual cosa podemos hacer con la mejicana *a poco* (cf. pág. 338) y la antigua *a pocas*.

Otro equivalente de *por poco* "casi" lo constituye la expresión *si más* (con frecuencia escrita *simás*) o *si masito* (también escrita *simasito*), corriente en Méjico, América Central, Colombia y probablemente en otras partes.

COLOMBIA: *Simasito* me rajan en el examen (C). Anoche ... me cogió un rematador y me quitó el cóngolo [= red de boca circular]. *Si masito* me ahoga el gámbito ese (Buitrago, pág. 110); *Simasito* nos soba [= desuella] una raya [pez elasmobranquio] (pág. 124).

AMÉRICA CENTRAL (especialmente EL SALVADOR): *Si más o si masito* me caigo (Salazar García, pág. 254).

GUATEMALA: *Si más* me saco la lotería. *Simás* me caigo, por bajar muy ligero la escalera. *Simasito* me caso con Ambrosio (Sandoval, I, 439-40). *Si más* me voy de espaldas (Arévalo, pág. 69).

MÉJICO: *Si más* me agarra el tren (C).

La idea de *por poco* se expresa por medio de *escape* o de *escaparse*, y también por medio de *antes* (o *anantes*) *no:*

---

[9] Se halla en el *Libro de vida beata* (1463), de Lucena, y en la *Pícara Justina* (1605). Encontramos registrado *en pocas* para el español dialectal: región salmantina (Sánchez Sevilla, § 95).

[10] "*A pocas* me hubiera muerto" (Sánchez de Badajoz, *Recopilación en metro* [hacia 1554] ["Libros de antaño", vol. XII (Madrid, 1886)], pág. 179). —"*A pocas* me farían reyr tus donaires. ... *A pocas* se me cayera nuestra questión dentre manos", etc. (Juan de Lucena, *Libro de vida beata* [1463] ["Opúsculos literarios de los siglos XIV a XVI", vol. XXIX, ed. Paz y Melia] [Madrid: La sociedad de bibliófilos españoles, 1892], págs. 164, 167).

COLOMBIA: *Escape* (*escapito*) lo mata (Obando, pág. 63). *Escapitas* que me ahogo al pasar una laguna (cf. Tobón, pág. 82).
NICARAGUA: ¿No vio a la pobre doña Ritana, cómo *se escapó de* ir para atrás? (Chamorro, *Entre dos filos*, pág. 63). El muchacho cayó y recibió un gran golpe; *antes no* se desnucó (A. Valle, pág. 14).

Otros equivalentes populares de *por poco* los constituyen las locuciones *por áinas* y *en áinas* (Colombia, Venezuela y Costa Rica), etc. Con este mismo significado (además del de *presto* o *fácilmente*) empleó la lengua antigua el adverbio *aína* o *aínas*. Covarrubias explica que *aínas que cayera* significó *poco faltó que no cayese*. En algunas regiones rurales de España, como en el caso de Salamanca, ha sobrevivido *aínas:* "Cayó la escopeta ... se disparó y *ainas* me mata" (Maldonado, *La montaraza*, ap. Lamano, pág. 201). En el habla popular, *ainas* se convierte en bisílabo y se escribe *ainas* o *áinas* (cf. Garrote, García Soriano, etc.).

COLOMBIA (BOGOTÁ): *Por ainas* me caigo (Cuervo, § 136). (VALLE DEL CAUCA): *En ainas* me caigo (Tascón, pág. 20). (ANTIOQUIA): *Por ainas* te traigo un peine (Antonio Restrepo, pág. 353).
COSTA RICA: *En áinas* se mata (Gagini, pág. 130). *Enainíticas* me pega, / y me yamó fariseo, / mentiroso y poca pena (Echeverría, pág. 187). —¡Carachas! ¡Que me he visto en alitas de cucaracha! *¡Enainas* me almuerza! (Lyra, pág. 125). Si dilata un poquillo más, *enainas* se lleva un sopapo (F. Dobles, pág. 82); *¡Enainas* se me muere! (pág. 91).
MÉJICO (YUCATÁN): *Ainas* me deja el tren (V. Suárez, pág. 62).

Fabián Dobles (pág. 395) da "en la de menos" como equivalente de *enainas*, pero significa asimismo *a lo mejor, fácilmente, pronto*, etc.

COSTA RICA: —Pero no sé ónde escondelas [alforjas]. *¡En la de menos* nos quen [= caen] los guardas y quién sabe ónde vamos a parar vos y yo! (pág. 44); Juan Ramón es muy suscetible a la cólera, y con ese genio, *en la de menos* le mete al viejo y el viejo puede sacar cuchillo (pág. 61); —Quién sabe. *En la de menos* le vuelve a pasar lo del otro día (pág. 226); Ese hombre *en la de menos* no era un cristiano. Tal vez no era un güen hombre (pág. 326).

QUIZÁ, QUIÉN SABE, QUIÉN QUITA

En su sentido consagrado, *quizá(s)* es actualmente un adverbio de duda que significa "tal vez". Oriundo probablemente de *qui sapit* "quién sabe", es evidente que ha perdido la fuerza de sus componentes primitivos. Covarrubias explica así *quiça:* "vocablo antiguo, vale por ventura, Lat. forte, fortasse, forsan. Dizen traer origen del termino italiano qui sa, quien sabe". Lamano (pág. 592) registra *quizaes* en el habla popular salmantina, y *quizayes* en Galicia. En *La esfinge maragata* (ed. de 1920), de Concha Espina, se encuentra *quizabes:* "*Quizabes* no sea cierto" (pág. 267); —"Y *quizabes* esta noche dormamos en la trilla toda la mocedad" (página 306).

Actualmente existe confusión en algunas partes de Hispanoamérica entre la forma íntegra *quién sabe* y la adverbial *quizá(s)*: *quién sabe* puede significar *quizá* (al igual que el consagrado *quién sabe si*), y *quizá* puede significar *¿quién sabe?*

ARGENTINA: *Quizá* qué oyó y cómo lo interpretó Terreros ... (Rossi, Folleto núm. 19, pág. 39).

CHILE: *Quizás* hasta qué hora siguió el 20 llamando a Adolfo (Juan Modesto Castro, pág. 35); —*Quizás* si el hombre ha ido a la mina abandoná (pág. 310); *¡quizás* por qué será que me equivoco! (pág. 394). *Quizá* si vaya mañana a verte (Román, IV, 562).

PERÚ (ZONA COSTERA): Y así comenzó su nueva vida, anclado otra vez, *quizá* si para siempre (Diez-Canseco, *Estampas,* pág. 48).

VENEZUELA (PERIJÁ): *Quizás* qué le pasó (Armellada, pág. 196).

Además, con frecuencia se halla *quien sabe* (generalmente sin acentuar y a menudo en una sola palabra) en lugar de *quizá:*

BOLIVIA: —Yo le hubiera sabido vengar *quiensabe* (Díaz V., *Plebe,* página 88); —*Quiensabe* ya ha muerto (pág. 198).

PERÚ: —*Quien sabe* iban a decir algo (Ciro Alegría, *La serpiente,* página 96); —*Quien sabe* lo contó en el sueño (pág. 143); *quiensabe* único los viejos sepan de yo (pág. 220); —¿Cuándo va pa los lavaderos? —*Quien sabe* esta misma tarde (pág. 200). *Quien sabe* los gobernantes comiencen a comprender que a la nación no le conviene la injusticia (Ciro Alegría, *El mundo,* pág. 501). Su pareja, que parece aturdida, *quiensabe* por súbitos escrúpulos (Barrantes, pág. 191).

Cuba: —¿Dónde está mi sombrero? —*Quien sabe* Juan lo haya cogido (Padrón).

La forma completa *¡quién sabe!* se emplea además en numerosas regiones como locución adverbial de duda, y de manera muy especial entre la población india y rústica de Méjico (rústico, *quén sabe*), de Venezuela, Perú, Ecuador y Bolivia. En este caso, más bien que el significado de *quizá* "tal vez", lleva consigo la idea de *lo ignoro* o *no sé*, empleándose con la mayor frecuencia en respuesta a preguntas que implican futuro: —"¿Lloverá? —*¡Quién sabe!*". Se dice que, cuando un indio siente repugnancia a contestar a una pregunta que se le ha hecho, habrá de replicar invariablemente: "Pues *¿quién sabe* (rústico *pos quén sabe*), señor?". He aquí cómo ha explicado Sánchez Somoano (pág. 67) semejante actitud en el indio mejicano:

Si se le pregunta a un indio
por el año en que nació,
o quiénes fueron sus padres,
o que si se bautizó,
se rasca tras de la oreja,
mira con cierto candor,
y levantando los hombros
dice *¡quién sabe, señor!*

Esta peculiaridad, común a los indios de Bolivia y Ecuador, ha invadido el habla de otros grupos sociales.

Bolivia: —Pero ¿estarás allá mucho, mucho tiempo? —*¡Quién sabe!* (Céspedes, pág. 68).

Perú: —¿Así es que no creen en Dios? —*Quién sabe*, señor (Ciro Alegría, *La serpiente*, pág. 75); —Bueno, don Oshva, ¿no trabaja las minas? —*¡Quién sabe!* (pág. 195).

Ecuador: —¿Lloverá hoy? *¡Quién sabe!* (Mateus, pág. 367).

Méjico: —¿Y qu'es eso? —Pos ... *quén sabe* (Rivas Larrauri, pág. 20). —¡Una mujer se llevó a tu hija! —¿Quién sería? —¡Pues *quién sabe!* (Galeana, pág. 105).

Otra forma propia del habla popular mejicana es *quí sabe*, erróneamente limitada a Hidalgo por Ramos Duarte (pág. 426).

—¿Pero no se queja? —¡*Quí sabe* | si con esas viejas con que se arrejunta! (González Carrasco, pág. 51); Mi razón era | que, al no golver por aquí, | *quí sabe* si no tuviera | algo que sentir de mí (pág. 169). *Quisabe* en qué artes está esto (Ramos Duarte, 426).

La idea de posibilidad de ¿*quién sabe?* (= *puede ser, ¿por qué no?, quizá, tal vez,* etc.) con frecuencia se expresa por medio de *¡quién quita!* "¿quién puede impedir?" en Méjico (Rubio, *Anarquía,* II, 168), América Central (Gagini, pág. 211), Puerto Rico, Cuba (Malaret, *Suplemento*), Venezuela (Alvarado, pág. 381) y otras partes: "Y por ser enteligente | y d'injluencia mi muchacho, | *¡quién quita* que llegue a ser | autoridá o diputao! (Agüero, pág. 50 [Costa Rica]); —"Deje d'esbariar. ¡*Quién quita* | benga su mujer!" (pág. 77).

Con mayor frecuencia, sin embargo, esta expresión contiene una idea adicional de deseo, equivaliendo entonces a *ojalá,* tal como se estudió en las expresiones de deseo (pág. 312): "*¡Quién quita* me saque la lotería este mes!*". A veces se emplea como sustantivo con el significado de "pequeña posibilidad, esperanza": "Lino lo desasusió [*sic*] | apenas bido la lengua, | y sólo por un *quién quita* | jué que liso [= le hizo] deligensias" (Echeverría, página 171 [Costa Rica]).

RECIÉN [11]

El adverbio *recién* no es apócope de *recientemente,* sino una forma apocopada derivada del latín *recēns, -tem,* que significó "acabado de llegar, fresco, reciente". Esta aparente forma de participio se emplea en español como adverbio, en primer lugar para modificar participios pasivos: *recién nacido, recién casado* (cf. francés *nouveau-né, nouveau venu,* etc.). Ocasionalmente se halla delante de un adjetivo o sustantivo empleado como participio: *recién libre* = "recién libertado", *recién sacerdote* = "recién ordenado de sacerdote".

---

[11] Para un tratamiento más completo, cf. C. E. Kany, "American Spanish *recién*", *Hispanic Review,* vol. XIII (1945), 169-73.

Al parecer, la lengua antigua empleó ocasionalmente la palabra original *reciente* con el significado de *hace poco tiempo* (Román, V, 40). Al paso que semejante uso ha caído en olvido en España, en ciertas regiones de Hispanoamérica se ha desarrollado grandemente, y la forma breve *recién* (rústico *ricién*) ha adquirido nuevos significados: 1) "ahora mismo", "hace poco tiempo", etc.: *llegó* (o *ha llegado*) *recién* o *recién llegó* (o *ha llegado*) = *acaba de llegar, llegó hace poco tiempo; ¿cuándo llegó? —recién = ¿cuándo llegó? —hace poco tiempo, o poco tiempo antes, o ahora mismo, o recientemente*. A veces se emplea *recién* en forma redundante: *recién acabo de llegar = acabo de llegar*. 2) "Sólo", "sólo entonces", "no antes": *recién hoy, recién ahora = sólo (solamente) hoy, sólo ahora; ¿recién? = ¿sólo ahora?, ¿tan tarde?; recién mañana llegará = no llegará hasta mañana, sólo mañana llegará*, etc. 3) "Apenas", "tan pronto ... como", etc.: *lo vi recién (que) llegó = lo vi apenas llegó* o *a poco que llegó*.

El significado núm. 2 parece ser el más corriente de todos. En este sentido, con frecuencia implica un especial estado de ánimo, una idea de sorpresa, sobre todo si el verbo está en presente o en futuro. Por ejemplo, la frase *recién llego* no tiene simplemente el significado temporal de *acabo de llegar,* sino que además implica "podría o debería haber llegado antes"; la frase *¿recién llega usted?* significa no sólo *¿acaba usted de llegar?,* sino que además implica "podría usted haber llegado antes" o "le esperábamos a usted antes". No siempre, sin embargo, es fácil de distinguir con claridad uno y otro significado. El hecho de que un mismo autor emplee unas veces *recién me daba cuenta* y otras *recién entonces me daba cuenta,* o *recién se fue* y *reciencito no más se fue,* demuestra que con frecuencia se hallan superpuestos los significados.

Ahora bien, tales construcciones se han considerado a menudo como argentinismos [12], lo cual es un error. En verdad, su empleo

---

[12] "En el Río de la Plata se usa [*recién*] en lugar de *recientemente* ... Estos usos son *desconocidos* en las otras naciones de lengua española" (Alonso y Henríquez Ureña, *Gramática,* II, § 204); "es uso argentino" (Santamaría y Domínguez, pág. 153), etc.

está muy extendido en la región del Río de la Plata, pero también
es corriente en Chile, Bolivia, Perú y Ecuador. Fuera de aquí es
raro, pero es posible encontrar algún que otro ejemplo desperdigado
en escritores de regiones tan lejanas como el norte de Méjico.
A pesar de haber sido condenado por los gramáticos, este uso
persiste en ciertas regiones, y no sólo entre los iletrados, sino también en las clases cultas, no sólo en el habla familiar, sino incluso
en el estilo literario elevado. De hecho ha llegado a ser tan esencial, que, hablando sobre la materia, un escritor ha afirmado que los
hispanoamericanos no podrían hablar sin él[13]. Por consiguiente,
lo más apropiado parecería ser que, en vez de anatematizar el uso
de *recién*, éste se aceptase en aquellos países en los cuales los escritores más relevantes no dudan en emplearlo en su producción literaria seria. He aquí unos cuantos ejemplos tal como se registran
por escrito en varias regiones hispanoamericanas.

ARGENTINA, con el significado núm. 1: —*Recién* pasó para su cuarto
(Laferrère, *Locos de verano*, pág. 45). *Recién* había terminado la lectura
de un libro que llevaba debajo del brazo (Marengo, pág. 69). La escena
... fue interceptada por el pesquisa joven de *recién* (Filloy, pág. 39).
Con el significado núm. 2: —*Recién* cuando vendiese los animalitos les
completaría la cantidá (Lynch, *Romance*, pág. 274); Y jué *ricién* ["sólo
entonces"], que al mirarlo a Pantalión, doña Julia se dio cuenta de la cara
tan seria que tenía el mozo (pág. 395). *Recién* cuando estuve dentro me
di cuenta (Güiraldes, *Don Segundo*, pág. 18). —*Recién* mañana sabré (Güiraldes, *Xaimaca*, pág. 104).
Con el significado núm. 3: *Recién* salía de casa cuando llegó mi viejo
amigo (Forgione, pág. 28). *Recién* se descubrió el incendio volaron los bomberos (Bayo, *Vocabulario*, pág. 198).
URUGUAY, con el significado núm. 1: —Cómo no, si *ricién* me dijo el
carrero Juca que lo vido (Montiel, *Alma nuestra*, pág. 189). —Lo que no
hizo la pasión ... lo hará esa grandeza de alma que descubres *recién*
(Sánchez, *M'hijo el dotor*, III, 12).
Con el significado núm. 2: *Recién* con el sol alto concilió el sueño
(Acevedo Díaz, *Soledad*, pág. 131). —Cuando el vaso esté colmado, *recién*
entonces te permitirán ir a buscar un poco de paz (Sánchez, *Nuestros hijos*,
III, 4).
PARAGUAY, con el significado núm. 1: —*Recién* estaba abierta [la puer-
ta] (Casaccia, pág. 20).

---

[13] Eduardo Wilde, *Idioma y gramática*, del cual se citan extractos en
el *Diccionario* de Garzón, pág. 425.

Con el significado núm. 2: *Recién* por la noche vendría Sarita con la comida (Casaccia, pág. 73); como si *recién* después de diez años notase algo (pág. 129).

CHILE, con el significado núm. 1: ... tal si deseara sacarse el freno que el mayordomo *recién* le había puesto (Durand, *Mi amigo*, pág. 10). Un hombre que *recién* llega a la ciudad ... tiene un montón de necesidades que satisfacer (Alberto Romero, *La viuda*, pág. 131).

Con el significado núm. 2: A las cinco, a la hora de comida, *recién* llegaba el andariego (Juan Modesto Castro, pág. 53). —Pero ella habría jurado que *recién* ahora conocía la riqueza de esos objetos, que *recién* ["sólo ahora"] apreciaba el encanto del lujo (Fernando Alegría, *Leyenda*, pág. 24).

BOLIVIA, con el significado núm. 1: Fue cuando *recién* principiaba en este negocio (Pereyra, pág. 46); donde *recién* había ingresado (pág. 334).

Con el significado núm. 2: *Recién* ["sólo ahora"] nos vamos dando cuenta de la magnitud de la guerra (Toro Ramallo, pág. 94). Su marcha ... motivó que, *recién* al mediar el segundo día, comprobasen que la senda ... estaba en poder de los pilas (Céspedes, pág. 127). Y *recién* ["sólo entonces"] se explicó Ramírez esa despreocupación, la dureza y el coraje que había observado en las gentes de esos valles. ¡Claro! (Arguedas, *Vida criolla*, pág. 169).

PERÚ, con el significado núm. 1: Yo fui uno de sus primeros amigos cuando *recién* llegó a Lima (Velarde, en *ACR*, pág. 153).

Con el significado núm. 2: Una tarde se incorpora mirando a todos lados. Detiene sus ojos en nosotros como si *recién* ["sólo entonces, por vez primera"] nos viera en su vida (Ciro Alegría, *La serpiente*, pág. 116).

ECUADOR, con el significado núm. 1: Balladares se había curado *recién* una enfermedad (Gil Gilbert, *Nuestro pan*, pág. 23); *Reciencito* no más subió la lancha (pág. 84). *Recién* la perdieron (Salvador, *Camarada*, página 60). —Y eso que Ud. *recién* viene (Mata, *Sanagüín*, pág. 131). Caray, quejtaj flaco. —Ej que *recién* sargo er hospitar (Aguilera Malta, pág. 60).

Con el significado núm. 2: *Recién* ahora, don Cruz se daba cuenta de cómo era el río (Gil Gilbert, *Nuestro pan*, pág. 36). Porque Vicenta tiene *recién* una semana en casa de don Rodolfo (Pareja, *La Beldaca*, pág. 69).

COLOMBIA, con el significado núm. 3: Lo vi *recién* que llegó; Se fue *recién* murió su hermano (Cuervo, § 400).

VENEZUELA (LLANOS solamente, no CARACAS), con el significado núm. 1: *Recién* lo comprendió; *recién* lo acabo de ver (Rosenblat).

COSTA RICA, con el significado núm. 2: *Recién* entonces (Salesiano).

GUATEMALA, con el significado núm. 1: El rostro de la tierra *recién* se libra de espantosas arrugas (Leiva, en *CLC*, pág. 27).

MÉJICO, con el significado núm. 2: Y *recién* entonces se iniciaron los combates (Robles Castillo, pág. 166).

SANTO DOMINGO, con el significado núm. 1: El capitán Naranjo había *recién* pasado los cincuenta años (Requena, *Camino*, pág. 20).

SIEMPRE

Además de su uso más generalizado de *en todo tiempo,* el adverbio *siempre* puede significar también *en todo caso* o *cuando menos:* "Quizá no logre mi objeto, pero *siempre* ["en todo caso, cuando menos, aun así"] me quedará la satisfacción de haber hecho lo que debía" (diccionario de la Academia). En Hispanoamérica es corriente una extensión aparente del significado de "aun" adversativo (= *sin embargo*) al de "aún" temporal (= *todavía*) y de *al fin, de todos modos, resueltamente,* etc., y otros conceptos de difícil traducción. En Méjico, la palabra *siempre* se usa a menudo inmediatamente antes de *no* o *sí* a manera de partícula reforzativa. La omisión de *siempre* no invalidaría el significado fundamental del *no* o del *sí.* Ramos Duarte (pág. 457) da este ejemplo: "¿Va usted, o no? —*Siempre* no voy". Y explica que omitiendo *siempre* la frase sería correcta. Sánchez Somoano (pág. 29) hizo este comentario en verso: "Allí [en Méjico] es la palabra *siempre* / negación y afirmación; así dicen *siempre, sí,* / como dicen *siempre, no*". En Colombia, igual que en otras partes, *siempre* significa *sí* (Revollo), *un poco* o *más bien* (Flórez), etc.

ARGENTINA: Mi próxima separación de Clara va siendo más incierta. ¿Bajaré *siempre* ["realmente"] en Mollendo? (Güiraldes, *Xaimaca,* página 53). —Te vas a la madrugada, ¿*siempre?* ["decididamente"]. Él asiente (Mallea, *La ciudad,* pág. 99).

URUGUAY: —¿*Siempre* se va mañana? Él sonrió y dijo: —¡De juro! (Viana, *Leña seca,* pág. 124). —Manda decir don Horacio que el tilburí está pronto. ... Que si *siempre* piensa irse (Sánchez, *La gringa,* IV, 9).

CHILE: —Me habían dicho que tú habías resuelto no casarte ya. —Mentira, yo no he dicho nada. ... —¿Entonces *siempre* ["decididamente"] te casas? —*Siempre* (Maluenda, *Escenas,* págs. 76-77). —¿Tú *siempre* [= todavía] queriéndola? —*Siempre* (pág. 168).

BOLIVIA: Ante todo, ¿estás *siempre* ["resueltamente"] decidido a casarte? (Arguedas, *Vida criolla,* pág. 151); —¿De veras se va usté *siempre* a Europa? (pág. 265).

ECUADOR: —*Siempre* [= todavía] mismo me queda debiendo ese resto (Icaza, *Cholos,* pág. 12). —Yo *siempre* ["decididamente"] mismo tengo qu'irme (Icaza, *Huasipungo,* pág. 102). Despierto ya, le preparó ella el desayuno. ... —¿Se va, *siempre?* (La Cuadra, *Horno,* pág. 191).

COLOMBIA: Aunque la mañana del domingo es lluviosa, *siempre* ["no obstante"] se ha levantado mamá (Carrasquilla, *Hace tiempos*, I, 185). *Siempre* [= al fin] se escapó el herido del hospital (Sundheim, pág. 597). (MOMPÓS): ¿Ganaste algo en el negocio? —*Siempre* [= sí]; ¿Te fue bien en el viaje? —*Siempre* [= sí] (Revollo, pág. 247). (BOGOTÁ): —¿Es muy lejos? —*Siempre* [= más bien]; (pop. y rústico): ¿*Siempre no* se fue? (Flórez, pág. 382). —¿Muy grande? —Pues *siempre* es grandecito (Arango, página 148).

PANAMÁ: —¿Se decidió Ud. a venir *siempre* [= por fin]? —¿Lo hizo Ud. *siempre?* (Mangado, pág. 116).

GUATEMALA: *Siempre* me casaré el sábado (Sandoval, II, 437).

EL SALVADOR: —¿Y aquél tomó? —No, señor. Lo dejó. —Pero lleváselo *siempre* ["no obstante"] (Ambrogi, pág. 25).

MÉJICO: ¿Conque *siempre* ["finalmente"] se murió? ¿*Siempre* se mató? (C). —¿Nos vamos, o te esperamos? pues no dilata en reventar la aurora. —*Siempre* ["de cualquier modo"] vete yendo, compadre (Inclán, II, 145). —No la querían recibir. ... Se despertó y gritaba mucho. *Siempre* ["de cualquier modo, finalmente"] la dejamos (Quevedo, *La camada*, pág. 64); —A pie no podrá. —Que vaya en coche. —*Siempre* ["en cualquier caso"] se tendrá que llevarla a él y sacarla en peso (pág. 126). Confiados en los rebeldes no nos fuimos a huir *siempre* [simplemente enfático] (Núñez Guzmán, pág. 100). Los mismos mensajeros de las buenas nuevas, fueron a decirme que *siempre no* (López y Fuentes, *¡Mi general!*, pág. 135). —¡No le hace, no te cases, dile que vaya al diablo! Tanto me dijeron que así lo hice. Al día siguiente que fue le dije: —¡*Siempre no* me caso con usted! (Galeana, pág. 41). (YUCATÁN): Le dije que *siempre no* se lo vendía (V. Suárez, pág. 62).

En ocasiones, tal es el caso a lo largo de la costa atlántica colombiana (Sundheim, pág. 466), el sentido negativo de este *siempre* se expresa por medio de *nunca,* que entonces significa *al fin no, por fin no, de ningún modo,* etc.: "Sabrá usted que *nunca* se fue mi tía ; *nunca* vendo el caballo".

TAMBIÉN NO

En el habla popular y rústica de numerosas regiones se emplea *también no* en lugar de *tampoco.* Así lo usó Cervantes y otros de su misma época (*Don Quijote,* I, 17 y 40).

PERÚ: El cristiano ya no lo vio y los otros pajaritos *tamién no* lo vieron poque subió pa las nubes (Ciro Alegría, *La serpiente,* pág. 142); Mi compañerito se quedó sin pasar el río y como que siento que *no* lo pasaré *tamién* (pág. 161). —Yo *también no* tengo inconveniente (Corrales, pág. 157).

ECUADOR: Yo *también no* quiero (Vázquez, pág. 401). *También* yo *no* quise concurrir; *ni* él *también* quiso venir (Cevallos, pág. 79).

MÉJICO: *También no* tenían mamá (Galeana, pág. 34).

SANTO DOMINGO: *No* faltaba allí *también* la buena longaniza, como *tampoco* ... un par de cesinas (Moscoso, pág. 23).

TAN, TANTITO, QUÉ TAN

El uso moderno normal coloca la forma apocopada *tan* (del adverbio *tanto*) únicamente delante de un adjetivo o de otro adverbio (*tan malo, tan mal*) y la forma completa *tanto* delante de los verbos (*tanto es así, tanto comí*). El uso de *tan* delante de los verbos constituye una impropiedad gramatical proveniente de la lengua antigua. Aunque se comete en España, en Hispanoamérica parece mucho más corriente. Tanto en España como, con mayor frecuencia, en Hispanoamérica, *tan* se emplea también como equivalente a *tan cierto es que.*

ARGENTINA: El señor Batet se marcha. *Tan* [= tan cierto es que] se marcha que llegaron unos hombres para llevarse sus cosas (Cerretani, en *ACR,* pág. 150).

URUGUAY: El mozo no es malo, como le digo y *tan* lo creo así, que veo que le anda arrastrando el ala a Sara (Sánchez, *M'hijo el dotor,* I, 12). *Tan* se embebía en sus peroraciones que ellos lo arrancaban de la silla del café ... (Acevedo Díaz, *Argentina,* pág. 51).

COLOMBIA: *Tan* es así; *tan* es verdad. Ya hoy no llueve. —*Tan* [= tan cierto es que] llueve, que ya veo llovizar. *Tan* no está enfermo Gregorio, que anoche no hizo sino bailar (Cuervo, §§ 402, 403).

VENEZUELA: Yo me olvidaré de todo, *tan* me olvido que he venido a hablar contigo aquí (Pocaterra, pág. 175).

NICARAGUA: —Dicen que tiras muy bien con pistola. —No es tanto como aseguran. Y *tan* no tiro bien que si así fuera ... (Toruño, pág. 189).

GUATEMALA: No crees lo que te estoy refiriendo, pero *tan* es así que no cabe Jerónimo de duda (Sandoval, II, 478).

MÉJICO: —¿Qué, tú crees en los ofrecimientos de este pillo? —*Tan* no los creo, que ahora más que nunca debemos poner en juego las vigilancias (Inclán, II, 12). Lo habían leído. ... Y *tan* lo habían leído, que le habían dado su parecer por escrito (Gómez Palacio, pág. 98). *Tan* lo trataba bien que el chico había llegado a quererla como a su propia madre (Rubín, pág. 74).

SANTO DOMINGO: *Tan* no vino, que ...; *tan* no está enfermo, que ...;
tan lo sabe, que ... (Patín Maceo, *Dom.*, pág. 163).

Tal como se emplea en el Ecuador, principalmente entre los indios y en la baja población mestiza, el adverbio *tan* equivale en
muchos casos a *también* (del cual constituye una reducción) o simplemente a una partícula intensiva:

> Ojalá aura *tan* dé trago el patrón Lucho ... tengo que 'star corriendo
> por aquí *tan*, por ashí *tan*. ... ¿Qué *tan* irá' pasar? (Icaza, *En las calles*,
> pág. 6). —Yo *tan* voy a ver si la semana del lunes cojo mis trapos y me
> voy con los guaguas. —Si querís, t'e de shevar no más a vos *tan* (pág. 76).

El adverbio de cantidad *tantito* es corriente en Méjico, América Central y otras partes probablemente. La forma consagrada, que,
sin embargo, no se emplea mucho, es *tantico*. Debido a que la terminación diminutiva *-ico* no es popular en América (salvo en algunas zonas, como Costa Rica, Colombia, etc.), al parecer, *tantito*
ha reemplazado a *tantico* y a *un poco* o *un poquito*, que son más
comunes.

COLOMBIA: Había quedado *tantico* caldo en la olla (*Folklore santan-
dereano*, pág. 176). Espere *tantico* (Tobón, pág. 170).
EL SALVADOR: El bote coleó, libre, descantillándose *tantito* (Salarrué,
Cuentos, pág. 32).
GUATEMALA: —Apartáte *tantito*, que voy a saltar (Quesada Silva, en
CLC, pág. 187). Por *tantito* me caigo; la enferma amaneció *tantito* aliviada;
espéreme usted *tantito*; espéreme *tantitito* (Sandoval).
MÉJICO: Mi madre ... lloró *tantito* cuando le hablé de mi regalo (Be-
nítez, pág. 164). Ai nomás *tantito* pa' su derecha 'stán dos o tres pollas
(García Roel, pág. 92). Cuestión de no sulfurarse y de pensar *tantito* (Ur-
quizo, pág. 106).

La locución adverbial de cantidad *qué tan* (*tanto*) es corriente
en numerosas regiones de Hispanoamérica, y se la prefiere a las
locuciones consagradas más generalmente usadas *qué* o *cuán* (*cuánto*) o alguna otra. Constituye aquel uso una supervivencia de la
lengua antigua: "¿Y *qué tanto* tiempo ha? ... *qué tanto* ha que
tiene el mal" (*Celestina*, IV); "¿Preguntando a un maestre de una
nao *qué tan* lejos de la muerte van los que nauegan? antes que les
respondiesse dixo: ¿*Qué tan* gruessa es una tabla de esta nao? y

señaló como tres dedos. Respondió entonces: Tan cerca vamos de la muerte" (Melchor de Santa Cruz, *Floresta española* [ed. "Biblióf. madril.", vol. III], pág. 157); "¿Queréis ver *qué tan* malos son los letrados?" (Quevedo, *Visita de los chistes*) [14].

Como la locución es rara actualmente en la lengua consagrada, y, por tanto, no familiar, algunos editores modernos de obras antiguas han interpretado y puntuado mal pasajes como "¿qué tan privado estás?", escribiendo "¿qué, tan privado estás?". En realidad, tal como indica Keniston (pág. 158), tales interpretaciones caben en lo posible. Los editores hispanoamericanos no habrían caído en este error, ya que están muy familiarizados con semejante construcción.

ARGENTINA: Yo no sé *qué tantos* meses / esta vida me duró (*Martín Fierro*, pág. 113). (SAN LUIS): ¿*Qué tanto* gana? (Vidal, pág. 396). URUGUAY: ¡*Qué tanto* amolar por dos mujeres! (Espínola, pág. 15). CHILE: *Qué tanto* será ... (Acevedo Hernández, *Por el atajo*, pág. 10). ¿*Qué tanto* será, ije? (Latorre, *Hombres*, pág. 117).

PERÚ: No sé *qué tanto* le pagan (Benvenutto, pág. 150).

COLOMBIA (ANTIOQUIA): Verá *qué tan* a gusto juegan (Carrasquilla, *Hace tiempos*, I, 22); ¡*qué tan* bobos y brutos serán! (I, 168); ¡Allá verés *qué tan* bueno! (III, 43); —A ver *qué tanto* ha aprendido (III, 45); ¡*Qué tanto* cuidan a estos sinvergüenzas! (III, 74). (También Bogotá; y costa atlántica [Sundheim, pág. 554]).

GUATEMALA: ¿*Qué tan* lujosa ha de ser que valga la pena de ir a verla? (Salomé Gil, *Un viaje*, III, 282).

MÉJICO: ¿*Qué tan* grande es? ¿*Qué tan* grave está el enfermo? (C). ¿Saben ustedes *qué tanto* les cuesta? (Azuela, *Los caciques*, pág. 174). ¿*Qué tanto* se te debe? (Azuela, *Los de abajo*, pág. 213). —¿*Qué tanto* nos falta para llegar? (Anda, *Los bragados*, pág. 82). —*Qué tanta* prisa tráin (Menéndez, pág. 74).

PUERTO RICO: ¡*Qué mucho* llora esta niña! (*ap.* Navarro, pág. 134).

VIOLENTAMENTE, CON VIOLENCIA

El significado de *violentamente* se ha debilitado en algunas regiones de "violentamente" a "rápidamente". En Chile, *al contado*

---

[14] Para ejemplos de la Edad Media, cf. D. L. Bolinger, *Hispanic Review*, XIV, 167-69.

violento, que se emplea en el habla familiar, significa *en dinero contante, sin dilación en la paga* (Román, V, 688).

ECUADOR: *Violentamente* se organizó un viaje del rebelde a Chile (Jorge Fernández, pág. 153).

GUATEMALA: "El Transiberiano", rápido como el rayo, cruzó *violentamente* hacia el Oeste, en la esquina de la catorce calle (Guzmán Riore, página 29).

MÉJICO: Sentó su caballo, se apeó *violentamente* y cuando Astucia trató de contenerlo, salvó de un brinco la bardita del cementerio (Inclán, II, 94); Le lavó la cara, lo peinó y *violentamente* lo vistió de limpio (II, 353). *Con la violencia* que el caso demandaba, me fortifiqué en las alturas de la población (Azuela, *Los de abajo*, pág. 101). *Violentamente* regresó a su alcoba y a poco reapareció modestamente vestida, sin abrigo ni sombrero (Azuela, *La Marchanta*, pág. 135).

YA MISMO, DESDE YA, YA ... YA

La expresión *ya mismo* (cf. *ya mero* en Méjico) se emplea mucho más frecuentemente en numerosas regiones de Hispanoamérica que en el castellano normal, el cual prefiere *ahora mismo* salvo en ciertas regiones, como en Andalucía posiblemente.

ARGENTINA (CUYO, ANDES): —Si es así, ... *ya mesmo* te vas a soltar las poquitas vacas y ovejas que merezco tener (Draghi Lucero, pág. 24); *Ya mismo* vámonos yendo (pág. 272). (TUCUMÁN): Te hago largar *ya mismo* si entregas dos mil pesos (Cuti Pereira, pág. 59). Venga. Le pagaré *ya mismo* (Filloy, pág. 252).

ECUADOR: ¡Te largas *ya mismo* de mi casa! (Icaza, *Cholos*, pág. 21). *Ya mismo* te largas (Pareja, *Baldomera*, pág. 30); —*Ya mismo* no más te pego (pág. 34). —*Ya mismo* shega. ... ¡*Ya mismito* shega! (Icaza, *En las calles*, pág. 17).

COLOMBIA: Arreglamos esto *ya mismo* (Arango Villegas, pág. 140). Se va *ya mismo* di' aquí (Flórez, pág. 382).

VENEZUELA: *Ya mismo* te vas de aquí; Acaba de llegar y *ya mismito* se ha ido (Rosenblat).

En la región del Río de la Plata es corriente el empleo de *ya* por *ahora* en la frase *desde ya*, influida probablemente por el portugués *desde já* (evidencia de la influencia lingüística brasileña sobre su vecina meridional), si bien no fue desconocida en la len-

gua antigua: "Anda, vete, mamaburras, / *dende ya*, que nos atu-
rras" (Fernández, *Églogas, ap.* Lamano, pág. 381 [Salamanca]). La
frase *desde ya* corresponde a *desde ahora, desde este momento,
desde luego,* etc. Hasta el presente, los gramáticos han considerado
desde ya como incorrecto —"locución en extremo viciosa", dice
Monner Sans (pág. 158)—, pero parece estar ganando terreno. De
hecho ha penetrado en Chile, sobre todo en el estilo periodístico.
En España se oye ocasionalmente *desde ya mismo:* —"Pero hay
que hacer, *desde ya mismo,* lo indicado en estos casos" (Muñoz
Seca, *Todo para ti,* pág. 15).

ARGENTINA: —*Desde ya* me obligo (Larreta, *La gloria,* pág. 261). La
acepto *desde ya* (Cuti Pereira, pág. 41). —Quiero carta blanca. —*Desde ya*
la tiene (Heredia, pág. 161); —Sólo con una condición aceptaría su pro-
puesta. —*Desde ya* aceptada, hijo (pág. 174).
URUGUAY: Gurí ... veía el pago ... como la realidad de una vida que,
desde ya, estaba viviendo de nuevo (Viana, *Gurí,* pág. 56). El orden ...
hacia el cual tiende y se orienta, de suyo, y *desde ya,* nuestra evolución
histórica (Zum Felde, pág. 143).
CHILE: *Desde ya* le agradecemos lo que Ud. pueda hacer en nuestro
favor (L).

La frase popular *es ya,* con el significado de *inmediatamente,
en seguida* (cf. *pero que ya* en el habla peninsular), está emparentada con este uso de *ya.*

COSTA RICA: Si se decide *es ya* (Salesiano, pág. 131); Hoy [= ahora]
mismo me voy y *es ya* (Magón, pág. 103).
COLOMBIA: —El que no trabaje me desocupa. Pero *es ya,* ¿entienden?
(Antonio García, pág. 49). ¡Si sale *es ya!* (Flórez, pág. 382).

Éste es el lugar adecuado para recordar la curiosa repetición
de *ya* al final de una frase o detrás de un verbo (*ya está ya,* etc.),
frecuente en el habla popular de algunas regiones hispanoamericanas. Aunque se encuentra también en el español peninsular, en
éste no se halla tan extendido. La reduplicación, que puede ser
originaria del latín *jamjam,* se empleó en la lengua antigua.

CHILE: —Miren pué: *ya* me cambió nombre *ya* (Romanángel, pág. 9);
Y *ya* sabís *ya* (pág. 14); —*Ya* te pusistes serio *ya* (pág. 16); —*Ya* m'estay

cargando *ya* (pág. 17); —No siapure, si *ya* me voy a sentar *ya* (pág. 20); *Ya* ve *ya* (pág. 41); —*Ya* voy *ya* (pág. 98).

PERÚ: *Ya* está *ya; ya* vino *ya,* etc. (Arona, pág. 506). *Yastá* muy escuro *ya* (Ciro Alegría, *La serpiente,* pág. 100).

AMÉRICA CENTRAL: *¡Ya* está *ya!* (Salazar García, pág. 290).

X

PREPOSICIONES

En el español antiguo no era necesaria la preposición *a* —hoy sí lo es— detrás de un verbo de movimiento en infinitivo para expresar finalidad o propósito. Esta práctica antigua de la omisión frecuente perduró hasta los primeros años del siglo XVI, pero desde entonces la *a* es necesaria en la lengua consagrada. Ejemplos: (del *Cid* [h. 1140]): "le van çercar" (v. 655), "vayámoslos ferir" (v. 676), "vo meter la vuestra seña" (v. 707), etc.; (del *Rimado de palacio* [fines del siglo XIV]): "que vengan rreposteros, que quiere yr cenar"; (de la *Celestina* [1499]): "abatióse el girifalte y vínele endereçar en el alcándara" (I). El último ejemplo es interesante, ya que en la edición sevillana de 1501 este pasaje de la *Celestina* dice "vínele *a* endereçar", es decir que para entonces ya se sentía, al parecer, la necesidad de la preposición en un documento literario. La vieja práctica de omitir la *a* detrás de los verbos de movimiento, sin embargo, se mantuvo evidentemente en el habla popular, fue llevada al Nuevo Mundo y ha sobrevivido hasta el presente en el habla popular y rústica de numerosas regiones, al igual que ocasionalmente en España: "No me la *van* (?) quitar" (Arniches, *La pena negra*, I, 3); "Ven ver tou padre" (Garrote, § 79 [León]; cf. también Menéndez Pidal, *El dialecto leonés*, § 21, 3).

Registramos únicamente los casos en que no se admite una "*a* embebida", ya que la preposición *a* inmediatamente delante de una *a* inicial o detrás de una *a* final (sobre todo si es átona) queda generalmente elidida en el habla cotidiana, reflejándose dicha omisión con frecuencia de manera intencionada en los textos literarios.

ARGENTINA: —Mañana me *voy ir* pa' allá (González Arrili, pág. 87).
URUGUAY: —*Vas ver* (Sánchez, *M'hijo el dotor*, III, 2).
BOLIVIA: Piro no *vas dicir* nada a mi sargento (Blym, pág. 142).
PERÚ (especialmente en la SIERRA): Te *voy pegar;* Si no me quieres / me *voy matar* (Benvenutto, pág. 147).
HONDURAS: Mejor *voy ir* yo a la casa (Mejía Nieto, *Relatos,* pág. 157); *Voy ir* a visitar a Mariana (pág. 167).
EL SALVADOR: *Vamos ir* con mucho gusto (Ambrogi, pág. 176). ¿Te atreverías a *ir* con alguien *colocársela?* (Torres Arjona, pág. 134). *Vamos ir* a que nos pinten el dedo (Mechín, *Candidato,* III, 2).
GUATEMALA: *Vamos ir* (Bonilla Ruano, III, 209 n.).
MÉJICO: No creas que te *voy defender* (Galeana, pág. 111).

Existe una tendencia popular a omitir la *a* (o *con*) detrás de *invitar* (o *convidar*) y delante del sustantivo regido por el verbo: "te *invito* una copa" por "te *invito a* (o *con*) una copa" o "te *invito a* tomar una copa". En tales casos se considera el sustantivo como complemento directo de *invitar,* y el pronombre como complemento indirecto, igual que en "te pago una copa".

ARGENTINA: En seguida, indicando taburetes, les *invitó* sentarse (Boj, página 28). *¡Invito* un chopp a todos …! (Cuti Pereira, pág. 112).
CHILE: —*¡Convídame* un pedacito de pan! (N. Guzmán, pág. 239).
BOLIVIA: Me ha *invitado* unos tragos de cinzano (Augusto Guzmán, pág. 46). *Invitóle* asiento (Chirveches, *Casa solariega,* pág. 178).
PERÚ: Los dueños *convidan* a los visitantes vasos de chicha (Benvenutto, *Quince plazuelas,* pág. 13); No falta casi nunca tampoco un compasivo trasnochador que le *invita* una buena taza de café (pág. 65). Querían que les *convidara* un pan de Guatemala … si quieren bizcochos vayan a que se los *convide* su madre (Corrales, pág. 47).
ECUADOR: Jaime les *invitó* tabaco (Mata, *Sanagüin,* pág. 70). Ellas iban … a la pesca de algún hombre que … les *convidara* la cena (La Cuadra, *Horno,* pág. 53); En seguida m'*invitó* unos tragos (pág. 109).
MÉJICO: Te *invito* otra copa (Benítez, pág. 95). Si quieren los *invito* unas tortas (Galeana, pág. 173). Les voy a *envitar* un trago (Fernando Robles, pág. 116). Ahora yo les *invitaré* un cordial orange (Gómez Palacio, pág. 100). Les *convidé* de mis gordas [= tortillas gruesas] (Urquizo, página 30); nos podrá *convidar* lo que consiga de comer (pág. 139).

"A" SUPERFLUA

En el habla consagrada, *él me mandó llamar* significa "él hizo que me llamasen", o sea "él ordenó que me llamasen", mientras que *él me mandó a llamar* (o *él mandó a llamarme*) significa "él envió a alguien a llamarme", o sea que *mandar* sin *a* significa "ordenar", y *mandar* con *a* significa "enviar". Como, al parecer, no siempre es clara esta distinción para el que habla, y sobre todo para el que escribe, éste se siente inclinado a emplear la preposición cuando no hace falta, es decir, a usar la *a* cuando el significado de *mandar* es "ordenar". Es probable que semejante confusión se remonte a la lengua antigua. Sea como fuere, al presente aparece con mucho más frecuencia en Hispanoamérica que en España, y los preceptistas advierten a sus lectores que hagan la distinción del caso (Cuervo, § 417; Román, III, 407; etc.). Naturalmente, en el tempo de la conversación normal el hablante funde la preposición *a* ("*a* embebida") con la *a* siguiente: por ejemplo, generalmente pronuncia *mandé a hacer* como *mandé hacer*. Por tanto, en lo que a los hablantes se refiere, únicamente los casos inequívocos (*mandé a poner*, etc.) pueden probar en forma concluyente cuándo la *a* es superflua. Probablemente, en muchos casos la *a* se debe a un principio de ultracorrección; además, ambos significados tienden a fusionarse.

ARGENTINA: —¡Mandesé *a* mudar de aquí, trompeta! (Lynch, *Romance*, pág. 367). (Para *mandarse mudar* o *cambiar*, cf. pág. 254).

CHILE: —Lárgate ... mándate *a* cambiar (Alberto Romero, *Perucho González*, pág. 65).

ECUADOR: Me mandé *a* hacer el vestido de baile (García Muñoz, *Estampas*, pág. 12). Ya he mandado *a* hacer otro charol (Icaza, *Cholos*, pág. 60).

VENEZUELA: —¿Y quién los manda a ustedes *a* no tener a nadie? (Blanco, en *ACMV*, I, 196).

CUBA: —Por tal razón, continuó el Alcalde, mandé *a* hacer la caja (Ciro Espinosa, pág. 118).

En el habla coloquial de Centroamérica, ocasionalmente en la de Méjico, se encuentra una *a* superflua en expresiones temporales, tales como ¿*a qué horas son?*, *a las dos*, *a las cinco*, por ¿*qué hora es?, las dos, las cinco;* se debe a analogía con *a las dos (de la tarde)*, etc.

AMÉRICA CENTRAL: *¿A* qué hora [*sic*] son? —*A* las cuatro (Salazar García, págs. 24, 230).

GUATEMALA: Cuando se pregunta ¿Qué hora es? generalmente se responde "*A* las nueve", "*A* las once", etc. (Sandoval, I, 33).

MÉJICO: *¿A* qué horas serían cuando eso pasó, amigote? (Inclán, II, 55).

A veces encontramos *a aquí* y *a allá* por *aquí* y *allá,* casos seguramente de "ultracorrección", tentativas por restaurar una *a* que erróneamente se considera absorbida en *aquí* y *allá;* también es posible que se trate de una tentativa de suplir la sensación de movimiento ("hacia"), ausente en el adverbio *aquí* y débil en *allá.*

VENEZUELA: Puedo ir *a allá* (Díaz R., pág. 54).

COSTA RICA: Juan vino *a aquí* (Salesiano, pág. 32).

Román (V, 473) registra en el caso de Chile una *a* superflua detrás del verbo *tirar* cuando significa "atraer", convirtiendo así en impersonal un verbo transitivo. Es posible que esta construcción haya sufrido la influencia de *tirar a* "tender a, inclinarse a, acercarse a", etc.: *el color tira a verde,* etc.

CHILE: *¿A* qué te tira a ti? A mí me tira *a* la milicia. A Juana le tiró *a* casada (o *al* matrimonio) (Román, V, 473).

"A" POR "DE"

Con frecuencia se halla una *a* empleada para la expresión de medios o instrumentos en ciertos casos en que el idioma consagrado actual usa generalmente *de: máquina a vapor* por *máquina de vapor,* que es más general. En verdad, tanto en los clásicos como en los escritores peninsulares contemporáneos es posible hallar ejemplos de empleo de la *a.* Como se asemeja a la práctica francesa (*machine à vapeur*), esta locución ha sido calificada de galicismo. Las regiones hispanoamericanas en que dicha construcción es más frecuente son la región del Río de la Plata y Chile.

ARGENTINA: Trasladados en una lancha *a* nafta a la isla Guaruja (Carlos Quiroga, pág. 101). La cocina *a* gas (C).

URUGUAY: Las lámparas *a* kerosene (Montiel, *Alma,* pág. 128).

PARAGUAY: ... la lámpara *a* querosene (Casaccia, pág. 126).

CHILE: Un buque *a* la vela (Durand, *Mercedes,* pág. 15). Una lámpara *a* parafina (Latorre, *Zurzulita,* pág. 24).

PERÚ: Buque *a* vapor; cocina *a* electricidad (Benvenutto, pág. 147).

COLOMBIA (en artículos periodísticos): lancha *a* motor, tela *a* cuadros, avión *a* chorro (Flórez, pág. 383).

Es frecuente usar una *a* allí donde el español normal actual preferiría por lo general *de* o *en* detrás de sustantivos como *dolor, enfermedad, afección, aflicción, congestión,* etc., y delante de la parte del cuerpo afectada: *dolor a los oídos* por *dolor de oídos* o *en los oídos,* etc. Se ha defendido esta práctica sobre la base de que tanto *a* como *en* se emplean a menudo de manera indiferenciada para expresiones de lugar (cf. *a la puerta, en la puerta, el caballero con la mano al pecho, los ojos clavados al cielo,* etc.), indiferenciación, sin embargo, más ostensible en general en la lengua antigua y menos en el idioma modélico moderno. Tal vez la práctica actual en algunas partes de Hispanoamérica sea simplemente una supervivencia del uso antiguo. En el caso de la palabra *ataque,* hay quienes admiten como correcta la preposición *a,* ya que su significado implica cierto movimiento que justificaría el empleo de la *a* (Román, II, 175; Morales, I, 30): *ataque al corazón.* Sea de ello lo que fuere, el habla consagrada prefiere en este caso un adjetivo modificador: *ataque cardíaco.*

ARGENTINA: Está con el ataque *al* hígado (Lynch, *Romance,* pág. 267). —No tiene nada ... nada *al* pulmón (Petit de Murat, pág. 21); Otros están afectados de ... enfermedades *a la* piel (pág. 31). Hay que haber sufrido *a* celos por una mujer (Lynch, *Romance,* pág. 153).

CHILE: Tengo una aflicción *al* corazón (Juan Modesto Castro, página 353). Ha quedado con una afección *a* los nervios (Casanova Vicuña, pág. 7); —Siento también unos dolores *al* hígado y *al* bazo (pág. 13). Bebiendo a cada rato a pesar de su afección *al* hígado (Durand, *Mercedes,* pág. 17). El guaina había sido medio enfelmón *al* estógamo (Muñoz, página 35). Dolor *a* los huesos (Latorre, *Zurzulita,* pág. 217).

BOLIVIA: Dicen que es mal *al* corazón (Díaz V., *Plebe,* pág. 216).

ECUADOR: Mi 'atacado un dolor *al* vientre (Icaza, *Cholos,* pág. 31). Una afección *al* corazón (García Muñoz, *Estampas,* pág. 211). —Murió con unos dolores *a* la barriga (Jorge Fernández, pág. 144).

En el habla coloquial de algunas regiones hispanoamericanas, el verbo *aprender* va seguido por el dativo, es decir, por la *a* más bien que por el normal *de*. Tanto en lo que se refiere al siglo XVI como a la época contemporánea, Keniston no incluye el verbo *aprender* en su lista de verbos que expresan separación o derivación (tales como *comprar, preguntar, quitar,* etc.). Sin embargo, semejante uso tiene analogía con el de otros verbos, especialmente con *prender* en su acepción de "coger", y es posible que haya sufrido la influencia de la preposición *a* detrás del verbo *aprender* cuando éste va seguido por un infinitivo.

ARGENTINA: Y enseguida, mirandolá a la señora con esos ojos de corsario, que le aprendió *al* rubio Cepeda, añadiría muy risueño: "¡Qué doña Julia, ésta!" (Lynch, *Romance,* pág. 278).

CHILE: Apréndame *a* mí, el hombre debe ser reservado (Juan Modesto Castro, pág. 398); Apréndeme *a* mí que tengo enormes quebraderos de cabeza (C). —Son cosas aprendidas *al* doctor (Luis Meléndez, pág. 130).

PERÚ: Desde hace tiempo, aprendió *a* su abuela (Benvenutto, pág. 149).

COLOMBIA: —¿*A* quién *le* aprendió eso? (Buitrago, pág. 37).

VENEZUELA: Aprende *a* Lorenzo (Gallegos, *Doña Bárbara,* pág. 105).

MÉJICO: ¡Mueran los agraristas! ¡Aprendan *a* su padre, caporales de vacas robadas! (Fernando Robles, pág. 146); Aprenda usté *a* su papá (González Carrasco, pág. 72). —¡Lástima, Torres! Se ha contagiado de la grosería de la gente entre quien vive. Aprenda *a* Margarita y *a* Adolfo (Azuela, *Avanzada,* pág. 249). Este sistema de confeccionar chalecos *se* lo aprendí *a* Chente Gutiérrez (Anda, *Juan del Riel,* pág. 84).

La frase preposicional *cerca a* (así como *cercano a*) es corriente en algunas regiones en lugar de *cerca de*. La lengua antigua presenta a menudo considerable incertidumbre en lo relativo a ciertas preposiciones que, unidas a un sustantivo, adjetivo o adverbio, formaban una preposición compuesta (*dentro de* y *dentro en, cerca de* y *cerca a, junto de* y *junto a,* etc.). Con no poca frecuencia, algo de dicha variedad de uso ha sobrevivido en la lengua consagrada moderna. En la mayoría de los casos, sin embargo, ésta se ha decidido por una sola forma: en el caso de *junto de* y *junto a,* el último constituye el uso moderno consagrado; pero en el caso de *cerca de* y *cerca a,* aunque se considera como más correcta la primera forma, *cerca de,* aún se halla ocasionalmente en España *cerca a* (Hanssen, § 712). La forma *cerca a* es más bien rara en la lengua antigua, tan rara, de hecho, que Keniston no la registra para el siglo XVI. Cuervo (*Dicc.*) da un par de ejemplos. Es posible, pues, que su extensión en Hispanoamérica se deba a una evolución influida por formas con ella emparentadas, como *junto a* y *próximo a* (cf. *en medio a*).

ARGENTINA: Pantalión estaba perdiendo 'e palabra muy *cerca a* dos mil pesos (Lynch, *Romance*, pág. 95).

BOLIVIA: Bara se cubría los hombros con una toalla, *cerca a* unas cambas [= indias] silenciosas que le servían agua (Céspedes, pág. 58). Este territorio silvestre ... lo ennoblecían ... con pequeños cuadros de cultivo *cerca a* las cañadas (Augusto Guzmán, pág. 29).

PERÚ: La Hormecinda hace zumbar piedras *cerca a* los animales (Ciro Alegría, *La serpiente*, pág. 186).

ECUADOR: Emprendió una carrera tendida tras la bestia, hasta que, cuando estuvo *cerca a* ella, se tiró ... (Icaza, *Cholos*, pág. 96). Tener *cerca a* sí una mujer (Gil Gilbert, *Nuestro pan*, pág. 141).

COLOMBIA: En Junín, *cerca al* Santillana, Paco se encontró con Dolly (Bernardo Toro, pág. 11); *cerca a* Cerrobruto se reunieron (pág. 81). Nos sentamos en dos poltronas *cerca al* lecho (Lozano). *Cerca al* río Magdalena (Buitrago, pág. 9; también págs. 10, 19, 50; *cerca de,* págs. 40, 47); las piedras *cercanas a* los sangreros (pág. 126).

GUATEMALA: Martín y la Toña se encontraron, de atardecida, *cerca al* río (Wyld Ospina, *Nahuyacas,* pág. 111).

Es frecuente encontrar (al igual que en España) *distinto a* por *distinto de,* probablemente por analogía con su contrario *igual a* (cf. *diferente a* por *diferente de*). Baste con unos pocos ejemplos:

ARGENTINA: ¡Tan *distinto a* Antonio el mayor! (Lynch, en *ACR*, página 313). Y mi poder es *distinto al* tuyo, más fuerte (Mallea, *Fiesta,* página 14). Es una musicalidad *distinta a* la verdadera música (Boj, pág. 56); —Monti es tan *distinto a* mí (pág. 83).

COLOMBIA: —Usted es *distinta a* todas las mujeres (Antonio García, pág. 131).

MÉJICO: Se convertiría en una persona enteramente *distinta a* la que fue (García Roel, pág. 284). —Saben muy *distintos a* los que yo formulo (Gamboa, *Teatro*, III, 400).

SANTO DOMINGO: Martín comenzó a vivir en una forma *distinta a* la que estaba acostumbrado (Requena, *Los enemigos*, pág. 39); Algo ... le daba a esa comida un sabor *distinto a* las demás (pág. 71).

CUBA: Nosotros éramos *distintos al* resto de la tripulación (Carlos Montenegro, *Los héroes,* pág. 135).

En Chile, y asimismo en otras partes, se emplean coloquialmente las expresiones *hacerse al rogar* y *al todo* por normal *hacerse de rogar* y *del todo*.

CHILE: —Ya, no se haga tanto *al* [= de] rogar (Acevedo Hernández, *La canción rota*, pág. 53). Hágase *al* rogar, tamién (Acevedo Hernández, *Por el atajo*, pág. 31). Me has olvidado *al* [= del] todo (Román, V, 486).

"A" POR "EN"

El español actual emplea la preposición *en*, con el significado de "dentro", detrás del verbo *entrar* para expresar movimiento: *entró en la casa*. En el español de América, la regla la constituye la preposición *a*, práctica que puede considerarse como americanismo en cuanto difiere del castellano modélico actual, pero que está lejos de ser reciente. Por el contrario, es tan antigua como el propio idioma español. Fue general desde los monumentos literarios más antiguos (*Cid*, v. 12: "entrando *a* Burgos", etc.) hasta las postrimerías del Siglo de Oro (Lope de Vega, *Peribáñez*, II, 4: "¿Qué has entrado *a* su aposento?"), y, con menor frecuencia, incluso hasta el siglo XIX (Larra, *La nochebuena* [1836]: "Me entré de rondón *a* mi estancia"). Al parecer, fue también de uso popular, teniendo en cuenta su vigorosa supervivencia en Hispanoamérica y esporádicamente en partes de España, no sólo en Asturias (tal como lo indicó Cuervo, § 457), sino en numerosas regiones más, con inclusión de ambas Castillas (Segovia, Madrid, Ciudad Real), Andalucía (Sevilla, Granada, Jaén), etc. [1].

En relación con este uso, preceptistas y gramáticos nombran generalmente el verbo *entrar*, pero no es ciertamente el único que diverge de la llamada construcción normal. Igual frecuencia presenta *meter a* por *meter en*. Se halla asimismo la preposición *a* con

---

[1] Los *Cuentos populares españoles* de Aurelio Espinosa contienen ejemplos de varias provincias: "entró er chico *a* la cocina" (I, 112 [Granada]); "le dice que entre *a* la cocina" (I, 97 [Jaén]); "se metió de ermitaño *a* una cueva" (I, 140 [Ciudad Real]); "entra *a* la sala" (II, 303 [Segovia]); "me vi a meter *a* la cama" (III, 425 [Sevilla]), etc. Véase asimismo *BDH*, V, 234.

otros verbos de significado semejante al de *entrar,* tales como *internarse a* (por *en*), *penetrar a* (por *en*), *caer a la cama* (por *en la cama*), *colarse a* (por *en*), *tirarse a la cama* (por *en la cama*), *ingresar a* (por *en*), *introducir a* (por *en*), *zampar a* (por *en*), etc. La frase *al centro* es frecuente por *en el centro; son ocasionales al almuerzo* por *en el almuerzo, a lo mejor de* por *en lo mejor de; tener fe a* (Colombia, Venezuela) por *tener fe en; a éstas* (Venezuela) por *en éstas* o *en esto;* etc.

ARGENTINA: Entró *a* una de ellas [pulperías] (Draghi Lucero, pág. 122). —¿No gusta dentrar *a* la cocina? (Güiraldes, *Don Segundo,* pág. 45). Se tiró *a* la cama, decepcionado (Greca, pág. 166 [norte de. Santa Fe]). *Al centro,* cinco o seis Salvacionistas cantan su plegaria (Pacheco, pág. 2). Recoge los papeles y los mete *al* bolsillo (Boj, pág. 136). Estaban *a* lo mejor de ella (Lynch, *Romance,* pág. 13). El tipo cayó *a* la cama (Petit de Murat, pág. 91).

CHILE: Hay que entrar *al* aula (Sepúlveda, *La fábrica,* pág. 23). La noche entró *al* cuarto con su frescor siempre puro (Latorre, *Hombres,* página 20). Iba ya a penetrar *al* edificio (Alberto Edwards, en *LCC,* pág. 285). Suspiraba, cayó *a* la cama (Acevedo Hernández, *Por el atajo,* pág. 56). Viviendo más *al centro* (Durand, *Mercedes,* pág. 165).

BOLIVIA: Sirpa saltó ... en momentos en que la vieja ... ingresaba *a* la vivienda (Céspedes, pág. 56); Nosotros, siempre *al centro* de esa polifonía irritante, vivimos una escasa vida (pág. 26). La metimos *a* la cueva (Arguedas, pág. 343). Nos internamos *al* Chaco (Augusto Guzmán, página 14); Yo estoy *al centro* (pág. 71; también pág. 55).

PERÚ: —Recojan los muertos y métanlos *a* ese cuarto (Ciro Alegría, *Los perros,* pág. 163). —Métanlo *a* la celda (Ciro Alegría, *El mundo,* página 309). *Al centro* ... está el farol (Benvenutto, *Quince plazuelas,* pág. 186). Vilela me amenaza con influencias para zamparme *a* la cárcel. ... Entré *al* cuarto (Corrales, pág. 51).

ECUADOR: Entro *a* mi casa (García Muñoz, *Estampas,* pág. 318). Se metieron *al* estero (Aguilera Malta, pág. 7). Se metió apresuradamente *a* la casa (Icaza, *En las calles,* pág. 126). *Al centro* una mesa rectangular (Jorge Fernández, pág. 52).

COLOMBIA: Se cuela *a* la sala y grita atragantada (Carrasquilla, *Hace tiempos,* III, 16); me entro *al* cuarto de don Julián (III, 198). Tuvo que ingresar *al* sindicato (Restrepo Jaramillo, pág. 156). *Al* almuerzo no estuvo amable y *a* la comida menos (Sundheim, pág. 20). Tienen mucha fe *a* tal médico o *a* tal remedio (Tascón, pág. 268).

VENEZUELA: *A* éstas, Pedro Miguel se había alejado (Gallegos, *Pobre negro,* pág. 353); Entraban *a* sus ranchos (pág. 363). Le tengo mucha fe *a* este remedio (Rosenblat).

COSTA RICA: Se meten los dos *al* cuarto (Fallas, pág. 37).

Nicaragua: ¿Entrar *a* la casa? Era arriesgado (Chamorro, *Entre dos filos*, pág. 78).

El Salvador: Al llegar, meten las bestias *a* la caballeriza (Ambrogi, pág. 49); Dentro *a* la estancia (pág. 176).

Guatemala: Anochecido, entró don Juan *al* cuarto de Monteros (Flavio Herrera, pág. 61).

Méjico: Conseguí que lo metieran *al* jurado de examen (Quevedo, *La camada*, pág. 293); Me metió de nuevo *a* la cárcel (pág. 360). Nos metimos *a* su oficina y redactó el mensaje (Menéndez, *Nayar*, pág. 62). Penetro *a* un pequeño gabinete (Benítez, pág. 118); penetro *en* la iglesia (pág. 143); penetro *a* un patiecito (pág. 149); Comienzan a entrar *al* teatro (pág. 190). El gran templo ... se yergue *al* centro de la ciudad (*El Nacional*, 26 de mayo de 1942).

Santo Domingo: ¡Entra, reina del canto, entra *a* la gloria! (en *BDH*, V, 234). Al entrar *a* la habitación sus ojos se alegraron (Requena, *Los enemigos*, pág. 71); Entonces entró *en* la barbería (pág. 71).

Cuba (se prefiere *en*): Entrar *en* la iglesia (Padrón).

"A" EN LUGAR DE "POR"

En la lengua consagrada, *por* o *que* introducen un infinitivo indicador de que la acción del mismo aún no se ha realizado, es decir que se ha de realizar: "una novela *por* escribir, está *por* hacer, tengo mucho *que* hacer", etc. En época relativamente reciente, algunos escritores de España (donde Huidobro tildó semejante uso de "desaforado galicismo" y de "horrible disparate") han sustituido por medio de la preposición *a* la preposición *por*, e igual cosa ha ocurrido, y en gran medida, en la zona del Río de la Plata (en Argentina, Garzón [pág. 1] habla de "construcción gálica muy en boga"), en cierto grado en Chile (aquí dice Román [I, 3]: "¡Dios nos libre para siempre de galicismos tan crudos y tan chocantes a los oídos castellanos!"), así como a menudo en otras partes, sobre todo en estilo periodístico. Dicha construcción es con seguridad típicamente francesa (*livre à lire*), mas también es característica del italiano; además, en los preclásicos se hallan construcciones análogas a éstas. Morales (I, 21) se inclina a considerarlas más bien como arcaicas que como galicadas y no como contrarias al carácter del idioma (cf. también González de la Calle, *BICC*, II, 535-46).

ARGENTINA: El temperamento *a* adoptarse (Garzón, pág. 1). Su cautela, igual que la antena de ciertos insectos, exploraba el camino *a* seguir (Filloy, pág. 29).

URUGUAY: De las tres observaciones normales *a* hacer en el día, el encargado suele efectuar únicamente dos (Horacio Quiroga, V, 31). Matacabayo quedó apoyado a un poste del alambrado, acomodando sobre los hombros los arreos *a* reparar (Amorím, *La carreta,* pág. 14); era más aún motivo de regocijo la comedia *a* representar por los hombres (pág. 49).

CHILE: ¿Qué nos queda *a* esperar? (Concha y Castillo, *Al vivir, ap.* Morales, I, 21).

BOLIVIA: No sabían el camino *a* tomar (Céspedes, pág. 121).

PERÚ: El piloto debe conocer exactamente sus rumbos tanto de ida como de regreso *a* seguir (Martínez de Pinillos, pág. 47).

COLOMBIA: Problema *a* resolver, camino *a* seguir (Flórez, pág. 383).

PANAMÁ: ... la actitud *a* tomar (Cajar, pág. 105).

GUATEMALA: Para lo cual se procura / todas las armas *a* emplear /; los procedimientos *a* seguir; el punto *a* dilucidar (Bonilla, III, 222).

MÉJICO: El sacerdote tuvo el cuidado de hablar ... del camino *a* seguir para obtener nuestra salvación (Benítez, pág. 220).

SANTO DOMINGO: Eran bastantes las vacas *a* ordeñar (Bosch, *Camino real,* pág. 126).

En Hispanoamérica es corriente encontrar la preposición *a* en locuciones como *día a día,* en las cuales la lengua normal prefiere por lo general *día por día* o *día tras día.* Es probable que esta divergencia se explique por analogía con expresiones como *uno a uno, poco a poco, gota a gota, de día a día* (si bien *de día en día* es más común). He aquí otros casos de la citada diferencia: *noche a noche, mañana a mañana, vuelta a vuelta, año a año, hora a hora, tarde a tarde, momento a momento,* etc., que a veces se han considerado como localismos. Martín Aldao (pág. 86), por ejemplo, calificó *día a día* como argentinismo, pero los ejemplos que siguen demuestran que no se trata de un localismo, sino de una práctica ampliamente extendida por Hispanoamérica.

ARGENTINA: Después de visitar *día a día* aquella casa ... (Larreta, *La gloria,* pág. 128). Empecé a desconfiar o más bien dicho a desconfiarle a una tipa a la que *noche a noche* encontrábamos en el cine con su marido (Lynch, *Palo verde,* pág. 113). El Asilo San Miguel se nutre *mañana a mañana* del material humano que viene en carros celulares (Angélica Mendoza, pág. 28). *Vuelta a vuelta* se extraviaban animales sin que volviéramos a verlos (Sáenz, pág. 28). Doña Cruz ... sentenciaba endenantes y *güelta a güelta:* "Naides es güeno ni malo .." (Lynch, *Romance,* pág. 110).

URUGUAY: Había quien gastaba *mes a mes* el producto entero de su trabajo (Reyles, *El gaucho,* pág. 18).

CHILE: Hey trabajao *día a día* y no tengo ni chapa (Acevedo Hernández, *Por el atajo,* pág. 29). Estaba enviando *día a día* una redoma de leche para Lorenzo (Azócar, pág. 108). Recordó Solaguren que en las tardes de verano, *año a año,* veía agruparse sobre la mole andina esas mismas eternas nubes (Prado, *Un juez,* pág. 99). Allí llegaban *noche a noche* comparsas de remoledores (Durand, *Mercedes,* pág. 13).

BOLIVIA: Sirpa hacía lo mismo incorporándose *día a día* al hechizo misterioso de aquellos horizontes vagos (Céspedes, pág. 72).

COSTA RICA: *Noche a noche* bían salir una lus junto 'e la sequia (Agüero, pág. 68). *Mes a mes* [la gente] se apretuja en la ermita encalada (Fabián Dobles, pág. 7).

NICARAGUA: Jugamos *día a día* con la muerte (Orozco, pág. 17). *Noche a noche* concurría a las clases (Toruño, pág. 84).

HONDURAS: Formaban *noche a noche* una ronda cordial cabe la luminaria (Martínez Galindo, pág. 146).

GUATEMALA: La vida transcurre dejando *hora a hora, día a día,* una esperanza, un dolor, un desengaño (Quintana, pág. 227).

MÉJICO: *Domingo a domingo* causaba las delicias de los aficionados mexicanos en la Plaza (Gamboa, *Santa,* pág. 79); *día a día* captábase las voluntades de la moza (pág. 142). Los agraristas están cayendo *noche a noche* a los alfalfales (Fernando Robles, pág. 190). Es la "peña" que *tarde a tarde* se incrusta contra algún escaparate o puerta de cantina (Gómez Palacio, pág. 6); Todo se modifica hora tras hora, *momento a momento* (pág. 123).

CUBA: *Día a día* el destino me sorprende con nuevas demostraciones (J. A. Ramos, pág. 181).

SANTO DOMINGO: Sólo se destaca el techo grueso, seco, ansioso de quemarse *día a día* (Juan Bosch, en *ACH,* pág. 127).

A, POR = PARA

En la expresión *estar al* (también *estar por*), en lugar de *estar para* "estar a punto de", hallamos ocasionalmente *a* (también *por*) en lugar de *para*. (No se confunda este *estar al* con *estar a* con el significado de *haber ido,* como en "Fulano *está a* llamar al médico" [Robles Dégano, *Gram.,* pág. 115]). En España se emplea también *estar al* + infinitivo.

ARGENTINA: *Está por* [= para] caer. (SAN LUIS): *está al* llegar, *está al* llover, etc. (Vidal, pág. 406).

BOLIVIA: Pronto *estaremos al* pedir limosna (Ruiz, pág. 5); *estamos al* morir de hambre (pág. 46).
COLOMBIA: *Está al* llegar (Bueno, pág. 40).
VENEZUELA: El avión *está al* salir (Rosenblat).
SANTO DOMINGO: Otra vez *estuve al* casarme, pero le salí huyendo al matrimonio (Requena, *Camino,* pág. 56); El ardiente deseo de Ramón del Pulgar *estaba al* cumplirse (pág. 127). De ser éstos los cacaotales de Vinicio, *estoy al* alcanzar la pulpería (Bosch, *Dos pesos,* pág. 141).
CUBA (POP.): Mi primo *está al* llegar (Padrón).

ARRIBA DE

La frase prepositiva *arriba de,* formada con el adverbio *arriba,* es relativamente rara en el español general en el sentido de *encima de* o de *en lo alto de,* etc. Keniston (*Syntax list,* pág. 264) da para la prosa española contemporánea estas cifras de amplitud y frecuencia: *arriba de* [4-4], *encima de* [10-14]. Por desgracia, no indica si los cuatro casos de *arriba de* los halló en la prosa americana o en la peninsular. Es más común en el habla popular de las regiones rurales de España (cf. Aurelio Espinosa, *Cuentos,* III, 378, 416, 442, 489, etc.) que en la lengua común. En lo relativo al siglo XVI, la investigación de Keniston (pág. 645) muestra *arriba de* únicamente en el material adicional revisado (salvo un caso de *arriba de* con valor de *más de* delante de un numeral) y *encima de* (pág. 651) con una amplitud y frecuencia de [7-12]. Sea de ello lo que fuere, la práctica actual de algunas regiones hispanoamericanas demuestra un abuso de *arriba de* (o simplemente *arriba*) allí donde el español general prescribe *encima de, en lo alto de, más arriba de,* o sencillamente *sobre.*

ARGENTINA: ¡Con decirte que bailó el tangón *arriba de* una mesa! (Llanderas y Malfatti, *Giuanín,* pág. 26).
URUGUAY: Después lo sangró en la frente, *arriba de* los ojos (Acevedo Díaz, *Cancha larga,* pág. 43).
PARAGUAY: Colgaba *arriba de* la cabeza (Casaccia, pág. 151).
CHILE: Allá, *arriba de* aquel huerto, / hay un rico naranjal (Vicuña Cifuentes, pág. 163).
ECUADOR (CUENCA): *Arriba de* la playa donde se ubicaba la casa de Segovia, la montaña escabritaba chúcara (Mata, *Sanagüín,* pág. 73).
NICARAGUA: ¡Cuénteme el asunto!, les dijo tío Conejo, *arriba de* una piedra (*Centro* I, núm. 3, 23).

GUATEMALA: El asesino se apostó *arriba de* la escalera, y cuando subía el Coronel, le disparó dos tiros (Salomé Gil, *Un viaje,* I, 200); su habitación estaba dos pisos *arriba de* la mía (II, 138).

MÉJICO: Frente a mis ojos, *arriba de* Playa del Rey y del Cerro del Castillo, las pupilas del faro comienzan a voltejear sus ráfagas avizorantes (Menéndez, *Nayar,* pág. 53); *Arriba del* cerro, cañones viejos (pág. 54). La anudó fuertemente al muslo *arriba del* balazo (Azuela, *Los de abajo,* página 12).

SANTO DOMINGO: Saltaban las brasas *arriba de* él (Bosch, *La Mañosa,* pág. 148).

ATRÁS DE, TRAS DE

En el habla popular y rústica se oye a menudo *atrás de* en lugar de *detrás de,* práctica que, oriunda de la confusión de la lengua antigua, es general, de modo que basta con unos pocos ejemplos.

ARGENTINA: Habían estao escondidos / Aguaitando *atrás de* un cerro (*Martín Fierro,* pág. 39). *Atrás de* aquel cortinao / Un Dotor apareció (*Fausto,* pág. 138). *Atrás de* cada uno de esos agujeritos debía haber un ángel (Güiraldes, *Don Segundo,* pág. 166); me colocó unos pellones *atrás de* la cabeza (pág. 206).

NUEVO MÉJICO: Se 'scondió *atrás el* barril (Aurelio Espinosa, *Estudios,* pág. 290); se 'scondieron *atrás de* un pino (pág. 308).

En muchas regiones se halla *tras de* seguido por un infinitivo con el valor temporal de *después de.* Normalmente, *tras de* así empleado no es temporal, sino que expresa modo, con el significado de *además, fuera de,* etc. Se trata simplemente de una confusión con *tras (de),* que, usado con sustantivos, tiene el significado espacial o temporal de *después de:* "llevaba *tras de* sí más de doscientas personas", "*tras* este tiempo vendrá otro mejor", etc.

ARGENTINA: —Esta mañana tuve un serio disgusto —había dicho el señor Caviedes *tras de* engullir un bocado (Boj, pág. 44). *Tras de* un barbotar de carcajadas, todos se callaron (Filloy, pág. 233); *tras de* huir al interior ... se asomó de nuevo (pág. 326).

CHILE: Hacía algunas indicaciones y se iba, *tras de* mirarlas muy fijo (Brunet, *Bestia dañina,* pág. 26).

MÉJICO: *Tras de* entrar nuevamente en aquella casona a despedirme del padre de Fernando, me lancé adonde los vientos me llevaran (Ferretis,

Quijote, pág. 188). *Tras de* rasurarse ,.. vertíase agua por el cuello y la cabeza (Robles Castillo, pág. 79); —Hasta celosa la tengo —dijo *tras de* colgar el audífono (pág. 89). *Tras de* haberse echado un trago ... empezaron a buscar con todo empeño (García Roel, pág. 157); Y *tras de* pasar algunos meses en la cárcel logró salir (pág. 283).

Cuba: Y *tras de* doblar cuidadosamente el papel oficial, volvió grupa (Mesa Sanabria, en *CC,* pág. 137).

"PARA" POR "DE"

Existe un empleo especial de *para* por *de,* sobre todo en la sierra andina:

Bolivia: —Mi madre era una de las criadas ... llegó a tener una hija *para* uno de los señoritos de la casa (Rodrigo, pág. 3).

Perú: La cholita parió un chico *para* don Gómez (Benvenutto, pág. 149).

"PARA" POR "EN"

El empleo de *para* por *en* parece local:

Cuba (RURAL): Josefa está *para* el campo; Juan está *para* la sala (Padrón).

"PARA" POR "MÁS"

Perú: ¡Qué juego *para* entretenido! ¡Qué día *pa* bonito! (C).

Colombia (Antioquia): ¡Ah niño *para* necio! ¡Ah don Luciano *para* porfiado! (Fidel Suárez, XII, 126).

CON

En algunas regiones, sobre todo en Méjico y en la América Central, existe un abuso patente de *con* en lugar de *a* detrás de *presentar* (raramente detrás de *recomendar*) y de verbos como *acusar, quejarse, llevar, venir, ir, llegar, volver, mandar* y semejantes. En España pasa lo mismo con la mayor parte de los verbos del segundo grupo: *ven conmigo* "ven aquí", *llévame con él* "llévame a él", etc. [2]. El uso de *con* tal vez provenga del deseo de distinguir más fácilmente entre el complemento directo y el complemento indirecto o entre el complemento con *a* para expresar movimiento y el complemento directo personal introducido por una *a* —es decir, un deseo de evitar la ambigüedad y a menudo la cacofonía provocada por dos *aes* seguidas—. Por ejemplo, "le voy a presentar *a* mi amigo" carece de la claridad de "le voy a presentar *con* mi amigo", igual que "lléveme *a* mis amigos" es menos inteligible que "lléveme *con* mis amigos", y "presenté a Juan *a* mi tío" menos eufónico que "presenté a Juan *con* mi tío". Sundheim (véanse ejemplos abajo) registra en el norte de Colombia otros usos particulares de *con*. Para *con* = *y*, véase pág. 314.

ARGENTINA: Cada rico estanciero, cada señorón del pago, venían a hacerse cortar el pelo o la barba *con* él (Lynch, *Romance,* pág. 311).

URUGUAY: ¡Mira *con* don Eloy! Ese galleguito podrá tener todos los defetos, pero es rumboso como él solo (Sánchez, *M'hijo el dotor,* III, 2). Me volveré *con* mis padres (Bellán, pág. 141).

EL SALVADOR: ¿Me puedes presentar *con* él? (Ramírez, pág. 64).

COLOMBIA (COSTA ATLÁNTICA): El Alcalde es muy amigo *con* mi hermano; ¿Se conoce Ud. *con* el doctor X? Julio es compañero *con* mi sobrino; Carmen *con* Pedro son primos hermanos (Sundheim, pág. 166). (CHOCÓ): Es hermano *con* fulano (*BICC,* VI, 113).

Revollo (pág. 71) dice que *conocerse con* implica amistad, mientras que *conocer a* significa "conocer de vista".

VENEZUELA: Te voy a acusar *con* mi papá (Rosenblat).

GUATEMALA: Agapito viene *conmigo* [= a mí] para pedirme un favor (Sandoval, I, 212); Victoriano recurre siempre *contigo* [= a ti] para que lo salves de algún apuro (I, 216).

MÉJICO: No nos has presentado *con* el señor (Anda, *Los bragados,* página 66). ¡Don Antón! ¡Lléveme *con* Don Antón! (Quevedo, *La camada,* pág. 215). El doctor Celis ... presentó al recién llegado *con* Septembrino (Gómez Palacio, pág. 51). Yo no tengo; pero vaya *con* señá Dolores, a ella no le faltan nunca yerbitas (Azuela, *Los de abajo,* pág. 54). —Estás "neuras", ya sé. Ve *con* un médico (Azuela, *Regina Landa,* pág. 24); Flo-

---

[2] Cf. "le enviaron sus padres *con* el sacristán" (Aurelio Espinosa, *Cuentos,* II, 284 [Soria]); "el muchacho se fue entonces pa su casa *con* su padre" (II, 325 [Soria]); "Voy *con* mi hijo" (Benavente, *De cerca,* pág. 5 [Castilla]), etc. Cf. Cuervo, *Dicc.,* II, 297.

res Marín presentó a su nueva mecanógrafa *con* el señor de Casasola (página 110). Le voy a presentar *con* mi abogado (Gutiérrez Nájera, página 104). L'otro día / le dije que juera / *con* el médico (González Carrasco, pág. 51). Si alguna persona vende un solar o pide dinero prestado, luego van *con* él para que les escriba un papel (Núñez Guzmán, pág. 32). Le recordamos su promesa de llevarnos *con* el general Villa (Azuela, *Las moscas,* pág. 53). —Estoy seguro de que en tu casa no te pegarán; al contrario, te dan *conmigo;* hoy mismo te pido (Galeana, pág. 38); se convino en que me llevarían *con* un médico (pág. 98). Llegué *con* el [= al] pagador y le dije: —Señor, yo quiero trabajar (pág. 140). Lo voy a recomendar *con* Plácido, el garrotero mayor (Anda, *Juan del Riel,* pág. 53); cuando me presenté *con* el superintendente (pág. 77). No te ha de gustar que te acuse *con* el profesor. ... Vuelven a quejarse *con* el profesor (García Roel, página 305); allá va *con* el profesor: —Oiga, profesor (pág. 307). Un mes más tarde se quejó *con* la Marchanta (Azuela, *La Marchanta,* pág. 61). (YUCATÁN): Lo compré *con* [= en casa de] don Antonio (V. Suárez, pág. 154, el cual ve en ello influencia maya).

Existe otro empleo antiguo de *con,* como en el caso de Bolivia, como sustituto del moderno *por* y relacionado con el uso anterior:

—¡No sé cómo me contengo de hacerlo sacar *con* mis peones! (Díaz V., *El traje,* pág. 100); —Ah, es que me daba rabia que se haga vencer *con* el hijo de la Tabla-guitarra (*Cuando vuelva,* pág. 8); —Hágame pegar *con* su hijo (pág. 58); —¿Por qué no te has hecho leer *con* cualquiera? (pág. 73); —¡Con esa vieja se había hecho conquistar! (pág. 73).

OMISIÓN DE "CON"

El verbo *obsequiar* significa normalmente *agasajar a uno con atenciones, servicios o regalos,* es decir que, en la construcción normal, la persona agasajada u obsequiada hace de complemento directo, mientras la cosa es complemento de la preposición *con: la obsequié con un libro.* Por lo general, en Hispanoamérica la construcción ha pasado a ser *le obsequié un libro,* o sea que la cosa dada es el complemento directo del verbo, mientras la persona es complemento indirecto. El significado de *obsequiar* se ha debilitado, pasando al de *dar* o *regalar,* atraído por la construcción de dichos verbos: *le regalé* (o *le di*) *un libro = le obsequié un libro.*

La evolución semasiológica y sintáctica de *obsequiar* sigue el modelo de *regalar:* la construcción original *la regalé con un libro* se ha convertido en *le regalé un libro,* evolución no desconocida en España, si bien no reconocida oficialmente y sin duda mucho más común en Hispanoamérica, donde tanto la tendencia como el cambio han hallado mayores facilidades. Es corriente en todas partes. Baste con unos pocos ejemplos:

REGIÓN DEL RÍO DE LA PLATA: Me obsequió un mate (Morínigo).
CHILE: Pedro me obsequió su retrato (Román, IV, 52).
COLOMBIA: Él me obsequió un libro (Cuervo, § 425).
EL SALVADOR: Obsequiar a Inés un libro (Salazar García, pág. 200).
GUATEMALA: Mis padres me obsequiaron un collar de perlas muy valioso (Sandoval, II, 160).
MÉJICO: Él me obsequió este libro (Ramos Duarte, pág. 373).

Con frecuencia se emplea *soñar,* sobre todo en Méjico y en la América Central, sin la preposición usual *con* (o *en).*

HONDURAS: El pensarla y el *soñarla* ... (Martínez Galindo, pág. 125).
MÉJICO: *¡Me soñaste!* (Madero, II, 1). Me sonreía de un modo, que me hizo *soñarla* dos noches (Ferretis, *Quijote,* pág. 112).

CONTRA

Esta preposición se halla a menudo en los poetas gauchescos, empleándose también en otras regiones con el significado de *junto a,* estrechamente emparentado con el de "contra" —su significado más frecuente, del cual evolucionó con facilidad— y con sus otros significados de *enfrente* y *hacia.* En la España provincial también *contra* significa *junto a:* Lamano (pág. 351) lo da para Salamanca (—"¿Y te fijaste en el cuento de *contra* el camino?") y Corominas (pág. 94) menciona León.

ARGENTINA: Áhi tiene *contra* el recao / cuchillo (*Fausto,* pág. 256); vide una fila de coches / *contra* el tiatro de Colón (pág. 262); *contra* una máquina hilando / la rubia se apareció (pág. 289).
COLOMBIA: Tenía detrás de su trapiche, *contra* un rincón de la bagacera, un cuarto hecho de tabiques (Jaramillo, pág. 33).

Román (I, 410) trae dos significados chilenos de *contra: en* y *para*. Da estos ejemplos: "*¿Contra qué* [= para qué, con qué fin, con qué objeto] estudio si no aprendo? *Contra nada* [= inútilmente] porfías, porque tendrás que hacerlo"; "Le clavó *contra* [= en] la pared". El significado de "en" se halla también en otras partes: "Clavó vidrios *contra* la pared" (Schock, pág. 16 [Argentina]); "su libreta de apuntes *contra* la que aprisionaba unos pocos billetes" (Jaramillo, pág. 143 [Colombia]); etc.

OMISIÓN DE "DE"

A lo largo del siglo XVI la preposición *de* se convirtió en el medio más general de cambiar un adverbio en preposición (*dentro* > *dentro de, fuera* > *fuera de*), mientras *que* se empleaba para crear la conjunción correspondiente (*después* > *después de* y *después que*). Esta palabra *de* se extendió luego a las preposiciones originales para obtener con ellas preposiciones compuestas: *cerca* > *cerca de; delante* (una combinación de preposiciones) > *delante de*, etc. El siglo XVI estabilizó en general las nuevas formas, pero en la primera mitad del mismo sobrevivían aún las formas antiguas [3], sin que se hubiese fijado (Keniston, pág. 637) el uso de las preposiciones compuestas que implicaban un sustantivo o un adjetivo: *encima* y *encima de* (sustantivo original *cima* > adverbio *encima* > preposición *encima de*); *junto, junto de* y *junto a*, etc.

Esta confusión de las formas preposicionales fue llevada a América y ha sobrevivido en cierto número de regiones. En Cataluña se omite asimismo el *de* a menudo en *acerca de, cerca de, dentro de*, etc. (Huidobro, págs. 24, 66), hecho éste que ha llevado a algunos lexicógrafos locales (Calcaño, § 290) a atribuir dicha omisión a influencia catalana. Por cierto, bien puede ser que se haya mantenido viva en regiones abundantes en colonos catalanes, pero

---

[3] Así, leemos en textos antiguos: "asentóse el marido en el banco *delante* la cama ... e púsogela *delante* la cara" (*Corbacho* [1438], II, 10); "hablas entre dientes *delante* mí" (*Celestina,* IV); "*cerca* los muros de una ciudad" (*Quijote* de Avellaneda, XIX).

igual cosa ocurre en otras partes de España, sobre todo en las áreas rurales, y ocasionalmente en estilo poético.

ARGENTINA: No hay nada como injertar el miedo *dentro* la velocidad (Filloy, pág. 44); El corazón ... aleteaba contento *dentro* su alma (pág. 62; también págs. 41, 98, 211, 276; pero *dentro de* en págs. 6, 245, 277); quiso dar explicaciones *acerca* su demora (pág. 197).

URUGUAY: —*Dentro* unas horas traigo a Pedro (Espínola, pág. 52).

CHILE: Empotrados *dentro* las cuatro paredes de una cárcel (Muñoz, pág. 210).

BOLIVIA: —Son *cerca* las doce (Arguedas, *Vida criolla*, pág. 62). El hacendado ... ciñó el ... cuello de ave, *encima* su albo collar de plumas (Arguedas, *Raza*, pág. 76); *cerca* el camino (pág. 106); *cerca* las yuntas (pág. 260); *dentro* el círculo rojo (pág. 372). *Delante* los cachorros ... muere la pobre Loca (Augusto Guzmán, pág. 155).

PERÚ: *Dentro* la acequia estaba el sapo; ¿cómo será tener un crimen así *dentro* la conciencia? (Benvenutto, pág. 148).

VENEZUELA: *Aparte* lo alegado; *En medio* la matanza (Calcaño, § 290). De *adentro* la casa llegó una voz (Díaz-Solís, pág. 39).

EL SALVADOR: *Dentro* el mismo círculo (Salazar García, pág. 100).

GUATEMALA: Cuando se vio *dentro* las tripas de la culebra, dijo a [= empezó a, cf. pág. 243] hincharse (Quintana, pág. 132).

Más raro es añadir *de* (por analogía con *dentro de*, etc.) donde no es pertinente: *sobre de* por *sobre*, *entre de* por *entre*, etc.

ARGENTINA: Están *sobre de* ellos como una amenaza (Monti, pág. 80).

ECUADOR: A ellos, a los negros, los trajeron en rimeros, unos *sobre de* otros (Gil Gilbert, *Yunga*, pág. 17).

MÉJICO: Después, las medias de algodón, y *sobre de* éstas, las medias de seda (Gamboa, *Santa*, pág. 197).

GUATEMALA: Este juego se hace *entre de* varias personas (Sandoval, I, 490).

La lengua antigua empleó la preposición *de* (a menudo intercambiable por otra) con numerosos verbos que más adelante la descartaron y ahora se usan normalmente con otra preposición o sin preposición alguna: *atreverse de* (más a menudo *a*) = actualmente *atreverse a; comenzar de* (también *a*) = actualmente *comenzar a; creer de* = actualmente *creer; determinar de* = actualmente *determinar; empezar de* (también *a*) = actualmente *empezar a; obligarse de* (también *a*) = actualmente *obligarse a; olvidar de* = actualmente *olvidar; pensar de* ("proyectar") = actualmente *pen-*

sar; procurar de = actualmente *procurar; prometer de* = actualmente *prometer; quedar de* = actualmente *quedar en;* etc.

Esta antigua confusión se convirtió en herencia americana, y al presente algunos verbos omiten el *de* en el habla coloquial cuando dicho *de* es indispensable según las normas: *acordarse* = *acordarse de; olvidarse* = *olvidarse de; gustar* = *gustar de; hacerse rogar* = *hacerse de rogar;* raro, *han ir* = *han de ir* o *irán,* etc. Sin duda contribuye a fomentar la confusión el hecho de que ciertos verbos, adjetivos y preposiciones seguidos normalmente por *de* pueden omitir dicho *de* cuando van seguidos por *que* + una oración (caso en que las preposiciones se convierten en conjunciones): *acordarse (de) que, alegrarse (de) que, dudar (de) que, olvidarse (de) que, estar seguro (de) que, antes (de) que, después (de) que, a fin (de) que,* etc. En algunos de los ejemplos que siguen, la omisión de *de* puede representar una absorción original de la *e* (> *de*) por una vocal adyacente o bien mostrar influencia del francés (*se faire prier*).

ARGENTINA: No me hice rogar (Güiraldes, *Don Segundo,* pág. 95). Me hice rogar y cedí (Mansilla, *Una excursión,* pág. 77). ¿Gusta un cigarrillo? (Larreta, *El linyera,* pág. 63). El viejo Sinforiano gustaba trabajar reconcentrado (Varela, pág. 99). —Acuérdate lo que decía el maestro (Martínez Cuitiño, pág. 53).

URUGUAY: Era remolona y gustaba decir palabras vanas (Acevedo Díaz, *Cancha larga,* pág. 329). El individuo no se hizo rogar (Montiel, *Luz mala,* pág. 11).

PARAGUAY: ¿Gusta pitar un negro [= cigarrillo de tabaco negro]?; me acordaba lo que nos pasó en el río (Morínigo).

CHILE: No se hizo rogar, pagó al tiro [= en seguida] (Juan Modesto Castro, pág. 147). El señor ... gustaba especialmente la sociedad de los vendedores viajeros (Luis Meléndez, pág. 6). Me olvidé avisarle (J. M. Castro, pág. 18).

BOLIVIA: Se había olvidado preparar el arma (Arguedas, *Raza,* página 105); acuérdate lo que nos pasó la última vez (pág. 164). —¡Ajai!, exclamó ella pasándome el té ... al que no se olvidó agregarle el correspondiente cognac (Jaime Mendoza, *Memorias,* II, 59). Le aconsejan que no se haga rogar tanto (Rodrigo, pág. 32).

ECUADOR: El Capitán Sandoval gusta contemplar eso (Gil Gilbert, *Nuestro pan,* pág. 141); Los ahogados no gustan estar solos (pág. 237). Julia ... gustaba ir por las noches a sentarse unos minutos en el banco (Diez-Canseco, *El muelle,* pág. 33). Gustar toros (Cevallos, pág. 41). ¡Pish!, ¡para lo que han durar! (Mata, *Sanagüín,* pág. 97).

COLOMBIA: hacerse rogar *o del* rogar (Obando, pág. 86).
VENEZUELA: Ella se va a dar sus artes para hacerse rogar (Gallegos, *Doña Bárbara*, pág. 315).
NICARAGUA: —Vas a darte cuenta ahora ... lo que es un rodeo (Toruño, pág. 231).
MÉJICO: Acuérdate lo que cobran de rédito (Núñez Guzmán, pág. 34).
¿No gustan tomar algo? (Inclán, I, 331). —Entonces las acompaño —declaró generosamente el parásito como si se hiciera rogar (Quevedo, *México marimacho*, pág. 43).

"DE" ADICIONAL

DECIR DE QUE, ETC.

La propia confusión responsable de la omisión de *de* explica también un *de* adicional empleado corrientemente en Hispanoamérica delante de ciertas cláusulas subordinadas en contra del uso general establecido, siendo los verbos más usuales *decir, creer, aconsejar*, etc. Se halla ocasionalmente en la lengua antigua, así como en el actual habla popular y rústica de la Península: "Dijo *de* que vio a la moza" (Sánchez de Badajoz, *Recopilación* [1554], pág. 3); "lo que sucede es *de* que ..." (Pereda, *Obras*, VIII, 298). Es posible que su preferencia se deba al ritmo sintáctico.

ARGENTINA: Volvió ... pa avisarle a doña Cruz *de* que ya había cumplido su encargue y *de* que a la mañana siguiente iban a sacar los cien novillitos (Lynch, *Romance*, pág. 247); siempre me ha dicho *de* que tenía que quererlo (pág. 382); El me hizo ver *de* que no había ... quien quisiera comprar (pág. 387); —Dijo la médica *de* que debe de estar deshecho por dentro (pág. 478). Cuando coligió *de* que todo era verdá, el paisanito recogió sus menesteres (Güiraldes, *Don Segundo*, pág. 131). ¿Me aconsejás *de* que me siente en el piano? (*Fray Mocho*, pág. 106).
URUGUAY: Llegó a suponer ... *de* que ... alguna peste había acabado con todos los hombres del globo (Castelnuovo, en *ACR*, pág. 126). Por ello dedujo *de* que se trataba de gente pobre y forastera (Amorím, *La carreta*, pág. 12); No era posible *de* que saliesen de aquel atolladero de deudas (pág. 15). Sucede *de* que ... (Florencio Sánchez, pág. 268).
CHILE: Me creo *de* que no (Acevedo Hernández, *La canción rota*, página 37). Le escribí *de* que estaba casado con una doctora (Malbrán, *El marido*, pág. 4). Le contesté *de* que sí (Román, II, 71). Me creo *de* que sí; Parece *de* que no volverá; De manera *de* que llegó tarde (Vicuña Cifuentes, pág. 310, n. 1). Para *del que* (= *de que* o *qué*), cf. pág. 440.

BOLIVIA: Me dijo *de* que vendrá (C).

PERÚ: Yo le dije *de* que no fuera; ya él sabrá *de* que a Luis nadie le pisaba el poncho (Benvenutto, pág. 148). Me da el corazón *de* que no nos hemos de ver hasta el día del juicio (Corrales, pág. 58).

ECUADOR: No digo *de* que no (La Cuadra, *Horno*, pág. 126); —Ya te hey dicho *de* que sí (pág. 178); —Puede *de* que no (pág. 195).

COLOMBIA: Aseguran *de* que, opino *de* que, etc. (Flórez, pág. 383).

PANAMÁ: Hará ocho días *de* que vi entrar en la iglesia a una mujer (Espino, pág. 145).

NICARAGUA: Dijo *de* que no puede (A. Valle, pág. 95).

GUATEMALA: Liberato dijo *de* que te espera (Sandoval, I, 315).

MÉJICO: Así es *de* que no puedo ir (C). Resulta *de* que ella no viene (C). —(YUCATÁN): Dijo *de* que no era cierto (V. Suárez, pág. 156).

CUBA: Opino *de* que, me dijo *de* que, etc. (Padrón).

Así como algunas personas omiten el *de* con frecuencia detrás de *acordarse,* de igual manera ponen el *de* detrás de *recordar* más a menudo que en la lengua consagrada. De la misma forma, y por analogía con *acordarse,* es frecuente convertir en reflexivo a *recordar,* siendo entonces empleado con *de* por las mismas personas que omiten correctamente el *de* cuando emplean aislado el verbo *recordar.*

ARGENTINA: ¿Recuerda *de* la primera conversación que tuvimos? (Carlos Quiroga, pág. 133).

CHILE: ¡Con qué entusiasmo recordaba *del* regocijo popular en aquellos buenos entonces! (Muñoz, pág. 86).

EL SALVADOR: ¿Cómo no iba a recordarse *de* eso? Perfectamente recordó la repugnante escena (Ambrogi, pág. 20). Grité, recordándome *de* aquel individuo rollizo (Ramírez, pág. 71).

MÉJICO: —¿Es decir, que no recuerdas *de* tu mayor? —Sí, recuerdo *de* él (López y Fuentes, *Campamento*, pág. 32); no recuerdo el nombre (pág. 36). ¿Recuerdas *de* él? (López y F., *Huasteca*, pág. 314).

CUBA: No me recuerdo *de* eso (Padrón).

HACER(SE) DE CUENTA

En numerosas regiones es corriente *hacer(se) de cuenta* (raramente *hacer de caso*) por *hacer(se) cuenta,* probablemente debido a analogía con otras locuciones en que se hallan presentes *hacer* y *de* (*hacerse de nuevas, hacer de portero, hacerse de rogar,* etc.). No se trata de un localismo (Martín Aldao [pág. 86] lo consideró como argentinismo), sino que goza de un amplio uso a lo largo y a lo ancho de Hispanoamérica, incluso entre escritores de nota, y de un uso ocasional en España. A partir de Cuervo (§ 411) ha sido criticado por los gramáticos. Otra locución con *de* superfluo semejante es *hacerse de la vista gorda* por *hacer(se) la vista gorda.* *Haber* (o *ser*) *de menester* "ser necesario" por *haber* (o *ser*) *menester* es, al parecer, casi tan corriente en España como en Hispanoamérica [4].

ARGENTINA: —Si tal os sucede, hijo mío, haréis *de* cuenta que os hicisteis herir, una vez más, en servicio del Rey (Larreta, *La gloria*, pág. 174). —Hagan *de* cuenta que está soplando el Zonda [= "viento norte"] (Filloy, pág. 468).

URUGUAY: Hacé *de* cuenta que todo ha pasao entre vos y él (Sánchez, *Barranca abajo*, II, 13).

PERÚ: Hago *de* cuenta que no he aprendido (Benvenutto, pág. 148). Pues hagan *de* cuenta que no hay nada de lo dicho (Corrales, pág. 204).

ECUADOR: ¡Haga *de* cuenta que me he muerto! (Ortiz, pág. 48).

COLOMBIA: Haga *de* cuenta un matadero de marranos, un viernes (Arango V., pág. 176). Hacerse *de* la vista gorda (Tascón, pág. 165).

VENEZUELA: Las autoridades se hacían *de* la vista gorda, pues eran tiempos de cacicazgos (Gallegos, *Doña Bárbara*, pág. 24).

PANAMÁ: —Pus hágase *de* cuenta cómo me puse (Nacho Valdés, *Cuentos*, pág. 11).

COSTA RICA: Se hace *de* la vista gorda (Fallas, pág. 54).

NICARAGUA: Hagan *de* caso que ya están viendo tranvías, teatros (Chamorro, *Entre dos filos*, pág. 263).

GUATEMALA: Para juzgar mis acciones, hay que hacer *de* cuenta que vivía atormentado por mis deudas (Sandoval, I, 605); hacerse uno *de* la vista gorda (I, 610).

MÉJICO: Hágase *de* cuenta cómo sucedería (Ramos Duarte, pág. 292). Haces *de* cuenta que nada has oído (López y Fuentes, *¡Mi general!*, página 10). Herrera, que le conocía admirablemente, no tenía empacho en hacerse *de* la vista gorda (Magdaleno, pág. 294).

SANTO DOMINGO: —Pues hágase *de* cuenta que lo tiene (Bosch, *Dos pesos*, pág. 129).

---

[4] Tobón (pág. 123) registra para Colombia un verbo *menestar* "necesitar". Para *menester* como verbo, cf. Cuervo, § 413; "Cuando más los *menesto*" (Rivera, pág. 28).

"DE" PARTITIVO

El empleo de *de* con valor partitivo, "algo" o "algo de", fue corriente en la lengua antigua, y así leemos en el *Cid:* "prestalde *de* aver" (v. 118), "no nos darán *del* pan" (v. 673), "dandos *del* agua" (v. 2798), etc. Según Keniston (pág. 266), el partitivo indefinido sobrevivió en la prosa española hasta el último tercio del siglo XVI. Sin embargo, aun cuando en la actualidad no sea usual, en España persiste, sobre todo en los dialectos (Garrote, § 73; Sánchez Sevilla, § 88; etc.), pero es más general en América. En la lengua normal es aún frecuente el *de* detrás de *dar* acompañado por sustantivos que expresan herida o lesión del cuerpo: *dar de palos, dar de patadas, dar de bofetadas,* etc., uso que en Hispanoamérica se ha extendido frecuentemente a ciertos casos desagradables para el oído castellano, para el cual el *de* suena como superfluo.

PERÚ: El rematista vuelve a dar *de* nudazos en la puerta (Barrantes, pág. 20).

MÉJICO: Seguía pegando *de* gritos (Inclán, I, 175); venía dando *de* bastonazos por el corredor (I, 281); partió también pegando *de* chillidos (I, 363); —Por ahí anda una mujer dando *de* vueltas por la ranchería (II, 38), etc. No había siempre *de* trigo y, por lo tanto, escaseaba el trabajo (Fernando Robles, pág. 54). Un teniente que mandaba mi pelotón, me tuvo *de* ojeriza desde que me vio, por huero (Ferretis, *Quijote,* pág. 66).

DE PARADO, ETC.

Por analogía con ciertas expresiones fijas de modo (*de pie, de prisa,* etc.) y con el uso normal del *de* delante de los sustantivos que indican oficio o profesión (*fue de cónsul, se recibió de maestro,* etc.), ocasionalmente se han desarrollado ciertos usos extraños para el oído castellano.

ARGENTINA: Estaba comiendo e priesa y *de* parao (Lynch, *Romance,* pág. 252); prefirió no decirle nada a naides y dirse *de* callao no más (página 298). Estoy mejor *de* parao (Sánchez Gardel, pág. 7).

CHILE: Estar *de* ocioso (Román, II, 72).

Bolivia: *De* sentado cebó el mozo su vieja escopeta (Arguedas, *Raza,* pág. 104).

DE A CABALLO, ETC.

Es frecuente encontrar la preposición *de* con otras preposiciones[5] en el uso coloquial, sobre todo en frases adverbiales: *de a caballo* por *a caballo, de a pie* por *a pie, de aprisa* por *aprisa, de demás* por *demás, de* (*a*) *deveras* por *de veras* (cf. *de a verdad* en Santo Domingo, *BDH,* V, 238), *de adrede* por *adrede, de a* (o *por*) *buenas* por *a buenas, de a* (o *por*) *malas* por *a malas*. Al parecer, se añade el *de* cuando la preposición introductoria original ha perdido su fuerza. La expresión *de a caballo* es normal cuando se aplica a soldados o guardias que usan caballo, como contrapartida de *de a pie,* expresión aplicada a las personas que no lo usan: *cien hombres de a caballo y trescientos de a pie;* pero normalmente se oye *ir a caballo* (*a pie*), y no *ir de a caballo* (*de a pie*), cuando *a caballo* y *a pie* son frases adverbiales de modo.

Argentina: ¡No ves que voy *de* a pie! (Güiraldes, *Don Segundo,* página 58); El patrón se acercaba a nosotros *de* a caballo (pág. 267). El visitante pudo llegar *de* a pie (Yamandú Rodríguez, *Cimarrones,* pág. 90). Lo mató la policía ... *de* a traición (Ezquer Zelaya, pág. 167). Tomó al caballo de las riendas, y *de* a pie inició camino entre la espesura del monte (Cuti Pereira, pág. 31).

Uruguay: —Voy *de* a pie y me hallo cansado (Castelnuovo, en *ACR,* pág. 128). —Aunque *de* a de balde que juese quiero trabajar (Acevedo Díaz, *Soledad,* pág. 113). El capataz quiso abrirla [la portera] *de* a caballo (Pérez Petit, pág. 71).

Chile: —Venía *de* a caballo tranquilamente (Prado, *Un juez,* pág. 160). Pero ¿cómo huir *de* a pie? (Latorre, *Hombres,* pág. 80). Las echaba pal Sur ... *de* a pie (Guzmán Maturana, pág. 104). —¿Viene *de* a caballo? (Maluenda, *Los ciegos,* pág. 121). Esas versainas son más viejas que andar *de* a pie (Acevedo Hernández, *Árbol viejo,* pág. 6).

Bolivia: —Estos indios son así. *De* a buenas no te han de obedecer. ... Si no se le trata *de* a malas, el indio se subleva (Cerruto, pág. 34).

---

[5] Tal es el caso a veces en escritores del Siglo de Oro: "Van *de* por fuerza" (*Don Quijote,* I, 22), etc. Cf. asimismo este uso primitivo de *de* en la formación de *dentro, debajo, donde,* etc.

Sintaxis hispanoamericana

ECUADOR: —*De* a de veras no quería (La Cuadra, *Los Sangurimas*, página 16).

COLOMBIA: Venía *de* para arriba, cuando ella iba *de* para abajo; Hágalo *de* por amor de Dios; Si no lo hace *de* por buenas, lo hará *de* por malas; Rompió el vaso *de* adrede; Eso no lo dijo *de* de veras; Ya yo estoy *de* demás aquí (Cuervo, § 383); Despácheme, porque vengo *de* aprisa (§ 385). Bibiana la tomó por *de* su cuenta (Buitrago, pág. 16).

VENEZUELA: De aquí para alante puedo irme caminando al píritu, como dicen los llaneros cuando van *de* a pie (Gallegos, *Doña Bárbara*, pág. 18).

COSTA RICA: —¡Sea *de* por Dios, qué empeño! (Agüero, pág. 40); ¡Eso es querer *de* deberas! (pág. 59). Es un hombre *de* de veras (Echeverría, pág. 136). Me han dado cuatro reales *de* demás (Gagini, pág. 121).

EL SALVADOR: Lo hizo *de* adrede (Salazar García, pág. 97).

GUATEMALA: No te perdono el machucón que me diste, porque lo hiciste *de* adrede (Sandoval, I, 310).

MÉJICO: Y que ahora sí va la *de* deveras (Madero, II, 6). Tiene un aeroplanito, mano, con motor *de* a deveras (Azuela, *La Marchanta*, pág. 14). Usted me dio un quinto *de* demás (Ramos Duarte, pág. 556).

DE A POCO, ETC.

Otra clase de expresiones con *de a* relacionadas con las anteriores presenta, al parecer, un *de* análogo: *de a poco* por normal *poco a poco*, *de a ratos* por *de rato en rato* (o *a ratos*), *de a dos* por *de dos en dos*, etc. Es evidente la analogía con expresiones como *sello de a dos centavos*, así como la fusión de *de dos* con *dos a dos*, etc. *De a poco* constituye una práctica antigua. En algunas regiones (*BDH*, II, 132) se halla el antiguo *de a uno en uno*.

ARGENTINA: Ahura, cuando le pido alguna cosa, me la sabe dir concediendo *de a* poco, como si juera remedio (Larreta, *El linyera*, pág. 27). Déle su primer cuota, *de a* poco, todos los domingos (Mansilla, *Entre-nos*, pág. 147). Cuando la vieja lo vio calmado a su hijo, le fue diciendo, *de a* poquito, la cuenta de sus noticias (Draghi Lucero, pág. 309). *De a* ratos, cuando calma el viento ... se distingue ... el núcleo principal de la población (Inchauspe, *Allá*, pág. 112); el silencio de la casa sólo era turbado, *de a* ratos, por los sollozos de la mujer angustiada (pág. 129). Como buen gaucho trabaja *de a* ocasiones no más (Sáenz, pág. 102). Don Sixto ... venía dándonos *de a* puchitos [entre colillas de cigarro] datos sobre la estancia (Güiraldes, *Don Segundo*, pág. 159); el bicherío le va a arrancar *de a* pellizcos la carne (pág. 165); *De a* posturas chicas ["en pequeños envidos"], comprometí setenta pesos (pág. 241). *De a (en) uno en uno* (*BDH*, II, 133).

URUGUAY: Emilio subió a la cubierta con los cabellos al aire, el paso largo, *de a* tres peldaños por la escalera (Amorím, en *ACR,* pág. 11).

CHILE: Primero comenzó a manosearme *de a* poco, como al descuido (Sepúlveda, *La fábrica,* pág. 82). Se exprime el limón firmemente, apretando *de a* poco, lentamente (Sepúlveda, *Camarada,* pág. 197). Suelen juntarse, según creo, hasta veinte o treinta, i llegan a la casa *de a* dos o *de a* tres; pero nunca *de a* más (Barros Grez, V, 5). Comiendo *de a* pedacitos la galleta que llevaba en las carteras (Guzmán Maturana, pág. 56). Los acumulaba *de a* poco en poco en los Bancos del Pobre (Muñoz, pág. 23).

SANTO DOMINGO: A personas a quienes preguntamos familiarmente cómo pasan la vida, es común oírlas responder: "ahí bregandito", "ahí *de a* poquito" (Jiménez, pág. 7); Mientras los novios no se hablan, ni se escriben, están "*de a* balazo" (pág. 15).

"DE" POR "EN"

No son infrecuentes los casos en que *de* reemplaza a *en,* como detrás de los verbos *quedar* y *ocuparse* y detrás del sustantivo *gusto.* El verbo *quedar de* se empleó hasta el siglo XVII ("todos se abraçaron y *quedaron de* darse noticia de sus sucessos" [*Don Quijote,* I, 47]), pero, si bien corriente aún en América, sobre todo en el habla popular y rústica, en lugar del moderno y consagrado *quedar en,* actualmente es arcaico en España; *ocuparse de* por el antiguo *ocuparse en* constituye un galicismo tan empleado en España, que hoy muchos lo consideran normal, aunque es posible que los puristas insistan todavía sobre el literario *ocuparse en.* Si bien detrás del sustantivo *gusto* normalmente se prefiere la preposición *en,* en España se halla ocasionalmente la preposición *de* (cf. Aurelio Espinosa, *Cuentos,* III, 462). Baste con unos pocos ejemplos:

REGIÓN DEL RÍO DE LA PLATA: Quedamos *de* vernos aquí (Sánchez, *La gringa,* II, 5); No te ocupes *de* mí, hijo (IV, 2).

CHILE: Ellos quedaron *de* hablar con el padre (Barros Grez, I, 6). —Mucho gusto *de* conocerla (Edwards Bello, *La chica,* pág. 66). Se ocupan *de* hacer subir los precios (Sepúlveda, *Camarada,* pág. 94).

ECUADOR: —Mucho gusto *de* saludarle (García M., *Estampas,* pág. 136).

COLOMBIA: Mucho gusto *de (en)* verlo; quedaron *de* ... (Flórez).

COSTA RICA: —Quedó *de* trelas ayer (Magón, pág. 206).

EL SALVADOR: Quedar *de* ir al campo (Salazar García, pág. 230).

GUATEMALA: Pío quedó *de* venir a almorzar con nosotros (Sandoval, II, 302). Quedé *de* ir ... con ella (Arévalo, pág. 116).

MÉJICO: Quedé *de* ir a verte; Quedó *de* pagarme pronto (Ramos Duarte, pág. 424). Formalmente quedó *de* venir (Santamaría y Domínguez, *Ensayos,* pág. 258). Otros se ocuparon *de* dar agua a los caballos (López y Fuentes, *¡Mi general!,* pág. 41).

SANTO DOMINGO: *Quedar de* ... se usa poco en la clase culta, mucho en las humildes (*BDH*, V, 70); "quedó *de* venir" (pág. 234).

CUBA: Quedó *de* venir; mucho gusto *de* saludarte (Padrón).

Todos los preceptistas llaman la atención sobre *de balde* empleado por *en balde* "en vano". Por lo general, normalmente *de balde* significa "gratis, libre de costo", mientras *en balde* significa generalmente "en vano, sin motivo". Parece natural que en la mente popular se confundiesen estas formas tan estrechamente emparentadas entre sí, confusión no desconocida en España. De hecho, el último diccionario de la Academia ha reconocido semejante uso al dar *en balde* (= *en vano*) como uno de los significados de *de balde.* Unos pocos ejemplos serán suficientes.

ARGENTINA: *De balde* quiero moverme: / Aquel indio no me suelta (*Martín Fierro*, pág. 184). *De balde* porfió contra la tentación (Draghi Lucero, pág. 217).

URUGUAY: —Es *de balde,* uno ya no sirve (Espínola, pág. 83).

ECUADOR: *De balde* le busca: ya se fue (Vázquez, pág. 63).

"DE" POR "Y"

En las expresiones temporales se prefieren las frases enfáticas con *de: horas de horas* por *horas y horas* (= *muchas horas*), práctica que es posible se remonte al antiguo uso. Correas (*Vocabulario*) explica que la expresión *había gente de gente* significa *multitud,* uso que no se debe confundir con otro muy relacionado con él: *hay hombres de hombres* "hay hombres y hombres, hay muchos tipos de hombres", etc., como en "Hay *casas de casas,* hay casas aonde se puee hacer too" (Acevedo Hernández, *Pedro Urdemalas,* pág. 187 [Chile]).

CHILE: Allí se lo pasan *horas de horas,* en sus brujerías (Barros Grez, IV, 11). Inmóviles pasaban *horas de horas* (Prado, *Un juez,* pág. 26). No es bueno eso de que un niño esté *horas de horas* solo (Barrios, *El niño,* página 80). Sabía que ésa era la peña consagrada por "el Palmero" desde hacía *años de años* (D'Halmar, *Pasión*, pág. 121).

BOLIVIA: *Horas de horas* pasaba ante su cristal ensayando posturas, sonrisas, gestos (Arguedas, *Vida criolla,* pág. 33). Sus acémilas ... resultaban inutilizadas, *meses de meses,* y a veces definitivamente (Arguedas, *Raza,* pág. 123); ¿Quieres que nos maten o nos pudramos *años de años* en los calabozos de una cárcel? (pág. 163).

VENEZUELA: Se pasaba *horas de horas* en la puerta (Rosenblat).

COSTA RICA: Jugaba *horas de horas* con los niños ajenos (Herrera García, pág. 19); Caminaron *horas de horas* (pág. 26).

GUATEMALA: Se para delante de las tiendas, viendo *horas de horas* cualquiera baratija (Salomé Gil, *Cuadros,* pág. 164). Sale al patio y se está *horas di horas* platicando con él bajo la higuera (Barnoya, pág. 22).

"DE" CONDICIONAL + INFINITIVO

El empleo de *de* con infinitivo para expresar una condición, sobre todo cuando ésta es contraria a la acción, al parecer es incluso más común en el español de América que en España, donde asimismo parece estar suplantando a *a* + infinitivo, forma preferida por la lengua antigua: *de haber ido = si hubiera ido*. Los estudios sobre *de* + infinitivo revelan que en la prosa española peninsular se halla aproximadamente tres veces más que *a* + infinitivo[6]; en la prosa hispanoamericana contemporánea se emplea *de* + infinitivo unas cinco veces más que *a* + infinitivo[7]. Al principio se empleó *de* con infinitivo para expresar origen. La transición de *de*, "a causa de, por, a consecuencia de", a *de* "si" se encuentra en los escritores del siglo XVI, los cuales, sin embargo, usaban generalmente la preposición *a* con este objeto. A fines del siglo XIX cambiaron las tornas, debiéndose probablemente a la sólida influencia de expresiones condicionales tan esenciales como *de otro modo, de lo contrario, (en el) caso de, donde no, de no,* etc. Teniendo en cuenta la rapidez con que *de* está desalojando a *a,* los preceptistas se han levantado enérgicamente contra este *abuso*

---

[6] C. E. Kany, "Conditions expressed by Spanish *de* plus infinitive", *Hispania,* XIX (1936), 211-16.

[7] C. E. Kany, "More about conditions expressed by Spanish *de* plus infinitive", *ibid.,* XXII (1939), 165-70.

moderno (Mir, I, 5) y tratado de establecer en forma rígida y estricta las diferencias entre causa o consecuencia (que exigen *de*) y condición (que exige *a*) (Mir, I, 507-9; Román, II, 73; etc.). No obstante, *de* + infinitivo es tan corriente en la actualidad para expresar condición, que resulta inútil continuar condenando su uso, así como el de otras prácticas bien establecidas que tal vez parezcan no acomodarse al uso clásico de antaño.

ARGENTINA: *De* haberme atrevido, la hubiera hecho echar abajo (Güiraldes, *Don Segundo*, pág. 315).

CHILE: No me hubiese afeitado hasta el domingo *de* no haberme convidado ustedes (Barrios, *Un perdido*, I, 132); *de* hablarle, ... no tendrían respuesta (II, 54). *De* estar solo, se hubiese lanzado sobre él (Edwards Bello, *El roto*, pág. 219).

VENEZUELA: Contestó secamente que él, *de* volver a la capital, sería cuando mandaran los godos (Pocaterra, pág. 51).

MÉJICO: *De* hallar los tesoros, él disfrutaría de una buena parte (López y Fuentes, *El indio*, pág. 46).

OTROS USOS DE "DE"

Existen otros usos esporádicos de *de* que llaman la atención del observador, como *arroz de leche*, que se oye en cierto número de regiones hispanoamericanas (Méjico, América Central, Colombia) por normal *arroz con leche*. Cuervo ("Prólogo" a Gagini) lo explica como un caso de fusión: *arroz con leche* + *sopa de leche* > *arroz de leche*. Igualmente *café de leche* por *café con leche* (Sundheim, pág. 113, etc.). La frase *irse de con* "dejar, abandonar", se empleó ocasionalmente en España en la lengua antigua: "Yo me fui de con mi Nuflo" (Lope de Vega, *La Dorotea*, II, 6); cf. también "nunca se quita *de con* él este verdadero amador" (Teresa de Jesús, *Moradas*, ed. Navarro Tomás, pág. 33). Al presente es raro *de con* (Cuervo, *Dicc.*, II, 297), aun cuando se encuentran ejemplos: "la sacaron *de con* sus padres", "hasta *de con* sus padres fueron a buscarle" (Gili y Gaya, pág. 220). Sandoval (I, 712) explica que en Guatemala *irse de con uno* significa "retirarse o separarse del servicio de uno el criado o la criada que se ha ajustado por mes: —Quiero, patrón, que me deje *ir de con usted* a fines del presente mes". Semejante uso demuestra una restricción considerable de su alcance original.

La consulta de los diccionarios locales puede llevar a descubrir otros usos locales o restringidos.

"DESDE" SUPERFLUO

La preposición *desde* (popular y rústico *dende,* también *denge* o *dengue* en Cuba y, al parecer, *deje* en Puerto Rico [8]) se emplea normalmente para indicar un tiempo a partir del cual empieza, se origina o debería empezar a contarse algún hecho: *desde hoy lo haré, desde ayer está aquí, desde que llegó,* etc. En algunas regiones de Hispanoamérica se emplea un *desde* superfluo en frases como "*desde* el lunes llegó". En el habla consagrada es posible hallar una construcción relacionada con la anterior en una frase como *desde muy antiguo este pueblo tomó tal carácter,* en la cual tanto la acción como su efecto se iniciaron en el tiempo que se indica, habiéndose continuado hasta el presente, o sea que *desde* indica el origen o punto de partida. Pero semejante construcción no es normal cuando el verbo expresa una sola acción pasada cuyo resultado no tiene relación esencial con el presente. Sin embargo, en *desde ayer llegó,* el hablante está pensando en el efecto de la acción, es decir que psicológicamente funde dos construcciones distintas: *llegó ayer* y *desde ayer está aquí.* Este fenómeno parece haberse evadido a la atención de preceptistas y lexicógrafos.

COLOMBIA: Don Jesús, que ha pernoctado en el camino, llega *desde* temprano (Carrasquilla, *Hace tiempos,* I, 124); Diré *desde* ahora quién es Minos (II, 106); *Desde* antier los traje del Sitio (II, 250). —José Félix se va *desde* [= a] las seis de la mañana para su latonería (Efe Gómez, pág. 154). —*Dende* el lunes se jué (Rivera, pág. 28).
COSTA RICA: *Desde* el lunes llegó (Cascante, pág. 170). Ayer *desde* la mañana salió de su casa (C). —Se rasuró *desde* temprano (Herrera García, pág. 28).
GUATEMALA: *Desdi* [= *desde*] ayer te advertí lo que debías hacer hoy (Sandoval, I, 343). El tomo se publicó *desde* abril (C).

[8] Véase *BDH,* V, 147; cf. también *lejos* y *lenjos,* forma ésta rechazada por Valdés como equivalente a *lejos* en *Diálogo de la lengua* (pág. 81).

MÉJICO: Lorenzo, _desde_ en la tarde, mandó a Simón una copia del decreto (Inclán, II, 348). ¿_Desde_ cuándo salió? (C).

CUBA: —_Denge_ [= dende] la última vez que vino del pueblo trajo esa mala costumbre (Luis Felipe Rodríguez, pág. 114).

DONDE

A veces se ha considerado como localismo el uso de _donde_ (o _adonde_) como preposición por _en_ (_de, a,_ etc.) _casa de._ Así, Arona (pág. 189) lo consideró como simple peruanismo hasta que oyó que se empleaba no sólo en el resto de América, sino igualmente en Castilla (Baralt, 1.ª ed.; en la 2.ª hace observar que es "muy común entre la gente vulgar de Castilla"). Es posible que esta construcción elíptica (_donde estaba mi tío, donde vivía mi tío_ > _donde mi tío_) provenga de la época antigua (Hanssen, § 661), siendo paralela al uso elíptico de _cuando_ en expresiones como _cuando niño._ Keniston (págs. 53 y 106) cita ejemplos del siglo XVI que prefiguran el moderno _donde._ Al presente se encuentra coloquialmente en ciertas regiones de España (al igual que entre los judíos hispanohablantes de Oriente): Castilla (Baralt, pág. 190; Huidobro, pág. 78), León y Galicia (Cuervo, § 458), Andalucía (Aurelio Espinosa, _Cuentos_), Aragón y norte de Navarra (_BDH_, V, 88) y provincias vascas (para Bilbao, cf. Arriaga, pág. 40), como, por ejemplo, en _Zalacaín_ (capít. v), de Baroja: "En Estella no vaya usted _donde_ el ministro de la guerra". Cf. _BDH_, II, 190.

En atención a sus respetables antecedentes, Cuervo se mostró reacio a la pretensión de abolir el _donde_ en América: "no es de las cosas que afrentan". No obstante, en gracia a los puristas escrupulosos explica que en estilo literario se puede reemplazar por _en_ (_de, a, por_) _casa de, en la tienda_ (_oficina,_ etc.) _de,_ o simplemente por _a_ (por ejemplo, _ir al médico_) o _para_ y semejantes. Otros preceptistas posteriores no parecen tan bien dispuestos con respecto a _donde,_ calificándolo de "abuso" (Román, II, 178), "barbarismo" (Huidobro, pág. 78; Calcaño, pág. 98), "uso vicioso" (Batres, página 258), "viciosa construcción" (Bonilla Ruano, III, 208), etc.

En general, _donde_ se considera erróneamente en boga a lo largo de toda América. Es corriente en Chile (aquí _lo de_ es rústico), Bo-

livia, Perú, Ecuador, Colombia, Panamá, América Central y zona
del Caribe, pero rara vez se oye en Méjico. En la Argentina ejerce
su hegemonía *lo de* (cf. pág. 164)[9]. De hecho, aquí el uso de *donde*
tiene sabor a chileno; un argentino que visitó Chile observa a su
vuelta: "Yo ya' bía' prendido a decir *puj' hombre, al tiro* y *donde Concha* ... como si fuese oriundo de las orillas del Mapocho" *
(*Fray Mocho*, pág. 134). En las regiones rurales de otras partes se
oye también esporádicamente *a* (*en, de*) *lo de;* la forma arcaica
a (*en, de*) *ca*(*s*) *de* (igual que en España, y a menudo con omisión
del *de* y ocasionalmente incluso sin la preposición introductoria,
siendo entonces *ca* equivalente a la preposición francesa *chez*);
con en partes de Méjico y otras (como en Andalucía: Toro Gisbert,
"Voces", pág. 395); *en* localmente en Chiloé (Chile); *de* localmente en Argentina (bajo influencia del italiano *da*); en Venezuela,
casa de (en Perijá *en qué* < *en casa de*) puede significar *donde*
(*está*), *con, hacia*, etc.; cf. también págs. 163, 404.

Existen otras formas rústicas y coloquiales de *donde* y *adonde:
onde, aonde* y *ande* (generalmente rústica, pero urbana en Bolivia). Henríquez Ureña (*BDH*, V, 61) cita un restaurante de Bilbao,
España, llamado "Ande Lusiano" (cf. Arriaga, pág. 40).

ARGENTINA: Se olvidaron de un asao que habían mandado hacer temprano *con* el pulpero (Lynch, *Romance*, pág. 88).
CHILE: ¿Ud. no ha vuelto más *donde* la Matilde? (Durand, *Mercedes*,
pág. 179). Me juí entonces *pa onde* el comisario (Juan del Campo, pág. 19);
¿vamos *a onde* "La María Piojo"? (pág. 66). (CHILOÉ, POPULAR): Alojé *en*
un tío [= en casa de un tío] (Cavada, pág. 338). (BAJO): Er niño jué *ontá*
[= donde está] su paire (Lenz, *La oración*, pág. 512 n.; cf. *BDII*, VI, 60, n. 1).
BOLIVIA: Anda cuando quieras *ande* doña Brígida (Arguedas, *Vida criolla*, pág. 29); El "Chungara" ha venido *ande* papá a pedirla, pero parece
que ella no lo quiere (pág. 29). Cf. también los ejemplos de la pág. 164.
PERÚ: Me acerqué *donde* [= a la oficina de] el director (Corrales, página 143); —Señorita, no contestan de *donde* [= la casa de] Garazatua (página 221); el alcalde vino *donde* mí [= donde yo estaba] (pág. 240).
ECUADOR: Se refugió a la noche *donde* su querida (Icaza, *Cholos*, página 221). Nunca más mando a poner medias suelas *donde* [= en la tienda

---

[9] Sin embargo, *donde* se oye en el habla rural de Mendoza (Corominas,
pág. 99 n.) y en otras partes posiblemente.
* Nombre del río que cruza la capital de Chile (*N. del T.*).

de] usted (García Muñoz, *Estampas,* pág. 266). Llegaron *donde* don Carlos (Aguilera Malta, pág. 107).

COLOMBIA (ANTIOQUIA): Me mandaba a pedir la limosnita *a cas de* ricos y pobres (Carrasquilla, *Hace tiempos,* I, 17); se había metido ... *en cas de* las Vegas (I, 33); Rosana está *en cas de* doña Resfa (III, 133). (BOGOTÁ): Estuvo *donde* mí; voy *donde* mi tío; salió de *donde* su amiga (Cuervo, § 458).

VENEZUELA: Ahora no vamos a tené ni el recurso de presentanos mañana *caj* el de esta hacienda (Gallegos, *Pobre negro,* pág. 332). Fui *donde* él a hacerme un traje (Gallegos, *La trepadora,* pág. 277); la misma a quien encontramos hoy *donde* la modista (pág. 291). El padre se encaminaba *donde* míster Danger. ... —No, papá. No vayas *casa de* ese hombre (Gallegos, *Doña Bárbara,* pág. 298). Me voltié *pa cas'e* Juan [= volví la cara hacia Juan] (Rosenblat). (PERIJÁ): A un niño, que está con nosotros, se le dice para que vaya con su mamá, que está en la misma sala: "ve *en qué* mamá" (Armellada, pág. 192).

PANAMÁ: Voy *adonde* mi tío (Garay, pág. 106). —Yo volví *donde* el patrón (Nacho Valdés, *Sangre criolla,* pág. 110).

COSTA RICA: Vino *donde* [= a] mí; fui *donde el* [= al] juez; vamos *donde* [= a casa de] López; compré esto *donde* [= en la tienda de] Romero (Gagini, pág. 127). —Iba ... *onde* un tal Barahona (Fabián Dobles, pág. 240); Me vine *pa onde* una tía muy güena (pág. 248).

NICARAGUA: Lo he visto ... allá *donde* mamá Sara (Toruño, pág. 231).

HONDURAS: La misma señora *en donde* Carlos permanecía, recibía las injusticias del señor Rubio (Mejía Nieto, *Relatos,* pág. 10); un sobrinito mío vino asustado *a donde* mí (pág. 63). Cf. también pág. 165.

EL SALVADOR: Como único recurso visible le quedaba irse *donde* su tía (Torres Arjona, pág. 85). Él no está ... *donde* el doctor Sevilla (Mechín, *Candidato,* III, 2). Vamos mejor *onde* la Sebastiana (Ambrogi, pág. 15).

GUATEMALA: Voy *a donde* mi hermano Sancho ... es bueno que vengas *a donde* mí [= a mí, a mi casa] ... espero que vengas *a donde* yo (Sandoval, I, 13). Ayer fuimos *onde* Juana / de tarde a tomar el té (Bonilla Ruano, III, 45). Los potreros *de lo de* Bran (en *ACH,* pág. 142).

MÉJICO (especialmente YUCATÁN): Voy *con* [= a la tienda de] Nicho. ¿Dónde compraste eso? *Con* [= en la tienda de] don Darío (Ramos Duarte, pág. 131). (NUEVO LEÓN): —¿Viene de *en ca'* Tomás? (García Roel, pág. 28); ¿Verdá que usté 'stá *en ca'* don Rómulo? (pág. 37); ai no más vive *ca'* Lourdes la de Blas (pág. 120); se jué ... *a ca'* sus papás (página 139); vámonos yendo allá pa' *en ca'* Tomás (pág. 144). Cf. pág. 405.

SANTO DOMINGO: —La conseguiremos barato, *donde* un amigo mío (Requena, *Los enemigos,* pág. 34); estoy trabajando *donde* un turco (página 59); pensó pasar por *donde* su primo Mario (pág. 68).

PUERTO RICO: Vamos *donde* mi hermano (*ap.* Navarro, pág. 133).

Son numerosos los ejemplos de *en* que no concuerdan con el uso consagrado; algunos de ellos reflejan hábitos locales restringidos, pero otros son errores gramaticales individuales.

El empleo de *en* por *a* en frases de movimiento, como *ir en casa* por *ir a casa,* es muy antiguo (cf. Hanssen, § 693). Leemos en *Don Quijote,* I, 24: "quería ... que los dos nos viniésemos *en* casa de mi padre". Hay quienes en la actualidad lo consideran como galicismo (Baralt, pág. 204). Se encuentra tanto en España (cf. *BDH,* V, 71, 234) como en Hispanoamérica. "Juimos *en* ca' don Teodoro" (García Roel, pág. 187 [Méjico]); "Tenía que ir *en* [aquí se trata de un italianismo] casa de Testaseca" (Sánchez, *La gringa,* II, 10 [Uruguay]); —"Llego *en* el esamen ... me voy *en* el balneario" (Saldías, págs. 7, 8 [Argentina]). Decir *casa en madera* por *casa de madera, vestido en lana* por *vestido de lana,* etc., esto sí constituye un auténtico galicismo.

Detrás de ciertos verbos se halla a veces el *en* mal usado: *atar en* por *atar a:* —"Decíle ... que me ate el tordillo viejo *en* el birlocho" (Sánchez, *La gringa,* I, 6); *apresurarse en* por *apresurarse a:* "Bueno, apresúrate *en* traer a la india" (Icaza, *Huasipungo,* pág. 30). También *en medias* por *a medias:* "¿Y quiere que hagamos *en medias* ese negocio?" (Acevedo H., *Árbol,* pág. 14).

Ramos Duarte recoge *en* por *de* en partes de Méjico: "La finca está *en* venta" (pág. 227); "Examinar a uno *en* gramática" (página 560). El empleo de *en* detrás de *examinar* es corriente asimismo en otras regiones, remontándose a una vieja práctica peninsular que ha sobrevivido en algunas partes de España. Gagini (página 139) lo menciona para Costa Rica; Sandoval (I, 541) observa: "En Guatemala es tan corriente decir *Me examiné en álgebra,* que nos choca la forma castiza *Me examiné de álgebra*"; igual ocurre en la zona del Río de la Plata, en Venezuela y en otras partes.

Vázquez (pág. 171) alude al uso popular de *en* con infinitivo en el Ecuador: "Me fui, *en* ver [= viendo, por ver] que ya no venía", lo cual constituye una supervivencia de la época clásica. Ben-

venutto (pág. 150) da cuenta de *en fuera* por *fuera* en el Perú:
"*en fuera* de Lima".

OMISIÓN DE "EN"

El habla popular de numerosas regiones omite *en* con la palabra *ocasión* cuando ésta significa *vez* (cf. pág. 372) y con unos
pocos sustantivos empleados con valor de adverbios temporales
(*momento, instante*, etc.): *una ocasión* "una vez, en una ocasión",
algunas ocasiones "a veces", etc., casos en los cuales la lengua consagrada de hoy prefiere *en: en una ocasión*, etc. Al principio fue
corriente la preposición *a* en semejantes locuciones temporales: *a
aquella sazón*, en cuya posición la *a* se funde con la inicial de
aquella, oyéndose, por tanto, en la conversación ordinaria solamente *aquella sazón*, lo cual condujo a la frecuente supresión de
la *a* por escrito y al nacimiento de ambas formas. En el momento
en que tales frases prefirieron *en*, simplemente se continuó la antigua dualidad: *a aquella sazón* y *aquella sazón* > *en aquella sazón*
y *aquella sazón*, etc. La omisión de *en* hoy sufre asimismo la influencia de expresiones como *una vez, ese día*, en las cuales no se
hace uso de *en*. (Para la omisión de *en* detrás de los verbos, cf.
pág. 23).

ARGENTINA: *Esa ocasión* eché el resto (*Martín Fierro*, pág. 32); Estando allí *una ocasión* (pág. 176). Claro, *ocasiones* suceden cosas (Sáenz, página 7).

URUGUAY: ¿No lo había descubierto él *una siesta* ...? (Montiel, *Luz
mala*, pág. 85).

ECUADOR: Dos moscas que pasaban *ese momento* ... cayeron fulmina-
das (Mata, *Sanagüín*, pág. 161). El pueblo da *algunas ocasiones* a este modo
adverbial [de repente] el significado de "de vez en cuando" o más bien de
"alguna vez" (Tobar, pág. 189).

COLOMBIA: Aquel hombre ... lo había visto *varias ocasiones* (Buitrago,
pág. 136). La vi *varias ocasiones* (Obando, pág. 133).

HONDURAS: El dios Pan encontró *cierta ocasión* a una ninfa en el bos-
que (Zúñiga, pág. 21).

EL SALVADOR: Pues bien, *una ocasión*, yo lo aceché y lo pesqué (Mechín, *Brochazos*, pág. 112).

MÉJICO: *Una ocasión* entró el cura a hacer una de esas consultas (Taracena, pág. 11); *Esta ocasión* no le cupo la menor duda (pág. 263). Se ganó
el cariño de mi chiquilla, que *ocasiones* me causa celos al ver que le hace

más mimos que a mí (Inclán, II, 132); *varias ocasiones* le promoví conversación sobre eso (II, 166). Hasta lo interrogó *cierta ocasión* (Gamboa, *Santa*, pág. 107); esas cosas no se intentan *dos ocasiones* y si *en* la primera no se mata, se concluyó (pág. 212); me lo ha probado *cien ocasiones* (pág. 228). *Varias ocasiones* recorro la calle (Benítez, pág. 152).
Cuba (rural): *Una ocasión* me lo dijo (Padrón).

Por confusión con las construcciones dobles según el modelo de *ocasión* o como supervivencia del uso antiguo, ocasionalmente se halla *en* con *vez*, como *en esta vez* por *esta vez*, *en veces* por *a (las) veces*.

Ecuador: *En veces* feliz (Pareja, *Hombres sin tiempo*, pág. 63).

Perú: En Alemania predomina la novela histórica, y, *en veces*, la novela de pura imaginación (Federico More, "Prólogo" a Diez-Canseco, *Estampas*, pág. 10).

Colombia: *En veces* empalidece (T. González, pág. 109).

Venezuela: *En veces* ... se pasa de punta a punta el bordoneo de una guitarra (Briceño, pág. 7).

Nicaragua: Pero, *en esta vez*, Gabriel no quiere dar su brazo a torcer (Robleto, pág. 90).

Guatemala: Si el hombre es listo se encarama a un palo, pero *en veces* ni eso lo salva (Samayoa, en *CLC*, pág. 65).

Méjico: Una cuchara chica tenía que tomarme *en cada vez* (García Roel, pág. 50).

ENTRE

El empleo de *entre* por *en* o por *dentro de* es corriente en el habla popular de casi todas las regiones. En la lengua normal, *entre* significa *dentro de* en expresiones como *pensé entre mí*, pero hoy no se emplea con este sentido más que en algunas partes de la España rural: "cogió el pollo y lo engolvió en una toalla y se lo metió *entre* su capa" (Aurelio Espinosa, *Cuentos*, I, 112 [Granada]).

Argentina (Tucumán): Trató de alcanzar el cuchillo que tenía *entre* el recado (Cuti Pereira, pág. 20).

Uruguay: —¡Eso sí; usan un lenguaje *entre* casa, esas señoras decentes! (Florencio Sánchez, pág. 27).

Colombia (Antioquia): Se ponen a apostar a ver cuál aguanta más *entre* el agua (Carrasquilla, *Hace tiempos*, I, 70). (Costa atlántica): Está *entre* el baúl (Sundheim, pág. 274). (BOGOTÁ): Usted se queda *entre* el carro (C).

VENEZUELA: Están los del gremio docente *entre* un zapato (Jabino, *Verrugas y lunares, ap.* Alvarado, pág. 181). El viento suspira "*entre* el frío mármol de una tumba" (*ap.* Calcaño, § 283).

COSTA RICA: El papel está *entre* la gaveta (Gagini, pág. 134). Estaba *entre* el saco (Lyra, pág. 96); lo metió *entre* un saco (pág. 122); ya *entre* poco acabamos (pág. 127). Caí *entre* la caldera; quedó *entre* casa (Salesiano, pág. 71).

EL SALVADOR: *Entre* un mes vendré a verte (Salazar G., pág. 123).

GUATEMALA: Espero que *entre* dos días, a más tardar, me traigas el dinero (Sandoval, I, 492).

MÉJICO: *Entre* la obscuridad ... había en una de las paredes un socavón negro en el que no serían encontrados (Ferretis, *Quijote,* pág. 42). (YUCATÁN): Llegará *entre* una semana (V. Suárez, pág. 62).

CUBA (POPULAR): Se lo metió *entre* el bolsillo (Padrón).

En áreas limitadas, con frecuencia se emplea *entre* por *a* en ciertas locuciones: *entre veces* por *a veces* (Colombia, Panamá, Guatemala, etc.); también en expresiones temporales, como *entre las ocho* por *a las ocho* (Ecuador, Chile, etc.). Esta última se oye en el habla popular y en el habla culta del Ecuador.

PANAMÁ: —Yo lo hago *entre* veces (Mangado, pág. 93).

GUATEMALA: *Entre* veces voy al cine (Sandoval, I, 492).

ECUADOR: *Entre* las diez de la mañana todo está listo para el viaje (García Muñoz, *Estampas,* pág. 21); la otra noche, *entre* eso de las dos de la madrugada, oí un "chivo" feroz en el cuarto de al lado del mío (página 258). Antonio y yo oímos, *entre* las doce, un ruido en el patio de la hacienda (Vásconez, pág. 51).

HASTA

En contra del uso normal, en algunas partes de Hispanoamérica se omite generalmente el *no* en el empleo de *hasta* + una expresión temporal con verbo de significación negativa: *hasta las tres iré = hasta las tres no iré.* Este fenómeno es corriente en Colombia, América Central y Méjico, y en otras partes esporádico, habiéndose atrincherado firmemente en el habla de todas las clases en estas regiones. En algunas zonas se está haciendo un esfuerzo por limitarla a la conversación cotidiana y para que se emplee la forma normal en la escritura seria y oficial. En otras partes incluso se ha metido en el estilo literario serio. (Los ejemplos que se dan más abajo mostrarán el estilo de que se trata). Allí donde la anomalía ha encajado profundamente en el sentido popular, para los no iniciados es a menudo sumamente difícil desenmarañar los significados en conflicto. Los preceptistas hacen enormes esfuerzos para explicar las circunstancias en las que habría que poner el *no* en el habla normal. Por otra parte, para los acostumbrados a la forma consagrada, este error es perfectamente claro.

Cuervo (§ 447) explica esta práctica como fusión de dos frases de significado semejante: *a las cuatro llega* + *hasta las cuatro no llega = hasta las cuatro llega*. Pero es posible que el proceso sea algo más complicado. Parece que otras construcciones con *hasta* han influido también. Al presente se halla con frecuencia un *no* redundante en la cláusula subordinada que va detrás de la conjunción *hasta que* cuando el verbo principal es negativo: *No saldré hasta que él no llegue* "Yo no saldré hasta que él llegue"[10]. Es probable que este uso se deba a analogía con la construcción consagrada *no saldré mientras él no llegue,* y parece haber alcanzado gran auge en los siglos XVIII y XIX. Cuando se considera superfluo el *no* pleonástico, ciertas personas lo omiten a menudo por considerarlo, en atención a su conocimiento de los clásicos, como elemento no pertinente, tal vez como galicismo. Bien puede ser que esta duda —consciente o subconsciente— entre el uso u omisión del *no* detrás de *hasta que* haya contribuido a su omisión en frases como *hasta las tres iré* por la consagrada *hasta las tres no iré.*

Ahora bien, la omisión del *no* es particularmente frecuente cuando *hasta* + un elemento temporal preceden al verbo (*hasta las tres iré*); es menos corriente cuando *hasta* + el elemento temporal

---

[10] De hecho, este *no* pleonástico ha llegado a ser tan común en algunas regiones, que ocasionalmente se usa incluso cuando el verbo principal no es negativo: "Le afeitó el rostro hasta *no* dejárselo azuloso y terso" (Gamboa, *Santa,* pág. 194); "bajó sus dos manos ... hasta que *no* toparon con un hombro de la muchacha" (pág. 219); "a tu lado me tendrás hasta que *no* nos muramos" (pág. 316), etc. "Si Ráices se resiste a firmar el contrato de las acciones hasta tanto [= mientras] *no* obtenga una garantía ... ¿qué remedio me queda?" (Mallea, *Fiesta,* pág. 23).

siguen al verbo (*iré hasta las tres*). Cuervo supone que en Bogotá *hasta* + el elemento temporal preceden casi siempre al verbo ("Cuando el complemento formado con *hasta* va después del verbo, casi ningún bogotano se equivoca en cuanto al uso del *no: no almorcé* hasta las diez"). Sin embargo, es claro que no ocurre lo mismo en otras regiones. De los 40 ejemplos que se dan más abajo (excluyendo los de Colombia), 25 de los *hasta* preceden al verbo y 15 le siguen. Lo cierto es que la colocación de *hasta* delante del verbo favorece la omisión del *no*, siendo muy probable que fuera ésta la posición en que primero desapareció el *no*, circunstancia que nos lleva de la mano a la consideración siguiente: es posible que en parte haya contribuido a la pérdida del *no* un proceso paralelo al que motivó la desaparición del *no* en ciertas expresiones que, en razón de su frecuente uso en oraciones negativas, adquirieron valor negativo por sí mismas delante del verbo, haciendo innecesario el *no* en esta posición. En otras palabras, es posible que el proceso implícito en *no tengo nada* > *nada tengo, no lo he visto en mi vida* > *en mi vida lo he visto*, etc., haya influido sobre *no iré hasta las tres* > *hasta las tres iré* (cf. también *absolutamente*, pág. 318).

Es posible asimismo, como sugirió Gagini (pág. 156), que la omisión del *no* se haya visto favorecida por el hecho de que en la mente del hablante predomina el valor afirmativo del verbo sobre la negación. Por ejemplo, cuando dice "el tren llegó hasta las ocho", el elemento predominante es la acción positiva de la llegada del tren, siendo secundario en la mente del hablante el hecho de que el tren *no* llegase antes.

Sea lo que fuere de la influencia o combinación de influencias en lo relativo a *hasta las tres iré* "no iré hasta las tres", lo que importa es que semejantes expresiones con frecuencia se interpretan mal y pueden conducir a serias complicaciones. Por ejemplo, la persona que conozca ambos empleos no sabrá si *hasta las tres como* significa "como hasta las tres" o bien "no como hasta las tres". Recuerdo lo que me ocurrió en Acapulco, Méjico, en el despacho de un médico. He aquí cómo se desarrolló la conversación:

—¿Está el doctor? —El doctor no está ahora. Al rato regresa.

—¿Estará hasta las ocho? (mi pregunta era si "estaría hasta las ocho de la tarde"). —No, llega mucho antes (replicó la enfermera, que interpretó el *estará hasta las ocho* como "*¿No* llegará hasta las ocho?*"). En la escuela de otra ciudad mejicana observé el siguiente aviso: "Las solicitudes de reinscripción serán recibidas únicamente hasta el 15 de febrero". Curioso por saber la interpretación que se daba en este caso a la palabra *hasta,* pregunté por una ventanilla: me dijeron que el 15 de febrero era el último día en que se aceptaban las solicitudes, lo cual significa que el aviso estaba expresado correctamente. "Sin embargo", objeté, "ya que aquí es muy posible que numerosos estudiantes piensen que las solicitudes *no* se aceptan hasta el 15 de febrero, ¿cómo pueden salir de dudas?". "En cualquier momento pueden acercarse a la ventanilla y preguntar", fue la respuesta, tan cortés como rápida.

Bonilla Ruano (III, 156-57) se refiere en verso a peligros de mayor monta implicados en la omisión del *no* con el *hasta* en el uso guatemalteco: "Por no intervenir el *no* / cuando *hasta* es continuativo, / más de un perjuicio efectivo / en tal forma se causó: / El médico recetó / a una enferma delicada / darle media cucharada / de un elixir cada día, / *hasta* que él lo indicaría. ... / ¡Pronto aquélla era finada! / En la mortual de Bolaños / —un rico terrateniente— / hay la cláusula siguiente: / '*Hasta* la edad de ochenta años, / para no irrogarles daños ... / entrarán los herederos / a poseer sus dineros. ...' / Y un abogado muy listo / reclamó en el acto el 'pisto' [= dinero] / dejando al tutor 'en cueros' ".

A menudo se dan equivalentes de *hasta* usado sin el *no* normal, pero aquéllos, sin embargo, no hacen más que eludir la verdadera dificultad, pues implican en *hasta* un simple cambio semántico y no un desarrollo sintáctico fuera de lo corriente. Tales equivalentes son *sólo, únicamente, desde,* etc. Así, Quesada (pág. 267) y Santamaría y Domínguez (*Ensayos,* pág. 246) explican cómo *hasta,* que delimita el término de una acción o estado, a menudo se emplea de modo equivocado para indicar algo diametralmente opuesto, es decir el principio de una acción o estado. Aplicada al ejemplo ilustrativo de Quesada, *hasta ayer llegó la carta,* esta explicación resulta insuficiente. Santamaría va mucho más lejos, pues califica este fenómeno como simple cambio de preposición: *desde* por *hasta.* Cierto que es posible rectificar el ejemplo ilustrativo ("*hasta* el lunes habrá clases en la escuela") por medio de *desde* ("*desde* el lunes habrá clases en la escuela"), pero no se consigue con ello expresar exactamente la actitud psicológica (el significado es "no hasta el lunes", etc.), siendo, además, imposible reemplazar en todos los casos por *desde* el *hasta* mal usado.

CHILE (CHILOÉ): Nuestro hermano llegó *hasta* hoy. ... ¿Cuándo llegaste? —*Hastesto* [= hasta esto = sólo ahora, en este momento]. También se usa el diminutivo *hastestito* [= ahorita] (Cavada, pág. 346).

VENEZUELA (TÁCHIRA): *Hasta* ahora es que se aparece; *Hasta* ahora es que viene a trabajar (Rosenblat).

COLOMBIA: *Hasta* las cuatro llega; *hasta* las doce almorcé; *hasta* ahora vengo; *hasta* ayer comencé a estudiar (Cuervo, § 447). —¿Y todo el tiempo estuvo arriba? —Que *hasta* ahora veo gente, les digo (Osorio Lizarazo, *El hombre,* pág. 197).

COSTA RICA: Cancelaré esa cuenta *hasta* el día primero del mes (Cascante, pág. 170). *Hasta* hoy he trabajado aquí (Quesada, pág. 267). —Bamonós que ya es muy tarde. —*Hasta* que tome otro trago (Echeverría, página 147). Yo voy *hasta* después (Fallas, pág. 56).

NICARAGUA: —¿Qué me pasó? ¿A mí? Nada. ... Sí. Algo ... *hasta* ahorita me doy cuenta (Orozco, pág. 91). Es *hasta* entonces cuando acuden a la mesa de Gabriel los paisanos (Robleto, pág. 31). El martillo clava la forma a golpes regulares, y *hasta* entonces Gabriel comprende la naturaleza del trabajo: Vicente está haciendo un ataúd (pág. 176).

HONDURAS: Jacinto volvería *hasta* el anochecer, y ella quería que volviese pronto (Martínez Galindo, pág. 138). Carlos se dio cuenta de esto *hasta* en cierta época (Mejía Nieto, *Relatos,* pág. 10); se ausentó de su cuarto esa vez y regresó *hasta* que estuvo cierta de que Juan había ido a cerrar las ventanas de su cuarto (pág. 113).

EL SALVADOR: —Todita la santa noche ha sido un quejido parejo. ... *Hasta* bien noche se jué quedando dormida (Ambrogi, pág. 66); *Hasta* entonces la nanita puede articular palabra (pág. 79). Me parece que *hasta* ahora está empezando (Torres Arjona, pág. 59). *Hasta* mañana pagaré a Ud.; *hasta* el año entrante volveré; *hasta* las 3 p. m. sale el tren (Salazar García, pág. 150).

GUATEMALA: *Hasta* ahora oigo que "pisto" no es palabra castellana (Salomé Gil, *Cuadros,* pág. 103). Hace tres horas que hacemos cola, y llegaremos *hasta* el día de juicio, al paso que vamos (Salomé Gil, *Un viaje,* I, 206). Y como si *hasta* entonces se diera cuenta de que Julián permanece de pie, le dice: —Siéntate, hombre (Quintana, pág. 112). Puso mi tarjeta al correo *hasta* en la tarde, porque recuerdo muy bien haberla escrito en la mañana (Guzmán Riore, pág. 51).

MÉJICO: ¿Quién había de pensar que se volviera tan pronto mi tío, cuando siempre [= nunca] viene *hasta* la madrugada? (Inclán, I, 40);

—Siempre me vendré [= de todos modos no vendré] *hasta* la tardecita (pág. 43); mi padrino se fue a Orocutín y *hasta* hoy volverá (pág. 68; también págs. 106, 253). Era tan feliz, que *hasta* entonces se acordó del ciego (Gamboa, *Santa,* pág. 166). Asomaron los fulgores del sol, y *hasta* entonces pudo verse el despeñadero cubierto de gente (Azuela, *Los de abajo,* página 19); *Hasta* ahora puedo contestar su grata de enero del corriente año debido a que mis atenciones profesionales absorben todo mi tiempo (página 225). Nosotros tuvimos que tomar un coche porque nos aseguraron que *hasta* mañana correrían de nuevo esos trenes (Azuela, *Las tribulaciones,* pág. 84). —Yo lo supe *hasta* hoy en la tarde. ... ¿Y de qué murió? (López y Fuentes, *Cuentos,* pág. 225). Mi hermana salió el jueves ... y debía regresar *hasta* mañana (Magdaleno, pág. 97). —Yo me voy a descansar una temporada a mi tierra y volveré *hasta* que pase el invierno (Azuela, *La Marchanta,* pág. 39).

El recorrido de los ejemplos anteriores puede llevar al lector a hacer una interesante observación: en la mitad norte de Hispanoamérica (Colombia, América Central, Méjico, etc.), la preposición *hasta* ha usurpado en muchos casos un lugar semejante al de uno de los significados de *recién* en la mitad sur (Argentina, Uruguay, Chile, Bolivia, Perú y Ecuador). Muchos de los casos de la zona norte arriba citados sonarían bien en el habla coloquial de la zona sur cambiando *hasta* por *recién:* norte, "*hasta* ayer comencé a estudiar" = sur, "*recién* ayer comencé a estudiar"; norte, "*hasta* ahorita me doy cuenta" = sur, "*recién* ahorita me doy cuenta"; norte, "*hasta* entonces Gabriel comprende la naturaleza del trabajo" = sur, "*recién* entonces Gabriel comprende la naturaleza del trabajo"; norte, "Jacinto volvería *hasta* el anochecer" = sur, "Jacinto volvería *recién* al anochecer" (cf. pág. 379).

OMISIÓN DE LA PREPOSICIÓN DELANTE DE "QUE"

Al igual que la lengua antigua (Keniston, pág. 210; *BDH,* II, 145), el habla popular actual omite a menudo la preposición introductoria delante del *que* relativo (para la omisión de la *a,* cf. página 166), práctica que con frecuencia representa una simple sustitución del *que* por *donde, cuando,* etc.; al parecer, también en este caso se trata de una especie de disimilación sintáctica.

CHILE: El fundo está situado a tres horas de camino del lugar *que* vivo
(L). Me fui a Europa con la familia *que* vivo (Román, IV, 519). Con la
tijera *que* tusan los caballos (Prado, *Alsino,* pág. 143).

NUEVO MÉJICO: El caballo *que* [= en que] vino; la casa *que* [= adon-
de] va; el lugar *que* vive (*BDH,* II, 32).

SANTO DOMINGO: Allí lo depositaron en un hoyo ... con la misma ropa
que murió (Moscoso, pág. 167).

XI

CONJUNCIONES

ACASO

El adverbio *acaso*, al menos en Chile, se emplea a veces coloquialmente como conjunción en lugar de *si*, empleo que se debe probablemente a una fusión de las locuciones *por si acaso* o *si por acaso* —en las cuales *acaso* se halla íntimamente unido a *si*— y *(en) caso que* o *dado caso que* —en las cuales *caso* forma parte integrante de una conjunción compuesta de significado relacionado con el de *si*.

CHILE: —¡*Acaso* quieren, hablo! (Sepúlveda, *La fábrica*, pág. 82). —¡Eh! ¡Casero! Dos pesos, casero, caserito. —Sesenta cobres, *acaso* quiere. —Ya, casero (Sepúlveda, *Camarada*, pág. 10); —*Acaso* quiere lo ve (pág. 11); *Acaso* quiere ... Si no quiere, pediré la pensión (pág. 12).

A LO QUE, LO QUE [1]

Estas conjunciones temporales, usadas en el habla coloquial y rústica, equivalen a *cuando, al punto que, luego que, apenas,* etc. Son corrientes en muchas regiones hispanoamericanas: *a lo que*

---

[1] Para un estudio más completo, cf. C. E. Kany, "Temporal conjunction *a lo que* and its congeners in American Spanish", *Hispanic Review*, XI (1943), 131-42.

en Ecuador, Perú, Colombia, Panamá, América Central, Argentina
(zona costera), Venezuela (zona andina), siendo rara en otras partes; *lo que* en Argentina (centro y noroeste), Uruguay, Chile, Ecuador y esporádicamente en otras partes.

La conjunción temporal *lo que* significó en la lengua antigua
"por largo que" > "mientras, durante el tiempo que", etc. (*dure
lo que durare*). Existen ejemplos de *a lo que* "cuando, tan pronto
como", de la primera parte del siglo XVII, sobre todo de escritores
aragoneses, y de aquí que generalmente se haya considerado de
origen aragonés. Es posible que *a lo que* constituya una formación
morfológica por analogía con locuciones como *al tiempo que, al
punto que*. Es posible asimismo que se trate de una evolución
semasiológica a partir de *lo que,* ya que la preposición *a* delante
de una expresión temporal pone de relieve el término del tiempo
al que se refiere (*a los ocho días,* etc.): *lo que* = "durante el
tiempo que"; *a lo que* = "después de que, tan pronto como", etc.
Semejante desarrollo puede haber tenido como soporte la forma
aluego que, no infrecuente en el habla rústica general, y que en la
conversación precipitada suena a menudo como *alo(go) que.* Más
adelante, cuando *a lo que* adquirió estabilidad, es muy probable
que se redujese a *lo que,* lo cual constituye un caso de "*a* embebida", es decir, de absorción de la *a* por la *a* final de la palabra
anterior ("ahor*a* lo que venga", etc.). Además, *lo que* puede constituir una mezcla de la forma y significado original de *lo que* "durante el tiempo que" y de *luego que* "tan pronto como", o de *a lo
que* y *luego que.* (Por otra parte, es posible incluso que *lo que*
haya evolucionado hacia *logo* [*luego*] *que,* más bien que a la inversa). También es posible un desarrollo meramente semasiológico
implícito en el *lo que* original: "durante el tiempo que" > "al
término del tiempo que" e "inmediatamente después del tiempo
que". En todos estos casos se trata de hipótesis, y lo más probable
es que todos ellos se hallen intrincadamente relacionados entre sí.
La dualidad resultante de las formas *a lo que* y *lo que* se basa en
la analogía con otras formas dobles, tales como *en cuanto* y *cuanto*
"tan pronto como", chileno *en la de no* y *la de no* "si no", etc.

ARGENTINA: Aura *a lo que* venga, dígale que me llame (Chiarello, página 42). *A lo que* lo vio, arremetió contra él (Monner Sans, pág. 228). *Lo que* todo quedó escuro | Empezó a verse en apuro (*Martín Fierro*, página 112). Aura, *lo que* se vea ciego, se descuelga (*Fray Mocho*, pág. 91); Aura, *lo que* venga doñ' Amalia, los convidaré (pág. 130). Al fin, y *lo que* medio se serenó un poco ... se dio cuenta de que ... (Lynch, *Romance*, pág. 330). *Lo que* la noche se puso oscura, hice fuerza para levantarme (Mansilla, *Una excursión*, pág. 36). (SAN LUIS): *Lo que* llovió se mejoraron los campos (Vidal, pág. 394).

URUGUAY: Me debía unos pesos y *lo que* me vio se acordó de lo que me debía y me los pagó (Sánchez, *Los muertos*, I, 5).

CHILE: —Acuérdeme *a lo que* venga mi señora a dejarme el almuerzo (Juan Modesto Castro, pág. 244); *Lo que* llegaron los pacos, era finao (página 95); *lo que* me divisó, me tendió la mano (pág. 231); *lo que* sintió el peso que significaba ser dueño de casa, abandonó a la mujer y al hijo (pág. 232). Dijo que vendría *lo que* acabase la misa (D'Halmar, *Lucero*, pág. 27). *Lo que* estuvo frente a él, sólo tuvo fuerzas para llorar (J. Espinosa, en *LCC*, pág. 330). El conde, *lo que* la vido, a un peñasco se arrimó (Vicuña Cifuentes, pág. 64 [Santiago]); *lo que* la vío [= vido], de susto abortó (pág. 65 [Talca]); *lo que* lo supo, con el susto malparió (pág. 67 [Coquimbo]); *lo que* lo vío, como muerta se cayó (pág. 71 [Curicó]).

PERÚ: *A lo que* me vio, se hizo el desentendido y se fue por el callejón (Benvenutto, pág. 150). Y *a lo que* bajé la cabeza, se prendió al pallar de una oreja (Corrales, pág. 140).

ECUADOR: Se quedó mustio *a lo que* le vio (Vázquez, pág. 31). Les vide *lo que* se metían por el monte (Icaza, *Cholos*, pág. 36). —Dejarles, pues. —¿Y *lo que* lloran? (García Muñoz, *Estampas*, pág. 240). —¿Piensas que no te estaba viendo *lo que* querías robarte esta linda veta? [= cabestro] (Mata, *Sumag Allpa*, pág. 1).

COLOMBIA (ANTIOQUIA): Asina hicieron las negras Aramburos, *a lo que* se vieron quedadas (Carrasquilla, *Hace tiempos*, III, 89). *A lo que* me pagaron el sábado, le dije "Camine" (Posada, pág. 64). (BOGOTÁ): *A lo que* salía, lo vi; cójalo *a lo que* asome; *a lo que* [= a medida que] va creciendo, se va empeorando (Cuervo, § 364). (SUR): Don Jaime se paseaba en el recinto obscuro ... embadurnándose hasta las rodillas *a lo que* caminaba (Álvarez Garzón, pág. 40); me salí corriendo y *a lo que* pasé por el zaguán, la cocinera me dio con una escoba en los lomos (pág. 141).

PANAMÁ: *A lo que* vino mi padre, los ladrones huyeron (Mangado, página 77). *A lo que* sonó el timbre ... (L. Aguilera, pág. 305).

COSTA RICA: Lo vieron *a lo que* se asomó (Gagini, pág. 55).

NICARAGUA: *Aloque* di la vuelta me robaron (A. Valle, pág. 12).

Las conjunciones *a lo que* y *lo que* son a veces adversativas más bien que temporales, significando entonces *mientras*. Tal es el caso en Panamá y Méjico, y es probable que se empleen en esta forma en otras regiones.

PANAMÁ: Soy formal y estudioso *a lo que* mi hermano es desaplicado y peleador (Garay, pág. 105).

MÉJICO: Todo se hace a base de amigos, *lo que* el dinero, te lo quitan o lo pierdes (Gómez Palacio, pág. 8).

En ciertas regiones en que el (*a*) *lo que* temporal no se emplea corrientemente (Venezuela, Méjico, Antillas), así como en América Central, se halla la conjunción *en lo que* usada popularmente con el significado de *al tiempo que* "mientras, durante el tiempo que, en el tiempo que", etc. Es posible que se trate de una fusión de *lo que* y *en que* (*en que* se halla en el español antiguo; *en lo que* aparece más tarde y sobrevive en algunas partes de España [Sánchez Sevilla, § 99]).

VENEZUELA: —¿Y qué decían? —Que *en lo que* mejore se iban para Caracas y no volvían más nunquita (Urbaneja, pág. 225). —*En lo que* se supo la cosa en el pueblo, el coronel ... quiso cobrarse al Zancudo (Briceño, pág. 64). (En la región andina se oye *a lo que*).

NICARAGUA: —Yo voy a levantar la rama parriba, y *en lo que* yo empuje, usté se safa —le dijo tío Buey (*Centro*, I, núm. 3, pág. 23); Y tío Coyote por de afuera abrió la red y *en lo que* se iba metiendo, el Conejo salió en carrera (pág. 21).

EL SALVADOR: *En lo que, a lo que* = al tiempo que, al momento que, cuando (Salazar García, pág. 120).

MÉJICO: *En lo que* llegué ... eran las once (Galeana, pág. 117); Pidió la cena. *En lo que* la traían, me di cuenta que entraba mucha gente (página 195).

SANTO DOMINGO: *En lo que* me detengo, se me escapa el muchacho (*BDH*, V, § 14). —*En lo que* alisto la cena pueden ir a la casa (Requena, *Camino*, pág. 48); —*En lo que* le termino ... (pág. 67).

En Colombia se halla un raro y curioso *a no* (*que*) con el significado de *luego que, tan luego como*: "Lo cogieron *a no que* salió" (Cuervo, § 365); "*A no que* dormí, soñé contigo" (Uribe, *Dicc.*); (VALLE DEL CAUCA): "*A no* me trajeron el caballo, monté" (Tascón, pág. 29). Posiblemente *a no que* sea una mezcla de *a lo que* con frases como *no bien* (*llegue*), o, con menos seguridad, una fusión de *a lo que* y *a na* (o *nada*) *que* (que se halla en España).

Spitzer sugirió (comunicación personal) que "*a no que llegue* puede ser *a lo que llegue* + *no que llegue:* "apenas llegue" + "aunque no llegara, incluso entonces ..."; o sea, *a no me trajeron el caballo* puede dar origen a un hipotético *a no me trajeran el caballo* (= *a lo que me trajeran* + *¡no me trajeran!)*". Calcaño (§ 225) describió pintorescamente el *a no que* colombiano como "un disparate vulgar, tan estupendo como el Salto de Tequendama".

El pronombre relativo neutro *lo cual,* según ciertos informes, es corriente en el habla popular y rústica de Panamá como conjunción temporal equivalente a *en cuanto, cuando,* etc.: "*Lo cual* yo lo vide, salí huyendo" (Malaret, *Suplemento,* I, 352; Mangado, pág. 101). En Cuba, *lo cual* es popular y rústico en lugar del *mientras que* concesivo: "Yo nunca lo hago, *lo cual* ella sí" (Padrón).

La vieja forma *en bien* se ha convertido en *ambién* en Arequipa, Perú: "*Ambién* [= luego que] amanezca partiremos" (Mostajo, pág. 85). La forma *entual* (*untual*) o *entualito* (*untualito*), con el significado de "mientras, en el momento", la usa el bajo pueblo en algunas partes de Colombia (Tobón; también *autual, utual:* Cuervo, § 785) y de Perú (*actual*).

"LO QUE" POR "QUE", "PORQUE"

El *lo que* temporal no se debe confundir con un *lo que* popular que se encuentra principalmente en Bolivia en lugar del *que* consagrado. Es probable que, en la génesis de este *lo que,* el *lo* pleonástico (pág. 149) se haya convertido en factor más poderoso que la natural tendencia lingüística a la expansión cuando una palabra, sobre todo si se trata de un monosílabo, ha perdido su valor afectivo para el hablante. Teniendo en cuenta que *de* con frecuencia significa *por,* la conjunción *de lo que* puede significar *porque.*

BOLIVIA: —¡Que venga, que se convenza con sus mismos ojos *lo que* se ha de ir mi hijo! (Díaz Villamil, *Cuando vuelva,* pág. 25); Están tan afligidos *de lo que* te estás yendo (pág. 27); *De lo que* me he atajado de mis cosas y *de lo que* he sacado la cara, *de lo que* te lo está botando tu ropa, de eso no más me viene a pegar (pág. 69); —Joseso, ¿te acuerdas *lo que,* una vez, por mi causa has sufrido una paliza de tu padre? (*Plebe,* pág. 10). —Nos tratan mal ... nos roban ... ¿Será por *lo que* somos indios y no sabemos reclamar? (Leitón, pág. 104). —¿Por qué pues mi mama va a ser vieja verde? —¿Y *lo que* [= porque] se muda de ropa cada rato? ¿Y *lo que* [= porque] sólo piensa en pijearse [= emperifollarse]? (Díaz Villamil, *Cuando vuelva,* pág. 44).

COLOMBIA (ANTIOQUIA): Olvidados y de *lo que* fuera Corina saltando en pos suya (T. González, pág. 147).

Como expansión de *de que* o de *que,* en Chile se encuentra *del que,* es decir que el artículo masculino introduce la oración (cf. español consagrado *el que* "el hecho de que") más bien que el neutro *lo,* como en el caso de Bolivia. Este *del que* es corriente en el habla popular y rústica de Chile, habiendo penetrado "las capas de cultura media" (Pino, § 125): "Les dijeron *del que* [= que] llegaríamos; pensaron *del que* era el enemigo; haga cuenta *del que* [= de que] tal hijo ha tenido; yo a gritos con los soldados *del que* [= para que] avanzásemos (*ibid.*). Para *de que* = *que,* cf. pág. 411.

A QUE

La conjunción *a que* se empleó en la lengua antigua para expresar finalidad, más a menudo expresada por medio de *para que* "con el fin de que", pero, al parecer, sólo detrás de verbos de movimiento (Keniston, pág. 388). Actualmente se emplea aún *a que* en la lengua consagrada (Keniston, *Syntax list,* pág. 166). En regiones restringidas de Hispanoamérica, sobre todo en la sierra de Perú y Ecuador, se halla a menudo *a que* empleado sin que el verbo sea de movimiento.

PERÚ: —Paga primero y di tu apellido, *a que* yo sepa quién fue tu padre (Barrantes, pág. 31).

ECUADOR (AZUAY): ¡Tengo harta plata para comprar al más pintado abogado de Cuenca *a que* me saque libre! Un doctorcito me ofreció hasta llorar. ¡*A que* vea! (Mata, *Sanagüín,* pág. 178); tapémonos con hojas, *a que* no descubran (pág. 239); Tomen también, *a que* no les traiga desgracia (pág. 249). —Linduritas he de hacer, *a que* veya la niña Techita (Mata, *Sumag Allpa,* pág. 3); —Toma, perro, *a que* aprendas a golpiar (pág. 10); Dejaron sin nadie *a que* las cuide (pág. 13).

A primera vista, el normal *a que* (< *apuesto a que*) se halla reducido a la *a* en Yucatán, y posiblemente en otras partes, cuando la oración implica amenaza: "*A* se lo digo a tu papá; *A* te doy cinco azotes si no te portas bien" (V. Suárez, pág. 61). No obstante, en Yucatán ciertas frases introducidas por *a* implican a veces promesa o ruego: "*A* te lo doy mañana; ¿*A* se lo dices?; *A* jalas la puerta cuando salgas" (*ibid.*). Estos ejemplos parecen indicar la posibilidad de que la *a* no sea una reducción de *a que* (< *apuesto a que*), sino simplemente una forma reducida de *ái* (< *ahí*) con valor expletivo, tal como se explica en la pág. 321.

AUNQUE, MANQUE, MÁS QUE

En un sector limitado del norte de Argentina —la provincia de Catamarca— se recoge *aunque* en el habla popular con el significado de *supongo que* o *creo que* (Avellaneda, pág. 274). Por ejemplo, al preguntar por el nombre de una persona o cosa es posible que la respuesta sea ésta: "Pedro *aunque* le llaman" o "Callecita *aunque* le dicen", etc. En estos casos, *aunque* introduce una afirmación dudosa. Empero, no es que el hablante tenga realmente semejante duda, sino que vacila en asumir la responsabilidad de una afirmación categórica.

La conjunción *manque* (< *más que*) "aunque" se halla en el habla rústica de numerosas regiones (al igual que en España) como supervivencia de la lengua antigua y al lado de *aunque* (rústico *anque*, menos frecuentemente *onque*, *enque* [*BDH*, I, 73-76]).

CHILE: —Éste sí qu'es perro, *manque* sea un pichín de perro (Latorre, *Hombres*, pág. 70).

PERÚ: *Manque* le quemen el pico (Diez-Canseco, *Estampas*, pág. 168). Hay que hacerlo *manque* el mundo se abarraje (López Albújar, *Matalaché*, pág. 101).

COLOMBIA (ANTIOQUIA): *Manque* creció tanto, siempre es el mesmo (Carrasquilla, *Hace tiempos*, II, 248). (COSTA ATLÁNTICA): Pa lo que mi pae sembró *manque* no llueva (Revollo; cf. Flórez, pág. 384).

VENEZUELA: —*Manque* soy de Buscarruidos, no lo formo antes de tiempo (Gallegos, *Cantaclaro*, pág. 307).

MÉJICO: —*Manque* no te quejes, / s'está viendo claro (Rivas Larrauri, pág. 168).

CUBA: Los tendrá ... *manque* tenga que ir arrastrao (Castellano, página 41); *Manque* se quée paralítica, dotol, pero que no se me muera (página 168).

PUERTO RICO: *Manque* nos muramos 'e viejos siempre estamos aprendiendo (Meléndez Muñoz, pág. 91).

SANTO DOMINGO: —*Manque* sea dudoso, se llega má pronto (Bosch, *Camino real*, pág. 99).

Frecuente en los clásicos, *más que* (< *por más que*) "aunque", que tenía otros significados[2], se halla aún registrado en el diccionario de la Academia como de uso castizo; al parecer, sin embargo, su frecuencia y nivel social en España son actualmente inferiores que en numerosas regiones hispanoamericanas, en las cuales equivocadamente se considera como localismo y se critica su uso. Vázquez (pág. 255) recoge un juego de palabras frecuentemente empleado por los puristas que ridiculizan a los que hacen uso de *más que* "aunque": "¿Qué masca usted, cuando dice *más que?*", etc. A veces, como en el caso de Chile, *nunca* refuerza a *más que,* circunstancia en que *nunca* no es negativo como lo es en España generalmente en la misma locución. Sugiere Román (III, 448) que en Chile el valor afirmativo de *más que nunca* derivó de la costumbre de usarlo aislado e irónicamente con el sentido de *poco importa.* Igual cosa ha ocurrido en Costa Rica (Gagini, pág. 178), Méjico (Ramos Duarte, pág. 350) y otras partes probablemente. En Chile, *más que* ha mantenido asimismo el antiguo significado de (*apuesto*) *a que.*

CHILE: *Más que* haga frío, las mañanas son siempre despejás (Guzmán Maturana, pág. 95). No te hablo más, *más que* me busquí (Romanángel, pág. 14). Iré a la fiesta, *más que nunca* llueva (Román, III, 448). He de vengar mis injurias, / ... *más que* sepa que al infierno / voy a pagar mi delito (Vicuña Cifuentes, pág. 357). —Lo tengo pensado y *más que* me embrome, lo haré (Alberto Romero, *Perucho González,* pág. 121). ¡*Más que* [= a que] le doy un palo! (C).

PERÚ: *Más que* no lo vea, para eso lo hemos de amolar (Gamarra, *Algo del Perú,* pág. 81). —Yo he sido soldao, *más que* sea montonero (Ciro

[2] Cf. S. A. Wofsy, "A note on *más que*", *Romanic Review*, XIX, número 1 (1928), 41-48; E. H. Templin, "An additional note on *más que*", *Hispania*, XII, núm. 2 (1929), 163-70; J. Brooks, "*Más que, mas que* and *mas ¡qué!*", *Hispania*, XVI, núm. 1 (1933), 23-34.

Alegría, *El mundo,* pág. 224). *Más que* nunca haiga nadao, es capaz e pasar cuatro ríos juntos (Ciro Alegría, *Los perros,* pág. 60).

ECUADOR: *Más que* me riña, no callaré (Vázquez, pág. 255); Me voy *más que* te enojes. *Más que* te duela, camina (pág. 256). —Pues me iría, a dormir *más que* sea en plena montaña (Mata, *Sanagüín,* pág. 62).

VENEZUELA: *Más que* nunca vuelva (Picón-Febres, pág. 247). —Mire joven: *masque* yo no le conozco ... le voy a dar un consejo (Briceño, página 97).

COSTA RICA: Me embarcaré, *más que* me ahogue (Gagini, pág. 178). —¡Dale duro por la trompa! ¡Por la pansa, *más que* sea! (Agüero, página 62); yo le hablo *más que* me muera (pág. 69).

MÉJICO: Si no hay vino, *más que* sea agua tomaremos (Santamaría, *Dicc.,* II, 251).

En regiones rurales limitadas, que incluyen a Venezuela (Andes) y Chile (Chiloé), a veces se expresa la concesión por medio de *ojalá* (u *ójala;* en Colombia, también *ajualá, aojalá*) más subjuntivo. Garzón (pág. 338) hizo la insinuación de que posiblemente semejante uso derive de la interjección *¡ojalá!* empleada a manera de amenaza y seguida por una idea adversativa: "¡Ojalá no llueva! (con todo *o* no obstante) hemos de sembrar". Cabe que más adelante este *¡ojalá!* haya perdido su fuerza en cuanto interjección, así como, en razón de cierta entonación rural, su acentuación final: *ojalá* > *ojála.* Su fuerza concesiva se desarrolló posiblemente a partir del deseo, tal como ocurrió con *así.* (La acentuación en la penúltima sílaba [*ojála*] es corriente, además, en Chile [Román, IV, 63], partes de Méjico y Guatemala [Sandoval, II, 166], etc.). En los clásicos se halla ocasionalmente *ojalá* con el sentido de *aunque:* "¡Ojalá supiera que me había de condenar, que no hubiera cansádome en hacer buenas obras" (Quevedo, *El sueño de las calaveras*).

ARGENTINA (NOROESTE): Me voy *ojála* venga (Vidal, pág. 195). *Ojála* no llueva, hemos de sembrar (Garzón, pág. 338).

BOLIVIA: *Ojalá* le recuerde [= aunque le despierte] nunca se ha de levantar (Bayo, pág. 178).

COLOMBIA (COSTA ATLÁNTICA): No haré tal cosa *ojalá* me maten (Revollo, pág. 189).

La conjunción temporal *cada que* "cada vez que, siempre que",
fue corriente en el siglo XIV (*Libro de buen amor:* "syempre me
fallo mal, *cada que* te escucho" [c. 246d]) y en cierta medida en el
XV ("*cada que* me mienbro de qual guisa fiere", en el *Cancionero
de Baena* [h. 1445; edic. de 1851, pág. 39]). Durante el siglo XVI
se fue convirtiendo en forma evidentemente popular o rústica. Alrededor de 1535 afirma Valdés (pág. 104): "*cada que,* por *siempre,*
dizen algunos, pero no lo tengo por bueno". Ni Keniston (página 360) ni Quirarte (*Inv. ling.,* I, 168) hallaron ejemplo alguno del
uso de *cada que* en la prosa del siglo XVI. Ha sobrevivido no sólo
en el habla popular y rústica de España, sino también, y con especial vigor, en numerosas regiones hispanoamericanas. Al lado de
cada que se halla *cada y cuando* (*que*), que fue corriente en los
clásicos.

ARGENTINA: Pero *cada que* el viejo ese se mete en las cosas, ya arma
algún enriedo (Lynch, *Romance,* pág. 381).
PARAGUAY: *Cada que* llueve, me ataca el reumatismo (Morínigo).
CHILE: Dende entonce el toro salía a cumplir la misión ... *caa y cuando* sentía que las vacas reclamaban su servicio (Guzmán Maturana, página 130).
BOLIVIA: *Cada que* le veo así (Díaz Villamil, *Plebe,* pág. 80).
PERÚ: *Cada que* viene provoca pleito (Benvenutto, pág. 151).
ECUADOR: *Cada que* llegaba Sandoval la encontraba vestida con blanca
tela vaporosa (Gil Gilbert, *Nuestro pan,* pág. 131).
COLOMBIA (ANTIOQUIA): Desnuqué la gallinita que les mato *cada que*
vienen (Carrasquilla, *Hace tiempos,* I, 179); *Cada que* vienen, prenden las
casas (I, 182). (SUR): Andrés *cada que* encontraba a Alegría le hablaba con
los ojos más que con los labios (Álvarez Garzón, pág. 77). (TOLIMA): *Cada
que* voy (Flórez, pág. 384).
MÉJICO (NUEVO LEÓN): "¿Qué tal te sientes?" me preguntaba él *cada
qu'* iba (García Roel, pág. 185); nos íbamos hasta el pueblo *cada que* po-
díamos (pág. 186); Que *cada que* ella le reclamaba, él se lo hacía ver (página 200). (GUERRERO): *Cada que* estoy triste te ricuerdo muncho (García
Jiménez, pág. 33). (Para Nochistlán, véase *Inv. ling.,* I, 168).

COMO QUE

Son varias las explicaciones que se han dado[3] de la locución *como que* en su sentido de probabilidad (*"como que* quiere llover"*) o de atenuación (*"como que* me voy"* = forma suavizada de decir "me voy"). En este sentido se empleó *como* solo en la lengua antigua; más adelante se añadió *que* a manera de artículo expletivo. En muchos casos, el *como que* parece ser una elipsis de *parece como que*, pero el *como que* es generalmente una simple fórmula extendida gradualmente, por analogía tal vez con *como si*, si bien *como que* es expositivo y *como si* es condicional. Aunque aquella expresión se oye tanto en España como en Hispanoamérica, su uso está mucho más extendido, al parecer, en algunas zonas hispanoamericanas, donde es posible escuchar ciertas derivaciones no familiares al oído castellano.

PERÚ: Les alvertiré quial puma *como que* [= parece que] lo vide azuliar (Ciro Alegría, *La serpiente*, pág. 162).

ECUADOR: —*Como que* don Antonio anda *atrás* de la ingenierita (Ortiz, pág. 91).

COLOMBIA: —Parece que se acerca. —Sí, *como que* [= parece que] llega —replicó el coro artístico (Restrepo Jaramillo, pág. 201). —Y el mocito de El Chorro Blanco también *como que* tuvo mal fin; ¿no supo, ña Melchorita? (Carrasquilla, *Hace tiempos*, I, 208); —Usted *como que* es muy leído, señor Hernández. —Un poco, señor cura (I, 306). *Como que* me voy [= un "me voy" atemperado] (C). (Cf. Flórez, pág. 384).

VENEZUELA: —Pero *como que* es un poco alocada. ... Por lo pronto, silencio *como que* no va a haber mucho en esta casa de ahora en adelante (Gallegos, *La trepadora*, pág. 242); usté *como que* hace mal en dejá que su hija ande sola por esos caminos de montes (pág. 219). ¿*Como que* hay pan fresco, Simón? (Croce, pág. 22). Oiga, amiguito, ¿usted *como que* se imagina que el whisky se va a acabar en el mundo? (Certad, I). —Ya Melquíades *como que* está perdiendo los libros (Gallegos, *Doña Bárbara*, pág. 98). —A doña Bárbara *como que* le robaron sus reales (pág. 123); —Allá *como que* viene uno (pág. 174); Algo de eso *como que* he oído mentar por ahí (pág. 302).

GUATEMALA: *Como que* tocan el zaguán: anda a ver quién es (Sandoval, I, 205).

---

[3] Véase esp. Cuervo, *Dicc.*, II, 238, L. Spitzer, *Aufsätze*, págs. 95-101; Amado Alonso, "Español *como que* y *cómo que*", *RFE*, XII (1925), 133-56.

Méjico (Nuevo León): *Como que* obscurecía de prisa (García Roel, pág. 140); Al atardecer ... el río pareció querer ensancharse. *Como que* redoblaba sus bramidos; *como que* sus advertencias se tornaban más terminantes (pág. 145); *Como que* se oye un caballo. —Sí, por ai viene alguien (pág. 149); el río *como que* se reía con descaramiento (pág. 156); dizque la panza *como que* le iba creciendo (pág. 193); el espectro del hambre dejó de hacer visajes. *Como que* se despintaba (pág. 286).

Santo Domingo: *Como que* quiere llover (*BDH*, V, 240). —*Como que* viene de lejos —susurró (Bosch, *Dos pesos,* pág. 56). *Como que* sabe a limón (Jiménez, pág. 67).

COSA QUE

La conjunción *cosa que* se emplea corrientemente en la mayoría de las regiones hispanoamericanas para expresar finalidad o resultado, siendo equivalente a *para que, de modo que, de suerte que, de tal manera que, hasta tal punto o grado que, a fin de que,* etc. No es rara en los clásicos. A juzgar por el frecuente uso que de ella hizo (*BAE*, XXIV, 118*b*, 134*a*; edic. de la Academia, IX, 102*a*, 105*b*, 116*b*; nueva edic. de la Academia, I, 151*a*; II, 86*b*, 108*a*; III, 224*a*, 579*b*; IV, 455*b*; V, 684*a*; etc.), Lope de Vega tenía predilección especial por esta locución. Lo sorprendente es que Keniston no la recoja. Cierto número de los ejemplos de Lope admiten el significado de *para que,* como uno en *Peribáñez* (III, 8): "(Luján): —¿Qué señas ha de llevar? (Comendador): —Unos músicos que canten. (Luján): —¿*Cosa que* la caza espanten?". En este caso, los editores Hill y Harlan (*Cuatro comedias* [1941], pág. 169) interpretan *cosa que* como "¿Es posible que?, ¿No es posible que?", pero *para que,* simplemente, cuadra mucho mejor. Los significados que estos mismos editores sugieren para otros pasajes de Lope parecen conclusivos: "apostaré, puede ser, tal vez, y qué ...", etc. Por extraño que parezca, entre estos significados no se hallan "para que, de modo que", etc. (Para el *de* intrusivo en *cosa de que,* cf. pág. 411).

Argentina: Terminá y venite, *cosa que* yo te encuentre cuando vuelva (Vidal, pág. 399).
Uruguay: —Metéle talón, *cosa 'e* [= cosa de] *qu'*el día no nos agarre ajuera 'el monte (Espínola, pág. 74).

Chile: Vente temprano, *cosa que* no faltes a la reunión; Trabaja en la juventud, *cosa que* ahorres para la vejez (Román, 1, 441). —Aquí hay que apretar fuerte, compañero. *Cosa que* la novia se maltrate a fin de que Arriagada después no se vea tan afligido (Durand, *Mercedes,* pág. 140).

Ecuador: *Cosa que* [= de modo que] caí (Mateus, pág. 73). —Anoche a un pobre borracho que había estado gritando contra el Mono, no le shevaron dándole palo, *cosa que* gritaba, de dar lástima (Icaza, *En las calles,* pág. 233). —Lindos para hacer, amo mayordomito. —*Cosa de que* agradezcan a Ud. (Mata, *Sumag Allpa,* pág. 3).

Perú: *Cosa que* nunca sanara (*ap.* Benvenutto, pág. 151).

Colombia: —Déle duro *cosa (de) que* le duela, *cosa (de) que* coja vergüenza (Flórez, pág. 384).

Venezuela: Prevéngalo todo bien, *cosa que* no se pierda un instante (Alvarado, pág. 131).

El Salvador: *Cosa que* [= para que, a fin de que, a efecto de que] así se arregle todo (Salazar García, pág. 73).

Guatemala: Te espero mañana a las doce, *cosa que* almorcemos juntos (Sandoval, I, 229).

Cuba: Cierra bien la puerta, *cosa que* no entre el viento (Padrón).

CON ESO

Otra curiosa conjunción es la locución familiar *con eso,* registrada en Chile como equivalente a *a fin de que, con el objeto de que* (Zorobabel Rodríguez, pág. 117), *para que, a fin de que* (Román, I, 390), y en Méjico como equivalente a *a fin de que, para que, de esa manera* (Icazbalceta, pág. 200); se encuentra también en otras partes. Se trata de una aplicación ligeramente falseada de la locución consagrada *con eso,* consistiendo la principal diferencia sobre todo en su entonación. Por ejemplo, en "date prisa, *con eso* podemos ir al teatro", la pausa anterior a *con eso* es tan corta que basta una simple coma para indicarla, y la oración pasa a ser subordinada, pues *con eso* equivale a *para que* o a *con el fin de que.* El uso normal de *con eso* debería ser "date prisa; *con eso* podemos ir al teatro": la pausa anterior a *con eso* es más larga —por eso se indica por medio de punto y coma— y la segunda oración es independiente.

Es posible que *con eso* signifique "si haces lo que te digo", o "haciendo eso", etc., pero, al parecer, los que la usan la tienen por conjunción completiva, prefiriéndola porque evita la necesidad del subjuntivo, lo cual nunca ocurre con *para que* ni con cualquiera otra conjunción completiva consagrada.

CHILE: Cuando te desocupes de barrer el patio, lávate las manos i ven, *con eso* peinas a las niñitas; Levántate, hijita i ponte el más alegre vestido que tengas, *con eso* vamos a pasear juntos (Zorobabel Rodríguez, pág. 117). Vente luego, *con eso* vamos al comercio (Román, I, 390). —¡Levántate guachito, *con eso* vamos a componer el cuerpo! (Durand, *Tierra*, pág. 47).

COLOMBIA: Váyase ya, *con eso* vuelve temprano (Flórez, pág. 384).

VENEZUELA: Vente a almorzar, *con eso* te cuento una cosa (Rosenblat).

GUATEMALA: ¿Quiere Ud. pasar por mí *con eso* nos vamos juntos? No me gusta caminar solo y no tener con quién charlar un poco por el camino (Salomé Gil, *Cuadros*, IV, 64).

MÉJICO: Ven temprano ... *con eso* tienes tiempo de peinar a las niñas (Icazbalceta, pág. 200).

CUBA: Ven esta noche por aquí, *con eso* me ayudas (Padrón).

DEQUE, DESQUE

Estas conjunciones temporales se escriben unas veces en una sola palabra —según los dictados del diccionario de la Academia— y otras veces en dos. La palabra *deque* se define como "adverbio" familiar de tiempo con el significado de *después que, luego que; desque* se define como "adverbio" anticuado de tiempo, usado aún poéticamente y por el bajo pueblo, con el significado de *desde que, luego que, así que.* Sin embargo, ambos son conjunciones, y no adverbios, y a menudo son tanto causales como temporales. *Deque* se remonta hasta el *Cid* y fue empleado en estilo literario por todo el Siglo de Oro. Actualmente es de uso popular en España (Spaulding, *How Spanish grew*, pág. 133; Aurelio Espinosa, *Cuentos*, II, 200) y en regiones de Hispanoamérica. Por analogía con *en la de no, endespués, endenantes*, etc., en Chile *en de que* constituye una forma rústica corriente. *Desque* es tan antiguo como *deque*. A lo largo del siglo XVI perdió gran parte de su nivel social: hacia 1535 observa Valdés (pág. 105) que "Algunos escriven *desque*, por *quando*, diziendo *desque vais* por dezir *quando vais*, pero es mal hablar".

ARGENTINA (CATAMARCA): *Deque* por "desde que", "toda vez que", "dando por cierto que ..." (Avellaneda, pág. 307). (SAN LUIS): Te quiero *de que* te conocí, etc. (Vidal, pág. 405).
CHILE (ZONA CENTRAL): *En de que* llegó, se los [mostachos] llevaba atusando todo el tiempo (Muñoz, pág. 11). (CARAHUE): *En de que* ve la vara / echa a correr asustao (Laval, I, 118). (ZONA CENTRAL): Blanca Flor, *de que* la vido, / del susto se desmayó (Vicuña Cifuentes, pág. 60); Blanca Flor, *des que* la vío, / con el susto malparió (pág. 62).
ECUADOR: —¿Cuándo vendré? —*De que* te llame; —*De que* vio aquello, ya se resolvió; *De que* empieces la lectura, no soltarás el libro (Vázquez, pág. 137). —*De que* ya firmó el pacto malo, ño Sangurima podía hablar con los muertos (La Cuadra, *Los Sangurimas,* pág. 25); —*De que* me muera, no voy a fregar a naidien con apuros (pág. 29); —*De que* tomes tu agua caliente, irás al pueblo con un recado (pág. 154).
COLOMBIA (ANTIOQUIA): *Desque* vi tus ojos negros / No quiero quedarme solo (Antonio Restrepo, pág. 326).
MÉJICO: *De que* a mí me cuadra un guiso, como, como, hasta que lo eructo (Azuela, *Los de abajo,* pág. 74).
CUBA: *Dehque* le entraron lah calenturah hase ocho díah, no pue casi ni comel (Ciro Espinosa, pág. 403).
SANTO DOMINGO: *Desque* a la fosa descendió mi ídolo (Enrique Henríquez [1893], *ap. DDII,* V, 91).

DESDE QUE

La conjunción consagrada *desde que* es temporal exclusivamente. Bajo la influencia inicial del francés *dès que,* según se afirma, su significado temporal pasó a adquirir también el valor causal expresado normalmente por medio de *ya que, puesto que, siendo así que,* cambio semasiológico evidente en pequeño grado en la propia España (Mir, I, 579) y en mucho mayor medida entre las clases todas (rústico: *dende que*) de algunas regiones hispanoamericanas. Américo Castro (pág. 153) presume que en la Argentina *desde que* debe su valor causal al portugués, lo cual no es totalmente exacto, ya que también en países alejados del Brasil se halla el *desde que* causal. Lo más probable parece ser que el *desde que* causal fue al principio un galicismo (igual que en España) pero que su mayor frecuencia en Hispanoamérica, sobre todo en la Argentina, se debe en parte al *desde que* causal portugués, pues dicha frecuencia disminuye con la distancia respecto al Brasil: región del Río de la Plata, Chile, Bolivia, Perú. Por otra parte, también es posible que su valor causal haya derivado espontáneamente de su valor temporal (como, al parecer, ocurrió en inglés: *since* causal < *since* temporal). El punto de partida lo pueden haber constituido frases en presente como *Desde que Dios habla, es necesario creer*, las cuales son aún susceptibles de doble interpretación, una temporal y otra causal.

ARGENTINA: Y *dende que* todos cantan / Yo también quiero cantar (*Martín Fierro*, pág. 10). ¡Pero *desde que* no hay otro remedio, qué se va a hacer! (Laferrère, *Las de Barranco*, pág. 30). Los italianos apresuran el envío de refuerzos ... *desde que*, probablemente, el general ... no permitirá que se retrasen las operaciones (*La Nación*, 24 de noviembre de 1940). Creemos innecesario comentar mayormente la significación del acto, *desde que* transcribimos en otro lado los discursos que allí se pronunciaron (*BAFA*, I [1939], 45). Nadie podrá desconocer que aporta un eufemismo tanto más valioso, *desde que* difícilmente se hallarán términos que puedan reemplazarlo (Selva, pág. 106). No se puede suponer ... máxime *desde que* se trata de una lengua muy grata al oído (Selva, *El castellano*, pág. 29).

URUGUAY: El hombre no tuvo reparo en ello *desde que*, sin la colaboración del comisario, sería imposible vengarse (Amorím, *La carreta*, página 39). *Desde que* se paga, no hay mancha (Sánchez, *M'hijo el dotor*, I, 11). Estarías en tu derecho, *desde que* sos el marido (Sánchez, *Los muertos*, I, 7).

CHILE: *Desde que* tú no me cumples lo prometido, yo tampoco te doy lo que te ofrecí (Román, II, 105). *Desde que* no tenemos aquí nuestros caballos, no podemos ponernos en camino (Barros Grez, I, 44); *desde que* él pidió la confesión, debemos creer que nada ha ocultado (I, 108).

BOLIVIA: —Y así ha de ser no más, *desde que* no hay quien lo ventee (Flores Hurtado, en *ACB*, pág. 65).

PERÚ: —Pero ¡qué vamos a hacer!, *desde que* necesitamos que nos presten, no hay más que convidarlas (Gamarra, *Rasgos de pluma*, pág. 77). No sé por qué, *desde que* no había pensado en que ... (Corrales, pág. 246).

COLOMBIA: *Desde que* Ud. no conviene en ello, me retiro (Sundheim, pág. 227).

En Colombia (en Antioquia especialmente) se halla un *desde que*, seguido por el subjuntivo, con el valor condicional de "si, siempre que", etc.; en otras partes, como en la costa atlántica de Colombia, a menudo significa *cuando, así que, en cuanto*, etc., uso no desconocido en España.

COLOMBIA (ANTIOQUIA): ¿Cómo le va pareciendo esto, misiá Rosita?
¿Se irá a aburrir mucho? —*Desde que* no nos enfermemos, creo que no
me aburro (Carrasquilla, *Hace tiempos,* I, 68); Berrío es muy bueno, pero
desde que no vuelva a traer a los jesuitas no se acaba la semilla que sembró Mosquera (II, 129); —Con ella hablaría y creo que nos entenderíamos,
desde que no intervenga Martina (III, 20). (COSTA ATLÁNTICA): *Desde que*
venga se lo digo [= *cuando* venga, *así que* venga o *en cuanto* venga, se
lo digo] (Sundheim, pág. 227). *Desde que* [= si] las cosas estén así, pre-
fiero no tocar el tema (Roberto Restrepo, pág. 189).

DONDE, DEJANTE (QUE)

El español antiguo *onde* derivó del latín *ŭnde* y significó "de
donde". Más tarde, cuando *onde* cambió su significado "de donde" por el estacionario "donde", fue necesario el prefijo *de* siempre
que se trataba del sentido original "de donde". Por consiguiente,
donde contiene una repetición de la idea de separación. No obstante, *donde,* a su vez, adquirió valor estacionario, cambiando su
valor "de donde" por "donde", y actualmente existe una triplica-
ción de la idea de separación en la expresión *de donde* (< *de* +
de + *ŭnde* "de + de + de donde"). El antiguo *dónde* (o popular
y rústico *ónde,* que puede constituir una retención de la forma
arcaica o un desarrollo ulterior de *dónde* con pérdida de la *d* inicial) "de donde" ha sobrevivido en ciertas oraciones interrogativas
y exclamativas en parte de España y sobre todo en América. En
estos casos, *dónde* se interpreta generalmente con el significado de
cómo (menos frecuentemente con el de *cuándo*): se trata, pues, de
un adverbio conjuntivo de modo. Semejante conmutación es innecesaria si se recuerda el origen de la palabra *dónde* (= *de dónde*).
Bastará con unos pocos ejemplos. (Para *dónde* exclamativo, cf. también pág. 475).

ECUADOR: ¿*Dónde* [= de dónde] sabes que eso es cierto? —Porque
lo he visto (Vázquez, pág. 149). (Para *quiersde* [= *dónde*] en el sentido de
cómo, cf. pág. 308).

COLOMBIA: ¡*Dónde* me iba yo a figurar que no me pagarían! (Sundheim, pág. 248).

GUATEMALA: Si una persona es invitada para contribuir a los gastos
de una fiesta y no dispone de fondos, contesta: "¡*Ónde!* [= ¡cómo! ¡im-

posible!] si no tengo dinero" (Sandoval, II, 171). *¿Dónde* me iba yo a imaginar? (Batres, pág. 259).

MÉJICO: Cuando lo vi *¿dónde* iba a figurarme que estaba para morirse? (Icazbalceta, pág. 181). *¡Ónde* me 'biera pasao si vivo cerca de don Teodoro! (García Roel, pág. 191). *¿Dónde* lo sabes? (Ramos Duarte, pág. 215). SANTO DOMINGO: *¡Dónde* había de olvidarlo! (*BDH*, V, 178).

En Chile se halla una extensión del valor de *dónde* con un significado innegable de modo: *donde* se emplea allí generalmente por *como*. Fuera de Chile no abundan los ejemplos de este mismo significado. Opina Román (II, 177) que se pueden seguir las huellas de semejante uso hasta la época preclásica, es decir, la contemporánea a los conquistadores, los cuales, según cree, debieron de traerlo a América; pero el único ejemplo que cita (del *Libro de buen amor*, c. 305) no es del todo convincente.

CHILE: *Donde* [= como] no tomé el desayuno, no me siento bien (C). —Me dio susto *donde* [= como] no te encontré (Juan Modesto Castro, página 277). *Donde* [= como] me mojé tanto, me vino una enfermedad; Pedro ha perdido la salud, *donde* [= como] trasnochaba tanto (Román, II, 177). *Donde* [= como] ya no podían más de cansados, se bajaron en aquella montaña (Vicuña Cifuentes, pág. 510).

Con mayor extensión geográfica cuenta el empleo de *donde* para expresar tiempo (*cuando, en cuanto*), condición (*si*) y otras relaciones ocasionalmente (véanse los ejemplos). En el español antiguo (Hanssen, § 661) y en el habla popular y rústica actual se halla *donde* por *cuando* (*Cid*, v. 1516: "*Don* llegan los otros, a Minaya se van homillar"); es probable que su valor temporal derivase de su uso como relativo (*tiempo donde, día donde*, etc.). Durante el Siglo de Oro, *donde* se empleó además con el valor de *si* (Keniston, pág. 400). Dichas prácticas antiguas han sobrevivido en la España rural (Aurelio Espinosa, *Cuentos*, II, 212) y con mayor vigor, al parecer, en América. El *donde* condicional debe de haber sufrido la influencia de la frase elíptica *donde no*, que fue ampliamente usada en el sentido de *en caso que no* o *de lo contrario* (véanse ejemplos en Cuervo, *Dicc.*, II, 1321*f*).

CHILE: Yo iba muy tranquilo, *donde* [= cuando] el caballo se espantó y me echó al suelo. Me entretuve conversando, *donde* [= por lo que] se me pasó la hora y perdí el tren. Me dio Juan un remedio, *donde* [= y] me hizo tanto mal, que por na no me morí (Vicuña Cifuentes, pág. 344, n. 3).

Ecuador: Es mi hijo. *Donde* [= si, en cuanto] le toques un pelo, te rajo (Diez-Canseco, *Baldomera*, pág. 111). ¡Y *donde* [= si, en cuanto] intenten sacar las armas ... cuídense, señores! (Mata, *Sanagüin*, pág. 111).

Venezuela (Andes, Guayana): —Tenía un peso y lo gasté, *adonde* [= por lo cual] me quedé limpio (Rosenblat).

Costa Rica: Y *onde* [= cuando] tueso, siento un chuso / debajo de este sobaco (Echeverría, pág. 164). *Donde* [= cuando] dijo que sí, retumbó la casa (Lyra, pág. 39); ¡ya le parecía oír los chiflidos de la gente *donde* [= cuando] vieran salir de la carreta una mica! (pág. 47).

El Salvador: *Donde* [= cuando] vuelvas, te diré (Salazar García, página 111).

Guatemala: *Donde* [= cuando] supe tal cosa, no lo hice. *Donde* vengas a verme, te daré una agradable sorpresa (Sandoval, I, 423).

Méjico: *Adonde* [= si, en caso que] este muchacho no vuelva, ciertos son los toros de estar complicado en ese asunto (Inclán, I, 46); *adonde* [= si, en caso que] me salga bien, creo que cortamos a raíz todos los males (I, 60). —No me diga 'sté esas cosas, / porqui *onde* [= si, en caso que] me lo repita, / va 'sti a hacer que me ricuerde / de la hermana de su tía (Rivas Larrauri, pág. 23).

Cuba: *Donde* [= si, en cuanto, en el momento que] se descuide; *donde* [= si, cuando] se saque la lotería (Macías, pág. 475).

Santo Domingo: Tenía yo un peso y cometí la torpeza de gastarlo; *adonde* [= por lo cual] hoy carezco hasta de cigarrillos (Patín Maceo, *Dom.*, pág. 8).

De la misma manera que en Chile es frecuente *donde* por *como*, en Méjico se halla una práctica desconocida, al parecer, en otras partes. Tanto Icazbalceta (pág. 181) como Santamaría (*Dicc.*, I, 581) mencionan un *donde* corriente entre el bajo pueblo mejicano con el sentido de *ahí tiene usted* o *además de eso*. He aquí los ejemplos que cita Icazbalceta: "Yo no sé si nos debíamos ir, decía una fregatriz ... *onde* que ha fregado una todo el día, que todos mis trapos los tengo empapados" (Facundo, *Baile y cochino*, capít. VII). —"¡Qué calor! ¿no, mialmas? No hay gota de sombra. ... *Donde*, que vengo desde lejísimos. ... *Donde* que después tuve que ir al Sagrario" (Micrós, *Ocios y apuntes*, págs. 79, 80). Está claro que este uso tiene estrecho parentesco con el de Chile: el sentido del primer ejemplo es completamente satisfactorio suponiendo *onde* = *como;* el segundo ejemplo es algo divergente. La

diferencia estructural del modismo mejicano consiste en el empleo
de *que* con *onde* o *donde,* que no es el caso en la práctica de Chile, y en el hecho de que *donde que* no sirve de introducción a la
frase causal subordinada, sino más bien a una cláusula no limita-
tiva, a una idea secundaria y explicativa.

El significado de *además de* relacionado en Méjico con *donde*
se halla asimismo en otra expresión generalmente restringida al habla popular y rústica de determinados lugares: el extraño *dejante*
(*que*) o, tal como se pronuncia a menudo, *ejante* (*que*), el cual
se oye más usualmente con *que* a modo de conjunción. En el uso
de Colombia va precedido por el *no: no dejante = no obstante*
(Cuervo, § 855), *no ejante = no obstante* (Tobón, pág. 13).

ARGENTINA (CUYO, en todas las clases sociales): *dejante* zonzo, pobre;
Dejante que tengo mala suerte, nadies me ayuda (Vidal, pág. 190).
    CHILE: ¿I no te pedía que le buscaras niditos de diucas o chincoles?
—¡*Dejante que* se enojaba conmigo porque dejaba que mis niñas sacasen
los huevos a los pajaritos del nido! Decía que le daba mucha pena (Zorobabel Rodríguez, pág. 182). *Dejante que* no me has pagado, vienes a
faltarme al respeto ... [y como preposición: *Dejante* los trabajos que hay
que pasar, no se gana con qué vivir] (Román, II, 83). Unos gracejos, para
mofarse de él, a tiempo que se deslizaba un triste cortejo, no *dejante que*
venía despreocupado, le priduntaron de manos a boca: —¿Conoces tís al
que llevan a enterral? (Muñoz, pág. 188). —Espéreme siquiera unos quince
días. —¡Quince días! ... ¡*Dejante que* me tiene usted avergonzado con mi
mamita y las niñas, porque las tenía dicho que a todas les regalaría algo!
(Blest Gana, *Martín Rivas,* capít. xxviii).

La forma *dejante,* participio activo de *dejar,* es paralela a *no
obstante, no embargante,* etc. Román no encontró ejemplos de este
dejante en los clásicos, pero en el mismo sentido de aquél cita
ejemplos de *dejando, dejando aparte* y *dejado.*

Los dos lexicógrafos mejicanos anteriormente mencionados registran otro empleo de *onde* o *donde que,* al parecer sin paralelo
exacto en otras partes: para indicar una interrupción súbita y desagradable.

MÉJICO: Estábamos platicando, y *onde que* llega D. Sinforiano y nos encuentra (Icazbalceta, pág. 181). Dormíamos, y *dónde que* un tiro nos despierta (Santamaría, *Dicc.,* I, 581).

A juzgar por los ejemplos que preceden, lo relativo al acento resulta dudoso. Es posible que esta evolución sin igual de *donde* provenga, por algún tortuoso camino, del empleo de *dónde* (= *de dónde*) en el sentido de *cómo*, en el cual se ha desarrollado un sentimiento de sorpresa o asombro; más probable aún es que se trate de una evolución de *donde* en el sentido de *cuando*. Parece equivalente a *he aquí que*.

HASTA QUE, HASTA CUANDO

Además de su significado castizo, en Panamá y Venezuela (Perijá) se recoge *hasta que* con el sentido consagrado de *a que* (= *apuesto a que*): —"*Hasta que* [= *a que*] te alcanzo" (Mangado, pág. 98); "*Hasta que* sí [= *a que* sí]" (Armellada, página 194). Esta forma doble, analógica con la doble *a que* y *hasta que* "hasta", puede ayudar a explicar el uso del *hasta cuando* aclarador en lugar del consagrado *hasta que*, como en este caso: "los siguió *hasta cuando* se perdieron" (Cajar, pág. 112).

PUES

La conjunción ilativa *pues* es extraordinariamente frecuente (a veces con valor de interjección) en el habla familiar de numerosas regiones detrás de la palabra o frase a la cual pertenece, más bien que delante (aun cuando también puede ir así, que es el caso más frecuente en la lengua normal). Posee significados varios de causa, efecto y otras relaciones difíciles de delimitar; en muchas regiones, su frecuente repetición la ha privado de toda significación, salvo su función rítmica y estilística. El uso excesivo de este *pues* se considera generalmente como característico del habla familiar de Las Vascongadas, de Navarra, de La Rioja y de muchas zonas hispanoamericanas. Aunque en la escritura debería usarse coma delante de *pues*, actualmente se omite con frecuencia, ya que en la conversación no existe pausa alguna: *vamos pues, sí pues*, etc. La pala-

bra latina átona *pŏst* produjo *pos, po, pus*[4], *pu, p;* la española
pues produjo *pué, pes, pe, pis, ps, p.* Ninguna de estas formas tiene la exclusiva geográfica en parte alguna, sino que frecuentemente alternan dos o más de ellas en la conversación de una misma
persona. Se puede decir, en general, que *pos* y *pus* son las más
extendidas (*BDH,* I, 118 n.). La forma popular y rústica *pes* (*pis,
ps, bs*) predomina en la zona interandina del Ecuador. El gramático ecuatoriano Pérez Guerrero (pág. 253) describe *pis* (*ps, bs*) y
ca (probablemente de origen quichua), usadas por el *vulgo* y por
la plebe burguesa, como "rústicos cayados en que apoyamos el ma-
cilento y torpe paso de nuestro discurso para que no se caiga y
despedace". En Chile predominan las formas *pu* y *p*; en Bolivia,
pis y *p...* En el habla rústica de la América Central y, sobre todo,
de Méjico es corriente el *pos* antepuesto, a menudo seguido por
una pausa vacilante. La región mejicana en que con mayor frecuencia se oye el *pues* pospuesto (*pos sí, pues*) es Guadalajara, y
de ahí, según Rubio (*Anarquía,* II, 155), la frase *Guadalajara pues,*
frecuentemente empleada para referirse humorísticamente a la propia ciudad o a sus habitantes (*tapatíos*). El lugar de Colombia en
que con mayor frecuencia se oye el *pues* pospuesto es la provincia
de Antioquia. Hay personas que salpican generosamente su conversación con el *pues* por imitación del habla local de dicha región.
El *pues* pospuesto es frecuente asimismo en Panamá, lo cual, según Mangado (pág. 113), se debe a la preponderante influencia vasca en su colonización y civilización.

ARGENTINA (NOROESTE): —¡Es claro, *pu!* (César Carrizo, pág. 176).
    CHILE: —Ya 'sta, *pué,* ¿qué se les ofrece? —Güeno, *pues*[5], eñor, ta
bien (Acevedo Hernández, *Por el atajo,* pág. 24); Dejen descansar, *pues*
(pág. 31); Así es, *pues* (pág. 33); A usté qué, *pues* (pág. 43); los dejo en su
casa, no peleen *pué* (pág. 60); ¡Claro, *pué!* (pág. 61). —Creí que no s'iba
a cansar nunca. —Me cansé, *pué* (Acevedo Hernández, *La canción rota,* I,

----

[4] Antes que derivado de *pues,* "debido a una acentuación originaria
púes" (como se sugiere en *BDH,* I, 118 n.), *pus* es probablemente una reducción de *pos* < *pŏst* átono: el elemento labial de la *p* inicial y la *s*
final ahogada se combinaron para provocar el cambio de *o* por *u.*

[5] Puesto que la *s* final en Chile es aspirada o no se pronuncia, la palabra *pues,* aunque frecuentemente se escribe con *s,* generalmente se pronuncia *pueh* o *pué,* y, en estratos sociales más bajos, *puh* o simplemente *p.*

1); Pero cuando usté, que sabe de asuntos, lo ice, así será, *pué*. ... —Güeno tenía qu' estar, *pué*; Así dicen que es, *pué* (II, 2). —Miren *pué*, ya me cambió nombre ya (Romanángel, pág. 9); Oye, *pus* (pág. 12).

BOLIVIA: —Veremos *ps*, ché (Céspedes, pág. 212); Lo mismo que en Viacha no más *ps*, ché (pág. 244). —Te mata *ps*, hijo, te mata (Augusto Guzmán, pág. 76).

PERÚ: —Veremos, *pues*, qué dice *pues*. —Él, *pues*, nos contará, *pues*. —Hoy, *pues*, sí que estamos bien parados, *pues* (Gamarra, *Algo del Perú*, pág. 88).

ECUADOR: ¿Por qué no vienes? —No quiero *pues*. No encuentro el libro que busco. —En la mesa mismo está *pues*. ¿No lo ves? (Vázquez, página 328). —¡Qué's *pes!* (Icaza, *En las calles*, pág. 6); —¡Elé, como no *pes!* (pág. 7); —Aquí venimos, *pes* (pág. 18); Sí, *pes* (pág. 19); —Ojalá *pes* (página 233), etc. ¿Leyó usted el libro? —Sí, *ps;* y era bonito, *ps*. Venga usted. Eso *ca* no quiero *ps*. ... Para qué *ps;* mañana *ca* si he dir *ps* (Pérez Guerrero, pág. 254).

MÉJICO: —*Pos* ¡quién sabe! (Quevedo, *La camada*, pág. 294). —¿Y cómo son los ferrocarriles? —*Pos* nomás. ... —Quítale el *pos*, Tavito; no está en la gramática —corrigió doña Paz (Quevedo, *Las ensabanadas*, página 66). *Pos* eso sí que ni modo! (González Carrasco, pág. 21); —¡Pos cuidado, don Ciriaco! (pág. 29); ¡*Pos* ora voy yo! (pág. 33).

COSTA RICA: ¡*Pos* hombre, está hecho un altar! (Echeverría, pág. 155); —Caramba, *pus* pa que bea (pág. 158); *Pos* mirá lo que faltaba (pág. 192); *Pos* yo lo bide ¡carastas! (pág. 193).

PERO

En las sierras andinas se coloca a menudo la conjunción *pero* al final de la frase u oración más bien que al principio, que es lo normal. Ello se debe probablemente a la abundante posposición de partículas, preposiciones y otras partes de la oración en aimará y en quichua.

BOLIVIA: —Dame el café ... —¿Y si te ha de quitar el sueño, *pero?* (Rodrigo, pág. 14); —¡Ven a ver! Prontito *pero* (pág. 31); —¿Y por qué no ha entrado a comer pues, *pero?* (pág. 40).

ECUADOR (CUENCA): —¡Esto daremos parte en el Estanco, *pero!* (Mata, *Sanagüín*, pág. 111); —¡Mos [= hemos] de sacar tripas de chasos ["labriegos blancos"] *pero!* (pág. 167); —No peleen, *pero* (pág. 169).

"QUE" ACCESORIO

Por medio de la conjunción *que*, la más empleada de todas, se ha llegado a expresar casi cualquier tipo de relación sintáctica. Hablando del *que*, dice Bello (§ 1006): "No hay palabra que sufra tan variadas y a veces inexplicables trasformaciones". De esta forma, resulta imposible delimitar exactamente las fronteras entre sus funciones como conjunción subordinante y como adverbio relativo. Algunos de los usos de esta palabra se han estudiado, al hablar de otras partes de la oración, donde convenía hacerlo (véanse págs. 150, 166, 167, etc.).

En algunas regiones hispanoamericanas es frecuente añadir el *que* a las conjunciones consagradas (*en*) *cuanto* "tan pronto como" y *por cuanto* "tanto más cuanto (que)". Este *que* reforzativo, tan típico del idioma español, no es desconocido en el actual habla popular y rústica de la Península ("Cuanto *que* entre la pillo [Aurelio Espinosa, *Cuentos*, III, 447; Toro Gisbert, "Voces", pág. 403]) y fue frecuente en la lengua antigua ("E quanto *que* pueden non fincan de andar" [*Cid*, v. 1474]). Observa Cuervo (§ 395) que los jueces y abogados son muy dados al *por cuanto que*, llegando algunos tan lejos que dicen *por cuanto a que*, cosas ambas que censura.

ARGENTINA: Cuanto *que* la sintió, el vacaje se puso a disparar a la loca (Larreta, *El linyera*, II).
PERÚ: En cuanto *que* uno se sienta le mete pedal (Corrales, pág. 236).
COLOMBIA: En cuanto *que* me vio echó a correr ... (Cuervo, § 396).
MÉJICO: En cuanto *que* llegue te avisaré; En cuanto *que* lo vi, lo conocí (Ramos Duarte, pág. 231). Cuantito *que* yo pueda, le pago a usted (Santamaría, *Dicc.*, I, 418).

En sectores rurales de Méjico, probablemente por analogía con otros usos semejantes de la *y* (como en *ojalá y* por *ojalá que*, etc.), el *que* reforzativo de *en cuanto que* se ha convertido en *y* (*en cuanto y*).

MÉJICO (NUEVO LEÓN): —Me quiero amparar en cuanto y pueda (García Roel, pág. 135); en cuanto y el río se ponga más bravo nosotros podemos retirarnos (pág. 145); en cuanto y dan una semana (pág. 332).

La palabra *nada* se emplea en el habla popular y rústica de todas partes para reforzar una negación: *no vino nada*. Ahora bien, cuando dicho *nada* precede a la frase, se omite el *no* (de acuerdo con el uso normal) y se añade un *que* superfluo (en contra del uso normal). No registrada en el diccionario de la Academia, esta locución es sobremanera frecuente en el habla rústica peninsular [6] y en el habla rústica y popular de algunas regiones hispanoamericanas.

CHILE: *Nada que* tengo pena; *Nada que* vino Pedro (Román, IV, 4). En la Pasión de Cristo, ni *nada que* se le pareciera (Muñoz, pág. 207). —Como uno es sufrido, *nadita que* se queja, hermano (Alberto Romero, *Perucho González,* pág. 182).

COLOMBIA: *Nada que* viene; *nada que* se somete (Roberto Restrepo, pág. 353).

MÉJICO: Pero *naditita que* me jallo por acá. ... ¡Una tristeza y una murria! (Azuela, *Los de abajo,* pág. 195). Mojé toda la pieza y *nada que* lo lavaba (Galeana, pág. 88). —Pos bien escondío que ha de 'star ... porque *nada que* damos con él (García Roel, pág. 158).

Otra especie de *que* accesorio, con naturaleza de relativo, se halla presente en oraciones como "¡qué bien *que* canta!", empleo que, corriente en los clásicos, ha sobrevivido en el habla coloquial tanto de España como de América, aunque está perdiendo terreno por influencia de la lengua escrita, la cual lo evita. En unas pocas regiones, sin embargo, entre ellas Santo Domingo (*BDH,* V, 240), este *que* accesorio es frecuente incluso entre personas cultas, habiéndose extendido localmente al habla popular, como lo muestran los ejemplos que siguen:

CHILE: —¡Gilidioso *que* te han de ver, mirá! (Durand, en *LCC,* página 444). —Tan cargoso *que* te han de vel. ... Tan cargao a las riendas *que* te han de vel (Romanángel, pág. 9).

VENEZUELA: Y ya sudé mi calentura. ... ¡Sabrosita *que* estaba! (Gallegos, *Doña Bárbara,* pág. 14). Sabrosa *que* está la niña Nieves (Díaz-Solís, pág. 26).

MÉJICO: Flojita *que* te estás volviendo. ... Gruñona *que* se está volviendo la tía (Madero, I, 2). Pero bueno *que* estuvo el baile (García Roel, pá-

---

[6] Cf. Aurelio Espinosa, *Cuentos,* I, 88 (Ávila): "La Picotera se hizo la que se comía el higo pero *nada que* comía"; III, 373 (Santander): "Quemó al enfermo y echó la benedición a las cenizas, pero *nada que* resucitó"; asimismo, III, 369 (Madrid), 375 (Soria), 378 (Santander), 380 (Granada), etc.

gina 203); —Regüeno *qu* 'es (pág. 282); Andrea bien *que* las sabe (página 299); ella bien *que* les entiende (pág. 302), etc.

Román (IV, 515) recoge como muy usado en Chile otro empleo de *que* accesorio que lleva implícito cierto valor de relativo: "Yo *que* entro y él *que* sale". Para Román fue causa de sorpresa el no hallarlo registrado en el diccionario de la Academia, pues es sumamente frecuente en los *Romanceros* y en ciertos autores. A pesar de su ausencia en el diccionario de la Academia, se emplea a menudo en regiones de España y de Hispanoamérica. En estas construcciones, el *que*, además de su valor de relativo, lleva consigo cierta virtud temporal, una especie de sensación de celeridad, debida en parte a su brevedad, la cual le confiere ventaja sobre las demás formas de dar expresión al mismo pensamiento. Román nombra estas equivalencias: "Inmediatamente que yo entré, salió él; Junto con entrar yo, salió él; Todo fue entrar yo y salir él; Entrar yo y salir él, fue todo uno". Por supuesto que ninguna de ellas es tan "concisa, clara y elegante" como "Yo *que* entro y él *que* sale", con su sentido de simultaneidad y subitaneidad. En Chile existe el refrán "En nombrando al rey de Roma, él *que* asoma" (por *pronto asoma*).

CHILE: L'agua *que* llega a la puerta, / Delgadina *que* moría (Vicuña Cifuentes, pág. 34); Antes de que llegue el agua, / Delgadina *que* se acaba (pág. 37); Micaela *que* esto dijo, / don Alberto *que* llegó (pág. 79).

ECUADOR: Yo *que* salgo a la azotea y veo un hermoso venao (Ortiz, pág. 115).

COLOMBIA: Yo *qu*'entro y ella *que* sale (Flórez, pág. 384).

VENEZUELA: Yo *que* estoy ensillando ... cuando oigo que llega un viajero (Gallegos, *Doña Bárbara*, pág. 67). Yo *que* enciendo un cigarro y una cuaima [= serpiente venenosa] *que* me le tira una mordía a la brasa (Gallegos, *Canaima*, pág. 274).

COSTA RICA: Él *que* le apunta el cañón, y el Cadejos *que* empieza a bajar la cabeza (Fabián Dobles, pág. 24); La mujer *que* lo veya entre las piedras de una quebrada, ella *que* iba a cogelo con sus manos, y el chacalín *que* se esparecía (pág. 201).

En frases como "No tienes disculpa *la que menor*", por "No tienes *la menor* disculpa", se halla, en la locución chilena *el (la, lo) que menor*, en lugar de *el (la, lo) menor*, un uso peculiar de *que*.

CHILE: No tengo dinero *lo que menor.* ... No tienes motivo para ne-
gármelo *el que menor* (Román, III, 487). Pero como no tenía pruebas *la
que menor,* se limitó a indagar la pista y el actual paradero del presunto
asesino (Silva, pág. 57).

Entre otros usos locales del *que* reforzativo se encuentra la
expresión mejicana *mucho que mejor* en vez de la normal *mucho mejor:* "Y si hay modo de hacer una topada con los agra-
rios ... *mucho que mejor*" (Fernando Robles, pág. 136).

Otras veces se sustituye el *que* por alguna otra palabra de una
frase hispánica normal.

Tras la locución consagrada *no poder menos* y delante del infinitivo subordinado se halla ya la preposición *de,* ya la conjunción
que: "no pude menos *de* (o *que*) reírme". Esta doble construcción
es un reflejo de lo que ocurre en comparaciones con *más* y *menos:*
más (o *menos*) *de* ante un numeral en oraciones afirmativas, y,
si falta el numeral, *que*; *más* (o *menos*) *que* (o *de*) en oraciones
negativas ante un numeral, y, si falta el numeral, *que.* Lo corriente
en la lengua antigua fue *no poder menos que,* pero actualmente
la forma consagrada y la única generalmente empleada en España
es *no poder menos de.* Por su parte, Hispanoamérica prefiere *no
poder menos que.* En el caso de Chile, Román (III, 487) menciona
"no poder *por* menos" en lugar de "no poder menos".

ARGENTINA: La moza no pudo menos *que* raírse (Lynch, *Romance,* página 182). No pudo menos *que* comentar (Filloy, pág. 70).

URUGUAY: —El patrón no pudo menos *que* rirse (Reyles, *El gaucho,*
pág. 211).

CHILE: No pudo menos *que* expresar el vivo disgusto que tal noticia
causaba en su ánimo (Azócar, pág. 286). Éstos no pudieron menos *que* retirarse (Fernando Alegría, *Lautaro,* pág. 50).

COLOMBIA: No pude menos *que* (o de) preguntar (Flórez, pág. 384).

VENEZUELA: Yo no pude menos *que* réime (Gallegos, *La trepadora,*
pág. 200).

MÉJICO: Sus compañeros no pueden menos *que* envidiarlo (García Roel,
pág. 16). Ya no pudo menos *que* preguntarle qué cosa era aquella llamita
azul (Rubín, pág. 54).

A veces *que* reemplaza a *o,* como en la expresión chilena *más
que menos* por *más o menos:* "¿Y dices que los muertos son ...?

—Sus doscientos *más que menos*" (Riquelme, en *LCC*, pág. 216).
Esta expresión, tildada de catalanismo (cf. Román, III, 449), probablemente no sea sino una formación analógica en concordancia
con las numerosas expresiones alternativas en las cuales el *que* significa normalmente "o". Según Keniston (pág. 681), es posible que
el origen del *que* con el significado de "o" se halle en oraciones
concesivo-alternativas asindéticas (*que me pesse que me plega*).
Puesto que en tales oraciones se tenía el *que* por introductor de la
alternativa, el primero se podía omitir (*quiera que no quiera* =
que quiera o no). Así, pues, *que ... que* pasó a significar "o ... o",
incluso sin que hubiese verbo (*que tarde que temprano*); finalmente desapareció el primer *que*. En la expresión consagrada *mal
que bien* tenemos *que* por *o*: "Aquí tienen techo, y *mal que
bien* ... reuno un pedazo de pan, que yo comparto con ellas" (Gallegos, *La trepadora*, pág. 248 [Venezuela]). —"¡Por fortuna, mi
hija, *mal que bien*, se casó!" (Gamboa, *Teatro*, III, 299 [Méjico]).

La expresión *mal que mal*, corriente al menos en Chile, Argentina, Puerto Rico y Santo Domingo, no constituye un caso de *que*
con significado de *o*, sino que es de naturaleza adversativa, equivalente a "aunque algo mal, aunque no del todo bien, así así, tal
cual, medianamente" (Román, III, 392), "aunque mal, aunque esté
mal, aunque lo haya hecho mal", etc. (Garzón, pág. 293). El último autor da este ejemplo: "*Mal que mal* siempre servirá de algo,
o no dejará por esto de servir de algo"; cf. *Don Segundo Sombra*
(pág. 229), de Güiraldes: "Traspuesto que hubimos unas cuarenta
leguas, pude sonreir *mal que mal* ante lo sucedido"; (pág. 287):
"... empantanándose en el fondo aquel, corríamos *mal que mal* a
impedir que así sucediera". Patín Maceo ("Amer.", VII, 191) da
este otro: "*mal que mal*, él atiende a su familia".

En algunas regiones, el *que* suplanta popularmente al *como* en
expresiones semejantes a *tan luego que* por *tan luego como*, lo cual
se debe 1) a la frecuente confusión de *como* en comparaciones de
igualdad con *que* en comparaciones de desigualdad; 2) al empleo
de *como* o de *que* con el significado del segundo para introducir
una cláusula sustantiva: "Sabrás *como* (= que) hemos llegado buenos"; 3) a ciertas conjunciones que contienen *que*.

ARGENTINA: Ahorita tan luego *que* él comenzaba a endierezarse, le daba por dirse a ese viejo fantástico (Lynch, *Romance,* pág. 97).
ECUADOR: El ruido ... lo sentían ya por todo el cuerpo. Tal *que* si un abrazo colosal les triturara todas las vértebras (Aguilera Malta, página 20).
GUATEMALA: Tan luego *que* haya venido el médico, dígale usted que pase a la habitación del enfermo (Sandoval, II, 478).

Al menos en el Ecuador, en la locución *sin más que más,* por *sin más ni más,* se emplea *que* en lugar de *ni.* Vázquez (pág. 376), que trae la frase, da como equivalentes "sin razón, antojadizamente, sin otro requisito".

El *que* de la expresión *de que un rato* o *de que un instante,* frecuentes en Chile incluso entre personas cultas, no es la conjunción *que,* sino simplemente una corrupción de *aquí* + *a: de que un rato* = *de aquí a un rato, de que un instante* = *de aquí a un instante* (Román, IV, 516): "*De que un rato* vamos a cenar" (C).

En Chile se oye asimismo *que* por *quien* en la expresión *como que no quiere la cosa* por *como quien no quiere la cosa.*

SI QUE TAMBIÉN

A veces se halla la conjunción *si que también* por *sino que también.* Calificada de galicismo (Román, V, 260) y de catalanismo (Calcaño, § 231), se trata probablemente de una evolución del antiguo *si también,* el cual delante de una oración podía tomar un *que* a la manera de *sino también* > *sino que también* en la misma circunstancia. A menudo se mantiene el *que* innecesariamente (igual que en *sino que también*) cuando no va seguido por oración alguna, tal vez por influencia del *que* reforzativo tal como se emplea con frecuencia, por ejemplo, detrás de *sí: sí voy* y *sí que voy,* etc. Esta construcción, que para Mir (II, 790) es "digna de eterna reprobación", campea en el habla popular no sólo de España, sino asimismo de Hispanoamérica. Casares (*Crítica profana,* pág. 147) observa: "hoy no hay ya quien escriba en serio aquello de *si que también*".

PERÚ: Como si hablara desde el insondable *si que también* despatarrante abismo del misterio, soltó estas incoherencias (Corrales, pág. 52); tan generoso *si que también* laudable empeño (pág. 192).

VENEZUELA: No sólo por deber, *si que también* por respeto al público (*ap.* Calcaño, pág. 59).

GUATEMALA: ... se exhibieron no sólo productos de la América Central, *si que también* de Cuba y Panamá (Sandoval, II, 443).

TRAS QUE

Esta expresión la emplean popularmente en algunas zonas como extensión de la consagrada *tras de* en el sentido de *además* y de *cuanto más que*. Corresponde a una vieja práctica (cf. *Lazarillo,* edic. Cejador, pág. 209).

ARGENTINA (SAN LUIS): *Tras que* no trabaja, se emborracha (Vidal, página 400, también pág. 189).

BOLIVIA: No me estés ahora con esa cantaleta. *Tras que* ahora estoy no sé como (Díaz Villamil, *Cuando vuelva,* pág. 12).

MÉJICO (YUCATÁN): *Tras que* no es cierto (V. Suárez, pág. 64).

¿Y?

Con el fin de dar énfasis a la expresión se puede cargar el acento normalmente sobre la conjunción *y* cuando ésta encabeza una frase u oración independiente sintácticamente de la que la precede, cosa que ocurre en preguntas y en exclamaciones: *¿Y tu padre? ¡Y si no llega a tiempo!,* etc. Esta *y* enfática, que se remonta muy arriba en el curso de la lengua antigua (Keniston, página 662), se ha extendido a un nuevo uso en algunas regiones de Hispanoamérica: se la aísla y se la pronuncia con entonación interrogativa, seguida por escrito de puntos suspensivos que indican que la expresión es elíptica: *¿Y?...* Significa algo así como "¿de qué se trata?, ¿qué pasó?, ¿y bien?; ¡oh ...!; ¡oh, no sé!, ¿y qué?", etc. Con frecuencia se considera como localismo restringido a la Argentina (Alonso y Henríquez Ureña, *Gram.,* II, 194; Segovia, pág. 302) o al Perú (Arona, pág. 505). Más empleada, al parecer, en la región del Río de la Plata, en Chile, Perú y Ecuador, se halla probablemente en otras partes, si bien ha escapado a la atención de los lexicógrafos, como dice Arona, "sin duda por ser tan chiquito". Sus equivalentes consagrados son: "¿Y pues?, ¿En qué quedamos?, ¿Conque?, ¿En qué paró aquello?, Pues ... ¿qué quiere?, ¿Qué más?, ¿Qué hacemos?, ¿Qué resultó?, ¡Qué sé yo!, ¡Claro!, ¡Pues!", etc. Arona da un ejemplo típico del empleo de *¿y?*: "Dos amigos han convenido en un asunto; se separan; vuelven a encontrarse de acera a acera: lo primero que el más vivo dice al otro es —'*¿Y?*' ...

> Con esto y una mirada
> de inteligencia a su modo
> con esto se han dicho todo
> sin haberse dicho nada".

ARGENTINA: ¿Cómo se halla doña Julia ...? —*¿Y?* ... ¡Qué sabía él! Enferma no estaba (Lynch, *Romance*, pág. 31); —¿Y ustedes cómo se hayan? ... —*¿Y?* Ansina nomás (pág. 32); Confesá entonces, ¿ánde has estao? —*¿Y?* ... He estao en lo del padrino (pág. 60); ¿Cuánto me debe? —*¿Y?* ... ¡Qué sé yo, señor! (pág. 93), etc. —*¿Y?* —preguntó la muchacha. —Vi a dir ahurita no más, niña (Larreta, *Zogoibi*, pág. 139). Don Segundo se acomodó en el banco como para hablar. Pasó un rato. —*¿Y?* ... —preguntó Perico (Güiraldes, *Don Segundo*, pág. 123).

URUGUAY: —¡Desalmao! Es que me va a quitar el campo y la casa y todo. ... —*¿Y?* ... —Es que todo eso es tuyo (Sánchez, *La gringa*, I, 14); —*¿Y?* ... ¿Se corta o no se corta? (III, 7). Cuando quedaron solas, doña Justa ... interrogó: —*¿Y* ...? (Reyles, *El gaucho*, pág. 176).

CHILE: *¿Y?* ¿No vamos a comer? —*¿Y?* ¿Cómo les fue? (C).

ECUADOR: *¿Y?* ¿Usted ya habló con la hembra? (Gil Gilbert, *Nuestro pan*, pág. 69); —¡Pero con esa facha! —*¿Y?* La cara no es lo que hace al hombre (pág. 79); La cara del negro escudriñaba el río. —*¿Y?* ¿Será muy salobre esta agua? (pág. 12).

EL SALVADOR: —¿Usted nos conoce? —le preguntó Fina. —Y ... cómo no, —respondió el hombre con esfuerzo (Torres Arjona, pág. 71).

Totalmente distinta es la *¿y?* empleada en Bolivia al final de una pregunta, la cual se oye sobre todo en Sucre (Chuquisaca) y es

corriente entre todas las clases (es posible que se trate de una pronunciación muy cerrada del *¿eh?* consagrado, que se emplea de
manera similar): "Creo que Vd. es Joseso, *¿y? ¿*Soltero todavía,
*y? —*Podemos estar haciendo programa, *¿y?*" (Díaz V., *Plebe,* página 123); "Quédate, *¿y?*" (Rodrigo, pág. 55).

XII

INTERJECCIONES

No es éste el lugar apropiado para hacer el estudio de las simples interjecciones, es decir, de las palabras de exclamación con naturaleza exclusiva de interjecciones, no relacionadas por sí mismas sintácticamente con el resto de la oración. Más bien habremos de ocuparnos de expresiones más completas, consistentes sobre todo en otras partes de la oración, aisladas o en grupo, empleadas con valor de interjecciones. Ello significa que habremos de eliminar, entre otras, formas como el omnipresente *¡ahá!* o *¡ajá!* aprobatorio, o empleado al sorprender a una persona haciendo algo reprensible, con sus variantes *¡anjá!, ¡ajú!, ¡uhjú!, ¡unjú!,* etc.; *¡epa!* o *¡épale!,* equivalente a *¡hola!* o *¡ea!; ¡chis!* o *¡achís!,* expresión de disgusto o asco, sobre todo en partes de la América Central; *¡gua!,* expresión de sorpresa, admiración o miedo en Bolivia, Perú, Ecuador, Colombia y Venezuela, con su variante *¡güé!* en el campo uruguayo [1]. Excluimos la interminable lista de interjecciones locales empleadas para ahuyentar a los animales domésticos, tales como *¡shé!* (El Salvador), *¡so!* (Perú, Venezuela, Puerto Rico, etc.), *¡huche!* (Chiloé, Chile), etc.; *¡zafa!* (Perú, Ecuador, Puerto Rico, Santo Domingo, etc.), *¡ah perro!* (Chile) y *¡zumba!* (Valle del Cauca, Colombia), usadas para espantar a los perros; *¡ochi!* (Valle del Cauca) para los cerdos; *¡huise!* (Valle

---

[1] "Su sorpresa se condensó en esa extraña interjección campera, norteña, de asombro y de pregunta: —¡Güé!?" (Montiel, *Alma nuestra,* pág. 153).

del Cauca) y *¡ocio!* (Costa Rica) para los pollitos, etc. Excluimos asimismo las interesantes interjecciones de origen quichua corrientes en Ecuador, en Perú y en zonas muy limitadas de Chile, Bolivia y Argentina, entre otras *¡achachay!,* expresión de frío, a veces de aprobación; *¡arrarray!* o *¡arrarrau!,* expresión de calor, de quemadura; *¡atatay!,* expresión de disgusto, a veces de incredulidad; *¡ajajay!,* expresión de risa, de algo ridículo; *¡achalay!* o *¡achallau!,* expresión de admiración; *ampe (ampesito),* expresión de cariño o de ruego, etc., usada en Bolivia. Muchos de estos usos restringidos es posible hallarlos en diccionarios locales o en diccionarios generales de americanismos, tales como el de Malaret o el de Santamaría, y en la *Semántica americana* (págs. 85-89) de Malaret. Para las interjecciones mayas usadas en Yucatán, véase V. Suárez, pág. 94.

¿AH? = ¿NO? = ¿EH?

En numerosas regiones de Hispanoamérica se emplea la interjección *¿ah?,* por lo general colocada al final de la frase u oración, si bien puede asimismo hallarse aislada, allí donde la lengua tipo prefiere *¿eh?* La forma *¿ah?* representa un sonido vocal más abierto y más audible. En estilo literario se lee ocasionalmente *¿eh?,* pero esta grafía corresponde generalmente a una simple imitación de la práctica peninsular y no siempre corresponde al uso oral. Colocada al final de la frase u oración, la interjección *¿ah?* sirve para preguntar al interlocutor si ha oído lo que se le ha dicho; aislada, sirve al hablante para preguntar algo que no ha oído.

ARGENTINA (NOROESTE, RÚSTICO): —Tenís que salir. —¿*Ah?* (Vidal, página 195).

CHILE: ¿Cómo sabe usté si el día de mañana me muero sin conocer el amor, *ah?* (Acevedo Hernández, *De pura cepa,* pág. 7). ¿Y usted tendrá algunas avecitas que no le hagan falta, *ah?* (Ernesto Montenegro, página 116). Se casó, ¿*ah?* (Délano, en *LCC,* pág. 518).

PERÚ: Viene mañana, ¿*ah?* (C).

ECUADOR: —¿*Macanuda? ¿Ah?* (Gil Gilbert, *Yunga,* pág. 17). —¿Cuándo volverás, *ah?* (Icaza, *Cholos,* pág. 95).

COLOMBIA: ¿Qué es, *ah?* ¿Qué te ha sucedido, *ah?* (Uribe, *Dicc.;* también Sundheim, pág. 16; y Revollo, pág. 1: "*¿A?*").

VENEZUELA: —O te empezaron a comer las patas y te fuistes, *¿ah,* vagabundito? (Uslar Pietri, en *ACMV,* II, 15). —*¿Ah?* —apresuróse a inquirir Enrique (Díaz-Solís, pág. 39).
PANAMÁ: —¿Cuándo vendrás, *ah?* ¿Qué dice, *ah?* (Mangado, pág. 76; cf. también Herrero Fuentes, pág. 95).
COSTA RICA: —¿Por qué dice eso, *ah?* (Fabián Dobles, pág. 161); —¿Y por qué, *ah,* por qué? (pág. 204).
NICARAGUA: —¿Quién la mató, *ah?* (Chamorro, *Entre dos filos,* página 47); ¿Cuándo se casan, *ah?* ¿Vamos a ir al casamiento, *ah?* (pág. 362). Qué sueño el suyo; le hablamos, lo sacudimos, y Ud. sólo decía "*ah? ah?*" (Orozco, pág. 60).

Cuando, al término de una frase u oración, el idioma peninsular consagrado prefiere *¿no es verdad?, ¿verdad?* o *¿no es cierto?,* se emplea la partícula negativa *¿no?* (a veces *¿que no?*). Este *¿no?* es común asimismo en Andalucía (Braue, pág. 64). Román (IV, 19) pensó por error que semejante uso constituía un chilenismo (igual pensó Lenz [*La oración,* § 350]), y añade: "Ojalá se evite, porque es mulctilla harto enfadosa no sólo gramatical, sino también urbana y filosóficamente". El empleo de este *¿no?* se ha extendido tanto que ha desplazado a *¿eh?* al final de frase u oración. A pesar de su carácter interrogativo, en algunas regiones este *¿no?* se pronuncia con entonación afirmativa, hecho que, al parecer, llevó a Vázquez (pág. 278) a insinuar que la frecuencia del *no* empleado de esta manera en el Ecuador puede haber sufrido la influencia del uso análogo de la palabra quichua *manchu,* que significa *¿no es (será, habrá sido)?,* etc.: "Vendrás pronto, *nó;* calla, *nó*". Sugiere que en estos casos la entonación del *no* debería ser siempre interrogativa.

ARGENTINA: ¡Güenas noches! *¿No* [= eh]? (Lynch, *Palo verde,* página 14). —Adiosito, *¿no* [= eh]? (Filloy, pág. 184). —Sí ... *¿no* [= eh]? (pág. 351).
CHILE: Ud. me dijo que saliéramos, *¿no?* Pero Ud. no quiere salir, *¿no* [= verdad]? (Román, IV, 19). ¿Tiene gracia, *no* [= verdad]? (Azócar, pág. 317). ¡Compadézcase de este pobre pecador! —Pecador, *¿no* [= eh]? (Ernesto Montenegro, pág. 148). Hasta mañana, *¿no* [= eh]? (Durand, *Mercedes,* pág. 46); —¿Sí, *no* [= eh]? (pág. 254). —Sí, *¿no* [= eh]? (Brunet, *Montaña,* pág. 90). —Nada tengo yo que hacer contigo. —¿Nada, *no* [= eh]? (Maluenda, *Escenas,* pág. 77). —¿Hasta lueguito, *no* [= eh]? (Latorre, *Zurzulita,* pág. 99).

BOLIVIA: —¿Quién les pondría ese nombre, *no* [= eh]? —Quién sería; es chistoso (Augusto Guzmán, pág. 28).

PERÚ: No me peguen, questoy malo. ... —Conque malo, ¿*no* [= eh]? (Ciro Alegría, *La serpiente*, pág. 136).

ECUADOR: Muy bien que te he oído. —¿Sí? ¿*No* [= eh]? A ver, dime lo que decía (Pareja, *Don Balón*, pág. 96); No le dirás nada, ¿*no* [= eh]? (pág. 132).

VENEZUELA: ¿Me lo contará todo, *no*? ¿Sí, *no*? (Rosenblat).

PANAMÁ: —Es Ud. colombiano, ¿sí, *no* [= verdad]? —Es una cosa bella, ¿sí, *no*? (Mangado, pág. 117).

MÉJICO (YUCATÁN): Ayer llegó Tomasa ¿*que no*? (V. Suárez, pág. 63).

AMALAYA

Tal como se usa en algunas regiones hispanoamericanas, la locución *mal haya* representa un caso curioso de desarrollo semasiológico, a veces citado como ejemplo de la tendencia perfectiva en las palabras. Usado originalmente para pronunciar una maldición, ha adquirido un empleo supletorio diametralmente opuesto: para la expresión de un deseo.

El significado primitivo de *mal haya* fue "maldito sea", y, por el contrario, el de *bien haya* fue "bendito sea". El verbo concordaba en número con el sujeto: *¡mal haya él!, ¡mal hayan ellos!* (concordancia que aún se encuentra ocasionalmente). El verbo fue convirtiéndose gradualmente en invariable, y el sujeto original se consideró como complemento: *¡mal haya ellos!, ¡bien haya ellos!* Finalmente, *mal haya* se interpretó como una sola palabra (*malhaya*) equivalente a *maldito*, pasándose entonces a emplear en la construcción el subjuntivo de *ser* por una fusión de dos construcciones: *mal haya ellos + malditos sean ellos > malhaya sean ellos*. Esta construcción, al principio de nivel social muy bajo (Cuervo, § 430), ha penetrado en esferas cultas, pero los gramáticos no la han reconocido. Se halla en España, sobre todo en Andalucía, siendo general en Hispanoamérica.

GUATEMALA: *¡Mal haya sea* la lluvia que no nos dejó salir! (Batres, pág. 88).

MÉJICO: *¡Mal haya sea* yo tan bestia! (Inclán, I, 3); *¡Mal haya sea* el tal Carlos, que tiene la culpa de que usted se vea en este estado! (II, 5).

NUEVO MÉJICO: *¡Mal haya siá dél!* [= mal haya sea de él] (Aurelio Espinosa, "Apuntaciones", pág. 161; también *alaya* y *laya*).

Seguido por un sustantivo, *mal haya* se empleó más adelante como partícula optativa equivalente a *¡ojalá tuviera!* o a *¡quién tuviera!: ¡malaya una guitarra!* "¡quién tuviera una guitarra!". Es decir que el hablante maldice el objeto del que carece en el momento en que más lo necesita, expresando así indirectamente el deseo de tenerlo al alcance de la mano. Este empleo no fue desconocido en la lengua antigua. Cuervo cita un ejemplo sacado de Lope: *"¡Mal haya un hacha y tocino!"* (*El arenal de Sevilla*, I, 4). En la actualidad es frecuente en algunas regiones de Hispanoamérica. Tanto la grafía (*ah malhaya, ah malaya, amalaya*) como el cambio semántico surgieron por pérdida del sentido etimológico, ya que la forma popular no es *haya*, sino *haiga*.

COLOMBIA: *¡Ah malhaya una escopeta!* (Cuervo, § 430). (ANTIOQUIA): *¡Ah, mal haya una vihuela!* (Antonio Restrepo, pág. 292).

Existe una cuchufleta en relación con un estudiante que, falto de todo dinero, hizo esta observación al pasar frente a una posada de la que salía un agradable olor a longaniza acabada de preparar: *"¡Amalaya un pan para comer con este olor!"*.

VENEZUELA: *¡Ah malhaya una guitarra para cantarles a ustedes un corrido!* (Picón-Febres, pág. 239). *Ah malhaya un pajarito / que volara más que el viento, / que llevara mis suspiros / donde está mi pensamiento* (Montesinos, *Cancionero popular, ap.* Alvarado, pág. 270). —*¡Ah, malhaya la guerra!* Pa probale al compae quién es entoavía el Comandante Rosendo Zapata. *¡Maldita sea la paz!* (Gallegos, *La trepadora*, pág. 217). GUATEMALA: *¡Malaya un buen vino para tan rica cena!* (Bonilla Ruano, III, 334).

En razón de este uso frecuente se formó el verbo (*a*)*malayar*, el cual significa *anhelar* y expresa un deseo de algo absolutamente imposible de obtener. Con este sentido se emplea en Colombia (Sundheim, pág. 30), América Central (Salazar García, pág. 28), Méjico (Malaret, *Suplemento*, I, 95) y en otras partes probablemente.

Colombia (Antioquia): Está _amalayando_ una bonita novia; lo que más _amalayaba_ en aquel páramo era un trago de aguardiente (Antonio Restrepo, pág. 126 n.).

Honduras: Hay personas pobres; pero hay otras que están _amalhayando_ (Membreño, pág. 13).

Guatemala: No me mantengo _amalhayando_ lo que por allí dicen nos falta (Salomé Gil, _Cuadros,_ pág. 72). Vive _amalayando_ todo lo bueno que ve (Bonilla Ruano, III, 334).

El empleo de _¡mal haya!_ o _¡ah mal haya!_ con el significado de _¡ojalá tuviera!_ o _¡quién tuviera!_ provocó el uso de _ah malhaya_ + un verbo, todo ello equivalente a _ojalá_ + el verbo, significado que sería más lógico relacionar con _bien haya._ Por medio de _ah_ prefijado se obtuvo la nueva palabra _amalaya_ (cuya grafía es variada: _ah malaya, amalhaya, ah malhaya_). Se emplea _amalaya_ por _ojalá_ en regiones rurales de Argentina (Garzón, pág. 13; Segovia, páginas 412, 592), Uruguay, Venezuela, América Central (Salazar García, pág. 28), Méjico (Ramos Duarte recoge _malaya_ = _ojalá_ en Tabasco, _a mal haya_ = _ojalá_ en Michoacán y en Morelos), y es probable que exista en otras partes [2]. (La forma _mal haya_ o _malaya_ sin _ah_ conserva por lo general su significación original de "maldito sea")[3]. En Colombia (Antioquia), _ah mal haya quién_ + verbo equivale a _ojalá_ + verbo, uso redundante, empleado tal vez al principio para dar énfasis, siendo también posible que el sentido de _quién_ haya pasado a _yo._

Argentina: Stá seria la cosa —dije con malicia. —No. Si todo va a ser chacota. —_¡Amalaya!_ (Güiraldes, _Don Segundo,_ pág. 211). _¡Amalaya_ la hubiera visto Pantalión! (Lynch, _Romance,_ pág. 102); ¡Y _amalaya_ no se le hubiera ocurrido! (pág. 111); _¡Amalaya_ no estuviera don Pedro! (página 277); _¡Amalaya_ yo pudiera! (pág. 450). _¡A malhaya_ lo podamos complacer! (Larreta, _El linyera,_ pág. 165). (Cf. Vidal, pág. 197).

---

[2] Para los errores de Ciro Bayo referentes al área geográfica de _amalaya,_ cf. C. E. Kany, "American Spanish _amalaya_ to express a wish", _Hispanic Review,_ XI (1943). 333-37. En ciertas regiones del Perú se oye _malhayita._

[3] "Volví a pensar en que iba a ver un hombre rico y que yo era lo que los ricos tienen por la deshonra de una familia. _¡Malhaya!_" (Güiraldes, _Don Segundo,_ pág. 307). También _alaya_ en Méjico (Ramos Duarte, pág. 29 [Michoacán]) y en Nuevo Méjico (Aurelio Espinosa, _Studies,_ II, § 100).

URUGUAY: *Amalaya* me saliera bien una idea (Florencio Sánchez, página 217); *¡Amalaya* fuese tan fácil vivir como morir! (pág. 229); *¡Amalaya* tuviera voz yo! (pág. 348).

COLOMBIA (ANTIOQUIA): *¡Ah, mal haya quién* pudiera! (Antonio Restrepo, pág. 143); *Mal haya quién* fuera perro / Para latirle a la gente (página 182); *¡Ah, mal haya quién* supiera! (pág. 292).

VENEZUELA: *¡Ah malaya* sea verdá! (Gallegos, en *ACMV*, I, 109).

GUATEMALA: *Amalaya* sea usted presidente (Sandoval, I, 47).

Finalmente, existen otras dos locuciones restringidas, al parecer, al español de América.

Una de ellas consiste en el uso evolucionado de *malhaya sea* como expresión laudatoria, de cortesía, etc., expresando así un sentimiento diametralmente opuesto al original de *mal haya,* un sentimiento más acordado con *bien haya.* Así, *¡malhaya sea la muchacha!* puede constituir un requiebro en Colombia: "*¡Malhaya sea la china!*" (Cuervo, § 430); —"¡Vean al Princés! *¡Malhaya sea!*" (Carrasquilla, *Hace tiempos,* II, 301).

En España se oye a veces *maldito sea* usado en forma popular y de acuerdo con esta tendencia de sentido positivo. Es posible oir a una madre exclamar en forma festiva al acariciar a su pequeño: "*Maldita sea tu estampa*". Idéntico fenómeno semasiológico se halla presente en la expresión "*¡Qué fea!*", frecuentemente aplicada como piropo * a una muchacha bonita.

La otra locución es *¡malhaya nunca!* o *¡malhaya sea nunca!,* cuyo sentido se ha explicado de varias formas: "maldito sea el momento" (Bayo), "no me importa" o "no me venga usted con ésas" (Picón-Febres, pág. 239), etc. Es posible que Román (III, 396) se acerque algo más a su significado, aun cuando su explicación pueda parecer caprichosa. Da *¡malhaya sea nunca!* como equivalente a "¡maldito sea N., esto o aquello", y explica que "por sentimiento cristiano se convierte la palabra *maldito* en *mal haya* y se calla el nombre de la persona o cosa objeto de la maldición, y aun, como corrigiéndose a sí mismo el que la profiere, parece que trata de alejarla agregando el adv. *nunca*". Si la frase va seguida por una oración con *cuando,* por lo general significa "maldito sea el momento en que ...".

---

* En español en el texto inglés (*N. del T.*).

CHILE: *¡Mal haya nunca* (o *mal haya sea nunca*) cuando te conocí!
[= ¡maldito sea el momento en que te conocí!] (Vicuña Cifuentes, página 324, n. 2).
VENEZUELA: —Vengo en comisión a coger a Queniquea. ¿No se ha asomao puaquí? —Esta mañana estuvo descansando en el mesmo tercio de leña donde estabas sentao. —*¡Malhaya nunca!* ¡Y no lo apresaste! —Pues ... es que ya estoy viejo pa tener camorras (Gonzalo-Patrizi, en *ACMV*, II, 194).

Semejante uso de *nunca* no es desconocido en España, donde *mal año para* tiene valor de imprecación. Así, leemos en Pereda (*Obras*, V, 120): "ese hijo condenao de la Lambiona tiene un aquel ... que malañu pa él *nunca* ni no".

Por analogía con *mal haya*, en Nuevo Méjico existe la forma *mal redo vaya* o *marredo vaya* al lado de *a* (o *al*) *redo vaya* (< antiguo *a redro* o *riedro vaya*), originalmente "¡atrás!, apártese de mí". La forma *arredro vaya* "váyase al demontre" está registrada en Yucatán (V. Suárez), Tabasco (Santamaría), Guatemala (Jáuregui), Costa Rica (Gagini), etc.

NUEVO MÉJICO: *¡A redo vaya* este tonto! *¡Al redo vayan* con sus bajezas! *¡Mal redo vaya* y su moda! *¡Marredo vaya* el sinvergüenza! *¡A redo vayan* y sus cuidaus! *¡Redo vaya* la tía! (Aurelio Espinosa, "Apuntaciones", pág. 616).

BUENA COSA, BUEN DAR, ETC.

Entre las interjecciones hispanoamericanas corrientes más generalmente empleadas para expresar sorpresa, agradable o desagradable, se encuentran ¡*buena* (popular y rústico: *güena*) *cosa*!, ¡*buen dar*!, ¡*güen dar*!, ¡*bueno con*! (Chile), ¡*a buen*! o ¡*ah, buen*! (El Salvador), ¡*ah cosa*! (América Central), ¡*is*! (Costa Rica), etc. Algunas de ellas se hallan emparentadas con *bueno* en expresiones irónicas consagradas como ¡*buena es ésa*!, y por lo general equivalen a ¡*vaya*!, ¡*vaya con*!, etc. Román (II, 69) opina que ¡*buen dar*! se puede haber tomado del juego de la baraja, en el cual la manera de barajar (*dar las cartas bien o mal*) tiene gran importancia. Batres (pág. 78) registra para Guatemala ¡*ah cosa*! como corriente sobre todo entre mujeres y como equivalente

a ¡*qué idea*! Sandoval define ¡*ah cosa*! como "negación irónica".
Gagini (pág. 50) explica que se emplea en Costa Rica "en son de
reproche, cuando uno, por ejemplo, revela indiscretamente algo
que deseábamos tener oculto". Como equivalentes de ¡*a buen*! o
¡*agüén*! en El Salvador da Salarrué (*Cuentos*) las interjecciones
¡*bah*!, ¡*vaya*!, ¡*anda*! o ¡*no faltaba más*!, con lo cual amplía
considerablemente su significado. Gagini afirma que ¡*is*! en Costa Rica expresa "mofa, desprecio, asco", pero también se emplea
para expresar admiración (véanse los ejemplos).

CHILE: —*Güena cosa*, Juana Rosa que te ponís mañosa (Romanángel,
pág. 9); —Salú, viejo hablaor. —Salú, pué, viejo reservao. ... —*Güena
cosa*, on Peiro. ... Qué, pus, *güena cosa* (pág. 16); —*Güen dar* —ijo on
Juan—, quién ib'a pensar la esgracia (pág. 37). *Güen dar con* el niño, tan
tierno y ya con ganas de correrla (Alberto Romero, *Perucho González*,
pág. 43). —*Bueno con* la mujer "ayecahue" [= grotesca, risible] (Durand,
Mercedes, pág. 200). *¡Buena cosa con* la niña! (C).

COSTA RICA: —¡*Is*! ¡qué libianos! (Echeverría, pág. 174). —¡*Is*, mirá
ayá qué bonito! (Agüero, pág. 40). —¡*Is*, tío Tigre! No creí que fuera tan
mal corazón (Lyra, pág. 130).

EL SALVADOR: —¡*A buen*! al chucho ya se lo robaron (Rivas Bonilla,
pág. 43); —¡*A buen*! —exclamó— ¿No serán los que ha traído el chucho?
(pág. 59). —¡*Agüén*, usté! ¡Asaber qué lián confesado las biatas! (Salarrué,
Cuentos, pág. 118).

"CA" Y EQUIVALENTES

La interjección familiar ¡*ca*! (o ¡*quiá*!), con la cual se expresa
incredulidad y negación, rarísimamente se oye en Hispanoamérica,
siendo reemplazada por otras locuciones exclamativas, algunas de
ellas locales. Así, se oye ¡*qué va*! (general en la mayor parte de
los países, familiar en España), ¡*qué esperanza*! (región del Río
de la Plata, Bolivia, Perú, Ecuador, Méjico y Puerto Rico), ¡*ni
modo*! (Méjico y América Central), ¡*de dónde*! (general), ¡*de
ánde*! (rural), ¡*qué capaz*! (Ecuador, Méjico, Guatemala, etc.),
¡*je*! (costa atlántica de Colombia [Sundheim, pág. 380]), ¡*ni ries-
go(s)*! (Colombia, Caldas-Antioquia, alto Magdalena), etc. Estas
expresiones, aunque no todas equivalentes exactamente a la peninsular *ca*, se emplean en circunstancias semejantes. ¡*Qué esperan-*

za! y ¡*ni modo!* indican generalmente el incumplimiento de un deseo o el fracaso de un esfuerzo, etc. En Panamá hallamos las formas familiares y jocosas ¡*ni esperula!* y ¡*ni espe!* (Lewis, pág. 10). Gagini (pág. 48) explica que ¡*adió(s)!* expresa la "negación o extrañeza" que corresponden a las expresiones españolas ¡*ca!*, ¡*quiá!*, ¡*qué!*, ¡*cómo!* Pero, además de la negación, con frecuencia expresa sorpresa desagradable, al igual que en América Central, Méjico, las Antillas, Colombia, etc., siendo a menudo equivalente a ¿*de veras?*, ¡*no diga!*, etc. Para ¡*qué capaz!* se han dado como equivalentes "absolutamente imposible" (Icazbalceta, página 83) e "imposible" (Batres, pág. 477; Sandoval, II, 301). Vázquez (pág. 335) define ¡*qué capaz!* como "exclamación con que ponderamos la dificultad para algo". (Cf. *es capaz = es posible,* pág. 488).

ARGENTINA: ¿Quintín habría permitido semejante postura? —*¡Qué esperanza!* (Yamandú Rodríguez, *Cimarrones,* pág. 65). —¿Orgulloso el patroncito? *¡De ánde,* hombre! (Lynch, *Los caranchos,* pág. 38). ¿Y cuándo llegó usted de allá? —Ahorita nomás. —¿Con alguien de su familia! *¡De ánde!* Si el boleto agatita alcanzó pa mí solita (Chiarello, pág. 15); ¿por qué no se va a un hotel? —*Di ánde,* si no tengo ni un cinco (página 16). ¿Has tenido algún dijusto, alguna alegación con alguno? —*¡De ánde,* mama! ... ¡Con quién! (Lynch, *Romance,* pág. 11).

URUGUAY: ¡Oh! ¡señora! ¡Perdón! ¡La he incomodado tanto! —*¡Qué esperanza!* —¡Gracias! (Sánchez, *Los muertos,* III, 1). —¿No tienen caña? —¿Caña? *¡Diánde!* (Pérez Petit, pág. 168).

BOLIVIA: —¿Pero no crees que Miranda resultó con algún inconveniente a última hora? —*¡De dónde!* (J. Mendoza, *El lago,* pág. 62).

ECUADOR: ¿Te pagó la deuda? *¡Qué esperanza!* (Vázquez, pág. 175); ¡Yo levantaré esa piedra! —*¡Qué capaz!* (pág. 335). —Cuando él no quiere, no habla. —*¡Ah dios!* ... Nunca para de hablar (Pareja, *La Beldaca,* pág. 22); —Pierdo plata, ña Tomasa. —*¡Ah dios!* Si le estoy dando trece sandías, don Ciro (pág. 34).

COLOMBIA (CALDAS-ANTIOQUIA): —Sabé, Vitorio, que vos sos capaz de arponiar caimanes. ¿Por qué no ensayás? —*Ni riesgos.* Yo no voy a exponerme a que me trague un burrón de ésos (Buitrago, pág. 194); —¿No pensás volver a Río Grande, Vitorio? —*Ni riesgos.* La sociedad me interesa más (pág. 221). —Te vas a madrugar mañana con nosotros. —*¡Ni riesgos!* No me dejan en casa (Efe Gómez, pág. 29); —No adivinamos. —Piénsenlo. —*Ni riesgo.* Dínoslo tú (pág. 134).

COSTA RICA: ¿No le coge caniyera [= desmayo]? —*¡Adió,* si no es primer bes / que li hablo a un muerto! (Agüero, pág. 67); y si usted no está vendida / a dos manos me la dejo. / —*¡Adió!* ¿De veras? ¡No diga! (pág. 76). Esa Candelaria queda largo [= lejos]. ... —*¡Adió!* ¡Si queda ahi no más! (Fabián Dobles, pág. 133).

GUATEMALA: Si supieras lo mucho que me prometió ... y que llegado el momento de cumplir *¡ni modo!* (Sandoval, II, 124); *¡Qué capaz!* Nunca haré lo que usted me propone (II, 301). —¿Pacto con la zumbadora, cómo es eso? —*Adiós,* no lo sabe usté (Quintana, pág. 134).

MÉJICO: —¡Las probaremos! —*¡Ni modo!* —¿No hay de piña? —¡Ni de fresa! (González Carrasco, pág. 130). Yo, si la anemia me hubiese dejado una poca más de sangre ... de seguro habría enrojecido de rabia. Pero *ni modo* (Ferretis, *Quijote,* pág. 18). Eran muchos los deseos que tenían de ir, pero *ni modo* (García Roel, pág. 165). —¡A que no me ven "mosquiando" / en los trenes, ni pidiendo / en las puertas de los tiatros! / —*¡Qué capaz!* Mi chilpayate / ya se sabe dar su trato / como gente grande (González Carrasco, pág. 133). —*¡Qué va ...!* ¡Ni de groma! (Rivas Larrauri, pág. 97); —¿Al fin la ensillo? —*¡Qué va!* (pág. 193). —¡No quiero beber y no sé bailar! —contestó secamente Santa. —*¡Adiós!* ¿Y si yo te pago porque te emborraches y porque me bailes ...? (Gamboa, *Santa,* pág. 25). (NUEVO LEÓN): ¿Cómo no se lo trajo Raúl derechito hasta acá? —*Adió,* y a poco l'iba a hacer caso a Raúl ... (García Roel, pág. 58); Pero, eso sí: aquello no terminaba bien. —*¡Qué esperanzas!* (pág. 205); —Pus a lo mejor ni va la pobre señorita Diamantina al baile. —*¡Adió!* ¿Y por qué no ha de ir? (pág. 224). —¿Y con qué fierros [= dinero]? —*¡Adiós!,* con lo que nos paguen (Urquizo, pág. 60); ¿pero allí van a ser libres de veras? ¿De dónde? Allí en el monte van a comerse unos a otros para poder vivir (pág. 132). (YUCATÁN): *¡Atiós* [= adiós]! ¿a qué hora llegaste que no te vi? (V. Suárez, pág. 64).

SANTO DOMINGO: (Indiferencia): *¡Adiós!* ¿Y qué? (Curiosidad): *¡Adiós!* ¿Y tu hermano? (Sorpresa): *¡Adiós!* ¿Y no lo sabes? (Patín Maceo, *Dom.,* pág. 8).

El *ca* peninsular no debe confundirse con un *ca* corriente en el Ecuador. El *ca* empleado localmente en el habla rústica y popular del Ecuador (entre los mestizos y los indios) es probablemente una partícula quichua usada para dar énfasis a una frase u oración. Tiene varios equivalentes en español, según el contexto: a veces vale tanto como la conjunción adversativa *pero*; según León Mera (pág. 266, n. 2), también puede desempeñar la función adverbial de *mas* "sino" o de *antes* "más bien". Por lo general, sin embargo, no posee significado propio, siendo lo más semejante a una partícula continuativa o ilativa. En sus novelas regionales, Ica-

za distingue a menudo dos formas (*ca* y *ga*). En la edición de
Huasipungo (pág. 153) de 1936 observa que *ca* es la forma empleada por los mestizos, mientras que *ga* (con consonante sonora)
es típica del habla de los indios. Esta misma partícula enfática en
Bolivia la escriben a menudo como *ja*, hallándose detrás de nombres y adjetivos.

ECUADOR: —El mío *ga* ... vele pes ... gordito está (*Huasipungo,* página 26); —¿Y nusutras *ga?* (pág. 27); —Tenís qu'ir al monte. —¿Y la
Cunshi, *ga?* (pág. 28); —Aura *ca,* patrona ... difícil ha de ser encontrar
(pág. 29); Y aura *ca* vos n'as de poder pararte. —Si'e de parar no más.
—¿Pero después *ca?* (pág. 34).

BOLIVIA: —¡Tan lisa esta Marcelina *ja!* ... ¡Su lisura *ja!* (Díaz Villamil,
La Rosita, pág. 41).

CÓMO NO

Son muchos los que piensan que *cómo no* es exclusivamente
americanismo, lo cual no es del todo cierto. Empleado en pequeña
medida por la lengua antigua, no es desconocido actualmente en
España [4]. Sin duda, su empleo es mucho más frecuente en Hispanoamérica, y esta misma frecuencia ha cambiado su valor original en
tal medida, que ahora, por lo general, ha quedado reducido al significado de un simple *sí* carente de énfasis. El cambio afecta asimismo a la entonación: los elementos interrogativos y exclamati-
vos han perdido su fuerza o han desaparecido, y el acento ha pasado de *cómo* a *no*. Por consiguiente, en lugar del *¿cómo no?* interrogativo o del *¡cómo no!* exclamativo, en muchos casos la frase
ha pasado a ser afirmativa, pronunciándose a menudo *como no,*
igual que si se dijera *sí* o *ciertamente,* aun cuando tipográficamente se mantiene a menudo la puntuación tradicional. En muchas regiones se evita el *sí* abrupto en beneficio del más largo y enfático
cómo no, divergencia que se hace clara al comparar el valor cabal

---

[4] —"¿Me permiten ustedes ir a la misa? Y le dijo ella que *cómo no*"
(Aurelio Espinosa, *Cuentos,* I, 121 [Ávila]); cf. M. L. Amunátegui Reyes,
Observaciones i enmiendas a un diccionario, II (Santiago de Chile, 1925),
25-31; Keniston, pág. 153. Para la lengua antigua, cf. Torres Naharro,
Aquilana, v. 135.

de este último tal como lo registra el diccionario de la Academia:
"¿Cómo no? expr. que equivale a ¿Cómo podría ser de otro
modo? Mañana partiremos; y *¿cómo no, si lo he prometido?*".
En España se emplea generalmente detrás de pregunta negativa o
acompañado por una oración condicional, manteniendo en ambos
casos su significado original completo. Tal como se emplea en Hispanoamérica, sin embargo, por lo común equivale a *sí* y a las expresiones más enérgicas *por supuesto, seguramente, ya lo creo, sin
duda, claro, ¿por qué no?, con mucho gusto,* etc. He aquí cuál
puede haber sido aproximadamente su desarrollo semasiológico:
—"*¿*Vas a hacerlo? —*¿Cómo* supones que *no* he de hacerlo? >
¿Cómo no he de hacerlo? > *¿Cómo no?* > *Como no* (en el sentido de *sí*)". Puesto que su uso es general, bastará con unos pocos
ejemplos tomados al azar.

ARGENTINA: —Aura déme la mano. —*¡Cómo no!* (Güiraldes, *Don Segundo,* pág. 31); —¿Puedo mirarlo? —*Cómo no,* hasta que se enllene
(pág. 60); —Y vah' hacer lo que yo te mande. —*¡Cómo no,* don Segundo!
(pág. 92).

PARAGUAY: —¿Me permite entrar? —*¡Cómo no!* (Casaccia, pág. 36).

CHILE: —¿Podrías acompañarme a pasear? —*Como no* (Morales, II,
105). ¿Y esta noche irá otra vez? —*¡Cómo no!* (Laval, II, 232).

PERÚ: —¿Es usted aficionado a la chicha? —*¡Cómo no!* (Barrantes,
pág. 147). —Lindo ai [= ha de] ser. —*Como no* (Ciro Alegría, *La serpiente,* pág. 42).

ECUADOR: —¿Vendrá usted? —*Como nó.* —¿Conoce usted a fulano?
—*Como nó* (Vázquez, pág. 94).

COLOMBIA: ¿Y ha rezado mucho por él? —*Cómo nó* (Carrasquilla,
Hace tiempos, II, 203). —¿Aquí está la señora Bibiana? —*Cómo no* (Buitrago, pág. 26).

VENEZUELA: ¿Y tú crees que se acostumbrará a está en una tienda?
—*¡Cómo nó!* (Luis Bello, *Tomasito, ap.* Alvarado, pág. 123). —¿Sabes
nadar? —*¡Cómo no!* (Gallegos, *La trepadora,* pág. 339).

PANAMÁ: —¿Quieres buscarme el traje? —*Como no,* con mucho gusto;
—¿Me prestarás la novela? —*Como no* (L. Aguilera, pág. 311).

COSTA RICA: Présteme su lápiz. —*Cómo no* (Gagini, pág. 95).

GUATEMALA: —¿Se casará usted al fin? —*Como no.* Me casaré el sábado (Sandoval, I, 204). —Dicen que usted se va a Europa, con su mamá.
—*Cómo nó,* señor, nos iremos pronto (Batres, pág. 181).

SANTO DOMINGO: —¿Me prestará los tres pesos? —*¡Cómo no!* (Patín
Maceo, "Amer.", V, 265; cf. *BDH,* V, 238).

Para expresar una negativa completa, a menudo se usa irónicamente un *¡cómo no!* pronunciado con mayor énfasis. Su significado es *de ninguna manera, absolutamente no, no faltaba más,* y es de uso general.

COSTA RICA: Quieres que te preste para no pagarme. *¡Cómo no!* (Gagini, pág. 95).
GUATEMALA: ¿Dicen que te casarás con un vejete, Concha? —*¡Cómo no!* (Sandoval, I, 204).
MÉJICO: Dice Arturo que le hagas el favor de prestarle cinco pesos. —*¡Cómo no!* (Rubio, I, 114). ¿Le cuadró a usté? —*¡Cómo no!* (González Carrasco, pág. 33).

EQUIVALENTES DE "CÓMO NO"

Con sentido aproximado al *cómo no* afirmativo, "sí, ciertamente, por supuesto", etc., existe cierto número de locuciones cuya segunda parte es *no,* tales como *cuándo no, y de no, si no, pues no,* etc. Aunque, por lo general, el *no* es acentuado, no existe acuerdo sobre dicho acento en la escritura. Con el tiempo, las frases *y de no* y *cuándo no* pasaron a convertirse en condicionales, pero por su uso frecuente como interjecciones, han perdido casi todo su sentido condicional, empleándose en la actualidad como afirmación enfática. Al paso que *cuándo no* es casi general en el habla popular, es frecuente asociar *y de no* con el gauchesco y con el habla rural de Argentina, aun cuando accidentalmente se halla en otras partes. Los ejemplos siguientes muestran la frecuencia con que varían la puntuación y la acentuación (véase también pág. 351).

ARGENTINA: ¿Vah'a trabajar? —*¿Y de no?* —Güeno ... dale agua al petizo (Güiraldes, *Don Segundo,* pág. 39); —¿Vah'a ... ensillar tu potrillo? —*¿Y de no?* —Güeno. Yo te vi a ayudar (pág. 92). —Pues, amigo, a mí me echaron a las tropas de línea sin razón. —*¡Cuando no!* le dije, ya saliste con una de las tuyas (Mansilla, *Una excursión,* pág. 83).
CHILE: —Si no jué ná, señora. Era una copa qu'estaba clisá [= clisada "rajada"]. ... —*¡Cuando no,* pues! (Durand, en *Atenea,* LXXII [1943], 10).
PERÚ: ¿Ya sabe usted a quiénes me refiero? —*¡Cuándo no!* A los de Catacaos (Barrantes, pág. 158). —¿Lo conoces? —*¡Si no!* Es mi casero (Diez-Canseco, *Estampas,* pág. 22).
COLOMBIA: —¿Y la otra ya sabrá todo el cuento? —*¿Cuándo nó, misiá Rosita?* Aquí se sabe todo (Carrasquilla, *Hace tiempos,* I, 178).

VENEZUELA: —*¡Cuando no!* Siempre te saliste con la tuya (Gallegos, *La trepadora*, pág. 267). ¡Se casaría *cuándo no!* con aquella mujercita adorable, perfecta (Blanco F., *El hombre de hierro, ap.* Alvarado, pág. 135). MÉJICO: ¿Y vendrá también la sobrina de Blas? ... Pos, *cuándo no* (García Roel, pág. 228).

A veces *cuándo no* tiene una especial acepción reforzada. Sandoval (I, 239) explica que *¡cuándo no!* se emplea "para vituperar la acción de una persona que en todo se mete, que en todo procede siempre mal y que de ella no puede esperarse nada bueno, con relación al asunto de que se trata", explicación ésta que se aplica fácilmente a los ejemplos que siguen:

GUATEMALA: —¿Y quién te dijo eso de los sueños? —Una adivinadora. —*¡Cuándo no!* Las adivinadoras sólo sirven para explotar la ignorancia de los cándidos (Quintana, pág. 42). COLOMBIA: ¿Quién l'hizu ese vestido, que le quedó tan mal? —Fulana. —*¡Cuándo no* (había de ser)! (Flórez, pág. 385).

No se debe confundir *cuándo no* con la interjección *¡cuándo!*, la cual es corriente en muchas regiones en el sentido de "¡imposible!, eso no puede ser; eso es imposible de realizarse" (Sandoval, I, 238), "¡imposible!, ¡nunca!" (Alvarado, pág. 135), "negativa rotunda" (Santamaría, *Dicc.*, I, 418), "¡cómo!" (Sundheim, página 187), etc.

CHILE: —El papá come en la misma hacienda ahora. —¡Síííí, *cuándo!* ... No es cierto (Durand, *Mercedes*, pág. 44). ECUADOR: —¿Te dio lo ofrecido? —*¡Cuándo!* (Vázquez, pág. 114). MÉJICO: Creyendo que yo me había de ablandar a los gritos del muchacho; pero *¡cuándo!* (*Quijotita*, 1, *ap.* Icazbalceta, pág. 130). PUERTO RICO: Creyeron que yo iba a darle el dinero, pero *¡cuándo!* (Malaret, *Vocabulario*, pág. 139). SANTO DOMINGO: —Me dicen, Elvira, que te casas con él. —¿Yo? *¡Cuándo!* (Patín Maceo, "Amer.", V, 269).

Al igual que *¡cuándo no!*, la locución *¡pues no!* expresa una afirmación enfática y significa "por supuesto". Menos común que *como no*, es, sin embargo, más enérgica. Esta interjección fue y es usada en España. En su estudio del uso argentino de *pues no*, Tiscornia (*La lengua*, § 152) se refiere a ella como a una expresión propia del siglo XVI ("valor de afirmación admirativa que tuvo en el español del siglo XVI", "la antigua expresión"). Aun cuando no la trae el diccionario de la Academia, de hecho se encuentra en la Península con la misma frecuencia manifiesta que en Hispano-américa [5]. En la Argentina se registra *pues no* para el habla rústica, mientras que el habla familiar urbana prefiere *cómo no*. En otras partes, el *pues no* no es necesariamente rústico, pero se emplea menos que el ubicuo *cómo no*. Corresponde aquél a una elipsis de la siguiente expresión: "¿No lo hace? *¡Pues no* he de hacerlo! > *¡pues no!*". Su puntuación es varia: *¡pues no!, ¿pues no?, pues no.*

ARGENTINA: Cántemé alguna cosita / antes de nuestro malambo / *¡Pues no,* cielo! ¡en el momento! (Ascasubi, pág. 137). Armemos un cigarrillo / si le parece. ... —*¡Pues no! (Fausto,* pág. 279). —No les dará de comer, hermano, —le contesté. —*¡Pues no!* —¿Y qué les da de comer? —Lo que sobra (Mansilla, *Una excursión,* pág. 445).

CHILE: Deje espresar su opinión a la ciencia. El arte de. ... —*¿Pues no?* interrumpió José: al momento se me ocurrió que había de andar aquí metida la jente del arte (Barros Grez, I, 9).

GUATEMALA: Cuando se pregunta a una persona si le agrada viajar, responde *"Pues no",* para indicar que sí le gusta viajar (Sandoval, II, 292).

CUBA: ¿Ya la muchacha también se dio cuenta? —*¡Pues no!* (Carlos Montenegro, *Hombres,* pág. 85).

En Yucatán, por otra parte, *no' y pues* constituye una negación enfática: "¿Vas al cine? —*No' y pues,* no me deja mi mamá; ¿Llega Juan mañana? —*No' y pues,* se le enfermó su hija" (V. Suárez, pág. 63). El apóstrofo indica una acentuación glotal fuerte sobre la *o*.

Otra expresión de ratificación sinónima a *cómo no* en el sentido de *sí* es la frase *era que no,* al parecer limitada al habla popular y rústica de Chile. Derivada posiblemente de *viera que no,*

---

[5] "¡Además dicen todos que ella es una santa! *¡Pues no!* Como que es la madre de Eduardo" (Echegaray, *O locura o santidad,* I, 4); —"¿Pagaste el aceite de ayer? —*¡Pues no!* —¿Y la tila y la sanguinaria? —Todo, todo" (Galdós, *Misericordia,* edic. Nelson, pág. 62); "Bien entusiasmados estaban ustedes anoche. —*Pues no"* (Martínez Sierra, *Rosina es frágil),* etc. Un ejemplo clásico: —"¿Piensa vuesa merced esperar, señor don Quijote? —*¿Pues no?* ... Aquí esperaré" (*Don Quijote,* II, 34).

parece tratarse de una de esas locuciones irónicas, de forma negativa, pero de significado afirmativo, semejantes a *pues no* "por supuesto". Recuérdese que, aun cuando por lo general se carga el acento sobre el *no*, en la escritura no existe acuerdo sobre dicho acento.

CHILE: —Y mientras tanto llega la cazuela, póngale unos tragullos [= traguitos]. —*Era que no*, mi alma (Acevedo Hernández, *Por el atajo*, pág. 30). —¿Tamién hay? —Chi. *Era que nó* (Romanángel, pág. 90); —Sírvanse otra por mi cuenta, —ijo on Bartolo. —*Era que nó*, —ijo Quiró—, y antes que se arrepienta (pág. 99); —¿Sabís firmar? —*Era que no*, patrón. —A ver, firm' aquí (pág. 114); —¿Vaporino, m'hijito? —me ijeron. —Chís, *era que nó*. —¿De qué buque? —Del "Güemul" (pág. 116). —¿A vos te ha tocao caer? —*Era que no* —infló el tórax don Vito—; la mar de veces (Alberto Romero, *Perucho González*, pág. 49).

En el mismo sentido hallamos, usados localmente, *¡vaya que no!* y *¡vaya si no!*

PERÚ (PIURA): —¿Me habla en serio don Baltasar? —*¡Vaya que no!* Y, en negro, porque no puede ser más negro lo que me pasa y lo que traigo entre manos (López Albújar, *Matalaché*, pág. 8).

GUATEMALA: ¿Tienes valor de examinarte en aritmética, sin estar bien preparado? —*¡Vaya si no!* (Sandoval, II, 575).

Otra expresión de asentimiento es *¡de más!*, que se registra en Colombia. Restrepo la describe como "expresión de cortesía tan común como el aire que respiramos". Se trata de una elipsis en lugar de "de más está pedirlo", etc.

COLOMBIA: —Présteme su libro, don Pedro. —*¡De más!* (Roberto Restrepo, pág. 333). —¿Cree usted que venga? —*De más* (Tobón, pág. 71).

En el habla popular y familiar del Perú se halla accidentalmente *que* unido a manera de apéndice a *ya* "sí, muy bien", etc., empleado —a modo de afirmación enfática equivalente a *como no*— para alargar y reforzar, por tanto, el monosílabo:

—Quiere decir que o cambia usted de temas y de estilo o. ... —*¡Yaque!* Ni media palabra más: me tiro por lo segundo (Corrales, pág. 138); —¿Dónde me quedé ...? —En la mona. —*¡Yaque!* ... Pues, como decía (pág. 157); ¿Se acuerda usted de ese terrorífico descubrimiento ...? —*Yaque* (pág. 207). —¿Quieres embarcarte? Necesito un grumete. —*¡Yaque,* patrón! (Diez-Canseco, *Estampas,* pág. 23); —En cuantito salga 'e viaje, me avisas, ¿quieres? —*Yaqu'*ermano (pág. 119).

MÁS QUE

Usada elípticamente, es decir cuando se emplea en forma aislada, la conjunción rústica *más que* (o su variante *más que nunca*) "aunque" equivale a una interjección con el sentido de *no importa.* Aun cuando se haya considerado como localismo, en una u otra forma aparece en Chile, Ecuador, Venezuela, Costa Rica, El Salvador, Méjico, y probablemente en otras partes. He aquí cómo se registran sus usos y equivalencias en estos países: Chile (Román, III, 448): *más que nunca* "se usa ... como respuesta a algo que se desprecia, y entonces equivale a *no importa*"; (Zorobabel Rodríguez, pág. 307): "*más que nunca,* equivalente a *suceda lo que quiera, venga lo que viniere,* i aun algo más"; Venezuela (Alvarado, pág. 282): "*más que nunca* 'frase vulgar de pésimo gusto, quiere decir *ni por ésas, por ninguna razón, a pesar de eso'* (Medrano). ... En otros puntos de Occ. es interjectiva, en el sentido de: *no me importa, con su pan se lo coma, aunque nunca sea así"; Costa Rica (Gagini, pág. 178): "*más que ...* hácese a veces más enfática la expresión diciendo *más que nunca"; El Salvador (Salazar García, pág. 182): "*más que, más que sea (y a mí qué) = no me importa"; Méjico (Ramos Duarte, pág. 350): "En Zumpango [zona central] se oye a menudo en la conversación familiar el estribillo *másque, másque,* por *no importa, aunque,* etc.". Es probable que en los dialectos españoles se emplee de igual manera la frase *más que;* así parece indicarlo Garrote (§ 63) para el leonés al dar *no importa, a pesar de que,* como equivalentes de *más que.*

CHILE: ¿Está Ud. resuelto a casarse? —Resuelto. —¿I con una viuda, pobre i cargada de hijos? — *¡Más que nunca!*

ECUADOR: Hay un rico de Guayaquil que necesita harta gente. Está pagando buen diario. —*¡Más que!* No tenemos plata para el viaje (Gil Gilbert, *Nuestro pan,* pág. 190).

COSTA RICA: Puedes ahogarte. *Más que.* Me enojaré si vas. *Más que.* No te querré si vas. *Más que nunca* (Gagini, pág. 178).

MÉJICO: —Pos ya le he dicho [a mi padre] que ese apodo es italiano, y él dice que *más que,* que si me lo sigue [usted] diciendo, no me deja volver y yo quero seguir (Gamboa, *Teatro,* III, 22).

MECÓN

La inelegante interjección chilena o juramento *¡mecón!* (empleada únicamente por el bajo pueblo) se considera generalmente como una forma abreviada de *me condeno* o *me condenara,* variantes de dicho "juramento execratorio". Aún no se ha dado ninguna explicación satisfactoria, y parece improbable que las formas largas sean embellecimientos ulteriores de *mecón* (para una conjetura no plausible, véase Román, III, 468). También se oyen otras formas, como *meconcito, me recondenara,* y otras variedades accidentales, como *me consolara* y el gracioso *me condenitre.*

CHILE: —Habría que verlo pa crerlo. —*Mecón* ques cierto (Guzmán Maturana, pág. 207). *¡Me recondenara!* ¡Cómo no se acrimina uno! Creen que porque son ricos han de mirar al pobre como un perro (Durand, en *ACH,* pág. 225). *Mecón,* no miento, tuvimos que sacarlos [= sacarnos] hasta los calzoncillos (Romanángel, pág. 37); *¡Mecón* la carreta grande que tiró el pobre finao Feli! (pág. 38); —*Me condenara,* por la maire, mire (pág. 45); —*Me consolara* qu'el coñá t'apretaor [= el coñac está apretador] como caballo (pág. 51); —*Mecón* qu'el pobre Feli si no resucita agora no resucita nunca (pág. 53); —*Me condenara* —ecía—, si hubiera sabío tal, arreo con el jarro lavatorio (pág. 54); —*Me condenitre* qu'es entallao (pág. 93). —No quito ni pongo con el patrón, *¡meconcito!* (Acevedo H., *La canción rota,* pág. 5).

¡O!, ¡OH!, ¡HO!, ¡HOM!

En el habla coloquial y rústica de algunas regiones es frecuente el empleo de la interjección *¡o!* (escrita *¡oh!, ¡ho!,* etc.) al final de frase u oración como vocativo y a menudo como equivalente a la interjección *¡eh!* Puesto que también es corriente la forma *hom* (en la sierra peruana existe un plural *homs*), tanto la forma *o* (u *ho*) como la forma *hom* se consideran generalmente como una reducción de *hombre,* también común en calidad de

vocativo, el cual, como interjección, expresa sorpresa o asombro.
Esta explicación no convence. Es posible que ¡o! se remonte al
uso latino de la _o_ con vocativos y que más tarde se fundiera con
hombre empleado en este sentido. Sea como fuere, en los dialectos españoles —gallego (Cuveiro Piñol), Asturias (Acevedo y Fernández), Montaña (García-Lomas), Bilbao (Arriaga), etc. (cf. Corominas, pág. 100)— se halla un uso semejante de _o_ y de _hom_.
En Catamarca (Argentina), esta _o_ corresponde al _che_ (cf. página 79) de la zona costera; Lafone (pág. 175) afirma que al principio fue "muy general" y que actualmente está relegada al "pueblo bajo", siendo posible que proceda de Copiapó. Esto último es
aceptable, ya que el uso de _ho_ y _hom_ es sumamente común en
Chile, donde los vendedores de periódicos de Santiago gritan "¡El
Mercurio, _ho!_", "¡El Mercurió!", etc. En Chile, _ho_ es de nivel
social más bajo que _hom_. En Salta (Argentina) existe la forma
hon (la _m_ final española se pronuncia generalmente como _n_). En
el caso de Venezuela, Alvarado (pág. 413) define ¡sí oh! como
"interjección irónica de incredulidad", pero los ejemplos siguientes demuestran claramente cómo este ¡sí oh! no siempre tiene semejante significado. Algunos escritores usan _o_ mayúscula.

ARGENTINA (CATAMARCA): Vea ¡O! —¿De dónde viene ¡O!? (Lafone,
pág. 175). (SALTA): ¡Apúrate, _hon!_ (Dávalos, pág. 12). (SAN LUIS): ¡Pero,
hó! —¡Peró! ¡Pero, _jo_ (con _h_ aspirada)! (Vidal, pág. 84).

URUGUAY: ¡Vamos, duérmase, _oh!_ —gritó al nene (Horacio Quiroga,
V, 87).

CHILE: ¡Mira, _hom!_ ¡Mirom! ¡Miró! (Román, III, 130). —¡Y qué diablos querís que diga, pos _hom!_ (Rojas Gallardo, _3.ª serie,_ pág. 10); —¡Pero
vos no poís andal así, pos _hom!_ (pág. 15); —¿Qué te pasa, _hom?_ (página 18); —¡Oye Tristán, _oh!_ (pág. 37), etc. —¡Pucha la payasá, Liboria,
_oh!_ (Romanángel, pág. 60). —¡Oye _oh!_ Usebio, vení un ratito (Juan del
Campo, pág. 44); —¡Güeno, pus _oh!_ si nues pa tanto pa ponerse ronco
(pág. 65); —¡Güeno _ho!_ (pág. 95), etc. —Por la madre, ¡oh ... Güena cosa,
_oh!_ (Acevedo Hernández, _De pura cepa,_ pág. 4). —Anda, _ho_ (Latorre,
Zurzulita, pág. 62); —¿Quién ganó ahora, _ho?_ (pág. 63).

PERÚ: —Pasa, _hom_ ... llega, _hom_ ... —suena la voz amistosa del
viejo (Ciro Alegría, _La serpiente,_ pág. 17); ¿Y vos, _hom?_ (pág. 25); Ta
güena, _hom_ (pág. 31); —_Hom,_ vaya con la suerte e ser mayor y hombre
e rispeto, _hom_ (pág. 34); —Vamos nomá, _hom_. ... —¡Juerte, _hom!_ (pág. 100);
—_Homs,_ a la balsa, a pasar luego ... a ver, cristianos (pág. 154); —_Homs_ ...
—dice el Encarna al círculo voraz de cholos (pág. 162).

VENEZUELA: —¿Llegaste esta tarde? —¡Si, *oh!* Nos atrasamos (Guillermo Meneses, en *ACMV*, II, 141); —Tenemos toda la noche para los dos. —¡Si, *oh!* (pág. 142); —¿Nerviosa? —¡Si, *oh!* —¿Por qué? —Por nada, negro (pág. 155). (Rústico, la madre a su hija): ¿Lo viste? (La hija a su madre): —¡Sí *hom!* Si está cambiadísimo (Díaz-Solís, pág. 73).

NICARAGUA: ¿Dónde va, *hom?* (C).

EL SALVADOR: —¿Cayen, *O?* —¡Sí, *O!* —¡Ya quizá va maneciendo, *O!* ... ¡Tá haciendo friyo, *O!* (Salarrué, *Cuentos*, pág. 95); —¿Qué jué, *O?* —¡Es un palo que siá reido, *O!* (pág. 97).

GUATEMALA: No te vayas, *o* [= tú]; ¿Qué dice ése, *o* [= tú]? ¿Cuándo volvés [= vuelves], *o* [= vos o tú]? (Sandoval, II, 156). —¿Quien and'ay, *oh!* —¡Soy yo, Ramón! (Santa Cruz, en *CLCA*, pág. 235). —Güen día, nana. —Güen día, *oh* (Quintana, pág. 87).

El mismo origen que el *che* argentino (véase pág. 79) tiene un *che* que se oye en algunas regiones de la América Central. En Costa Rica (Gagini, pág. 110), en Nicaragua (Ayón, pág. 133; Castellón, pág. 49) y en Honduras (Membreño, pág. 54), *che* expresa desagrado y disgusto o desprecio (igual que las expresiones consagradas ¡*puf*!, ¡*quita*!, ¡*qué asco*!, etc.), y se usa también "para contener a uno que nos molesta de obra, como la castellana ¡*tate!*" (Gagini), "para rechazar algo, o para impedir que una persona lleve a cabo lo que se propone" (Membreño). Se emplea asimismo como sustantivo en la expresión *hacerle* (*el*) *che a* "despreciar".

COSTA RICA: —¡Vea, mi hijita, a nadie hay que *hacerle* ¡*che!* en esta vida (Lyra, pág. 109).

HONDURAS: Paco despertó y ... gritó su protesta: —¡*Che*, hombre, *che!* (Martínez Galindo, pág. 100).

En Bolivia, los cholos emplean *choy* y *cho* en el sentido de *che* para llamar la atención de alguien. En quichua existe la partícula interrogativa *chu*.

—*Choy*, Francisquito (Díaz Villamil, *La Rosita*, pág. 14); —¡Qué rico, *choy!* (pág. 15); —*Cho*, al pasar no has reparado (*Cuando vuelva*, página 24); —*Cho*, dime francamente (pág. 29); —*Choy*, Faustino, si me muero, no me has de olvidar, ¿quieres? (pág. 51); —*Choy*, apúrense (pág. 39).

En la mayoría de los países (Malaret, *Supl.; BDH*, II, 311) se emplea la locución impersonal (*es*) *capaz que* + subjuntivo en el sentido de *es posible, es probable, quizás*, etc. Cuervo (§ 440) la consideró de origen español ("... no *es capaz* me acuerde de todas, por ser muchísimas" [1764]), considerándola como contaminación: *es capaz de insultarlo* + *es fácil, posible que lo insulte* > *es capaz que lo insulte*. Sánchez Sevilla (pág. 248) recoge en la zona rural salmantina un curioso significado negativo: "*es capaz que* venga" = *probablemente no vendrá* (cf. también Zamora Vicente, página 45).

ARGENTINA (RURAL): *Capaz que* llueva en seguida (Vidal, pág. 397).
CHILE: *Es capaz que* se salgan al encuentro unos bandidos y te maten (Román, I, 268). *Capaz que* me lo coma todo (C). Eran tan hábiles los montoneros que *capaz que* en las mismas barbas de los carceleros las emprendieran con alguna presa (M. Petit, pág. 107).
BOLIVIA: No *es capaz que* haiga otra como usté (Arguedas, *Vida,* página 216).
PERÚ: —¿Vendrá Juan a la tarde? —*Capaz* (Benvenutto, pág. 153).
ECUADOR: *Capaz de que* no van a llegar a tiempo (Aguilera Malta, página 10).
COLOMBIA: Si usted me dice una palabra más, *es capaz que* le dé una bofetada (Cuervo, § 440). Si vas a su casa, *es capaz que* te pegue (Sundheim).
MÉJICO: ¡Cómo molestan a esta niña! *es capaz que* la vuelvan loca (Inclán, I, 174); *es capaz que* ese charro se figure que todavía eres cerrera (I, 47). Si pierdo esta oportunidad, *es capaz que* yo enloquezca (Santamaría, *Dicc.;* cf. también Icazbalceta, pág. 83).

Román (I, 268) supone la posibilidad de que *¡Capaz que no me pagues!* constituya un reto o desafío equivalente a *¡Cuidado con no pagarme!*

CUIDADO

De acuerdo con la lengua consagrada, la interjección *¡cuidado!* se emplea de manera diversa para exhortar a alguien a que actúe cautelosa y atentamente, como aviso para que evite un peligro, o como una especie de amenaza: "*¡Cuidado,* que se va a caer!, *¡Cuidado* que no se caiga!, *¡Cuidado* con caerse!, *¡Cuidado* si lo hace!*"*, etc. En numerosas regiones de Hispanoamérica se hallan otras construcciones no familiares al oído castellano, algunas de las cuales implican simplemente la omisión del *que* de enlace, del *si* o de la pausa habitual representada en la escritura por medio de una coma. Actualmente, *cuenta* puede reemplazar a *cuidado: ¡Cuenta* te caes!

PERÚ: *¡Cuidado* tropecemos! *¡Cuidado* se queme! (C).

ECUADOR: *¡Cuidado* te aplasta un carro! (Gallegos Lara, *Las cruces sobre el agua,* pág. 137). *¡Cuidadito* se remoja! (Aguilera M., *La isla virgen,* pág. 98). Hable despacio, *cuidado* lo oyen (Gil Gilbert, *Nuestro pan,* pág. 71).

COLOMBIA: —Los esperamos a almorzar. *¡Cuidado* no van! (Efe Gómez, *Guayabo negro,* pág. 26).

VENEZUELA: *¡Cuidado* como te oyen decí eso! (Gallegos, *Cantaclaro,* pág. 166); Pero *cuidado* como va a darle alcance (pág. 216).

COSTA RICA: *¡Cuidado* me corta! (Fallas, pág. 79). *¡Cuidado* se te ocurre hablar de lo de ayer! (J. Gutiérrez, pág. 180).

MÉJICO: —Cuidado y me contradigas ¿oyes? (Gamboa, *Santa,* pág. 12)

¡ PA(RA) NUNCA !

La expresión chilena *¡pa nunca!* significa "mal, incómodo", y es de uso rural y popular.

—¡Si estamos *pa nunca!* No me acuerdo naíta cómo llegué. —Pero si venían *pa nunca* ... ¿y cómo se jueron a curarse [= emborracharse] tanto? (Romanángel, pág. 95); —Agora sí qu'estoy *pa nunca* ... con el cuerpo malo y en el medio 'e la mar (pág. 118). Cuando no juntamos ... taba *pa nunca* (J. M. Castro, *Froilán Urrutia,* pág. 24).

¡ AMPE !

La palabra *ampe* (*ampesito*) expresa cariño o ruego, contribuyendo a atemperar la frase toda, a veces en un intento de hallar gracia, a menudo como equivalente a *por favor.* En antiguo aimará se registra la palabra *ampi* como partícula afirmativa: "es de uno que afirma alguna cosa"[6]; su sentido se definió como "Así es; verdad es"[7], y más recientemente (1891) lo explicó Middendorf como "so ist es"[8].

—*Ampe,* no me vengas con tus malos augurios (Díaz Villamil, *La Rosita,* pág. 10); —Me he cansado, *ampe* (pág. 13); —¿Qué cosa, mama? —Las gallinas, pues, *ampe!* (pág. 23); Este bailecito más pues, *ampe* mama (pág. 46); —¡Abrime, *ampe!* ... Ay, *ampe.* ¡Hace un frío! (pág. 78).

FÓRMULAS DE TRATAMIENTO

Las anteriores formas vocativas *¡oh!, ¡che!,* etc., nos encaminan hacia las fórmulas generales de tratamiento. En nuestra clasificación, estrictamente sintáctica, no se incluyen las formas independientes, como *esposo, -a* (eludidas por las clases altas), *marido* y *mujer* (eludidas por las clases medias), *mamá* (urbano) y *máma* (rural actualmente, pero que constituyó la forma española original hasta el siglo XVIII, en que, bajo la influencia francesa, se empezó a decir *mamá* en las ciudades), *tata, taita, tatita* (las cuales van en rápido descenso, aunque aún son corrientes para dirigirse a los padres, a las personas de edad, a los sacerdotes, a Dios), *nana* ("madre, abuela"; en Nuevo Méjico, *nanita* también "hermana menor"), *viejo, -a* (ya por "padre, madre", ya por "marido, mujer", ya por "amigo"), *amigo, amigazo* (rural), *compadre* o *compay* y *comadre* o *comay, vale* o *valito, chico,* y *hermano* o *mano* (por "amigo, compañero"; en Méjico también *cuate; mano* y *mana* en Nuevo Méjico para las personas de edad: *mano Juan), patrón* o *jefe* (por "señor", hablando a alguien que está por encima de uno), *señorita* o *joven* ("chica joven"), *joven* ("chico joven", aunque puede ser de cierta edad), *ñato, -a* (término cariñoso), *tío* y

[6] L. Bertonio, *Arte de lengua aymara* (1603), ed. Platzman (Leipzig, 1879), pág. 251.

[7] L. Bertonio, *Vocabulario de la lengua aymara* (1612), ed. Platzman (Leipzig, 1879), pág. 16.

[8] *Die Aimará-Sprache* (Leipzig, 1891), § 71.

tía, de bajo nivel, y otras formas, cuya área geográfica varía a veces considerablemente [9].

Ya se estudió (pág. 63) el empleo del adjetivo posesivo *mi* con vocativo, el cual, al parecer, constituye un arcaísmo: *mi hijo, m'hijo = hijo mío.* En el habla familiar de numerosas regiones se añade frecuentemente a estas expresiones el adjetivo *lindo, -a,* equivalente a "querido" más bien que a "guapo", con el fin de hacerlas más afectivas.

CHILE: Pero, *mi hija linda,* fíjate que tu situación es especial (Durand, *Mercedes,* pág. 252). "Aquí no hay ni un alma, *mi amito lindo*", jilibiaba poniendo tamaña jeta una pícara mulata que habían criado en la casa (Ernesto Montenegro, pág. 20). —Oiga, *m'hijita linda;* ya, déme lo que le pío (Romanángel, pág. 12). —Mamita, *mamita linda,* ven (Durand, *Mi amigo,* pág. 121). (RURAL): —Estudea, *m'hijito lindo,* pa que lleguís a ser lo que yo hay sío (C).

ECUADOR: Sabía conseguir favores de los cholos tratándoles de "*ñañito lindo*" (Icaza, *Media vida,* pág. 14). —*Padre lindo,* San Jacinto (Gil Gilbert, *Nuestro pan,* pág. 53). —*San Jacinto lindo,* míranos con ojos de misericordia (pág. 54).

VENEZUELA. —*Mi amito,* don Fernando, *tan lindo,* haga que me dejen sin trabajar hoy (Uslar Pietri, pág. 24).

EL SALVADOR: —*¡Mijo, mi lindo!* ¡Perdóname, cosita; taba como loco! (Salarrué, *Cuentos,* pág. 86).

En Andalucía se aplica la palabra *niño, -a* (equivalente a *señorito, -a*), a las personas solteras de cualquier edad que sea, práctica atribuible a la gran fantasía meridional. Esta costumbre, sobre todo bajo su forma femenina, que a veces se aplica incluso a la mujer casada o viuda, ha sobrevivido asimismo en gran parte de Hispanoamérica. Los sirvientes son los más inclinados a tratar a los hijos de sus amos con el nombre de *niño* o *niña* (acentuado a veces *niñó, niñá*), sin tener para nada en cuenta su edad. En

---

[9] Para un análisis completo de ciertas formas interpelativas, cf. Frida Weber, "Fórmulas de tratamiento en la lengua de Buenos Aires", *RFH,* III (1941), 105-39. Si bien las formas estudiadas son principalmente argentinas, se hace a veces referencia a su uso en otras regiones. Cf. también A. Alonso, "Problemas. VII. Las abreviaturas de *señor, señora* en fórmulas de tratamiento", *BDH,* I, 417-30. Cf. asimismo Rosenblat, *Notas,* páginas 122-30.

ocasiones (como ocurre en Ecuador, en el campo de Colombia, etc.)
niño, -a, se aplica también a los jefes de familia, hombre y mujer,
así como a cualquiera que no sea de baja extracción social, sin
tomar en cuenta su edad: "hombres y mujeres (observa Mateus,
pág. 276), todos son *niños* y *niñas,* ninguno ha salido de la niñez;
e infeliz del que se atreviere a decir *señor* o *señora*". Igual cosa
es aplicable a otras regiones, incluso Méjico, en donde el español
Sánchez Somoano escribió en humorísticos versos el año 1892 (*Modismos,* pág. 33): "No hay allí viejos ni viejas, / porque éstos son
nombres rancios, / siempre son *niños* y *niñas* / aunque pasen de
cien años".

En muchos países (Méjico, Venezuela, Colombia, Perú, Ecuador, etc., pero no en la Argentina) se aplicó y aplica la palabra
niño únicamente a los niños blancos (acomodados), reservándose
muchacho para los negros, indios o plebeyos. Henríquez Ureña informa en el caso de Méjico: "*Joven* y *niño* se aplican a personas
de clases acomodadas, mientras que para las de clases pobres se
dice en Méjico *muchacho.* 'No es muchacho, que es *niño*', hemos
oído protestar a una mujer del pueblo en Méjico porque se le decía a su hijo en la calle: *quítate, muchacho*" (*BDH,* IV, 192, n. 8).
En la novela venezolana *Balumba* (1943) escribe Briceño: "... estábamos divididos en clases: nosotros, los *muchachos;* Virgilio, el
niño" (pág. 13); "el menor de nosotros, que era yo, tenía diez y
seis años, Virgilio tendría quince, pero la limpieza y cuidado de
sus trajes y el olor a Agua Florida que siempre tenía en sus cabellos brillantes y peinados, nos hacía pensar que esto era propio de
los *niños.* Nosotros seguíamos siendo *muchachos.* Cuando más,
para la boca de los viejos, *zagaletones*" (pág. 14). Igual cosa ocurrió en las Antillas, en donde la gente de color, negros o mulatos,
empleaban la palabra *niño* al dirigirse a sus amos y, en general,
a cualquier blanco, lo cual ya no existe en Cuba, en contra del
diccionario de la Academia, salvo en el caso de negros de mucha
edad (Suárez, pág. 378; cf. también *BDH,* V, 220). (Digamos de
paso que la misma tendencia eufemística prescribe *moreno* por
negro, indígena o *natural* por *indio,* y ocasionalmente *pardo* por
mulato).

ARGENTINA: —¿Y? —preguntó la muchacha. —Vi a dir ahurita, no más, *niña.* —¿Y anoche, no fuiste? —Sí, *niña.* —¿Y la contestación? ... —¿Y él? —No lo vide, *niña* (Larreta, *Zogoibi,* pág. 139). La sirvienta entró en el cuarto. ... —¿Qué pasa, *niña?* —Nada, Isabel (pág. 155).

CHILE: En Chile es corriente decir también *la niña, las niñas* por toda mujer soltera que ha pasado de la adolescencia y no ha llegado a vieja; y aun las viejas solteras se tratan entre sí de *niña* (Román, IV, 17).

ECUADOR: —¡Rosalía! —llamé a la cocinera. ... —Mande, *"niñó"* (García Muñoz, *Estampas,* pág. 222). (La señora a la criada india): —¡Consuelo! —¡Mandé, *niñá!* (Icaza, *Cholos,* pág. 7); (Don Braulio, hacendado, le dice a su hijo): —Come despacio. ... —Pero *niño.* ... Pareces un chancho. Sólo los longos ['niños indios'] comen así. Cualquiera diría que no eres un *niño decente* (pág. 8); Un *niñito decente* come despacio. Un *niñito decente* no llora como longo (pág. 9); —Consuelo. —Mandé, *niñó* [a don Braulio] (pág. 10); —Güeno. —Bueno *niñá,* se dice, longo malcriado. —Güeno *niñá* (pág. 53).

COLOMBIA (CASANARE): —¿La *niña* Griselda? —En el caño ... entró la *niña* Griselda (Rivera, pág. 26); La *niña* Griselda se apresuró a traer miel oscura ... para que endulzáramos la bebida. —Muchas gracias, *señora.* ... ¿Ese vestío lo cortó usté? [pregunta Griselda]. ... —No, *señora* [responde Alicia, que es de Bogotá (pág. 28)]. ... Venga pa acá, *niña* Alicia [dice Griselda (pág. 29)]. (ANTIOQUIA): —No ve, mi *Niña* —plañe Cantalicia. ... ¿Y cómo le pareció, mi *Niña?* (Carrasquilla, *Hace tiempos,* I, 183); exclama mamá —¿Qué son todas las cosas que traes? —Pues ai irá viendo, *niñ'*Elisa. Cosas de misiá Doloritas (II, 245).

VENEZUELA: —La *niña* Anama ... está entre la vida y la muerte (Pocaterra, en *ACMV,* I, 163).

PANAMÁ: A viejas ochentonas, lelas y amojamadas, como dice Cuervo, las llama el pueblo *Niña* Fulana, *Niña* Zutana (Méndez Pereira, pág. 23).

COSTA RICA: Cualquier vieja ochentona es por acá *niña* María o *niña* Juana (Gagini, pág. 187).

NICARAGUA: Ya he oído censurar el uso de anteponer este título al nombre de las solteras: la *niña* Juana, la *niña* Leonor. Se le considera corruptela nicaragüense (Ayón, pág. 219). Doña Ritana nunca se había casado ... tenía aquel aspecto de las que merecen llamarse doñas, y aun se llaman, sin serlo; y ella lo aceptaba con la excusa de que decirle a una *niña,* era un nicaragüenismo de mal gusto (Chamorro, *Entre dos filos,* pág. 106). En la sierra, aun los mozos más respetuosos ... la llamaban "la Camila". Y quienes ascendían en la gama del respeto, apenas si llegaban al *"niña* Camila", cognomento con el que se designa también a las viejecitas (Robleto, pág. 93). Se dice *niña* a las jóvenes y a las personas de edad que tienen alcurnia: *niña* Socorrito y *niña* Mariana (Castellón, pág. 92).

HONDURAS: —La *niña* Maruca llegó seguramente hoy allí —decía el mayordomo (Carías Reyes, *La heredad,* pág. 11); —Pues vea, *niña* Maruja (así la llamaban cordialmente desde que era pequeñita), novedades tenemos muchas (pág. 12).

GUATEMALA: La *niña* Teresa López, / que frisa ya en los sesenta, /
frente a la cantina "El Tigre" / tiene una tienda (Arce, pág. 99). La *niña*
Meches ya pasa de los cuarenta años y aún no ha podido casarse. ...
Se asegura que la *niña* Lola, viuda de López, murió de 85 años. ... El
niño Chico no quiso casarse y murió de sesenta años. ... —Dile a la
niña Julita que se vista pronto. ... Señora, el *niño* Paco no me hace caso.
Oye, Adelina: ya es hora de que vayas al colegio por el *niño* Ramoncito
(Sandoval, II, 125).

Aplicadas por el bajo pueblo a las personas de edad (de cuarenta años en adelante, dice Sandoval [II, 154] en el caso de Guatemala) para evitar la familiaridad de llamarlas por su nombre propio, todavía son frecuentes en numerosos sectores rurales de Hispanoamérica las formas vocativas y narrativas *ña* (a veces *señá*,
rara vez *ñora*) y *ño* (a veces *ñor* o *señó*). *Ña* y *ño* se emplean generalmente con el nombre propio (*ña* Juana), ocasionalmente con
el apellido (*ño* Pozo), y a veces con sobrenombres y epítetos insul-
tantes, correspondiendo en este caso al término consagrado *so*
(< *señor*): *ño ladrón = so ladrón* (*don ladrón* en los clásicos).
La forma masculina *ño* goza de menor extensión geográfica que
la femenina *ña*, hecho aún no bien estudiado. En España se usa
ña en Asturias —según Amado Alonso (*BDH*, I, 417)— y *ño* en
Andalucía. Es probable que *ña* y *ño* constituyan una reducción de
señora y *señor* usados de modo proclítico en frases vocativas (*señora* Juana), en las cuales los títulos y las fórmulas de tratamiento
generalmente son átonos[10] (*señora* > *señoa* > *señuá* > *señá* >
ña, señor > *señó* > *ño*), aunque hay quienes han pretendido que
ña deriva de *doña*, e incluso de *niña*. Probablemente en razón de
su bajo nivel social, tanto *ña* como *ño* están cayendo rápidamente
en desuso, por lo general en beneficio de *señor, -a*. Para *sise*
(= *sí, señor*) y *nose* (= *no, señor*) en la parte oriental de Puerto
Rico, cf. Navarro, pág. 123.

Al tratar o referirse con respeto a las mujeres de nivel social
un poco más alto, generalmente casadas o viudas, en las mismas
zonas rurales se emplea *misiá* (= *mi + siá < sea < seora < señora*) o *misia* (y *miseá*), forma que en su origen fue del nivel so-

---

[10] Navarro Tomás, "Palabras sin acento", *RFE*, XII (1925), 353; *BDH*,
II, 123.

cial más alto y que hace mucho fue desterrada de la mayoría de los centros urbanos. Roberto Restrepo (pág. 341) registra *mi sa* como popular en ciertas regiones colombianas, mientras en otras (Antioquia y Caldas) dicha forma "conserva cierto aire de distinción". En algunas regiones rurales se oye aún *su merced* aplicada a personas de mayor dignidad; en Bogotá se aplica a los niños y a los amigos íntimos como término cariñoso.

Los títulos de *don* y *doña* han perdido gran parte de su abolengo original. En los primeros siglos del idioma estaban reservados a la realeza y a los altos cargos eclesiásticos; más adelante, también a los que prestaban un gran servicio al Estado. En la colonia, e incluso durante las guerras de independencia, se podía comprar el título de *don*. Tobar (pág. 203) afirma que en 1818 se vendió el *don* por 1.400 reales en la ciudad de Lima. La emancipación trajo consigo la abolición de los títulos, pudiendo entonces cualquier nombre jactarse de un *don* o *doña*, uso que se fue extendiendo a las clases medias y bajas. Caso extremo, en el Ecuador se llegó a aplicar la palabra *doña* a las indias ancianas (a las jóvenes se las llamó y llama *huambras* o *longas*), de tal manera que, según Tobar, *india* y *doña* se han convertido allí en sinónimos. En la lista de expresiones propias de Cuenca (*morlaquismos* < Morlaquía = Cuenca) que aparece como apéndice en su novela *Sumag Allpa* (1940), Mata define *doñas* como "indias adultas casadas".

A su vez, cuando el *don* perdió categoría, las clases media y alta prefirieron las fórmulas más extensas *señor* y *señora*, sobre todo en las ciudades. Naturalmente, como en cada república fueron distintas las condiciones económicas y sociales, la jerarquía de dichos títulos no fue ni es uniforme a lo largo de Hispanoamérica. Tratar de establecer aquí diferencias geográficas minuciosas sería imposible e inútil. Baste con decir que en regiones limitadas, como en Santo Domingo (*BDH*, I, 427), el *don* continúa usándose igual que en España, o sea en el trato de personas de cierta edad (treinta años al menos) y de posición social acomodada; en Méjico, en gran parte de Colombia y en otros lugares se ha mantenido el *don* prácticamente en todas las clases sociales, aunque las clases media y alta lo han reemplazado comúnmente por *señor*.

Se puede decir que en numerosas regiones rurales se emplea el *don* delante del nombre propio (a veces delante del apellido) y aislado, como simple vocativo, sobre todo al dirigirse a personas desconocidas. En este caso (¡oiga, *don!*) se considera a veces un tanto carente de cortesía, un poco humorístico o apático. En el campo, *don* y *doña* no están limitados a clase social alguna. Generalmente los usan los gañanes, encargados y personas por el estilo para tratar o referirse a su amo o ama, jefe, superior, etc., o a alguien que se ha distinguido dentro de su misma clase social (*Don Segundo Sombra*). En numerosos sectores rurales, *don* y *doña* corresponden a *señor* y *señora* en la ciudad. En el campo, *doña* se alterna ocasionalmente con *misiá*. En las ciudades, al mismo tiempo que es fórmula cortés, *doña* a menudo se aplica hoy a las lavanderas, tenderas y otras personas de categoría social semejante que han alcanzado cierta edad y cierta distinción social dentro de su propia clase. En las ciudades, el *don* (al contrario del *doña*) está volviendo a adquirir actualmente algo de su primera significación, no como síntoma de nobleza, sino simplemente como señal de trato social agradable. Si bien es cierto que, en general, *señor don* y *señora doña* en Hispanoamérica ya no se usan de la misma manera que en España y han quedado reducidos a *señor* y *señora*, algunos periódicos hispanoamericanos insisten en conservar el *doña* en sus crónicas de sociedad, contrariamente a la práctica diaria del lenguaje hablado.

ARGENTINA: —¡Qué *ña* Petrona, ésta! ¿Conque, al fin, la dejó mi compadre? (*Fray Mocho*, pág. 17); Mire, compadre ... estoy recordando a *doña* Eloya, la puestera de la costa. ... La pobre me decía. ... "¡Qué hombre, *ña* Petrona, es su compadre!" (pág. 18); —Cómo no, *doñ'* Amalia —dijo *ña* Martina indignada. ... —Callesé, *ña* Martina, es mejor —dijo *doñ'* Amalia (pág. 131); *Misia* Robustiana, la señora de su jefe (pág. 165). —¡Güen día, *don!* —Buen día, amigo (Lynch, *Los caranchos*, pág. 32). —¡Caramba! —dijo el dueño del lobuno ... no la creíba tan aviada. ... —¡Qué quere, *don!* Me hi remediao con las empanadas y los chorizos (Wast, en *ACH*, pág. 39). ¿Y cuánto tiempo —habíale preguntado a su nuevo patrón— estaremos en Güenos Aires, *don?* (González Arrili, pág. 85). —Sería por algo, *don* ... por *algo-dón* ... y árnica (Filloy, pág. 192).
URUGUAY: ¿Cómo le va, *doña?* ¿Qué hace, *ña* Martiniana? (Sánchez, *Barranca abajo*, II, 15); —¡El vecino *don* Zoilo Caravajal! —Sí, señor.

Pero eso era antes, y perdone. Aura es el *viejo* Zoilo, como dicen todos ...
cuando uno se güelve pobre, hasta el apelativo le borran (II, 16).

CHILE: —Ahora le toca a Ud., pues, *ño* Peiro. —Yastá, pues, compadre
(Guzmán Maturana, pág. 27); —*¡No* Peiro: pásele la guitarra a *on* [= don]
Panchito! (pág. 31). —Buenos días, *ña* Nicolasa. ¡Qué tempranito que le
amaneció! —No tanto como a Ud., *don* Pancho (pág. 82); Salió a reci-
birnos *misiá* Rosarito, muy pulcra en su traje campesino (pág. 85). ¡Eh,
don!, le digo apenas pude sacar el habla, ¡a quién se le ocurre ponerse a
dormir así y con el sereno que empieza a caer! (Ernesto Montenegro, página 26); —Mire, *don,* no me venga a mí haciéndose el gringo, porque a
mí no me desprecea naiden (pág. 158). —¿El Malo, *On* Chano, anda por
aquí? —¿No lu' ha oyío, *su mercé?* (Latorre, *Hombres,* pág. 23). —Si ya
voy, *doña* (Latorre, *Zurzulita,* pág. 34).

PERÚ: La *vieja* Melcha ... *doña* Melcha (Ciro Alegría, *La serpiente,*
pág. 140); —Nos daráste posadita, *don* Matish. ... —¡Dios se lo pague,
ñor! (pág. 148); donde la *eña* Mariana (pág. 151); —Dios se lo pague,
ñores (pág. 161); *Doña* Mariana, acuclillada tras la puerta de su bohío
(pág. 168); —¿Ta el Cayo o *ña* Meche? —No, ellos murieron hace tiempo. ... Soy su hijo: el Lucas (pág. 219). —*¡Misiá* Francisca! —¡Qui'ay!
—Le vendo mi baúl y este Corazón de Jesús: una libra. Regateó la zam-
bona [= mulata] largo rato (Diez-Canseco, *Estampas,* pág. 24); *Misiá* Pe-
tita [dueña de la *pulpería,* es *zumba*]. (Dice un cliente): —Otra mulita,
señora. ... (Dice otro): —Ta manaña, *misiá* (pág. 152); ¿Cómo te jué?
—Pa servirlo, *ño* Ambrosio [= el viejo *don* Ambrosio] (pág. 153). (Hace
sesenta años): Tan pronto como una distinguida señora viene a menos y
baja de su rango, los grotescos *Dones* y *Doñas* que quedan descritos, se
apresuran a apearle el tratamiento y a llamarla *ña* Fulana (Arona, pág. 189).

ECUADOR: —¿Te acordás de la noche que *ña* Paula se moría? —No
sea pendejo, *don* Leitón [= Tomás Leitón] (Aguilera Malta, pág. 45). Se
queja la *ña* Panchita / Que está bravo *ño* Tomás (Mera, pág. 264). (Saccr-
dote): —¿De dónde eres hijito? (Indio): —Onde *na* Alejita, pes (Icaza,
Cholos, pág. 59). (Sacerdote): Y decíle a tu patrona: que es *mi señora*
Alejita, que si podrá mañana reunirme unos cinco sucrecitos (pág. 60);
—¿Qué 's pes oís? —interrogó el cholo. —Se casó pes *ña* Alejita con *ño*
Albertico (pág. 150); pasó pensando en *ña* Blanquita (pág. 151). (QUITO):
—¿Qué 's de la longa Mariana? (Icaza, *En las calles,* pág. 140); se la-
mentó *doña* Laura [mujer de *don* Luis Antonio Urrestas, miembro de la
Cámara de la Banca] (pág. 185). Sarcásticamente úsase [*doña, don*] entre
nosotros: —"¿Quién ha roto ese plato? —¿Quién ha de ser sino la *doña*
fulana, o el *don* fulano?" —Y estos *dones* no son sino unos infelices criados (Vázquez, pág. 149). Los indios cogían los brazos de las *doñas* [= indias adultas casadas] por debajo del rebozo (Mata, *Sumag Allpa,* pág. 13).
—Usté m'ha cáido en gracia, *ñor* (La Cuadra, *Horno,* pág. 58).

COLOMBIA (ANTIOQUIA): Usté es la *niña* Ricarda Marín, y me perdona
la pregunta? —Sí. ... ¿Y usted es la criada de *misiá* Rosa? —Y suya, *niña,*

y de esta _señora_ (Carrasquilla, _Hace tiempos,_ I, 193); La vieja calla un momento; el auditorio expresa su complacencia y yo suplico: —Cuente más, _ña_ Melchorita (pág. 214); —¿No cierto que es muy dichosa _ña_ Melchorita? —-dice _doña_ Genoveva. —Muy dichosa, mi querida _señora_ (pág. 215); —Bueno, _ño_ Matica (pág. 294). Ahí tá _don_ Barrera [apellido] (Rivera, página 37). (NORTE): ¡Adiós, _doña!_ (Sundheim, pág. 248). —Pero con una condición, mi _don._ —Diga a ver, mijo (Arias Trujillo, pág. 119).

VENEZUELA: —Tú también, _ña_ pazguata. La muchacha saltó hacia él (Pocaterra, en _ACMV,_ I, 158). _Ño_ Pernalete y _doña_ Bárbara son uña y carne (Gallegos, _Doña Bárbara,_ pág. 149). —¡Si usted la viera, _doña!_ (página 181). —Son para la familia que viene de Caracas. ... _Misia_ Águeda con las hijas y _misia_ Carmelita con la niña Adelaida (Gallegos, _La trepadora,_ pág. 32); (narración del autor): En cuanto a _doña_ Águeda ... gran señora, a la manera de los viejos tiempos (pág. 43); (habla _Doña_ Águeda): —¡Hilario! ¿Cuándo viniste? —Acabo de llegar, _doña_ (pág. 47); (narración del autor): _Misia_ Carmelita las hacía reír (pág. 48). En Caracas, _misia_ es general: "_Misia_ María, ¡a la orden, _misia!_". Los criados a las mujeres casadas (_niña_ o _señorita_ a las no casadas), también respetuosamente en las tiendas; la gente cree que deriva del inglés _Mrs._ (Rosenblat).

COSTA RICA: —_Don_ Bítor, sírbanos ai / entre los dos una media / de ron blanco ... ¿Y usté qué bebe, _ña_ Juana? ... —¿Cómo _ñor_ Serapio come? (Agüero, págs. 56-57). —Güenas noches, _ña._ ... —Muchas gracias, señora —exclama entonces el otro, que parece venido de ciudad. —_Ña_ Rafela, le voy a presentar al _siñor_ (Fabián Dobles, pág. 198); mama se jué anoche pa casa de _ñor_ Bermúdez (pág. 377); —¡Se estaba muriendo, _ña!_ ... —_Ñor_ trajo el dautor (pág. 378, etc.).

EL SALVADOR: —¡Pobre _ño_ Guzmán! —¡Pobrecito _ño_ Chomo! Ni uno solo supo decir: —¡Qué malvados! (Ambrogi, pág. 108); La _señora_ Quiteria aprobó el aserto. ... El _señor_ Pedro y los suyos abandonaron por fin el río (pág. 121); —¿Bas a la ciudá, Casimiro? —le preguntó una de las señoras. —Sí, _señora_ Mercedes (pág. 217).

GUATEMALA: _Ña_ Ramona vino en busca de usted (Sandoval, II, 154); _Ño_ Domingo fue el caporal de la finca durante su juventud. ... _Ñor_ José está probablemente enfermo, porque no ha venido a sacar la basura (página 155).

MÉJICO (TABASCO): En el velorio en ca _don_ Guadalupe, _señá_ Paz, la mujer de _don_ Mateo (José Luis Inurreta, _ap._ Gutiérrez Eskildsen, pág. 81). Es general en Tabasco [y también en otras partes] decir: "¡Oiga _Don!_" "¿De dónde viene usted, _Don?_" "Venga, _Doña_". "¿Qué quiere, _Doña?_" (Ramos Duarte, pág. 214). Mire, _don,_ a mí no me venga con calaveras de vaca, a espantarme (López y Fuentes, _¡Mi general!,_ pág. 10); —Hasta la vuelta, _doña._ ... —Que Dios y la Virgen los lleve por buen camino, muchachos (pág. 29). —¿Está _don_ Chema, mi viejo amigo Chema? —_Don_ Chema fue mi padre. ... Murió hace veinte años. ... ¿Y _don_ Nacho Arenas? —Murió. ... ¿Y _doña_ Cuca López? —Murió (López y Fuentes, _Cuen-_

tos, pág. 127). (NUEVO LEÓN): —*Don* Ugenio [un tendero], un cinco de aceite ... pidió una viejecita encorvada. ... —¿Otra vez sus dolores, *doña* Petrita? —Otra vez, *don* Ugenio, pos qué quere usté (García Roel, página 109).

NUEVO MÉJICO: La cas'e *señá* Paula; La cas'e *ña* Paulita; ¿Ónde sta 'on Juanito?; Dijo *ñor* Juan que ya venía (Aurelio Espinosa, *Studies,* II, § 33).

CUBA: Bamoh a bailal la *comay* Mamerta y yo como en loh buenoh tiempoh de nosotroh. La *comay* Mamerta era una vieja delgada (Ciro Espinosa, pág. 150).

SANTO DOMINGO: (un viejo limpiabotas negro, hablando a un joven blanco): —¡Qué suerte, *don!* ... ¿Y no ha peleado nunca con nadie? (Requena, *Los enemigos,* pág. 84). ¡Ey, *don!* (Bosch, *Dos pesos,* pág. 69).

La partícula quichua *y* (escrita a veces como *i*) ligada a los sustantivos terminados en vocal expresa posesión por parte de la primera persona en nominativo y vocativo: *tata = padre, tatay = mi padre* o *padre mío*. El aimará emplea idéntica partícula, probablemente en calidad de préstamo, como desinencia propia del caso vocativo personal (Middendorf, § 216); a menudo es signo de cariño.

BOLIVIA: —Buenas noches, *señorai* (Díaz Villamil, *La Rosita,* pág. 93); —*Señoray,* hágame el favor de prestarme una brasita (*Plebe,* pág. 192). —¿Cómo estás, *huahuay?* (Rodrigo, pág. 9); —Aquí están, *hijitay* (pág. 12); —Aquí está, *huahuatay* (pág. 13); —Sí, sí, *tatay* (pág. 45); —¿Niñitay? —¿Qué quieres? (pág. 61). —*Mamay,* el lunes iré por la semilla de papa (Unzueta, pág. 32); —¡*Señoray,* doña Filo! (pág. 90).

ARGENTINA (NOROESTE): —¡*Mamaytay* querida! ¡*Tatay* de mi corazón! (Heredia, pág. 111).

INTERJECCIONES VULGARES

El vituperioso epíteto *hijo de puta* o *hideputa* (lit. "hijo de prostituta") no se emplea ya en una sociedad educada tal como se empleó accidentalmente en la época de Cervantes (*Don Quijote,* II, 31), sino que más bien lo usa el pueblo bajo, tanto para zaherir como para elogiar. Definido por el diccionario de la Academia como "expresión injuriosa y de desprecio", aún es corriente en el habla vulgar. En Hispanoamérica ha adquirido formas eufemísticas variadas, que cambian según la región. La locución completa *hijo de la* (o *una*) (*gran*) *puta* (o *perra*) es sobremanera baja y relativamente rara. Las formas corrientes, reducidas o alteradas, menos ofensivas y generalmente rústicas, son *hijuna, ahijuna* o *jijuna, hijue, juna* o *junagran, joeperra, jué pucha* (sobre todo en Argentina), *hijuna pucha, jijo, hijo di un jujú* (Nuevo Méjico, donde también se encuentran las inofensivas *hijo de nel, hija de nea* [Aurelio Espinosa, *Studies*, II, § 101*b*]) y otras que aparecen en los ejemplos de más abajo. *Hijo* (o *jijo*) *de la chingada*, que, en razón de su crudeza, rara vez se encuentra impresa, pero se oye en toda su extensión en lenguaje muy vulgar, al parecer se halla restringida a Méjico y parte de Guatemala. Tipográficamente se suele reducir a *hijo* (o *jijo*) *de la* (o *de un*) ..., dejando que la complete el lector, o bien se sustituye por *hijo de la tal* (*por cual*), *hijo de la gran siete, hijo de la gran flauta, hijo de la tiznada*, etc., expresiones a menudo empleadas en calidad de interjecciones, de tal modo que su fuerza se ha reducido a la de un simple *¡caramba!* o *¡caray!* Generalmente expresan rabia o amenaza, pero en ocasiones indican alegría o sorpresa.

La propia palabra *puta* es muy frecuente en los hombres en el habla vulgar y familiar como interjección de sorpresa, admiración, alarma, disgusto, y hasta alegría, equivaliendo a *¡caramba!, ¡caray!, ¡canastos!*, etc. La expresión *echar puteadas* (o *putas*), así como el verbo *putear*, en muchas regiones significa "hacer uso frecuente de la interjección *¡puta!*" y, por extensión, "jurar". La palabra misma se ha revestido de numerosas formas eufemísticas, la mayoría de las cuales se dan en Argentina, Uruguay, Chile, Bolivia, Perú y Ecuador, y esporádicamente en otras partes. Algunas de estas formas alteradas han perdido por completo su carácter ofensivo, especialmente en el campo, empleándolas a veces las mujeres: "simple e inofensiva exclamación que no hiere los oídos ni el amor propio, aunque mantenga, implícito, todo su significado original" (Inchauspe, *Voces*, pág. 218); en Nuevo Méjico, *¡pucha!* significa "¡Dios mío!" (Kercheville, pág. 26). Los eufemismos más frecuentes son *ta, pucha(s), cha(s), puchita(s), apuchas, pucha(s) con, puchas* (o *chas*) *digo* (en Chile, *diego* o *Diego*, probablemente < *digo*), *puya, punta*, etc. Se recordará que la forma *hi de pucha*

se encuentra en las *Farsas* (1514) de Lucas Fernández de Salamanca
(edic. de 1867, pág. 147) y en Tirso de Molina (*La villana de Va-
llecas*, II, 5; *La gallega Mari-Hernández*, I, 10). Para la *-s* final,
cf. *BDH*, II, 212.

ARGENTINA: —¡*La gran puta*, cómo llueve! (Filloy, pág. 11); salió
echando putas como un energúmeno (pág. 39); Cuando se empantanó la
camioneta, yéndose a la zanja, apretó los dientes, férreamente. Y tragó saliva ... a ser otro, hubiese *puteado* (pág. 154); Atajó ... con unas cuantas
puteadas la persistencia del atropello (pág. 212). Si la yerba llegara a quemarse, todos serían inflexibles y duros. El capataz gritaría, *putearía* el mayordomo y el administrador o el patrón lo echarían en seguida (Varela,
pág. 125). —¡*Cha* que sos animal! —grita, llevándose las manos a la cabeza (Lynch, *Palo verde*, pág. 59). —¡*La pucha!* —dije al rubio—, ¡qué
golpazo! (Güiraldes, *Don Segundo*, pág. 190). Pantalión ... la miraba:
¡*Jué pucha!* ¡Cómo le parecía bien! (Lynch, *Romance*, pág. 43); Doña
Cruz se alzó entonces como leche hervida. —¡*Pucha* —dijo— *con* los desaje-
raos y malos lenguas! (pág. 76); ¡*Jué pucha con* el hombre hereje! ...
Pantalión ... dijo muy contento: —¡*A la pucha!* ... Eso quiere decir que
hay jugada ¿no? (pág. 82). ¿Y por qué me insulta? ¡*Joeperra!* (Larreta,
El linyera, pág. 62). ¡Chancleta! ... ¡*Aijuna!* ¡No está! (Manuel Romero,
pág. 15); *Pucha digo*, ¡cómo somos desgraciadas las mujeres! (pág. 13).
¡*Cha digo!* = ¡Pucha digo! (Saubidet, pág. 117). (NOROESTE): —Todavía
mi burrita sirve para hacer un favor. —¡*Pchá digo!:* si corría más ligero que
mi caballo (César Carrizo, pág. 181). Estaba una vieja un día / jugando
con una rosa, / daba un suspiro y decía: / —¡*Ahijuna!* ... Quién juera
moza (Draghi Lucero, *Cancionero popular cuyano* [1938], pág. 139). ¡*Hijo
de la gran flauta!* (Rosenblat); ¡*hijo 'el* ... *páis con gorra 'e vasco!* (*BDH*,
II, 189).

URUGUAY: —¡Epa, no se mueva o le tiramos! —¡*Junagran!* ... se le escapó un juramento (Montiel, *Alma nuestra*, pág. 60); Cirilo no pudo contener la indignación y con el rebenque amenazador, apuntando hacia la
estancia, con un sollozo de rabia, gritó: —¡No tienen ley pa nada! ...
¡*hiios de una gran puta!* (pág. 154). —¡*Pucha, con* la india fieraza! —comentaba el capataz (Pérez Petit, pág. 75); (laudatorio): —¡*Jué pucha con*
la moza linda! —decía un jovencito, comiéndosela con los ojos (pág. 87);
Aquello era demasiado para la esposa de don Carmelo Antúnez, la hom-
bruna doña Ramona Solís. ... —¿Qué dijiste? ¡*Aijuna*, si me ha contestao
el muy sabandija! (pág. 102); Eran los cuerpos exánimes de Margarito y
el indio, en medio de unos charcos negruzcos. ... —¡*Juna gran!* ... barbotó
Juan de Dios (pág. 175). —¡*La pucha* que hace frío! ¡Brr! (Florencio Sánchez, pág. 234); Una helada *de la gran siete!* (pág. 139). ¡*Hijo de la gran
flauta!* (Reyles, *El gaucho*, pág. 217).

PARAGUAY: ¡*La pucha!* ¡*Pucha digo!* ¡*La gran flauta!* ¡*la gran siete!*
¡*A la pinta!* ¡*A la madona!* (Morínigo).

CHILE: *¡Puchas* qu'es fregao el viejo! (Romanángel, pág. 20); —¿Cómo te va, *hij' una grandísima perra?* —me ijo cuando me vio. —Mecón que viene atropellaor —le ije (pág. 23); —*¡Apuchas diego* la chicha güena, on Juan! (pág. 27); *¡Apuchas* que lloraba la viua! (pág. 40); *¡Chas diego* que hacía penetro [= frío] como a eso e las tres e la mañana! (pág. 49); —*Chitas diego* (pág. 80); *¡Chas* la payasá! (pág. 118). —Juan de Dios ... acércate. ... —¡No quiero! —Anda. ... *Hijuna* ... que es tu abuela. —¡No quiero! —*¡Hijuna!* —¡Rosario! ¡Mira lo que hablas ... más decencia! (*Se persigna apresuradamente*). —Hablo como me da la gana, con mi lenguaje mío. —¡Bien lo decía yo, Dios mío! No lo podrá educar la pobre. ... ¡Rosario! eres demasiado "arrotada" (Sepúlveda, *Hijuna*, página 34). —*¡Puchas* que hace calor! ... *¡Chitas!* yo que no quería dormir (Juan Modesto Castro, pág. 190). —Por la *chitas*, compaire (*Tallas chilenas*, pág. 147). Lo voy a *putear* bien *puteado* [= lo voy a insultar bien insultado] (C). Así me icía mi maire, / Así me volvió a icir: / El día que yo me muera / —*¡ta!* que vay a sufrir (C).

BOLIVIA: Entonces el Pampino exclamó con displicencia: *¡Pucha 'igo!* Si te salen pilas [= soldados paraguayos] al camino, les tocas bocina, pu, pa que se hagan a un lado (Céspedes, pág. 190). —*¡Por la gran puta!* Indios maulas, les voy a enseñar aquí a contestar (Augusto Guzmán, pág. 171).

PERÚ: —*¡La pucha, con* el niño tan porfiao! (Corrales, pág. 233). —*¡Jijuna!* ¡Si eres hombre, sal p'ajuera! (Diez-Canseco, *Estampas*, pág. 71); señalando a la moza con un guiño pícaro, otorgó un permiso: —Mañana puedes dir tarde ... —*Jijuna* [expresando regocijo]. ... Y se abrazaron con una efusión de hermanos (pág. 77); —¡Dos soles al jiro! —¡Pago, *jijuna!* —¡No vale mentar la madre! (pág. 79).

VENEZUELA: (A un potro): —¡Ah, *hijo de puya* bien resabiao! (Gallegos, *Doña Bárbara*, pág. 88). —¡Ah, *hijo e puya* este Cirilo! (Uslar Pietri, pág. 84).

COLOMBIA: —*¡Hijue* si será bien largo! (Arango Villegas, pág. 141). *¡Hijuna pucha!* era exclamación frecuente de una viejecita de casa (Cuervo, § 672). *¡Hijueperra!* (Álvarez Garzón, pág. 25); ¡Anda a la *punta* ...! (página 141). ¡Ah, *hiju 'e puerca!, hiju 'e mugre, hiju 'e míchica, hiju 'e p'arriba, hiju 'e la vida*, etc. (Flórez, pág. 385).

COSTA RICA: —*¡Hijo 'e la mama*, atrebío! (Agüero, pág. 61).

HONDURAS: —¡Perro ... *hijo de tantas* ...! (Carías, *Cuentos*, pág. 66).

EL SALVADOR: (el padre, al descubrir que el curandero ha seducido a su hija): —*¡Aijuesesentamil!* —rugió Tules— ¡Mianimo ir a volarle la cabeza! (Salarrué, *Cuentos*, pág. 91). (A un perro): —¡Chucho *hijue ... puerca!* (Rivas Bonilla, pág. 10); —¡Ve *quijue sesenta mil* ...! (pág. 20); (a las ratas): —¡Cabronas! ... *¡Hijas de noventa p* ...! (pág. 42).

GUATEMALA: *Hijo de la gran puta = hijo de la gran madre = hijo de la gran Bretaña = hijo de la que no tiene nombre = hijo de la tiznada*, etc. (Sandoval, I, 632). Es ya intolerable la costumbre que tienes de *putear* a casi todas las personas (II, 298).

Méjico: —¡Codorniz, *jijo de un* …! ¡Hora donde les dije! —rugió
Demetrio (Azuela, *Los de abajo,* pág. 21); —¡Ya me quemaron! —gritó
Demetrio, y rechinó los dientes. *¡Hijos de* …! (pág. 23); —Por eso, pues,
¿quién *jijos de un* … es usté? —interrogó Demetrio (pág. 34). (El padre,
al saber que su hija ha cometido un desliz): —¡Ah, *jija de la* …! (Su
mujer replica): —¡Erria, tú …! ¡Para tu coche! ¡Ricuérdate nomás que
soy su mama! (Rivas Larrauri, pág. 178). —Yo te voy a quitar lo lebrón,
hijo de la tal (Urquizo, pág. 58); oímos muy claro los gritos de los revol-
tosos de ¡Viva Madero, pelones *hijos de la tal!* (pág. 166); —¡Hijos de la
tiznada!, ya me agujerearon mi sombrero; ora cuando llueva me voy a
mojar (pág. 237). Salió de la casa renegando: ¡Ay *hijo de la chingada!*
¡Ahorita arreglamos cuentas! (Galeana, pág. 24). Y oye, *jijo de la gran
siete,* ¿quién te enseñó a manejar …? —Tu *retiznada* madre —le contestó
el cochero (Valle-Arizpe, pág. 328); —Los doctores son unos perfectos
jijos de la gran siete (pág. 344).

BIBLIOGRAFÍA

ACB = Saturnino Rodrigo: *Antología de cuentos bolivianos contemporáneos*, Buenos Aires, Sopena Argentina, 1942.

Acevedo Díaz = Acevedo Díaz, Eduardo: *Soledad* (1894) [1], Montevideo,
C. García, 1941.

Acevedo Díaz (H.), Eduardo: *Argentina te llamas* (1934); 2.ª ed., Buenos
Aires, El Ateneo, 1936.

— *Cancha larga*, Buenos Aires, Sopena, 1939.

Acevedo Hernández, Antonio: *Por el atajo* (1920); Santiago de Chile, Nascimento, 1932.

— *La canción rota* (1921); Santiago de Chile, Nascimento, 1933.

— *De pura cepa*, Santiago de Chile, Nascimento, 1929.

— *Árbol viejo* (1930); Santiago de Chile, Nascimento, 1934.

— *Cardo negro*, Santiago de Chile, Nascimento, 1933.

— *Pedro Urdemalas*, Santiago de Chile, Cultura, 1947.

Acevedo y Huelves, Bernardo, y Fernández y Fernández, Marcelino: *Vocabulario del bable occidental*, Madrid, 1932.

ACH = Manzor, Antonio R.: *Antología del cuento hispanoamericano*, Santiago de Chile, Zig-Zag, 1939.

ACMV = *Antología del cuento moderno venezolano (1895-1935)*. Selección
de Arturo Uslar Pietri y Julián Padrón, 2 vols., Caracas, Ministerio de
Educación Nacional, 1940.

ACP = Bazán, Armando: *Antología del cuento peruano*, Santiago de Chile,
Zig-Zag, 1942.

ACR = *Antología de cuentistas rioplatenses de hoy*, Buenos Aires, Vértice,
1939.

Acuña, Carlos: *Mingaco*, Santiago de Chile, 1926.

— *Huellas de un hombre que pasa*, Santiago de Chile, 1940.

Agüero, Arturo (Sinforoso Retana): *Romancero tico*, San José de Costa
Rica, Trejos Hnos., 1940.

---

[1] La fecha entre paréntesis corresponde a la primera edición cuando
aquélla difiere de la fecha de la edición consultada.

Aguilera Malta, Demetrio: _Don Goyo_ (1933), 2.ª ed., Quito, Ecuador, Antorcha, 1938.

Aguilera Patiño, Luisita: _El panameño visto a través de su lenguaje,_ Panamá, Ferguson & Ferguson, 1947.

Alcalá Venceslada, Antonio: _Vocabulario andaluz,_ Andújar, 1933, 2.ª ed., 1951.

Alcocer, Ignacio: _El español que se habla en México,_ Tacubaya, D. F., Instituto Panamericano de Geografía e Historia, 1936.

Aldao, Martín (Luis Vila y Chávez): _El caso de "La gloria de Don Ramiro",_ 7.ª ed., Buenos Aires, A. Moen y Hno., 1913.

Alegría, Ciro: _La serpiente de oro_ (1935), 2.ª ed., Santiago de Chile, Nascimento, 1936.

— _Los perros hambrientos,_ Santiago de Chile, Zig-Zag, 1939.

— _El mundo es ancho y ajeno,_ Santiago de Chile, Ercilla, 1941.

Alegría, Fernando: _Leyenda de la ciudad perdida,_ Santiago de Chile, Zig-Zag, 1942.

— _Lautaro, joven libertador de Arauco,_ Santiago de Chile, Zig-Zag, 1943.

Alfaro, R. J.: _Diccionario de anglicismos,_ Panamá, Imprenta Nacional, 1950.

Alonso, Amado: "Problemas de dialectología hispanoamericana", _BDH,_ I (1930).

— _El problema de la lengua en América,_ Madrid, Espasa-Calpe, 1935.

Alonso, Amado, y Henríquez Ureña, Pedro: _Gramática castellana, primer curso,_ Buenos Aires, El Ateneo, 1938, 4.ª ed., Buenos Aires, Losada, 1944.

— _Gramática castellana, segundo curso,_ Buenos Aires, Losada, 1939, 4.ª ed., Buenos Aires, Losada, 1944.

Álvar, Manuel: _El habla del Campo de Jaca,_ Salamanca, Consejo Superior de Investigaciones Científicas, 1948.

Alvarado, Lisandro: _Glosarios del bajo español en Venezuela,_ Caracas, 1929.

Álvarez Garzón, Juan: _Los Clavijos,_ Bogotá, Cromos, 1943.

Amado, Miguel: "El lenguaje en Panamá", _BAAL,_ XIV (1945), 641-66.

Ambrogi, Arturo: _El Jetón,_ San Salvador, Diario la Prensa, 1936.

Amorím, Enrique: _La carreta_ (1932), 4.ª ed., Buenos Aires, 1937.

— _El paisano Aguilar_ (1934), 3.ª ed., Buenos Aires, Claridad, 1937.

Anda, J. Guadalupe de: _Los bragados,_ Méjico, Compañía General Editora, 1942.

— _Juan del Riel,_ Méjico, Compañía General Editora, 1943.

Andrade y Cordero, César: _Barro de siglos,_ Cuenca, Ecuador, 1932.

Ángulo Chamorro, G. A.: _Carne de cuartel,_ Méjico, 1940.

Arango Villegas, Rafael: _Bobadas mías,_ Manizales, Colombia, Arturo Zapata, 1936.

Arce y Valladares, Manuel José: _Romances de la barriada,_ Guatemala, Cultura, 1938.

Arévalo, Teresa: _Gente menuda,_ Guatemala, 1940.

Arguedas, Alcides: *Raza de bronce,* La Paz, Bolivia, González y Medina, 1919.
— *Vida criolla: la novela de la ciudad,* París, Ollendorff, s. f.
Arias Trujillo, Bernardo: *Risaralda* (1935), 2.ª ed., Bogotá y Medellín, 1942.
Armellada, Cesáreo de: "Apuntaciones sobre el hablar de Perijá", *Boletín de la Academia Venezolana,* XV (1948), 189-200.
Arona, Juan de (Pedro Paz Soldán y Unanue): *Diccionario de peruanismos* (iniciado en 1861), Lima, 1883, "Biblioteca de Cultura Peruana", número 10, París, 1938.
Arráiz, Antonio: *Puros hombres,* Caracas, 1938.
Arriaga, Emiliano de: *Lexicón etimológico, naturalista y popular del bilbaíno neto,* Bilbao, 1896.
Ascasubi, Hilario: *Santos Vega* (1851): en *Poetas gauchescos,* edic. E. F. Tiscornia, Buenos Aires, Losada, 1940.
Avellaneda, Félix F.: "Palabras y modismos usuales en Catamarca", en S. A. Lafone, *Tesoro de catamarqueñismos,* págs. 265-375.
Ayón, Alfonso: *Filología al por menor,* León, Nicaragua, 1934.
Azócar, Rubén: *Gente en la Isla,* Santiago de Chile, Zig-Zag, 1938.
Azuela, Mariano: *Los de abajo* (1915); Méjico, Botas, 1941.
— *Los fracasados* (1908); 4.ª ed., Méjico, Botas, 1939.
— *Mala yerba* (1909); 3.ª ed., Méjico, Botas, 1937.
— *Los caçiques* (1917), *Las moscas* (1918); Méjico, La Razón, 1931.
— *Las tribulaciones de una familia decente* (1918); 2.ª ed., Méjico, Botas, 1938.
— *Regina Landa,* Méjico, Botas, 1939.
— *Avanzada,* Méjico, Botas, 1940.
— *La Marchanta,* Méjico, Seminario de Cultura Mejicana, 1944.

BAAL = *Boletín de la Academia Argentina de Letras,* Buenos Aires, 1933—.
BAFA = *Boletín de la Asociación Folklórica Argentina,* Buenos Aires.
BAPL = *Boletín de la Academia Panameña de Letras,* Panamá, 1926-35. Segunda época, 1944—.
Baráibar y Zumárraga, Federico: *Vocabulario de palabras usadas en Álava,* Madrid, 1903.
Baralt, Rafael María: *Diccionario de galicismos,* 2.ª ed., Madrid, 1890.
Barnoya Gálvez, Francisco: *Han de estar y estarán,* Santiago de Chile, Zig-Zag, 1938.
Baroja, Pío: *Zalacaín el aventurero,* Nueva York, D. C. Heath & Co., 1926.
Barrantes Castro, Pedro: *Cumbrera del mundo,* Lima, Perú Actual, 1935.
Barreto, Mariano: *Idioma y letras,* 2 vols., León, Nicaragua. Vol. I, 1902. Vol. II, 1904.
Barrios, Eduardo: *El niño que enloqueció de amor* (1915); 6.ª ed., Santiago de Chile, Nascimiento, 1939.
— *Un perdido* (1917), 2 vols., Madrid, 1926.

— *El hermano asno* (1922), 5.ª ed., Santiago de Chile, Nascimento, 1937.
Barros Grez, Daniel: *El huérfano,* 6 vols., Santiago de Chile, 1881.
Batres Jáuregui, Antonio: *Vicios de lenguaje: provincialismos de Guatemala,* Guatemala, 1892.
Bayo, Ciro: *Vocabulario criollo-español sud-americano,* Madrid, 1910. Antes publicado en *Revue Hispanique,* vol. XLVI (1906), con el título de "Vocabulario de provincialismos argentinos y bolivianos".
— *Manual del lenguaje criollo de Centro y Sudamérica,* Madrid, R. C. Raggio, 1931.
BDH = *Biblioteca de dialectología hispanoamericana,* 7 vols., Buenos Aires, Instituto de Filología, 1930-49.
Beinhauer, Werner: *Spanische Umgangssprache,* Berlín y Bonn, 1930.
Bellán, José Pedro: *El pecado de Alejandra Leonard,* Montevideo, 1926.
Bello, Andrés, y Cuervo, Rufino José: *Gramática de la lengua castellana destinada al uso de los americanos,* París, Roger & Chernoviz, 1921.
Benavente, Jacinto: *Señora ama* (1908), en *Teatro,* vol. XVII, Madrid, 1909.
— *De cerca* (1909), Madrid, 1917.
Benítez, José María: *Ciudad,* Méjico, Porrúa, 1942.
Benvenutto = Benvenutto Murrieta, Pedro M.: *El lenguaje peruano,* vol. I, Lima, 1936.
— *Quince plazuelas, una alameda y un callejón,* Lima, 1932.
Berro García, Adolfo: "Prontuario de voces del lenguaje campesino uruguayo", *BF,* vol. I (1936-37).
BF = *Boletín de filología,* Montevideo, Uruguay, 1936—.
BICC = *Boletín del Instituto Caro y Cuervo,* Bogotá, Colombia, 1945—.
Blanco Fombona, Rufino: *El hombre de oro,* Madrid, América, s. f.
Blym, Hugo: *Puna,* Santiago de Chile, Ercilla, 1940.
Boj, Silverio: *Áspero intermedio,* Buenos Aires, Losada, 1941.
Bonilla Ruano, José María: *Gramática castellana,* vol. II, 4.ª ed., Guatemala, 1940.
— *Gramática castellana,* vol. III: *Mosaico de voces y locuciones viciosas,* Guatemala, 1939.
Borao, Jerónimo: *Diccionario de voces aragonesas,* 2.ª ed., Zaragoza, 1908.
Bosch, Juan: *Camino real,* La Vega, R. D., 1933.
— *La Mañosa,* ed. revisada, La Verónica, 1940.
— *Dos pesos de agua,* La Habana, 1941.
Bourciez, E.: *Éléments de linguistique romane,* París, 1910.
Braue, Alice: *Beiträge zur Satzgestaltung der spanischen Umgangssprache,* "Hamburger Studien zu Volkstum und Kultur der Romanen", vol. VII, Hamburgo, 1931.
Briceño, Arturo: *Balumba,* Caracas, Elite, 1943.
Brunet, Marta: *Montaña adentro* (1923), 2.ª ed., Santiago de Chile, Nascimento, 1933.
— *Bestia dañina,* Santiago de Chile, Nascimento, 1926.
Bueno, J. J.: *Entretenimientos gramaticales,* 3.ª ed., Tuluá, Colombia, 1927.

Buitrago, Jaime: *Pescadores del Magdalena,* Bogotá, Minerva, 1938.

Bustamante, José Rafael: *Para matar el gusano,* Quito, Academia Ecuatoriana Correspondiente de la Española, 1935.

Cajar Escala, José A.: *El cabecilla,* Panamá, Ferguson & Ferguson, 1943.

Calcaño, Julio: *El castellano en Venezuela,* Caracas, 1897; reimpreso, 1950.

Calderón: *Three Plays by Calderón,* edic. G. T. Northup, Boston, D. C. Heath & Co., 1926.

Calero Orozco, Adolfo: *Sangre santa,* Managua, Atlántida, 1940.

Candioti, Alberto M.: *Camino incierto,* Buenos Aires, Siglo Veinte, 1946.

Canellada, M. J.: *El bable de Cabranes,* Anejo *RFE,* 1944.

Cantarell Dart, J.: *Defendamos nuestro hermoso idioma,* 2.ª ed., Buenos Aires, Jesús Menéndez, 1937.

Capdevila, Arturo: *Babel y el castellano,* Buenos Aires, Losada, 1940.

Carías Reyes, Marcos: *La heredad,* Tegucigalpa, Honduras, 1931.

— *Cuentos de lobos,* Tegucigalpa, Honduras, 1941.

Cariola, Carlos: *Entre gallos y media noche,* sainete criollo (1919), 2.ª ed., Santiago de Chile, Hémette y Frías, 1920.

Carrasquilla, Tomás: *Hace tiempos: memorias de Eloy Gamboa,* 3 vols., Medellín, Colombia, Atlántida, 1935-36.

— *Novelas,* Bogotá, Biblioteca Aldeana, 1935.

Carrizo, César: *Viento de la altipampa,* Buenos Aires, Macagno, Carrasco y Landa, 1941.

Carrizo, J. A.: *Antiguos cantos populares argentinos (Catamarca),* Buenos Aires, Silla Hnos., 1926.

Casaccia, Gabriel: *El pozo (cuentos),* Buenos Aires, Ayacucho, 1947.

Casanova Vicuña, Mariano: *Diga 33,* "La escena", núm. 43, Santiago de Chile, Cultura, 1937.

Casares, Julio: *Crítica profana* (1916), 2.ª ed., Madrid, Renacimiento, s. f.

— *Crítica efímera,* Madrid, Calleja, 1918-19.

Cascante de Rojas, Claudia: *Castellano,* San José de Costa Rica, Universal, 1940.

Castellanos, Jesús: *De tierra adentro,* La Habana, 1906.

Castellón, H. A.: *Diccionario de nicaraguanismos,* Managua, 1939.

Castro, Américo: *La peculiaridad lingüística rioplatense y su sentido histórico,* Buenos Aires, Losada, 1941.

Castro, Juan Modesto: *Aguas estancadas,* Santiago de Chile, 1939.

Cavada, Francisco J.: *Chiloé y los chilotes,* Santiago de Chile, Imprenta Universitaria, 1914.

CC = *Cuentos contemporáneos,* recopilación, prólogo y notas por F. de Ibarzábal, "Antologías cubanas", vol. I, La Habana, Trópico, 1937.

Cejador y Frauca, Julio: *La lengua de Cervantes,* 2 vols., Madrid, 1905-6.

Celestina = *Comedia de Calisto y Melibea (La Celestina),* edic. Foulché-Delbosc, en el vol. XII de Biblioteca hispánica, Barcelona, 1902.

Centro, bimestre centroamericano, Managua, 1939-40.

Cerruto, Óscar: *Aluvión de fuego,* Santiago de Chile, Ercilla, 1935.

Certad, Aquiles: *Lo que le faltaba a Eva, comedia,* en *CLAEV,* núm. 38, 1943.

Céspedes, Augusto: *Sangre de mestizos,* Santiago de Chile, Nascimento, 1936.

Cevallos, Pedro Fermín: *Breve catálogo de errores,* 6.ª ed., Quito, 1904.

Chamorro, Pedro Joaquín: *Entre dos filos,* Managua, Nicaragua, 1927.

— *El último filibustero,* Managua, Nicaragua, 1933.

Chiarello, Florencio: *Casa de departamentos* (1939), "Argentores", vol. VII, núm. 176, Buenos Aires, 1940.

Cifuentes García, Luis: *Contribución al estudio de la sintaxis del castellano en Chile, MS,* Santiago de Chile, 1949.

Cione, Otto Miguel: *Lauracha,* 5.ª ed., Buenos Aires, Anaconda, 1933.

CLAEV = Cuadernos literarios de la asociación de escritores venezolanos, Caracas.

CLC = IV concurso literario centroamericano, organizado por el Comité central de la feria nacional, Guatemala, 1941.

Coello (H.), Augusto C.: *La epopeya del campeño,* San Pedro Sula, Honduras, s. f.

Coen Anitúa, Arrigo: *El lenguaje que usted habla,* Méjico, Vértice, 1948

Cornejo, Justino: *Fuera del diccionario,* Quito, Ministerio de Gobierno, 1938.

Corominas, Juan: *Indianoromanica,* reimpreso de *RFH,* VI (1944), 1-35, 138-75, 209-54.

Corrales, Juan Apapucio (Clemente Palma): *Crónicas político-doméstico-taurinas,* Lima, Compañía de Impresiones y Publicidad, 1938.

Correas, Gonzalo: *Vocabulario de refranes y frases proverbiales,* 2.ª ed., Madrid, Real Academia Española, 1924.

Cortejón, Clemente: *Arte de componer en lengua castellana,* 4.ª ed., Madrid, V. Suárez, 1911.

Costa Álvarez, A.: *El castellano en la Argentina,* La Plata, 1928.

Costichs de Mora, Estrella: *El habla de Tepotzotlán,* Méjico, D. F., 1951.

Covarrubias Orozco, Sebastián de: *Tesoro de la lengua castellana o española,* Madrid, 1611.

Croce, Arturo: *Chimó y otros cuentos,* en *CLAEV,* núm. 35, 1942.

Cuervo = Cuervo, Rufino José: *Apuntaciones críticas sobre el lenguaje bogotano,* 7.ª ed., Bogotá, El Gráfico, 1939. Ediciones anteriores: 1.ª ed., Bogotá, 1867-72; 4.ª ed., Chartres, 1885; 5.ª ed., París, 1907; 6.ª ed., París, 1914.

Cuervo, Rufino José: *Diccionario de construcción y régimen de la lengua castellana,* vol. I: *A-B* (1886); vol. II: *C-D* (1893), París, Roger & Chernoviz; vol. III (1959).

— "El castellano en América", *Bulletin Hispanique,* III (1901), 35-62.

— *Disquisiciones sobre filología castellana,* edic. Rafael Torres Quintero, Bogotá, Instituto Caro y Cuervo, 1950.

Dávalos, Juan Carlos: "Lexicología de Salta", *BAAL,* II (1934), 1-18.

Dávila Garibi, José Ignacio: *Del náhuatl al español,* Tacubaya, D. F., 1939.

Délano, Luis Enrique: *Viejos relatos,* Santiago de Chile, Zig-Zag, 1940.

Del Campo, Estanislao: *Fausto* (1866), en *Poetas gauchescos,* edic. E. F. Tiscornia, Buenos Aires, Losada, 1940.

Del Campo, Juan (Juan Manuel Rodríguez): *Aventuras de Usebio Olmos,* 2.ª ed., Santiago de Chile, Centro, s. f.

Delgado, Rafael: *La calandria* (1891), 4.ª ed., Méjico, La Razón, 1931.

d'Halmar, Augusto (Augusto Thomson): *La Lucero* (publicado en 1902 con el título de *Juana Lucero*), Santiago de Chile, Ercilla, 1934.

— *Pasión y muerte del cura Deusto* (1920), 2.ª ed., Santiago de Chile, Nascimento, 1938.

Díaz Rodríguez, Manuel: *Sangre patricia* (1902), Madrid, 1916 (?).

Díaz-Solís, Gustavo: *Llueve sobre el mar* (*cuentos*), en *CLAEV,* núm. 41, 1943.

Díaz Villamil, Antonio: *La Rosita* (1925), "Teatro Boliviano", vol. IV, La Paz, Bibl. de la Sociedad de Autores, 1928.

— *El traje del señor diputado,* La Paz, 1930.

— *¡Cuando vuelva mi hijo!* (1926) y *El hoyo* (1941), "Teatro Boliviano", La Paz, "La Paz", 1942.

— *Plebe, novela del arrabal paceño,* La Paz, 1943.

Diez-Canseco, José: *Duque* (1934), Santiago de Chile, Ercilla, 1937.

— *Estampas mulatas,* Santiago de Chile, Zig-Zag, 1938.

Dihigo, Juan M.: *Léxico cubano,* vol. I: letra *A,* La Habana, Academia de la Historia de Cuba, 1928; vol. II: letra *B,* La Habana, Universidad de La Habana, 1946.

— *El habla popular al través de la literatura cubana,* La Habana, 1915.

Dobles, Fabián: *Aguas turbias,* San José de Costa Rica, Trejos Hnos., 1943.

Dobles Segreda, Luis: *Por el amor de Dios,* 2.ª ed., San José de Costa Rica, 1928.

Draghi Lucero, Juan: *Las mil y una noches argentinas,* Mendoza-Cuyo, Argentina, Oeste, 1940.

Durand, Luis: *Mercedes Urízar,* Santiago de Chile, Nascimento, 1934.

— *Mi amigo Pidén,* Santiago de Chile, Nascimento, 1939.

— *Tierra de pellines,* Santiago de Chile, Nascimento, 1929.

— *Campesinos,* Santiago de Chile, Nascimento, 1932.

Echeverría, Aquileo J.: *Concherías,* 3.ª ed., San José de Costa Rica, María v. de Lines, 1927.

Echeverría y Reyes, Aníbal: *Voces usadas en Chile,* Santiago, 1900.

Edwards Bello, Joaquín: *El roto* (1920), 4.ª ed., Santiago de Chile, Nascimento, 1927.

— *Criollos en París,* 3.ª ed., Santiago de Chile, Nascimento, 1933.

— *La chica del Crillón* (1935), 3.ª ed., Santiago de Chile, Ercilla, 1938.

Espino, Lisandro: *Ensayo de crítica gramatical,* Panamá, 1925.

Espínola (H.), Francisco: *Raza ciega,* Buenos Aires y Montevideo, Sociedad Amigos del Libro Rioplatense, 1936.

Espinosa, Aurelio M.: *Cuentos populares españoles,* 3 vols., "Stanford University Publications in Language and Literature", vol. III, núms. 1-3, 1923-26.

— *Estudios sobre el español de Nuevo Méjico,* en *BDH,* vol. I (1930), II (1946).

— "Apuntaciones para un diccionario de nuevomejicanismos: algunas formas verbales raras y curiosas", *Estudios eruditos in memoriam de Adolfo Bonilla y San Martín,* II (Madrid, 1930), 615-25.

— "Studies in New Mexican Spanish. II. Morphology", *Revue de Dialectologie Romane,* III (1911), 251-86; IV (1912), 241-56; V (1913), 142-72.

Espinosa, Ciro: *La tragedia del guajiro,* La Habana, 1939.

Estébanez Calderón, Serafín: *Escenas andaluzas,* Madrid, 1847.

Ezquer Zelaya, Ernesto E.: *Poncho celeste — Vincha punzó,* Buenos Aires, 1940.

Fabbiani Ruiz, José: *Mar de leva,* Caracas, Elite, 1941.

Fallas, Carlos L.: *Gentes y gentecillas,* San José de Costa Rica, 1947.

Fausto: véase Del Campo, Estanislao.

Febres Cordero, Julio: "El castellano en Venezuela", *Bitácora,* IV, 22-27, Caracas, junio de 1943.

Fentanes, Benito: *Espulgos de lenguaje,* Madrid, 1925.

— *Tesoro del idioma castellano,* 2.ª ed., Madrid, 1927.

— *Combatiendo barbarismos,* Méjico, Botas, 1937.

Fernández, Jorge: *Agua,* Quito, Sindicato de Escritores y Artistas, 1936.

Fernández Ramírez, Salvador: *Gramática española,* vol. I, Madrid, Revista Occidente, 1951.

Ferretis, Jorge: *Cuando engorda el Quijote,* Méjico, Méjico Nuevo, 1937.

— *El sur quema,* Méjico, Botas, 1937.

— *San Automóvil,* Méjico, Botas, 1938.

Fidel Suárez, Marco: *Sueños de Luciano Pulgar* (1922—), 3.ª ed., Bogotá, Librería Voluntad, 1940-45.

Filloy, Juan: *Caterva,* Buenos Aires, 1937.

Flórez, Luis: "Reseña de *American-Spanish Syntax*", *BICC,* II (1946), 372-85.

— *Lengua española,* Bogotá, Publ. del Instituto Caro y Cuervo, series minor, III, 1953.

Fogelquist, D. F.: "The Bilingualism of Paraguay", *Hispania,* XXXIII (1950), 23-27.

Fogón de las tradiciones: material recopilado por "Don Pampa Viejo", 2.ª ed., Buenos Aires, Bell, 1940.

Folklore santandereano, vol. I: *Coplas populares,* Bucaramanga, Colombia, Dirección de Educación Pública, 1924.

Forgione, José D.: *Lo que no debe decirse* (1935), 2.ª ed., Buenos Aires, A. Kapelusz y Cía., s. f.

Fray Mocho = Álvarez, José S.: *Cuentos de Fray Mocho* (1906), Buenos Aires, Tor, s. f.

Gagini, Carlos: *Diccionario de costarriqueñismos,* 2.ª ed., San José de Costa Rica, 1919. Primera edición: *Diccionario de barbarismos y provincialismos de Costa Rica,* 1892.

Galeana, Benita: *Benita, autobiografía,* Méjico, 1940.

Gallegos, Rómulo: *La trepadora* (1925), 5.ª ed., Barcelona, Araluce, 1936.

— *Doña Bárbara* (1929), 9.ª ed., Barcelona, Araluce, s. f.

— *Cantaclaro* (1931), 2.ª ed., Barcelona, Araluce, 1934.

— *Canaima,* Barcelona, Araluce, 1935.

— *Pobre negro* (1937), Barcelona, Araluce, 1940.

Gamarra, Abelardo M.: *Rasgos de pluma,* Lima, Perú, 1902.

— *Algo del Perú,* Lima, Perú, 1905.

Gamboa, Federico: *Santa* (1903), 11.ª ed., Méjico, Botas, 1938.

Teatro (1903-37), 3 vols., Méjico, Botas, 1938.

Garay, Narciso: *Tradiciones y cantares de Panamá,* Panamá, 1930.

García, Antonio: *Colombia, S. A.,* Manizales, Colombia, Gráficos, 1934.

García de Diego, Vicente: *Manual de dialectología española,* Madrid, Instituto de Cultura Hispánica, 1946.

García Jiménez, Juan: *Alma vernácula: poemas,* Méjico, 1937.

García-Lomas y García-Lomas, G. Adriano: *Estudio del dialecto popular montañés,* San Sebastián, Nueva Editorial, 1922.

García Muñoz, Alfonso: *El médico que pretendió la gloria,* Quito, 1936.

— *Estampas de mi ciudad, segunda serie,* Quito, 1937.

García Roel, Adriana: *El hombre de barro,* Méjico, Porrúa Hnos., 1943.

García Soriano, Justo: *Vocabulario del dialecto murciano,* Madrid, 1932.

Garrigós, Florencio: *Gramaticales y filológicas de 'La Prensa',* 2.ª ed., Buenos Aires, Mario Tato, 1945.

Garrote, Santiago Alonso: *El dialecto vulgar leonés hablado en Maragatería y Tierra de Astorga,* Astorga, 1909, 2.ª ed., Madrid, Instituto Antonio de Nebrija, 1947.

Garzón, Tobías: *Diccionario argentino,* Barcelona, 1910.

Gil Gilbert, Enrique: *Yunga* (1931-32), Santiago de Chile, Zig-Zag, s. f.

— *Nuestro pan,* Guayaquil, Vera & Cía., 1942.

Gili y Gaya, Samuel: *Curso superior de sintaxis española,* Méjico, Minerva, 1943, 2.ª ed., Barcelona, Spes, S. A., 1948.

Godoy, Juan: *Angurrientos,* Santiago de Chile, 1940.

Gómez, Ffe: *Mi gente,* Medellín, Imprenta Oficial, 1937.

Gómez Palacio, Martín: *El potro,* Méjico, Botas, 1940.

González, Tulio: *El último arriero,* Medellín, s. f.

González Arrili, B.: *Mangangá,* Buenos Aires, Argentina, 1927.

González Carrasco, Aurelio: *Diálogos de cazuela,* Méjico, Méjico Nuevo, 1939.

González de Cascorro, Raúl: *Árboles sin raíces,* La Habana, 1960.

González Montalvo, Ramón: "Don Benja", *Diario la Prensa* (San Salvador), 4 de noviembre de 1935.

— "La cita", *Diario la Prensa,* 7 de diciembre de 1935.

González Rucavado, C.: *Escenas costarricenses,* 2.ª ed., San José de Costa Rica, 1913.

Gracián, Baltasar: *Tratados,* edic. Alfonso Reyes, Madrid, Calleja, 1918.

— *El criticón,* edic. Romera-Navarro, Filadelfia, University of Pennsylvania Press, 1938-40.

Granada, Daniel: *Vocabulario rioplatense razonado,* 2.ª ed., Montevideo, 1890.

Greca, Alcides: *Viento norte,* 3.ª ed., Buenos Aires, Claridad, 1938.

Guerrero, Leoncio: *Pichamán,* Santiago de Chile, 1940.

Güiraldes, Ricardo: *Xaimaca* (1923), (*Obras,* vol. V), Madrid, Espasa-Calpe, 1931.

— *Don Segundo Sombra* (1926), (*Obras,* vol. VI), Buenos Aires, Espasa-Calpe Argentina, 1937.

Gutiérrez, A.: *Gramática de la lengua castellana,* 2.ª ed., Méjico, s. f.

Gutiérrez, Joaquín: *Manglar,* Santiago de Chile, Nascimento, 1947.

Gutiérrez Eskildsen, R. M.: *El habla popular y campesina de Tabasco,* Méjico, 1941.

Gutiérrez Nájera, Manuel: *Cuentos frágiles,* Méjico, 1883.

Guzmán, Augusto: *Prisionero de guerra,* Santiago de Chile, Nascimento, 1937.

Guzmán, Nicomedes: *La sangre y la esperanza,* Santiago de Chile, Orbe, 1943.

Guzmán Maturana, Manuel: *Don Pancho Garuya* (1933), 2.ª ed., Santiago de Chile, Minerva, 1935.

Guzmán Riore, Darío: *Cuentos chapines,* Guatemala, 1932.

Hanssen, Federico: *Gramática histórica de la lengua castellana,* Halle, 1913.

Henríquez Ureña, Pedro: "Observaciones sobre el español en América", *RFE,* VIII (1921), 357-90; XVII (1930), 277-84; XVIII (1931), 120-48.

— *El español en Santo Domingo,* en *BDH,* vol. V (1940).

Heredia, Pedro: *Ucumar,* Buenos Aires, El Ateneo, 1944.

Hernández, José: *Martín Fierro* (1872-79), edic. Tiscornia. *Véase* Tiscornia.

Hernández Catá, A.: *Sus mejores cuentos,* Santiago de Chile, Nascimento, 1936.

Herrera, Flavio: *El tigre,* Guatemala, 1934.

Herrera García, A.: *Vida y dolores de Juan Varela,* San José de Costa Rica, 1939.

Herrero Fuentes, Ignacio: "El castellano en Panamá", *Universidad: Revista de la Universidad Interamericana* (Panamá), XXII (1944), 81-101.

Herrero Mayor, Avelino: *Presente y futuro de la lengua española en América*, Buenos Aires, Institución Cultural Española, 1943.

Hidalgo, Bartolomé: *Diálogos*, en *Poetas gauchescos*, edic. E. F. Tiscornia, Buenos Aires, Losada, 1940.

Hildebrandt, Martha: *El español en Piura*, Letras, Univ. de San Marcos, 1949, 256-272.

Hispanoamericanos = Jones, W. K., y Hansen, M. M.: *Hispanoamericanos*, Nueva York, Henry Holt & Co., 1941.

Huidobro, Eduardo de: *¡Pobre lengua!*, 3.ª ed., Santander, 1915.

Icaza, Jorge: *Huasipungo* (1934); 5.ª ed., Quito, 1937.
— *En las calles*, Quito, 1935.
— *Cholos*, Quito, 1938.
— *Media vida deslumbrados*, Quito, 1942.

Icazbalceta, Joaquín García: *Vocabulario de mexicanismos*, Méjico, 1899.

Inchauspe, Pedro: *Allá en el sur*, Buenos Aires, 1939.
— *Voces y costumbres del campo argentino*, Buenos Aires, Santiago Rueda, 1942.

Inclán, Luis G.: *Astucia: el jefe de los hermanos de la hoja* (1865); 2 vols., Méjico, 1908.

Inv. ling. = *Investigaciones lingüísticas*, 5 vols., Méjico, Órgano del Instituto Mejicano de Investigaciones Lingüísticas, 1933-38.

Jaramillo Sierra, Bernardo: *Pepe Sierra*, Medellín, Tip. Bedout, 1947.

Jiménez, R. Emilio: *Del lenguaje dominicano*, "Academia dominicana de la lengua", núm. 3, Ciudad Trujillo, Montalvo, 1941.

Keniston = Keniston, Hayward: *The syntax of Castilian prose: the sixteenth century*, Chicago, University of Chicago Press, 1937.

Keniston, Hayward: *Spanish syntax list*, Nueva York, Henry Holt & Co., 1937.

Kercheville, F. M.: "A preliminary glossary of New Mexican Spanish", *University of New Mexico Bulletin*, V, núm. 3 (1934), 1-69.

Kuhn, Alwin: *Der hocharagonesische Dialekt*, Leipzig, 1936.

La Cuadra, José de: "Palo 'e balsa", *América*, vol. X, Quito, 1935.
— *Guásinton*, Quito, 1938.
— *Horno*, 2.ª ed., Buenos Aires, Perseo, 1940.
— *Los Sangurimas*, Madrid, Cenit, 1934.

Laferrère, Gregorio de: *¡Gettatore!* (1904); "La escena", vol. III, núm. 123, Buenos Aires, 1920.
— *Locos de verano* (1905); "Argentores", vol. II, núm. 38, Buenos Aires, 1935.
— *Las de Barranco* (1908); "Argentores", vol. IV, núm. 155, Buenos Aires, 1937.
Lafone Quevedo, Samuel A.: *Tesoro de catamarqueñismos, tercera edición, complementada con palabras y modismos usuales en Catamarca por Félix F. Avellaneda,* Buenos Aires, Coni, 1927.
Lamano y Beneite, José de: *El dialecto vulgar salmantino,* Salamanca, 1915.
Larreta, Enrique: *La gloria de don Ramiro* (1908); nueva ed., París, s. f.
— *Zogoibi* (1926), Buenos Aires, Espasa-Calpe, 1939.
— *El linyera* (1932), Buenos Aires, 1937.
Last-Reason: *A rienda suelta,* Buenos Aires, Gleizer, 1925.
Latorre, Mariano: *Zurzulita,* Santiago de Chile, Nascimento, 1920.
— *Hombres y zorros,* Santiago de Chile, Ercilla, 1937.
Laval, Ramón A.: *Contribución al folklore de Carahue* (Chile), vol. I, Madrid, V. Suárez, 1916, vol. II, Santiago de Chile, Imprenta Universitaria, 1920.
LCC = Raúl Silva Castro: *Los cuentistas chilenos,* Santiago, Zig-Zag, s. f.
Leitón, Roberto: *Los eternos vagabundos,* Potosí, 1939.
Lemos, Gustavo R.: *Barbarismos fonéticos del Ecuador,* Guayaquil, 1922.
Lemus y Rubio, Pedro: *Aportaciones para la formación del vocabulario panocho o del dialecto de la Huerta de Murcia,* Murcia, 1933.
Lenz, Rodolfo: *Diccionario etimolójico de las voces chilenas derivadas de lenguas indíjenas americanas,* Santiago de Chile, 1904-10.
— *La oración y sus partes,* 3.ª ed., Madrid, 1935; 1.ª ed., 1920; 2.ª ed., 1925.
León, Aurelio de: *Barbarismos comunes en México,* Parte I, Méjico, 1936; Parte II, Méjico, Porrúa, 1937.
Lewis = Lewis, Samuel: *Anotaciones al "Tamborito" de Agustín Saz,* Panamá, 1932.
Lewis, Samuel: "Observaciones al anterior estudio [de Sebastián Sucre J.]", *BAPL,* VII, núm. 7 (1933), 55-71.
— "Reparos a 'Modismos panameños' del Rev. Padre Celestino Mangado", *ibid.,* VIII, núm. 8 (1935), 39-103.
Leyendas = *Leyendas de Costa Rica compiladas por Víctor Lizano H.,* San José, Soley y Valverde, 1941.
Lillo, Baldomero: *Sub sole,* 2.ª ed., Santiago de Chile, Nascimento, 1931.
Lizardi = Fernández de Lizardi, J. Joaquín: *El pensador mexicano,* Méjico, Universidad Nacional Autónoma, 1940.
Lizondo Borda, Manuel: *Voces tucumanas derivadas del quichua,* Tucumán, 1927.
López Albújar, Enrique: *Matalaché,* Piura, Perú, 1928.
— *Nuevos cuentos andinos,* Santiago de Chile, Ercilla, 1937.

López y Fuentes, Gregorio: *Campamento* (1931), 2.ª ed., Méjico, Botas, 1938.

— *¡Mi general!*, Méjico, Botas, 1934.

— *El indio* (1935); 2.ª ed., Méjico, Botas, 1937.

— *Arrieros*, Méjico, Botas, 1937.

— *Huasteca*, Méjico, Botas, 1937.

Loveira, Carlos: *Los ciegos*, La Habana, 1922.

Lozano y Lozano, Juan: "Un día de la vida", *El Tiempo* (Bogotá), 12 de marzo de 1944.

Lullo, Orestes di: "Algunas voces santiagueñas", *BAAL*, VI (1938), 145-204.

Lussa, P.: "Charlas de sobremesa", *Informador* (Guadalajara), 31 de julio de 1941.

Lynch, Benito: *Los caranchos de la Florida* (1916), Buenos Aires, Austral, 1938.

— *El romance de un gaucho* (1930), Buenos Aires, Anaconda, 1933.

— *De los campos porteños* (1931), 3.ª ed., Buenos Aires, La Facultad, 1940.

— *Palo verde y otras novelas cortas*, Buenos Aires, Austral, 1940.

Lyra, Carmen (María Isabel Carvajal): *Los cuentos de mi tía Panchita*, San José de Costa Rica, 1936.

Llanderas, N. de las, y Malfatti, A.: *Cuando las papas queman, comedia asainetada*, "Argentores", vol. II, núm. 74, Buenos Aires, 1935.

— *Giuanín, rey de la pizza, comedia asainetada*, "Nuestro Teatro", vol. I, núm. 15, Buenos Aires, 1936.

Llorente Maldonado de Guevara, Antonio: *Estudio sobre el habla de la Ribera*, Salamanca, Consejo Superior de Investigaciones Científicas, 1947.

Machado, José E.: *Cancionero popular venezolano*, Caracas, 1919.

McHale, C. F.: *Diccionario razonado de modos de bien decir*, Nueva York, 1930.

Macías, José Miguel: *Diccionario cubano*, reimpreso, Coatepec, 1888; edición anterior, Veracruz, 1885.

McSpadden, George E.: "Some semantic and philological facts of the Spanish spoken in Chilili, New Mexico", *University of New Mexico Bulletin*, V, núm. 3 (1934), 71-102.

Madero, Luis Octavio: "*Los alzados*" [1935] y "*Sindicato*" [1936]; Méjico, 1937.

Magdaleno, Mauricio: *El resplandor*, Méjico, Botas, 1937.

Magón (Manuel González Zeledón): *Cuentos*, edic. José M. Arce, San José de Costa Rica, 1947.

Malaret = Malaret, Augusto: *Diccionario de americanismos*, 2.ª ed., San Juan de Puerto Rico, 1931; 1.ª ed., Mayagüez, 1925. Publicado en for-

ma de suplementos en el *Boletín de la Academia Argentina de Letras,*
vols. VIII (1940), IX (1941), X (1942) y XI (1943). Suplemento publicado por separado bajo el título de *Diccionario de americanismos: suplemento,* vol. I, *A-E,* Buenos Aires, Academia Argentina de Letras,
1942; vol. II, *F-Z,* Buenos Aires, Academia Argentina de Letras, 1944.
3.ª ed., Buenos Aires, Emecé, 1946.

— *Vocabulario de Puerto Rico,* San Juan, 1937. Edición anterior, *Diccionario de provincialismos de Puerto Rico,* San Juan, 1917.

— "Geografía lingüística", *BAAL,* V (1937), 213-25.

— *Semántica americana,* Cataño, Puerto Rico, 1943.

Malbrán, Pedro A.: *Los dos quesos de Balta Marín,* Santiago de Chile,
Nascimento, 1920.

— *El marido de la doctora,* "La escena", núm. 61, Santiago, Cultura, s. f.

Malbrán, Pedro A., y Martínez, Pepe: *Las diez de última,* Santiago, Nascimento, 1923.

— *En semana santa, sainete,* Santiago, 1928.

Mallea, Eduardo: *La ciudad junto al río inmóvil,* Buenos Aires, Anaconda, 1938.

— *Fiesta en noviembre,* Buenos Aires, Club del Libro, 1938.

Malmberg, Bertil: "L'espagnol dans le nouveau monde: Problème de linguistique générale", *Studia linguistica,* I (1947), 79-116; II, 1-36.

Maluenda, Rafael: *Escenas de la vida campesina,* Santiago de Chile, 1909.

— *Los ciegos,* Santiago de Chile, 1913.

— *Venidos a menos,* Santiago de Chile, "Los Diez", 1916.

Mangado, Celestino: "Modismos panameños en el lenguaje", *BAPL,* VII,
núm. 7 (1933), 73-124. *Véase también* Lewis, Samuel.

Mangels, Anna: *Sondererscheinungen des Spanischen in Amerika,* diserta-
ción, Hamburgo, 1926.

Mansilla, Lucio V.: *Una excursión a los indios ranqueles* (1870); Buenos
Aires, La Cultura Popular, 1928.

— *Entre-nos* (antes de 1890); "Grandes escritores argentinos", vol. IX,
Buenos Aires, 1928.

Marengo, Juan D.: *La luz de los rincones,* Tucumán, 1937.

Martín Fierro. Véase Hernández, José; Tiscornia.

Martínez Cuitiño, Vicente: *Atorrante o la venganza de la tierra* (1932);
"Argentores", vol. II, núm. 39, Buenos Aires, 1934.

Martínez Galindo, Arturo: *Sombra,* Tegucigalpa, 1940.

Martínez Payva, Claudio: *El rancho del hermano* (1926); "Argentores",
vol. III, núm. 123, Buenos Aires, 1936.

Martínez de Pinillos, Carlos: *Método práctico para el vuelo ciego,* Lima,
1934.

Martínez Vigil, Carlos: *Arcaísmos españoles usados en América,* Montevideo, 1939.

Martínez Zuviría, Gustavo A.: "Algunos vicios de lenguaje", *BAAL,* VI
(1938), 383-88.

Mata, G. Humberto: *Sanagüín,* Cuenca, Ecuador, Cenit, 1942.
— *Sumag Allpa,* Cuenca, Ecuador, Cenit, 1940.
Mateus, Alejandro: *Riqueza de la lengua castellana y provincialismos ecuatorianos* (1918), 2.ª ed., Quito, Ecuatoriana, 1933.
Mechín, T. P. (José M. Peralta): *Brochazos,* San Salvador, 1925.
— *Candidato, comedia,* San Salvador, 1931.
— *La muerte de la tórtola,* San Salvador, 1932.
Medina, J. T.: *Chilenismos,* Santiago, 1928.
Mejía Nieto, Arturo: *Relatos nativos,* Tegucigalpa, 1929.
— *El solterón,* Buenos Aires, 1931.
Meléndez, Luis: *Las mujeres están lejos,* Santiago de Chile, Antena, 1943.
Meléndez Muñoz, M.: *Cuentos del cedro,* 2.ª ed., San Juan de Puerto Rico, 1937.
Membreño, Alberto: *Hondureñismos,* 3.ª ed., Méjico, 1912. Ediciones anteriores: Tegucigalpa, 1895, 2.ª ed., Tegucigalpa, 1897, con el título de *Vocabulario de los provincialismos de Honduras.*
Mena Brito, B.: *Paludismo,* Méjico, Botas, 1940.
Méndez Ballester, Manuel: *Tiempo muerto, tragedia,* San Juan de Puerto Rico, 1940.
Méndez Pereira, Octavio. "Ensayo de semántica general y aplicada al lenguaje panameño", *BAPL,* I, núm. 2 (1927), 3-37.
Mendoza, Angélica: *Cárcel de mujeres,* Buenos Aires, Claridad, s. f.
Mendoza, Jaime: *Memorias de un estudiante,* Sucre, Bolivia, 1918.
— *El lago enigmático,* Sucre, Bolivia, Charcas, 1936.
Mendoza, V. T.: *El romance español y el corrido mexicano,* Méjico, Universidad Nacional Autónoma, 1939.
Menéndez, M. A.: *Nayar,* Méjico, 1941.
Menéndez Pidal, Ramón: "El dialecto leonés", *Revista de Archivos, Bibliotecas y Museos, Tercera Época,* XIV (1906), 128-72, 294-311.
— *Cantar de mío Cid,* vol. I, Madrid, 1908.
— *Manual de gramática histórica española,* 6.ª ed., Madrid, 1941, 8.ª ed., 1949.
Mera, Juan León: *Antología ecuatoriana: cantares del pueblo ecuatoriano,* Quito, Academia Ecuatoriana, 1892.
Mery, Alberto: *Barrio matadero, comedia,* "La escena", núm. 62, Santiago de Chile, Cultura, s. f.
Meyer-Lübke, W.: *Grammaire des langues romanes,* vol. III, *Syntaxe,* París, Welter, 1900.
Millares, Luis y Agustín: *Léxico de Gran Canaria,* Las Palmas, 1924.
Mir y Noguera, P. Juan: *Prontuario de hispanismo y barbarismo,* 2 vols., Madrid, Sáenz de Jubera Hnos., 1908.
Miranda, Marta Elba: *Aposento de brujos,* Santiago de Chile, Orbe, 1943.
Miranda Ruano, Francisco: *Las voces del terruño,* San Salvador, 1929.
Moglia, Raúl: "El lenguaje de Buenos Aires", *Nosotros,* LVI (1927), 249-56.

Monner Sans, Ricardo: *Notas al castellano en la Argentina*, 2.ª ed., Buenos Aires, 1924.

Montenegro, Carlos: *Hombres sin mujer*, Méjico, Masa, 1938.

— *Los héroes*, La Habana, Caribe, 1941.

Montenegro, Ernesto: *Mi tío Ventura*, 2.ª ed., Santiago de Chile, Nascimento, 1938.

Monti, Daniel P.: *Entre cielo y cuchillas*, Buenos Aires, Aurora, 1943.

Montiel Ballesteros, Adolfo: *Cuentos uruguayos*, Florencia, 1920.

— *Alma nuestra*, Montevideo, Pegaso, 1922.

— *La raza*, Buenos Aires, Nuestra América, 1925.

— *Luz mala*, Buenos Aires, Nuestra América, 1927.

— *Montevideo y su cerro*, Montevideo, C. García, 1928.

Moock, Armando: *Cuando venga el amor* (1920); Santiago de Chile, Nascimento, 1929.

— *Un crimen en mi pueblo*, Santiago, Cultura, 1936.

Morales, P. Raimundo: *El buen decir*, vol. I: *A-B*; vol. II: *C, Ch, D*, Santiago de Chile, 1925, 1937.

— "Apuntes sobre lenguaje", *Bol. Acad. Chilena*, IX (1947), 35-136.

Morínigo = Morínigo, Marcos A.: Correspondencia personal (1949).

— *Hispanismos en el guaraní*, Buenos Aires, Instituto de Filología, 1931.

— *Diccionario de americanismos*, Buenos Aires, 1966, Muchnik Editores.

Moscoso Puello, F. E.: *Cañas y bueyes*, Santo Domingo, R. D., La Nación, s. f.

Mostajo, Francisco: "Algunas peculiaridades del lenguaje arequipeño", *Arequipa 1540-1940*, Lima, El Cóndor, 1940.

Muñoz R., José María: *Don Zacarías Encina*, Santiago de Chile, Nascimento, 1932.

Muñoz Seca, Pedro: *El roble de la Jarosa, comedia* (1915), 4.ª ed., Madrid, 1925.

— *Todo para ti, comedia*, Madrid, 1931.

Navarro = Navarro, Tomás: *El español en Puerto Rico. Contribución a la geografía lingüística hispanoamericana*, Río Piedras, Universidad de Puerto Rico, 1948.

Navarro Tomás, T.: "Impresiones sobre el estudio lingüístico de Puerto Rico", *Revista de Estudios Hispánicos*, II, núm. 2 (1929), 127-47.

— *Cuestionario lingüístico hispanoamericano*, Buenos Aires, Instituto de Filología, 1943; 2.ª ed., 1945.

Nichols, Madaline W.: *Bibliographical guide to materials on American Spanish*, Committee on Latin American Studies of the American Council of Learned Societies, Cambridge, Harvard University Press, 1941. Adiciones de L. B. Kiddle, *Revista iberoamericana*, VII (1943), 221-40.

Noguera, María de: *Cuentos viejos*, San José de Costa Rica, Repertorio Americano, 1938.

Núñez, Sergio: *Tierra de lobos*, Quito, 1939.
Núñez Guzmán, J. T.: *Infancia campesina*, Méjico, 1937.

Obando, Luis de: *Corrección del lenguaje*, Bogotá, Biblioteca Aldeana, 1938.
Oroz, Rodolfo: *La lengua castellana en Chile*, Editorial Universitaria.
Orozco. *Véase* Calero Orozco.
Ortiz, Adalberto: *Juyungo*, Buenos Aires, Americalee, 1943.
Ortúzar, Camilo: *Diccionario manual de locuciones viciosas y de correcciones de lenguaje*, 2.ª ed., Barcelona, 1902; 1.ª ed., Turín, 1893.
Osorio Lizarazo, J. A.: *La cosecha*, Manizales, Colombia, A. Zapata, 1935.
— *El hombre bajo la tierra*, Bogotá, 1944.

Pacheco, Carlos M.: *La boca del riachuelo*, "El teatro argentino", vol. XLIV, Buenos Aires, 1921.
Padrón = Padrón, Alfredo F.: "Giros sintácticos corrientes en el habla popular, culta y semiculta cubanas", *BF*, vol. V, núms. 37-39 (1948), 467-95.
— "Los arcaísmos españoles", *BF*, vol. III, núm. 15 (1940).
Pareja Diez-Canseco, Alfredo: *El muelle*, Quito, Bolívar, 1933.
— *La Beldaca*, Santiago de Chile, Ercilla, 1935.
— *Baldomera*, Santiago de Chile, Ercilla, 1938.
— *Hechos y hazañas de Don Balón de Baba*, Buenos Aires, Club del Libro, 1939.
Patín Maceo, Manuel A.: "Americanismos en el lenguaje dominicano", *Anales de la Universidad de Santo Domingo* (Trujillo), vols. IV (1940), V (1941), VI (1942), VII (1943).
— *Dominicanismos*, "Academia dominicana de la lengua", núm. 2, Ciudad Trujillo, Montalvo, 1940.
— "Notas gramaticales", *Bol. acad. dominicana de la lengua*, vol. VI (1946). Reimpreso en *Revista de educación*, vol. XVII (1946-47), Ciudad Trujillo.
Payno, Manuel: *El fistol del diablo* (1845); San Antonio, Texas, 1927.
Payró, Roberto: *El casamiento de Laucha* (1906), Buenos Aires, Mínimas, 1920.
Pereda, José María de: *Obras completas*, Madrid, 1894-1906. Vols. I-V, IX, XV, 3.ª ed.; VI-VIII, X-XIII, 2.ª ed.; XIV, XVI, XVII, 1.ª ed.
Pereira, Cuti: *El fantasma del puente viejo y otros relatos*, Buenos Aires, Huemul, 1941.
Pereira, E. C.: *Gramática expositiva*, São Paulo, Río de Janeiro, etc., 1941.
Pereyra, Diomedes de: *Caucho*, Santiago de Chile, Nascimento, 1938.
Pérez Guerrero, Alfredo: *Fonética y morfología*, Quito, 1933.
Pérez de Guzmán, Fernán: *Generaciones y semblanzas* (1450); edic. Domínguez Bordona, "Clásicos castellanos", núm. 61, Madrid, 1924.

Pérez Petit, Víctor: *Entre los pastos,* Montevideo, 1920.

Petit, Magdalena: *Los Pincheira,* Santiago de Chile, Zig-Zag, 1939.

Petit de Murat, Ulises: *El balcón hacia la muerte,* Buenos Aires, Lautaro, 1943.

Pichardo, Esteban: *Diccionario provincial casi razonado de voces y frases cubanas,* 4.ª ed., La Habana, 1875. Ediciones anteriores: 1.ª ed., Matanzas, 1836; 2.ª ed., La Habana, 1849; 3.ª ed., La Habana, 1862; 9.ª ed. (Rodríguez Herrera), La Habana, 1953.

Pico, Pedro E.: *La verdad en los ojos,* "Argentores", vol. I, núm. 17, Buenos Aires, 1934.

Picón-Febres, Gonzalo: *Libro raro: voces, locuciones y otras cosas de uso frecuente en Venezuela,* 2.ª ed., Curaçao, 1912.

Pino Saavedra, Y.: *Crónica de un soldado de la guerra del Pacífico. Con un estudio dialectológico y notas históricas,* Santiago de Chile, Editorial Universitaria, S. A., 1950.

Pocaterra, José Rafael: *Vidas oscuras,* Madrid, 1916.

Posada R., Julio: *El machete,* Bogotá, 1929.

Prado, Pedro: *Un juez rural,* Santiago de Chile, Nascimento, 1924.

— *Alsino* (1920), Santiago de Chile, Nascimento, 1928.

Publicaciones de la Academia guatemalteca (Guatemala), vols. IV (1935), VII (1940).

Pulgar Vidal, Javier: "Algunas observaciones sobre el lenguaje en Huánuco", *Revista de la Universidad Católica del Perú* (Lima), V (1937), 801-19.

Quesada S., Napoleón: *Lecciones de gramática castellana,* 3.ª ed., San José de Costa Rica, 1935.

Quevedo, Francisco de: *El Buscón,* edic. Américo Castro, "Clásicos castellanos", núm. 5, Madrid, 1927.

Quevedo y Zubieta, Salvador: *La camada,* Méjico, 1912.

— *México marimacho,* Méjico, Botas, 1933.

— *Las ensabanadas,* Méjico, Botas, 1934.

Quijano Hernández, Manuel: *En la montaña,* San Salvador, 1930.

Quintana, Carlos Alberto: *Mal agüero,* Quezaltenango, Guatemala, 1937.

Quiroga, Carlos B.: *4 á 2,* Buenos Aires, 1932.

Quiroga, Horacio: *Cuentos* (1904-34), 6 vols., "Biblioteca Rodó", Montevideo, C. García, 1937-40.

Quirós, Blanco: *Artículos escogidos,* San José de Costa Rica, 1904.

Rabanales, Ambrosio: "Recursos lingüísticos en el español de Chile", *Bol. de Filología,* X, 1958, 205-300.

Rael, J. R.: "Associative interference in Spanish", *Hispanic Review,* VIII (1940), 346-49.

Ramírez, Miguel Ángel (El Negro Ramírez): *Tierra adentro,* San Salvador, 1937.

Ramos, J. A.: *Las impurezas de la realidad,* Barcelona, 1929.

Ramos y Duarte, Feliz: *Diccionario de mejicanismos* (1895), 2.ª ed., Méjico, Herrero Hnos., 1898.

Ramsey, M. M.: *A text-book of modern Spanish,* 3.ª ed., Nueva York, Henry Holt & Co., 1894; edic. revisada por R. K. Spaulding, 1956.

Rendón, Francisco de: *Inocencia,* Medellín, Colombia, 1904.

Requena, Andrés: *Los enemigos de la tierra* [*novela dominicana*], 2.ª ed., Santiago de Chile, Ercilla, 1942.

— *Camino de fuego,* Santiago de Chile, Ercilla, 1941.

Restrepo, Antonio José: *El cancionero de Antioquia,* 3.ª ed., Barcelona, Lux, 1930.

Restrepo, Roberto: *Apuntaciones idiomáticas y correcciones de lenguaje,* Bogotá, Cromos, 1943.

Restrepo Jaramillo, José: *20 cuentos,* Medellín, Colombia, 1939.

Revollo, Pedro María: *Costeñismos colombianos,* Barranquilla, 1942.

Reyles, Carlos: *El terruño* (1916), Madrid, 1927.

— *El gaucho Florido,* Montevideo, Impresora Uruguaya, 1932.

RFE = *Revista de Filología Española,* Madrid, 1914—.

RFH = *Revista de Filología Hispánica,* Buenos Aires y Nueva York, 1939—.

Rivas Bonilla, Alberto: *Andanzas y malandanzas,* San Salvador, 1936.

Rivas Larrauri, Carlos: *Del arrabal* (1931), Méjico, Cicerón, 1937.

Rivera, José Eustasio: *La vorágine* (1924), Buenos Aires, Austral, 1941.

Robe, Stanley L.: "The Spanish of Rural Panama", *Univ. of California Publ. in Linguistics,* vol. XX, 1960.

Robles, Fernando: *La virgen de los cristeros,* Buenos Aires, Claridad, 1932.

Robles Castillo, Aurelio: *¡Ay, Jalisco ... no te rajes!,* Méjico, Botas, 1938.

Robleto, Hernán: *Los estrangulados,* Madrid, Cenit, 1933.

Rodrigo, Saturnino: *En la pendiente* (1926), "Teatro Boliviano", vol. III, La Paz, Bibl. de la Sociedad de Autores, 1938.

Rodríguez, Luis Felipe: *La ciénaga* (1923), La Habana, Trópico, 1937.

Rodríguez, Yamandú: *Bichito de luz,* Buenos Aires, Anaconda, 1933.

— *Cimarrones,* Buenos Aires, Anaconda, 1933.

Rodríguez, Zorobabel: *Diccionario de chilenismos,* Santiago, 1875.

Rodríguez Acasuso, Luis: *El barro humano* (1933), "Argentores", vol. I, núm. 11, Buenos Aires, 1934.

— *La mujer olvidada,* "Argentores", vol. I, núm. 8, Buenos Aires, 1934.

Rodríguez Marín, Francisco: *El alma de Andalucía,* Madrid, 1929.

Rojas, Francisco de: *Teatro,* edic. F. Ruiz Morcuende, "Clásicos castellanos", núm. 25, Madrid, 1922.

Rojas, Manuel: *Hombres del sur,* Santiago de Chile, Nascimento, 1926.

— *Travesía,* Santiago de Chile, Nascimento, 1934.

Rojas, Pepe: *La banda de Al Capone,* sainete, "La escena", núm. 52, Santiago de Chile, Cultura, 1937.

Rojas, Pepe, y Fernández, Pepe: *La hoja de Parra,* "La escena", núm. 49, Santiago de Chile, Cultura, 1937.

Rojas Gallardo, Luis: *Aventuras de Tristán Machuca, 2.ª serie,* Santiago de Chile, Cultura, 1935.

— *Aventuras de Tristán Machuca, 3.ª serie,* Santiago de Chile, Cultura, s. f.

Román, Manuel Antonio: *Diccionario de chilenismos y de otras voces y locuciones viciosas,* 5 vols., Santiago de Chile, 1901-18.

Romanángel (Joaquín Moscoso G.): *Fidel Cornejo y Cía.,* Santiago de Chile, Cultura, 1935.

Romero, Alberto: *La viuda del conventillo* (1930), 2.ª ed., Santiago de Chile, 1932.

— *La mala estrella de Perucho González,* Santiago de Chile, Ercilla, 1935.

Romero, Emilio: *Balseros del Titicaca,* Lima, 1934.

Romero, Joaquín A.: "Voces y giros usuales en el español de la Argentina", *Nosotros,* XXIII (1929), 398-99.

Romero, José Rubén: *La vida inútil de Pito Pérez,* 2.ª ed., Méjico, 1938.

Romero, Manuel: *¡A trabajar, caballeros!* (1919); "El teatro argentino", vol. II, núm. 15, Buenos Aires, 1920.

Romero García, Manuel Vicente: *Peonía,* Madrid, América, 1920.

Rosenblat = Rosenblat, Ángel: Reseña de *American-Spanish Syntax* de C. E. Kany, en *Nueva Revista de Filología Hispánica,* IV (1950), 57-67. Correspondencia personal (1949).

— *Buenas y malas palabras.* Caracas-Madrid, 2.ª ed. Ediciones Edime, 1960.

— "Notas de morfología dialectal", *BDH,* II (1946), 105-316.

Rossi, Vicente: *Desagravio al lenguaje de Martín Fierro,* "Folletos lenguaraces", núms. 14-22, Río de la Plata, 1933-37.

Rubín, Ramón: *Cuentos del medio rural mexicano,* vol. I, Guadalajara, 1942.

Rubio, Darío: *La anarquía del lenguaje en la América española,* 2 vols., Méjico, 1925.

— *Refranes, proverbios y dichos y dicharachos mexicanos* (1937), 2.ª ed., 2 vols., Méjico, A. P. Márquez, 1940.

Ruiz, Víctor: *Los que pagan* (1923); "Teatro Boliviano", vol. V, La Paz, Bibl. de la Sociedad de Autores, 1928.

Sáenz (H.), Justo P.: *Pasto Puna,* 2.ª ed., Buenos Aires, 1931.

Salarrué (Salvador Salazar Arrué): *Cuentos de barro,* San Salvador, La Montaña, 1933.

— *El Cristo negro,* San Salvador, Biblioteca Nacional, 1936.

— *Eso y más,* Cuscatlán, El Salvador, 1940.

Salas, Ángel: *Tres comedias,* La Paz, Crespi Hermanos, 1930.

Salazar García, Salomón: *Diccionario de provincialismos y barbarismos centroamericanos,* 2.ª ed., San Salvador, 1910; 1.ª ed.: *Vicios y correcciones de idioma español,* Sonsonate, 1907.

Salazar Herrera, Carlos M.: *Cuentos,* San José de Costa Rica, 1936.

Saldías, José Antonio: *El pollo Almada,* "Argentores", vol. II, núm. 68, Buenos Aires, 1935.

Salesiano = *Vocabulario de palabras-modismos y refranes ticos por un salesiano,* Cartago, Costa Rica, 1938.

Salomé Gil (José Milla): *Cuadros de costumbres,* "Colección 'Juan Chapín'", vols. IV (Guatemala, 1935), X (1937).

— *Un viaje al otro mundo,* "Colección 'Juan Chapín'", vols. VI, VII, VIII (1936).

Salvador, Humberto: *Camarada* (1933), Buenos Aires, Claridad, s. f.

— *Noviembre,* Quito, L. I. Fernández, 1939.

— *Prometeo,* Quito, 1943.

Samayoa Chinchilla, Carlos: *Cuatro suertes,* Guatemala, 1936.

Sánchez, Florencio: *Teatro completo,* edic. Dardo Cúneo, Buenos Aires, Claridad, 1941. Ediciones anteriores: 1.ª ed., 3 vols., Valencia y Buenos Aires, 1917-20; 2.ª ed., Barcelona, Cervantes, 1926; Buenos Aires, Sopena Argentina, 1939.

Sánchez de Badajoz, Diego: *Recopilación en metro,* "Libros de antaño", vol. XI, Madrid, 1882.

Sánchez Gardel, Julio: *Los mirasoles* (1911), "Argentores", vol. VI, número 166, Buenos Aires, 1939.

Sánchez Sevilla, P.: "El habla de Cespedosa de Tormes (en el límite de Salamanca y Ávila)", *RFE,* XV (1928), 131-72, 244-82.

Sánchez Somoano, José: *Modismos, locuciones y términos mexicanos,* Madrid, 1892.

Sandoval, Lisandro: *Semántica guatemalense o diccionario de guatemaltequismos,* 2 vols., Guatemala, 1941-42.

Santa Cruz, Rosendo: *Tierras de lumbre,* Guatemala, 1938.

Santamaría, Francisco J.: *El provincialismo tabasqueño,* vol. I: *A, B, C,* Méjico, Botas, 1921.

— *Americanismo y barbarismo,* Méjico, 1921.

— *Glosa lexicográfica,* Méjico, 1926.

— *Diccionario general de americanismos,* 3 vols., Méjico, Pedro Robredo, 1942.

— *Diccionario de mejicanismos,* Méjico, Pedro Robredo, 1959.

Santamaría, Francisco J., y Domínguez, Rafael: *Ensayos críticos de lenguaje,* Méjico, Porrúa Hnos., 1940.

Santiván, Fernando: *La hechizada* (1916), 3.ª ed., Santiago de Chile, Nascimento, 1933.

Sarmiento, Domingo Faustino: *Facundo,* edic. Delia S. Etcheverry, Buenos Aires, Estrada, 1940.

Saubidet, Tito: *Vocabulario y refranero criollo,* Buenos Aires, Guillermo Kraft Ltda., 1943, 3.ª ed., 1948.

Schock, Alfredo: *2.000 barbarismos que corrompen el buen decir,* 2.ª ed., Buenos Aires, 1945.

Segovia, Lisandro: *Diccionario de argentinismos, neologismos y barbarismos,* Buenos Aires, 1911.

Seijas, Juan: *Diccionario de barbarismos cotidianos,* Buenos Aires, 1890.

Selva, Juan B.: *El castellano en América,* La Plata, 1906.

— *Guía del buen decir,* 2.ª ed., Buenos Aires, 1925; 1.ª ed., Madrid, 1916.

— *Crecimiento del habla,* Buenos Aires, 1925.

Senet, Rodolfo: "El falseamiento del castellano en la Argentina y lo que significan en realidad las palabras del lunfardo", *BAAL,* VI (1938), 121-44.

Sepúlveda Leyton, Carlos: *Hijuna,* Linares, Chile, Ciencias y Artes, 1934.

— *La fábrica,* Santiago, Ercilla, 1935.

— *Camarada,* Santiago, Nascimento, 1938.

Serís, Homero: *Bibliografía de la lingüística española,* Bogotá, 1964, Inst. Caro y Cuervo, XIX.

Silva, Víctor Domingo: *La pampa trágica,* Santiago de Chile, Zig-Zag, 1938.

Solá, José Vicente: *Diccionario de regionalismos de Salta,* Buenos Aires, S. de Amorrortu e hijos, 1947.

Spaulding = Spaulding, Robert K.: *Syntax of the Spanish verb,* Nueva York, Henry Holt & Co., 1931.

— *How Spanish grew,* Berkeley, University of California Press, 1943.

Speratti Piñero, E. S.: en *Filología* (Buenos Aires), III (1951), 145-47.

Spitzer, Leo: *Aufsätze zur romanischen Syntax und Stilistik,* Halle, 1918.

— "Sintaxis y estilística del español *que",* *RFH,* IV (1942), 253-65.

Suárez, Constantino: *Vocabulario cubano,* La Habana y Madrid, 1921.

Suárez, Víctor M.: *El español que se habla en Yucatán,* Mérida, Díaz Massa, Talleres de Impresión, 1945.

Sucre J., Sebastián: "Provincialismos panameños", *BAPL,* VII, núm. 7 (1933), 33-35. *Véase también* Lewis, Samuel.

Sundheim, Adolfo: *Vocabulario costeño o lexicografía de la región septentrional de la república de Colombia,* París, Librería Cervantes, 1922.

Tallas chilenas, suplemento Excelsior No. 11, 2.ª ed., Santiago, Ercilla, 1938.

Taracena, Alfonso: *Los abrasados,* Méjico, Botas, 1937.

Tascón, Leonardo: *Diccionario de provincialismos y barbarismos del Valle del Cauca,* Bogotá, Santafé, 1935.

Teresa de Jesús, santa: *Obras completas,* edic. Luis Santullano, Madrid, Aguilar, s. f.

Tiscornia, Eleuterio F.: *"Martín Fierro" comentado y anotado,* Parte I: *Texto, notas y vocabulario,* Buenos Aires, 1925; Parte II: *La lengua de "Martín Fierro",* en *BDH,* vol. III (1930).

Tobar, Carlos R.: *Consultas al diccionario de la lengua,* 2.ª ed., Barcelona, 1907; edición anterior, Quito, 1900.

Tobón Betancourt, J.: *Colombianismos y otras voces de uso general,* Medellín, Tipografía Industrial, 1946, 2.ª ed., Bogotá, 1953.

Toro, Bernardo: *Minas, mulas y mujeres*, 2.ª ed., Medellín, Colombia, 1943.

Toro y Gisbert, Miguel de: "Voces andaluzas", *Revue Hispanique*, XLIX (1920), 313-645.

— *L'évolution de la langue espagnole en Argentine*, París, Larousse, 1932.

Toro Ramallo, Luis: *Chaco*, Santiago de Chile, Nascimento, 1936.

Toruño, Juan Felipe: *El silencio*, San Salvador, 1935.

Torres Arjona, Rafael: *Correntada*, San Salvador, Arce, 1934-35.

Toscano Mateus, H.: *El español en el Ecuador*, Madrid, 1953.

Tovar y R., Enrique D.: "Hacia el gran diccionario de la lengua española", *BAAL*, vols. IX (1941), X (1942).

Trías du Pre, Emilio: *Forastero*, Montevideo, Biblioteca Rodó, 1941.

Ugarte, Miguel Ángel: *Arequipeñismos*, Arequipa, 1942.

Unzueta, Mario: *Valle*, Cochabamba, La Época, 1945.

Urbaneja Achelpohl, Luis M.: *En este país*, Buenos Aires, 1916.

Uribe Uribe, Rafael: *Diccionario abreviado de galicismos, provincialismos i correcciones del lenguaje*, Medellín, Colombia, 1887.

Urquizo, Francisco L.: *Tropa vieja*, Méjico, 1943.

Uslar Pietri, Arturo: *Las lanzas coloradas* (1931), Santiago de Chile, Zig-Zag, 1940.

Valdés, Juan de: *Diálogo de la lengua*, edic. José F. Montesinos, "Clásicos castellanos", núm. 86, Madrid, 1928.

Valdés, Nacho (Ignacio de J.): *Cuentos panameños*, Panamá, Gráfico, 1928.

— *Sangre criolla*, Panamá, 1943.

Valle, Alfonso: *Diccionario del habla nicaragüense*, Managua, La Nueva Prensa, 1948.

Valle, José: "El cristal con que se mira", *Nuestro Diario* (Guatemala), 1940-41.

Valle-Arizpe, Artemio: *El canillitas*, Méjico, Polis, 1941.

Varela, Alfredo: *El río oscuro*, Buenos Aires, Lautaro, 1943.

Vargas Ugarte, R.: "Glosario de peruanismos", *Universidad Católica del Perú*, XIV (1946), 151-79.

Vasconcelos, José: *La tormenta*, Méjico, Botas, 1937.

Vásconez Hurtado, Gustavo: *Camino de las landas*, Quito, Fernández, 1940.

Vázquez, Honorato: *Reparos sobre nuestro lenguaje usual*, Quito, Ecuatoriana, 1940.

Viana, Javier de: *Gaucha* (1899), 4.ª ed., Montevideo, 1913.

— *Leña seca* (1913), 6.ª ed., Montevideo, García, s. f.

— *Abrojos*, Montevideo, García, 1919.

— *Tardes del fogón*, Montevideo, García, 1925.

— *Gurí y otras novelas*, Madrid, s. f.

Vidal de Battini, Berta Elena: *El habla rural de San Luis*, Parte I, en *BDH*, vol. VII (1949).

Vicuña Cifuentes, Julio: *Romances populares y vulgares recogidos de la tradición oral chilena,* "Biblioteca de escritores de Chile", vol. II, Santiago, 1912.

Vignati, M. A.: "El vocabulario rioplatense de Francisco Javier Muñiz", *BAAL,* V (1937), 393-453.

Wagner, M. L.: "Amerikanisch-Spanisch und Vulgärlatein", *Zeitschrift für romanische Philologie,* XL (1920), 286-312, 385-404. Traducción española y notas de Américo Castro y P. Henríquez Ureña, Cuaderno I, Buenos Aires, Instituto de Filología, 1924.

Wast, Hugo (Gustavo A. Martínez Zuviría): *Flor de durazno, drama,* Buenos Aires, Bayardo, s. f.

Weber, Frida: "Fórmulas de tratamiento en la lengua de Buenos Aires", *RFH,* III, núm. 2 (1941), 105-39.

Wijk, H. L. A. van: "Contribución al estudio del habla popular de Venezuela", tesis mimeografiada, Amsterdam, 1946.

Wilson, W. E.: "*Él* and *ella* as pronouns of address", *Hispania,* XXIII (1940), 336-40.

Wyld Ospina, Carlos: *La tierra de las Nahuyacas,* Guatemala, 1933.

— *La gringa* (1935), Guatemala, 1936.

Yrarrázaval Larrain, J. M.: *Chilenismos,* Santiago de Chile, 1945.

Yrurzún, Blanca: *Changos,* Santiago del Estero, Argentina, Vertical, 1939.

Zamora Vicente, Alonso: *El habla de Mérida y sus cercanías,* Madrid, *RFE,* Anejo XXIX, 1943.

Zañartu, Sady: *Llampo brujo,* Santiago de Chile, Nascimento, 1933.

Zum Felde, Alberto: *El problema de la cultura americana,* Buenos Aires, Losada, 1943.

Zúñiga, Luis Andrés: *Fábulas,* 2.ª ed., Tegucigalpa, 1931.

ÍNDICE ALFABÉTICO

(Las frases prepositivas se hallan registradas por la preposición de que se trata; las demás locuciones lo están generalmente por la primera palabra de las mismas).

181, 292; *cualquieras*, 183; *cual-siquiera*, 183, 292.

¡*cuándo!*, 481; *cuando no*, ¡*cuándo no!*, 480 s.; *cuando niño*, 422.

cuánta, *cuantísima*, *cuantísimo ha*, *cuanto ha*, *cuantuá*, 266 s.; *cuantita*, 267.

cuantimás, *cuantimenos*, 345 s.

(*en*) *cuanto que*, *en cuanto y*, *por cuanto* (*a*) *que*, 458.

¿*cuánto tiempo hace de lo que* ...?, 273.

cuarentas (*los*), 30.

cuate, 490.

cuchi = *cochino*, 305.

cuentisto, 24.

¡*cuidado!*, 309 s., 488.

culpas, 28.

¿*cúyo?* = ¿*de quién?*, 168.

chacra, *chácara*, 335.

chaleco de fuerza, 330; *a* (o *al*) *chaleco*, 330.

chas diego y variantes: *véase* interjecciones.

che, 79 s., 487; *che* equivalente a *o*, 486; *che* en América Central, 487; *hacerle* (*el*) *che a*, 487.

chechear, 79.

¡*chis!*, ¡*achís!*, 467.

chismear con complemento directo, 22.

choy, *cho*, 487.

chulo = *bien*, 53.

d > *t* (*qué es de* > *quiste*), 308.

daca, *daca acá*, *dácame*, 320; *dacar*, 320.

dal = *en casa de*, 164.

dale, *dale y* (= *que*) *dale*, 288 s.; *déle y* (o *que*) *déle*, 288 s.

dar: como auxiliar con sustantivos verbales, 34 ss., 246; *dar a* + infinitivo, 243 s.; *dar de bofetadas*, *de palos*, *de patadas*, 414; *dar* + gerundio, 196, 255; *darle a uno gana*, 40; *dar un salto*, 246; *dar vuelta*(*s*) con complemento directo, 21.

de, preposición, 408 ss.; convierte un adverbio en preposición, 408; detrás de los verbos en la lengua antigua: *atreverse*, *comenzar*, *creer*, *determinar*, *empezar*, *obligarse*, *olvidar*, *pensar*, *procurar*, *prometer*, *quedar*, 409 s.; su omisión tras *acerca*, *cerca*, *dentro*, 408; tras *acordarse*, *gustar*, *olvidarse*, con *hacerse rogar*, *han ir*, 410; *de* accesorio: detrás de *sobre*, *entre*, 409; *decir de que*, etc., 411 s.; *recordar*(*se*) *de*, 412; *hacer*(*se*) *de cuenta*, *de la vista gorda*, *hacer de caso*, *haber* (o *ser*) *de menester*, 412 s.; *de* partitivo, 414; *de por*, 415 s.; *de por en: quedar de*, *ocuparse de*, *gusto de*, 417 s.; *de por y: horas de horas*, *años de años*, *meses de meses*, etc., 418 s.; *de* condicional + infinitivo, desalojador de *a* + infinitivo, 419 s.; otros usos de *de*: *arroz de leche*, 420; *café de leche*, 420; *irse de con*, 420.

—*de* = *en casa de*, 423; *de a* (o *por*) *buenas*, 415; *de a balazo*, 417; *de a caballo*, 415; *de a dos*, 416; *de* (*a*) *deveras*, 415; *de adrede*, 415; *de ahí*, 321 s.; *de a*

ÍNDICE GENERAL

BIBLIOTECA ROMÁNICA HISPÁNICA

Director: DÁMASO ALONSO

I. TRATADOS Y MONOGRAFÍAS

1. Walther von Wartburg: *La fragmentación lingüística de la Romania.* Segunda edición, en prensa.
2. René Wellek y Austin Warren: *Teoría literaria.* Con un prólogo de Dámaso Alonso. Cuarta edición. 432 págs.
3. Wolfgang Kayser: *Interpretación y análisis de la obra literaria.* Cuarta edición revisada. 1.ª reimpresión. 594 págs.
4. E. Allison Peers: *Historia del movimiento romántico español.* Segunda edición. 2 vols.
5. Amado Alonso: *De la pronunciación medieval a la moderna en español.*
   Vol. I: Segunda edición. 382 págs.
   Vol. II: 262 págs.
6. Helmut Hatzfeld: *Bibliografía crítica de la nueva estilística aplicada a las literaturas románicas.* Segunda edición, en prensa.
7. Fredrick H. Jungemann: *La teoría del sustrato y los dialectos hispano-romances y gascones.* Agotada.
8. Stanley T. Williams: *La huella española en la literatura norteamericana.* 2 vols.
9. René Wellek: *Historia de la crítica moderna (1750-1950).*
   Vol. I: *La segunda mitad del siglo XVIII.* 396 págs.
   Vol. II: *El Romanticismo.* 498 págs.
   Vol. III: En prensa.
   Vol. IV: En prensa.
10. Kurt Baldinger: *La formación de los dominios lingüísticos en la Península Ibérica.* Agotada.
11. S. Griswold Morley y Courtney Bruerton: *Cronología de las comedias de Lope de Vega (Con un examen de las atribuciones dudosas, basado todo ello en un estudio de su versificación estrófica).* 694 págs.

II. ESTUDIOS Y ENSAYOS

1. Dámaso Alonso: *Poesía española (Ensayo de métodos y límites estilísticos).* Quinta edición. 672 págs. 2 láminas.
2. Amado Alonso: *Estudios lingüísticos (Temas españoles).* Tercera edición. 286 págs.
3. Dámaso Alonso y Carlos Bousoño: *Seis calas en la expresión literaria española (Prosa - Poesía - Teatro).* Cuarta edición, en prensa.

27. Carlos Bousoño: *La poesía de Vicente Aleixandre*. Segunda edición corregida y aumentada. 486 págs.

28. Gonzalo Sobejano: *El epíteto en la lírica española*. Agotada.

29. Dámaso Alonso: *Menéndez Pelayo, crítico literario. Las palinodias de Don Marcelino*. Agotada.

30. Raúl Silva Castro: *Rubén Darío a los veinte años*. Agotada.

31. Graciela Palau de Nemes: *Vida y obra de Juan Ramón Jiménez*. Segunda edición, en prensa.

32. José F. Montesinos: *Valera o la ficción libre (Ensayo de interpretación de una anomalía literaria)*. Agotada.

33. Luis Alberto Sánchez: *Escritores representativos de América*. Primera serie. La segunda edición ha sido incluida en la sección VII, *Campo Abierto*, con el número 11.

34. Eugenio Asensio: *Poética y realidad en el cancionero peninsular de la Edad Media*. Agotada.

35. Daniel Poyán Díaz: *Enrique Gaspar (Medio siglo de teatro español)*. 2 vols. 10 láminas.

36. José Luis Varela: *Poesía y restauración cultural de Galicia en el siglo XIX*. 304 págs.

37. Dámaso Alonso: *De los siglos oscuros al de Oro*. La segunda edición ha sido incluida en la sección VII, *Campo Abierto*, con el número 14.

39. José Pedro Díaz: *Gustavo Adolfo Bécquer (Vida y poesía)*. Segunda edición corregida y aumentada. 486 págs.

40. Emilio Carilla: *El Romanticismo en la América hispánica*. Segunda edición revisada y ampliada. 2 vols.

41. Eugenio G. de Nora: *La novela española contemporánea (1898-1967)*. Premio de la Crítica.

    Tomo I: (1898-1927). Segunda edición. 622 págs.
    Tomo II: (1927-1939). Segunda edición corregida. 538 págs.
    Tomo III: (1939-1967). Segunda edición, en prensa.

42. Christoph Eich: *Federico García Lorca, poeta de la intensidad*. Segunda edición, en prensa.

43. Oreste Macrí: *Fernando de Herrera*. Agotada.

44. Marcial José Bayo: *Virgilio y la pastoral española del Renacimiento*. Agotada.

45. Dámaso Alonso: *Dos españoles del Siglo de Oro (Un poeta madrileñista, latinista y francesista en la mitad del siglo XVI. El Fabio de la «Epístola moral»: su cara y cruz en Méjico y en España)*. 258 págs.

46. Manuel Criado de Val: *Teoría de Castilla la Nueva (La dualidad castellana en la lengua, la literatura y la historia)*. Segunda edición ampliada. 400 págs. 8 mapas.

47. Iván A. Schulman: *Símbolo y color en la obra de José Martí*. Agotada.

48. José Sánchez: *Academias literarias del Siglo de Oro español.* Agotada.
49. Joaquín Casalduero: *Espronceda.* Segunda edición. 280 págs.
50. Stephen Gilman: *Tiempo y formas temporales en el «Poema del Cid».* Agotada.
51. Frank Pierce: *La poesía épica del Siglo de Oro.* Segunda edición revisada y aumentada. 396 págs.
52. E. Correa Calderón: *Baltasar Gracián. Su vida y su obra.* Agotada.
53. Sofía Martín-Gamero: *La enseñanza del inglés en España (Desde la Edad Media hasta el siglo XIX).* 274 págs.
54. Joaquín Casalduero: *Estudios sobre el teatro español (Lope de Vega, Guillén de Castro, Cervantes, Tirso de Molina, Ruiz de Alarcón, Calderón, Moratín, Larra, Duque de Rivas, Valle Inclán, Buñuel).* Segunda edición aumentada. 304 págs.
55. Nigel Glendinning: *Vida y obra de Cadalso.* 240 págs.
56. Álvaro Galmés de Fuentes: *Las sibilantes en la Romania.* 230 páginas. 10 mapas.
57. Joaquín Casalduero: *Sentido y forma de las «Novelas ejemplares».* Segunda edición corregida. 272 págs.
58. Sanford Shepard: *El Pinciano y las teorías literarias del Siglo de Oro.* Agotada.
59. Luis Jenaro MacLennan: *El problema del aspecto verbal (Estudio crítico de sus presupuestos).* Agotada.
60. Joaquín Casalduero: *Estudios de literatura española («Poema de Mío Cid», Arcipreste de Hita, Cervantes, Duque de Rivas, Espronceda, Bécquer, Galdós, Ganivet, Valle-Inclán, Antonio Machado, Gabriel Miró, Jorge Guillén).* Segunda edición muy aumentada. 362 págs.
61. Eugenio Coseriu: *Teoría del lenguaje y lingüística general (Cinco estudios).* Segunda edición. 328 págs.
62. Aurelio Miró Quesada S.: *El primer virrey - poeta en América (Don Juan de Mendoza y Luna, marqués de Montesclaros).* 274 págs.
63. Gustavo Correa: *El simbolismo religioso en las novelas de Pérez Galdós.* 278 págs.
64. Rafael de Balbín: *Sistema de rítmica castellana.* Premio "Francisco Franco" del C. S. I. C. Segunda edición aumentada. 402 págs.
65. Paul Ilie: *La novelística de Camilo José Cela.* Con un prólogo de Julián Marías. 240 págs.
66. Víctor B. Vari: *Carducci y España.* 234 págs.
67. Juan Cano Ballesta: *La poesía de Miguel Hernández.* 302 págs.
68. Erna Ruth Berndt: *Amor, muerte y fortuna en «La Celestina».* Agotada.
69. Gloria Videla: *El ultraísmo (Estudios sobre movimientos poéticos de vanguardia en España).* 246 págs. 8 láminas.

3. Emilio Alarcos Llorach: *Gramática estructural*. Primera reimpresión. 132 págs.

4. Francisco López Estrada: *Introducción a la literatura medieval española*. Tercera edición renovada. 342 págs.

5. Francisco de B. Moll: *Gramática histórica catalana*. 448 págs. 3 mapas.

6. Fernando Lázaro Carreter: *Diccionario de términos filológicos*. Tercera edición corregida. 444 págs.

7. Manuel Alvar: *El dialecto aragonés*. Agotada.

8. Alonso Zamora Vicente: *Dialectología española*. Segunda edición muy aumentada. 588 págs. 22 mapas.

9. Pilar Vázquez Cuesta y Maria Albertina Mendes da Luz: *Gramática portuguesa*. Segunda edición, en prensa.

10. Antonio M. Badia Margarit: *Gramática catalana*. 2 vols.

11. Walter Porzig: *El mundo maravilloso del lenguaje (Problemas, métodos y resultados de la lingüística moderna)*. Segunda edición, en prensa.

12. Heinrich Lausberg: *Lingüística románica*.
    Vol. I: *Fonética*. 560 págs.
    Vol. II: *Morfología*. 390 págs.

13. André Martinet: *Elementos de lingüística general*. Segunda edición revisada. 276 págs.

14. Walther von Wartburg: *Evolución y estructura de la lengua francesa*, 350 págs.

15. Heinrich Lausberg: *Manual de retórica literaria (Fundamentos de una ciencia de la literatura)*.
    Vol. I: 382 págs.
    Vol. II: 518 págs.
    Vol. III: 404 págs.

16. Georges Mounin: *Historia de la lingüística (Desde los orígenes al siglo XX)*. 236 págs.

17. André Martinet: *La lingüística sincrónica (Estudios e investigaciones)*. 228 págs.

18. Bruno Migliorini: *Historia de la lengua italiana*.
    Vol. I: 596 págs.
    Vol. II: En prensa.

19. Luis Hjelmslev: *El lenguaje*. 188 págs. 1 lámina.

20. Bertil Malmberg: *Lingüística estructural y comunicación humana (Introducción al mecanismo del lenguaje y a la metodología de la lingüística)*. 328 págs. 9 láminas.

21. Winfred P. Lehmann: *Introducción a la lingüística histórica*. 354 páginas.

IX. FACSÍMILES

1. Bartolomé José Gallardo: *Ensayo de una biblioteca española de libros raros y curiosos.* 4 vols.
2. Cayetano Alberto de la Barrera y Leirado: *Catálogo bibliográfico y biográfico del teatro antiguo español, desde sus orígenes hasta mediados del siglo XVIII.* XIII + 728 págs.
3. Juan Sempere y Guarinos: *Ensayo de una biblioteca española de los mejores escritores del reynado de Carlos III.* 3 vols.
4. José Amador de los Ríos: *Historia crítica de la literatura española.* 7 vols.